张守涛 著

浩荡七十年

大清衰亡与中国早期现代化

全面·立体·真实 1841—1911

三千年未有之大变局！

中国文联出版社

图书在版编目（CIP）数据

浩荡七十年：大清衰亡与中国早期现代化 / 张守涛著 . -- 北京：中国文联出版社，2024.6
ISBN 978-7-5190-5397-0

Ⅰ.①浩… Ⅱ.①张… Ⅲ.①中国历史—近代史—研究 Ⅳ.① K250.7

中国版本图书馆 CIP 数据核字（2024）第 039699 号

浩荡七十年：大清衰亡与中国早期现代化

著　　者：张守涛
责任编辑：张超琪　于晓颖
责任校对：田宝维　方悦
装帧设计：肖华珍

出版发行：中国文联出版社有限公司
社　　址：北京市朝阳区农展馆南里 10 号　邮编：100125
电　　话：010-85923058（编辑部）　010-85923025（发行部）
经　　销：全国新华书店等
印　　刷：北京市庆全新光印刷有限公司

开　　本：710 毫米 ×1000 毫米　1/16
印　　张：32
字　　数：457 千字
版　　次：2024 年 6 月第 1 版第 1 次印刷
定　　价：98.00 元

版权所有　侵权必究
如有印刷质量问题，请与本社发行部联系调换

序

早些天，小友张守涛先生发来《浩荡七十年——大清衰亡与中国早期现代化》一书的书稿，希望我为这本书写点看法，作为序言。由于中国现代化史也是我这些年来的一个研究项目，我也为此写过一些东西，因此我就没有拒绝的理由，所以借此机会表达一点看法，供守涛兄参考。

守涛的这本书是严格的学术性著作，思路清晰，史料充分，写作严谨，大量引证，语言生动，把中国现代化来龙去脉讲得比较清楚，所以我就没有就这本书本身进行讨论，而是想讲讲关于中国现代化史的一点思考。

我觉得，对古典中国来讲，现代化应该算是一个意外。就是按照中国原来的历史逻辑，实际上是可以在一个逻辑自洽的结构当中继续发展下去。就中国古典社会、知识阶级、商品经济发展高度、城市生活的近代性而言，如果没有西方因素影响的话，中国确实可以沿着宋元两代的路继续走下去。假如我们不带先入为主的偏见，宋元明清的政治架构既有可改正的地方，但也必须承认有其合理性，只要我们去读《马可·波罗游记》《利玛窦中国札记》以及明清之际来华传教士的观察记录，在西人眼里，中国似乎并不是那么糟糕，利玛窦的论述中似乎有一种"历史终结"的感觉。在利玛窦等人眼里，具有哲人思维的统治者，不就是西方人一直期待的"哲学家治理"吗？分数面前人人平等的科举制度，不仅让社会阶层保持适度的流动度，而且为帝国选拔了确实有用的人才，苦读二十年，中进士，点翰林，也不过分发个七品芝麻官，这不是最好的文官体制吗？至于城市生活，自战国至唐宋，以迄元明清，不也一直有相当比例的人离开乡土，转入城市吗？所以过去讲，假如没有资本主义的入侵，中国也将缓慢步入资本主义。这一点，我也相信。

历史当然不会按照假设的路径前进。中国既有的路径都因为大航海而中断。大航海确实把世界变小，既给中国带来许多机会，也带来一些问题，打断了中国既有发展路径，让中国不得不融入全球一体化发展轨道。

大航海给世界带来持久性巨大改变，欧洲渐渐走出中世纪，迎来近代的曙光。英国开始出现近代因素，相继发生"羊吃人运动"、城市化运动，进而发生资产阶级革命，从根本上厘清了国家的使用权、所有权、管理权，开启了世界历史的新阶段。从此西方世界不仅渐次完成政治上的变动，走上君主立宪，或民主共和，而且事实上也开启了近代科学技术突飞猛进的大门，近乎彻底释放了人的创造性。

作为一个老大帝国，中国其实在大航海之后恰恰没有发生这一系列变化。大航海给中国带来了贸易增长，全世界的白银大量流入中国，但中国不仅没有发生工业革命，没有与西方近代同步，反而在大航海之后逐渐管住了中国的大门。中国退出了双向的自由贸易，不再像汉唐宋元那样允许外国人入境贸易，也不再允许中国商人与外国人自由贸易，动辄以倭寇、走私、非法相威胁。

管制贸易并不是不贸易，明清两代的贸易并没有完全取消，而是由朝廷垄断了贸易，这就必然造成贸易失衡，也就是虚假的繁荣。一般民众无法从贸易交往中获得好处，人民的生活继续年复一年重复着农业文明，工业化、城市化与底层民众无关，所有的贸易、通商都是朝廷的私事，中国的市场当然也就不可能获得开发，中国内部的消费力当然无法激活，外部对中国市场的期待也就一再落空。

中国从汉唐宋元开放式帝国走向封闭，当然有外部世界的因素，同时也有中国历史发展的一个偶然的特殊的原因。我们知道，大航海发生正值中国的元明之际。朱元璋"驱逐胡虏，恢复中华"的口号决定了明朝不会全面继承大元的主权、领土、人民与外交，明朝只是将蒙古人驱逐出明人概念中的中华，大元的残余在明朝北部边疆的外围长时期存在，甚至与明朝共始终。因而明朝的整体性焦虑一直存在，无法转型为一个中国历史上的正常王朝。这是中国在大航海之后一个非常复杂的问题。内外焦虑的后果，就是对内加强专制主义，对外一再恐慌，修长城，管制边贸，不让外国商人入境贸易，也不让中国商人自由出入境。

清朝建政后，虽然不再有北部边疆的外部威胁，但清廷依然延续明朝管制贸易的传统。贸易继续集中于朝廷，民间商人、资本依然受到严厉控制。中国与世界的贸易继续失衡，巨大顺差继续留在中国。假如不发生工业革命，中国依然可以继续享有大航海、全球化的好处，继续享有贸易顺差。

十八世纪中期英国工业革命开启了一个全新的时代。英国的工业化将大量农村剩余劳动力赶出土地，成为城市化初期的市民、无产者，同时也为工业化提供了大量劳动力。这批人成为工业化、城市化时代的"有闲阶级"，他们不再被土地束缚，自己的时间自己支配。这些有闲阶级也不都是赤贫，只要愿意进入工厂做工，也可以获取报酬，成为"有钱阶级"。只是他们的辛苦钱无法转化为投资，于是就成为城市化早期最主要的消费群体"月光族"。十八世纪晚期欧洲逐渐流行的"下午茶"等消费形式，主要与这个群体不断扩大有关。

"月光族"提升了中国消费品的出口量，茶叶、丝绸、瓷器，为中国换来大量白银。只是好日子不长，英国无法支撑持久性贸易失衡。大约在工业革命二十年之后，英国人就一再找上门来，希望中国开放贸易，平衡中英之间的贸易失衡。

经卡斯卡特、马戛尔尼、阿美士德几个使团长达半个多世纪的交涉，中英贸易始终无法平衡，进而又引发鸦片战争，至1842年《南京条约》，中国被迫打开了市场（五口通商），影响中国五百年的走私贸易（倭寇）不剿而结束。中国的现代化终于在被动中开始了。守涛的这部书就从这里开始，讲述了此后一百年中国现代化的历史。这是一个很有意义的题目。

现代化就是工业化、城市化，中国的工业化和英国相比整整差了100年，一百年至少四代人，乾隆、嘉庆、道光和咸丰。所以当中国开始现代化、工业化的时候，就面对一个大问题，我们还能不能像古典中国那样从容地按部就班地一个台阶一个台阶地走呢？

由此，我们看到过往近两百年中国人的焦虑，中国的超越意识都从这里发生，所以我们研究中国现代化，一定要放在历史脉络中去考察，离开了具体的场景，就很难理解中国人的选择。守涛的这本书从历史上切入，这是一个很好的路径。史论结合，文史融合，才能弄清中国现代化何以如此曲折。

是为序。

马　勇

2024 年 1 月 3 日

前　言

中国自晚清开始了"数千年未有之变局"[①]，因此中国近代史波澜壮阔、错综复杂。如学者罗荣渠所言，近代中国变革至少贯穿了四条明显的线索：自身衰败的过程、半边缘化即半殖民地过程、革命化过程、现代化过程。而最本质的则是现代化进程，现代化可谓是中国近二百年历史最根本的主题。

"现代化是以工业化为核心，以技术进步为根本动力，经济、政治、社会结构、文化心理等社会各个领域发生广泛而深刻的变化，从传统农业社会向现代工业社会演进的过程。"[②]对于中国现代化进程，"转型"说是主要范式，即中国要从传统社会转型到现代社会。如唐德刚提出著名的"历史三峡论"，他把中国历史发展比作船行三峡，在前后两个社会形态的转换间必有一转型期。"转型"说虽然有一定道理但也有不足，即它把中国现代化进程视为线性的尤其是直线式的，甚至把传统社会和现代社会看成二元对立的，即将中国现代化进程视为从此岸传统社会到彼岸现代社会，中间则是过渡状态，梁启超在《过渡时代论》中也说："中国自数千年以来，皆停顿时代也，而今则过渡时代也。"

实际上，传统社会和现代社会并非对立，传统社会也有现代性[③]，现代社会也有传统因素，且从传统社会到现代社会的进程是连续的，即中间并非是过渡状态而是现代化进程中的一部分，"任何一个社会制度都是传

[①] 李鸿章：《筹议海防折》，《李鸿章全集6·奏议六》，安徽教育出版社，2008年，第159页。

[②] 洪银兴：《中国式现代化论纲》，江苏人民出版社，2023年，第29页。

[③] 现代化简单讲即实现现代社会的过程，现代化本质上是一个过程，具体包括工业化、市场化、民主化、个体化、世俗化、城市化、信息化、全球化等过程。现代社会的主要特征即现代性。

统与现代的结合体"①。另外，现代化进程尤其是中国现代化进程也并非是线性的，而是波浪式的，如罗荣渠所言："中国的现代化进程不同于西方内源性现代化，即不是比较平稳的阶梯式推进，而是一种极不稳定的波折式推进。"②

实际上，整个人类社会的发展可能也是如此，是波浪式推进而非平稳的阶梯式推进或线性发展，如亨廷顿认为迄今有三波民主化浪潮，又如很多学者认为全球化至今经历了三次浪潮。对于全球现代化，很多学者也认为已有三次或四次现代化浪潮。早在1990年，罗荣渠就在论文《论现代化的世界进程》中提出世界各国现代化有三次浪潮，中国处于第三次浪潮。"第一次现代化的浪潮是英国工业革命启动的，大约历时一百年（约1760—1860），首先把西欧和美国卷入工业化和现代化的浪潮中；第二次现代化浪潮是伴随第二次科技革命而来的，时间是19世纪下半期至20世纪初（约1860—1930），它是一个工业化在西欧和北美核心地区取得巨大成就并向其他地区扩散的过程；第三次现代化浪潮是一次真正世界性的大浪潮，它是一次席卷亚、非、拉广大地区的真正全球性的大变革，这次浪潮从20世纪40年代起步，经历了整个20世纪下半叶，它促使20世纪前期实现了工业化的国家相继步入了现代化的高级阶段。"③

因此，我认为用"浪潮"说可能比"转型"说更能准确地概括中国现代化进程。且我认为中国现代化最早开始于晚清，即可将中国近代史视为中国早期现代化进程，大清衰亡其实主要就是被现代化浪潮所推动、所吞没。尤其是我认为中国现代化早期进程明显地有三波浪潮：第一波从鸦片战争到洋务运动，以工业、科技、军事等器物层面开始现代化为标志；第二波从甲午战争到维新变法，以文化、教育、制度等深层层面开始现代化为标志；第三波从清末新政到辛亥革命，以政治、思想、行为等根本层面

---

① 金耀基：《从传统到现代》，法律出版社，2017年，第93页。
② 罗荣渠：《现代化新论》，华东师范大学出版社，2013年，第197、198页。
③ 鲍宗豪：《中国式现代化：源起、创新与发展》，东方出版中心，2023年，第49、50页。

开始现代化为标志。① 这三波现代化浪潮，是前浪接后浪、一波随一波、由浅入深的，是现代性裹挟在传统社会里一起奔流，是波浪式推进甚至有时也有退潮，是受西潮影响也有自身脉络。

中国现代化由外来冲击启动，属于外缘型而非内生型现代化，但也不是如以费正清为代表的"冲击—反应模式"所言都是对西方冲击的回应，也不是如以列文森为代表的"传统—现代模式"所言都是对西方现代化的模仿，而是如许纪霖所言中国现代化有自身历史脉络。现代化模式具有多样性，中国现代化受到西方重要影响，但也有自身源头、动力、努力、逻辑、特点，如"洋务运动被称为'自改革'，'自改革'的合法性源头无法来自西学，只能从中国自身的儒学传统中寻找"②，实际上龚自珍早在洋务运动之前就提出了"自改革"的主张。而洋务运动、维新变法、清末新政其实就是清廷的"自改革"，太平天国运动、义和团运动、辛亥革命实际上也是国人应对"大变局"的本土探索。汪晖在著作《现代中国思想的兴起》中通过大量史料，也认为中国在成为"现代国家"之前就已有许多现代因素。

我们需要如柯文所言"在中国发现历史"，最典型的是回顾历史，我们可以清楚地发现，知识人③对于近代中国起到了举足轻重的作用。"春江水

---

① 梁启超在《五十年中国进化概论》文中总结国人相继从器物、制度、文化这三个层面认识到自己的不足，相对应地先后发生了洋务运动、维新变法运动、新文化运动，即中国早期现代化进程可分为器物、制度、文化三个层面。学者金耀基在著作《从传统到现代》中认为中国现代化进程主要有器物技能、制度、思想行为三个层次。本书认为中国现代化进程大致上是循着这三个层次而变，但这三个层次是不能清楚划分的，除了最早期现代化可谓主要是器物层次的现代化外，之后的现代化实际上都包含着这三个层次的现代化，只不过每个阶段各有侧重。也有不少学者把中国早期现代化称为近代化，本书认为近代化是现代化的早期阶段，也是现代化的一部分，所以统称为现代化。"早期现代化"这一概念"兼容了'现代化'概念的价值取向，也体现了'近代化'概念的时间特点，成为争议最少的一种学术表达……早期现代化的问题已成为研究中国近代史的中心与主题"。（郭世佑、邱巍：《突破重围——中国早期现代化研究》，河南大学出版社，2010年，第11、12、35页）

② 许纪霖：《从自身的历史脉络理解中国现代化》，《近代史研究》，2023年第1期。

③ "知识人"说法是著名学者余英时的提倡，以恢复知识分子作为人的尊严。本书采用"知识人"而非"知识分子"一词，一是如余英时所言认为真正的知识分子应有独立人格，应是个真正的"人"，二是因为"知识分子"一词是民国时期才引入到中国的外来词，晚清时期并无"知识分子"这一说法。而"知识人"则可泛指有知识的人，晚清的读书人士人都可称为"知识人"，且如余英时所言中国"知识人"与传统的"士"存在承续关系。

暖鸭先知",他们"感时忧国"又最先了解现代文明,如费正清所言"必须着重指出,在清末中国社会的演变过程中,知识分子在实现社会经济变化方面似乎比帝国主义起了重要得多的作用"①,尤其是近代中国"每一次政治变动都由知识分子的推动而引起,经世致用而洋务兴、自强保种而变法行、三民主义而革命起、民主科学蔚为'五四狂潮'"②。而这些知识人大多既受到西方文化影响,又受到中国传统文化尤其是"经世致用"思想的影响,如夏志清所言的"感时忧国"正是中国知识人优良传统。如余英时所说:"晚清经世思想的兴起决不能解释为对西方挑战的反应,而是中国思想史自身的一种新发展,其外在的刺激也依然来自中国本土。"③

经世致用思想对于中国历史发挥了重要作用,成为中国早期现代化重要的思想资源、历史底蕴,"关注社会现实的经世思潮构成了学术与政治互动的内在动力,成为中国式现代化的历史文化底蕴"④,"其最大的功绩是在学界酿造了颇具生机的务实求变的新学风,为后来的社会变革和西学的传播铺路搭桥"⑤。龚自珍、魏源、林则徐、曾国藩、李鸿章、左宗棠、张之洞、康有为、梁启超、严复、孙中山等时代"弄潮儿"都深受经世致用思想影响,他们如何应对"数千年未有之变局",如何救国强国追求中国的现代化?本书便主要以这些知识人为主角"借人以明史",以大变局为背景,以经世致用思想为视角,以现代化为视域,以真实历史为脉络,尽可能地文史融合、雅俗共赏。我始终相信,人才是历史的主人,历史中最精彩的是人的命运、人性。所以,我其实更想写出"大变局"即中国早期现代化进程中人的命运,人的命运才是历史最值得记录的,也是我们现在最能共

---

① 费正清、刘广京:《剑桥中国晚清史》下卷,中国社会科学出版社,1985年,第576页。
② 许知远、李礼:《晚清中国知识精英的图景:佐藤慎一访谈》,《东方历史评论》,贵州人民出版社,2018年,第74页。
③ 余英时:《清代学术思想史重要观念通释》,《中国思想传统的现代诠释》,江苏人民出版社,1989年,第259页。
④ 朱浒:《明清时期中国的内在活力:中国式现代化的历史底蕴再认识》,《求索》,2023年第3期。
⑤ 李喜所、李来容:《中国近代史》,中信出版集团,2017年,第34页。

情共鸣的。

整体上，本书创新地采用现代化"浪潮说"，原创地以中国早期现代化三波浪潮为框架，叙述大清帝国的衰亡和中国现代化早期进程。"除旧布新"，中国近代史既是大清帝国衰亡的过程即传统社会开始覆灭，也是中国早期现代化的进程即现代社会开始进行，既有屈辱、悲痛，也有觉醒、奋起。中国历史的发展与其说是唐德刚所言的船行三峡，不如说是长江奔腾，船不过是江上载体，如晚清政府只是历史长河中的一艘"破船"而已。"大江东去浪淘尽"，"长江"一定会通过历史三峡流入"东海"，中国现代化一定会在时代浪潮中不断推进。

"中国的现代化，在根本的意义上，是要构建一个中国的现代性，或者换一种说法，即是要建构一个中国现代文明的新秩序。这是中国人20世纪未竟之事，也是中国人21世纪最根本的大业……中国现代化是中国唯一的出路，并且它也逐渐汇成一个日益强大的潮流，我们不能回避它，必须迎接它。对于中国的现代化运动，我们没有权利做一个旁观者，我们必须以良心、智能与热忱加以拥抱。"[①]

以史为鉴，中国现代化早期进程非常艰辛，但也由浅入深不断波浪式推进。这对于我们今天的主要启示是要融会中西古今，既要立足本土国情也要走向世界，既要传承传统也要顺应时代，既要仰望星空也要脚踏实地，尤其是要积极融入现代化浩荡浪潮，走好中国式现代化道路。如孙中山先生所言"世界潮流，浩浩荡荡，顺之者昌，逆之者亡"，晚清距我们不远，现代化仍在路上，今天依旧处在大变局中的我们当吸取历史的经验教训，当铭记、珍惜前辈的心血。各位读者也当明白笔者写作本书的良苦用心，"革命尚未成功，同志仍须努力"。

---

① 金耀基：《从传统到现代》，法律出版社，2017年，第6页、第158页。

目录

序

前言

第一篇　中国早期现代化第一波浪潮：衰世、自强

第一章　鸦片战争：现代化引子 / 003

一、马戛尔尼来华：大清衰亡的征兆 / 003

二、天理教攻入皇宫：大清衰亡的开端 / 016

三、龚自珍：大清步入"衰世" / 021

四、林则徐：历史的选择 / 033

五、林则徐和义律："钦差大臣"的对决 / 037

六、中英之战：利益、文明的冲突 / 043

七、魏源："经世致用" / 053

八、战败原因："降维打击" / 062

第二章　太平天国运动：现代化萌动 / 079

一、曾国藩与洪秀全：科举改变命运 / 079

二、曾国藩：两度自杀 / 095

三、左宗棠：誓为"今亮" / 105

四、李鸿章与李秀成：太平天国覆灭 / 115

五、太平天国：地上建立不起天国 / 123

第三章 洋务运动：现代化开启 / 134

一、曾左李：平定捻军 / 134

二、曾国藩"望远"：开创洋务运动 / 141

三、曾国藩：终究不是"圣人" / 150

四、左宗棠"用情宜厚"：热衷洋务 / 164

五、李鸿章"接轨"：洋务运动"集大成者" / 178

六、中法战争：对洋务运动的检验 / 187

七、张之洞：洋务"后起之秀" / 194

八、奕䜣：洋务运动"总设计师" / 201

九、郭嵩焘："独醒之累" / 214

本篇结语 / 225

第二篇 中国早期现代化第二波浪潮：变法、进化

第四章 甲午战争：现代化刺激 / 229

一、日本挑衅：从琉球到朝鲜 / 229

二、甲午战争：中国惨败日本大胜 / 236

三、甲午战败：中日现代化差距 / 245

第五章 维新变法：现代化推进 / 257

一、康有为"造势"：为变法奠定基础 / 257

二、梁启超、谭嗣同、严复：维新运动风生水起 / 267

三、奕䜣与翁同龢"离去"：戊戌变法正式开始 / 283

四、光绪与康有为"联袂"：戊戌变法轰轰烈烈 / 296

五、慈禧与光绪争斗：戊戌政变爆发 / 308

六、"戊戌六君子"牺牲：虽败犹荣 / 321

第六章 义和团运动：现代化退潮 / 333

一、拳民兴起："神助拳，义和团，只因鬼子闹中原" / 333

二、联军侵华："有谁料到今天竟到这般地步" / 349

三、《辛丑条约》签订："国家以来未有之奇变" / 357

本篇结语 / 370

第三篇 中国早期现代化第三波浪潮：现代、新生

第七章 清末新政：现代化加快 / 375

一、慈禧："打自己脸" / 375

二、李鸿章去世："裱糊匠"而已 / 379

三、张之洞与袁世凯：推行新政 / 390

四、袁世凯、张謇"转身"：预备立宪加快 / 401

五、光绪、慈禧、张之洞去世：旧时代结束 / 416

第八章 辛亥革命：现代化重要一步 / 436

一、新军枪响："偶然"的武昌首义 / 436

二、孙中山："一个人的革命" / 442

三、同盟会：革命"遍地开花" / 454

四、孙中山与袁世凯：古老中国迎来新生 / 468

本篇结语 / 479

结　语 / 480

后　记 / 485

主要参考书目 / 487

第一篇 中国早期现代化第一波浪潮：衰世、自强

鸦片战争引发"数千年未有之变局"来临，太平天国运动、洋务运动都在探索"中国何处去"，中国早期现代化第一波浪潮滚滚而来。这波现代化浪潮主要集中在工业、科技、军事等器物方面，虽然只是很肤浅的现代化，但毕竟是中国早期现代化的开始。

关键词：经世致用　衰世　鸦片　英国　太平军　洋务　自强　中体西用

时间：1841年至1895年

主要人物：龚自珍　魏　源　林则徐　曾国藩　洪秀全　李鸿章　　　　　左宗棠　张之洞　奕䜣　郭嵩焘

第一章 鸦片战争：现代化引子

第一次鸦片战争打开了国门，"数千年未有之变局"来临，大清帝国这艘"破船"开始覆没，中国也由此踏上了前途光明而道路曲折的现代化之路。"鸦片战争的真意义，就是用火与剑的形式，告诉中国人的使命：中国必须近代化，顺合世界之潮流。"

一、马戛尔尼来华：大清衰亡的征兆

如果说万历十五年即1587年反映了明朝已开始衰亡，那乾隆五十八年即1793年则是清朝衰亡的征兆。如历史学家黄仁宇在《万历十五年》中所言："当年，在我国的朝廷上发生了若干为历史学家所易于忽视的事件。这些事件，表面看来虽似末端小节，但实质上却是以前发生大事的症结，也是将在以后掀起波澜的机缘。其间关系因果，恰为历史的重点。"①

而1793年貌似是"康乾盛世"的顶峰，乾隆皇帝在位五十多年已使清朝达到了最为兴盛之际，全国人口近3亿为历史最多，经济总量居世界第一②，疆域之广仅次于元朝，有众多周边国家前来进贡，甚至有"夷邦"不远万里前来恭祝"十全老人"③乾隆"八旬万寿"。这可是千古未有的盛世"盛

---

① 黄仁宇：《万历十五年》，生活·读书·新知三联书店，1997年，第1页。
② 英国学者麦迪森在《世界经济千年史》中认为1820年清朝GDP世界第一，占全世界的32.9%，我国学者戴逸认为"康雍乾盛世是中国历史上发展程度最高、最兴旺繁荣的盛世"。
③ 乾隆自称"十全老人"，因为他认为自己有"十大武功"，"十功者，平准噶尔为二，定回部为一，扫金川为二，靖台湾为一，降缅甸、安南各一，即今二次受廓尔喀降，合为十"，后来他还称自己"为千古第一全人"。乾隆是我国历史上统治时间很长的君主之一，又是最长寿、运气最好、最会享受的君主之一，但后来他的坟墓被炸尸骨无存，后人因此感叹道："十全天子骨难全"，世上终究没有十全十美的人，帝王也不例外。参见张宏杰：《饥饿的盛世》，重庆出版社，2022年，第399—402页。

事",当时几乎没有任何国人意识到盛极必衰,意识到此"盛事"的不同与意义,意识到一个新的时代即将开始。这一年西方已开启现代化,英国工业革命已开始了数十年,法国大革命进入到高潮,美国华盛顿再次当选总统,时代已经不一样了。尤其是英国已成为世界头号工业大国,已击败西班牙无敌舰队开始成为"日不落帝国",并已征服非洲、美洲和印度等地,开始向全球扩张。

不远万里前来"祝寿"的正是英国马戛尔尼所率的使团,马戛尔尼子爵曾担任英国驻俄大使、爱尔兰布政司长、加勒比总督,"到北京访问这个工作对一个热心追求新鲜事物的人来说是太有吸引力了。因此当政府刚一向他示意,他立刻欣然表示接受"[①]。使团乘坐"狮子"号于1792年9月26日从伦敦出发,共有84名正式成员,包括外交官、学者、画家、乐师等,再加上水手、士兵等,船队总人数达700多人(是欧洲历史上规模最庞大的外交使团),携带了600多箱、价值15610英镑的丰厚礼物。马戛尔尼此行名义上是代表英国国王向乾隆祝寿,实际使命是开通英国与中国的贸易并正式建立外交关系[②]。当时英国已成为新一代海上霸主,而中国则是英国第一大贸易国,中国商品正在欧洲走俏,利润高达一二十倍,因此英国迫切需要打开中国的国门。使团于1793年6月19日抵达广州,距乾隆八十大寿[③]已过了三年。

---

① 马戛尔尼:《乾隆英使觐见记》,转引自张宏杰:《饥饿的盛世》,重庆出版社,2022年,第329页。

② 马戛尔尼使团有六项具体目标:1.要求中国在茶叶和生丝产地及毛纺织品消费区域,割让一至两块土地,使英国商人可在那里居住,并可以实行英国的司法管辖权;2.谈判一项商务条约,以便尽可能地把贸易扩展到整个中国;3.清除广州现存的种种弊端;4.唤起中国对英国产品的兴趣;5.安排在北京设置外交代表;6.使日本、交趾支那和东方群岛对英国贸易开放。使团还有一个秘密任务:"在不引起中国人怀疑的条件下,使团应该什么都看看,并对中国的实力做出准确的估计。"其实早在1788年英国就曾派外交使团来访中国,但因领头公使半路去世而此行夭折。次年,两广总督福康安建议英国东印度公司经理派代表到北京为乾隆贺八十大寿。刚开始英国怕有诈未接受,后来决定派使团以祝寿名义来华。

③ 1790年的乾隆八十大寿典极其奢华,花费为114万两白银。乾隆收到的寿礼数不胜数,但最让他满意的或是纪晓岚送的一副寿联:"八千为春,八千为秋,八方向化八风和,庆圣寿,八旬逢八月;五数合天,五数合地,五世同堂五福备,正昌期,五十有五年。"

乾隆刚开始收到奏折说有"英吉利"前来祝寿时并不清楚这是何国，便让宫中博学之士根据《大清一统志》等资料查找但查不到，又找来传教士询问。传教士告诉他，英吉利又名"红毛国"，在法兰西国附近。乾隆根据元、明留下的地图认为英国不过是一个小海岛而已，但依然"龙颜"大悦，尤其是看到经广东十三行通事翻译的禀帖："素沐皇仁，今闻天朝大皇帝八旬万寿，未能遣使进京叩祝，我国王心中惶恐不安。今我国王公选妥干使马戛尔尼前来，带有贵重礼物，进呈天朝大皇帝，以表其慕顺之心。"①他以为这是千里迢迢来朝贡祝寿的，"大老远地来，不容易啊"，于是他高兴之余御笔一挥拨出每天5000两经费接待使团进京，在京款待费用则为每天1500两白银，命军机处详细拟定接待方案，"他亲自过问访问的细节，这次中西交流的相关文件竟有783件"②。马戛尔尼一行对一路上的热情接待非常欢欣，对接待船上插着写有"英吉利贡使"字样的小旗则视而不见。

1793年9月14日，马戛尔尼身穿绣花天鹅绒服、佩戴钻石星章和红绶带，觐见乾隆，排在光着脚、戴着鼻环的缅甸使臣后面。觐见时他并未像一起觐见的其他贡使一样"三跪九叩"而是单膝下跪。这是双方争执两个多月后的妥协结果，跪拜与否在双方看来意义重大，乾隆皇帝认为英国使团前来朝贡自然要和其他贡使一样，向身为"万国之主"的他"三跪九叩"，三年前就连越南国王来访都要跪拜。而马戛尔尼也不傻，也意识到如果磕头就代表英国是中国藩属，因此坚决不肯下跪，如果一定要跪也得中国同级官员如和珅向他带的英国国王画像下跪。

"跪天跪地跪父母"，顶多再跪皇帝，向一张画像下跪算怎么回事？"一人之下万人之上"的权臣和珅当然不愿意向英国国王画像下跪，圆滑的他"打圆场"说英人因用布缚腿不能跪拜，双方各让一步，商定马戛尔尼在

---

① 英王乔治三世给乾隆的信件主要内容是暗示英国的军事力量及国际贸易对中英两国的益处，指出此行"以增进对我们所居世界的知识为名，遍寻天下各种物产，传递艺术与舒适的生活到那些鲜为人知的区域"，信尾以"愿全能上帝赐你福佑"作结。参见卜正民主编、罗威廉著：《哈佛中国史6：最后的中华帝国大清》，中信出版集团，2016年，第131页。

② 庄秋水：《三百年来伤国乱》，湖南文艺出版社，2011年，第12页。

觐见时可以像对英王那样单膝下跪，原因是"朝廷固确认英吉利为海外朝贡国之一，此次使节，直为叩祝万寿而来，得瞻仰天威，已属蛮服陪臣之大幸。特以荒远不识天朝礼制，故无需深责"①，至于吻君主手的英国礼节就"免开尊口"了。这个下跪与否的"礼仪之争"看似小题大做，实则反映了清廷自认为是"天朝上国""万国来朝"，其他国家都是"番邦""属国"或"化外蛮夷之邦"。很大程度上，正是这种自以为是妄自尊大的"天下观"②导致了"天朝"的衰亡，也导致了中国后来的长期落后乃至向现代社会"转型"之艰难。

觐见中，马戛尔尼单膝下跪但并未"以头抢地"，呈上用黄金信箱装的国书，并献给乾隆一双镶嵌钻石的金表。乾隆则回敬英王一柄玉如意及马戛尔尼一柄绿如意，赠送英国使团丝绒、绸缎、荷包、"中国所产的大块的最好的茶"③等礼物，还亲自赐菜赐酒给英国使节。马戛尔尼后来描绘当时的乾隆道："实一老成长者，形状与吾英老年绅士相若，精神亦颇壮健，八十翁望之犹如六十许人也。"④席后，一生写了四万多首诗的"诗皇"乾隆亲自赋诗记录此"盛事"道："博都雅昔修职贡，英吉利今效荩诚。竖亥横章输近步，祖功宗德逮远瀛。视如常却心嘉笃，不贵异听物翙精。怀远薄来而厚往，衷深保泰以持盈。"这诗意思是说："葡萄牙（博都雅）人很早就来朝贡了，现在英吉利人也大老远地来了，这是我们祖宗福泽深厚功德远扬啊！他们也是一般人而已，没啥特别的。大老远地来不容易，其心可嘉值得表扬，朕也不在乎他们带的什么礼物，对他们表示热烈欢迎以显'天朝上国'恩威。"

觐见完毕，乾隆命大臣福康安陪英国使团参观大清行宫，行宫内的众

---

① 辜鸿铭、孟森等编著：《清代野史·外交小史》，巴蜀书社。
② 历史学者雷颐在《帝国的覆没》一书中写道："中国传统'天下'观的核心是'华夏中心论'，即天下是以中国为中心的，其他都是边缘，而由'边缘'渐成'野蛮'。"他认为这种"天下观"导致中国长期以来认为其他国家都是中国的"藩属"，形成了以中国为中心的传统的"华夷秩序"。参见雷颐：《帝国的覆没》，东方出版社，2021年，第1—6页。
③ 爱尼斯·安德逊著，费振东译：《在大清帝国的航行》，电子工业出版社，2015年，第132页。
④ 马戛尔尼：《1793乾隆英使觐见记》，天津人民出版社，2006年，第103页。

多奇珍异宝让马戛尔尼使团送的礼物黯然失色。传说是乾隆私生子的福康安又得意地炫耀说圆明园里的珍宝更多，还带马戛尔尼一行"瞻仰"了圆明园①，乾隆对此批示道："该贡使从未观光上国，其前此向徵瑞称贡品高大，原不免夸张其词。兹金简（时为工部尚书）等带同在园瞻仰，伊一见天朝殿宇辉煌壮丽，即以为尽容全分安设。"

马戛尔尼不甘示弱，想邀请福康安等人观看英国使团警卫的操练，但福康安对此并无兴趣，答曰："看亦可，不看亦可。这火器操法，谅来没有什么稀罕。"② 很失落的马戛尔尼在当天日记中写道："真蠢！他也许一生中都未曾见过连发枪，中国军队还在用火绳引爆的呢！"福康安其实不是蠢，而是像其他清廷官员一样自大，即使他见识到了英军火力，也只会视为雕虫小技。马戛尔尼使团后来也曾为清廷官员进行过军事演习，但清朝官员都毫无兴趣不以为意。倒是英国使团在参观乾隆皇帝为炫耀国威安排的阅兵中发现清军军事实力太落后了，清兵手中的武器都是他们多年前使用的冷兵器，甚至还在使用弓箭。

后来，马戛尔尼一行又被安排游园，"马戛尔尼爵士在皇帝的热河行宫乘船游湖，参观了四五十座亭台楼阁，每一座都极尽奢华，挂着皇帝的狩猎行进图；陈列着巨大的碧玉花瓶和玛瑙花瓶、最好的瓷器和漆器，各种欧洲玩具和鸟鸣钟以及大量工艺精湛的地球仪、太阳仪、钟表和音乐盒"③。他们还受邀观看了木偶戏、滑稽戏、杂技表演等，以及欣赏了乾隆亲自编

---

① 这或引起了英国对圆明园的重视。圆明园号称"万园之园"，收藏着中华五千年文明精华，以清朝"夏宫"名称流传于欧洲，第二次鸦片战争中被英法联军抢掠焚毁。英法联军当时对抢掠圆明园的解释是要让清廷为劫持谈判代表巴夏礼一行受到应有惩罚，不能"对中国当局犯下的残暴罪行视而不见"，该惩罚由清帝本人承担省清廷一个永久的"教训"，"警醒其迷梦"而不波及京城居民。1856 年，巴夏礼领导的英法联军谈判团 39 人因拒绝行跪礼而被僧格林沁扣押，生还者仅有 21 人，还有些人被分尸。无论是什么原因，抢掠焚毁圆明园都是英法极大的罪恶、耻辱，著名作家雨果当年就在谴责信中称英法是"强盗"。英法联军抢劫完后又在圆明园放火连烧三天三夜，烧死 300 多名太监、宫女，还在北京近郊烧毁了清漪园、静明园、畅春园等园林。

② 马戛尔尼：《乾隆英使觐见记》，刘半农译，中华书局，1917 年，《清外史丛刊》（中），第 27 页。

③ 魏斐德著、梅静译：《中华帝国的衰落》，民主与建设出版社，2017 年，第 102 页。

写的昆曲《四海升平》,其中唱道:"故有英吉利国,仰慕皇仁,专心朝贡。其国较之越裳(指越南),远隔数倍。或行数载,难抵中华。此番朝贡,自新正月启舶登程,六月已抵京畿矣。此皆圣天子,仁德格天,所以万灵效顺,非有神灵护送而行,安能如此迅速。载之史册,诚为亘古未有之盛事也。"

马戛尔尼并没有沉醉于灯红酒绿中而忘记他的使命,他于10月3日以英王名义呈送照会提出了扩大贸易、降低税率等六项要求。但清廷认为马戛尔尼是来祝寿的而非谈判的,而打开国门通商更是没有必要和违背传统,"犯了这帝国自古以来的国法的"①。当"天下共主"的乾隆终于明白英国使团前来并非"表其慕顺之心"而大为不快,他将负责此事的官员斥责了一通,仅将亲笔书写的一个"福"字和清朝历代皇帝画像回敬马戛尔尼,并对马戛尔尼说:"这礼物虽形式微小,但这是我所能赠送的,也是我国家所能提供的,最珍贵的物品。"②

心有不甘的马戛尔尼又和和珅大谈西方的物质文明,欢迎中国派出大使前往伦敦,但和珅仅"善意提醒"马戛尔尼说寒冬即将来临,皇帝担心特使健康③。马戛尔尼也不傻,意识到这是中国的"送客之道",只好打道回府。"临去之前,他又告诉新任两广总督长麟中国工业不如西洋,化学医学的知识过分幼稚,如果中国政府允许英人自由来华,一定可以把这些学问传授给华人,而大有好处。"④

马戛尔尼此行耗费 78522 英镑,"得到了极其礼貌的接待、极其殷勤的款待、极其警觉的注视以及极其文雅的打发"⑤,并没有完成其使命但也

---

① 爱尼斯·安德逊著,费振东译:《在大清帝国的航行》,电子工业出版社,2015年,第136页。
② 爱尼斯·安德逊著,费振东译:《在大清帝国的航行》,电子工业出版社,2015年,第137页。
③ 马戛尔尼使团所乘"狮子号"轮船副船长安德逊在《在大清帝国的航行》中说:"中国政府所交代的关于这样催促大使团离开的理由是由于冬季将至,届时江河将被冰封,到广州的路途在北部的省份内将遇到不便和阻碍。"引自爱尼斯·安德逊著,费振东译:《在大清帝国的航行》,电子工业出版社,2015年,第160页。
④ 郭廷以:《近代中国的变局》,九州出版社,2012年,第12页。
⑤ 转引自徐中约:《中国近代史》,世界图书出版公司,2013年,第158页。

并非一无所获。他们获清廷"赏赐的礼品共有130种，3000余件。数量之大，品种之多，次数之频，前所未有"①，取得了蚕种和茶树苗②，后来引入了印度，并调查了解了北京、天津、定海等地的军事防卫情况及其他有关中国的各种情报，制图员威廉·亚历山大还将沿途中国情景绘成两千多幅图。最重要的是，马戛尔尼使团经过半年多在中国的实地考察，更加了解了中国，认识到中国全方位落后于英国，"发现庞大的上层建筑根基空虚"。马戛尔尼当时评价和预测中国道：

> 中华帝国只是一艘破败不堪的旧船，只是幸运地有了几位谨慎的船长才使它在近150年间没有沉没。它那巨大的躯壳使周围的邻国见了害怕。假如来了个无能之辈掌舵，那船上的纪律与安全就都完了。船将不会立刻沉没。它将像一个残骸那样到处漂流，然后在海岸上撞得粉碎。③

在日记中，马戛尔尼则写道："中国工业虽有数种，远出吾欧人之上，然以全体而论，化学上及医学上之知识，实处于极幼稚之地位……至少在过去的150年，没有发展和进步，甚至在后退，而我们科技日益前进时，他们和今天的欧洲民族相比较，实际变成了半野蛮人。"④他在报告中说中国的科学知识远不如他国，乃至清廷大臣看到他擦火柴都大为惊异，还建议英王注意清王朝的垮台以便"比任何其他国家得到更多的好处"，且说"以武力教训中国轻而易举"⑤。马戛尔尼使团总管约翰·巴罗则在书中说中国农舍"大多破烂、肮脏，相当吃惊。大多数人全身真正只有一条衬裤"，中国船夫一天只吃两顿饭，主食只有一点米饭、蔬菜和炒过的葱，对于英国人

---

① 张宏杰：《饥饿的盛世》，重庆出版社，2022年，第360页。
② 英国将中国的茶树苗移植到印度后，很快印度茶叶后来居上超过中国，到20世纪初中国茶几乎完全失去了西方市场。参见朝文社：《好看到爆的大清秘史》，长江出版社，2021年，第102页。
③ 阿兰·佩雷菲特：《停滞的帝国：两个世界的撞击》，生活·读书·新知三联书店，1993年，第522、523页。
④ 阿兰·佩雷菲特：《停滞的帝国：两个世界的撞击》，生活·读书·新知三联书店，1993年。
⑤ 张宏杰：《饥饿的盛世》，重庆出版社，2022年，第348页。

送的吃剩下的食物千恩万谢,甚至连英国人喝剩下的茶叶都要过来接着喝,"不管是在舟山还是在溯白河而上去京城的三天里,没有看到任何人民丰衣足食、农村富饶繁荣的证明"①。使团发现了大清并不富足,大部分人生活贫困,弃婴随处可见,军备更是一塌糊涂,炮台和守炮士兵大多是摆设,很多士兵手里拿的是扇子,厦门的海防大炮甚至都不能升降移动,连瞄准器也没有。

马戛尔尼使团对中国的评价随之在英国和欧洲产生巨大影响,使得中国国家形象在国外大跌甚至发生了天翻地覆的变化。之前《马可·波罗游记》引发了欧洲的中国热、中国风,欧洲学者正倡导向中国学习接轨呢,中国和中国人被称为"尘世可以想见的最繁华的地方"(《马可·波罗游记》)、"一个人才兴盛并且在某些方面极富聪明智慧的民族"(约翰·穆勒《论自由》)、"金色盘龙下温文尔雅的子民",法国启蒙思想家伏尔泰甚至称中国是"举世最优美、最古老、最广大、人口最多和治理最好的国家"。茶叶、丝绸、瓷器、漆器等中国商品在欧洲畅销,法国、瑞典等欧洲王室及罗马教廷都在纷纷抢购中国物品、秀朋友圈,1700 年法国国王路易十四还举行了一场展示中国风的派对,路易十四本人 cosplay 成康熙皇帝出场②。四书五经等中华经典在西方风行,中国庭院风格在西方风靡……"传入西方的中国文明不仅促进了欧洲启蒙运动的兴起和发展,而且在一定程度上对于近代欧洲文明的诞生起到了催化作用。莱布尼茨的思辨哲学,伏尔泰的自然神教观,魁奈及杜尔哥的重农学说,无不与中国古典文明有着或多或少的关系。"③

但马戛尔尼一行的眼见为实撕开了"神秘面纱",美丽、文明、优雅的"东方佳人"在西方人眼中沦为"野蛮人",陷入"可耻的停滞中"。亚当·斯密写道:"中国是长期最富的国家之一,是世界上土地最肥沃、耕种得最好、

---

① 约翰·巴罗:《我看乾隆盛世》,北京图书馆出版社,2007 年。
② 参见王元崇:《中美相遇》,文汇出版社,2021 年,第 75 页。
③ 马勇:《叠变:鸦片、枪炮与文明进程中的中国(1840—1915)》,中国大百科全书出版社,2022 年,第 10 页。

人最勤劳和人口最多的国家之一。可是，它似乎长期处于停滞状态。500多年前访问过它的马可·波罗所描述的它的耕种、产业和人口众多，与现今旅行家们所描述的几乎完全一致。"①以武力教训中国而非再向中国学习的声音在英国开始响起，成为后来鸦片战争的前奏。

而清廷对此一无所知，还沉浸在"天朝上国"的美梦里不可自拔。马戛尔尼使团送的600多箱礼品中有很多科学仪器，意在展示西方先进科技"给（中国的）皇帝陛下的崇高思想以新启迪"，如有天体运行仪、天文望远镜、地球仪、战舰模型、毛瑟枪、榴弹炮、马车，甚至还包括热气球和热气球驾驶员，如果乾隆有意就可以成为东方第一个飞人真正"升天"。但从小就喜欢西方玩具的乾隆②对此毫无兴趣，称"所称奇异之物，只觉视等平常耳"，根本没有意识到西方仪器有何先进，而将马戛尔尼使团送的礼品放置在圆明园、紫禁城等地作为自己文治武功成就炫耀以及赏赐给大臣，并明令要求臣子在谢恩折中必须写明所受赐物为"藩属英国的贡品"，获赐大臣也纷纷大加歌颂，如直隶总督梁肯堂在奏折中说："英吉利遣使入贡，实为圣朝吉祥盛事。"乾隆有一次还在圆明园指着英国送的一架水泵说"这些东西可以哄小孩玩"，即在他看来英国礼品不过是"奇巧淫技"的玩具而已。后来在1860年英法联军火烧圆明园时，英军发现当年马戛尔尼使团赠送的火枪、礼车、榴弹炮、地球仪、蒸汽机模型等礼物在圆明园皇家仓库里静静等着他们，"这些礼物原封不动，象征着一段看来从未得到领情的友谊"③，于是英法联军把这些千里迢迢送来的自家东西又千里迢迢地搬了回去。英法联军还烧毁了天文馆，天文馆里的天文仪器是英国所送礼品中唯一被利用的，天文望远镜是乾隆唯一打开包装的。

"马戛尔尼使团的到来对大清王朝产生的最大影响只不过是在天朝的朝

---

① 亚当·斯密：《国富论》，陕西人民出版社，2011年，第93页。
② 乾隆自小迷恋机器人、机器动物、钟表等西洋玩具，甚至在宫中组建了包括大小提琴、钢琴、吉他在内的西洋管弦乐队（参见张宏杰：《饥饿的盛世》，重庆出版社，2022年，第290、291页）。但这也表明乾隆迷恋的只是西方的"淫技奇巧"而非科学技术。
③ 裴士锋著、黄中宪译：《天国之秋》，社会科学文献出版社，2014年，第120页。

贡国名单中多了一个名叫英吉利的海外番国。根据史料记载,在嘉庆十六年(1811年)开始重修的清代第三部《一统志》中就增加了'英吉利'一条。"[①]之前清廷不仅把朝鲜、琉球等周边国家当成属国,还把俄罗斯、荷兰、葡萄牙、西班牙等"西洋诸国"也视为属国[②],对于这些"属国"由理藩院和礼部下设的主客清吏司管理。这些"属国"使节觐见大清皇帝都必须叩头行礼,如1795年荷兰使团在来访时按照要求多次行叩头礼。

在回英国国王的"敕谕"开头,乾隆称:"敕英咭利国王谕:奉天承运皇帝敕谕英咭利国王知悉,咨尔国王远在重洋,倾心向化,特遣使恭赍表章,航海来廷,叩祝万寿,并备进方物,用将忱悃。朕披阅表文,词意肫恳,具见尔国王恭顺之诚,深为嘉许。"对于英国派驻使节的请求,乾隆说:

> 至尔国王表内恳请派一尔国之人住居天朝,照管尔国买卖一节,此则与天朝体制不合,断不可行。向来西洋各国有愿来天朝当差之人,原准其来京,但既来之后,即遵用天朝服色,安置堂内,永远不准复回本国,此系天朝定制,想尔国王亦所知悉。今尔国王欲求派一尔国之人居住京城,既不能若来京当差之西洋人,在京居住不归本国,又不可听其往来,常通信息,实为无益之事。

对于通商请求,乾隆拒绝道:"天朝抚有四海,惟励精图治,办理政务,奇珍异宝,并不贵重。尔国王此次赍进各物,念其诚心远献,特谕该管衙门收纳。其实天朝德威远被,万国来王,种种贵重之物,梯航毕集,无所不有。尔之正使等所亲见。然从不贵奇巧,并无更需尔国制办物件。"即"天朝"地大物博无所不有,无需对外贸易。最后,乾隆还"下令"道:"尔国王惟当善体朕意,益励款诚。永矢恭顺,以保乂尔有邦,共享太平之福。"

这封国书足见大清帝国自以为"天朝上国"的自大傲慢、狂妄无知,也让后人明白为什么英国要发动鸦片战争。因为通过和平渠道打不开中国

[①] 张宏杰:《张宏杰讲乾隆成败》,民主与建设出版社,2014年,第268页。

[②] 参见张宏杰:《张宏杰讲乾隆成败》,民主与建设出版社,2014年,第245页。中国与欧洲的接触始自明朝,1510年葡萄牙人进入广东后定居澳门,1604年荷兰人一度袭据澎湖后占领台湾38年,西班牙人于1626年侵入台湾,1635年英船抵达广州,1660年法船抵达广州。

大门进入不了中国市场，英国便剑走偏锋用大炮来轰开大清国门。"乾隆处理英使访华事件的失误，为后来的鸦片战争全面埋下了伏笔。"① 当时英王乔治三世给马戛尔尼的授权书里有必要时同意禁止东印度公司把鸦片输往中国的允诺，以符合中国的鸦片禁令换取正常通商。如果"天朝上国"当时"屈尊降贵"愿意主动打开国门，那鸦片输入也许就此消失也就不会有鸦片战争，之后的中国历史将完全不一样。只是历史没有如果，"满招损，谦受益"，骄兵必败，狂妄自大自以为是其实才是自己最大的敌人。

法国当代政治学家、历史学家佩雷菲特著作《停滞的帝国》中对马戛尔尼的访华失败感叹道："为什么中国直到16和17世纪仍能以大量的发明和讲究文明领先于西欧而成为世界上最先进的国家？为什么随后它却让别国赶上，然后被人超过，到19世纪它的部分领土竟像由停留在石器时代的部落居住的地方一样沦为殖民地呢？以致到了20世纪，它竟成了世界上最落后、最贫穷的国家之一……如果这两个世界能增加它们间的接触，能互相吸取对方最为成功的经验；如果那个早于别国几个世纪发明了印刷与造纸、指南针与舵、炸药与火器的国家，同那个驯服了蒸汽并即将驾驭电力的国家把它们的发现结合起来，那么中国人与欧洲人之间的文化交流必将使双方都取得飞速的进步，那将是一场什么样的文化革命呀！"②

1793年马戛尔尼使团首次来访中国后的第二十三年即1816年，英国再派前印度总督阿美士德出使中国，其使命也还是通商、派驻外交使节等。双方在英使磕头与否方面又大起争执③，阿美士德拒不跪拜，且与清朝官员

---

① 张宏杰：《张宏杰讲乾隆成败》，民主与建设出版社，2014年，第284页。
② 阿兰·佩雷菲特：《停滞的帝国》，生活·读书·新知三联书店，1993年。
③ 礼仪之争后来持续很久。如清廷坚决反对外国公使驻京，乃至让两广总督兼管各国事务通商大臣，以避免与西方使节直接打交道。在外国强烈要求下，《天津条约》允许公使驻京，1861年起，英法美俄等国公使陆续进驻北京。但咸丰为了避免西方使节觐见皇帝亲递国书，一直在第二次鸦片战争谈判中要求不要西方使节亲递国书，为此不惜妥协其他条件，乃至最后赖在承德避暑山庄不回北京。他还在美国总统以平等相称的国书上批道："夜郎自大，不觉可笑。"此后清廷也一直以皇帝年幼为由拒绝西方使节觐见，直到1873年清朝皇帝才重新接见外国使节，同治帝在紫光阁接见各国使臣且不要求他们行三跪九叩之礼，只要鞠躬即可（实际觐见中鞠躬五次）。但紫光阁是之前专门接见外藩贡使的地方，可见同治依旧想维持"天朝上国"的脸面。

因为一些礼仪琐事发生激烈争吵，嘉庆皇帝为此大怒道："中国为天下共主，岂有如此侮慢倨傲，甘心忍受之理？"于是下令将英使逐出京城谢绝其"贡品"。在回英国国王的"敕谕"中，嘉庆道："嗣后毋庸遣使远来，徒烦跋涉。但能倾心效顺，不必岁时来朝始称向化也。"即是说"以后你们不要来了，即使真心归顺也不必来朝贡"。这表示大清要彻底和西方断绝官方联系，继续"闭关锁国"，岁月静好，守成安稳。嘉庆曾著有《守成论》，认为"守成二字，所系至重"，守成"是嘉庆一朝乃至后世皇帝的执政纲领"①。

阿美士德使团的出访也并非一无所获，因为该使团成员中有科学家、地质学家、测绘技术人员等，所以他们对中国的实地考察更为丰富、准确，乃至测量、记录了中国海陆沿线的地理、气象、水文、驻军、航道等信息，为英国后来发动鸦片战争做好了准备②。如后来英军在鸦片战争中选择定海为第一座攻打的中国城市，就是因为英国使臣早已详细测绘了定海的防卫布局，他们认为"定海非常近似威尼斯"③。更重要的是，英国经过这次出使更加认识到了中国的落后，他们见到的是破房烂路、光着屁股的小孩、拿着原始弓箭的士兵，从而下定了之后武力入侵中国的决心。阿美士德回国后向英国国王提出的第一条建议即"武力强迫中国依据合理的条件管理贸易"，1832年以阿美士德名字命名的英国武装商船就已在长江口非法测绘和走私。

1840年4月7日，英国议院在激烈辩论"要不要向中国派遣远征军"，议员小斯当东的话一锤定音，使得议院以271票对262票的微弱多数通过了对华作战议案。他说："我很了解这民族的性格，很了解对这民族进行专制统治的阶级的性格，我肯定，如果我们想获得某种结果，谈判的同时还要使用武力炫耀。"④因为小斯当东正是阿美士德使团的副使，也曾作为马戛尔尼使团副使斯当东的儿子，因会说几句中国话而与乾隆"亲切交谈"并

---

① 袁灿兴：《军机处二百年》，岳麓书社，2021年，第55页。
② 参见雷颐：《帝国的覆没》，东方出版社，2021年，第19页。
③ 马戛尔尼：《乾隆英使觐见记》，转引自张宏杰：《饥饿的盛世》，重庆出版社，2022年，第335页。
④ 阿兰·佩雷菲特：《停滞的帝国：两个世界的撞击》，生活·读书·新知三联书店，1993年。

获乾隆赏赐一个荷包，后来他成为英国东印度公司驻香港、广州的文员，翻译过《大清律例》等很多中国作品，著有《中英商业往来札记》《1816年英国使团访京纪实》《英中商务考察》等书。因此，作为"中国通"的他很有发言权，他曾在翻译的《异域录》前言中说："就世界文明之邦的尺度衡量，中国的确是非常低的。"[①]

"乾嘉之际这两次英国使臣来华要求通商、互派使节，本为中国稍敞大门，与外部世界广泛接触提供了一次难得的机会。但由于种种原因，这一历史机遇却被丧失。这种'礼仪'之争背后却潜藏着两种不同'世界体系'的碰撞冲突。最后，英国终于按捺不住，悍然发动鸦片战争，用暴力同中国'对话'，迫使'朝贡体系'一点点屈服，中国终于在血与火中被强行纳入一个现代世界体系。帝国衰亡的大幕，其实是从马戛尔尼1793年使华拉开的。"[②]

的确，可以说1793年拉开了清朝衰亡的大幕。"天朝"尤其是清廷的妄自尊大，让中国当时错失了主动融入世界文明潮流的大好机会，而在之后被迫卷入了全球化现代化，从而一再落后"挨打"。成也乾隆，败也乾隆，乾隆创造了"康乾盛世"，也因他的自大拉开了大清衰亡的帷幕。因此，1793年的马戛尔尼事件可以说是中国近现代史的起点[③]。假设清廷当时意识到西方的先进，进而打开国门、走向世界、发愤图强，中国的历史将完全不同[④]。只是历史不能假设，我们后人只能无限感叹，只能引以为戒。"周虽

---

① 参见王元崇：《中美相遇》，文汇出版社，2021年，第21、22页。
② 雷颐：《帝国的覆没》，东方出版社，2021年，第32页。
③ 参见张宏杰：《简读中国史》，岳麓书社，2019年，第282页。
④ 明朝利玛窦等传教士来华受到欢迎，促进了中外文化交流，百余年间来华传教士带来西书七千多部。崇祯皇帝曾赐给汤若望匾额以表其功，顺治皇帝则聘请汤若望为钦天监官员。康熙皇帝本人十分热爱学习，对西方器物、书籍、知识也非常执迷，曾命人将《几何原本》翻译成满文，且主持绘制出了无比精致的全国地图《皇舆全览图》和世界地图《坤舆全图》，也重用汤若望、白晋、南怀仁等西方传教士，"一时承学之士，蒸蒸向化，肩背相望"。可惜这只是康熙的个人爱好，并未将其转化为国家"生产力"，康熙还亲自论证"西学源于中学"。历史学家吕思勉对此评论道："基督教士东来以后，欧洲的各种科学，差不多都有输入。历法的改革，枪炮的制造，不必论了……但是（一）因中国人向来不大措意于形而下之学；（二）则科学虽为中国人所欢迎，而宗教上则不免有所障碍；所以一时未能发生很大的影响。"（引自吕思勉：《你一定爱读的极简中国史》，浙江文艺出版社，2017年，第326、327页。）

旧邦，其命维新"，一个国家和一个人一样，只有打开自己、不断破茧，对外开放、对内改革，才能立于不败之地。

如果以现代化视域来看待马戛尔尼事件，可以说此事件极大阻碍了中国现代化的进程，让中国早期现代化晚了半个世纪。这反映了传统社会尤其是传统观念的根深蒂固，反映了中国早期现代化开启的艰难尤其是缺乏内部动力，也反映了观念变革当是现代化的先声。

二、天理教攻入皇宫：大清衰亡的开端

如果说1793年是大清衰亡的征兆，那嘉庆十八年即1813年或是大清衰亡的开端。这一年民间风传"中秋八月，黄花满地"，又有一件千古未有的大事发生了。

1813年的7月18日，嘉庆皇帝前往承德木兰围场行猎，随后住在了承德避暑山庄，而此时京郊一场惊天巨变正在酝酿。9月15日，森严庄重的紫禁城内突然出现一批小商贩打扮的天理教教徒，他们在太监的接应下分兵两路竟然攻入了皇宫。东路只有5个人攻入东华门，很快被遇到的大批清军护卫所杀或擒。西路则有67人攻入西华门，在太监带领下于宫内四处厮杀，甚至一度冲到隆宗门外，军机处值班房及皇帝所住的养心殿就在门内，皇二子、皇三子当时都在养心殿，皇二子绵宁即后来的道光帝亲自用鸟枪连毙爬到墙头的两人①。天理教徒又奔到城楼，在城楼上竖起大旗，大旗上"顺天保民"几个字迎风招展。战斗进行至16日夜间才告结束，攻入皇宫的72名天理教教徒寡不敌众，全部被杀或被俘，清廷侍卫、太监共有42人死亡、60多人受伤。②

远在行宫的嘉庆皇帝刚开始看到奏报时全身发抖泪流满面，甚至在犹

---

① 绵宁因此事被嘉庆封为智亲王，赞扬他"有胆有识，忠孝兼备"，为他后来成为皇帝积累了资本。从这个角度讲，天理教教徒攻入皇宫虽然失败，但的确改变了大清国运。周星驰主演的电影《武状元苏乞儿》对天理教行刺皇帝也有反映，认为是皇帝决定了乞丐的多少乃至国运。

② 参见袁灿兴：《军机处二百年》，岳麓书社，2021年，第61-70页。

豫要不要逃往满族老家奉天。事变平息后，他依旧心惊胆战震动不已，因为几个底层小民攻入皇宫前所未有，可以说是嘉庆皇帝的至大耻辱。在回京时，嘉庆皇帝"无颜"理会两侧跪迎的王公大臣，而是下马向路边执勤的士兵嘘寒问暖以示安抚。

随后，嘉庆皇帝颁发《罪己诏》，"笔随泪洒"。《罪己诏》开头写道："朕以凉德，仰承皇考付托，兢兢业业，十有八年，不敢暇豫。即位之初，白莲教煽乱四省，黎民遭劫，惨不忍言，命将出师，八年始定。方期与我赤子，永乐升平。忽于九月初六日，河南滑县，又起天理教匪……"这即是说："朕当了皇帝后兢兢业业从不偷懒，好不容易花八年时间平定了白莲教作乱，天理教又开始作乱，朕到底惹谁了？咋这么悲催呢？"

《罪己诏》又写道：

> 我大清国一百七十年以来，定鼎燕京，列祖列宗，深仁厚泽，爱民如子，圣德仁心，奚能缕述？朕虽未能仰绍爱民之实政，亦无害民之虐事，突遭此变，实不可解。总缘德凉愆积，惟自责耳。然变起一时，祸积有日，当今大弊，在"因循怠玩"四字，实中外之所同，朕虽再三告诫，奈诸臣未能领会，悠忽为政，以致酿成汉唐宋明未有之事。较之明季梃击一案，何啻倍蓰？言念及此，不忍再言。予惟返躬修省，改过正心，上答天慈，下释民怨。诸臣若愿为大清国之忠良，则当赤心为国，竭力尽心，匡朕之咎，移民之俗；若自甘卑鄙，则当挂冠致仕，了此残生，切勿尸禄保位，益增朕罪。笔随泪洒，通谕知之。

这意思是说："我大清爱民如子，我也没残害百姓啊，如今的问题全在于官员因循守旧玩忽职守，我以后将好好反思改正错误，你们当官的也要忠心报国，否则就请滚蛋，不要再添加我的罪过了。"还交代了此次天理教事变为"汉、唐、宋、明未有之事。"

这份《罪己诏》虽然诚恳，但也透露出嘉庆的委屈。他在嘉庆八年就因在宫门口御驾被刺下过一次《罪己诏》。刺客陈德曾在内务府当厨子，因酗酒闹事被开除，他于是想杀了皇帝出口恶气而手持短刀直奔御轿而来，虽被侍卫拦住摁倒，但吓得嘉庆躲到了顺贞门内。嘉庆想不明白为什么被刺的总是自己，自己爱民如子、勤政节俭①，到底有何罪过？所以，嘉庆虽然很震惊很痛苦，在后来的诗中还写道"齐豫骚动，阙下震惊，惟锥心挥泪，宵旰仰求上苍赎罪""从来未有事，竟出大清朝"②，但并没有意识到问题的根本所在也就没有真正地反思、改进，反倒是下了一道很荒唐的禁令，"不准民间贩印小说，禁止民间上演杂剧。嘉庆认为，小说、杂剧之中充满好勇斗狠的内容，无知小民看了受其感染，危害尤甚，务必认真禁止"③。"冰冻三尺，非一日之寒"，天理教教徒攻入紫禁城看似偶然，实则或许必然，反映了大清帝国的确已在衰亡。

在嘉庆住在承德避暑山庄时，天理教由八卦教分支组建，林清、冯克善、李文成分别封号天理教"天皇""地皇""人皇"，教众决定于 1813 年 9 月 15 日发动起义，林清负责攻打皇宫，皇宫内有不少太监已加入了天理教可作内应。因为消息走漏，河南滑县知县强克捷将李文成等人捕获，河南天理教教徒于是提前于 9 月 7 日起事攻占滑县救回李文成，林清一伙则按原定计划于约定的 15 日攻打皇宫，"长垣、东明、曹县、定陶、金乡，都起而响应"④。主持京城政务的豫亲王裕丰及负责京城防务的步兵统领吉纶等官员事前都收到了相关情报，却以为是"疯人语"，没人当回事，甚至有宫内太监及皇亲国戚当了"带路党"。攻打皇宫失败后，清兵从俘虏口中得知背后主谋乃林清，于是派兵捉了林清等人。不久，李文成占据的司寨及天理教教徒固守的滑县等地纷纷被清兵攻陷，天理教起义历经四十多天告败，天理教教徒战死一万七千余人。因此事变导致百姓惨死无数，有屠人百万之说，此后华北平原瘟疫横行，灾荒持续多年。

---

① 嘉庆皇帝的确很勤政节俭，他在位二十多年没有一天不早起工作，甚至在去避暑山庄路上也批阅公文，更没有任何奢华享受，所以谥号"仁宗"。参见张宏杰：《张宏杰讲乾隆成败》，民主与建设出版社，2014 年，第 310 页。
② 《有感五首》，《清仁宗御制诗三集》卷十六。
③ 袁灿兴：《军机处二百年》，岳麓书社，2021 年，第 70 页。
④ 吕思勉：《你一定爱读的极简中国史》，浙江文艺出版社，2017 年，第 351 页。

而天理教事变的爆发也不是偶然的，之前清朝就已起义不断、会党众多，包括伴随清朝始终的以"反清复明"为宗旨的"天地会"、产生于乾隆时期的哥老会及持续八年横跨五省的白莲教①起义。有四川官员当时说："遐稽川省，康熙年间每年秋审不过七十余案；雍正年间渐增至百余案、二百余案；迄今岁乾隆七年，秋审竟多至四百十三案。"②而这些起义的根本原因则是清朝的衰落，所谓"康乾盛世"繁华太平的背后其实已危机重重、疾病丛生，包括官员贪腐普遍③、财政窘迫④、人口压力⑤、穷兵黩武等，尤其是百姓民不聊生，整个社会机制承受能力达到了崩盘边缘。"当时的中国已面临着全面性的人口压力，社会、自然环境全面恶化。在这个大背景下，传统经济已经难以维持数亿民众原有的生活水平；如果经济没有全面转型和产业革命，生产力没有质的飞跃，则必然会出现全社会的经济危机以及随之

---

① 白莲教历史悠久源远流长，创立于南宋绍兴元年（1131年），甚至可以追溯到东晋，兼收并蓄佛教、道教、明教等思想蓬勃发展，教义崇尚光明以造反为业，成为中国民间主要宗教之一。元朝很多起义便由白莲教发起，清朝时白莲教又致力于反清复明。1796年白莲教教徒起义，口号是"官逼民反"，波及四川、湖北、陕西、甘肃和河南等五省，清廷无力平反，便发动地方士绅和官员组建"寨堡团练"对抗，是清朝团练之始。白莲教起义给清朝以巨大打击，虽然于1804年被镇压，但之后白莲教依旧在民间兴盛，天理教前身八卦教也是白莲教分支，青帮、洪门以及后来兴起的义和团等背后都有白莲教的影子。"红花绿叶白莲藕，三教九流本一家"，意思即是说秘密社会一家亲，"红花"就是洪门，"绿叶"就是青帮，"白莲藕"就是白莲教。

② 《乾隆朱批奏折》，七年九月十九日四川按察使李如兰奏，转引自戴逸：《简明清史》（第二册），中国人民大学出版社，2006年，第420页。

③ 乾隆朝和珅一人便贪腐了8亿多两白银，其他官员也贪腐普遍。乾隆朝官员贪腐的原因之一在于乾隆生活奢侈、带头腐败、大肆收受贡品。据朝鲜使臣记载，乾隆七十大寿时北京附近进贡的大车多达三万多辆，官员们为了进献贡品只好贪腐。"和珅跌倒，嘉庆吃饱"，嘉庆皇帝号称"仁宗"，以仁厚治世，在乾隆去世后虽然将和珅抄家赐死，却并未就此深究，更未因此大刀阔斧改革积弊，严重挫伤了"天下望治之心"，各级官员"贪风不减"。

④ 据徐中约在《中国近代史》中所写，乾隆的"十全武功"耗费了1.2亿两白银，六巡江南则至少耗费白银2000万两，八十大寿花费白银114万两，嘉庆对白莲教等起义的镇压花了2亿多两白银，清廷财政在嘉庆时期已比较窘迫。

⑤ 清代人口剧增，到嘉庆时期已近3亿人口，但人口的增长也带来了很多问题，因为耕地等资源有限，农民更加贫困以及很多人因此背井离乡甚不得不反。被后人誉为"中国马尔萨斯"的洪亮吉于1793年在《治平篇》《生计篇》中就对人口增长带来的危险发出了警告。

而来的政治危机。"① 这表明传统社会已难以为继，须进行社会"转型"了，也即表明了中国开启现代化的必要。

学者张宏杰称"康乾盛世"为"饥饿的盛世、恐怖的盛世、僵化的盛世"②，大部分国人在所谓的"盛世"中依旧甚至更加生活贫困，如乾隆年间人均粮食占有量仅 780 斤，为历代最低③，民众吃的是粗茶淡饭甚至要吃糠咽菜；学者钱穆也认为："实际上自从乾隆末年以后，社会状况已经坏极，就是外国人不来，中国内部的腐败，也逐渐会暴露出来的。"④ 历史学家黄仁宇则具体指出了乾隆盛世背后的危机："乾隆的记录不如他说的那么完美。一开始，他并没有接受一套完善的财政系统，有如最近的研究所发现。也像和珅事件所显示，他生前有不少难为人言的事迹，当时仔细的遮羞，事后才逐渐暴露。传统官僚主义的作风，真理总是由上至下，统计数字反映着上级的要求和愿望。'十全老人'的'十全武功'主要是由汉人组成的'绿营'担当，他们曾遭受严重的损失，只是没有对外公布。白莲教为一种秘密结会的组织已有多时，事实上也在他御宇的最后数年内公开叛变。与群众暴动密切相关的，是由于过去一百五十年内部的和平和繁荣引起人口的激增。"⑤ 嘉庆时期翰林院编修洪亮吉就已对帝国人口增长表示担忧，还在写给一位京官的信中批评嘉庆虽然反腐却一切如故，"官大省、据方面者如故也，出巡则有站规、有门包，常时则有节礼、生日礼，按年则有帮费……无不取之于州县，州县则无不取之于民"⑥。

中国全面落后于西方，正是始自"乾隆盛世"。"盛世出现后，往往会

---

① 侯杨方：《治世：大清帝国的兴亡启示》，天地出版社，2022 年，第 316 页。发展方式没有得到根本转变，也是拉美等国家陷入"中等收入陷阱"的原因，"中等收入陷阱"是现代化进程中的一个重要阻碍（参见洪银兴：《中国式现代化论纲》，江苏人民出版社，2023 年，第 24 页）。
② 张宏杰：《饥饿的盛世》，重庆出版社，2022 年，序。
③ 参见张宏杰：《简读中国史》，岳麓书社，2019 年，第 271 页。
④ 转引自傅国涌：《从龚自珍到司徒雷登》，江苏文艺出版社，2010 年，第 6 页。
⑤ 黄仁宇：《中国大历史》，生活·读书·新知三联书店，1997 年，第 261 页。
⑥ 参见卜正民主编，罗威廉著，李仁渊、张远译：《哈佛中国史 6：最后的中华帝国：大清》，中信出版集团，2016 年，第 138 页。

出现制度僵化和制度衰败，各种问题逐渐滋生，从而导致衰世的来临。"① 就在乾隆炫耀他的"十全武功"的同时，英国发明了蒸汽机，开始了工业革命；法国爆发了大革命，高举自由平等"天赋人权"大旗；美国则在华盛顿的带领下走向共和。从此，历史加速前进，东西方的差距呈指数级扩大，现代化浪潮在全球席卷。

因此，天理教事变乃至攻入紫禁城不是偶然的，反映了大清"盛世"已在衰落，的确可以说它是清朝衰亡的重要拐点、征兆，"是役为有清一代兴亡关键"。天理教起义虽然失败了，但背后民不聊生等问题并没有解决，因此还有后面的太平天国运动、辛亥革命等揭竿而起，也最终导致了清廷的垮台。而历史的回响绵绵不绝，如学者张宏杰所言："以乾隆为代表的专制精神造成的中华民族精神上的孱弱、保守、僵化，不但是鸦片战争中中国失败的原因，更是鸦片战争以来中国在现代化道路上走得如此跌跌撞撞、艰难曲折的原因之一。"② 也即是说，中国现代化艰难的一个重要原因在于精神方面，需"刷新"民族精神，即如梁启超、鲁迅后来所呼吁的要"新民""树人"。

三、龚自珍：大清步入"衰世"

1793年的马戛尔尼事件和1813年的天理教事变分别为外患、内忧，却都是千古未有之事，标志着大清已内外交困，开始衰亡，如马戛尔尼所言中华帝国这艘"旧船"已破败不堪，也标志着时代即将进入千古未有之大变局。"金玉其外，败絮其中"，所谓"盛世"的繁华太平背后往往已千疮百孔，就像张爱玲所言，华美的袍子里面早就爬满了虱子③。

那举国上下有没有人对此有所觉察、清醒呢？乾隆没有，嘉庆没有，大多数国人依旧在"昏睡"中沉醉，如拿破仑所言，中国此时还是一头在

---

① 张宏杰：《张宏杰讲乾隆成败》，民主与建设出版社，2014年，第313页。
② 张宏杰：《饥饿的盛世》，重庆出版社，2022年，序。
③ 张爱玲在《天才梦》中说："生命是一袭华美的袍，爬满了虱子。"

沉睡的"东方雄狮"。但也不是完全没有国人醒悟，天理教事变发生时，林则徐正在翰林院庶常馆任庶吉士，他在日记中虽然依旧称天理教为"贼匪""匪徒"，但已在思考这场事变的原因。他认为根源在于京郊地区农耕单一落后引起的饥荒，因此他撰写了《北直水利书》，主张兴修水利，引进南方水稻种植。

而有更深刻、更系统思考的是此时22岁、刚刚丧妻的龚自珍，他料理完妻子丧事后闭门不出，针对天理教教徒突袭皇宫写了《明良论》系列文章，"明良"二字出自《尚书》，意思是"君明臣良"。在这些文章中，龚自珍深度剖析和抨击了清朝扼杀人才的官僚制度，形象地指出年轻官员忙碌得像石碾子，而老官僚清闲得像石狮子，并将矛头直指君主集权制。嘉庆皇帝在《罪己诏》中认为问题主要在于官员"悠忽为政""因循怠玩"，而龚自珍则认为是君主集权"约束之，羁縻之"导致官员手脚被捆不能充分施展才华，"天下无巨细，一束之于不可破之例"。龚自珍还借古谏今，提出要分权放权，疾呼只有"自改革"才能"万万年屹立不败之谋"①。这是对至高无上"皇权"大逆不道之论，却是对时弊的准确剖析和建言。龚自珍这几篇文章的批判力、震撼力在当时可想而知，龚自珍外祖父段玉裁对此评价道："耄矣，犹见此才而死，吾不恨矣。"

龚自珍还清醒地认识到清朝已经衰亡，第一个指出清朝已步入"衰世"。在1815、1816年，龚自珍写了《乙丙之际箸议》系列文章二十五篇，对社会弊病从政治、经济、学术、司法、个性解放等方面做了全面、深刻的揭露、批评。他在文章《乙丙之际箸议第九》中把历朝历代分为"治世""乱世"和"衰世"，"衰世者，文类治世，名类治世，声音笑貌类治世，黑白杂而五色可废也，似治世之太素；宫羽淆而五声可铄也，似治世之希声；道路荒而畔岸隳也，似治世之荡荡便便；人心混混而无口过也，似治世之不议"，即衰世貌似盛世，但社会失去了生机、活力。其衡量标准主要在于人才情况，在"衰世"中"左无才相，右无才史，阃无才将，庠序无才士，

---

① 见王振羽：《龚自珍传》，团结出版社，2021年，第67页。

陇无才民，廛无才工，衢无才商；抑巷无才偷，市无才驵，薮泽无才盗；则非但鲜君子也，抑小人甚鲜"，即不仅良相能臣没有了，就连有才能的小偷大盗都没有了。而没有人才的原因在于："当彼其世也，而才士与才民出，则百不才督之，缚之，以至于戮之。戮之非刀、非锯、非水火，文亦戮之，名亦戮之，声音笑貌亦戮之……然而起视其世，乱亦竟不远矣。"① 即人才被社会环境尤其是被思想严酷统治扼杀了。

龚自珍已清醒地认识到当时大清已步入这样"文类治世、名类治世、声音笑貌类治世"的"衰世"，已危机四伏，"万马齐喑""日之将夕，悲风骤至""起视其世，乱世亦竟不远矣"。那怎么办呢？龚自珍呼吁清廷"自改革"，"一祖之法无不敝，千夫之议无不靡，与其赠来者以劲改革，孰若自改革"，尤其是要重用"通经致用"的人才，"我劝天公重抖擞，不拘一格降人才"。龚自珍指出如果清廷不能施行"自改革"，那将会有人来"劲改革"。历史后来也证明了这一点，"自改革"也是中国现代化的自身逻辑、特点。

为什么龚自珍会有这样的远见卓识呢？这要从龚自珍的身世说起。马戛尔尼事件的前一年即1792年，龚自珍出生于浙江杭州一个仕宦之家，父亲龚丽正曾任军机章京、安庆知府、苏松太兵备道兼江苏按察使。龚自珍自小跟随出身于书香门第的母亲吟咏诗文，12岁时则随"文字学大家"外祖父段玉裁学习经文，18岁初登考场便中得副贡生，但其后多次乡试未中，直到八年之后才中举人，之后考进士的会试则一直落选。

龚自珍乡试、会试屡屡不中并不是因为他没有才学，而是因为他已渐渐注重"经世致用之学"，而忽视钻牛角尖的"虫鱼学"和"假大空"的八股文。他在1813年第二次乡试落第之后就写诗道："纵使文章惊海内，纸上苍生而已。"即认为"八股文写得好又怎样呢？纸上谈兵耽误苍生而已"。

---

① 龚自珍：《乙丙之际箸议第九》。

1819年会试落选后，他更是与魏源一起拜师"今文经学家"[①]刘逢禄[②]，"从君烧尽虫鱼学，甘做东京卖饼家"，从此更加注重"微言大义"和"经世致用"。

因此，龚自珍有对时弊的真知灼见和犀利批判。龚自珍指出大清天下已"四海变秋气，一室难为春"，清廷统治就像"将萎之华，惨于槁木"，物价飞涨、民不聊生，如"父老一青钱，馎饦如月圆。儿童两青钱，馎饦大如钱"，读书人则"避席畏闻文字狱，著书都为稻粱谋"，整个社会"不闻余言，但闻鼾声"，而社会动乱的根源在于贫富悬殊："小不相齐，渐至大不相齐；大不相齐，即至丧天下"……据某笔记，龚自珍甚至讽刺过正大光明殿"禽兽居之"，而正大光明殿乃帝王居住，这即是在暗讽皇帝乃禽兽也。

因此，龚自珍认为"自古及今，法无不改"，要"更法"，要改革科举制、改革内阁制、改革朝政，提出反对贫富悬殊的平均论和要整顿"人心世俗"，批评女性缠足，提倡天然，抨击专制主义"一人为刚，万夫为柔"，在名作《病梅馆记》中更是呼吁人性自由、个性解放，呼唤"山中之民"的"理想

---

① 因为清朝前期文字狱盛行（清朝前期有记录的文字狱就至少有160多起，众多士子被杀著作被毁），清朝前期学界占主导的是埋头考据训诂回避现实的"乾嘉学派"，该学派因以汉儒经注为宗也被称为"古文经学派"。历史学者杨国强在著作《晚清的士人与世相》中指出："这个过程以实证精神为中国文化营造过一片静静的灿烂；也使众多知识分子的心气和志趣在实证中变得沉寂细碎……人物、学术、世风都在沉寂细碎中日趋而日益萎靡。"嘉庆时期，因社会现实问题丛生，也因嘉庆废弛文字狱，有越来越多的学者提倡治学要"经世致用"，济世匡时，除弊兴利，议论时政及批评"乾嘉学派"迂腐无用，他们被称为"今文经学派"。他们也受到明末清初王夫之、顾炎武等影响，如王夫之创立行社、匡社崇尚实干兴邦，顾炎武则提出"天下兴亡，匹夫有责"。今文经学和古文经学的分野最早可以追溯到西汉末年，可以说由此形成了自古至今中国知识人的最宝贵传统，即如北宋张载所言"为天地立心，为生民立命，为往圣继绝学，为万世开太平"。今文经学以董仲舒为鼻祖，侧重于探讨经学的微言大义，所谓今文经指用西汉当时通行文字隶书所写的经书，又称"公羊学派"；古文经侧重名物训诂，所谓古文经指用六国古代文字所写的经书。

② 刘逢禄（1776—1829），其外祖父便是今文经学常州学派开山祖师庄存与，庄存与将阐释《春秋》"微言大义"的"公羊学"首倡于乾嘉时期，在清代第一个将今文经学与现实政治相联系。刘逢禄著有《春秋公羊经何氏释例》等书，反复申述"大一统""通三统"等"圣人微言大义"，进一步将今文经派发扬光大，进而促成了经世实学思潮兴起，龚自珍、魏源、包世臣、汤鹏、姚莹、林则徐、黄爵滋等很多人受他影响。其中"包世臣提出了废八股、开言路、汰冗员以及以海运代替漕运的经世良策，汤鹏则从'医贫'的角度出发，为清廷开出了限制兼并土地，缩小贫富差距的药方"（引自朝文社：《好看到爆的大清秘史》，长江出版社，2021年，第37页）。

人格","山中之民"多了将"有大音声起,天地为之钟鼓,神人为之波涛矣"……他还广泛研究地理学、边疆学、文学、史学、哲学、农学、算学等,尤其是精通"天地东西南北之学",撰写了《西域置行省议》最早建言在新疆设省①,撰写了《东南罢番舶议》对东南地区管理提出建议,完成了旨在"经世致用"的《蒙古图志》《最录〈平定罗刹方略〉》《最录〈西藏志〉》等书,著有内容侠骨柔情风格雄奇哀艳的《己亥杂诗》,另外还写有至少三百篇其他文章……

"九州生气恃风雷",龚自珍就是震古烁今的惊天风雷。可以说龚自珍乃"明清思想解放之先驱,三百年来诗文第一流"②,堪称"但开风气不为师"的清朝思想启蒙第一人,开启了中国近现代思想启蒙运动③,尤其是开"士大夫慷慨论天下事"的风气④,影响了很多知识人从埋头书斋转向经世致用。如历史学家张荫麟所言,"龚定庵诗,在近世中国影响极大。既系维新运动之先导,亦为浪漫主义之源泉。甲午、庚子前后,凡号称新党,案头莫不有《龚定庵诗集》,作者亦竞效其体"⑤,对梁启超、鲁迅、胡适、毛

---

① 龚自珍不仅建议"新疆设省",连新疆十四个府州四十个县如何设置也都写清楚了。他后来在《己亥杂诗》中对此写诗道:"五十年中言定验,苍茫六合此微官。"他坚信五十年后他的建言会成为现实。后来,左宗棠主政西北时对龚自珍新疆设省的建议非常赞同,在他的力争下,1884年新疆设省。李鸿章对此说:"古今雄伟非常之端,往往创于书生忧患之所得,龚氏自珍议西域置行省于道光朝,而卒大设施于今日。盖先生经世之学,此尤其荦荦大者。"

② 文史作家王振羽2021年出版的著作《龚自珍传》封面所言。

③ 所以,新文化运动及五四运动的启蒙思潮并非完全受西方思想影响,也受龚自珍、梁启超等本土思想家影响,也即中国现代化思潮也有本土源头,这一点到现在还未被学界充分认识。而龚自珍的思想主要受今文经学派及其个人经历影响。

④ 清朝入关时,曾在全国府学、县学都树立过一块碑,上面铭刻三大禁令:"第一,生员不得言事;第二,不得立盟结社;第三,不得刊刻文字。违者,杀无赦。"后来清廷又多次下旨重申"妄立社名,纠众盟会"之禁,这也是清朝文字狱及"乾嘉学派"盛行的原因。学者钱穆在《国史大纲》书中对此说:"清人又严加摧抑,宋、明七百年士人书院民间自由讲学之风遂熸。于是士大夫怵于焚坑之酷,上之为训诂、考据,自藏于故纸堆中以避祸,下之为八股、小楷,惟利禄是趋。于是政府与民间所赖以沟贯之桥梁遂腐断,所赖以流通之血脉遂枯绝。"在此打击下,国人的言论、结社自由大倒退,知识分子气节被摧得无以复加。

⑤ 孙文光、王世芸编:《龚自珍研究资料集》,黄山书社,1984年,第231页。

泽东等人①都有重要影响。这正如龚自珍的诗句所言："落红不是无情物，化作春泥更护花。"龚自珍的改良思想对后世也有重要影响，如康有为的一些维新主张就借鉴了龚自珍的"更法""改图"等思想，他在《新学伪经考》中就说："吾向亦受古文经说，然自刘中受、魏默深、龚定庵以来，疑攻刘歆之作伪多矣，吾蓄疑于心久矣。"文学方面，龚自珍的诗文对黄遵宪、梁启超等人也有影响，"尤其是他的诗，在一个多世纪以来广泛受到人们的喜爱与模仿。特别是对近代的'诗界革命'和'南社'诗人曾起过积极的作用"②。

有人说龚自珍是中国的"但丁"，梁启超把龚自珍比作法国的卢梭，其实更可以说龚自珍是清朝的鲁迅。龚自珍和鲁迅有太多相似，他们都思想博大精深，见识卓绝超凡；都才华横溢飞扬，性格特立独行；都"横眉冷对千夫指，俯首甘为孺子牛"；都注重呼唤国人尤其是知识人③的觉醒、独立，其人其文都成为后世思想、精神的"原典"④……不同的是，龚自珍生活在众人更为昏睡的清朝"铁屋"中，因而他比鲁迅更加孤独痛苦和命运多舛。

龚自珍的思想、言论太犀利、太超前了，这注定他成为当时的"孤勇者""殉难者"，这似乎也是每个时代"先知""先行者"的宿命吧。"一箫一剑平生意，负尽狂名十五年"，当时"所谓名士派最足者，以龚定庵为第一"：

> 定庵性不喜修饰，故衣残履，十年不更。尝访钱塘陈太守元禄于京师七井胡同，时九月也，秋气肃然，侍者觳觫立，先生衣纱衣，丝

---

① 反对新学的叶德辉曾说康有为的今文经学是"定庵之重儓"，梁启超后来说"晚清思想之解放，自珍确与有功焉。光绪间所谓新学家者，大率人人皆经过崇拜龚氏之一时期。初读《定庵文集》，若受电然，稍进乃厌其浅薄"，鲁迅好友沈尹默曾指出鲁迅"少时喜学定庵诗"，胡适自命的"但开风气不为师"一语正是龚自珍的诗句，"九州生气恃风雷，万马齐喑究可哀。我劝天公重抖擞，不拘一格降人材"这首诗则是毛泽东在文章中唯一引全的古典诗词，毛泽东还曾三次引用此诗。

② 王镇远：《亦狂亦侠亦温文：龚自珍的诗文与时代》，天津人民出版社，2020年，第240页。

③ 龚自珍非常重视知识人的作用，在文章《明良论二》中认为"士皆知有耻，则国家永无耻矣；士不知耻，为国之大耻"。

④ 参见陈歆耕《剑魂箫韵：龚自珍传》、朱奇志《龚自珍鲁迅比较研究》、黄坚《桃花树下的鲁迅》等著作。

理寸断，脱帽露顶，发中生气蓬蓬然。又谈次兴酣，每喜自击其腕。尝乘驴车独游丰台，于芍药深处籍地坐，拉一短衣人共饮，抗声高歌，花片皆落。①

龚自珍"清醒地感到自己是处在'世人皆欲杀'的境地"②，他自称"狂生"，被时人称为"龚呆子"，直接受到的伤害就是他屡试不中。1826年龚自珍第四次参加会试，但和魏源一起再次落第。老师刘逢禄为他们写下鸣不平的长诗《题浙江湖南遗卷》，称龚自珍为"红霞喷薄作星火"，称魏源为"更有无双国士长沙子"，从此龚、魏并列成为当时的"双子星"。龚自珍和魏源相识于1819年在京科考，两人志趣相同，都注重"经世致用"，因此成为一生好友。龚自珍性格激烈而魏源性格温和，但两人互相劝谏，非常友爱，龚自珍曾在信中批评魏源治学过于繁琐，魏源则屡屡在信中提醒龚自珍要注意谨言慎行，龚自珍还曾与魏源住在一起，连衣服都不分彼此③。

在1829年的第五次会试中，龚自珍终于考中贡士。在殿试中，他对考题胸有成竹、对答如流，效法王安石《上仁宗皇帝言事书》作《对策》，从变革吏治、重视农耕、治水、治边等方面提出改革主张，"洒洒千余言，直陈无隐，阅卷诸公皆大惊"，最终位列三甲第十九名。接下来参加朝考，如再通过，就可以像林则徐那样入翰林馆学习成为国家"后备干部"了，可惜主持朝考的是以"多磕头、少说话"闻名的大学士曹振镛。他自然看不惯以"少磕头、多说话"闻名的龚自珍，便以"楷法不中程"为由未将龚自珍选入翰林。据说，龚自珍对此非常气愤，令家人婢女都练习八股考试专用书法体"馆阁体"，对外人傲然称"今日之翰林，尚犹足道哉？我家妇人，无一不可入翰林者"④，即"翰林有啥了不起？俺家女子没有一个不能入翰林"，后来还专门写过《干禄新书》讽刺科举以书法作为标准。

---

① 瞿铢庵：《杶庐所闻录》，山西古籍出版社，1995年，第28页。
② 孙钦善选注：《龚自珍选集》，人民文学出版社，2020年，第11页。
③ 参见陈歆耕：《剑魂箫韵：龚自珍传》，作家出版社，2016年，第107页。
④ 孙静庵：《栖霞阁野乘》，转引自孟森等著：《清代野史》，中国人民大学出版社，2012年，第455页。

虽然龚自珍后来也曾任内阁中书、国史馆校对、宗人府主事等"科级干部",虽然他也曾有远大抱负,意欲"功高拜将成仙外"①,虽然他也一度戒诗以"沉默是金",但他在官场中注定格格不入。且因"才高触动时忌",考核时曾被列为三等,甚至还莫名其妙被停俸一年。"美人如玉剑如虹"②,龚自珍的理想是成为王安石那样变法自强的改革家,可报国无门壮志难酬,龚自珍长期心情郁闷甚至曾吐血半升,他只能寄情于诗酒、赌博、收藏文物以"玩物丧志",乃至以"美人经卷"为自己"理想",一边钻研佛学禁欲,一边风流不羁纵欲,和灵箫、小云等多名妓女传情缠绵。"屠狗功名,雕龙文卷,岂是平生意……怨去吹箫,狂来说剑,两样销魂味。两般春梦,橹声荡入云水。"③终于在1839年,48岁的龚自珍心灰意冷,辞官回乡,而他唯唯诺诺的叔叔龚守正此时则高升礼部尚书。

"沉思十五年中事,才也纵横,泪也纵横,双负箫心与剑名。"④龚自珍在回乡路上带着百卷文集边走,边访友,边写诗。他将沿途所思所感随手写在账簿上,然后揉成纸团扔进随身携带的簏筐中,回家后再抄录。这便有了统题为《己亥杂诗》的315首诗歌,回顾、总结了龚自珍一生经历、感想,亦诗亦史。《己亥杂诗》奠定了龚自珍作为中国最后一位古典诗词大家的地位,有很多名句流传乃至后世知识人流行"集龚"游戏⑤,其中任何一首诗的价值都可能超过乾隆的四万多首诗之和。"每个人都有自己人生的至暗时刻,龚自珍在己亥年的行旅,一举实现了人生的逆袭。一生的怀才不遇、挫折,中老年生活的衰亡、绝望,突然因为回首往事和立此存照而得到了安顿和至高的意义。"⑥功名利禄都如过眼烟云,我们最终还是要在精

---

① 龚自珍诗《夜坐》。
② 龚自珍诗《夜坐》。
③ 龚自珍词《湘月》。
④ 龚自珍《丑奴儿令》。
⑤ 余世存在《己亥:余世存读龚自珍》一书中介绍,所谓"集龚"游戏是指将龚自珍诗词打乱重新组合成新的诗,冰心在中学时代就有几十首"集龚"诗作,"一百多年来的读书人愿意以《己亥杂诗》为基础'集龚',因为《己亥杂诗》里有最为自由酣畅的精神"。
⑥ 余世存:《己亥:余世存读龚自珍》,四川人民出版社,2019年,第10页。

神世界中安顿自己，还是要像龚自珍一样珍爱自己。

回乡后，龚自珍在侍奉老父之余，走亲访友，吟诗作文，撰写了那篇千古名作《病梅馆记》，其中写道：

> 予购三百盆，皆病者，无一完者。既泣之三日，乃誓疗之：纵之顺之，毁其盆，悉埋于地，解其棕缚；以五年为期，必复之全之。予本非文人画士，甘受诟厉，辟病梅之馆以贮之。呜呼！安得使予多暇日，又多闲田，以广贮江宁、杭州、苏州之病梅，穷予生之光阴以疗梅也哉！

"梅有病"，人亦"有病"，被"斫其正，养其旁条，删其密，夭其稚枝，锄其直，遏其生气，以求重价"，何时才能被"疗之"，才能自由自在生长？龚自珍再次将矛头直指扼杀人才扼杀个性的专制统治，可见他虽然辞官还乡但依旧"还是从前那个少年，没有一丝丝改变。时间只不过是考验，种在心中信念丝毫未减"。

就在龚自珍辞官回乡的同时，林则徐作为钦差大臣抵达广州领导禁烟。林则徐与龚自珍的父亲龚丽正曾一同进京为官结下友情，到京后在参加"宣南诗社"活动中与龚自珍、魏源相识相交，颇为欣赏比他年轻但和他一样有"经世致用"思想又有才学的龚自珍、魏源，从而也与他们建立了深厚情谊。

在林则徐离京时，龚自珍特意写了《送钦差大臣侯官林公序》，对禁烟予以坚决支持和提出详细建议，如建议对买卖鸦片和吸食鸦片者都处以"绞刑"，提醒林则徐要警惕各种破坏势力，做好发生战事的准备，"此行宜以重兵自随""多带巧匠以便整修军器"，并颇有预感地指出："此千载之一时，事机一迭，不敢言之矣！不敢言之矣！"他还在此文中提出了应对之策。早在1835年，龚自珍就对泛滥成灾的鸦片走私有过关注，如他在文章《赠太子太师兵部尚书两广总督谥敏肃涿州卢公神道碑铭》中大声疾呼："岭云白矣！海氛墨矣！岭析夜狂。吁嗟岭海，大窦大庚，海人来商……维海之西，有英吉利，隆鼻高眄。环伺澳门，以窥禹服，十伍其樯。"龚自珍还表示愿随林则徐前往广州参与禁烟，并送了一方砚台给林则徐。此砚背刻王羲之的《快雪时晴帖》,"希望林能像'快雪时晴'一样雷厉风行地革除积弊"①。

林则徐看完建议书后非常感动,回了一封信高度评价龚自珍的建议,称其"责难陈义之高,非谋识宏远者不能言,而非关注深切者不肯言也"②,但婉言谢绝了龚自珍随同南下禁烟的想法。他可能认为龚自珍作为一介书生、狂生,可能并不适合参与实际工作,也可能是想保护龚自珍不让他冒险。而龚自珍送的那方砚台,据说林则徐一直随身携带,即使他在后来被贬新疆时还写诗道:"定庵贻我时晴砚,相随曾出玉门关。龙沙万里交游少,风雪天山共往还。"

龚自珍在回乡途中也惦念着林则徐,写诗道:"故人横海拜将军,侧立南天未蒇勋。我有阴符三百字,蜡丸难寄惜雄文。"表达了他的壮志未酬和对林则徐的厚望。就在回乡的第二年,鸦片战争爆发,龚自珍写信给广东的朋友说要前去广东抗敌,"益思游以振奋之,忽然丐徐君磨墨为荐士书,贷扉屦,将粤行"。不久,林则徐遭撤职查办,龚自珍对此十分愤懑,在1840年9月给朋友的信中写道:"开辟以来,民之骄悍,不畏君上,未有甚于今日中国者也。今之中国,以九重天子之尊,三令五申,公卿以下,舌敝唇焦于今数年,欲使民不吸鸦片烟而民弗许,此奴仆踞家长,子孙篡祖父之世宙也。即使英吉利不侵不叛,望风纳款,中国尚且可耻而可忧,愿执事且无图英吉利。"这封信再次反映出了龚自珍作为一个思想家的深度,他看出了"今之中国"的"可耻而可忧"。

1841年,英军大举进攻沿海,主讲于丹阳云阳书院的龚自珍时刻挂念着"海氛未靖","据说龚在晚年勤勉阅读西方译著"③。他还写信给江苏巡抚梁章钜表示自愿"即日解馆",投笔从戎,前去与梁章钜共同抗敌,梁章钜欣然同意。可就在即将前行时,龚自珍暴病而亡溘然辞世,年仅五十岁,

---

① 傅国涌:《从龚自珍到司徒雷登》,厦门大学出版社,2015年,第8页。
② 林则徐:《复龚自珍书》,引自杨国桢选注:《林则徐选集》,人民文学出版社,2004年,第92页。
③ 卜正民主编,罗威廉著,李仁渊、张远译:《哈佛中国史6:最后的中华帝国:大清》,中信出版集团,2016年,第144页。

可谓"壮志未酬身先死"。

去世后,龚自珍向来"不感冒"的叔叔龚守正送挽联道:"石破天惊,一代才名今已矣;河清人寿,百年士论竟如何?"①好友魏源则编辑了龚自珍文集《定庵文录》十二卷、《定庵外录》十二卷,后经龚自珍之子龚橙②删减为文九卷诗三卷。在序言中,魏源高度评价龚自珍的文章道:"虽锢之深渊,缄以铁石,土花锈蚀,千百载后,发硎出之,相对犹如坐三代上。"他相信龚自珍的文章一定会千古不朽。

龚自珍当然不朽,他是那个时代的先驱,承前启后了旧时代与新时代;但他也并未充分了解、超越那个时代。如学者茅海建所言:

> 龚自珍不是一个政论家,他并未提出改革中国的完整方案。然其枝节零散地提出的改革措施中,无不可看出中国传统的背景,并无新时代的气息。龚自珍只是一个思想家,他的才气思辨显露在他对社会的批判之中,但这种批判仍是用中国传统之是来非当时的中国社会,有着人人皆可感受到的浓郁的复古主义味道。在儒、道、法、释糅合羼杂且以儒家为主的龚自珍思想中,他的理想社会,仍是三代之类的境界,仍未脱离中国传统的窠臼。他所倡导的经世致用之学,力图用中国传统的思想和方法来解决当时社会中的传统类型的问题,一开始就与时代要求不相

---

① 龚自珍对深谙官场规则而官运亨通的叔叔龚守正很不屑,曾讽刺道:"吾叔读五色书学问,红面者,缙绅;黄面者,京报;黑面者,禀帖;白面者,知会;蓝面者,账簿也。"意思是说他叔叔看菜下碟,根据官员不同面色采取不同态度。

② 龚自珍之子龚橙也是著名学者,像父亲一样满腹才学,风流狂放,怀才不遇。他自号"半伦",即君臣、父子、夫妇、兄弟、朋友等"伦"都没有了,只剩下爱妾这"半伦",可惜晚年穷困潦倒时他唯一爱的小妾也跑了。传说龚橙为父亲龚自珍校订文集时,在案头置龚自珍的灵位,不合己意便用木尺敲击灵位责备说:"某句不通,某字不通。因为你是我的父亲,我才为你改正,使你不致欺蒙后人。"曾国藩曾想邀请他入幕,他大笑道:"公试思之,仆岂能居公下者?休矣!无多言。今夕只可谈风月,请勿及他事。"后李鸿章爱惜其才每月赠二百金,五十三岁"发狂疾死"。后世还传闻,八国联军侵华时,龚橙曾为其当向导,"倡率奸民"入内纵火。此事其实并无确切证据,梁启超曾写文解释道:"孝拱为定庵子,圆明园之役,有间谍嫌疑,久为士林唾骂。或曰:并无此事,孝拱尝学英语,以此蒙谤耳。"另或因他曾为英国驻华公使威妥玛工作过,乃至他曾扬言:"中国天下,与其送与清满,不如送与西人。"龚橙著述甚多,但最终"发狂疾死,濒死,出其所爱帖值千金者碎剪之,无一字存者"。

合谐。这一点，我们已经看到的历史结局足以证明：清王朝在后来的实践中，平定以太平天国为主的全国内乱，可以认定为经世致用之学的巨大成功，但在来自海上的西方列强面前，却战无不败。

从当时的社会来讲，龚自珍是站在最前列的人；从当时的时代来讲，龚自珍又落到时代的后面。这种又先进又落后的特点，突出地表示了中国社会的落后性，突出地表现出中国的社会精英与时代要求的差距。这种特征又部分地决定了近代中国的命运。从这个意义上讲，龚自珍尚不明自己所处的时代，只是他个人的悲剧，而中国社会尤其是社会精英中，无人觉察到中国面临的时代，那就成了整个中国的悲剧。①

当然，在客观看待龚自珍的同时，我们也要如学者钱穆所言，对待本国历史文化应持"温情与敬意"，更多地理解龚自珍与那个时代。"创榛辟莽，前驱先路"，龚自珍开时代风气之先，开创了关心社会、批判现实、"救裨当世"的新风气，以他和魏源为代表的经世致用思想更是有着重要的历史意义。"经世致用学派的思想核心是针对当时的社会弊端加以揭露抨击，倡导新学风，提出具体的政务改革主张……其改革精神，对后世产生了重大影响。只有在兴起面向现实的新学风和倡导革新精神的条件下，人们才能勇敢地睁眼看世界，提出向西方学习的口号。可以说，经世致用思想为中国近代化提供了思想准备，它在中国思想文化由封闭到开放的转折中起了过渡和中介的作用。"②也即是说龚自珍发扬光大的经世致用思想是中国早期现代化开启的重要"桥梁""酵母"，因此也可以说龚自珍是中国早期现代化重要的"领航者""先锋"。

"吟到恩仇心事涌，江湖侠骨恐无多。"开眼看中国、第一个发出大清已处"衰世"警报的龚自珍就这样走了，一定有很多遗憾、不甘。他会不会想到他的思想将影响一代代人，会不会想到他的好友魏源、林则徐以及心心念念的国家不久将彻底改变命运？"风雨如晦，鸡鸣不已。"一个时代"先知"去了，"数千年未有之变局"即将来临，龚自珍所预言的"衰世"

---

① 茅海建：《龚自珍和他的时代》，《社会科学》，1993年第1期。
② 史远芹：《中国近代化的历程》，中共中央党校出版社，1999年，第66页。

和"九州生气恃风雷"就要来了。

四、林则徐：历史的选择

"九州生气恃风雷，万马齐喑究可哀。我劝天公重抖擞，不拘一格降人材。"为什么会由林则徐来领导广州禁烟？这与其说是道光帝的选择，不如说是历史的选择。如果说龚自珍是清朝"经世致用"思想家代表，那林则徐就是"经世致用"实干家代表，他太务实能干、政绩卓著了。

林则徐1785年出生于福建福州一个出租屋里，父亲林宾屡试不中以教私塾为生。他给林则徐起名"则徐"是因为钦佩南朝被称为"天上石麒麟"的徐陵，希望儿子能像徐陵一样富有才华又为官刚正。林则徐后来自己取字"少穆""石麟"，最终不负父亲所望。

在父母的教育下，林则徐六岁开始学做文章，据说八九岁时就写出了"海到无涯天作岸，山登绝顶我为峰"这句惊人诗作。十二岁时，林则徐参加乡试中得佾生，即为孔庙祭祀时充任乐舞的童生。十四岁时，林则徐一举考中秀才先声夺人，他父亲三十岁才中得秀才。中得秀才后，林则徐到福州赫赫有名的鳌峰书院读书求学。书院山长郑光策喜读"经世致用"之书，提倡"经邦济世"之学，反对当时知识人埋头读书不问现实的风气，而要求学生"明体达用""以立志为主"，且认为"民为邦本""为治之术，以得民心为本"，对林则徐思想有重要影响。林则徐当时还与郑光策的女婿梁章钜交好，两人同时立下"经国救世"之志。梁章钜后任广西巡抚、江苏巡抚，积极支持林则徐禁烟，是第一个提出以"收香港为首务"的督抚。

1804年，二十岁的林则徐结束了七年苦读参加乡试，又一举中得举人。

金榜题名的同时，林则徐又迎来洞房花烛夜，娶了名儒郑大谟的女儿。而之后的会试，林则徐就没有那么好运了，第一次没有考中后迫于生计担任了厦门海防同知房永清的书记员。厦门当时是清朝海外贸易的窗口，在厦门的工作经历打开了林则徐的视野，锻炼了他的才能，也让他开始认识到了鸦片的危害。"也许，后来他在禁鸦片问题上态度鲜明而坚决，正是从这里打下的基础。"①

1807年，新任福建巡抚张师诚发现一篇词文颇有见识，便招募这篇文章的作者林则徐入幕任司笔札，类似于现在的秘书之职。林则徐跟随张师诚有了更大的历练，包括亲历了剿匪、官场争斗等，极大地提升了他的从政能力，也更加让他"以经世自励"，奠定了他之后走上官场政绩卓著的基础。

嘉庆十六年即1811年，林则徐第三次参加会试，终于中得进士，入翰林院庶常馆做庶吉士，即边工作边读书，类似于现在的博士后。林则徐像其他庶吉士一样一边努力学习积累才学，一边广泛交际积累人脉，不同的是他参加了"宣南诗社"②与龚自珍、魏源等"经世致用"同道交好，而且受天理教攻入皇宫事件刺激开始思考国运。他撰写了《北直水利书》，认为兴修华北水利、移植南方水稻，让农民富足安定便可避免动乱，甚至上奏朝廷力陈"农为天下之本，稻又为农之本务，而畿内艺稻又为天下之本务"。

林则徐的远见卓识在当时只能是天方夜谭，因为翰林院生活清苦、年薪微薄，即使后来升为翰林院编修，他也得先为自己"稻粱谋"，有空便替人写信或教书，做个"斜杠青年"赚点外快。终于在1816年，"肥差"来了，嘉庆皇帝钦点林则徐任江西乡试副主考官。"可惜"林则徐并没有抓住机会谋私"变现"，而是劳心劳力为朝廷选拔了很多人才，包括后来任浙江绍兴知府的周仲墀。尤其是此次录取的学子多为清贫家庭出身，故时人称这次乡试为"清榜"。嘉庆帝对林则徐的表现颇为满意，1819年又让他担任京城会试同考官及云南乡试主考官。林则徐又选拔了不少人才，此科状元陈沆便出自他的举荐。在来回云南的路上，林则徐对民间疾苦也有了更多了解，如他在诗歌《驿马行》中写道："吁嗟乎！官道天寒啮霜雪，昔日兰筋今日裂。临风也拟一悲嘶，生命不齐向谁说？君不见太行神骥盐车驱，立仗无声三品刍！"这诗意思是说"老百姓做牛做马受苦受难，向谁诉说

---

① 郭雪波：《林则徐》，作家出版社，2016年，第25页。
② "宣南诗社"原名"消寒诗社"，主要由住在北京宣武门外的一些官员组成，他们多是1802年的同榜进士，多在翰林院供职，多具有"经世致用"思想，经常聚在一起谈古论今谈诗论时，主要成员有陶澍、林则徐、汤鹏、龚自珍、魏源、黄爵滋等人。

呢"，体现出了林则徐对民众的同情及初步的"民本"思想。

林则徐做考官表现出的公正廉洁让嘉庆帝颇为欣赏，于是1820年委任他做江南道监察御史，类似于现在的市纪委书记，但直接听命于皇帝不受地方辖制。"此时的林则徐，早已以'经世思想'为立足之本，在饱读儒家的基础上，把矢志做一名济世匡时的好官吏当作人生追求的意愿。他心境明亮，心气儿很高，年方才三十有五，胆识勇气已非一般人可比。"①

林则徐一展抱负的时候到了，他首先弹劾澎湖水师协副将张保"自恃有功，作风不正，仍常食鸦片，礼节不知，诸多任性"，尽管张保为林则徐的恩公两广总督张百龄重用②，尽管传说张保曾在花盆中埋了一个金老鼠送给林则徐③，但张保此后一直未能升迁。林则徐得罪的第二个人则是出身满洲贵族的琦善，琦善当时刚因黄河治水不利，被革河南巡抚戴罪立功。林则徐巡查时发现琦善负责的水利工程进展缓慢，背后有官商勾结、囤积居奇，便奏报皇上"饬地方大员严密查封，平价收买，以济工需"。虽然林则徐是公事公办，但这是将矛头指向了琦善，林则徐便在无意中得罪了琦善，从此琦善对林则徐怀恨在心，后来在鸦片战争中借机报复。

林则徐虽然得罪了一些官吏，却让嘉庆很高兴，于是在当年继续升林则徐为杭嘉湖道，即主攻杭州嘉兴一带，这是林则徐第一次独立负责一个地方的政务。林则徐刚开始兴致勃勃、踌躇满志，他重视当地教育，注重选用人才，修建了现在还在用的观赏钱塘江大潮的海堤，修葺了以"梅妻鹤子"著称的林和靖之墓④，严肃处理了两起当地聚众赌博残害百姓的"花赌"事件。但在处理"花赌"事件中，林则徐开罪了当地官吏，受到他们

---

① 郭雪波：《林则徐》，作家出版社，2016年，第68页。

② 1806年，张百龄任汀漳龙道时曾见到林则徐，当即"目为大器，广为延誉"，对林则徐颇为欣赏。林则徐休假从老家回京途中曾专门拜访张百龄，张百龄还留林则徐一起过年。

③ 民间传说，林则徐刚上任江南道监察御史时，有"花农"来访，献上一盆玫瑰花，还请林则徐换个大盆栽花。林则徐"心领神会"，一脚踢翻花盆，发现花盆里有半斤重的金老鼠和一封信，信上写道："林大人亲收，张保敬献。"林则徐将金老鼠上缴国库，并由此弹劾张保。

④ 林则徐在林和靖墓前还种了360棵梅树，养了两只白鹤，并在修葺的林和靖祠柱子上题联道："我忆家风负梅鹤，天教处士领湖山。"还写诗道："我从尘海感升沉，何日林泉遂此心。"体现出林则徐对高洁品格的向往。

排挤，他感到外官难做，写诗叹道"三叹做吏难"。刚巧此时他父亲生病，林则徐便以侍奉父病为由辞官还乡。

谁没年轻过呢，林则徐辞官还乡只是年轻气盛、一时意气而已，且不谈"经世致用"报国理想，就是一家老小也嗷嗷待哺等他养家呢，父亲也劝他年未四十正是有为之时。于是，林则徐很快回京复命，称父亲病好了，自己可以继续报效朝廷了。新皇帝道光也对林则徐颇为赏识，便破例让他回浙江补道员，并在林则徐叩谢皇恩请求圣训时明确说："汝在浙省虽为日未久，而官声颇好，办事都没有毛病，朕早有耳闻，所以叫汝再去浙江，遇有道缺都给汝补，汝补缺后，好好察吏安民……照从前那样做就好了。"

此后林则徐不断升迁，先是担任浙江乡试监考官，又任浙江盐运使，再任江苏淮海道、江苏按察使、湖北布政使、河东河道总督、江苏巡抚等职。称赞林则徐"办事细心可靠"的道光把林则徐当成了万能的"膏药"，哪里有"病"就往哪里"贴"，这也反映了当时清朝已百病缠身，正在衰亡中。虽然每个职务都干的时间不长，但林则徐还是尽心尽力地做了不少实事好事，如彻查一些冤案，被百姓称为"林青天"，治理黄河、兴修水利，在江苏推广双季稻，整顿漕运、改革盐政、救济灾民，甚至在查验河防材料时将料垛逐一翻检，在老家为父亲守孝期间还疏浚了福州西湖……为此，林则徐两次获道光当面嘉奖，更获百姓拥戴。当1832年林则徐赴任江苏巡抚时，上万民众夹道欢迎，奔走相告道："林公来矣。"

1837年，林则徐受任湖广总督，正式成为封疆大吏。林则徐一上任就严肃吏治，整顿军务，"在查验兵营时，林则徐惊愕地发现鸦片烟毒已泛滥到这里来了"[①]。林则徐一向对鸦片痛恨，认为"鸦片以土易银，直可谓之谋财害命"，"目睹鸦片烟流毒无穷，心焉如捣"。在担任江苏巡抚时，他就曾缉拿鸦片毒贩，严令禁止种植罂粟，并收集药方配制解药，还上折称鸦片不仅谋财害命，"其为厉于国计民生，尤堪发指"。而今鸦片泛滥，对林则徐和大清的"致命"考验来了。

---

① 郭雪波：《林则徐》，作家出版社，2016年，第108页。

五、林则徐和义律:"钦差大臣"的对决

罂粟花虽美,结的果实却是致命毒药,鸦片当时已泛滥于中国大地。英国两次出使中国失败,无法通过外交手段打开中国贸易大门后,为改变长期以来茶叶、瓷器、纺织品等中国商品畅销于英国的贸易失衡①,英国开始不断加大对中国的鸦片输入。"据统计,1775—1797 年,中国平均每年进口鸦片 1841 箱。而 1798—1799 年,平均每年增至 4113 箱,到 1800 年,则达到 4570 箱。"②到 1821 年即道光元年鸦片进口为 6000 箱,到 1835 年则增至 3 万箱,到 1839 年增至 4 万箱。当时,中国吸食鸦片者已近千万③,不仅造成千万两白银外流④及白银价格飙升,更造成国民身心颓废、百业荒废,乃至长达三十多年的经济大萧条。

"长此以往,国将不国",越来越多的有识之士认识到鸦片的危害,要求禁烟,尤其是龚自珍、林则徐的好友,亦有"经世致用"思想的鸿胪寺卿黄爵滋⑤1838 年上书《严塞漏卮以培国本疏》,指出鸦片是"害人之物,渐成病国之忧",认为"耗银之多,由于贩烟之盛,贩烟之盛,由于食烟之众",要求严惩烟民,"臣请皇上严降谕旨,自今年某月日起,至明年某月日止,准给一年期限戒烟,虽至大之瘾,未有不能断绝。若一年之后,仍

---

① 据徐中约的《中国近代史》,清初中国是贸易顺差,"1781—1790 年间,流入中国的白银达 1640 万两,1800—1810 年则达 2600 万两"。

② 张宏杰:《简读中国史》,岳麓书社,2019 年,第 280 页。

③ 据英国历史学家杰克·比钦在《中国鸦片战争》中的记录:"每年约四万箱可供八百五十万吸烟者食用。全国估计有九百一十万吸食鸦片的烟民。"据范文澜《中国近代史》统计,第一次鸦片战争前夕,即 1835—1838 年,吸食鸦片的人数为 200 万人。

④ 据费正清主编的《剑桥中国史》,因为鸦片输入中国,1828—1836 年,从中国流出了 3800 万两白银。"平均每年流出 500 万,相当于清政府年收入的十分之一。"(朝文社:《好看到爆的大清秘史》,长江出版社,2021 年,第 100 页)

⑤ 黄爵滋(1793—1853),1823 年中进士入翰林院,后任刑部侍郎、监察御史、大理寺少卿等职。他和林则徐、龚自珍、魏源等人志趣相投,提倡经世之学,"以直谏负时望,遇事锋发,无所回避"。1831 年起,黄爵滋多次上疏主张严禁鸦片,"禁烟之议,创自黄爵滋"。鸦片战争爆发后,他奉命赴闽浙查办鸦片走私、视察海防,始终主战,并向朝廷进献《海防图》,"一时以为清流眉目"。

然吸食,是不奉法之乱民,置之重刑,无不平允"。

黄爵滋的奏折引发朝野震惊,道光帝下旨将其批转给大臣讨论,"著盛京、吉林、黑龙江将军,直省各督抚,各抒所见,妥议章程,迅速具奏"。林则徐收到奏折后立即研读,然后上奏了《筹议严禁鸦片章程折》《钱票无甚关碍宜重禁吃烟以杜弊源片》两疏,全力支持黄爵滋的主张,建议收缴烟具,重惩吸烟者"罪以死",强调"立法禁烟""法当从严",尤其是指出:"若犹泄泄视之,是使数十年后,中原几无可以御敌之兵,且无可以充饷之银。兴思及此,能无股栗!"林则徐的这道奏折让道光下定了禁烟的决心。道光可能不担心别的,但如无御敌之兵、无充饷之银,那岂不坐视亡国吗?而此时与北京近在咫尺的天津查获鸦片13万两,庄亲王奕𪻐、辅国公溥喜等达官贵人被发现躲在尼姑庵灵官庙里吸食鸦片,甚至在紫禁城内也发现了6盒鸦片,这就更可怕了。

对于鸦片,林则徐不仅动嘴要禁,还已经动手来禁。在辖制的湖广地区,林则徐收缴烟具、强制戒毒、捉拿烟贩,起获鸦片1.2万两;1838年8月,他亲率湖广官员在武昌总督府前将所收缴的1264杆烟具及大量鸦片放火烧毁,为后来虎门销烟的前奏。

林则徐关于禁烟的有力言行及之前的务实能干,让他成为领导广州禁烟的不二人选①。1838年12月27日起,道光连续十九次召见林则徐商谈禁烟,并赐林则徐在紫禁城内骑马、坐轿等特权,可见道光对林则徐当时的恩宠,是"国初以来未有之旷典"。很快,林则徐被道光委派为钦差大臣,前往广州督办禁烟,因为广州作为当时中国主要对外贸易窗口,是鸦片贩卖重灾区,"特饬湖广总督林则徐赴粤省,查办海口事件。并颁给钦差大

---

① 茅海建在著作《天朝的崩溃》中写道:"此时,在道光帝的心目中,各地大吏中最得其意的大约有4人,各有特点。一是两江总督陶澍,为政老练宽达;二是直隶总督琦善,办事果敢锐捷;三是湖广总督林则徐,理政细密周到;四是云贵总督伊里布,善于镇抚边务。其中陶澍职在海口,又老年多病,此时已几次给假调理;琦善在天津查禁鸦片事件未完;伊里布的长处是处理与少数民族的关系。林则徐自然成了首选。"(茅海建:《天朝的崩溃》,生活·读书·新知三联书店,2014,第89页)后来,这四位道光最为倚重的大臣,除了陶澍在1839年去世,其他几位在鸦片战争中都先后奔赴前线。

臣关防，令该省水师兼归节制。林则徐到粤后，自必遵旨竭力查办以清弊源"。林则徐也意识到了身负的重任及前途未卜，在拜别座师沈维鐈时表示："死生，命也，成败，天也；苟利社稷，敢不竭股肱以为门墙辱！"

轻车简从，雷厉风行，林则徐在离京后的第二天便启动钦差大臣大印，向广东发出《密拿汉奸札稿》，要求捉拿在内地的鸦片毒贩，并委派得力下属先往广东秘密调研。1839年3月10日，林则徐在万众瞩目中进入广州正式开始督办禁烟。第一步对内，林则徐很快发布通告《晓谕粤省士商军民人等速戒鸦片告示稿》，要求广州吸食鸦片者两个月内必须上缴鸦片、烟具，并与当地士绅联手编发禁烟材料，迅速逮捕了一千六百名触犯禁烟法令的人。第二步对外颁发《谕各国商人呈缴烟土稿》，责令外国鸦片商人三天内缴出所有鸦片，称"今大皇帝闻而震怒，必尽除之而后已，所有内地民人贩鸦片、开烟馆者立即正法，吸食者亦议死罪，尔等来至天朝地方，即应与内地民人同等法度"，并声明道："若鸦片一日未绝，本大臣一日不回，誓与此事相始终，断无中止之理。"

在这份对外谕令中，林则徐也区分了"惯贩鸦片之奸夷"与"不卖鸦片之良夷"，前者重罚，后者则照常贸易，"此后照常贸易，既不失为良夷，且正经买卖尽可获利致富，岂不体面"。林则徐对鸦片中间商广州十三行①行商也非常愤怒，召集他们跪在地板上训话，斥责他们与英商勾结。十三行老板之首、家产两千多万银两的伍绍荣献媚道"愿以家资报效"，林则徐怒斥道："本大臣不要钱，要你脑袋。"并命两个行商身戴锁链向外商转达上缴鸦片的谕令。

鸦片对于鸦片外商而言比黄金还重要，他们自然不肯轻易上缴。他们先是不断试探乃至装聋作哑，装不下去后同意缴出1037箱鸦片，而林则徐

---

① 清廷因受台湾郑氏政权对沿海地区侵袭困扰，于1662年下令海禁闭关锁国，后于1685年开通广州、漳州、宁波等口岸。其中广州最为繁荣，广州授权行商作为对外贸易代理人垄断了对外贸易，这些行商须替外商担保也须向朝廷捐资。广州行商其实早在明朝就有，因明末有十三家行商，故习称广州行商为"十三行商"。

早已通过各种渠道得知外商至少有两万多箱鸦片①，岂能任其蒙混过关？于是，林则徐传讯最大的鸦片外商颠地问话，颠地被吓得不敢去。这时，英国驻华商务监督②义律身穿海军制服来到广州给外商撑腰了，义律和林则徐这两个"钦差大臣"的精彩对决就此开始。

义律"先礼后兵"，据说先送了一套镶白金烟管、钻石烟斗、价值十万多英镑的烟具给林则徐，林则徐则说这套烟具属于违禁品本应没收，但念其初犯暂且拿回。软的不行来硬的，义律"指使停泊在洋面上的英国船只统统'开到香港去，挂上英国的国旗，准备抵抗中国政府的任何攻击'，这是义律在虚张声势"③，并趁着夜黑带颠地躲到了附近商馆公所。而林则徐软硬不吃、"先兵后礼"，先下令撤出为英人服务的一切中方人员，"至省城夷馆买办及雇佣人等，一概撤出，毋许雇佣"，这对广州英人而言形同软禁。接着，林则徐又发布《示谕外商速缴鸦片烟土四条稿》，晓之以理、动之以情，"即断了鸦片一物，而别项买卖正多，则其三倍之利自在，尔等仍可致富，既不犯法，又不造孽，何等快活！……若因鸦片而闭市，尔等全无生计，岂非由于自取乎？"

义律等"洋人"终于熬不住了，他们平时养尊处优惯了，哪能亲自动手做饭、洗衣、打扫厕所，没有了中国仆人服务，再撑下去饿不死也会被

---

① 据李伯祥等人文章《关于十九世纪三十年代鸦片进口和白银外流的数量》（《历史研究》1980年第5期），这一时期走私流入中国的鸦片有8.1万箱。

② 英国的东方贸易原为东印度公司专属，1834年英国撤销东印度公司对华贸易的垄断权，允许英国人在东方自由经商，并设立英国驻华商务监督代表英国与清政府打交道，试图通过官方外交关系打开中国贸易大门，标志着中英外交关系的开始。首任监督是律劳卑，广州官员不知道商务监督是何官职，依旧以旧时东印度公司大班看待，且根据谐音呼他为"驴"，翻译的名字"律劳卑"含有"劳苦卑贱"之意，令他大为光火乃至建议英国政府对大清采取强硬态度，甚至曾召集兵船炮轰虎门炮台直达黄埔。蓝诗玲在《鸦片战争》一书中写道："他把英中之间的关系推进到了武装冲突的边缘；第二，他把英国发动对华战争的冲动变成了一种道德义务，是对中国人的'仁慈之举'，英国炮舰播种的只会是友谊。"（引自蓝诗玲著、刘悦斌译：《鸦片战争》，新星出版社，2015年，第12页）这正是后来鸦片战争爆发的重要原因。而据最新资料，第二任英国驻华商务监督义律本人其实反对鸦片贸易，如他在给巴麦尊的信中说："我决定使用我的权力范围内的一切合法手段结束该贸易，并防止它重新出现。"但"屁股决定脑袋"，义律最终还是服从命令，服务英国利益。

③ 郭雪波：《林则徐》，作家出版社，2016年，第144页。

臭死了。无奈之下，义律终于答应上缴20083箱鸦片，他以英国政府名义命令英商把鸦片交给他由他来统一上缴，而他以商业监督的身份开收据给英商，这样英商鸦片就变成了英国政府的财产，为义律后来要求开战找到了借口。在与义律的较量中取得第一回合的胜利后，林则徐开恩送了"洋人"二百只牛羊和食物用品。义律虽然答应上缴鸦片，但并不甘心就此"束手就擒"，他先是将缴烟事务推给副手以卸责任，又千方百计让外商拖延缴烟。而林则徐以不变应万变，坚持不缴全鸦片就不允许外商船只往来。终于到1839年6月共收缴了外商鸦片两万多箱，林则徐在与义律的较量中取得了第二回合胜利。

道光十九年农历四月二十即1839年6月1日，晴空万里、海风徐徐、彩旗飘飘，林则徐会同广东巡抚怡良等人来到虎门准备销烟。销烟场地是林则徐亲自设计的、纵横各十五丈的石灰池，鸦片在池内被石灰销毁后冲往大海。因为鸦片流入大海荼毒大海生灵，林则徐身穿素服道装祭拜海神道：

> 日内消化鸦片，放出大洋，令水族先期暂徙，以避其毒也……本除害马，岂任殃鱼！比诸毒矢强弓，会须暂徙；庶使纤鳞凡介，勿损滋生……有汾浍以流其毒，况茫乎碧瀚沧溟；虽蛮貊之邦可行，勿污我黄图赤县！

1839年6月3日中午二时，林则徐再次在怡良、关天培等人陪同下来到虎门，登上观瞻台。在二十一声炮声中虎门销烟正式开始，众多国人及外国人前来参观，林则徐向外商再次强调了严禁鸦片贸易，但欢迎其他正当贸易，并在外商炫耀西方武力时说："我们不怕战争。"

虎门销烟共进行了二十天，所收缴的两万多箱鸦片除留了两箱样品准备呈给皇帝核验外全部销毁。参观销烟的美国传教士裨治文事后在《中国丛报》发表文章道："我们反复检查过销烟的每一个过程，他们在整个工作进行时细心和忠实的程度，远出乎我们的臆想。我们不能想象再有任何事情会比执行这个工作更为忠实的了。"①

---

① 裨治文：《镇口销毁鸦片》，《中国丛报》，1839年6月号。

虎门销烟是中国和世界历史上的重要一页，具有重大的影响、意义。这首先是人类禁毒史上的壮举，民国政府后来曾将虎门销烟开始之日命名为"戒毒日"，联合国则将虎门销烟完成次日定为"国际禁毒日"，美国将纽约百老汇街前段广场命名为"林则徐广场"并竖有林则徐铜像。这自然也是林则徐的壮举，为林则徐赢得千古美名，连挑起第二次鸦片战争的元凶、英国驻港总督兼驻华公使包令都在文章《钦差大臣林则徐的生平及著述》中评价林则徐道："中国政治家中最卓越的人物，是中国一位理想的爱国志士。他是圣人，而且是万圣之圣；他把自己的智慧同传统的智慧结合了起来，他太伟大了……"这也是鸦片战争的导火索，点燃了西方列强入侵和中国自救自强的烈火，从此开启了中国充满屈辱和光荣的近现代史和现代化历程，毛泽东因此称"我们的民主革命……从林则徐算起，一直革了一百多年"。

虎门销烟发生后，道光帝批谕林则徐报告道："所办可嘉之至……朕心甚为感动，卿之忠君爱国，皎然于域中化外矣"，"下令宫内唱戏3天，还宴请百官，并且赐给林则徐亲自书写'福寿'二字制成的大横匾和5斤鹿肉（鹿谐音'禄'），任命林则徐为两江总督，以表示宠幸和奖赏"①。林则徐则赞扬义律道"诚实居心，深明大义……洵堪嘉尚"，并继续对内扫毒、捉拿毒贩、缴获烟土烟具，对外要求外商写下类似保证书般的具结书，保证不再贩卖鸦片方可来华贸易，"倘查出本船有一两鸦片，愿将夹带之犯，听凭天朝官宪即行正法，船货全行没官"。

被"嘉尚"的义律对此则坚决不干了，因为义律等外商上缴鸦片只是权宜之计，本就没打算就此收手不再贩卖鸦片，他们怎肯写具结书拿自己性命做保票呢，况且具结书内容也违背了他们追求的治外法权。义律将十三行转交的具结书撕碎，狂言道："要命现成，再拿具结的事情来纠缠我和他们自己，实是徒劳的……"双方在具结书问题上互不退让，林则徐和义律斗争的第三回合难分胜负。林则徐又下令禁止给英人补给食物，义律

---

① 官桂铨：《林则徐》，福建人民出版社，2016年，第62页。

则下令所有英船离开广州撤到澳门，并决定用枪炮来决一胜负做个了结，鸦片战争随即爆发了。

六、中英之战：利益、文明的冲突

如果没有林则徐领导的广州禁烟，甚至如果林则徐不逼外商写具结书，鸦片战争会不会爆发？可能不会爆发"鸦片战争"，但一定会爆发其他的西方列强入侵战争。因为清廷闭关锁国不肯主动开门，西方列强为了打开中国大门来华贸易便用枪炮轰开。且中英之间在国际格局、经济生活、法律、价值观念等方面截然不同，中英利益、文明冲突不可避免。[①] 所以，可以说广州禁烟是鸦片战争的导火索，但不能说广州禁烟导致了西方列强入侵，西方列强炮轰中国大门是迟早的，广州禁烟只是他们找的一个引子。而即使林则徐不逼外商写具结书，鸦片战争也迟早会爆发，英国"不快的是清政府要按照它自己的规则来控制中外贸易"[②]，更不会甘心向中国贩卖鸦片这一巨大财政来源就此消失，当时鸦片"税收占英国财政收入的六分之一"[③]，鸦片贸易占英国对华贸易总额的一半以上。因此，道光交给林则徐的任务"鸦片务须杜绝"与"边衅决不可开"不能"既要又要"同时完成，"天朝上国"与"日不落帝国"终有一战。"鸦片战争的爆发既是中西文化冲突不可调和的结果，也是中西贸易长期不平衡的结果，更是西方资本主义向全球扩张过程中的必然结果。"[④]

用武力教训中国、打开中国大门的声音在两次英国使臣来华要求通商失败后就已在英国响起；广州禁烟后，在回国的颠地等英国毒贩鼓动下，

---

① 详情参见李剑农：《中国近百年政治史》（上），世界知识出版社，2019年，第41页。著名学者亨廷顿提出"文明冲突论"，鸦片战争某种意义上可以说是文明冲突，当然本质上它更是利益的冲突。

② 蓝诗玲著、刘悦斌译：《鸦片战争》，新星出版社，2015年，第105页。

③ 魏斐德著、梅静译：《中华帝国的衰落》，民主与建设出版社，2017年，第128页。

④ 马勇：《叠变：鸦片、枪炮与文明进程中的中国（1840—1915）》，中国大百科全书出版社，2022年，第35页。

请求对此"应予迅速的强有力的明确的对策"的声音越来越大,要求"一劳永逸地把我们对中国的商务关系安置在稳固而荣誉的基础之上"①。义律更是火上浇油,向英国外交大臣巴麦尊提交了建议对华发动战争的报告,要求"对于所有这一切不可饶恕的暴行的反应,应该是出之以迅速而沉重的打击"。总是站着办公的巴麦尊则于1839年5月拟定了侵华战争方案,1839年10月1日英国内阁做出了对中国作战的秘密决议,计划于次年4月发动侵华战争。10月18日,巴麦尊把侵华战争的决议下达给义律,指示义律即刻起"对中国人实行强有力的行动",必要时可对中国"先揍它一顿,然后再做解释"②。

而大清对于战争即将爆发毫无预料,即使林则徐也认为英方"断断不敢自绝贸易""万不敢以侵凌他国之术窥伺中国"。1839年8月,林则徐还写了一封给英国女王的信:

> 惟我大皇帝抚绥中外,一视同仁,利则与天下公之,害则为天下去之。盖以天地之心为心也。贵国王累世相传,皆称恭顺。观历次进贡表文云:凡本国人到中国贸易,均蒙大皇帝一体公平恩待等语。窃喜贵国王深明大义,感激天恩,是以天朝柔远绥怀,倍加优礼。贸易之利,垂二百年。该国所由以富庶称者,赖有此也。
>
> 唯是通商已久,众夷良莠不齐,遂有夹带鸦片,诱惑华民,以致毒流各省者。似此但知利己,不顾害人,乃天理所不容,人情所共愤。大皇帝闻而震怒。特遣本大臣来至广东,与本总督部堂、本巡抚部院,会同查办。凡内地民人贩鸦片、食鸦片者,皆应处死。若追究夷人历年贩卖之罪,则其贻害深而攫利重,本为法所当诛。惟念众夷尚知悔罪乞诚,将趸船鸦片二万二百八十三箱,由领事官义律,禀请缴收,全行毁化。叠经本大臣等据实具奏。幸蒙大皇帝格外施恩,以自首者,情尚可原,姑宽免罪。再犯者法难屡贷,立定新章。谅贵国王向化倾心,定能谕令众夷,兢兢奉法。但必晓以利害,乃知天朝法度,断不

---

① 《孟买商会致大不列颠各地东印度与中国协会书》,《近代史资料文库》,第76页。
② 郭雪波:《林则徐》,作家出版社,2016年,第199页。

可以不懔遵也。

查该国距内地六七万里，而夷船争来贸易者，为获利之厚故耳。以中国之利利外夷，是夷人所获之厚利，皆从华民分去。岂有反以毒物害华民之理。即夷人未必有心为害，而贪利之极，不顾害人，试问天良安在？闻该国禁食鸦片甚严，是固明知鸦片之为害也。既不使为害于该国，则他国尚不可移害，况中国乎？

中国所行于外国者，无一非利人之物。利于食，利于用，并利于转卖，皆利也。中国曾有一物为害外国否？况如茶叶大黄，外国所不可一日无也。中国若靳其利而不恤其害，则夷人何以为生？又外国之呢羽哔叽，非得中国丝斤不能成织。若中国亦靳其利，夷人何利可图？其余食物，自糖料姜桂而外，用物自绸缎磁器而外，外国所必需者，曷可胜数。而外来之物，皆不过以供玩好，可有可无。既非中国要需，何难闭关绝市。乃天朝于茶丝诸货，悉任其贩运流通，绝不靳惜。无他，利与天下公之也。该国带去内地货物，不特自资食用，且得以分售各国，获利三倍。即不卖鸦片，而其三倍之利自在。何忍更以害人之物，恣无厌之求乎？设使别国有人贩至噗国，诱人买食；当亦贵国王所深恶而痛绝之也。

向闻贵国王存心仁厚，自不肯以己所不欲者，施之于人。并闻来粤之船，皆经颁给条约，有不许携带禁物之语。是贵国王之政令本属严明。只因商船众多，前此或未加察。今行文照会，明知天朝禁令之严，定必使之不敢再犯。且闻贵国王所都之兰顿，及嘶噶兰、嘤伦等处，本皆不产鸦片。惟所辖印度地方，如孟啊啦、曼哒啦萨、孟呗、叭哒孪默孪、嘛尔洼数处，连山栽种，开池制造。累月经年，以厚其毒。臭秽上达，天怒神恫。贵国王诚能于此等处拔尽根株，尽锄其地，改种五谷。有敢再图种造鸦片者，重治其罪。此真兴利除害之大仁政，天所佑而神所福，延年寿，长子孙，必在此举矣……①

---

① 《拟具照会英王底稿折》，《林则徐集·奏稿》中册，中华书局，1985年，第663页。

在这封信中，林则徐苦口婆心、谆谆教导，希望英国女王制止鸦片贸易，请其自行禁烟，体现出了林则徐的良苦用心，但也体现出了他对英国的无知，尤其是他依然用"天朝上国"的口吻教训"蛮夷之邦"。林则徐命人将这封信抄写了约二十份，遇有欧洲船只返欧即给予一份请代投递，但这封信最后并没有送到英女王手中，而是被西方一些报纸刊发成了"笑话"，如《悉尼商报》评价道："这是一份古怪的文件，在很大程度上显示了清朝政府对外国人的一贯的傲慢和自豪。"

"对于英国舰队将要到达中国沿海的消息，林则徐3次斥之为'谣言'。"① 对于1840年3月英国几十艘军舰布列广东海口，林则徐依旧认为英方"则皆虚张而已"。即使发生"边衅"，林则徐也认为中国肯定能胜，他在奏稿中对道光说："夷兵除枪炮外，击刺俱非所娴，而其腿足裹缠，结束紧密，屈伸皆所不便，若至岸上更无能为，是其强非不可制也"，即是说"英国士兵除了枪炮之外没啥本事，腿还用布裹着走路都不方便，到了岸上更没啥能的了，怕它作甚"。而道光皇帝更是无知、自大得很，他先颁发御旨说："即将唭咭唎国贸易停止，所有该国船只尽行驱逐出口，不必取具甘结。"又下旨道："日后再有反复，即当示以兵威，断绝大黄茶叶，永远不准贸易。"因为当时国人普遍相信"洋人"如果少了中国的大黄茶叶就会大便不通被憋死，即"大黄、茶叶不得即无以为生"。

1840年4月4日，英国国会以271对262票正式通过了对华作战议案。英国也知道为鸦片贸易而战不光彩不"绅士"，所以此议案只以微弱多数通过。英国也因此将此次战争称为"通商战争"而非鸦片战争，其理由是"为商务监督及女王陛下的臣民所忍受的暴行与虐待要求赔偿，为英国商人们在恐吓与暴力之下所受到的损失要求赔偿，为英国商人们的人身和财产获得保证，使今后免受暴虐与残忍的待遇，并能够在正常的情况之下经商"②。

很快，由48艘战船、四千多士兵组成的英国作战舰队抵达中国海岸，由义律堂兄、海军少将懿律任英军最高司令官，义律担任副手，其中的"复

---

① 蓝诗玲著、刘悦斌译：《鸦片战争》，新星出版社，2015年，第98页。
② 胡绳：《从鸦片战争到五四运动》，人民出版社，1998年。

仇女神"号是英国第一艘铁壳蒸汽船、第一艘应用水密舱壁的军舰，可见英国对此战争的重视。林则徐此时终于闻到了火药味，开始积极整军备战。他购买了一艘美国武装商船也即"中国海军中最早的外国造军舰""甘米力治"号和一艘西洋小火轮，添购了三百门西洋大炮加强沿海炮台工事，新募水师五千人，还招募民船、组织火舟，全面修葺水师船只，从各地调派兵勇来前线加强防御，"以守为战，以逸待劳"。林则徐还认为"民心可用"，贴出告示招兵买马、重赏杀敌者："渔民、船户、兵勇、庶民，凡能将夷人斩首或击毙者，均为忠义之士，凡能虏获夷船者，均有大功。其斩获首级及船名一经验明，即由督宪按照赏格所定，给予奖金，颁赐荣典，另加奖赏，以资激励。"

林则徐在广州厉兵秣马、积极备战，不料英军却仅封锁了广东海面，并没有攻打广州，而是率先攻陷了浙江定海。这或是因为英军对严阵以待的广州不敢贸然进攻，或是出于既定方案："广州距离北京太远了，所以那儿的任何行动都没有决定性意义；有效的打击应该打到接近首都的地方去。"① 而1816年阿美士德使团来华访问时就已详细测绘了定海的防卫布局。虽然林则徐之前已将英军来犯的消息传递给沿海各地，但定海等地几乎没有任何防备，定海水师总兵张朝发看到英船驶入内港，还捋着胡子喝着茶微笑道："夷船被风吹来，恒有之事，无足惊讶！"当下属再报这次来船比以往多时，张朝发更高兴地说："是不得市于粤，故举集于此，此将成大码头，吾徒常例钱且日增矣！"这意思是"他们洋人不能在广州贸易，所以来我们这儿贸易，我们这儿将成为大码头，大家都等着发大财吧"。道光则刚开始认为这是"边衅"，认为英军不过是"强盗""丑类""贼寇"，接到英军进犯定海的奏报时毫不在意地说："此等丑类，不过小试其技，阻挠禁令，仍欲借势售私，他何能为？"对于林则徐提出的购买或仿造西式军舰的建议，道光朱批道："一片胡言。"

可英军这次不是来送"常例钱"和"小使其技"的。1840年7月4日，

---

① 《巴麦尊致海军部》，严中平辑译《英国鸦片贩子策划鸦片战争的幕后行动》，《近代史资料文库》第四卷，上海书店，2009年，第68页。

英军给定海知县姚怀祥送信,要求第二天下午二时前必须献城。姚怀祥虽然麻木但很有几分风骨,怒斥英军信使道"何故侵我国领土",并勒令英军撤退。英军自然不会撤退,于次日午后二时发起了进攻。原本做梦发大财的张朝发倒也勇敢,率水师与英军奋战,不久中弹身亡。水师因无人领军而溃散,英军长驱直入开始攻打定海城。知县姚怀祥率众人顽强抵抗但渐渐不支,边战边退到南明军民殉难处时,姚怀祥感叹道:"此古人殉难处,吾何生为?"便脱下衣冠跳水自杀。定海就此失陷,迎接英军的"只有'一些尸体、弓箭、折断了的长矛和长枪'"①。

定海失陷长了英军威风,他们开始回头攻打广州了。1840年8月19日,英军军舰突然向广州香山的前山关闸炮台开炮,很快攻占炮台,大肆破坏后又迅速撤离。林则徐对此很是震惊和愤怒,派出水师寻找敌舰打算复仇。终于在8月31日,清军水师在冷水角发现一艘英国火轮,便开炮轰击将其打跑,又在矾石洋面与四五艘英舰相遇,一番猛烈炮轰又将英舰打跑,击毙英军数十人。

英军打广州占不到便宜,攻占的定海又是一座空城,还不时遭到百姓、瘟疫袭击,死了四百多人。于是懿律、义律两兄弟率军北上,抵达天津大沽口。身在天津的直隶总督琦善本来也是主"剿",但他见识到英军"船坚炮利"后自忖不敌,先是上奏道光说"天津防御单薄",又报奏说英舰有上百架大炮,而每个大炮有七八千斤,威猛得很。

天津离北京近在咫尺,原本狂妄自大的道光终于有些害怕了,尤其是当他得知天津各口岸兵力不过千人,于是开始对于原来的主战方略动摇了。当他看到英国送来的照会内容被译成英商受林则徐虐待"求讨皇帝昭雪伸冤"时,颇为受用的道光又以为原来这是"夷民"来向"天朝"皇帝"伸冤"上访"告御状"的啊,那"牺牲"掉林则徐为"夷民""昭雪",不就可以不战而屈人之兵了吗?

于是,道光帝回复英方道:"大皇帝统驭寰瀛,薄海内外,无不一视同仁。凡外藩之来中国贸易者,稍有冤抑,立即查明惩办。上年林则徐等查

---

① 蓝诗玲著、刘悦斌译:《鸦片战争》,新星出版社,2015年,第151页。

禁烟土，未能仰体大公至正之意，以致受人欺朦，措置失当。兹所求昭雪之冤，大皇帝早有所闻，必当逐细查明，重治其罪。现已派钦差大臣驰至广东，秉公查办，定能代伸冤抑。该统帅懿律等，著即返棹南还，听候办理可也。"这意思是"作为'天下共主'的朕知道你们冤，你们先回广东，放心，朕会替你们伸冤的"。

而对于原本他很宠信的林则徐，道光怒斥道："外而断绝通商，并未断绝；内而查拿犯法，亦不能净，无非空言搪塞，不但终无实济，反生出许多波澜，思之曷胜愤懑，看汝以何词对朕也！"①这意思即"你什么事都没干好，还给朕惹出这么多麻烦，你还有什么话和朕说？"这表示了道光对林则徐以及对鸦片战争态度的变化，导致后来林则徐被罢黜及鸦片战争失败。

懿律兄弟看到道光这么轻易就转变态度了，也借坡下驴同意回广州谈判，因为如果继续北上进攻并无必胜把握，不如见好就收。道光则一方面委令琦善为钦差大臣、两广总督赴广州与英方谈判，一方面下旨将两广总督林则徐、福建总督邓廷桢革职等候查办。"此次英夷各处投递禀帖，诉称冤抑，朕洞悉各情，断不为其所动，惟该督等以特派会办大员办理终无实济，转致别生事端，祸国病民，莫以为甚，是以特加惩处，并非因该夷禀诉，遽以严议也。"②道光帝还挺会为自己脸上贴金，意思是"朕处罚你们并不是因为洋人申诉，而是因为你们的确办事不力，不是朕对不起你们，而是你们先对不起朕、辜负了朕啊"。

鞠躬尽瘁为道光卖命、为国效力的林则徐就这样被卸磨杀驴、当成了棋子，"一个禁毒勇士民族英雄，在英帝国侵略和清王朝投降的双重夹击下，就这么倒下了。当民族危难之时，一个真正的擎大旗者，就这么倒下了。鸦片战争，由此揭开了大清王朝没落的序幕"③。"不怕神一般的对手，就怕猪一般的队友"，不是倒于敌人之手而是被背后暗箭所伤，更让"仇者快亲者痛"，这也是当时的中国常常发生的不幸。正如鲁迅在《两地书》中

---

① 《筹办夷务始末》（道光朝）。
② 《筹办夷务始末》（道光朝）。
③ 郭雪波：《林则徐》，作家出版社，2016年，第231页。

所言:"中国多暗箭,挺身而出的勇士容易丧命。"

林则徐被罢黜了,但英军并未像道光想的那般善罢甘休,局势反而更加恶化。琦善到达广州接任两广总督后的第一件事便是撤防裁勇"以示诚意",第二件事就是会见义律,热情招待、大加奉承。而英方并不领情,反而狮子大开口,要赔款、要割地、要在北京设公使馆、要有领事裁判权,后来还要求在香港屯驻。琦善对此自然不敢擅作主张、贸然答应,英军等不及了,便于1841年1月7日进攻虎门防线,很快虎门两大炮台失守。琦善坚持议和,下令将增援虎门的官兵撤了回来,再次派人与义律谈判。而道光这时又转变态度而主战了,称"朕惟知一剿字",下旨让林则徐、邓廷桢协办"夷务",因为这时他醒悟过来原来并非撤掉林则徐、邓廷桢就可了事,如果就此满足英国要求那"天朝"脸面何存?况且英"夷"竟敢向"天朝"提条件,不"剿"何以立威?

琦善虽然奉旨找来林邓二人商量"夷务",却并不听他们意见,而是一意孤行继续与英方议和,甚至允许英军"寄居"香港。林则徐闻讯大惊,便让还在职的广东巡抚怡良将琦善行径密奏道光。道光闻讯大怒,"敢不听朕的,擅自作主出卖领土还得了",于是下旨先将琦善交吏部严加议处,又改为革职抄家、捉拿来京审讯,称其"如此辜恩误国,实属丧失天良"①。广东因此群龙无首,无人负责与英军交涉。英军又等不及了,便派兵直接进驻香港,接着下令进攻当时清朝最强大的海防要塞虎门②。广东提督关天培亲自镇守虎门镇远炮台,率军与敌奋战,他被炮弹炸伤十余处依旧不退,挥舞大刀与攻上炮台的英军激烈厮杀,最后中弹而亡但挺立不倒,其他四百多名将士也全部壮烈牺牲,无一人投降;而英军则只有五人受伤,无一人死亡③。林则徐闻讯,痛哭失声,为关天培写下挽联道:"六载固金汤,

---

① 道光习惯于找替罪羊,也习惯怪罪于道德品质,动辄指责臣子"不忠""辜恩",对不起他。这实际上是古代皇帝的一贯手段了,他们从来都是怪罪臣子而不反思自己,如之前嘉庆在天理教事变时也将其归咎于诸臣"因循怠玩",明朝崇祯皇帝在自缢前更是感叹"诸臣误朕也……可将文臣尽行杀死"。

② 据茅海建《天朝的崩溃》一书,虎门当时清军兵力达11000名以上,火炮至少660位。

③ 参见茅海建:《天朝的崩溃》,生活·读书·新知三联书店,2014,第244页。

问何人忽坏长城，孤注竟教躬尽瘁；双忠同坎壈，闻异类亦钦伟节，归魂相送面如生。"关天培临终遗言："吾上不能报天恩，下不能养父母，死有余恨。"当他的遗骸由家仆领走时，英舰也鸣放礼炮以示尊敬。关天培其实不仅是"虎将"，还编有关于海防的著作《筹海初集》。

虎门失守后，英军长驱直入，直逼广州。此时道光派来主持战事的参赞大臣杨芳终于抵达广州，"民耆其宿将，望之如岁，所到欢呼不绝"[①]。杨芳虽为宿将，战功赫赫[②]，被封为果勇侯，但见识更为落后，竟下令收集妇女用品及溺器马桶等污物大摆"阴门阵"，将马桶等放在木筏上直面敌舰"以破邪术"。这自然吓不倒英军，英军继续进攻广州，并占领了广州十三行商馆。义律软硬兼施，在占领十三行的第二天，派十三行商首伍绍荣向杨芳送来休战书，这次所提条件倒是少了，只要两国恢复通商即可停战，因为中英贸易停顿两年已导致英商损失惨重。杨芳便答应了英国人的休战条件，于是英舰撤离广州，广州继续歌舞升平，包括鸦片贸易依旧正常，杨芳自己也忙着抢购钟表洋货和夜宿青楼。

而林则徐则对战事进行了认真反思，写了两千多字的《答奕将军防御粤省六条》，给新来的靖逆将军奕山和两广总督祁𡷊参考，提出多备用船、多火船水勇、多周密打探情报等六条建策，并在这年五月接到道光御旨，赏他四品官衔，到浙江等候安排。广东绅民纷纷题匾送行林则徐，竟有52面之多，颂赞其"民沾其惠，夷畏其威""公忠体国""清正宜民"，林则徐在当时写诗道："孤舟转峡惊前梦，绝蹬飞泉鉴此心。"这意思是说"之前的梦被惊醒了，而我心明泉可鉴问心无愧！"

林则徐轻车简从，一个多月后抵达宁波，老上司、老朋友裕谦安排林则徐和浙江提督余步云共同主持镇海军务。林则徐对此非常满意，在镇海日夜研究、监督，很快铸造成功了八千斤的四轮磨盘架炮车。但此时镇海

---

① 梁廷枏：《夷氛闻记》，第58页。
② 杨芳，15岁从军，曾参与平定白莲教、天理教起义，还曾在道光初年平定新疆张格尔叛乱，擒获张格尔。道光授其御前侍卫，加赏太子太保，绘像紫光阁。来广东前他任湖南提督，已71岁且已耳聋。

无战事，而广州两万多各地调来的大军在新来的靖逆将军奕山带领下与英军作战，结果一败涂地举白旗乞和，签订了要向英军缴纳六百万"赎城费"的《广州条约》。道光对此非常恼怒，但不愿责怪皇侄奕山①，便又找林则徐、邓廷桢当"替罪羊"，下旨将他们流放新疆，"均从重发往伊犁，效力赎罪。即由各该处起解，以为废弛营务者戒"。林则徐在镇守广州时，其实并未"废弛营务"，并未败于英军，可"皇恩"如此，林则徐只能叩谢"皇恩浩荡"，然后起身前往伊犁。

　　途经镇江时，林则徐竟然与老友魏源相遇，两人把酒长谈。林则徐刚到广州时对西方也一无所知，甚至也以为外国人用布缚腿不能下跪，"一仆不能复起"，但他逐渐意识到认识西方的重要性。于是，他派人收集在广州和澳门出版的报刊、书籍、传教册子等外国资料，并雇有至少四名翻译终日翻译英文资料②，还向到过国外的中国人及在广州的外国人咨询国外情况并留有口述资料，尤其是命人将英国人慕瑞编著的《世界地理大全》翻译成了《四洲志》，以了解"夷情"、研究"时务"。

　　此行前往新疆，路途遥遥前程茫茫，林则徐便将收集的外国资料和《四洲志》手稿都交给魏源，委托他继续收集资料编撰《海国图志》，"供国人了解世界，让中华民族仁人志士早日觉醒，从长计议"③。为什么林则徐会对魏源有此重托呢？因为魏源不仅是林则徐的知己好友，他自己也非常注重

---

　　① 奕山是康熙帝第十四子抚远大将军胤禵的四世孙，曾任侍卫内大臣、御前大臣等职，侍卫内大臣是清朝武官最高职位。奕山在广州战败后并未受到处罚，反而获得交部优叙、赏白玉翎管等奖赏，奕山还保举了554人一起获赏。这除了由于奕山是皇侄之外，还因为他谎报战况奏称"粤省夷务大定"，英军"不敢滋事"，导致道光以为战争大体已经结束而论功行赏。这也正如鲁迅在《论睁了眼看》中所言："中国人的不敢正视各方面，用瞒和骗，造出奇妙的逃路来。"古代官员不仅对下，其实也对上包括对皇帝瞒和骗，皇帝也常常因为不能明察秋毫而当了"冤大头"。

　　② 林则徐雇人翻译的这些外国资料最后合集为《澳门新闻纸》，具有里程碑式意义，但其中很多内容被误译，尤其在翻译时依旧坚持传统的"夷夏"思维，导致了一些信息失真和只知其表不知其里，妨碍了林则徐等人对西方的认知和鸦片战争中的决策。当时这些外国报纸其实已反映出英国对清军实力非常清楚，如1836年美国传教士主办的《澳门月报》中写道："即使在一个城门里，当一个外国人，由于好奇而向里面窥探时，他所见到的不过是一个像苦力的样子。"而林则徐等人对此毫无觉察。详情见米南德文章《扭曲的西洋镜：林则徐在鸦片战争前所看到的世界》。

　　③ 郭雪波：《林则徐》，作家出版社，2016年，第268页。

"经世致用"，多有著述。

七、魏源："经世致用"

魏源，字默深，1794年出生于湖南邵阳金潭，这一年"正是乾隆禅位的前一年，是所谓的'康乾盛世'的终点，也是清王朝由盛而衰的起点"①。据说魏源出生前那晚，母亲梦到有神人"持巨笔及金色花授之。"②即是传说中的文曲星下凡。魏源少年聪慧、勤奋读书，九岁到县城参加童子试时，县令指着茶碗上的太极图出上联道："杯中含太极。"怀揣两个麦饼的魏源则对道："腹内孕乾坤。"父亲魏邦鲁多处为官，"好读书，喜游览，所至交其豪杰"，虽担任的都是九品芝麻官，但清正廉明素有政声，后来他成为林则徐下属，备受林则徐尊敬，也因此埋下魏源与林则徐友谊的种子。

15岁时，魏源参加童试，连过三关进入县学读书。当时占主导的还是程朱理学，魏源刚开始也深受程朱理学的影响，在县学读书时就撰有《孔子年表》《孟子年表》《孟子年表考》等文章。19岁时，魏源来到"四大书院"之一的岳麓书院读书深造。岳麓书院当时比较注重通经致用"康济时艰"③，"学问思辨，必以力行为归"，以"坚定德性、明习时务"为主要教育方针，这埋下了魏源"经世致用"思想的种子。

20岁时，魏源与丁忧期满回江苏复职的父亲一起北上。在路上，魏源见识到了社会惨状，田地荒芜满目疮痍，有人挖野菜甚至挖有毒的荞麦花充饥，还有人鬻儿卖女。走出书斋的魏源意识到了"盛世"背后的重重危机，对此开始思考，包括对天理教事变也有思考，写诗道："去岁大兵后，大裖今苦饥。黄沙万殍骨，白月千战垒。至今禾麦地，极目森蒿藜。"他

---

① 傅国涌：《从龚自珍到司徒雷登》，厦门大学出版社，2015年，第9页。
② 据魏耆《邵阳魏府君事略》，转引自夏剑钦：《魏源传》，岳麓书社，2006年，第3页。
③ 岳麓书院创建于北宋初，是湖湘学派的主阵地。"康济时艰"是湖湘学派创始人胡安国的治学宗旨。受其影响，湖湘学风及岳麓书院并重义理与经世，主张研究军事、政治、经济、水利工程等现实问题，陶澍、贺长龄、魏源、曾国藩、郭嵩焘等经世致用代表人物皆出自岳麓书院。

认为造成北方农民生活困苦的首要原因在于战乱，其次他像林则徐一样认为是水利不兴导致灾害频频，曾写诗道："浊河决千里，一淤辄寻尺。屈指三千年，几决几淤积。"①

到北京后，魏源如青少年时在老家厅堂柱子题写的楹联所言，"读古人书，求修身道；友天下士，谋救时方"。一方面，他拜今文经学派大家刘逢禄为师，思想从拜服程朱理学逐渐转为"经世致用"，并与龚自珍、陈沆等人交好。另一方面，他埋头读书，"长安车马地，花落不知春"，曾埋头50多天钻研、整理《大学》古本，见到前来看望的座师汤金钊时"垢面出迎，鬓发如蓬"。"也正是由于在京期间的勤学钻研，魏源不仅奠定了一生学问的基础，而且留下了《大学古本章句疏证》《近思录补注》等理学著作以及许多与师友酬和的诗文。"②

"北漂"三年后，"大龄剩男"魏源返乡结婚和侍奉老母，并在长沙就馆授徒。1819年，魏源再到北京参加乡试，结果只中副榜，即只被列为备取的副贡生。1821年魏源再考又中副榜，次年，"千年老二"魏源终于考取举人第二名，道光帝对魏源的文章批道："嘉赏。"魏源才学在当时已名扬四方，乃至于有谚语传道："记不清，闻汉勋；记不全，问魏源"。类似于现在流传的"内事不决问百度，外事不决问谷歌"。

魏源不仅有才学，也有风骨。当时掌权的军机大臣穆彰阿很欣赏魏源，想结交他为己所用，亲自到魏源寓所来访，而魏源对他像当年嵇康对权臣钟会一样不太理睬，更未回访拜见，导致穆彰阿对魏源怀恨在心，后来借机报复，从而也导致魏源一生坎坷，仕途不顺③。魏源更有思想，尤其是认为至高无上的君主也不过是和庶人一样的凡人罢了："天子者，众人所积而成……故天子自视为众人中之一人，斯视天下为天下之天下。"④天下是天下

---

① 魏源：《北上杂诗七首同邓湘皋孝廉》，《古微堂诗集》卷一。
② 夏剑钦：《魏源传》，岳麓书社，2006年，第32页。
③ 参见李抱一《抱一遗著》卷六《乱楮间杂忆》："亲访之于寓次，先生慢不为礼，卒亦弗谒见，穆深衔之，遂坎坷终身。"
④ 魏源：《魏源全集》第12册，岳麓书社，2004年，第45页。

人的天下，天子不过是其中一员而已，魏源的这种深刻认识在当时可谓"破天荒"。魏源还认识到清廷官员一个个都是"精致利己主义者"，"除富贵而外不知国计民生为何事，除私党而外不知人材为何物"，"遇大利大害则动色相戒，却步徐视而不肯身预"。

魏源这时完成了他的成名作即研究《诗经》的《诗古微》及读书笔记札录《默觚》，"以经术为治术"，对当时许多社会问题提出了自己的看法。但可能正因为魏源太有才学、风骨、思想了，魏源之后的会试像同学、同志龚自珍一样屡屡不中。考不上进士就难有大官做，魏源先是在同学父亲直隶提督杨芳家里当家庭教师，后来应江苏布政使贺长龄之邀入幕，从此开始了他的幕僚生涯。

其实做幕僚非常适合魏源，一方面符合他"通于天道人事、志于经世匡时"的志向，可以"将论文写在大地上"；另一方面也可以充分施展他的才学、思想，且符合魏源清高、孤傲的性格——当时幕僚与幕主地位平等，而非上下级隶属关系。魏源一方面帮贺长龄筹划漕粮海运事宜，一方面为他选编《皇朝经世文编》①。《皇朝经世文编》注重经世致用，强调当下和实用，选编了税收、农业、漕运、盐法、币制、备荒等经济领域"存乎实用""明达之士忧时之作"的文章2236篇，是解决当时各种经济问题的首选参考书，对后世也有深远影响。在之后清朝各朝乃至民国，此书都有翻印，多达20余种版本，甚至前后有20多种续编新编，如历史学家余英时所言，"这是晚清经世思想出现的标志"②。"它使经世致用之学又在知识分子中渐渐深入人心，空疏学风为之逊减。这不仅为后来的学界开启了重视实学、经世致用的学风，而且还开了维新变法、除弊改制的先声。"③从此经

---

① 出身岳麓书院的贺长龄也有经世致用、革除时弊的思想，他一直想选编一本有关经世致用的书籍，来扭转当时浮躁空疏、专注鸡毛蒜皮的学风。这种不良学风，今天似乎又很兴盛，所以今天也需提倡"经世致用"，将"论文"写在大地上，这也正是本书写作目的之一。明朝时期陈子龙组织编写过《皇明经世文编》，全书五百多卷，总结明朝统治经验教训以经世致用，开创近代经世文编先河。《皇朝经世文编》则受其启发或也可以说是其续篇，是经世文编的集大成之作。

② 余英时：《士与中国文化》，上海人民出版社，2013年，第582页。

③ 夏剑钦：《魏源传》，岳麓书社，2006年，第66页。

世致用之学盛行，士林风气大变，甚至道光在1835年召见翰林院编修张集馨时也吩咐道："汝在家总宜读经世之书。"①

在《皇朝经世文编》中，有17篇文章是魏源自己所写，"从17篇自选文章的内容看，除论说漕粮海运之外，还有论说西北边防的，以及有关城防、苗防、经史子书的，中心都是围绕经世致用这一指导思想。这说明中年魏源的思想已从早年理学、汉学而进入到关心国家命运的经世致用的实学之中"②。

在做贺长龄幕僚时，除了编书作文呼吁"经世致用"，魏源自己也做了不少实事，如在他的力谏下江苏一度施行海运，"使每年藏富于民者百余万，省讼于官者百千案，省亏空于官者数十万。上下欢然一体，视周文襄、汤文正之裁减浮粮，功且逾倍，是所益在吏治、在民生"③。

1828年，35岁的魏源终于像好友龚自珍一样通过捐资担任了内阁中书。内阁中书看似"高大上"，实际只是内阁最底层的办事员。不过内阁藏书丰富，内阁中书之职又比较空闲，魏源得以读万卷书尤其是一些珍藏的书，又行万里路游历大好河山，且阅人无数与林则徐等相识相交，奠定了他之后成就的基础。魏源还想投笔从戎游历边疆，当他听说新疆战乱而杨芳率军一万出征时便自愿前去效力。但当他不远万里赶到嘉峪关时，新疆战乱已基本平息了，魏源只好"无功而返"，写诗感叹道："我生第一伤心事，未作天山万里行。"

1831年，魏源父亲病逝，魏源请假回家丁忧守制，之后又会试未中便入两江总督陶澍④幕中，并与陶澍在南京龙蟠里比邻而居，过从甚密。魏源写下《湖广水利论》，认为水灾不断的原因在于人与水争地，应退耕还湖，

---

① 张集馨：《道咸宦海见闻录》，中华书局，1981年，第21页。
② 夏剑钦：《魏源传》，岳麓书社，2006年，第67页。
③ 魏源：《复蒋中堂论南漕书》，《魏源全集》第十二册《古微堂外集》卷七。
④ 陶澍（1779—1839），字子霖，和魏源、贺长龄一样都出自岳麓书院，是清代经世致用又一主要实干家，后官至两江总督，是湖南第一个通过科举成为总督的人，也是湖南士人领袖。他勇于任事、为官清正，改革弊政政绩卓著，使江苏等地政务颇有起色。据说他早年因家庭贫寒曾受过魏源祖父资助，因此对魏源多有照顾，他对左宗棠、胡林翼等湖南后辈也多有提携。

又辅助陶澍在淮北改革盐政,推行票盐制,即任何人都可以通过盐票卖盐,借此废除原来垄断专卖的引商制。魏源自己也"近水楼台先得月",带头做起了盐票买卖。刚开始因为他是一介书生,不谙世事,亏本不少,后来找到一个善于经营的合伙人又赚了不少。这时林则徐担任江苏巡抚,魏源曾两次应邀到林则徐府中进餐,并代林则徐阅卷。

1835年,魏源第五次参加会试,而这届会试的主考官正是他得罪过的穆彰阿,魏源自然再次落第。五次落第,魏源心灰意冷,诀别考场,写诗《下第过旧阿县题壁》道:

出都一旬不见山,今朝山色何屏颜。
岱宗支陇所尽处,车马如度井陉关。
霸王虞姬在此间,虎豹不敢号空山。
杜默江东来痛哭,鲁戈不挽斜阳还。
当炉酒雉解挟瑟,日厌泰山压门侧。
闻客江南山最青,载侬往看吴山色。

这诗大体意思是说"奸人当道,自己怀才不遇,日落西山,不如自己看山玩水去也"。于是,魏源动用买卖盐票赚的钱在扬州买下一座别墅,命名为絜园,在园中寄情山水,又娶了一个小妾,倒也悠然自在。"池鱼行树影,阶鹤爱书声。使婢烹晨汲,呼儿课夜更。理家无惰政,带月扫柴荆。"①但他在闲居环境优雅的絜园时其实并未闲着,并未忘记国事,编写了《明代食兵二政录》七十八卷,意在借鉴明代兴衰教训救治清朝时弊,认为"法久弊生""天下无数百年不弊之法",提出清廷应善于广用人才和改变官风学风,可惜此书后来失传。魏源还继续协助江苏推行盐务改革,建议参考淮北票盐办法在淮南推行盐票制。

好友龚自珍在辞官后也多次路过扬州居住魏源的絜园,为絜园题写过一副对联:"读万卷书,行万里路;总一代典,成一家言。"据说有一次,龚自珍在园内高谈阔论手舞足蹈,竟将靴子踢飞,三天后才发现靴子在帐子

---

① 魏源:《扬州絜园闲咏九首·其五》。

顶上，后有人将此处题为"定庵飞靴处"。当他得知魏源在编写《圣武记》《海国图志》时大为赞赏，认为这才是经世致用的真学问。

1839年，两江总督陶澍去世，魏源写了七千多字的文章《太子太保两江总督陶文毅公行状》纪念，也一直密切关注着好友林则徐此时在广州督办的禁烟。鸦片战争爆发后，魏源曾受邀亲自审讯英俘，写成《英吉利小记》，概述了英国的地理、政治、军事、经济、宗教、风俗、殖民等情况。通过几个月来对鸦片战事的观察，魏源"深刻感受到了清王朝上层集团的昏聩、腐朽和不堪一击，留下了《金陵怀古》八首和《寰海》十章等诗歌，抒发了自己对国事的忧愤和对统治者失望的情怀。如《金陵怀古》八首之二'照残今古秦淮水，磨灭英雄晋石头。地气辄随王气尽，前人留与后人愁'，就隐指石头城的地气也像清王朝一样气数将尽"。①魏源还在文章《寰海》中认为应严禁鸦片但不应拒绝正常外贸，认为战争的失利正是由于朝廷举棋不定战和摇摆，"功罪三朝云变幻，战和两议镬冰汤"。

裕谦出任两江总督后，魏源又到裕谦幕下效力，参与了浙江防务，提出应集中兵力防守镇海、宁波等浙江海岸且应修建外城，但不久他感觉到自己人微言轻，便辞归扬州。在途经镇江时，魏源正巧遇到被发配新疆的林则徐，两人相见感慨万千，在破旧小旅馆的一盏昏灯下披肝沥胆谈至天明。临别之际，林则徐将自己在广州收集的资料和《四洲志》手稿都交给魏源，委托他编撰《海国图志》。林则徐已察觉到中国与西方相比的落后，隐略意识到更可怕的东西也许并不是鸦片而是愚昧闭塞。这次相遇没有改变林则徐、魏源的命运，却改变了中国尤其是日本的国运。

离别时，魏源含泪赋诗《江口晤林少穆制府》二首相送林则徐，其诗曰：
  万感苍茫日，相逢一语无。风雷憎蠖屈，岁月笑龙屠。方术三年艾，河山两戒图。乘槎天上事，商略到鸥凫。时林公属撰《海国图志》。
  聚散凭今夕，欢愁并一身。与君宵对榻，三度雨翻蘋。去国桃千树，忧时突再薪。不辞京口月，肝胆醉轮囷。

---

① 夏剑钦：《魏源传》，岳麓书社，2006年，第125页。

"林公属撰《海国图志》",魏源自林则徐走后便根据林则徐所托收集资料,准备编撰《海国图志》,同时继续关注鸦片战事。这时广州爆发三元里数万民众自发抗英斗争,但不久厦门、定海沦陷,英军又攻陷镇海,亲自在镇海指挥战斗的两江总督裕谦①自杀殉职,兑现了他的誓言:"城存俱存,以尽臣节,断不肯以退为词,离却镇海县城一步。"②接着,宁波被浙江提督余步云弃城沦陷,道光侄子、扬威将军奕经迷信"虎克羊(洋人)"而找来虎骨沉入海底,道台宋国经让招募的乡勇戴上纸糊面具装成鬼怪"跳舞而前",自然也都一败涂地。魏源对此心情沉重,对战局悲观失望,写诗《自定海归扬州舟中四首其一》道:"到此便筹归,应知与愿违。狼藉横岛峤,鬼火接旌旗。猾虏云翻覆,骄兵气指挥。战和谁定算,回首钓鱼矶。"

1841年农历七月下旬,龚自珍再次来到扬州絜园居住,住了很长时间,与魏源谈经说佛,指点江山,不亦乐乎。但天不假日,龚自珍返回丹阳不久便突然去世,收到消息无比悲痛的魏源赶到丹阳操办丧事。他回忆起龚自珍的一生以及与自己的交往,百感交集,撰写挽联道:"天下谓奇人,骂座每闻惊世论;文坛摧异帜,剪窗犹忆切磋时。"这上联说龚自珍是天下奇人,惊世绝伦,下联忆两人切磋琢磨、亲密往事。无一字含"悲",却有无限悲痛。魏源根据他与龚自珍生前"孰后死,孰为定集"③的约定为龚自珍编辑文集,并在序言《定庵文录叙》中评价龚自珍道:"其道常主于逆,小者逆谣俗,逆风土,大者逆运会。所逆愈甚,则所复愈大,大则复于古,古则复于本。"其中的"逆"字准确概括了龚自珍的人生、思想,其实也是魏源夫子自道,他们都是时代的"逆行者"。

此时战事更为严峻,代替患"急性重病"的懿律而统领英军的义律因

---

① 裕谦出身蒙古镶黄旗,24岁时中进士入翰林院,之后一路顺利升迁,1840年任两江总督,为官刚正不阿,曾上奏弹劾琦善、伊里布。他接任两江总督后"主剿"充满信心,积极布防定海、镇海等地,定海守军达5600名,林则徐、魏源都曾辅佐其备战,但裕谦未听从林则徐、魏源提出的移兵内地防守的建议。裕谦可谓当时最称职、最尽力战斗的清廷官员了,他的兵败自杀意味着他对战争前途的绝望,也意味着清军在鸦片战争中必然失败。

② 《筹办夷务始末》(道光朝),卷三三,第20页。

③ 魏源:《魏源全集》第二十册《魏源传记资料》,第688页。

"所获太少"被革职,他曾"要求定期停战举行谈判、进行贸易、举办精心准备的谈判宴会。他的确相信,要不惜一切代价把武力冲突降低到最低程度"①。新任全权使臣强硬派璞鼎查率一万多英军兵至吴淞口。而道光皇帝依旧昏聩无知,甚至还在发谕问道:"该女主(英国女王)年甫二十二岁,何以推为一国之主,有无匹配?其夫何名何处人,在该国现居何职?"②道光还坚持将林则徐发配新疆。林则徐在途经河南时因黄河泛滥,被道光下令就近襄办河工"效力赎罪",等林则徐好不容易办完河工时,总办河工的军机大臣王鼎③上奏申请留下林则徐担任河督,而道光却翻脸不认人,依旧将林则徐"发往伊犁效力赎罪"。王鼎为此无比悲愤,但不能直接向道光撒气,便将怒气发泄到另外一位军机大臣穆彰阿身上弹劾穆彰阿误国,然后闭门自缢以死相谏。魏源、林则徐闻讯异常悲愤,魏源写诗把王鼎比作同样尸谏的春秋时期卫国大夫直臣史鱼,林则徐则写下"伤心知己千行泪,洒向平沙大幕风"的诗句。

随后战事更加吃紧,吴淞很快失守,七十六岁的江南提督陈化成被枪弹洞腹"伏地喷血而死",两江总督牛鉴逃回南京导致上海不战而陷。英军继续北上进攻镇江,两江总督牛鉴想到奇招,将毒药置入酒中放于英军必经路上,结果被不明真相的清军和老百姓一抢而空。另据霍尔特《对中国

---

① 蓝诗玲著、刘悦斌译:《鸦片战争》,新星出版社,2015年,第228页。
② 《鸦片战争档案史料》第5册,第222页。
③ 王鼎(1768—1842),自幼勤奋好学心存大志,历任礼、工、吏、刑、户五部侍郎及军机大臣、直隶总督、东阁大学士。他可能是清朝最清正刚直的军机大臣了,《清史稿》称其"清操绝俗,生平不受请托,亦不托人。卒之日,家无余赀",龚自珍也曾写诗赞道:"公之奏疏秘中禁,海内但见力力持朝纲。阅世虽深有血性,不使人世一物磨锋芒。迩来士气少凌替,毋乃大官表师空趋跄……公其整顿焕精采,勿徒须鬓矜斑苍。"王鼎在治理黄河时日夜奔波,晚上就住在轿子里。在鸦片战争中主战,并疏请林则徐助襄河工及为河督。道光坚持将林则徐发配边疆后,王鼎回到北京向道光力陈林则徐之贤能,怒斥首席军机大臣穆彰阿为当代秦桧、严嵩,《清史稿》中也称穆彰阿"窥帝意移,乃赞和议,罢则徐,以琦善代之"。道光不听抽身欲走,王鼎牵衣苦谏:"皇上不杀琦善,无以对天下;老臣知而不言,无以对先皇!"道光气恼甩袍下殿,74岁的王鼎自觉受辱因此"闭户自缢,冀以尸谏",遗书中写道:"条约不可轻许,恶例不可轻开,穆不可任,林不可弃也。"王鼎死后,穆彰阿的亲信、军机章京陈孚恩赶到王家骗得遗书,又对王鼎之子王沆威胁利诱,并"代为改草遗疏"。道光因此只知王鼎"暴疾而亡"(也可能是揣着明白装糊涂),下诏厚葬,悯恤优抚家属,追赠太保,谥号"文恪"。

的两次鸦片战争》载,当时负责守城的清军副都统海龄正在花天酒地玩女人。海龄还以捉汉奸为名大肆抓捕百姓,"百姓有违言,即是汉奸,吾兵足以杀之",短短几天便屠杀了一百七十余人。英军在镇江倒是遭到了满洲八旗兵的英勇抵抗,死39人伤130人,是鸦片战争中伤亡最惨重的一次战斗。

占领镇江后,英军不顾民众的欢迎进行了野蛮的杀烧抢掠,接着兵临"十朝古都"南京。道光彻底慌了神,他"明白,若这座极具象征意义的城市被敌军攻陷,或许他的统治也就岌岌可危了"①。于是,他又改战为和,派钦差大臣耆英与伊里布和英军会谈,在伊里布家丁张喜"慷慨请行"斡旋下②,最终中英于1842年8月29日在南京签订了《南京条约》③。道光对此下旨曰:"览奏忿懑之至!朕惟自恨自愧,何至事机一至于此?于万无可奈之中,一切不能不勉允所请者,诚以数百万民命所系,其利害不止江、浙等省,故强为遏抑,各条均准照议办理。"④据《清宫补闻》记载:《南京条约》签署前夜,道光彻夜难眠,叹息流泪,自觉愧对祖宗,"帝阅之,徘徊于廊下,直至夜分,从者时闻帝叹息之声,或自语曰不可不可"⑤,最后含恨写下"各条约准照议办理"八个字。道光上台后勤俭节约,以守成为己任,穿

---

① 魏斐德著、梅静译:《中华帝国的衰落》,民主与建设出版社,2017年,第139页。

② 张喜原本只是伊里布家丁,但他有勇有谋、有颜值、有口才。在无人敢于前去会谈时,张喜挺身而出,顶着六品顶戴的虚衔与英军谈判,他对待英方有理有节,不卑不亢,因此也获得英方欣赏,最终他将英方要求的赔款3000万两白银谈至2100万两。因此,我们不能忘记这个"小人物"。

③ 1842年在南京签订的《中英条约》俗称《南京条约》,清廷当时称之为《万年合约》或《江宁条约》。《南京条约》及次年签订的《五口通商章程》《虎门条约》,主要内容包括中国赔款2100万两白银,割让香港给英国,开放广州、厦门、福州、宁波、上海为通商口岸,海关税收协定关税,准许英商在华自由贸易,英国享有领事裁判权、片面最惠国待遇,中英官方平等往来等,基本实现了当初马戛尔尼使团的来访要求。"早知今日,何必当初",如果当初乾隆答应马戛尔尼使团的要求,那会不会避免之后的战火纷飞、人财两失?据茅海建《鸦片战争清朝军费考》研究,中国仅鸦片战争的军费就达3000万两。大英博物馆展出的《南京条约》英文版配文称"这是中国与境外势力签订的第一个不平等条约"。《南京条约》签订后,美国、法国相继迫使清廷签订了中美《望厦条约》、中法《黄埔条约》,美法等国取得了与英国类似的在华权益。

④ 《鸦片战争档案史料》第6册,第165页。

⑤ 《清史外记》,转引自《清代通史》,中册,第922页。

打补丁的衣服，吃饭四菜一汤，连鸡蛋都不舍得吃，却在他手上赔偿英国2100万两白银，且开始了大清江山的葬送。

《南京条约》签署后，第一次鸦片战争就此结束，中国国门和历史"潘多拉魔盒"就此被迫打开，"数千年未有之变局"来临，大清帝国这艘还行驶在旧航道上的"破船"开始覆没，中国也由此踏上了前途光明而道路曲折的现代化之路。"鸦片战争的真意义，就是用火与剑的形式，告诉中国人的使命：中国必须近代化，顺合世界之潮流。"①

八、战败原因："降维打击"

对于鸦片战争的失败，虽然清廷和很多国人不以为意，但也有一些感世忧时的知识人感到震惊、愤慨，开始思考救国良策。如扬州秀才黄钧宰认为鸦片战争是"古今之变局哉"②，《中西纪事》作者夏燮认为鸦片战争"此华洋之变局，亦千古之创局也"③。魏源则"不胜漆室之忧"，一方面写了《秋兴》等组诗，痛斥统治者昏庸误国"争战争和各党魁，忽盟忽叛若棋枚。浪攻浪款何如守，筹饷筹兵贵用才"；另一方面他加速编撰《圣武记》《海国图志》《夷艘寇海记》，表达他对战争的反思和对国家出路的探索。

《圣武记》开始写于鸦片战争之初，"告成于海夷就款于江宁之月"，即写成于《南京条约》签订之日，很明显魏源就是因为受鸦片战争刺激而写此书，其目的也很明显是"弘扬清初圣祖之武功"④，为对外战争提供借鉴。这本书总结了清朝康熙、雍正、乾隆三朝军事方面的"丰功伟绩"，许多观点则针对当时社会现实而发，认为社会弊病和朝廷昏庸腐败是战争失败的主要原因，提出国家富强须发掘人才，振奋人心，改革弊政，尤其应允许

---

① 茅海建：《天朝的崩溃》，生活·读书·新知三联书店，2014年，第29页。
② 黄钧宰：《金壶七墨》第4卷，第3页。
③ 夏燮：《中西纪事》后序，转引自史远芹：《中国近代化的历程》，中共中央党校出版社，1999年，第57页。
④ 夏剑钦：《魏源传》，岳麓书社，2006年，第142页。

民间开采银矿和改革币制,方能"五官强,五兵昌,禁止令行,四夷来王,是之谓战胜于庙堂"。魏源还在书中提出了"洞悉夷情""师夷长技"的主张,成为后来魏源在《海国图志》中所主张的"师夷长技以制夷"的先声。此书首开清史研究之先河,且有着强烈的现实意义,问世后翻印多次,"索观者众,随作随刊",还流传到韩国、日本,对无数仁人志士有重要影响,如曾国藩就多次研读《圣武记》,为他带兵平定太平天国运动提供了重要参考。

1842年7月,魏源在写完《圣武记》后,开始根据林则徐所托和提供的资料编撰《海国图志》,历经五个月编成五十卷。《海国图志》在林则徐《四洲志》基础上又增加了五倍内容共57万字,包括历代史志、华人的海外见闻录、外国著作、时人有关海外著作等,卷首则是魏源亲自写的《筹海篇》。在《筹海篇》中,魏源反思了鸦片战争,认为若能扬长避短、防守得宜,是能够打败英国的[①],认为对外应通商互市"以夷款夷",认为"筹夷"的根本在于"自守"自强自立。"是书何以作?曰:为以夷攻夷而作,为以夷款夷而作,为师夷长技以制夷而作",魏源认为应主要学习"夷之长技三:一战舰,二火器,三养兵练兵之法",还在书中介绍了西方的政治、经济等情况,主张发展工业,允许民间办厂,甚至认为美国民主制"其章程可垂奕世而无弊",意思即"如果清朝也实行美国那样的政治制度,君主专制与贪污腐败的弊病自然就得以清除"[②]。魏源相信只要中国注意学习外国,很快即可富强,即会"风气日开,智慧日出,方见东海之民,犹西海之民"[③]。

"《海国图志》是鸦片战争后中国人自编的一部最为详备的世界史地参考书。它以编排文献资料、酌加按语的方式,全面介绍了世界各国的历史、地理、政治、经济、军事、科技、宗教和民俗文化,这对当时的国人来说,

---

① 魏源在《海国图志》总纲《筹海篇》中写道:"三元里之战,以区区义兵,困夷酋,斩夷帅,歼夷兵,以款后开网纵之而逸,孰谓我兵陆战不如夷者!"即魏源认为只要坚决抵抗,利用民众力量,学习西方先进技术,是可以打败侵略者的。

② 张萌萌:《魏源传》,北京时代华文书局,2016年,第92页。

③ 魏源:《筹海篇三·议战》,《魏源全集》第四册,岳麓书社,2004年,第31页。

确实是一部划时代的睁眼看世界的奇书。"①《海国图志》完成的这一年,英国工业化还在进行中,美国尚处于南北分裂状态,法国则有暴乱,中国仍然还有迎头赶上的机会。可惜的是这样一部重要作品虽然启蒙了一些国人,但并未引起清廷重视②,"师夷制夷"之说尤其"举世讳言之"。反倒是此书传入日本后极大地促进了日本的明治维新富国强兵③,乃至于日本后来在甲午战争中战胜中国,将此书译为日文的盐谷世宏对此感慨说:"呜呼!忠智之士,忧国著书,不为其君用,反为他邦。吾不独为默深(魏源字)悲,抑且为清主悲也夫!"④

在鸦片战争期间,魏源还根据自身参战经历写了历史上第一本有关鸦片战争的专著《夷艘寇海记》,此书也被誉为"当代中国第一部具有进步意义的'当代史'"。因为这本书内容太过真实、犀利,魏源当时并未署名,但学者普遍认定此书就是魏源所作,因为其内容、风格与魏源其他著作完全一致。该书全面记录了鸦片战争历史,歌颂了林则徐等主战派,痛斥了求和派尤其是其首鼠两端,在结尾愤慨写道:"夷寇之役,首尾二载,糜帑七千万。中外朋议,非战即款,非款即战,从未有专议守者。何哉?且其战也,不战于可战之日,而偏战于不可战之日。其款也,不款于可款之时,而专款于必不可款之时。其守也,又不守于可守之地,而皆守于不可守不必守之地。"即是说鸦片战争持续两年,浪费七千万两白银,最终败于战和摇摆。魏源还深刻地认识到鸦片战争失败主要是政治腐败所造成的,"承平恬嬉,不知修攘为何事,破一岛一省震,骚一省各省震,抱头鼠窜者胆裂之不暇,冯河暴虎者虚骄而无实"⑤。

---

① 夏剑钦:《魏源传》,岳麓书社,2006年,第142页。
② 咸丰八年,兵部左侍郎王茂荫上奏请咸丰重刻《海国图志》以求"预夷之法",可惜并未引起咸丰重视。当时《海国图志》只印刷了近千册,还被一些人攻击,如魏源好友姚莹所说:"举世讳言之,魏默深独能著书详求其说,已犯诸公之忌。"
③ 1851年《海国图志》传到日本后,不仅受到日本知识分子重视也受到统治者重视,日本大量进口、印刷《海国图志》,到1856年各种版本达23种,明治维新中坚人物多受《海国图志》影响,使得日本开眼看世界并调整了发展战略开始"师夷长技"。
④ 转引自王晓秋:《近代中日文化交流史》,中华书局,1992年,第45页。
⑤ 魏源:《魏源集》上册,《道光洋艘征抚记》上,187页。

魏源的这一观点准确点明了鸦片战争失败的直接原因在于道光的举棋不定战和多变,而背后的根本原因则在于清廷的昏庸及中国与英国军事、财政等方面的国力差距。据茅海建《天朝的崩溃》一书,鸦片战争时期清军与英军在武器设备、兵力与编制、士兵与军官、战术等方面差距甚大,英军已处于火器时代"船坚炮利"而清军用的还是冷兵器或自制的老式"洋枪洋炮"①;清军兵力分散于各地防守,而英军擅长集中兵力攻击及打运动战;清军腐败更是严重,有三分之一的军费被贪污;战术方面清军主要是正面防守,而英军擅长正面战舰攻击背后陆军偷袭。因此,"以中国之兵甲,与泰西诸强国相权衡,十不当一,一与之搏击,鲜不溃靡"②,据"维基百科"资料,鸦片战争中英双方各自亡者为22790人、523人。清廷财政也非常匮乏,1840年清朝财政收入为3904万两,国库存银仅1034万两,鸦片战争军费占中国全年财政收入的70%,而英国军费仅占英国当年财政收入的8%。另据经济学家许小年研究,当时中国GDP世界第一,但是由于古老的税收体系,清政府只能动用每年GDP的3%,而英国政府因为有了现代财政制度,可以动用当年英国GDP的60%。著名历史学家费正清也发现制度落后和官场腐败是大清战败的根本原因,"从康熙、雍正到乾隆,他们做了一件事,就是把中国的官僚体制变成了一个合法的有组织的贪污集体"③。

　　所以,"鸦片战争失败的根本理由是中国落后。中国的军器和军队是中

---

① 英军使用的是开花大炮,而清军使用的是实心炮弹,杀伤力有限。实际上,明末就已广泛使用开花大炮了,但后来失传。左宗棠在西征新疆路经陕西凤翔时发现了明末的开花大炮,感叹道:"利器之入中国三百余年矣,使那时有人把稳于此,何至岛族纵横海上,数十年挟此傲我?"费正清在《中国:传统与变革》中则说:"在一个商船可载千吨的时代,中国海军船舰却仍旧很小——大约载重300吨,长100英尺,船上有100人和6门大炮。它们没有能力保卫中国,抵御19世纪西方的海军。"(引自费正清:《中国:传统与变革》,江苏人民出版社,2012年,第249页)且清军大炮缺乏瞄准装置,不能旋转,火药质量也很差,而英军船上安置的大炮多达120门且已有铁甲舰,清军炮台上面没有顶盖易被炮弹轰进且不能应对来自陆地的攻击(参见蓝诗玲著、刘悦斌译:《鸦片战争》,新星出版社,2015年,第152—154页)。

② 章太炎:《弭兵难》,《章太炎政论选集》(上),中华书局,1977年,第64页。

③ 转引自《学者朱维铮:国门从未封闭 鸦片战争时中国是先进国家》,《新京报》,2010年6月29日。

世纪式的军队，中国的政府是中世纪式的政府，中国的人民，连士大夫阶级在内，是中世纪式的人民"①。中世纪式的大清如何能敌得过已经初步现代化的英国呢？这是不在一个维度的"降维打击"②。大清的失败是整体性全方位落后的失败，这也充分反映了现代化之必要。

清廷尤其是道光的昏庸不仅表现在鸦片战争中，也表现在鸦片战争后对当事人的处理上：耆英、奕经、琦善等皇亲国戚③被继续委以重任，如耆英签订《南京条约》后继续担任两广总督、钦差大臣，还官升内阁大学士，奕经在鸦片战争兵败后被调任伊犁领队大臣，被革职抄家的琦善不久出任三品热河都统，又任陕甘总督、云贵总督，而魏源、林则徐继续不被重用而命运多舛。

因为刻印《圣武记》《海国图志》等书，魏源家中积蓄耗费殆尽，无奈之下，五十多岁的魏源再次进京参加会试，如他在致友人邓显鹤的信中所说："中年老女，重作新妇，世事逼人至此，奈何？"这次魏源文章"劲扫三军，倾倒三峡"④，本已中会试第十九名，却被考官以试卷字迹潦草为由判罚，停止殿试一年。魏源找谁说理去，只能写诗感叹道："书小楷，诗八韵，将相文武此中进。"只要书法好、能诌几句歌功颂德的诗就能出将入相，而他和龚自珍满腹才学却因书法不佳屡试不中，如此能选拔出什么人才呢？"专以无益之画饼，无用之雕虫，不识兵农礼乐工虞士师为何事"⑤。在军机大臣曹振镛建议下，道光朝还一度根据馆阁体来批阅奏折，即只看奏折字

---

① 蒋廷黻：《中国近代史》，中国华侨出版社，2016年，第20页。

② "降维打击"是指将攻击目标本身所处的空间维度降低，致使目标无法在低维度的空间中生存从而毁灭目标，如三维空间物体对二维空间物体的打击。出自科幻作家刘慈欣的科幻小说《三体Ⅲ·死神永生》。

③ 对于耆英、琦善、奕经、伊里布等鸦片战争时期的"主和派"，当时及后世不少人称之为"汉奸""卖国贼"，也有学者如蒋廷黻、茅海建为之辩护，认为他们是因为看到了中英实力差距才主和的，甚至蒋廷黻在《中国近代史》中称赞琦善"在军事方面，无可称赞，也无可责备。在外交方面，他实在是远过时人"。个人认为对他们不必太过贬斥，但也不应太过赞扬，他们主和的原因更多地是秉承道光旨意和自保罢了。

④ 参见顾廷龙主编《清代朱卷集成》第十三册，第371页。

⑤ 赵丽霞选注：《默觚：魏源集》，辽宁人民出版社，1994年。

体工整与否而不看其中内容。如此这般,大清不亡,天理何在?其实清廷也发现了科举弊病,1663年康熙曾下令废止八股取士,但在大臣反对下又于1668年恢复了八股取士。1738年乾隆又组织群臣讨论要不要废除八股取士,群臣也都认为八股取士问题诸多但是找不出更换的替代方案,只好继续沿用八股取士。

魏源不甘心,次年再参加会试,这次终于考中了三甲,被赐同进士出身。魏源没有留在大有前途的翰林院而是去扬州府东台担任了"九品芝麻官"知县,因为他想与其在翰林院写写小楷作作骚诗,不如去地方切实为老百姓做些善事。魏源本想励精图治,大干一场,一展才华,可刚干半年母亲就病逝,他只能回家守孝。"由于东台县的漕赋历年都未完额,魏源离任时又恰逢赋税清查,结果便'受前任之累'而赔垫了四千多两银子。半年多的台东辛劳,不仅未能得到年俸,反而遭此连累,陪了老本"①,魏源找谁说理去?

为生计所迫,守孝不久,魏源便又入江苏巡抚幕府做起幕僚,继续建言江苏漕运改革,在闲暇之余又修订他的《圣武记》《海国图志》,还进行了一次"半年往返八千里"的南方旅行。"客到岭南疑谪宦,文非海外不沉雄",魏源竟然还去了澳门、香港,不仅收集到《海国图志》有关资料,更大开眼界真正"开眼看世界","扩我奇怀,醒我尘梦,生平未有也"②。

守孝期满后,魏源奉命任扬州兴化县知县。当他刚上任时,正逢暴雨如注,督河官员要开坝放水,魏源趴在堤坝上大哭,以身护堤,帮工民众十余万人相随,终于得以护堤成功,在场的两江总督陆建瀛对此感叹道:"精诚所至,金石为开,岂不信然!"次年,兴化附近水稻大丰收,时人称之为"魏公稻"。魏源还大兴水利,修筑了两个堤坝,一劳永逸解决了兴化水灾问题,当地民众为此纷纷要为魏源建生祠,被他严厉制止。此外,魏源还修建学宫,扩建书院,注重文教,被当地县志称赞道:"淮扬保障,千载寡俦。"他当时经常默默伫立在兴化的范仲淹祠堂,激励自己像范仲淹那

---

① 夏剑钦:《魏源传》,岳麓书社,2006年,第188页。
② 魏源:《香港岛观海市歌》,《古微堂诗集》卷六,《魏源全集》第十二册,第631页。

样"先天下之忧而忧,后天下之乐而乐"。因政绩突出,魏源不久升任海州分司运判,主抓淮南盐票制施行,又于咸丰年初升任高邮知州。在他离开兴化后,兴化民众将他立像于范仲淹祠堂。

担任高邮知州期间,虽然魏源依旧为官勤勉公正,尤其是"简恕"为政、以诚感人,但他身心渐疲,对官场已无多大兴致,而抓紧时间勤奋著述,完成了《蒙雅》《禹贡说》《辽史稿》等书,并将《海国图志》从六十卷增补到一百卷。在《海国图志后叙》中,魏源阐述了自己这么多年来一直编纂《海国图志》的原因:"惟是诸志多出洋商,或详于岛岸土产之繁,埠市货船之数,天时寒暑之节,而各国沿革之始末,建置之永促,能以各国史书志富媪山川,纵横九万里,上下数千年者,惜乎未之闻焉。"

"故园安稳非前世,新梦飘零失太平。喜得南来衡岳雁,故园水陆已销兵。"[①]就在魏源埋头著述时,太平天国运动已经兴起,并很快攻占了南京、扬州、镇江等地,与魏源所在的高邮近在咫尺。魏源一向同情民众,了解民间疾苦,认为农民起义多是"官逼民反",如他在《嘉庆川湖陕靖寇记》中曾直言道:"'教匪'起事,皆以'官逼民反'为词。"因此他对太平天国隐隐地持同情态度。他曾写诗道:"秦淮歌管变鼓鉦,长爪巨牙街衢行。可怜今夜月,曾照庐州堞。八公草木风鹤声,沟垒高深为谁设。"[②]赞美太平军为"爪牙名将",更消极镇压太平军。因此,不久他便以"于江南文报被并不绕道递送,屡将急递退回,以至南北信息不通,实属玩视军务"为由被"革职"[③]。

魏源虽然很快又官复原职,但已心灰意冷,无心仕宦而辞官回家。他

---

① 魏源:《偶感三首·其一》,《古微堂诗集》卷六,《魏源全集》第十二册,第691页。
② 魏源:《江头月》,《古微堂诗集》卷九,《魏源全集》第十二册,第643页。
③ 魏源与湘军元老胡林翼、郭嵩焘皆为同乡好友,如果他愿意加入湘军镇压太平军,或也会成为督抚。根据李柏荣《日涛杂事》所叙,魏源曾与江宁梅曾宁、泾县包世臣一起被太平天国聘为"乡三老",容闳也说魏源曾为太平天国"乡三老"的事,还有人说魏源曾住在李世贤的侍王府。这些事情虽然没有确切证据,不过后来深受魏源影响的左宗棠所修的魏源墓不久就被以"侧身洪廷"为由平掉,且据魏源曾孙女魏韬《魏源南京故宅的历史变迁》一文所述,魏源家人在太平天国失败后收留过许多太平军家属,包括太平天国王妃。可见,魏源的确对太平天国持同情态度。

一边像老友龚自珍晚年时一样钻研佛经，向往"净土"①，一边"闭目澄心，危坐如山"，"不与人事，惟手订生平著述"②。他修订了原来写的《诗古微》，撰写了研究《尚书》的《书古微》，还修撰了"前修未密，后出转精"的传世史书《元史新编》。在《元史新编》中，魏源认为"贫极江南，富归塞北"，即贫富悬殊是民众反抗、元朝灭亡的重要原因。这其实是在警示当时的清廷，也正是他编纂《元史新编》的用意，因此后来他拟将此书交由浙江巡抚何桂清上奏，以供清廷参考。可惜清廷依旧并不重视他的"良苦用心"，太平天国运动依旧在继续中，大清这艘"破船"依旧在继续覆没中，中国现代化也将在艰难中"起航"……可惜魏源看不到这些了，他于咸丰七年即1857年3月去世，享年六十四岁，临终对友道："君且休，吾将逝矣！"

"纵观魏源的一生，以经世为志，以恢复'古'经真相、发扬今古经文大义为己任，主要精力用在对国家前途命运的关注、御侮图强而终身不辍的著述上。"③魏源注重经世致用、济时报国，他的《圣武记》《海国图志》等著述对后世有深远影响，拉开了"开眼看世界"学习西方的大幕，为洋务运动、维新变法、辛亥革命等提供了重要思想资源④，尤其是他提出的"师夷长技以制夷"，更是成为中国此后变法、改革的指导思想，如梁启超所言："魏源著《海国图志》，倡师夷长技以制夷之说，林则徐乃创译西报，实为变法之萌芽……其论实支配百年来之人心，直至今日，犹未脱离净尽，

---

① 张萌萌在《魏源传》中解释魏源学佛原因："魏源一生为经世致用、变革社会耗尽心血，谁曾想到到头来一切终成幻影！几十年来为实现人生理想而付出的勤奋、劳碌、挣扎、忧患和痛苦，以及种种不能超越历史条件的微妙所造成的人类自身局限，使他感到'一切有为，皆不足恃'。就是在这种极度迷茫的情况下魏源开始研究佛教经典，并确定了佛教信仰。"这恐怕也是龚自珍晚年学佛的原因，"经世致用"如果不能落实就容易迷茫绝望"看破红尘"。
② 魏耆：《邵阳魏府君事略》。
③ 夏剑钦：《魏源传》，岳麓书社，2006年，第269页。
④ 学者刘兴豪在《魏源与中国近代化的早期进展》一书中认为，中国近代化早期进展过程中的每一步跨越都受魏源思想的影响，尤其是以洋务运动、维新运动为甚。魏源的改革思想为洋务运动的诞生奠定了理论基础，魏源的论著对维新人物起了思想启蒙的作用，如康有为就是在阅读《海国图志》后大购西书大讲西学。因此，可以说魏源对中国早期现代化贡献巨大，像龚自珍一样都是中国现代化的最早启蒙者、"催生婆"。

则其在历史上关系,不得谓细也。"①

最重要的是,魏源衔接古今,承上启下,开启了中国近代思想的"转型",尤其是"'师夷长技以制夷'的自变、自强思想可以说是中国的现代化思想的最早萌芽"②。"魏源不同于传统儒家之处在于,他把鸦片战争前后出现的经世致用之学变换为向西方学习的思潮,且因注入了新的经世内容而更加富于时代特色。就此而言,鸦片战争之所以作为中国近代思想历史的'临界点',就是因其促使中国发生了由'传统经世之学'走向'近代思想历史进程'的转型。在这个'转型'过程中,魏源将由清末肇始的'开眼看世界'的新风及其未竟的视野继承下来,并发扬光大。魏源是鸦片战争后中华民族先进分子'开眼看世界'中'眼量'极高的一个。他把'向西方学习'和'中国的改革'联系起来,并且将其推向了一个关键位置。"③

魏源就这样走了,而他的老友林则徐早就于七年前即1850年提前走了。"苟利国家生死以,岂因祸福避趋之。谪居正是君恩厚,养拙刚于戍卒宜。"④ 被发配新疆的林则徐历经一年零四个月,终于在1842年12月10日抵达伊犁。因水土不服、居无定所诸病迭发,但他依旧关心国事,如在《除夕书怀》大声疾呼"正是中原薪胆日,谁能高枕醉屠苏",并注重研究西陲边防、屯田、水利等,编有《荷戈纪程》一书。次年,林则徐认修水渠工程,自己出资十万两白银,大干四个月,修成了1949年后还在使用的一道水渠,老百姓称其为"林公渠";还引进中原的"龙尾水车",被当地誉为"林公车"。鉴于"该员捐资出力,着有微劳",道光终于开恩再次起用林则徐,派他勘察南疆垦地。历时六个多月,历行两万余里,林则徐勘察了共五十七万八千余亩地。但道光还是要考验他、折磨他,又让他勘察吐鲁番的垦地。林则徐又勘察了10多万亩垦地,还在当地极力推广了后来被称为"林公井"的水井。

---

① 梁启超:《中国近三百年学术史》,《梁启超论清学史二种》,第467页。
② 卫忠海:《中国现代化的理论与实践》,四川大学出版社,2008年,第36页忠。
③ 王人博:《1840年以来的中国》,九州出版社,2020年,第88页。
④ 林则徐:《赴戍登程口占示家人》。

对于林则徐的表现，道光终于满意了，于1846年委任林则徐为署理陕甘总督、陕西巡抚。"放归已是余生幸，起废难酬再造仁"，林则徐像他以前任职时一样兢兢业业，平定叛乱，赈济灾民，尤其是重视教育，大力选拔人才，如他曾写信邀请当时失意的胡林翼来西安，还为他报捐内阁中书。次年，林则徐又被道光调任为云贵总督，终于东山再起，恢复了以前的总督职位。在担任云贵总督时，林则徐努力解决汉回纠纷，"只分良莠，不问汉回"，并开采银矿整顿铜政，着力发展云南经济。虽还是像以前一样尽力，但林则徐明显感觉到自己已风烛残年，不久便以病情加重为由获准辞官回乡。

1850年1月3日，在回乡途中，六十五岁的林则徐邀请三十七岁的左宗棠到湘江舟中夜谈。这时的左宗棠虽然还是一介布衣，但林则徐对其闻名已久，特邀请他前来相见。两人一见如故，林则徐对左宗棠"一见倾倒，诧为绝世奇才"，而一向目中无人的左宗棠则视林则徐为"天人"，视此事为"平生第一荣幸事"。林则徐将自己在新疆收集的地图、文书等资料交给左宗棠，也将自己在新疆未竟的事业"托孤"给左宗棠，希望他将来在治疆时能有大作为，尤其是要警惕"俄患"，要"富边强边"。临别时，林则徐拍着左宗棠肩膀说："他日建奇功于天山南北，竟某之志乎，其唯君乎。"并赠送一副对联给左宗棠寄予厚望："此地有崇山峻岭茂林修竹，是能读三坟五典八索九丘。"这次夜谈像当年林则徐和魏源镇江相见相托一样，成为历史佳话且意义重大，"那晚林则徐有关新疆地理、防务、农垦水利等方面的真知灼见，已对左宗棠产生极大影响，在其后来经略西域时，基本继承和发扬了林则徐的思路和遗志"①。

回乡后，林则徐整理诗稿，修订了《西北水利》，还参加了家乡的抗英斗争，反对英人进福州城内。次年，和林则徐纠葛多年的道光去世，新皇帝咸丰（"咸丰"意思是希望天下普遍丰足）早就仰慕林则徐大名，便下旨宣林则徐进京候用。但林则徐已不是当年那被"贴来贴去"的"万能膏

---

① 郭雪波:《林则徐》，作家出版社，2016年，第323页。

药"了，晚年的他已渐渐看破功名利禄及皇帝的翻云覆雨，便以疾病未愈为由婉拒了。这一年又逢广西太平天国起义，咸丰又下令林则徐为钦差大臣，赴广西"荡平群丑，绥靖岩疆"。林则徐无法再抗旨，可能也是内心壮志未酬，正如他之前所写的千古名句所言："苟利国家生死以，岂因祸福避趋之。"

在赴广西途中，林则徐病重身亡[①]，临终遗言为"星斗南"，或是谐音广州十三行所在地"星斗栏"[②]，或是暗喻自己星落南地，或是预言未来希望之星在南方。林则徐去世后，咸丰赏晋太子太傅衔，谥号"文忠"，开复任内一切处分。左宗棠送挽联道：

附公者不皆君子，间公者必是小人，忧国如家，二百余年遗直在；
庙堂倚之为长城，草野望之若时雨，出师未捷，八千里路大星颓。

的确，林则徐文韬武略，功勋卓著，尤其是对国家忠心耿耿，鞠躬尽瘁，"朝夕孜孜不倦者，国政民瘼两大端而已"，当永不朽。但也不必神话林则徐，林则徐也有他的局限性，如他其实并未真正"开眼看世界"，只能说在当时的官员中林则徐尽力做到了最好，可谓公务员"标兵"。

"爱你孤身走暗巷，爱你不跪的模样，爱你对峙过绝望，不肯哭一场，爱你破烂的衣裳，却敢堵命运的枪……去吗？配吗？这褴褛的披风。战吗？战啊！以最卑微的梦。致那黑夜中的呜咽与怒吼，谁说站在光里的才算英雄？"龚自珍、魏源、林则徐等晚清第一批"经世致用"的"孤勇者""先行者"就这样一一走了，属于曾国藩、左宗棠、李鸿章的时代来了，"数千年未有之变局"也彻底来了，大清帝国的衰亡和中国早期现代化即将开启。

第一次鸦片战争结束了，以后人的眼光来看，它的意义当然重大而深远。尤其是《南京条约》是中国近代史上第一个不平等对外条约，的确丧权辱国，但客观上也打开了国门，开启了"开眼看世界"，进而学习西方、

[①] 如果林则徐顺利到达广西，则正逢太平天国起义初期。以林则徐的威望和能力，太平天国运动很有可能会被林则徐及时镇压，那中国近代史将再度因林则徐而改写。

[②] "世传广东之十三行贿人毒之"，引自黄濬：《花随人圣盦摭忆》，中华书局，2013年，第198页。

变法自强、向现代化转型的潮流，即可以说它是中国现代化的引子。

但在当时的人看来，鸦片战争的影响可能并没有多么重要。除了魏源等少数人深受触动而"开眼看世界"，以及江苏布政使李星沅等少数人感到"我朝金瓯无缺，忽有此蹉跌，至夷妇与大皇帝并书"①的耻辱外，大多数国人依旧沉醉在"天朝"的美梦中没有醒来。"议和之后，都门仍复恬嬉，大有雨过忘雷之意。海疆之事，转喉触讳，绝口不提，即茶坊酒肆之中，亦大书'免谈时事'四字，俨有诗书偶语之禁。"②魏源也在《都中吟》中感叹道：

> 为问海夷何自航？或云葱岭可通大西洋；或云廓尔喀印度可窥乌斯藏；或云弥夷佛夷鄂夷辈，思效回纥之助唐；或云诸国狼狈叵测可不防，使我议款议战议守无一藏。呜呼！岛夷通市二百载，茫茫昧昧竟安在？③

"胜败乃兵家常事"，这或是因为"天朝"上下认为第一次鸦片战争的失败不过是偶然罢了，按照中国传统的忠奸模式，"他们认为，战争的失败在于忠臣林则徐等人的抵抗主张没有得以实现，在于奸臣琦善、耆英等人一心畏夷媚夷"④。他们甚至并不认为那是国家之间的战争，而是"边衅"，战败不过是"抚局"而已，签订条约不过是"抚夷""开恩"罢了，如《南京条约》中处处写有"大清皇帝恩准"，而"抚并不是承认自己软弱或屈服，而是另一种形式的控制，尽管是一种家长式的控制"⑤；耆英后来在给英国的照会中写道："兹蒙大皇帝解嫌释惑，恩准照旧通商，于广州一处之外，又给福州、厦门、宁波、上海四处，俾得广为贸易，实属体恤有加。"道光的遗诏里也写道："捐小忿成大信，绥疆柔远，于今十载，卒使毒焰自消，民

---

① 《李星沅日记》上册，第382页，转引自茅海建：《天朝的崩溃》，生活·读书·新知三联书店，2014年，第471页。
② 林则徐编：《软尘私议》，《中国近代史资料丛刊·鸦片战争》第5册，第529页。
③ 《魏源集》下册，中华书局，1976年，第676—677页。
④ 茅海建：《苦命天子》，生活·读书·新知三联书店，2022年，第39页。
⑤ 蓝诗玲著、刘悦斌译：《鸦片战争》，新星出版社，2015年，第164页。

夷各安生理。"① 他们认识不到战败的根本原因，更认识不到其严重后果，甚至对《南京条约》的内容、危害根本就没有清醒认识，如清廷怕麻烦主动给予英国领事裁判权，让英方管理在华英人以"杜民夷争端"，也因此很痛快地给予美法等国和英国一样的待遇"一体均沾"。清廷自身更没有任何大的改革，拒绝了美国主动提供的制船造炮蓝图，甚至将《南京条约》协议书交给两广总督衙门保管，依旧认为这只是"粤事"而已。

第一次鸦片战争爆发时，曾国藩的老师、著名理学家唐鉴时任太常寺卿。他对鸦片战争的观点颇能代表当时士人，如台湾学者刘纪曜认为唐鉴的奏折是"天朝"意象情绪与态度的典型表现，是"一般知识分子的缩影与代表"②。鸦片战争爆发后，唐鉴力主抗英，上疏弹劾琦善、耆英等人弄权误国。如1840年8月，有7艘英国舰船北上天津，旗舰威里士厘号装炮74门，但琦善在向道光帝的奏报中夸大其词说："船身吃水二丈七八尺，其高出水处亦计二丈有余。舱中分设三层，逐层有炮百余位。"唐鉴在奏折中指斥琦善"长叛国之骄志，生汉奸之逆谋"。在奏折中，唐鉴还指出："臣闻英夷前到天津，遣有两通事上岸与琦善传话，一系绍兴口音，一系本京口音，其为汉奸无疑。"即唐鉴认为有汉奸与英军勾结作乱，而这代表了当时朝廷上下普遍的看法，甚至很多人像道光那般将战事失利归结于"均系汉奸助逆"，像奕山那般得出了"防民甚于防兵，而防兵又甚于防寇"的结论。"开眼看世界第一人"林则徐也将广州战事失败归咎于"汉奸""带路"，如他在1841年给长子林汝舟的家书中说："此次爬沙角后山之人，大半皆汉奸，或冒官衣号衣，或穿夷服，用梯牵引而上。"鸦片战争结束后，唐鉴没有任何触动、反思，在1845年出版的《国朝学案小识》中依旧视中国为天下，继续弘扬程朱理学。

不只唐鉴等"外人"如此，即使第一次鸦片战争大多数当事人对鸦片

---

① 《道光朝东华录》，卷六十，转引自杨国强：《衰世与西法》，广西师范大学出版社，2020年，第21页。

② 刘纪曜：《鸦片战争期间中国朝野的天朝意象及其衍生的观念态度与行动》，《台湾师范大学历史学报》，2011年第4期。

战争及其后果也没有清醒认识乃至大的改变。道光虽然"自恨自愧",但认为战败主要原因在于"用人不明",甚至解释停战原因是"试问内地之兵民,国家之财富,有此消耗之理?好在彼志在通商,又称诉冤,是我办理得手之机"①。他虽然称赞洋枪"绝顶奇妙之品",但拒绝耆英提出的仿造洋枪建议,批道"卿云仿造二字,朕知其必成望洋兴叹",后来则"恶闻洋务及灾荒盗贼事"②;林则徐在官复原职后也并未有什么学习西方的公开提倡和实际行动,"怕清议指摘,默而不言"③,甚至在告老还乡后还上书福建巡抚徐继畲④要求在福州驱逐英人;林则徐的幕僚梁廷枏关心时事留心外事,著有《兰伦偶说》《合众国说》《耶稣教难入中国说》等介绍西方的书籍,可他也认为"天朝"不必向"洋人"学习,"洋人"的火炮、舰船、数学"亦得诸中国";后来长期主持清朝对外事务的耆英常将私人决定谎称国家政策,以收英国代表璞鼎查儿子为义子等手段笼络璞鼎查,称璞鼎查是"心心相印"

---

① 茅海建:《天朝的崩溃》,生活·读书·新知三联书店,2014年,第176页。
② 崇彝:《道咸以来朝野杂记》,第56页。
③ 蒋廷黻:《中国近代史》,中国华侨出版社,2016年,第17页。
④ 徐继畲(1795—1873),道光六年进士,历任广西、福建巡抚,闽浙总督,也是首任总管同文馆事务大臣即中国第一所现代高等学校首任校长。他醉心地理学,著述甚多,1844年他在办理厦门对外事务时,发现自己对西方无知而花费五年时间写成《瀛寰志略》。此书率先突破传统的"天朝"意识和"夷夏"观念,系统介绍了地球概况、西方情况,认为"西人以商贾为本计""并无攻城略地,割据疆土之意",首次将中国定位于世界的一部分而非中国即世界,尤其是介绍了西方民主制度、理念、思想,和魏源的《海国图志》一样对中国、日本后世影响很大(日本称其为"通知世界之南针")。首先提出"变局论",认为当时是"此古今一大变局"。此书出版后一度被禁,1866年总理衙门重印《瀛寰志略》,"中外奉为指南",为洋务运动、维新变法等奠定了一定思想基础,曾国藩、冯桂芬、薛福成、郑观应、康有为、梁启超、孙中山等人都受其影响。康有为在读了《瀛寰志略》之后才"知万国之故,地球之理",梁启超在读了《瀛寰志略》后"始知五大洲各国",并称中国人"稍有世界地理知识,实自此始"。徐继畲赞扬美国华盛顿总统的话("按华盛顿异人也,起事勇于胜、广,割据雄于曹、刘。既已提三尺剑,开疆万里,乃不僭位号,不传子孙,而创为推举之法,几于天下为公,骎骎乎三代之遗意。其治国崇让善俗,不尚武功,亦迥与诸国异。余尝见其画像,气貌雄毅绝伦。呜呼!可不谓人杰矣哉。")于1853年被刻在花岗岩碑上送给美国,至今被镶嵌在华盛顿纪念塔第10层。1850年,徐继畲因处理英人进福州事件与林则徐等意见不合,也因《瀛寰志略》引发非议,被言官多次上书弹劾,在次年被革职。但徐继畲思想虽然倾向西方,但为人还是传统,忠君、纳妾、重视八股文,视自己为"奴才"而非"世界公民",也因此他后来被咸丰认为是"老实人"而重新起用(也是为了对外传达开放信号),任总理衙门行走、总管同文馆事务大臣,在他人生的最后一年还获准赴鹿鸣宴"以惠耆年"。

的朋友，还常在宴会上与外国人唱歌联欢，"所抱定的宗旨是：避免衅端，尽力维护'天朝'体制，保持'夷民'相安"①。一切似乎都没有变，如学者茅海建所感叹："'天朝'在战争中惨败，但由此引起的震荡，还不如东京湾中出现的4艘'黑船'。今天的人们对两国的差异已作了种种叙述和分析。而最直接的是，清朝在战后没有振作、没有革新，使清军将士的鲜血白流了。"②

某种意义上，这导致了其后的第二次鸦片战争③。"当时的清政府并没有认识到鸦片战争后，中国被编入了自由贸易体制，更没有认识到不平等条约使得中国加入到近代国际关系体系之中。对于清朝来说，战败是为了怀柔'夷狄'即野蛮人而做出的让步，不过是对以往的朝贡体制做了修正而已。把对片面最惠国待遇和领事裁判权的承认解释为大国中国对下等对手欧洲的优待，把上海等五港口的开放也解释为是重开以往当地作为外国船只停靠港口的先例。也就是说，鸦片战争所带来的'洋的冲击'被传统的'中华世界'的秩序消化了。英国所期待的棉制品的对华出口并没有实现增

---

① 茅海建：《天朝的崩溃》，生活·读书·新知三联书店，2014年，第565页。耆英在第二次鸦片战争谈判中被英法代表拿出他们在广州劫获的其奏折中骂"夷"文句，"深恶之"，大肆凌辱耆英，拒绝与他谈判。耆英受辱，不堪忍受，擅自回京，"于是欺漫之迹益彰"，后被赐自尽。据说他在狱中写过一副嘲讽咸丰的对联："先帝褒奖有胆有识，时皇罪过无耻无能。"

② 茅海建：《天朝的崩溃》，生活·读书·新知三联书店，2014年，第570页。茅海建在《天朝的崩溃》一书的最后感叹道："不管历史将作何种选择，我以为，鸦片战争留给我们首要的问题是，中国大陆与西方的差距，比起150多年前鸦片战争时，是扩大了，还是缩小了？"（茅海建：《天朝的崩溃》，生活·读书·新知三联书店，2014年，第575页。）

③ 1856年，大清水师查获亚罗号划艇，英方借口此船乃是英属而联合法国发动了第二次鸦片战争，其根本原因则是想通过武力强迫清廷修改在第一次鸦片战争结束后与其签订的条约，进一步打开中国市场，扩大在华通商、准许公使入驻北京等权益。刚开始，英法联军攻打广州，两广总督叶名琛"不战不和不守，不死不降不走"导致广州沦陷。1858年英法联军攻占天津大沽炮台，清廷被迫与英法签订《天津条约》。1859年，英法不满足从《天津条约》攫取的特权再次攻打大沽炮台，被僧格林沁率军击退。1860年，英法率一万多联军先后攻占了大沽、天津，进而进犯京师火烧圆明园，清廷派奕䜣为全权大臣议和签订了中英、中法《北京条约》。后来俄国借"调解有功"名义迫使清廷与其签订了《中俄天津条约》《中俄北京条约》。这些条约迫使中国割地赔款，开放南京、汉口、九江等更多通商口岸，允许外国传教士在华传教，同意外国在北京设立使馆，进一步丧权辱国也进一步打开了国门，甚至如学者马勇在《叠变：鸦片、枪炮与文明进程中的中国（1840—1915）》书中所言是全国范围的"放开"，也加速了与世界的"接轨"及清廷衰亡。

长。欧洲各国也未能按照近代条约体系的常识，向北京派设常驻公使。曾在鸦片战争时担任外相的英国首相帕尔姆斯顿以'亚罗号'事件为借口，企图用军事压力来大幅度修改条约。英国动员拿破仑三世治下的法国联合出兵，第二次鸦片战争（亚罗战争）爆发了。"①

当然，对于历史，我们后人一方面要持"理解之同情"，毕竟大多数人都不能超越时代的局限，"中国对发展机会选择的严重失误，固然是由于对世界大势的茫然无知，但更深层的原因则在于：中国式的小农经济的自足发展体系的稳固性，王朝财政制度的单一性，以及在政治上以重农抑商作为稳定社会秩序、防止民间权势增长的传统政策"②；另一方面，我们也要吸取教训，要尽量"开眼看世界"，认清、顺应时代潮流，而非固步自封、沾沾自喜。"作为饱受侵略和压迫的国家，中国人应该记住历史。不过，应该如实记住：苦难不仅来自外来侵略者，更来自自己的落后和封闭。"③

"你叫不醒装睡的人"，也叫不醒酣睡的人。第一次鸦片战争并没有让当时的中国醒过来，走向世界，而是依旧沉浸在"天朝上国"的迷梦中不可自拔，依旧认为中国即是世界，而如历史学家蒋廷黻所言"白白错失了二十多年"。但第一次鸦片战争客观上也改变了中国的历史进程，尤其是直接影响了其后的太平天国运动。此外，鸦片战争让英国尝到了殖民侵略的甜头，而从此踏上了殖民主义道路；虽然短期内掠夺了巨额财富，却忽视了本国的工业发展、技术进步，而导致了"日不落帝国"的衰落。就这个意义而言，中英鸦片战争因世界进程而起，也影响了世界进程，也说明了新的时代的确已经到来，全世界已密不可分，成为了命运共同体，中国现代化浪潮的席卷而来不可避免。因此，鸦片战争可谓中国近代史的起点，从此正式开启了七十年浩浩荡荡的大清衰亡和中国早期现代化进程，如马克思在《中国革命与美国革命》中所言：

---

① 菊池秀明著，马晓娟译：讲谈社·中国的历史《末代王朝与近代中国：清末 中华民国》，广西师范大学出版社，2014年，第39页。

② 罗荣渠：《现代化新论》，华东师范大学出版社，2013年，第205、206页。

③ 袁伟时：《圆明园：苦难来自封闭与落后》，《文史天地》，2010年第10期。

清朝的声威一遇到英国的枪炮就扫地以尽，天朝帝国万世长存的迷信破了产，野蛮的、闭关自守的、与文明世界隔绝的状态被打破，开始同外界发生联系……与外界完全隔绝曾是保存旧中国的首要条件，当这种隔绝状态通过英国而为暴力所打破的时候，接踵而来的必然是解体的过程，正如小心保存在密闭棺材里的木乃伊一接触新鲜空气便必然要解体一样。①

以现代化视域来看，鸦片战争的确可谓中国现代化的引子，虽然这一引子是外部强加的，但终究是这一引子引发了中国早期现代化的爆发，迫使中国开始了现代化的探索。此外，中国现代化的必要性在大清衰亡中已有充分"发酵"，龚自珍、魏源、林则徐等"先行者"也为现代化的开启提供了思想准备②，包括导致经世致用思潮兴起和"开眼看世界"主张提出，因此中国现代化大潮的到来不可避免。只是龚自珍、魏源、林则徐等人的悲剧命运，也预示了中国现代化进程的步履维艰。当然，鸦片战争对中国现代化进程也有一定的抑制作用，如巨额战争赔款使中国早期现代化丧失了大量建设资金。

---

① 马克思、恩格斯：《马克思恩格斯论中国》，人民出版社，1997年，第2—4页。
② 除了龚自珍、魏源、林则徐外，这一时期提倡"开眼看世界"的著作还有徐继畲的《瀛寰志略》、姚莹的《康輶纪行》、何秋涛的《朔方备乘》、张穆的《蒙古游牧记》等。"开眼看世界，或曰开放思想的生发，是中国早期现代化发展的重要前提条件之一。"（陈争平：《晚清"开眼看世界"与中国早期现代化发展，《新经济》，2023年第10期）

第二章　太平天国运动：现代化萌动

如果在"数千年未有之变局"的背景下看太平天国运动，应该可以说它是近代国人对"中国何处去"的第一次探索，是中国立足本土学习西方的第一次尝试，"也是中西转型、社会改制最早的尝试"，已蕴含了现代化的一些因素，是中国早期现代化的萌动。

一、曾国藩与洪秀全：科举改变命运

第一次鸦片战争爆发时，正在翰林院任职的曾国藩像多数国人一样对此没有大的反应，继续埋头痴醉于宋明理学和"文章报国"。他当时的日记、家书中很少提及鸦片战争，即使提及则说"上年六月，英吉利豕突定海，沿海游弋。圣恩宽大，不欲遽彰天讨。命大学士琦善往广东查办，乃逆夷性同犬羊，贪求无厌"[1]，即他认为鸦片战争不过是明末倭寇袭扰的重演罢了。对于战争的失败，他认为主要是因为汉奸助纣为虐，如他在1842年2月24日给父亲曾麟书写了一封家书说："浙江之事，闻于正月底交战，仍尔不胜。去岁所失宁波府城、定海、镇海二县城，尚未收复。英夷滋扰以来，皆汉奸助之为虐。此辈食毛践土，丧尽天良，不知何日罪恶贯盈，始得聚而歼灭。"[2]

中英《南京条约》签订后，曾国藩在家书中写道："英夷在江南，抚局已定，盖金陵为南北咽喉。逆夷既已扼吭而据要害，不得不权为和戎之策，

---

[1] 《曾国藩全集·日记》，岳麓书社，2011年，第60页。
[2] 《曾国藩家书》，江西人民出版社，2016年，第70页。

以安民而息兵……自英夷滋扰，已历二年，将不知兵，兵不用命，于国威不无少损，然此次议抚，实出于不得已……但使夷人从此永不犯边，四海晏然安堵，则以大事小，乐天之道，孰不以为上策哉？"①即他认为这个条约不过是"抚局"，是"和戎之策"罢了，对赫赫国威并未有什么损失，如果能大事化小、小事化了，反倒是上策。总而言之，"在他们看来，偌大的帝国经历得太多了，一些小小的外夷国家，就像泥淖里的泥鳅一样，掀不起什么浪花来。曾国藩没有意识到一个新的时代即将来临，他毕生忠诚和服务的帝国将因此土崩瓦解"②。

曾国藩之所以如此"两耳不闻窗外事，一心只读圣贤书"，或是因为他能来京城读书、工作太不容易了，是祖孙三代才完成的"逆袭"。1811年11月26日，曾国藩出生于湖南长沙湘乡县一个叫白杨坪的偏僻山村。五六百年内，曾氏家族多次搬迁，艰苦奋斗，可一直徘徊于贫农和小地主之间，连个秀才也没出过，如曾国藩在《台州墓表》中所言："吾曾氏由衡阳至湘乡，五六百载，曾无人于科目秀才之列。"

曾国藩的爷爷曾玉屏出生时，曾家属于中农。虽然家境一般，但曾玉屏一度不务正业，骑着好马，穿着华衣，游手好闲，到处充大爷。有次，他正和一群纨绔子弟玩耍，被一个老头指着他教育孩子道："你可千万别和他学，他家里没钱却四处鬼混，早晚他们家会败在他手上。"曾玉屏听闻大受刺激，当场把马卖了，徒步几十里回家，并发誓自此重新做人。

"自是终身未明而起"，曾玉屏从此每天早起干活，发誓兴家立业。种地、种菜、喂猪、养鱼，曾玉屏日夜苦干，终于使曾家逐渐兴旺。到曾国藩出生时，曾家已有田地百余亩，人均至少十二亩，而据学者吴慧计算，当时全国人均田地才一点七一亩。可以说，经过曾玉屏奋斗，曾家已从中农阶层提升为小地主了。

曾玉屏"早岁失学，壮而引为深耻"，因此有了一定经济基础后，他让长子曾麟书从小脱离生产，专心读书，并从外地花高价请来老师，"令子

---

① 《曾国藩家书》，江西人民出版社，2016年，第14、15页。
② 赵焰：《曾国藩传》，河南文艺出版社，2016年，第25页。

孙出就名师",不中科举不罢休。在父亲的严厉督促和高度期望下,曾麟书"穷年磨砺,期于有成",一次又一次地参加科举考试,总共考了十七次秀才,终于在四十二岁时中了秀才。虽然只是个秀才,但这是曾家地位的又一次飞跃,标志着曾家从小地主家上升到士绅阶层了。

而要从秀才考到举人,老大不小的曾麟书已无能为力,只好把希望寄托在下一代曾国藩等人身上。他边开私塾边教育子女,不断勉励孩子们读书上进。传说是飞蟒投胎的曾国藩五岁启蒙,七岁便跟着父亲在私塾里读书,八岁即"读五经毕,始为时文帖括之学",十三岁开始赴省城应"童子试",二十三岁时中得秀才,次年便中举人。

但随后的二次会试,曾国藩都失败了。在第二次会试落第返程时,曾国藩看到一家书店有一套精刻的"二十三史",便用自己借的路费买下,然后典当衣物回家。这套书价值一百两银子,相当于曾家七八年的积蓄,但父亲曾麟书对此没有一句责备和抱怨,只是对曾国藩说:"尔借钱买书,吾不惜极力为尔弥缝,尔能圈点一遍,则不负我矣。"即是说"你花这么多钱买这书,老子不怪你,极力为你堵窟窿,你如果能把这书读一遍就不辜负我了"。备受感动的曾国藩闭门埋头攻读"二十三史",由此眼界、思路大开,于次年会试高中进士。在朝考中,道光非常喜欢曾国藩的文章,将曾国藩改为庶吉士,入翰林院检讨。

从曾玉屏到曾麟书再到曾国藩,曾氏家族历经三代,终于彻底完成了阶层跨越,祖宗坟上终于冒出"青烟"来。第一代曾玉屏打下经济基础保障后代专心读书,第二代曾麟书则为后代提供了更好的教育环境,第三代曾国藩才能在祖宗奠定的基础上脱颖而出,如曾国藩自己所言,他的发达"赖祖宗之积累"。曾家三代完成阶层跨越,虽是不易但已经很幸运了,据学者宗韵研究,明代普通农民家庭要培养出一个官员所花时间平均为四代半,而据学者何炳棣研究,清代考中进士的概率为百万分之零点四八。

考中进士很难,即使考秀才其实也不容易,通过率大约只有1.5%[①]。比曾国藩小三岁的广东花县人洪秀全虽然自小聪颖,但考秀才连续三次落榜。

---

① 参见蓝诗玲著、刘悦斌译:《鸦片战争》,新星出版社,2015年,第57页。

落榜后他大病一场，昏睡四十余天，在病中梦到了"上帝"[①]。之前他到广州考试时，收到过一本基督教传教用的《劝世良言》[②]，而对基督教有了些模糊印象。"手持三尺定山河，四海为家共饮和。擒尽妖邪归地网，收残奸究落天罗。东南西北效皇极，日月星辰奏凯歌。虎啸龙吟光世界，太平一统乐如何！"[③]第四次考秀才失利后，在乡间做塾师的洪秀全改原名"洪火秀"为"洪秀全"（"全"字拆开即是"人王"），决定从此"不考清朝试，不穿清朝服"，开始寻求另外一条"救赎"自己和国家的道路，由自己来当皇帝"开科取士"。洪秀全和曾国藩年龄相仿，籍贯不远，早年经历类似，却因科考改变了自己和国家的命运，走上了相反的道路，并成为彼此最大的冤家。

1838年，高中进士的曾国藩入翰林院后改名"子城"为"国藩"，以表示自己要成为国家的藩篱、栋梁。年轻时曾国藩也有很多毛病，浮躁、傲慢、懒惰、好色、喜欢交际、孤芳自赏、爱看杀人，如曾国藩经常和朋友一起去看刑场杀人……但曾国藩来到京城后遇到了很多良师益友，尤其是拜师理学大家唐鉴、倭仁，意识到自己原来是个"土包子"，于是开始反思自己，立志自新。

"慨然思尽涤前日之污，以为更生之人，以为父母之肖子，以为诸弟之先导"，曾国藩三十岁时改号为"涤生"，立志脱胎换骨，洗涤过去，浴火重生，成为"不愧于天地之完人"，"不为圣贤，便为禽兽"。

[①] 洪秀全梦见天使将他接上天庭拜见"上帝"，"上帝"先是惩处孔子，鞭挞甚多，接着率"天母及众小妹"与群魔大战而胜。洪秀全在天堂生下，乐不思蜀，尤其是天堂中女性给他无微不至的关怀，最后"上帝"命他回归人间斩妖除魔。此梦或许为真，但也可能是精神疾病发作。香港著名医生叶宝明根据历史学家简又文相关资料，断定洪秀全乃精神病患者。确定的是此梦受现实所刺激，反映了洪秀全对孔子的痛恨和对女性的依恋，这也导致洪秀全建立太平天国后打倒孔教以及沉迷于后宫生活。详情参见李洁非著作《天国之痒》：人民文学出版社，2019年，第33—39页。

[②] 《劝世良言》的作者是中国人梁发。梁发原是印刷工匠，因为传教士印刷教义而逐渐接触基督教，1816年正式成为基督徒，1823年成为中国第一个传教士。1832年他写了《劝世良言》，将基督教教义与中国国情相结合。1836年洪秀全获得此书，进而改变了自己以及中国历史。如《剑桥晚清中国史》中所言，《劝世良言》中含有很多政治寓言，寓意王朝国运处于最低点，将天国和尘世王国混淆。洪秀全之梦受此书影响，但他在梦醒后并没有大的改变和行动，直到六年后他重新看了此书，想起梦境，而开始创建"拜上帝会"。

[③] 洪秀全写的诗，引自中国史学会主编：《太平天国》第二册，第848—849页。

立志非常重要，想成为什么样的人，才有可能成为什么样的人。立志，立志高远，是曾国藩修身的第一步，也是最重要的一步。但人的志向常会动摇，告别过去尤其是走出舒适圈非常不易，会有一个非常痛苦的天人交战过程。

被朋友拉出去游玩，艳羡别人家漂亮小妾，和同乡因为小事吵架，甚至与妻子性爱、在梦里心动他人发财……曾国藩都会在日记中一一检讨、反省自己，"真禽兽矣""直大恶矣"。

曾国藩曾经烟不离手，立志自新后，他发誓戒烟，"誓永不再吃烟，如再食烟，明神殛之"。经过一个多月的痛苦煎熬，曾国藩终于戒烟成功，给了他继续坚持修身的信心。

曾国藩还开始坚持写日记、写字、早起、静坐、反思自己，坚持修身养浩然之气。"修身、齐家、治国、平天下"，曾国藩的修身为他后来"齐家治国平天下"奠定了基础，也在当时积累了很高的声望，尤其是获得了他的座师、权臣穆彰阿及道光帝的欣赏，从而使得天资一般甚至有些愚笨[1]的他一路高升。从1840年的翰林院检讨到1843年的翰林院侍讲，到1847年的内阁学士，再到1849年的礼部右侍郎，曾国藩像坐了火箭般"十年七迁，连跃十级"，创造了道光朝的升迁速度纪录。礼部右侍郎已是正二品"省部级"高官了，曾国藩很自豪地写家信道："湖南三十七岁至二品者，本朝尚无一人。"[2]

曾国藩担任礼部右侍郎、有了实权后本想一展宏图。他曾就读于岳麓书院，也受"经世致用"思想影响，除了研究理学外他也十分留意"经世之务"[3]，关心社会现实而非"岁月静好"，曾将魏源主编的《皇朝经世文编》

---

[1] 有个故事颇能反映曾国藩是个"笨小孩"。有小偷爬在曾国藩家房梁上准备偷东西，房子里曾国藩在背书，结果背了半天始终背不下来，最后小偷忍无可忍，跳下来说："我都背下来了，你可真够笨的。"

[2] 《曾国藩全集·家书1》，岳麓书社，2011年，第133页。37岁就能当上"省部级"高干，的确很不简单，放到现在更是厉害。本书作者马上就40岁了还一事无成，想想曾国藩，不胜惭愧。

[3] 余英时在著作《士与中国文化》中指出："道光以下的学术精神从古典研究转为经世致用，大体上说，有两个比较显著的趋向：第一是理学的重新抬头，第二是经世之学的兴起……道光以下的理学与经世学是一事之两面，统一在实践这个观念之下；所不同者，理学注重个人的道德实践，经世强调整体的社会、政治实践。"余英时：《士与中国文化》，上海人民出版社，2013年，第582页。

带在身边随时阅读。"公每绾部务，悉取则例，博综详考，准以事理之宜。事至剖断无滞。其在工部，尤究心方舆之学，左图右书，钩校不倦，于山川险要、河漕水利诸大政详求折中。"①但真正踏入官场后，他才发现体制之污浊之"内卷"，发现"不到北京不知道官小"，发现自己工作既没有意思也无意义，如他在家信中所言："吾近于官场，颇厌其繁俗，而无补于国计民生，惟势之所处，求退不能。"②他也渐渐发现了大清的危机，预感到大乱将至，在1844年送别后来的名将江忠源时对朋友说："是人必立功于天下，然当以节义死。"的确，此时太平天国运动正在酝酿中，洪秀全与表亲冯云山、族弟洪仁玕从《劝世良言》中吸取某些基督教教义后，自行洗礼，创立"拜上帝会"，并与冯云山背着两把"斩妖剑"到广西贵县一带传教，当地信徒越来越多，三年间"逾两千之多"③。

而不想"摸鱼"的"社畜"曾国藩打算辞官回家"躺平"，就在这时道光去世，咸丰于1850年继位。咸丰继位后刚开始也撸起袖子，打算励精图治、振兴大清。他很快罢黜权臣穆彰阿，并下旨道："嗣后京外大小文武各官，务当激发天良，公忠体国，俾平素因循取巧之积习，一旦悚然改悔。毋畏难，毋苟安。"④咸丰还下旨"求言"，"不求亲们好评不求点赞但求吐槽"，"皆得据实直陈，封章密奏"。

本来心灰意冷的曾国藩为此倍感振奋，认为自己终于可以有用武之地了，于是接连上了《应诏陈言疏》《条陈日讲事宜疏》《议汰兵疏》《备陈民间疾苦疏》《平银价疏》等多道奏折，"全面深入地指出了大清面临的种种危机、官僚体系存在的诸多问题，呼吁皇帝大刀阔斧，加以彻底改革"⑤。如他在《应诏陈言疏》中指出官场有退缩、敷衍、做表面文章等问题，在《议汰兵疏》中指出"天下之大患，盖有二端：一曰国用不足，一曰兵伍不精"，

---

① 黎庶昌：《曾国藩年谱》，岳麓书社，1986年，第18页。
② 《曾国藩全集·家书1》，岳麓书社，2011年，第176页。
③ 韩山文：《太平天国起义记》，《中国近代史资料丛刊 太平天国》第6册，第857页。
④ 《清实录》第40册，第295页。
⑤ 张宏杰：《曾国藩传》，民主与建设出版社，2019年，第53页。

在《备陈民间疾苦疏》中指出百姓有负担太重、盗贼太多、冤狱太多等"三大疾苦"。这些奏折的确指出了大清帝国存在的一些严重问题，颇得咸丰欣赏，尤其是曾国藩对道光遗嘱的态度让咸丰颇为满意。"人之将死，其言也善"，一生勤俭、守成的道光在临死前也意识到大清帝国的衰落，认为自己无德无能对不起列祖列宗，因此在遗嘱中要求死后灵位不进太庙也不许郊配，"朕万年之后，断不可行郊配之礼，污朕以不德不孝"。郊配是指皇帝祭天时一同祭拜祖先。这个遗嘱很难切实贯彻执行，尤其是灵位如何能不进太庙、不把他当祖宗呢？因此，咸丰感觉很为难，便下旨让群臣讨论下该怎么办，曾国藩便上奏建议可以不郊配但必须进太庙，此建议赢得了咸丰和群臣的认可。因此，咸丰对曾国藩很是欣赏，竟然让他兼过六部之中除了户部之外的五部侍郎。

曾国藩也备受鼓舞、干劲十足，但他不久看到咸丰对大多数谏言只是回复"毋庸议"三个字，并无实际行动。而此时太平天国已经于道光三十年农历十月在广西金田起义，不久又于咸丰元年在永安建制封王[①]，并且愈战愈勇，从广西打到了湖南湖北，清军战事却因咸丰用人不当而越来越恶化。心急如焚的曾国藩决定给咸丰来个当头棒喝，让他彻底清醒，于是便上折《敬陈圣德三端预防流弊疏》，直陈咸丰皇帝有三大缺点：一是"见小不见大，有琐碎之风，谨于小而反忽于大"；二是"徒尚文饰，不求实际"，"鲜察言之实意，徒饰纳谏之虚文"；三是刚愎自用、自以为是，出尔反尔、自食其言。

最后，曾国藩还警告说："此三者，辨之于早，只在几微之间；若待其弊既成而后挽之，则难为力矣。"意思是"你要尽快改正这三大缺点，否则等后悔就晚了啊"。哪个皇帝受得了臣子如此谏言呢，大清大臣风骨早已被摧

---

① 1851年9月太平军攻下第一座城市永安，随后在永安建制封王。封杨秀清为东王、萧朝贵为西王、冯云山为南王、韦昌辉为北王、石达开为翼王，"诸王皆受东王节制"；自制历法颁行天历，废除清朝纪年；颁布"三谕"，即《奉天讨胡檄布四方谕》《奉天诛妖救世安民谕》《谕救一切天生天养中国人民谕》；严禁私藏金银财物，令民众蓄发，刊行官方文书；提出"小天堂"，"凡一概同打江山功勋等臣"者上"小天堂"后就能"累代世袭，龙袍角带在天朝"……永安建制，初步确立了太平天国各项体制。

毁殆尽①，曾国藩这是要逆天吗？何况咸丰当时年轻气盛、血气方刚。咸丰看完这奏折后气得扔在地上，要把曾国藩抓起来治罪，"给你点颜色你就想开染房？不给你点颜色你还真以为朕是病猫了"。在大臣的劝谏下，咸丰虽然最终没有抓曾国藩，还下达了一份上谕对曾国藩的奏折解释了一番，但内心里从此对曾国藩耿耿于怀，由此埋下了他后来给曾国藩不断穿小鞋的伏笔。

此时意气风发的曾国藩不仅把咸丰得罪了，还得罪了琦善、赛尚阿等重臣。当这两位重臣因罪被议处时，"愣头青"曾国藩坚持要治他们的罪。更严重的是曾国藩在《应诏陈言疏》中大骂群臣"大率以畏葸为慎，以柔靡为恭"，倒是过了嘴瘾可也得罪了群臣。再加上曾国藩平时"尖语快论，机锋四处，以是招谤取尤"②，群臣早就看曾国藩一路高升且兼过五部侍郎很不爽了，现在看咸丰不待见他了，于是纷纷落井下石，嘲笑唾骂曾国藩，尤其是讥笑他"画图太陋"。曾国藩曾应咸丰之命，画过一张有关学习讲堂的图，结果因为他没有绘画才能而画得相当难看，成了笑柄。

曾国藩成了群臣"公敌"，在京城很难待下去了，于是又想辞官还乡。可辞官也不是想辞就能辞，"躺平"也不是想躺就能躺。他虽然是"副部长"却连回家路费都凑不齐，因为曾国藩曾发誓"不靠做官发财"所以并无多少财产。直到咸丰二年农历六月十二日，曾国藩被委派担任江西乡试正考官，他才有了盘缠出京。当时考官学差是捞钱肥差，"翰林翘首望差，阅三年得一试差，可供十年之用；得一学差，俭约者终身用之不尽"③。曾国藩巴望着趁此大收外快和门生，可就在赴任途中，曾国藩接到了母亲去世的消息，只能赶回老家守孝。

曾国藩回到家乡料理完母亲丧事后，按照当时规定他还要在家守孝三年，他也打算借机好好休息和钻研学问。可不久，他就接到了一份上谕：

---

① 中国自古经筵是文臣主讲而皇帝听讲，即士为帝王师，以道统制约政统；而康熙则改经筵为皇帝先主讲，即士人成了皇帝的学生，政统由此凌驾于道统。康乾时期更是发起无数文字狱打压读书人，乾隆甚至直接说大学士不过是"倡优蓄之"。

② 曾国藩：《答吴竹庄书》，黄濬：《花随人圣盦摭忆》（下），中华书局，2013年，第772页。

③ 胡思敬：《京曹印结》，《国闻备乘》，第8页。

前任丁忧侍郎曾国藩，籍隶湘乡。闻其在籍，于湖南地方人情，自必熟悉。著该抚传旨，令其帮同办理本省团练乡民，搜查土匪诸事务，伊必尽心，不负委任。

此时太平军已兵临长沙，占领空城岳州，获得了数千渔船和吴三桂所存的大量军火而实力大增；不久又攻下了湖北重镇武昌①，收获百万两白银和一万条船只，湖北巡抚、曾国藩的朋友常大淳携妻、长子及大孙女自杀，清廷形势十分危急。迫于官军无能、财政紧张，咸丰焦急万分，下令各地在籍官员就地兴办"团练"，"清查保甲，坚壁清野"②，自力更生地抵抗太平军。他一口气任命了十个省、四十三位团练大臣，据历史学家崔岷统计，团练大臣前后共265人。曾国藩接旨后刚开始并不打算出山，"俺老曾是一介书生如何带兵打仗，且守孝为大啊"。这时他的好友郭嵩焘赶来劝他出山，"公素具澄清之志，今不乘时自效，如君父何？"这意思是"你以前总抱怨没机会澄清天下，现在机会来了，你如果不抓住这机会对得起皇帝和你老爹吗？"

曾国藩一听幡然醒悟，决定出山。的确，"机不可失，失不再来"，他要抓住这成为国家真正藩篱的机会，他可以对不起皇帝但不能对不起辛苦养育他的老爹，他老爹也劝他出山。"俺老曾来也"，曾国藩出山后一出手就准备大干一场，他在长沙成立了"审案局"，开始在湖南"扫黑除恶"，"严打"当地"匪徒""痞匪"，甚至只经简单询问就砍头杀人。四个月内，曾国藩亲自下令杀掉的就有137人，其他死的人就更不计其数了。立志成为"圣贤"的曾国藩却杀人如剃头，因此赢得了"曾剃头"这一"千古美誉"。"书生好杀，时势使然耳"，这是因为曾国藩认为治乱世要用重典，认为是"积数十年应杀不杀之人而任其横行，遂以酿成目今之巨寇"③，即曾国藩认为正是没有杀该杀的人导致了太平天国起义。显然曾国藩这一见识非常浅

---

① 武昌是太平军攻下的第一座省城，太平军在武昌杀戮众多并烧寺毁书，设立男馆、女馆，全民皆兵。

② 谭伯牛在《战天京》一书中认为"团练的精髓，只有八个字：清查保甲，坚壁清野"，白莲教起义就是被团练消灭的，因此咸丰又想到了用团练镇压太平军。

③ 《曾国藩全集·奏稿1》，岳麓书社，2011年，第72页。

陋，没有像魏源般看清太平天国起义的本质依旧像其他农民起义一样是"官逼民反"，根本原因在于清廷的昏庸、清朝的衰落导致的社会矛盾尖锐。

在太平天国起义前，各地已民变四起，如1835年黄爵滋在《敬陈六事疏》中曾言："以臣所闻，直隶、山东、山西之'教匪'，河南之'捻匪'，四川之'啯匪'，江北之'盐枭'，江西福建之'担匪''刀匪'，及随地所有不著名目之'棍匪''窃匪'。"1841年到1849年全国各地农民起义达到了110多次，且黄河、长江流域年年水灾，尤其是1849年的长江中下游水灾殃及六省，导致数百万人流离失所，鸦片战争失败后洋货涌进及巨额赔款带来的税赋加重又导致无数人破产①。广西当时更因饥荒及客家人与当地人矛盾等而"遍地匪患"，"全省盗贼蜂起，堂号纷立，拜会结堂，四处劫掠"②，仅1849年广西大规模的起义就有十余起。因此，太平天国的起义顺乎民心、顺应时势，洪秀全宣扬的"太平天国"理想和"拜上帝会"信仰也在很大程度上满足了国人对理想社会的向往和对偶像的崇拜心理，再加上当时广西瘟疫横行，而洪秀全、杨秀清等自称会治病救人，如杨秀清称他能把拜上帝者的疾病吸入自己体内而治愈他们，"于是秀全之信徒加倍愈多"③。

像闯进瓷器店的公牛，大开杀戒的曾国藩惹了众怒，不仅伤害了很多无辜百姓，也动了当地官员的"奶酪"，伤了他们的面子，减少了他们中饱私囊的机会。尤其是曾国藩在创建湘军时命令当地绿营和湘军一起"会操"，对此不满的长沙副将清德还被曾国藩上奏弹劾革职，当地官员因此普遍对曾国藩厌恶不已。咸丰三年八月初四，清德的上司、湖南提督鲍起豹的卫队和湘军闹起矛盾，曾国藩向鲍起豹发文要求他惩治闹事士兵。鲍起豹将计就计，将闹事士兵捆起来，送到曾国藩公馆，并煽动绿营士兵围攻曾国藩公馆。曾国藩本来对此不以为意，不料绿营士兵竟然破门而入，砍伤了曾国藩随从，又砍向曾国藩。曾国藩落荒而逃，逃到隔壁湖南巡抚骆秉章门前求救。不料，早就听闻此事、暗自发笑的骆秉章亲自给被捆的闹事士

---

① 参见徐志频：《左宗棠：帝国最后的"鹰派"》，中国青年出版社，2014年，第116页。
② 简又文：《太平军广西首义史》，商务印书馆，民国三十五年，第173页。
③ 洪仁玕述，韩山文著《太平天国起义记》，《太平天国》（六），上海人民出版社，2000年。

兵松绑致歉，对一边发愣的曾国藩则淡淡说："将来打仗，还要靠他们啊！"

"秀才遇见兵，有理说不清。"二品大员曾国藩被底层士兵砍杀可谓奇耻大辱，曾国藩如何能咽得下这口气？可不咽也得咽，因为他明白过来他得罪的是整个湖南官场，他老曾一人如何斗得了整个湖南官场呢，就像孙悟空再神通广大也斗不过天庭。"惹不起，躲得起"，曾国藩只好"打脱牙和血吞"，卷起铺盖离开长沙，到僻静的衡阳专心练兵"徐图自强"①。"'君子报仇，十年不晚'，等俺老曾练好兵打了胜仗再和你们算账。"

咸丰三年八月，曾国藩来到衡阳练兵，正式创建湘军。其实本来咸丰下令是让曾国藩"帮办团练"，即帮着训练点"民兵"而非让他创建军队，但当过兵部侍郎的曾国藩意识到单靠"民兵"以及原来的八旗、绿营已对付不了太平军，"民兵"势单力薄而八旗、绿营也已基本腐化败坏，如他在上奏咸丰时所言："兵伍之情状，各省不一：漳泉悍卒，以千百械斗为常；黔蜀冗兵，以勾结盗贼为业；其他吸食鸦片，聚开赌场，各省皆然。大抵无事则游手恣睢，有事则雇无赖之人代充，见贼则望风奔溃，贼去则杀民以邀功。"②这样的军队对付一般的匪徒还凑合，对付太平军可就难如上青天了，因为太平军有组织、有士气，更有信仰。太平军都"拜上帝"，相信战死可以升天，因此"视死如归，赤身赴敌"。要想对付这样的太平军，只能另起炉灶，打造一支同样有组织、有士气、有信仰的新军来"以毒攻毒"。

因此，曾国藩决定仿照戚继光练兵创建新军，要么不干，要干就大干一场。他先是在上奏中对咸丰巧言掩饰道"今欲改弦更张，于省城立一大团"，意思是"我老曾只是创立大一点的'团练'而已"。蒙骗咸丰过关后，曾国藩又一一克服无职权、无经费、无经验等各种困难，历经艰难，筚路蓝缕，创建了湘军。湘军果然是一支有组织、有士气、有信仰的新式军队，因为曾

---

① 忍辱负重，徐图自强，可谓曾国藩的处世哲学。曾国藩在致曾国荃信中如是说："然困心横虑，正是磨练英雄玉汝于成，李申夫尝谓余忴气从不说出，一味忍耐，徐图自强，因引谚曰'好汉打脱牙和血吞'。此二语是余生平咬牙立志之诀……岳州之败、靖江之败……盖打脱牙之时多矣，无一次不和血吞之……唯有一字不说，咬定牙根，徐图自强而已。"见《曾国藩全集·家书》，岳麓书社，1985年，第1309页。

② 《曾国藩全集·奏稿1》，岳麓书社，2011年，第18页。

国藩招兵时坚持"将必亲选，兵必自募"，保证了有组织；军饷比绿营高达三倍以上，保证了有士气；曾国藩尤其重视对湘军的思想政治教育，经常给他们讲孔孟之道而保证了有信仰，还编了《莫逃走》《要齐心》《爱民歌》等歌曲来教育士兵要有严明的纪律。另外，曾国藩接受郭嵩焘的建议，创建了水师，还亲手设计制造战舰，以及从广东购置了大批洋炮安置在战船上。

就在曾国藩创建湘军时，五十万太平军已占领南京，改名为天京，在天京定都，正式建立了太平天国政权，并贬北京为"妖穴"，贬直隶省为"罪隶省"。洪秀全兴奋地颁布诏书道：

地转实为新地兆，天旋永立新天朝。

一统江山图已到，胞们宽草任逍遥。①

随后，太平天国兵分两路，分别北伐、西征，北伐军进逼天津②而西征军直指武汉，清廷形势更加危急。咸丰想起了曾国藩练的"大团"，便命曾国藩率军支援湖北，但曾国藩练兵未成，不想以卵击石当炮灰，便和咸丰大念"拖"字诀。不久，太平军进攻安徽庐州，咸丰又下令曾国藩出兵救援，此时身在庐州的安徽巡抚、曾国藩的好友江忠源③也写信给曾国藩求援，但曾国藩依旧"岿然不动"。太平军于1853年12月17日在庐州知府胡元炜里应外合下攻占庐州，江忠源投水自杀，"忠源知事不可为，掣佩刀自刭，左右持之。一仆负忠源行，忠源啮仆及耳，血淋漓，仆创甚，不得已委忠源于地。贼逼，忠源转战至水关桥之古塘，身被七创，奋投桥下，

---

① 《太平天国文书汇编》，第486页，转引自茅海建《苦命天子》，生活·读书·新知三联书店，2022年，第39页。

② 太平天国北伐军由林凤祥、李开芳率领，目标是攻占北京和牵制清军。转战2500公里，横扫六省，历时两年多，一度攻打至天津附近，后被僧格林沁率蒙古骑兵击溃而全军覆没。其失败原因很多，如太平军没有派主力主将出征，北伐军孤军深入，围剿北伐军的清军是蒙古骑兵，战斗力强等。史学家多认为如果当时太平军倾巢而出直指北京，是会消灭清廷的。北伐军虽然失败，但客观上也的确牵制了清军。

③ 江忠源(1812—1854)，湖南新宁人，1844年在籍办团练号称"楚勇"，是湘军创始人之一。他刚开始战绩非凡被授为安徽巡抚，但在庐州时轻敌而城陷自杀。江忠源是曾国藩的好友，当年在京城时流传"包送灵柩江忠源，包作挽联曾国藩"，即如有人去世，江忠源必定会帮买棺材，而曾国藩则必送挽联。据说有朋友来访曾国藩时看见他在埋头写东西，夺过来一看竟然写的是送给自己的挽联，于是摔门而去与曾国藩绝交。

死之"①。接着太平军再度攻打武昌,坐镇武昌的湖广总督吴文镕正是曾国藩座师。曾国藩虽然对此心急如焚,但依旧不肯出兵救援,结果吴文镕出城战败自杀。"江为挚友,吴为恩师,但曾国藩忍心按兵不动,致使江、吴先后兵败自杀,作为省会的庐州、武昌也迭遭沦陷。此时的曾国藩承受的心理压力可想而知。但从战略上看,曾国藩这两次抗疏拒旨,则为造船、购炮与练兵赢得了时间,使湘军免遭轻进覆灭之灾,为日后彻底战胜太平天国积蓄了基本力量。"②也可见曾国藩"竖起骨头,竭力撑持"的"挺经"有多狠,不仅对自己狠,也对亲朋好友狠。

1854年初,太平军攻克汉口后挥师南下,直指长沙。身在湖南的曾国藩这次不能再不出兵了,何况此时他的陆师水师各十营湘军已基本练成。2月,在衡阳的一个操场上,"曾"旗高展,马鸣风萧,一身戎装的曾国藩亲率一万七千名湘军誓师出征。他声嘶力竭、激情澎湃地宣读着他亲自写的"出师表"《讨粤匪檄》:

为传檄事:逆贼洪秀全杨秀清称乱以来,于今五年矣。荼毒生灵数百余万,蹂躏州县五千余里,所过之境,船只无论大小,人民无论贫富,一概抢掠罄尽,寸草不留。其掳入贼中者,剥取衣服,搜括银钱,银满五两而不献贼者即行斩首。男子日给米一合,驱之临阵向前,驱之筑城浚濠。妇人日给米一合,驱之登陴守夜,驱之运米挑煤。妇女而不肯解脚者,则立斩其足以示众妇。船户而阴谋逃归者,则倒拕其尸以示众船。粤匪自处于安富尊荣,而视我两湖三江被胁之人曾犬豕牛马之不若。此其残忍残酷,凡有血气者未有闻之而不痛憾者也。

自唐虞三代以来,历世圣人扶持名教,敦叙人伦,君臣、父子、上下、尊卑,秩然如冠履之不可倒置。粤匪窃外夷之绪,崇天主之教。自其伪君伪相,下逮兵卒贱役,皆以兄弟称之,谓惟天可称父,此外凡民之父皆兄弟也,凡民之母皆姊妹也。农不能自耕以纳赋,而谓田皆天王之田;商不能自贾以取息,而谓货皆天王之货;士不能诵孔子

---

① 《清史列传·大臣传续编八》,中华书局,1987年,第3369页。
② 张宏杰:《曾国藩传》,民主与建设出版社,2019年,第53页。

之经，而别有所谓耶稣之说、《新约》之书，举中国数千年礼义人伦诗书典则，一旦扫地荡尽。此岂独我大清之变，乃开辟以来名教之奇变，我孔子孟子之所痛哭于九原，凡读书识字者，又乌可袖手安坐，不思一为之所也。

自古生有功德，没则为神，王道治明，神道治幽，虽乱臣贼子穷凶极丑亦往往敬畏神祇。李自成至曲阜不犯圣庙，张献忠至梓潼亦祭文昌。粤匪焚郴州之学宫，毁宣圣之木主，十哲两庑，狼藉满地。嗣是所过郡县，先毁庙宇，即忠臣义士如关帝岳王之凛凛，亦皆污其宫室，残其身首。以至佛寺、道院、城隍、社坛，无庙不焚，无庙不灭。斯又鬼神所共愤怒，欲一雪此憾于冥冥之中者也。

本部堂奉天子命，统师二万，水陆并进，誓将卧薪尝胆，殄此凶逆，救我被掳之船只，拔出被胁之民人。不特纾君父宵旰之勤劳，而且慰孔孟人伦之隐痛。不特为百万生灵报枉杀之仇，而且为上下神祇雪被辱之憾。

是用传檄远近，咸使闻知。倘有血性男子，号召义旅，助我征剿者，本部堂引为心腹，酌给口粮。倘有抱道君子，痛天主教之横行中原，赫然奋怒以卫吾道者，本部堂礼之幕府，待以宾师。倘有仗义仁人，捐银助饷者，千金以内，给予实收部照，千金以上，专折奏请优叙。倘有久陷贼中，自拔来归，杀其头目，以城来降者，本部堂收之帐下，奏受官爵。倘有被胁经年，发长数寸，临阵弃械，徒手归诚者，一概免死，资遣回籍。在昔汉唐元明之末，群盗如毛，皆由主昏政乱，莫能削平。今天子忧勤惕厉，敬天恤民，田不加赋，户不抽丁，以列圣深厚之仁，讨暴虐无赖之贼，无论迟速，终归灭亡，不待智者而明矣。若尔被胁之人，甘心从逆，抗拒天诛，大兵一压，玉石俱焚，亦不能更为分别也。

本部堂德薄能鲜，独仗忠信二字为行军之本，上有日月，下有鬼神，明有浩浩长江之水，幽有前此殉难各忠臣烈士之魂，实鉴吾心，咸听吾言。檄到如律令，无忽！

这篇《讨粤匪檄》表达了曾国藩为何出山率军出征，因为他是为了"保名教"，"举中国数千年礼义人伦诗书典则，一旦扫地荡尽。此岂独我大清之变，乃开辟以来名教之奇变，我孔子孟子之所痛哭于九原，凡读书识字者，又乌可袖手安坐，不思一为之所也"。曾国藩的《讨粤匪檄》正好可以和太平天国的起义宣言《奉天讨胡檄》对照着看：

慨自满洲肆毒，混乱中国，而中国以六合之大，九州之众，一任其胡行，而恬不为怪，中国尚得为有人乎？妖胡虐焰燔苍穹，淫毒秽宸极，腥风播于四海，妖气惨于五湖，而中国之人，反低首下心，甘为臣仆，甚矣哉！中国之无人也！

夫中国首也，胡虏足也；中国神州也，胡虏妖人也。中国名为神州者何？天父皇上帝真神也，天地山海，是其造成，故从前以神州名中国也。胡虏目为妖人者何？蛇魔"阎罗妖"邪鬼也，鞑靼妖胡，惟此敬拜，故当今以妖人目胡虏也。

奈何足反加首？妖人反盗神州？驱我中国悉变妖魔？罄南山之竹简，写不尽满地淫污；决东海之波涛，洗不净弥天罪孽！

予谨按其彰著人间者，约略言之：

夫中国有中国之形象，今满洲悉令削发，拖一长尾于后，是使中国之人变为禽犬也。中国有中国之衣冠，今满洲另置顶戴，胡衣猴冠，坏先代之服冕，是使中国之人忘其根本也。

中国有中国之人伦，前伪妖康熙，暗令鞑子一人管十家，淫乱中国之女子，是欲中国之人尽为胡种也。中国有中国之配偶，今满洲妖魔，悉收中国之美姬，为奴为妾，三千粉黛，皆为羯狗所污，百万红颜，竟与骚狐同寝，言之恸心，谈之污舌，是尽中国之女子而玷辱之也。中国有中国之制度，今满洲造为妖魔条律，使我中国之人无能脱其网罗，无所措其手足，是尽中国之男儿而胁制之也。中国有中国之语言，今满洲造为京腔，更中国音，是欲以胡言胡语惑中国也。凡有水旱，略不怜恤，坐视其饿莩流离，暴露如莽，是欲我中国之人稀少也。满洲又纵贪官污吏，布满天下，使剥民脂膏，士女皆哭泣道路，是欲我中国之人贫穷也。官以贿得，刑以钱免，富儿当权，豪杰绝望，是使我中国之英俊抑郁而死也。凡有起义兴复中国者，动诬以谋反大逆，夷其九族，是欲绝我中国英雄之谋也。满洲之所以愚弄中国，欺侮中国者，无所不用其极，巧矣哉！

昔姚弋仲，胡种也，犹戒其子襄，使归义中国；苻融亦胡种也，每劝其兄坚，使不攻中国。今满洲乃忘其根源之丑贱，乘吴三桂之招引，霸占中国，极恶穷凶。予细查满鞑子之始末，其祖宗乃一白狐、一赤狗，交媾成精，遂产妖人，种类日滋，自相配合，并无人伦风化。乘中国之无人，盗据中夏，妖座之设，野狐升据；蛇窝之内，沐猴而冠。我中国不能犁其窟而锄其穴，反中其诡谋，受其凌辱，听其吓诈，甚至庸恶陋劣，贪图蝇头，拜跪于狐群狗党之中。今有三尺童子，至无知也，指犬豕而使之拜，则艴然怒。今胡虏犹犬豕也，公等读书知古，毫不知羞？昔文天祥、谢枋得誓死不事元，史可法、瞿式耜誓死不事清，此皆诸公之所熟闻也。予总料满洲之众不过十数万，而我中国之众不下五千余万，以五千余万之众，受制于十万，亦孔之丑矣！

今幸天道好还，中国有复兴之理，人心思治，胡虏有必灭之征。三七之妖运告终，而九五之真人已出。胡罪贯盈，皇天震怒，命我天王肃将天威，创建义旗，扫除妖孽，廓清中夏，恭行天罚。言乎远，言乎迩，孰无左袒之心，或为官，或为民，当急扬徽之志！甲胄干戈，载义声而生色；夫妇男女，摅公愤以前驱。誓屠八旗，以安九有。特诏四方英俊，速拜上帝，以奖天衷。执守绪于蔡州，擒妥欢于应昌。兴复久沦之境土，顶起上帝之纲常。其有能擒狗鞑子咸丰来献者，或有能斩其首级来投者，又有能擒斩一切满洲胡人头目者，奏封大官，决不食言：盖皇上帝当初六日造成之天下，今既蒙皇上帝开大恩，命我主天王治之，岂胡虏所得而久乱哉！

公等世居中国，谁非上帝子女？倘能奉天诛妖，执螯弧以先登，戒防风之后至。在世英雄无比，在天荣耀无疆。如或执迷不悟，保伪拒真，生为胡人，死为胡鬼。顺逆有大体，华夷有定名，各宜顺天，脱鬼成人。公等苦满洲之祸久矣！至今而犹不知变计，同心戮力，扫荡胡尘，其何以对上帝于高天乎？

予兴义兵，上为上帝报瞒天之仇，下为中国解下首之苦，务期肃清胡氛，同享太平之乐。顺天有厚赏，逆天有显戮。布告天下，咸使闻知。

《奉天讨胡檄》将太平天国起义原由写得非常清楚，"胡罪贯盈，皇天震怒，命我天王肃将天威，创建义旗，扫除妖孽，廓清中夏，恭行天罚"，即因为满汉民族矛盾和民众与统治者的矛盾才揭竿而起。曾国藩对这两大矛盾心知肚明但不好直接反驳，便将其转化为攻击与维护中国名教道统的矛盾。"打倒孔家店"也的确是太平天国运动的一大矛头指向①，而这正是很多国人尤其是"读书识字者"纷纷反对太平天国及加盟曾国藩旗下的主要原因，也是太平天国运动最终失败的重要原因。②"曾国藩的檄文，以保卫名教的文化卫道而对抗洪杨的族群观念，以数千年之文化信仰，迫使大众在孔孟和洋神之间选边站队，以文化的对抗模糊了太平天国的阶级属性，抢占了道义的制高点，赢得了舆论的主动权。"③

好的开始是成功的一半，曾国藩以这篇檄文开局赢得了先机，但他接下来的战况并不顺利，甚至曾两度自杀。

二、曾国藩：两度自杀

曾国藩誓师时，太平军已兵临长沙城下，又分兵两路，一路攻占湘潭，一路攻占长沙附近重要港口靖港，以包围长沙、困死长沙。为解长沙之围，曾国藩决定主动出击攻打湘潭。他让塔齐布率五营大军先行出发，他第二

---

① 这很自然地会让人联想新文化运动时的"打倒孔家店"。虽然此"打倒孔家店"和彼"打倒孔家店"不是同一个层次、涵义，但都剑指以孔子为代表的传统思想。这也反映了现代化之曲折不易，很有可能会走极端，要么"打倒孔家店"全盘否定传统，要么像义和团时期那般"灭洋"全盘排斥西方。这也正是中国早期现代化的一个重要教训。

② 太平天国或受《讨粤匪檄》影响，也意识到焚书禁儒的危害。杨秀清后来借"天父下凡"批评焚书禁儒运动，而改全面焚书为删改四书五经，后来又开科取士，不过为时已晚。

③ 周禄丰：《战安庆》，岳麓书社，2022年，第53页。

天再率五营大军增援。可突然，曾国藩接到一个线报说靖港只有几百名守军，曾国藩心花怒放，临时起意，决定改打靖港以求首战旗开得胜。于是他踌躇满志，亲率八百多人攻打靖港。

不料，靖港的太平军并不少且有充分防备，湘军羊入虎口纷纷溃逃。曾国藩恼羞成怒，手持利剑在"曾"字旗下大喊："过旗者斩。"溃逃的湘兵既不想被太平军杀，也不想被曾国藩斩，于是纷纷绕旗而走，"俺们没有过这旗啊，你老曾可没理由杀俺们"。曾国藩羞愤无比，想到自己厉兵秣马、千辛万苦、好不容易创建的湘军首战竟然如此不堪，还有什么脸活下去呢，于是便扑通一声跳到水中，幸亏被身边护卫及时救出。靖港首战一败涂地，"水师竟至溃散一半，船炮亦失去三分之一"。曾国藩被救回长沙，依旧羞愧难当，"愧愤之至"，他不脱湿衣服，也不吃不喝，而起草遗嘱，打算再找机会自杀。就在他还要寻死觅活时，传来了塔齐布率军攻下湘潭的胜利消息，靖港的太平军闻讯也自动撤退，长沙之围迎刃而解。曾国藩终于不想自杀了，开心道："死生盖有命哉。"即"生死有命，老天还不绝俺老曾也"。

攻下湘潭是太平天国运动爆发以来清军的首次大胜，咸丰听闻后刚开始还以为是曾国藩在撒谎。当时咸丰已对战争失去信心，不再费心调兵遣将，除了痛骂大臣无能外，就是想着挖洪秀全、杨秀清、冯云山等人祖坟，甚至想到"朕亦如崇祯不当亡而亡耳"。当他确定胜利消息为真时兴奋不已，下旨赞扬曾国藩"办理甚合机宜"，并下令湖南巡抚以下官员皆受曾国藩调遣。湖南巡抚骆秉章接旨后立即率湖南大小官员抬着空轿迎接曾国藩，众官员纷纷向曾国藩检讨道歉，与曾国藩作对的鲍起豹则被皇帝下旨革职拿办，曾国藩长出一口闷气，终于一雪前耻了[①]，"俺老曾也有今天"。

湘军首战告捷后士气大振，曾国藩率大军从长沙出发攻打湖北岳州，太平军交战不利，主动从岳州撤退到附近的城陵矶要塞。城陵矶由太平军名将曾天养守卫，曾天养是员猛将，当过洪秀全的侍卫长。当他在前线巡查，看到同样前来巡查的塔齐布时，二话不说，单枪匹马闯入湘军，想像关羽杯酒斩华雄一样斩杀塔齐布，不料却被塔齐布亲兵乱刀砍死。太平军

---

① 参见张宏杰：《曾国藩传》，民主与建设出版社，2019 年，第 111—112 页。

群龙无首，于是大乱，湘军一鼓作气攻陷太平军营垒数座，太平军于是退守武昌。曾国藩再接再厉，率军兵临武昌，武昌城外太平军力战不敌败退，武昌守军见此便弃城逃走，武昌重镇于是被曾国藩轻易收复。

武昌收复，咸丰兴奋无比，下旨任命曾国藩为署理湖北巡抚，还对军机大臣说："不意曾国藩一书生，乃能建此奇功。"不料有一位军机大臣却对咸丰说："曾国藩以侍郎在籍，犹匹夫耳。匹夫居闾里，一呼蹶起，从之者万余人，恐非国家福也。"① 这意思是说："曾国藩不过是在家守孝的一介匹夫而已，一介匹夫就有上万人跟随，恐怕不是国家之福啊，他要造反可咋办？"

咸丰一听恍然大悟，清醒过来。但任命已发也不能"撤回"，于是他又赶紧发了另外一道上谕："曾国藩着赏兵部侍郎衔，办理军务，毋庸署理湖北巡抚。"曾国藩收到任命署理湖北巡抚的圣旨非常高兴，他终于有权，可以不用再到处求人作揖了。但按照惯例，再乐意也得谦让谦让，于是他便上疏辞谢。咸丰收到曾国藩的辞谢折子，后悔自己发早了撤回曾国藩巡抚任命的上谕，但又不好打自己的脸，还得给自己脸上贴金，便批复道："料汝必辞，又念及整师东下，署抚空有其名，故已降旨令汝毋庸署湖北巡抚，赏给兵部侍郎衔。"咸丰一急之下，忘了曾国藩早就是兵部侍郎衔了，且倒打一耙斥责曾国藩道：

> 汝此奏虽不尽属固执，然官衔竟不书署抚，好名之过尚小，违旨之罪甚大，着严行申饬！

这意思是说："曾国藩，你竟然署名不署巡抚职务，没把朕看在眼里。爱好名声是小，违背圣旨之罪很大，特严厉斥责你，望你好自为之。"

曾国藩只当了七天的代理巡抚，还没来得及告知"朋友圈"便被咸丰收回成命，谦让辞谢又被咸丰斥责一通，像林则徐一样任皇帝随意摆布。到哪儿说理去？在帝国社会，最大的"理"其实是皇权而非朱熹、曾国藩等儒家所谓的"天理"。咸丰不仅不给曾国藩实权，还瞎指挥，命令曾国藩尽快率师东下攻打江西，"不可迁延观望，坐失事机"②。

---

① 薛福成著，丁凤麟、王欣之编：《薛福成选集》，上海人民出版社，1987年，第252页。
② 《曾国藩全集·奏稿1》，岳麓书社，2011年，第280页。

曾国藩虽然不服不爽，但也不敢不从，只好于1854年9月率湘军攻向江西九江。湘军刚开始出师顺利，占领田家镇又直逼九江。但太平军接连败于曾国藩后，杨秀清派石达开、罗大纲前来西线指挥，镇守九江的也是太平军名将林启容。太平军在有力指挥下于长江与鄱阳湖交汇处湖口将湘军水师拦为两端，一端拦于外江，一端拦于内湖，因此导致湘军水师首尾不能相顾，陷入被动挨打局面。太平军还乘夜黑风高向湘军大船放火，湘军水师纷纷逃窜，曾国藩自己所在的座船也被太平军攻占，曾国藩又是羞愤无比再度跳水自杀，幸而又被下属救起。

太平军在湖口大胜后，乘势发起反攻，第三次攻占武昌。而湘军元气大伤，水师大败，陆师在塔齐布指挥下围攻九江也久攻不下，塔齐布对此日夜焦灼竟吐血而死。曾国藩的另一得力大将罗泽南部又被接任湖北巡抚的胡林翼借走，曾国藩孤军陷入江西，内外交困。内困是因为他有名无权，在江西得不到当地官员的支持反被处处掣肘，朝廷也屡屡下旨严厉责备，如斥道"何堪顿兵不战、坐耗军需耶"①。外困则是因为石达开率军接连攻陷江西多地，将曾国藩部紧紧围困。这是曾国藩的又一人生至暗时刻，曾国藩"呼救无从""魂梦屡惊""每闻春风之怒号，则寸心欲碎；见贼帆之上驶，则绕屋彷徨"②，送信的人都被太平军捕杀了百人以上。

就在曾国藩一筹莫展时，曾国藩接到了父亲曾麟书去世的消息，这倒是解了他的围。"三十六计走为上计"，于是曾国藩立刻上奏请求回家守孝，并不等咸丰同意就擅自回了老家。"他真的是有点烦那个摇摇欲坠的朝廷了，这个朝廷懦弱无比、忠奸不分、自私自利。对于这一个不信任自己的朝廷，有什么值得留恋呢？"③咸丰对此非常恼怒，本要治曾国藩的罪，因骆秉章、胡林翼等人说情才免于追究，但只给了曾国藩三个月的丧假。

三个月假满后，曾国藩不想再回去受窝囊气，便请求在家守孝三年，咸丰不准，命他立刻回到军中。曾国藩决定向皇帝摊牌，于是便上奏《沥

---

① 咸丰五年十一月二十四日上谕，《曾国藩全集·奏稿1》。
② 曾国藩：《统筹全局折》，《曾国藩全集·奏稿1》。
③ 赵焰：《曾国藩传》，河南文艺出版社，2016年，第82页。

陈办事艰难仍恳终制折》，将他创建湘军以来的委屈一股脑发泄出来，说自己无军权、无财权、无赏罚黜陟之权，"处于不官不绅之地"，所以遇事掣肘处处碰壁，因此"细察今日局势，非位任巡抚有察吏之权，决不能以治军"。这意思很明显，"想让俺老曾回去也可以，但得给俺实权担任巡抚，不能再只让马儿跑不给马吃草了，否则俺老曾就待在老家不干了"。

不料咸丰也不是吃素的，竟然顺水推舟批复道："江西军务渐有起色，即楚南亦就肃清，汝可暂守礼庐。"意思是"现在形势好了，你不想干就在家待着吧，离了你地球照样转"。因为此时正逢天京事变爆发，"东王"杨秀清大权独揽后野心膨胀而"借天父下凡""逼封万岁"，于是"天王"洪秀全借"北王"韦昌辉之手诛灭杨秀清。结果韦昌辉"假公济私"大开杀戒，杀了杨秀清部两万多人，引发回南京调解的"翼王"石达开不满。韦昌辉又杀了石达开全家，石达开孤身逃走后率军回京"逼宫"，洪秀全又被迫杀了韦昌辉，"燕王"秦日纲等不少太平天国重要"干部"也在事变中被杀，不久主政的石达开又因洪秀全猜疑而率太平军精锐出走[1]。经此天京事变[2]，太

---

[1] 石达开文武双全、正直磊落，出身富家却毅然参加太平军，20岁封为翼王。天京事变后，东王杨秀清、北王韦昌辉、燕王秦日纲被杀，而之前南王冯云山和西王萧朝贵战死、豫王胡一晃病死，诸王之中除了洪秀全只剩翼王石达开，因此石达开"合朝同举翼王提理政务"。但洪秀全经天京事变对外姓失去信任，而分封哥哥洪仁发、洪仁达为王来制衡石达开，石达开为避免杨秀清、韦昌辉覆辙率军出走。石达开不仅带走了自己十余万部属，许多其他太平军也激于义愤随之出走。这也导致太平天国军事实力大跌，以及导致原秦日纲部陈玉成、李秀成的崛起。石达开出走后转战江西、浙江、福建等地，后转战至四川，试图在四川建立根据地，曾写有对联：忍令上国衣冠沦诸夷狄，相率中原豪杰还我河山。因逢大雨，河水提前暴涨，未能渡过大渡河，陷入绝境，石达开决定"舍命以全三军"，结果在石达开让妻妾自杀主动投军后，四川总督骆秉章背信弃义，杀了石达开部属两千余人，石达开也被凌迟割了一百多刀处死，享年只有32岁，其五岁儿子石定忠也被缢杀，结局令人唏嘘。据蒋蓝《石达开与雅安》一书，刽子手后来发疯沦为乞丐，石达开救下的四千多部属被遣散，有些部属改姓为"陈没"成为"陈没氏"一族。石达开被认为是"中国历代农民起义中最完美的形象"，曾国藩说"查贼渠以石为最悍，其诳煽莠民，张大声势，亦以石为最谲"，左宗棠也评价道："狡悍著闻，素得群贼之心，其才智诸贼之上，而观其所为，颇以结人心，求人才为急，不甚附会邪教俚说，是贼之宗主而我之所畏忌也。"民间更是好评众多，称之为"石敢当"。

[2] 对天京事变真相有很多不同看法，如李洁非在《天国之痒》一书中认为天京事变其实是洪秀全在借刀杀人，借韦昌辉之手杀杨秀清，发动者非杨秀清而是洪秀全，杨秀清"逼封万岁"目的并非是想取代洪秀全而是想借此为改善国事争取更大话语权；李晓鹏在《晚清六十年的革命与改良》一书中则认为天京事变是杨秀清蓄谋已久、阴谋篡夺最高领导权的政变。

平天国元气大伤、实力大跌,"内政不修,人心各别","据保守的估计,死于此事的新、老兄弟不下三万"①,尤其是导致了太平天国信仰破产,人心涣散,失去了统一、有力、正确的领导,从此太平天国开始衰落。如太平军中当时流传歌谣所说:"天父杀天兄,总归一场空;打打包裹回家转,还是做长工。"清军则乘势又在南京外围重建了江南大营,不久又收复了镇江,形势大为好转,因此咸丰不再像从前那样依赖曾国藩了。

"偷鸡不成反蚀把米",曾国藩伸手要权不但没要到反被剥夺了兵权,因此生了一肚子闷气"愧恨交集",而将弟弟、弟媳妇当成了撒气筒,在老家动辄对他们痛骂。这时老友欧阳兆熊来看望曾国藩并向他推荐了老庄著作,原本信仰"程朱理学"直道而行的曾国藩沉下心来读老庄著作后恍然大悟,像王阳明在龙场悟道一样"悟道"了。他意识到正是因为自己以前太过刚直,太把自己当"圣贤",而把其他人当"禽兽"才处处碰壁,意识到"真正的战场不是前线,而是世俗文法所织成的弥天罗网"②,而"上善若水","天下之至柔,驰骋天下之至坚",以柔克刚,海纳百川,"内圣外王"才是正道。曾国藩由此"大悔大悟","昔年自负本领甚大,可屈可伸,可行可藏,又每见人家不是。自从丁巳、戊午大悔大悟之后,乃知自己全无本领,凡事都见得人家几分是处,故自戊午至今九年,与四十岁前迥不相同"③。

而这时颇有才干的胡林翼④虽然收复湖北全境,且已接替曾国藩成为湘军实际领袖,但他并没有忘记曾国藩当初借他罗泽南部而得以发迹的恩情,始终以师长之礼敬奉曾国藩,并一直上奏请求重新起用曾国藩"以一事权",却也一直遭到咸丰拒绝。直到1858年初石达开不被洪秀全信任而

---

① 茅海建:《苦命天子》,生活·读书·新知三联书店,2022年,第136页。
② 王学斌:《向生与求死:晚清政坛的另类观察》,现代出版社,2016年,第153页。
③ 《曾国藩全集·家书2》,岳麓书社,2011年,第476页。
④ 胡林翼能文能武颇有韬略,尤其是颇会处理人际关系,他在担任湖北巡抚时走"二奶路线",让自己母亲收湖广总督官文小妾为义女,又经常推功给官文,因此使得官文对其言听计从,也因此奠定了湘军稳固的大本营。《清史稿》中称他"综核名实,干济冠时",学者谭伯牛在著作《断章取义晚清史》中甚至认为胡林翼才是李鸿章的"精神导师"(参见谭伯牛:《断章取义晚清史》,同心出版社,2006年,第55页)。

率军二十万出走南京进入浙江，胡林翼又奏请由曾国藩带兵救援浙江。浙江是财税重地不容有失，咸丰此时也没有其他人可用，便同意让曾国藩办理浙江军务。

"悟道"后的曾国藩这次不再和咸丰提条件了，他痛快地答应了下来。在第二次出山后，曾国藩变成了自己当年"讨厌的人"，不再"众人皆醉我独醒"，而是和光同尘。他回长沙后一一拜访大小官员包括长沙县令，到江西后也是对江西官员极尽拉拢，对自己部属则开始每天讲起段子来，而非像以前一样整天板着脸讲大道理。李鸿章对此回忆道："在营中时，我老师总要等大家同时吃饭。饭罢，即围坐谈论，证经论史，娓娓不倦，都是于学问经济有益实用的话。吃一顿饭，胜过上一回课。他老人家又最爱讲笑话，讲得大家肚子都笑疼了，个个东歪西倒的。他偏不笑，以五个指头作把，只管捋须，穆然端坐，若无其事，教人笑又不敢笑，止又不能止，这真被他摆布苦了。"①因此，曾国藩在江西如鱼得水，"人人惬望"，用人、用兵、筹饷大为顺利，不久湘军便攻占九江，基本收复江西全境。

但此时太平天国也起死回生，洪秀全大胆起用陈玉成、李秀成等青年将领以及自己堂弟洪仁玕。陈玉成、李秀成、洪仁玕不负所托，使用围魏救赵计策，先是攻下庐州，又回师攻破围困南京的江北大营，接着一鼓作气在三里河歼灭湘军骨干李续宾部六千精锐，李续宾及曾国藩弟弟曾国华战死沙场。实力大损的曾国藩与胡林翼合军一处，集中兵力攻打安庆，因为安庆是守卫南京的咽喉，掌握着长江运输命脉，占领安庆则攻陷南京指日可待。曾国藩的战略很简单也很清楚，自长江上游步步为营，攻打下游逐个"剪除枝叶"，最终攻陷南京"拔其根本"。曾国藩命新任主将"多龙鲍虎"多隆阿、鲍超率军扫清安庆外围且负责打援，而由四弟曾国荃率军长驱直入，将安庆挖了两道七十里的长壕团团围住。

太平军自然也意识到安庆的重要性，且陈玉成及其部属家眷多在安庆，因此对安庆不能不救。李秀成再使围魏救赵之计，突袭攻占杭州后又回师同陈玉成等部攻打江南大营，江南大营因主力被调出救援杭州而很快陷落，

---

① 吴永：《庚子西狩丛谈》，广西师范大学出版社，2008年，第172页。

由此原本围剿太平军的清军主力彻底瓦解，曾国藩的湘军就此上位成为清廷不得不依靠的主力。陈玉成也用围魏救赵之计率军再次攻打武昌，但曾国藩这次没有中计，即使自己身陷祁门，差点被太平军抓住，他也依旧坚持对安庆的围攻。太平军见围魏救赵之计不成，又派兵多路来救援安庆。

双方在安庆周围展开决战，太平军英勇无畏，踏着死尸前仆后继，连攻十二次，死伤一万多人，但还是攻不破湘军防线，无法救援安庆。1861年八月初一，湘军终于挖通了通往安庆的一条地道，用火药在地道炸塌城墙，一拥而入。安庆守军早已弹尽粮绝，甚至开始吃人肉而无力抵抗，最终安庆失陷，一万多人被杀，包括四千多投降的太平军也被曾国荃骗杀。城外"战必胜，攻必克"的"英王"陈玉成①看到安庆失陷，长叹一声，泪如雨下，率军撤退。"收复安庆是湘军与太平天国战争中最重要的转折点。从此之后，天京西线屏障遂失，太平军对清军转入防御阶段，平定太平天国就已经没有太大悬念了。"②

这时的咸丰因第二次鸦片战争爆发而"巡幸木兰"逃往热河，本来"旰食宵衣"想振兴大清的他却眼睁睁地看着江山沦丧，"天下几无一片干净土"③，便放飞自我、自暴自弃，"天下糜烂，几于不可收拾，故文宗以醇

---

① 陈玉成从太平天国起义时就参军作战，十八岁率军攻下武昌，是太平天国后期主将。他作战英勇，因双目下有黑痣，被清兵称谓"四眼狗"。兵败安庆后他"从此短气矣"，后被捻军将领苗沛霖诓骗到寿城而被俘，被送交清军，在押送进京途中被僧格林沁就地处死。他临死前说："是天意使我如此，我到今日无可说了，久仰胜帅威名，我情愿前来一见。太平天国去我一人，江山也算去了一半。我受天朝恩重，不能投降。败军之将，无颜求生。但我所领四千之兵皆系百战精锐，不知尚在否？至我所犯之弥天大罪，刀锯斧钺，我一人受之，与众无干。"曾国藩曾评价陈玉成道："自汉唐以来，未有如此贼之悍者。"曾被太平军所虏的赵雨村在所写的《被虏纪略》中评价陈玉成："生平有三样好处：第一爱读书的人，第二爱百姓，第三不好色。"

② 张宏杰：《曾国藩传》，民主与建设出版社，2019年，第193页。

③ "除了太平天国运动，北京的清政府要应付的问题还有很多。太平天国在广西起事后，帝国各处也叛乱频发。小刀会很快占领了上海；在南方，金钱会赶走了浙江—福建沿岸的政府军；红巾军则袭击了广州；在珠江三角洲，五十万客家人与本地人的战斗中丧生；更西边的云南发生了矿工叛乱。此外，潘泰穆斯林在大理建立起的分裂政府，统治时间长达十五年，期间与清政府的交战中，双方阵亡的人数都达到三十万。新派穆斯林大肆洗劫陕西的汉人村庄；苗人在贵州发动叛乱；私盐贩子在满洲起事。华中地区，越过淮河盆地后，还有大批对抗朝廷的捻军。数年间，帝国历经浩劫，满目疮痍。"参见魏斐德著、梅静译：《中华帝国的衰落》，民主与建设出版社，2017年，第158、159页。

酒妇人自戕"①。在北京圆明园里，喜欢小脚女人的他每天召三名汉族美女，以"打更民妇"名义到寝宫"打更"，还有"天地一家春"的慈禧②及"杏花春""海棠春""牡丹春""武陵春"等"四春"日夜侍候。到了热河后，他更是以"且乐主人"自居，抓紧时间及时行乐，传说他还喜欢寡妇雏伶，藏有春药，酗酒迷戏，甚至吸食"益寿如意膏"即鸦片，结果因纵欲过度于咸丰十一年七月十七日在对大清将亡的忧愁中归天，死前他并不知道安庆此时已被收复，大清将转危为安。

咸丰临死还是不相信自己能干的弟弟恭亲王奕䜣，而是任命了以肃顺为核心的八位顾命大臣，"赞襄一切政务"。奕䜣自然不满不服，于是和慈禧、慈安两位太后联手发动"辛酉政变"，诛杀了肃顺等三位顾命大臣，革职其他五位大臣，篡得实权。奕䜣成为议政王，两宫太后则开始垂帘听政，并改年号"祺祥"为"同治"，意为奕䜣和两宫太后共同治理国政。

肃顺唯才是举，一向重视有才能的汉臣，"以汉保满"，曾说"咱们旗人混蛋多，懂得什么"，掌权时对曾国藩、胡林翼所率湘军非常支持，"帷幄之谋，皆由肃顺主持之"③，曾国藩当时的两江总督、太子太保、钦差大臣等职正是肃顺所荐。肃顺倒台后，两宫太后在肃顺家里却找不到曾国藩攀附肃顺的证据，因而也对曾国藩信任有加，"褒为第一正人"，不久便发布谕旨命曾国藩"着统辖江苏、安徽、江西三省，并浙江全省军务，所有四省巡抚、提镇以下各官，悉归节制"，还赐地毯、绸缎、御用玉指环等无数

---

① 梁溪坐观老人著，王淑敏点校：《清代野记》，山西古籍出版社，1996年，第3页。该书后面还写道："其时有雏伶朱莲芬者，貌为诸伶冠，善昆曲，歌喉娇脆无比，且能作小诗，工楷法。文宗嬖之，不时传召。有陆御史者亦狎之，因不得常见，遂直言极谏，引经据典，洋洋数千言。文宗阅之，大笑曰：'陆都老爷醋矣！'即手批其奏云：'如狗啮骨，被人夺去，岂不恨哉！钦此。'不加罪也。文宗风流滑稽如此。"意思是说咸丰宠爱男扮女装的朱莲芬，一个姓陆的御史也喜欢朱莲芬，便上奏不让咸丰沉迷酒色，咸丰则回敬道陆老爷像狗的骨头被抢走一样吃醋了。

② 慈禧（1835—1908），满族人，叶赫那拉氏，父亲惠征。她入宫后因擅长吴歌、喜欢穿汉家服饰而赢得咸丰青睐，生下咸丰的长子，被加封为懿贵妃，从此开始发迹。

③ 李岳瑞：《春冰室野乘》，《清代野史》第5辑，第106页。

珍宝给曾国藩。曾国藩节制四省前所未有，胡林翼此前不久因肺病去世①，曾国藩不但一下子成了湘军领袖，更成了全国权贵之一，取得了镇压太平天国运动的全面领导权，他大展宏图和报仇雪恨的机会终于来了，曾国藩时代到来了。这"不仅仅是曾国藩个人的转折点，也是战争的一个转折点，甚至可以说，是中国近现代史的一个关键点。正是满族君主政体和汉族上层分子中的领袖人物融为一体所造成的强大保守联盟，才使得这个腐朽的王朝苟延残喘到20世纪"。②

在咸丰服丧期，在日记中声称"天崩地坼"的曾国藩偷偷纳了一个小妾，先是金屋藏娇，藏不住了又对外宣称是给患有皮肤病③的自己晚上挠痒痒的，"并非溺于女色"，并未有什么"实质行动"。这显然是对咸丰的大不敬，可能也反映了曾国藩对咸丰的一种"潜意识"，"让你整天给俺老曾穿小鞋让俺不得好过，现在你死了，俺老曾纳个小妾，享受享受、气气你，看你能奈我何？"曾国藩终究是人而非"圣贤"，也会寂寞，也有欲望，也会睚眦必报。"曾大圣人纳小妾"在当时引发舆论哗然，甚至有人上奏朝廷举报曾国藩"违制失德"，不过清廷此时正依仗曾国藩，只好对此事视而不见④。

咸丰之外，曾国藩报仇雪恨的另外一个对象是他的宿敌何桂清。何桂清机敏能干，38岁就当上了浙江巡抚，1857年升任两江总督。他一直与曾国藩格格不入，不但不配合湘军，还经常打曾国藩的小报告，清廷为了制衡曾国藩也有意偏袒何桂清。时任浙江巡抚王有龄正是何桂清嫡系，太

---

① 咸丰去世对胡林翼是一个沉重打击，他对清朝未来更不看好，临终前感叹道："天翻地覆，大局瓦解，全体土崩，吾辈早觅尽命之所而已。"还有一说，胡林翼去世是因为他在安庆看到"洋人"船坚炮利而受刺激，如薛福成在《庸庵笔记》记载，胡林翼围攻安庆时曾策马登山视察军情，"既复驰至江滨，忽见二洋船鼓轮西上，迅如奔马，疾如飘风。胡变色不语，勒马回营，中途呕血，几至坠马"。

② 赵焰：《曾国藩传》，河南文艺出版社，2016年，第109页。

③ 曾国藩的确患有牛皮癣，因此有传说说曾国藩是神蟒入世来拯救大清。

④ 曾国藩纳的这个小妾一年后就因肺病去世了，成全了曾国藩得以继续做"圣人"。后来，曾国藩还想纳妾做"凡人"，"但取性情和柔、心窍不甚蠢者"，被儿子曾纪泽等劝阻，可见成"圣贤"不易，做"凡人"也难。曾国藩弟弟曾贞干之前给曾国藩介绍过一个小妾，但被曾国藩在日记中嫌弃道"体貌颇重厚，特近痴肥"，而曾国藩纳的这个小妾"貌尚庄重"，可见曾国藩也是喜欢美女的凡人。另传左宗棠71岁时因收复新疆有功，被慈禧赏赐了一个20岁的小妾，但左宗棠将其视为孙女，病逝前让她另嫁，可见左宗棠硬汉风格及他与曾国藩的区别。

平军攻破江南大营后再度进军浙江,咸丰十一年农历九月李秀成围攻杭州,朝廷命曾国藩带兵救援,曾国藩却始终按兵不动。十一月底李秀成攻破杭州,王有龄自杀,曾国藩则上奏举荐了左宗棠:

> 左宗棠刚明耐苦,晓畅兵机。当此需才孔亟之时,或饬令办理湖南团防,或饬赴各路军营襄办军务,或破格简用藩、臬等官,予以地方……无论何项差使,唯求明降谕旨,俾得安心任事,必能感激图报,有裨时局。①

为什么曾国藩要举荐左宗棠呢? 这要从左宗棠的经历说起。

三、左宗棠:誓为"今亮"

左宗棠和曾国藩一样也非"凡人",他1812年出生于湖南湘阴。传说是"牵牛星降世"的左宗棠自小"燕颔虎颈"又聪慧,也志向远大,以"今亮"自称,即"俺老左是当今诸葛亮也"②。14岁时,他参加湘阴县试,拿了全县第一;次年参加府一级的考试,又顺利摘得秀才帽子,前途一片光明。后来因为为父母守孝,他耽搁了六年才参加举人考试,但也一考即中了举人,进士的高帽就在眼前几乎唾手可得。但出乎意料的是,左宗棠连续三次参加进士考试却都名落孙山,这对自视甚大的左宗棠是个沉重打击,甚至是个耻辱。他于是赌气给老婆写信发誓说"不复再踏软红与群儿争道旁苦李矣"③,即不再走科举这个独木桥和万千读书人争苦果子了,并写下"不向科举讨前程"贴到书桌前④,还写词道:"愿从此为樵为渔,访鹿友山中,

---

① 曾国藩:《复陈未能舍安庆东下请简用左宗棠折》。

② 当时湖南有"三亮"鼎足而立,罗泽南自称"老亮",刘蓉自称"小亮",左宗棠则称"今亮",以左宗棠口气最大。这三人后来皆加入湘军,成就非凡。罗泽南本身是儒学大家,后率先带所创团练加入湘军,被称为"湘军之母","以宋儒理学治兵",其弟子也多为湘军将领;刘蓉则成为曾国藩的最重要助手之一,后任陕西巡抚;而左宗棠则与曾国藩一直"相爱相杀",成为"欢喜冤家"。

③ 左宗棠:《与周夫人》(道光十八年),《左宗棠全集·附册》。

④ 左宗棠晚年身为陕甘总督,却放下总督身份,要作为普通考生赴京会试,清廷无奈只好特封其为"大学士"赐"同进士出身",类似于现在的"名誉博士"。"同进士"同"如夫人"一样不尴不尬,很伤自尊。曾国藩在科举中也被赐同进士出身,因此对此身份一直引以为耻。有笑话说,曾国藩官拜两江总督时,有两个幕僚闲聊出对联为乐,一个幕僚出上联"替如夫人洗脚",另一个幕僚对"赐同进士出身",这让娶了如夫人又被赐同进士出身的曾国藩勃然大怒。

订鸥盟水上，消磨锦绣心肠，逍遥半世。"

左宗棠的话虽然很豪迈很浪漫，但此时他的处境其实非常糟糕。"哥不在江湖，江湖却有哥的传说"，虚名流传寸功未立，父母、大哥都已去世，家道破落身无分文的左宗棠不得已"净身"入赘大户人家周家。"桂在堂，讨个郎，呷掉一仓谷，睡烂一张床。"倒插门的日子不好过，"赘婿"不好当，左宗棠不叫自己"今亮"了，改称"赘客"（入赘的客人），并自号"湘上农人"，开始在家务农耕读。不久，他担任了湖南醴陵渌江书院的山长（即书院院长），教书育人的同时自力更生，不再吃丈母娘家的白饭和白眼了。

左宗棠由此彻底扔掉四书五经，潜心追求真才实学。他年少就读于提倡"考古证今，致用要关天下事"的长沙城南书院时，便读过顾炎武的《天下郡国利病书》、顾祖禹的《读史方舆纪要》、齐召南的《水道提纲》等经世致用之书，深受影响，从此注重经世致用。1820年浙江等地流传剪辫传言，不少人称自己的辫子被纸人剪去，浙江、湖南等大半个中国陷入恐慌[①]，左宗棠则亲身证实了此乃谣言。

1830年，经世致用派的重要代表贺长龄回家守孝时，对前来拜见的左宗棠"以国士见待"，亲自搭梯子取自己家的书给左宗棠看，勉励他要干大事，不要小看自己，还将自己委托魏源主编的《皇朝经世文编》送给左宗棠，使左宗棠从此执迷于地理学和农学。贺长龄在守孝期满回京时又将左宗棠介绍给刚回城南书院任职的弟弟贺熙龄，"贺熙龄接过贺长龄的教棒，引导左宗棠朝经世致用的实学路上继续勇往直前。他指点左宗棠只关注两方面的学问：义理之学、经世之学，即儒家经典和实学技术。至于科考必需的'制艺、括帖'，则放到一边去"[②]。"不务正业"，不埋头四书五经而钻研"歪门邪道"，以"读书当为经世之学"自勉，这也正是左宗棠像龚自珍、

---

① 著名汉学家孔飞力名著《叫魂：1768年中国妖术大恐慌》写的便是此类事件：当时，整个清朝的政治与社会生活被"叫魂"和剪辫的"妖术"搅得天昏地暗，百姓人心惶惶，官员疲于奔命。乾隆皇帝寝食不安，令江南各省缉拿"妖首"，制造了无数冤案，大清盛世因此陷入大恐慌。此事可见大清将衰也可见帝国社会之荒诞，停止缉拿"妖首"并非简单的收回成命，因为皇帝已对此投入很多成本，所以需更体面结局。

② 徐志频：《左宗棠的正面与背面》，中国青年出版社，2016年，第23页。

魏源一样考不中进士的主要原因所在。之前左宗棠参考乡试时写的文章《选士厉兵，简练俊杰，专任有功》就被批为"欠通顺"，幸亏在自己老师贺熙龄力争下才过关。

自号"湘上农人"的左宗棠一面研究并实践农业技术，亲手栽种棉花、白薯等，还写了一本《朴存阁农书》；一面钻研地理学，并亲手和妻子一起花了一年的时间绘制了一幅中国地图。"古人经济学问，都在萧闲寂寞中练习出来。积之既久，一旦事权到手，随时举而措之，有一二桩大节目事办得妥当，便足名世"，后来左宗棠给儿子信中如是说。诚哉斯言，左宗棠自己便受益于此。"书到用时方恨少"，地理学、农学等学问当时看起来无用，但后来在左宗棠于甘肃、新疆带兵作战时派上了大用场，例如如何种植粮食、兴修水利靠的是他早年对种地的研究，对甘肃、新疆了如指掌得益于他原来对甘肃、新疆地理风情的了解。

"你若盛开，清风自来"，有真才实学的人自会遇到伯乐。在担任渌江书院山长不久，左宗棠的伯乐便出现了，这便是时任两江总督的陶澍。他回乡扫墓途经醴陵，醴陵县令便请左宗棠写副对联以示欢迎欢迎、热烈欢迎。

"春殿语从容，廿载家山印心石在；大江流日夜，八州子弟翘首公归"，左宗棠写的这副对联描绘了父老乡亲对陶澍的敬仰与欢迎之情，让陶澍甚是欢喜大为点赞，便想见见这副对联的作者。于是，左宗棠便和陶澍见面了。《左宗棠年谱》对此记载道："目为奇才，纵论古今，至于达旦，竟订忘年之交。"次年，左宗棠参加完会试去看望陶澍，出乎所有人意料的是，贵为两江总督、比左宗棠大 33 岁的陶澍竟然要和一介布衣左宗棠结为儿女亲家，且将自己的幼儿托孤给左宗棠，声称"若论门第名位，你将来功业必在我之上。至于年龄，只要儿女相当就行了"。这份天大的面子让左宗棠一下子赢得大名，也使得左宗棠得以入陶澍家教育女婿，有了每年两百两银子的收入，还遍览陶澍藏书尤其是陶澍的奏疏、书信，使得左宗棠对大清政治运作有了很多切实的了解，更进入了陶澍精心培植的关系网，为左宗棠后来的"职场"发展奠定了人脉基础。

此外，左宗棠虽然性格刚直、孤傲，但早年也交得胡林翼、曾国藩、郭嵩焘等几个朋友，尤其是与胡林翼成为终生好友。他和胡林翼在进京考进士时相识，一见如故，曾同住一屋，"谤讪朝政"，认为天下将乱。他们的父亲原是岳麓书院同窗。胡林翼出身于官宦人家，自小才气横溢、牛气冲天、霸气外露。7岁时胡林翼被路过的陶澍摸了摸头，夸了下可爱，结果胡林翼竟然怼道："你知不知道，男子的头不能随便摸。"陶澍大为惊叹，便收胡林翼为女婿①，努力培养他成为接班人。胡林翼不负所望，27岁便高中进士，春风得意，虽然后来因为在做江南乡试副主考时找人代为阅卷被降级调用，但很快爬了起来，35岁时捐纳了一笔巨款当了贵州安顺知府。胡林翼逢人必赞左宗棠，称其为"楚才第一"，甚至还夸道："横览九州，无人能出其右。"正是在他的推荐下，陶澍、林则徐后来才与左宗棠结识。陶澍将自己年幼的儿子托孤给左宗棠，林则徐则将新疆未竟事业"托孤"给左宗棠。1833年，左宗棠在进京赶考时，还结识了龚自珍、魏源，"互相仰慕，志同道合"②。

"穷且益坚，不坠青云之志"，穷困之中的左宗棠始终不忘初心，不坠壮志。他第一次落榜后，便写了题为"身无半亩，心忧天下；读破万卷，神交故人"的对联挂在书斋墙上，时刻严格要求自己。第三次赴京路过洞庭湖时，他又写了一副对联："迢遥旅路三千，我原过客。管领重湖八百，君亦书生。"意思是"吾今亮能统领方圆八百里江湖，干一番惊天大业"。

第一次鸦片战争爆发时，"身无半亩"的左宗棠非常关心战事，无比焦急气愤，他如饥似渴地搜集阅读相关资料，曾多次致信老师贺熙龄询问战况："洋事不知近如何说，兵心涣散，实出意外，岂彼族别有蛊厌之术邪！"他还写了《料敌》《定策》《海屯》《器械》《用间》《善后》等六篇抗战策略给自己的老师贺熙龄，主张以战取胜、以胜保民，和英国打持久战；建议各省要"练渔屯，设碉堡，简水卒，设水寨"，并弹劾穆彰阿、琦善等"投

---

① 胡林翼（1812—1861），原是纨绔子弟少年风流，传说他和陶澍女儿结婚时还到妓馆买醉，结婚以后也曾纸醉金迷，陶澍却说："润艺之才，他日为国勤劳，将十倍于我。后此当无暇行乐。此时故纵之，以预偿其日后之劳也。"胡林翼后来浪子回头，幡然醒悟，成为一代名臣，也有人将他列为"晚清四大名臣"。可惜他英年早逝，否则功业不在曾国藩、左宗棠、李鸿章之下。

② 杨肇林：《醒世先驱：严复传》，作家出版社，2016年，第65页。

降派""坚主和议,将恐国计遂坏伊手"。此外,左宗棠又给几位官员写信,希望他们能奋发有为,不要妥协,如他给一位监察御史写信,警示如果任由英军掠取国土必有无穷后患。左宗棠当时还尖锐地指出战事不利的根源在于朝廷,如他在给好友黎光曙的信中说"方今时事之坏,无过上下相蒙,贤奸失别",并写有名句:"问天下头颅几许?看老夫手段如何!"①他还写了四首《感事》诗,其中第一首里写道:"和戎自昔非长算,为尔豺狼不可驯。"第二首写道:

> 司马忧边白发生,岭南千里此长城。英雄驾驭归神武,时事艰辛仗老成。龙户舟横宵步水,虎关潮落晓归营。书生岂有封侯想,为播天威佐太平。

左宗棠这首诗在赞扬林则徐等人爱国的同时,也表示自己将来不图封侯,只愿保天下太平。他认为国事如此败坏要怪朝廷被蒙蔽,比喻道汪洋大盗进门了,家里仆人和外人却勾结欺骗主人说是邻居家的狗叫,主人于是继续蒙头大睡,任凭强盗抢劫②。听闻林则徐被罢职后,左宗棠怒火中烧,在家书中感叹道:"自去年广东禁烟启衅,而少穆制军竟革职戍新疆矣,是非颠倒如此,可为太息!"

中英《南京条约》签订后,左宗棠气得吐血,在家书中怒骂朝廷道:"时局如斯,彼谋国者之肉,宁足食乎?梦想所不到,古今所未有。"这意思是说:"吾今亮恨不得吃了你们这些当官的,可惜你们的肉太少了,填不饱吾今亮被气胀的肚子。"当时一介布衣的左宗棠报国无门,甚至想跳海自杀,"吾既不能蹈海而亡,则惟有买山而隐耳"。

随着才学和人脉的积累,一度沮丧的左宗棠又重新自信爆棚起来,尤其是他在1849年见到林则徐后声名大涨。如回赠林则徐的对联所言,"是能养天地正气,实乃法古今完人",左宗棠立志要么不出山,要出山就像诸

---

① 也有人说此诗是石达开所写,石达开在理发时给一家理发店写道:"磨砺以须,试问天下头颅几许?及锋而试,且看老夫手段如何?"

② 左宗棠在家书中写道:"譬之人家仆婢相通,蒙蔽主人,九盗及门,犹诿为邻犬夜吠,彼主翁主妇固惛然罔知也。"

葛亮那般"卧龙冲天",干番惊天动地的事业,因此他和胡林翼说"弟才可大受而不可小知",为此一度拒绝了郭嵩焘等人向朝廷的举荐。直到1852年,长沙被太平军围困,危在旦夕,湖南巡抚张亮基在胡林翼的举荐下三顾茅庐,并授权"今后大事一任先生处理,绝不掣肘",左宗棠才正式出山,"再不出山就老了,就成不了今亮了"。其实左宗棠一直同情民众,也看透清廷之腐朽,因此他刚开始对太平天国持观望态度,乃至找了个山洞隐居半年"静观时局变化",甚至有传左宗棠曾拜会太平军,想加入太平军①。他之所以最终出山一方面是如他家书中所言"保卫桑梓"即保卫家乡,另一方面则出于他的经世致用思想,毕竟只有建功立业才能成为"今亮"。

出山时,离左宗棠1832年入赘周家已过20年,他已"四十不惑",已实现了22岁时立下的志向"读书破万卷"。20年,左宗棠度过了整整20年郁郁不得志的日子,但他并没有放弃自己、自暴自弃,而是不断提升才学、拓展人脉、磨砺志向。而且自力更生的底层耕读生活,也培养了左宗棠耐心、细致、刚直、廉洁、以身作则、关心民生等性格特点。人生在世不如意,请君学学左宗棠。不得志时不要放弃、不要着急,更须苦练内功、善结外缘,积蓄羽毛、守时待机,等时来运转时便可一飞冲天。

厚积薄发,"今亮"左宗棠出山后,像"古亮"诸葛亮出山后一样很快一飞冲天。他先后担任湖南巡抚张亮基、骆秉章的师爷,独掌大权、运筹帷幄,整顿吏治、管理财务,屡屡击败太平军,守住长沙,甚至让湖南"内清四境,外援五省",为相邻外省供应了大量兵力、兵饷、军械,湖南由此成为湘军的"大本营"。乃至太平军杀入左宗棠老家湘阴后,以"清妖坐探"的罪名要捉拿左宗棠杀头泄愤。

因为辅佐巡抚屡立大功,又有实权,左宗棠在湖南威风得很,号称"左都御史"——湖南巡抚骆秉章当时担任的不过是右副都御史。甚至他曾当

---

① 1997年版的电视剧《太平天国》中便有这一情节,左宗棠化名拜访了石达开,又拜见了杨秀清,可惜未得杨秀清赏识便打道回府,临别时还曾书写好对联给石达开。这当然是演绎,据学者谭伯牛考证是湘潭有一个姓黄的落魄书生拜访过太平军,因为他长得很像左宗棠就因此被以讹传讹。

面嘲讽骆秉章是"公犹傀儡，无物以牵之，何能动耶？"①不料左宗棠得意得太早，很快他就因此差点"翻车"。当时任永州总兵的樊燮名声很坏，贪污腐败，放纵下属，左宗棠听闻后大怒，建议湖南巡抚骆秉章弹劾樊燮。骆秉章对左宗棠一向言听计从，于是便上奏弹劾樊燮。

不料，樊燮也是有背景的人，他和时任湖广总督的官文关系良好，之前官文刚刚上奏要保荐樊燮为湖南提督。一个要参，一个要荐，咸丰皇帝接到这两份截然相反的奏折难免迷糊，难免要问下牵涉其中的左宗棠究竟何许人也。于是，他便询问时任南书房行走的郭嵩焘，郭嵩焘回答道："左宗棠才极大，料事明白，无不了之事，人品尤极端正。"郭嵩焘和左宗棠作为老乡早就认识，关系甚好，1848年湘阴发生洪灾时，两人曾并肩救济灾民。太平天国运动前夕，两人还一起找了个山洞毗邻隐居。左宗棠哥哥左宗植和郭嵩焘还成了儿女亲家，郭嵩焘于是又成了左宗棠的姻亲。因此，郭嵩焘自然要为左宗棠说好话。

后来，樊燮接受"双规"去抚署请训，骆秉章让他找左宗棠听候发落。见了左宗棠后，樊燮只是作揖行礼，并未下跪请安。左宗棠厉声喝道："武官见我，无论大小皆要请安，汝何不然？快请安！"樊燮回道："朝廷体制，未定武官见师爷请安之例。武官虽轻，我亦朝廷二品官也。"九品芝麻官都不是的左宗棠恼羞成怒，大骂一句："王八蛋，滚出去！"随即左宗棠再次奏劾樊燮，樊燮一再受辱也咽不下这口气，便向后台官文求救。两人商量后兵分两路，樊燮同时向武汉督署、北京督察院诉冤，反控"左某以图陷害"；官文则将左宗棠以"劣幕把持"罪名上告朝廷，告左宗棠嚣张跋扈、越权干政。

---

① 骆秉章（1793—1867）其实绝非"傀儡"，他自身也很有能力。他是洪秀全的老乡，广东花县人，野史说他和洪秀全少时同塾，洪秀全经常说自己日后必反，骆秉章则说"汝造反我必平之"。他和洪秀全是同学为假，但他后来的确成为洪秀全的重要对手，曾为道光帝侍讲学士，后任湖广总督、四川总督，保住了湖南、四川并支援四边，最后还杀害了石达开，对镇压太平天国的作用可能不亚于曾国藩。他1867年去世，谥号文忠，存银仅800两。左宗棠其实一直敬佩骆秉章，认为他"德政既不胜书，武节亦非所短"。后来，拜相封侯的左宗棠问友人："我和骆文忠公相比如何？"友人回道："你不如骆公。骆公幕中有你，你的幕府中却没有像你这样的人。"左宗棠听完哈哈大笑。

当时的左宗棠处境非常危急，朝廷谕旨批道："果有不法情事，即行就地正法。"还有人在左宗棠住所刷上标语："钦加劣幕衔帮办湖南巡抚左公馆"。于是，被左宗棠评为"喜任术，善牢笼"的胡林翼献计，郭嵩焘具体执行营救计划。郭嵩焘送了一只利玛窦千里迢迢带来的鼻烟壶及三百两银票给南书房侍读学士潘祖荫，请他将自己写的保折上奏，保折中写道：

楚南一军立功本省，援应江西、湖北、广西、贵州，所向克捷，由骆秉章调度有方，实由左宗棠运筹决胜，此天下所共见，而久在我圣明洞鉴中也。上年逆首石达开回窜湖南，号称数十万。以本省之饷，用本省之兵，不数月肃清四境。其时贼纵横数千里，皆在宗棠规画之中。设使易地而观，有溃裂不可收拾者。是国家不可一日无湖南，湖南不可一日无左宗棠。宗棠为人，负性刚直，嫉恶如仇。湖南不肖官员，不遂其私，思有以中伤之，久矣。湖广总督官文惑于浮言，未免有引绳批根之处。宗棠一在籍举人，去留无足轻重，而楚南事势关系尤大，不得不为国家惜此才。

胡林翼、郭嵩焘等人还运动当时的权臣肃顺替左宗棠说了好话，肃顺对咸丰道："闻左宗棠在湖南巡抚骆秉章幕中，赞画军谋，迭著成效；骆秉章之功，皆其功也。人才难得，自当爱惜。"结果到最后左宗棠因祸得福①，从"著名劣幕"摇身一变成了统帅。1860年6月9日，清廷"命兵部郎中左宗棠以四品京堂候补，襄办署两江总督曾国藩军务"。

虽然朝廷任命的是左宗棠"襄办"曾国藩军务，但以"今亮"自居的左宗棠哪会把他嘲笑为"猪子""书憨"的曾国藩放在眼里？是左宗棠最早向朝廷推荐曾国藩出山主持团练，曾国藩在靖港兵败自杀时甚至遭到左宗

---

① 被左宗棠大骂的樊燮其实也"因祸得福"，他虽然被革职回家，却因此培养两个儿子发奋读书，以雪其耻，在祖宗牌位下另置一牌位上书"王八蛋滚出去"，撤掉梯子直到儿子考上举人才让儿子下楼，还让儿子穿着女式衣服，考上秀才脱外服，考上举人脱内服，"雪我耻辱。不中举人、进士、点翰林，无以见先人于地下"。最终，他家两个儿子都中了进士，樊家小儿子樊增祥后来不仅当上护理两江总督，还成为了大诗人，清末新政的诏书正出自他之手。一声"王八蛋"骂出了左宗棠和樊增祥两个总督，左宗棠的骂倒也颇有价值。只是樊增祥因年少男扮女装留下后遗症，人送外号"樊美人"。

棠用崩溃疗法痛骂，"以大义责之"，在曾国藩向咸丰要权不成隐居故里时又被左宗棠斥为"假道学"。

"尽平生之心，轰烈做一场。"左宗棠一掌兵就创建了属于自己的"楚军"，并且把"楚军"的旗帜公开亮了出来，而曾国藩创建湘军以来一直不敢公开宣称"湘军"，而是对外称"湘勇"。左宗棠练兵也不屑曾国藩的做法，曾国藩招兵主要招湘籍农夫，而左宗棠广招天下豪杰，用将主要用像他一样考不上进士的举人。另外，他"治军先养气"，先练心练胆，再练操刀弄枪，短短两个月便练成了五千精兵。

左宗棠不愧为"今亮"，带兵打仗也像诸葛亮一样精通兵法、神机妙算。他先是在江西景德镇十天三捷，接着像诸葛亮一样上演"空城计"，在景德镇城里张灯结彩、大宴宾客，吓退了太平军，等太平军发现是"空城计"再度攻城时，却遭遇楚军援兵而大败。左宗棠对此自豪道："诸葛公料司马懿必不敢入空城，我却料李秀成必回师返救，料人料事，虽起诸葛公于地下，亦不过如此也。"即是说"打仗技术哪家强？吾今亮要比古亮诸葛亮还要强"。左宗棠还以5000名楚军与太平军著名将领"侍王"李世贤10万大军大战，在狂风暴雨中依靠楚军独家"练胆"术杀死了一万多名太平军，差点被活捉的李世贤被迫从江西撤军至浙江。此时，李世贤堂兄"忠王"李秀成正在进攻杭州，浙江巡抚王有龄因曾国藩不让左宗棠发兵相救而城陷自杀①，曾国藩便举荐左宗棠为浙江巡抚，左宗棠从此成为一方大员，渐渐与曾国藩平起平坐。

左宗棠虽被朝廷任命为浙江巡抚，但实际上只是个空头巡抚，因为浙江当时大部分疆域还被太平军控制，清廷正是通过开空头支票来让左宗棠

---

① 王有龄死得很冤，他早年像左宗棠一样不屑科举，"为人倜傥，有奇气"，24岁时花了1000两银子"报捐盐大使"。当时可以花钱"捐官"，大清"捐官"始于乾隆，为充盈国库所创。王有龄的官虽然是买的，但他"干练廉明"、政绩出色，很快一路升至浙江巡抚。他爱民如子、清正廉洁。杭州陷落，他自杀前还留有遗书道："饥不食腐鼠，渴不饮盗泉。"李秀成看到遗书后深受感动，不但没有屠城，还力排众议厚葬了王有龄。王有龄生不逢时，又因跟错了人而枉死实属可惜，否则以他的才干可能将来业绩不亚于左宗棠，左宗棠后来倚重的胡雪岩正是王有龄培养的。这可见曾国藩之小肚鸡肠，为了一己之私而害死贤良。也可见大清官场之荒诞，买官的王有龄竟然成了难得的好官。

卖命收回沦陷区。左宗棠先是扩军，将原来的 5000 兵马扩张到 1 万多，然后寻找太平军薄弱点，步步为营、缓进速战，陆续占领了浙江一些地方。但此时李世贤在浙江所率的太平军有 20 多万人，左宗棠部再勇猛也寡不敌众，只能和太平军展开拉锯战。不料，不久天京告急，李世贤率军 7 万回援天京，左宗棠在浙江才有了驰骋之地。

天京为何告急？原来是曾国荃部攻到了天京城下。曾国荃在攻陷安庆后再接再厉，一路夺关斩将、所向披靡，孤军深入，很快就攻占了天京外的雨花台，然后在雨花台扎营，准备攻城。天京是太平天国首都，岂能有失？洪秀全便令李世贤回军救援，攻击天京周围敌人，令正在上海作战的李秀成率军十余万①攻打曾国荃营寨。曾国荃部只有两万多人，其中还有一万人得了瘟疫；太平军有十余万人且携带了大量洋枪洋炮，打败曾国荃似乎易如反掌。太平军联营百里，"号称六十万众"，以西洋开花大炮昼夜轰击湘军大营，"洋枪洋炮，骤若飞蝗"，连续攻击了四十六天，却最终还是没有攻破"结硬寨，打呆仗"②里外三层的湘军营寨③。因为冬天即将来临，太平军缺衣少粮，李秀成只能像安庆城外的陈玉成一样长叹一声，引军而退。如果李秀成此次能攻破湘军大营解天京之围，太平天国应该还能多活几年。

李秀成退军后，日夜焦灼，"心已用烂，胆已惊破"的曾国藩长舒一口气，信心大增，调兵遣将增援曾国荃部，将天京像铁桶一样围了起来。而左宗棠也因为李世贤撤军，在浙江扭转了局势，他派兵先后攻占严州、汤溪、金华等地，浙江只剩下杭州一带还在太平军控制之中。大为欢喜的清廷于同治二年农历三月升任左宗棠为闽浙总督兼浙江巡抚，这距他开始带兵打仗只有三年多。楚军此时已有了 3 万多人，左宗棠又借用了洋军洋炮，终于于同治三年农历二月攻下了杭州，浙江大局乃定，左宗棠被加赏太子

---

① 据《太平天国战争全史》，实际人数为 30 余万。

② 湘军战术一向很简单实用，即曾国藩所创的"结硬寨，打呆仗"，到了一座城下便在城外高筑墙，墙八尺高、三尺厚，再在墙内外各挖两道壕沟，壕沟八尺宽、六尺深，里三层外三层地将自己的营寨包围起来，既能守住自己，又能困死敌人。

③ 太平军之所以没有攻下曾国荃营寨，除了营寨本身防守得力外，还主要因为太平军人数虽多却是乌合之众，士兵素质良莠不齐，也没有受过严格训练。

少保衔和黄马褂。而此时，李鸿章也率淮军攻占了苏州。李鸿章何方"神圣"、何德何能呢？

四、李鸿章与李秀成：太平天国覆灭

相较于曾国藩和左宗棠，李鸿章和曾国藩关系亲近很多。李鸿章原是曾国藩的学生，1823年出生于安徽合肥。1840年，第一次鸦片战争爆发时，李鸿章年方十八，刚刚考中秀才。1842年，英军军舰侵犯南京、上海等地，距离李鸿章老家合肥不远，踌躇满志的李鸿章写下题为《二十自述》的四首诗歌明志。其中一首写道："丈夫事业最当时，一误流光悔后迟。壮志不消三尺剑，奇才欲试万言诗。闻鸡不觉身先舞，对镜方知颊有髭。昔日儿童今弱冠，浮生碌碌竟何为？"另外一首写道："暮鼓晨钟入听来，思前思后自徘徊。人生惟有青春好，世事须防白首催。万里请缨终子少，千秋献策贾生推。愧予两字功名易，小署头衔斐秀才。"

从诗中可见，李鸿章隐约感觉到了当时国家面临危机，希望自己将来能匡济时艰、大有作为。三年后，李鸿章又写下了"一万年来谁著史，三千里外欲封侯"的名句。但这也只是抒发他的壮志豪情，李鸿章当时并未对鸦片战争的影响有多少清醒认识，直到1873年他才明确意识到"此三千余年一大变局也"。

李鸿章的父亲李文安与曾国藩是同年进士，有着"同年"之谊，因此李鸿章与其哥哥李瀚章都先后拜在曾国藩门下，李瀚章自曾国藩创办湘军便入幕担任类似后勤部长的总理后路粮台。道光二十五年即1845年，李鸿章赴京会试，结果名落孙山。在父亲介绍下，李鸿章以年家子身份拜见曾国藩，对曾国藩的道德、学问非常敬佩。第二年，曾国藩得了肺病在北京报国寺静养，李鸿章以弟子身份侍奉他，正式成为曾国藩的弟子，号称是曾国藩的"门生长"，跟随曾国藩"求义理经世之学"。1847年，李鸿章金榜题名高中进士，像曾国藩一样成为翰林院庶吉士。

太平天国起义后，曾国藩在家乡湖南搞团练，李鸿章刚开始也以翰林身份在老家安徽搞团练。曾国藩出山是为了"保名教"，左宗棠出山是为了"保桑梓"，而李鸿章出山则是"被迫"的。他替当时工部左侍郎吕贤基写了一道剿太平军的奏折，结果吕贤基被咸丰委派办理团练，吕贤基则上奏请李鸿章帮办，"君祸我，上命我往，我亦祸君，奏调偕行"①，即"你祸害了我，我也不让你好过，要干就咱俩一起干"。李鸿章办团练战绩不错，但因年轻气盛、风头太劲而备受排挤，曾写诗感叹道："我是无家失群雁，谁能有屋稳栖乌。"最后，自嘲为"书剑飘零旧酒徒"的李鸿章决定投奔老师曾国藩，于是在1852年成为曾国藩的幕僚。

在曾国藩帐下，李鸿章主要从事文牍工作，刚开始抄抄写写，后来批稿拟奏，闲暇时便帮曾国藩校正《经史百家杂钞》。1860年，英法联军向北京进犯，咸丰仓皇逃跑前下令曾国藩让他派鲍超部北上勤王。鲍超部乃湘军主力，此时正开往祁门救援被困的曾国藩，曾国藩因此左右为难，不能不救皇上但也不能不救自己。其他幕僚都主张勤王要紧，只有李鸿章反对出兵勤王，他认为北京城破只在朝夕，前去救援已无意义，最终结局无非"金帛议和，断无他变"。李鸿章还向曾国藩献了"按兵请旨"之计，让曾国藩上奏说鲍超前去救援不够分量，应自己或胡林翼前去。果不其然，等上奏到达咸丰所逃的热河时清廷已与英法议和②，无需曾国藩再派兵救援了。

虽然曾国藩对李鸿章的才华很是认可，说"少荃天资与公牍最相近，

---

① 刘体仁：《异辞录·卷一》，山西古籍出版社，1996年，第7页。

② 第一次鸦片战争结束后，鸦片贸易照常进行，1847年2月，林则徐为此在给江西抚州知府文海的信中表示："鄙意亦以内地栽种罂粟，于事无妨。所恨者，内地之民嗜洋烟而不嗜土烟。"第二次鸦片战争失败后，清廷与英法分别签订《北京条约》，又互换《天津条约》，开放天津通商，割让九龙司给英国，赔偿英法兵费各八百万两，赔偿恤金英国五十万两、法国二十万两。《天津条约》还默认了鸦片贸易的合法性，因禁止鸦片贸易而爆发的第一次鸦片战争几乎白打了。1874年李鸿章上书请求放开民间鸦片种植，理由是"不但夺洋商利权，并可增进税项"，随后清廷宣布鸦片种植合法。此后国内广泛种植鸦片，鸦片收入成为一些地方财政和农民重要收入来源，至1882年国内鸦片实现自给自足并开始出口创汇。鸦片种植也给国人带来了巨大灾难，尤其是因为种植鸦片导致粮食减产，乃至1876至1879年华北大地发生严重灾荒，有数千万人受灾乃至饿死，史称"丁戊奇荒"。1906年清廷又发布上谕严禁鸦片但收效甚微。连曾撰文痛批鸦片误国害民的著名学者严复也抽鸦片，严复在1919年1月4日给学生熊纯如的信中写道："以年老之人，鸦片不复吸食，筋肉酸楚，殆不可任，夜间非服药不能睡。嗟夫，可谓苦已！"

所拟奏咨函批,皆有大过人处,将来建树非凡,或竟青出于蓝,亦未可知",但一直让李鸿章做他的幕僚。"丈夫只手把吴钩,意气高于百尺楼。一万年来谁著史,三千里外欲封侯",素有澄清天下之志的李鸿章怎甘心只当一个幕僚而已,他一直对带兵打仗、建功立业跃跃欲试。但曾国藩可能觉得李鸿章操刀弄笔要比行军布阵更在行,也可能觉得时候未到、李鸿章还需磨练,所以几次拒绝了李鸿章主动请缨的要求。其间,李鸿章曾因为赖床不愿早起与曾国藩吃饭而撒谎说自己头疼,被曾国藩教训道:"少荃,既入我幕,我有言相告,此处所尚,惟一诚字而已。"还一度因与曾国藩意见相左而在曾国藩困守祁门时出走①,在外闲逛了一年多才在郭嵩焘劝说下"好马也吃回头草"回到曾国藩门下。郭嵩焘劝他:"试念今日之天下,舍曾公谁可因依者?"

李鸿章的机会最终还是来了,来得非常突然。1860年,太平军二破江南大营后矛头转向上海,上海岌岌可危。上海原是普通县城,在鸦片战争后被开辟为通商口岸,迅速繁荣,1850年以后已超越广州成为中国最重要的对外贸易口岸。太平军占领南京、苏州、杭州等江南要地后,大批富人逃往上海。太平军要打上海了,惶恐之中,上海的豪绅、地主、商人组团向曾国藩求援乞师,并带来巨款。但曾国藩此时并无援助上海的计划,且他手下的大将也都各自鏖战无人可派。清廷接到上海告急的奏报后,点名让曾国荃派兵救援,曾国藩也有此意,毕竟"打仗亲兄弟"。可围困天京的曾国荃执拗得很,一心想攻下天京建立首功,其他地方死活都不挪窝。曾国藩又函请湘军宿将陈士杰出山,但陈士杰是个大孝子,以"母老"要率兵防守故乡为由力辞。"蜀中无大将,廖化充先锋",正好李鸿章又不失时

---

① 李元度是湘军创始人之一,还曾在曾国藩靖港跳水自杀时救过曾国藩的命。1860年曾国藩令李元度坚守徽州,可李元度不听帅令擅自外出,导致徽州失守,李元度在外躲藏了二十多天才回去见曾国藩。曾国藩为此大怒,要参劾李元度,李鸿章率幕僚出面相劝,曾国藩不为所动,李鸿章于是愤而出走。也有一说这是李鸿章故意找的出走借口,他可不想陪曾国藩在祁门送死,因此也使得曾国藩对李鸿章有了"难与共患难"的印象。曾国藩后来又两度参劾李元度,直到把李元度参到彻底爬不起来为止。对救命恩人如此绝情,可见曾国藩绝非"圣人"而是凡人,甚至某种程度上还是"禽兽"。

机地主动请缨"坚请赴申",表示自己有决心、有信心、有诚心完成任务。曾国藩只好派李鸿章回乡募兵援沪——他早就认为徐淮一代民风强悍,可招募成军,而李鸿章正是安徽合肥人。李鸿章终于等到了他的机会,回乡很快就在当地团练基础上招募淮勇七千人,曾国藩又选派了八营士兵作为"嫁妆"送给李鸿章。1862年3月,李鸿章率部在安庆租了洋轮运兵,"穿贼道二千余里,抵上海,特起一军,是为淮军"①。

抵达上海后,淮军因为穿着简陋、土头土脑,被讥讽为"叫花子兵",但被曾国藩评价为"劲气内敛,才大心细"的李鸿章"专以练兵学战为性命根本",很快他凭着自己的能力和上海的洋人洋枪②、大把财富而风生水起。"鳌鱼脱却金钩去",淮军连战连捷、声名鹊起,很快与曾国藩的湘军并列,四十岁的李鸿章也很快被朝廷正式任命为江苏巡抚,与曾国藩的两江总督之职仅一步之遥。李鸿章主政江苏后,连克常熟、昆山、苏州、无锡、常州等地,基本上平定了江苏。

李鸿章在攻打苏州时,苏州由慕王谭绍光及纳王郜永宽、康王汪安钧、宁王周文嘉等"八王"守卫,"八王"私下已与淮军将领程学启和"常胜军"首领戈登谈好投降条件,由戈登作担保。1863年12月4日,郜永宽、汪安钧、周文嘉、伍贵文、范起发、汪有为、汪怀武、张大洲等"八王"在太平军开会时杀死慕王谭绍光,并向李鸿章献上苏州城。李鸿章设宴招待"八王",在宴上不讲武德处死了"八王",随后又杀死了"八王"亲兵千余人,有说杀死了两万多人。杀降一事颇显李鸿章心狠手辣,杀降原因可能在于李鸿章事先答应的投降条件根本无法兑现而杀人灭口,也或在于像李鸿章所言的"恐其难制"。立志成为"圣人"的"理学家"曾国藩对此则称赞道:"此间近事,唯李少荃在苏州杀降八王最快人意","殊为眼明手辣"。李鸿

---

① 《清史稿·李鸿章传》。

② 李鸿章率先在淮军中大量应用洋枪洋炮,也率先依靠华尔、戈登带领的"常胜军"攻打太平军。"常胜军"原为上海士绅花钱雇佣洋人组成的洋枪队,它存在三年多,打过一百多场仗,攻陷了五十多个县城。第二次鸦片战争结束后,英法美转而支持清廷,也因此加大对"常胜军"的支持,还组建"常捷军""定胜军"等中外混编武装,其中"常捷军"协助左宗棠,并直接组织新的英法联军镇压太平军。

章杀降由淮军第一猛将程学启所劝，程学启原本也是太平军降将，事后李鸿章有些后悔地对程学启说："君亦降人，何为已甚"，即"你也是投降过来的，为什么要这样做呢？杀降不祥啊"。此话对程学启刺激很大，不久程学启在攻打嘉兴时受重伤，然后梦见"八王"前来索命，最后他大呼"杀降负盟，为国无私，此心可质鬼神"而死。

而担保人戈登对"八王"被骗杀很是愤怒，"深感耻辱和极度伤心"，一度拿着手枪要找李鸿章决斗，直到索要了李鸿章七万赏银后才罢休，但他依然拒绝了朝廷赏给的一万两银子，声称"由于攻占苏州后所发生的情况，我不能接受任何标志皇帝陛下赏识的东西"①。太平军前期很少有人投降，后期因信仰破产、纪律松懈、军心瓦解而投降者增多，乃至有了苏州"八王"之降。李秀成在《李秀成自述》中说对这"八王""久悉其有投大清之意"，"我见势如此，不严其法，久知生死之期近矣"。苏州杀降也使得太平军此后死战不降，乃至于天京沦陷时无人投降。

"在清廷而言，用曾国藩于东南，使局面得到扭转；在曾国藩而言，用李、左于江浙，则是打开局面之举。事实证明，这一先一后两个变化，对后事都举足轻重。左宗棠靖氛浙江，令太平军失去了对天京局势的重大牵制；李鸿章先在上海站稳脚跟，继而进取苏州，直接造成对天京的钳击之势。"②左宗棠收复了杭州，李鸿章收复了苏州③，太平天国所属大的城市只剩下曾国荃围攻的天京了。

天京城坚墙深，又是太平天国经营多年的大本营，因而易守难攻。三年多来，曾国荃虽然通过挖壕沟、修筑双层墙等方式将天京像铁桶般围了

---

① R.J.史密斯：《十九世纪中国的常胜军》，第199页。
② 李洁非：《天国之痒》，人民文学出版社，2019年，第463页。
③ 清廷让李鸿章再接再厉，派"劲旅数千及得力炮队前赴金陵"协助曾国荃"会攻"天京。李鸿章深知不能与曾国荃抢功，他写信给曾国荃道"不敢近禁臠而窥卧榻"，然后找各种理由推辞。天京攻陷后，李鸿章前来拜会，曾国藩亲自出城迎接道："我们兄弟的薄面，都是靠你保全的。真正应该感谢的是我们。"其实，曾国藩倒是希望李鸿章助曾国荃攻克天京，多次写信劝导曾国荃"人又何必占天下之第一美名哉？"曾国荃自然不愿被李鸿章分功。此时也可见李鸿章之狡猾、曾国藩之智慧、曾国荃之"天真"，曾国荃攻下天京后其实并未赢得什么"美名"，反倒是赚来不少恶名。

起来，绞尽脑汁用尽地道战、攻坚战、间谍战等各种战术，一心一意企图独自摘得攻陷天京之首功，再苦再累也坚持一个劲儿地"啃砖头"，结果把自己头发都愁白了一半，还肝病复发，被大炮碎片炸伤了脸，身上像曾国藩一样长了很多癣，精神也近乎崩溃，可就是攻陷不了天京。其实，此时天京也已弹尽粮绝、人困马乏，近于崩溃边缘，但沉迷于上天术和房中术的"宅男"洪秀全宁愿吃苔藓、野草制成的"甜露"，也不肯听李秀成之劝撤出"小天堂"天京，他甚至怒斥李秀成道：

朕奉上帝圣旨、天兄耶稣圣旨下凡，作天下万国独一真主，何惧之有？不用尔奏！政事不由尔理。尔欲出外去、欲在京，任由于尔。朕铁桶江山，尔不扶，有人扶！朕之天兵，多过于水，何惧曾妖者乎！①

在多日以"甜露"充饥后洪秀全病逝②，幼天王洪天贵福继位。同治三年农历六月十五日，湘军"明轰城墙，暗挖地道"，终于挖通了一条深入到南京城下的地道而未被太平军发现。当天李秀成还率数百名敢死队成员出城，"持火蛋延烧各炮垒及附近湿芦蒿草"，差点将埋在地道里的三万斤炸药点着。"第二天中午，曾国荃下令点火，埋在地道内的数万斤火药爆炸，声如巨雷，城墙崩塌二十余丈。湘军蜂拥而入，太平军阵脚大乱。到黄昏之时，南京外城各门全部陷落。"③半夜，李秀成率太平军护送幼天王突围，天京就此陷落。天京的失陷，标志着轰轰烈烈的太平天国运动宣告失败。

天京失陷后，太平天国官员、将士几乎全部战死，没人投降，如曾国藩所奏："此次金陵城破，十余万贼无一降者，至聚众自焚而不悔，实为古今罕见之剧寇。"天京被湘军连续七天七夜杀烧抢掠，尤其是大肆屠杀妇

---

① 《李秀成自述》，《太平天国》（二），上海人民出版社、上海书店出版社，2000年。

② 也有不少人认为洪秀全是自杀的，如曾国藩便奏称听洪秀全贴身宫婢说洪秀全"四月二十七日因官军急攻，服毒身亡，秘不发丧"。洪秀全自杀也有可能，因为洪秀全晚年愈发沉迷于修改《圣经》，思索"天事"而"不理庶务"，可能会真的因信仰"上帝"而自杀"上天堂"，如他下诏中所言"朕即上天堂，向天父天兄领到天兵，保固天京"。

③ 张宏杰：《曾国藩传》，民主与建设出版社，2019年，第228页。

孺,"三日夜火光不息",洪秀全尸体被挖出剁碎焚烧,曾国藩心腹赵烈文①在《能静居士日记》中对此记载道:

> 其老弱本地人民,不能挑担,又无窖可挖者,尽遭杀死,沿街死尸十之九皆老者。其幼孩未满二三岁者亦斫戮以为戏,匍匐道上。妇女四十岁以下者一人俱无,老者无不负伤,或十余刀,数十刀,哀号之声,达于四远,其乱如此,可为发指。

这即是说天京陷落后,老弱病残因不能为湘军效力皆被杀死,四十岁以下妇女全没有了,老人也都负伤。湘军入城首功将领李臣典因奸淫妇女、"操劳"过度很快翘了辫子,湘军另一干将萧孚泗从天王府抢走很多金银财宝且纵火灭迹,城中财物几乎全被湘军大肆掠夺,甚至建筑木料也被拆下运走,整个长江中千船百舸,装满从天京抢的妇女、财物,日夜不息驶向湖南。"淫掠之惨,具载各书;湘军满载金银子女,联樯而上,万目共睹。"②这场天京浩劫共持续一个多月,繁华的故都成为一片废墟,连默许这场浩劫的曾国藩都不得不感叹"自五季以来生灵涂炭殆无逾于今日"③。他还写道:"分段搜杀,三日之间毙贼共十余万人。秦淮长河,尸首如麻。"还有清人记载道:"金陵之役,伏尸百万,秦淮尽赤;号哭之声,震动四野。"④这些被杀的人大多是普通民众,据《李秀成自述》,当时城内的太平军只有三四千人。

李秀成、洪仁玕护送幼天王突围后,李秀成因将好马让给幼天王而落

---

① 赵烈文是曾国藩幕府中非常特别的人物,1855 年曾国藩听说赵烈文后便派人携二百金邀请他出山,四年后赵烈文正式加入曾国藩幕下,跟随曾国藩八年,成为曾国藩的心腹和保健医生,1865 年正式拜师曾国藩。曾国荃攻打天京时,曾国藩派赵烈文为曾国荃"把关",赵烈文劝阻湘军杀烧抢掠,阻止立即处死李秀成。赵烈文的《能静居士日记》则成为研究曾国藩及晚清的重要资料,尤其是日记中有曾国藩晚年与赵烈文关于大清未来的密谈。

② 夏震武:《灵峰先生集》,第十册,第 6409 页。

③ 《曾文正公书札》,第二十四卷,第 12、13 页。

④ 转引自余世存:《中国男》,九州出版社,2010 年,第 31 页。

单,被百姓所俘送交清军,在写下长文《李秀成自述》①后,于1864年8月7日被曾国藩处死,享年只有40岁,而这时在美国内战中失败的南军总司令罗伯特·李将军在投降北军总司令格兰特后被释放安度晚年。15岁的幼天王在洪仁玕的护送下找到太平军,但不久两人也兵败被俘,幼天王于11月18日、洪仁玕于11月23日被清廷"千刀万剐"凌迟处死。幼天王在死前认为自己是无辜的,"那打江山的事,都是老天王做的,与我无关",他最大的心愿是像父亲洪秀全年少时那样静心研习儒学,考个秀才②,好像一切都没有发生。但无数历史沧桑已经发生,幼、老天王都没有机会再实现自己的梦想,太平天国也没有机会东山再起。

此后,太平天国在江西、福建、贵州等一些地方虽然还有残余势力,但大势已去。1865年,侍王李世贤因内讧被康王汪海洋所杀,不久康王汪海洋战亡,偕王谭体元被俘,南方太平军告终。1866年,太平军余部遵王赖文光与捻军合兵,次年被擒,1868年捻军被全歼,北方太平军告终。1872年4月,石达开余部李文彩部在贵州大塘覆灭,这是最后一支可查证的使用太平天国旗号的武装势力,李文彩部的覆灭意味着太平天国运动彻

---

① 对于李秀成所写的《李秀成自述》,历来有不同看法,有人认为是"忠王"不忠,李秀成就此投降;有人认为李秀成只是在总结自己人生和太平天国历程,给历史一个交代,"叙发逆之始末,叙忠酋之战事,甚为详悉"。笔者个人认为一向忠义的李秀成应不会真的投降,因为如果他真的投降清军应该会答应,毕竟他还有很大利用价值,江南剩余的几十万太平军都是他的部属,且李秀成如果真要投降的话会说出幼天王下落而非诡称已死。曾国藩为何擅自做主杀死李秀成而不将他押送进京也众说纷纭,主流说法是说李秀成劝曾国藩造反称帝,因此曾国藩为避嫌而匆匆杀掉李秀成,且将近六万字的《李秀成自述》删改为两万七千字。根据曾国藩曾孙曾约农提供的原版《李秀成自述》,所删改的主要内容有李秀成对太平军的夸赞、对李鸿章淮军的贬低,以及对天京城最后兵马极少的描述和认为洪秀全是病死,原版《李秀成自述》最后的内容则被撕毁。曾国藩曾外孙俞大缜曾提供书面材料说,他母亲即曾国藩孙女曾广珊曾亲口对他说:"李秀成劝文正公当皇帝,文正公不敢。"如果李秀成果真曾劝曾国藩称帝且答应召集部众辅助,那很可能是李秀成像当年姜维投钟会一样,想借此寻找机会让太平天国东山再起或借曾国藩之手消灭大清。曾国藩最后将李秀成处以斩首而非像对待其他被俘太平将领一样凌迟,并表示"甚怜之",李秀成则说:"中堂厚德,铭刻不忘,今世已误,来生图报。"李秀成对太平天国贡献巨大且极其忠义,如他攻下杭州后安葬浙江巡抚王有龄,且"肯降者"即不杀无论满汉,明知苏州"八王"要降却不忍杀他们,明知太平天国将亡却效忠到底。学者徐中约在《中国近代史》中认为:"他(李秀成)在1856年以后独力支撑一个摇摇欲坠的天国达八年之久。如果没有他,这个天国早就瓦解了。"

② 参见史景迁:《太平天国》,广西师范大学出版社,2011年,第423页。

底失败。

五、太平天国：地上建立不起天国

历时十多年、波及十八省[①]的太平天国运动就此失败了。太平天国为何最终覆灭？该如何评价太平天国运动呢？它有何特点、意义、教训、影响？太平天国运动当然本质上还是农民起义，且是清朝最大规模的一场农民起义，也是清朝乃至整个中国最后一场大规模的农民起义。但太平天国又不是普通的农民起义，而是在千年未有之大变局背景下的农民起义，因此有许多新的特色。

首先，太平天国有新的指导思想即"拜上帝"，而之前的农民起义根本没有指导思想或仅是"官逼民反""替天行道""反清复明"之类的口号。洪秀全将西方基督教与中国"神灵附体"等本土巫术传统相结合，创建了别具特色的"拜上帝会"，认为上天有天父上帝、天兄耶稣，而他作为上帝次子，是代天父下凡"除妖"的，杨秀清、萧朝贵则可以代天父、天兄下凡发声。这一指导思想是崭新、系统的，对普通民众也有说服力、感召力，因此构成了太平天国的意识形态，保证了太平天国的凝聚力、战斗力。

其次，太平天国有新的目标，即根据指导思想"拜上帝"建立人间"天国"，是中国历史上少见的政教合一的政权，而传统的农民起义不过是换坐江山。"太平天国"是"天下一家，共享太平"，是"天下为公"而非"私天下"，是"拜上帝"的"上帝天国"[②]，现实目标则是"凡间天堂"或"小天堂"。具体体现便是《天朝田亩制度》和《资政新篇》这两个太平天国的施政纲领，如《天朝田亩制度》提出"有田同耕，有饭同食，有衣同穿，

---

① 罗尔纲：《太平天国史》卷一，第79页。

② 1861年3月6日，洪秀全下旨更改国号为"上帝天国"，"爷哥朕幼坐天堂，天国太平空中扬。天国万样爷为头，太平一统天山江。今改为上帝天国，普天一体共父皇。自今鉴印通刻改，上帝天国更荣光"。洪秀全改完国号不到半个月，他又下旨再次修改国号，改成"天父天兄天王太平天国"，恢复了"太平天国"，不过在前面加上了天父、天兄、天王的称谓。洪秀全两番修改国号，意图是突出"天王"的神圣地位以维持自己统治。

有钱同使,无处不均匀,无人不保暖也",《资政新篇》提出"新天、新地、新人、新世界"。

其中,《资政新篇》尤其符合现代潮流。《资政新篇》由洪仁玕制定,洪仁玕是洪秀全堂弟且是最早追随洪秀全传教者,但他后来因为被家人阻拦而未继续追随洪秀全传教,洪秀全起事后他一直未能与洪秀全汇合,后去香港住了多年。在香港,洪仁玕受洗加入基督教,替外国传教士工作,如协助后来成为牛津大学首位汉学教授的理雅各将孔子著作译成英文,也由此对基督教和西方文明有了更多认识。1859年,洪仁玕辗转来到南京,被封为"干王""总理朝政"。他制定了太平天国新的施政方案《资政新篇》,提出学习西方改革内政,经济上主张保护私有财产、发展工商业、建设公路铁路等基础设施,政治上主张"设法治国"、舆论监督和直接选举政府官员,文化思想上反对迷信、提倡新式教育、废除八股、发行报纸,外交上主张各国自由往来、平等互利和西方通商,可谓是中国第一个现代化纲领。

因为有新的指导思想和目标,太平天国国情也有了一些具体的新特色。如信仰方面,所有太平天国人都要"拜上帝",必须举行饭前赞美、礼拜日等仪式,必须熟记"天条"[①],如果"超三个礼拜不能熟记"者则"斩首不留";经济方面,刚开始施行了"人人不受私,物物归上主"的"圣库"制度,取消市场、取消货币、取消私有制,所有财产归"国有",没收地主财产,所有劳动为义务劳动;文化方面,彻底打倒"孔家店",焚毁一切"妖书",捣毁寺庙文物,禁止文化娱乐活动,同时又颁行了符合"拜上帝会"教义的《三字经》《幼学诗》《太平救世歌》等书籍,并自行开科取士,有两万多人参试,科举考生背景不限,"内容包括基督教的主旨和对太平军领袖的颂词"[②],还开设了中国历史上第一次女性科考;生活方面,刚开始施行"男

---

① 太平天国"天条"主要是指"十诫":第一,崇拜皇上帝;第二,不好拜邪神;第三,不好妄提皇上帝之名;第四,七日礼拜,颂赞皇上帝恩德;第五,孝顺父母;第六,不好杀人害人;第七,不好奸邪淫乱;第八,不好偷窃劫抢;第九,不好讲谎话;第十,不好起贪心。这"十诫"便是太平天国的基本法律。

② 费正清、刘广京等编:《剑桥中国晚清史(上卷)》,中国社会科学出版社,1985年,第283页。

馆""女馆"分营制,全民皆兵,消灭了家庭,男女不得相恋通婚,禁止抽烟、喝酒、吸鸦片,不准剪发、剃须和刮脸,废止女性裹小脚;政治方面,军、政、教合一……

因为这些新思想、新目标、新国情,使得太平天国不同于传统农民起义,而有了一定革命性质和现代色彩,也使得太平天国刚开始有巨大的号召力、吸引力[①],因此起初所向披靡、无坚不摧。但"成也萧何,败也萧何",也正因为这些新思想、新目标、新国情太新、太美好而不切实际,所以后来这些新思想、新目标、新国情基本上没有得到切实施行。太平天国中,除了洪秀全可能没有几个人真正信仰"上帝",后来饭前赞美等仪式也基本上没有多少人坚持,家庭得以恢复,男女又可以通婚[②],市场、货币、私有制也都死灰复燃,抽烟、喝酒、吸鸦片成为了"时尚",《天朝田亩制度》和《资政新篇》[③]也基本上没有得到落实,甚至在一些地方横征暴敛、杀烧抢掠……这种太平天国的"异化"或正是太平天国失败的根本原因,当太平天国不再是"太平天国",那它的号召力、吸引力也便随之失去了。

"人终究毁于自己憎恨的事物",不仅太平天国在"异化",更可惜的是太平天国领导层在"异化"。太平天国定都南京后,重蹈了之前很多农民起义"异化"、腐化、蜕化的覆辙,太平天国领导层尤其是洪秀全不再发奋进

---

① 谭伯牛在《战天京》中认为"太平天国由始至终,在沦陷区民意拥戴指数上,不但远高于绿营,也略高于湘军和淮军"。谭伯牛《战天京》,岳麓书社,2016年,第8页。

② 太平天国认为"天下多男人,尽是兄弟之辈;天下多女子,尽是姊妹之群。天堂子女,男有男行,女有女行,不得混杂。凡男人女人奸淫者,名为变怪",因而刚开始施行男女分营制,实际上根本原因是为了保持战斗力、控制力。1855年杨秀清废除男女分营禁令,因太平天国在永安时曾提出到"小天堂"后便可"男女团聚",且太平诸王皆有众多王妃,如洪秀全至少有八十八个王妃、杨秀清至少有六十多个妻妾,因此难免不让其他人"羡慕嫉妒恨"。

③ 洪秀全虽赞同《资政新篇》,但因为缺乏实施的客观条件和主观决心以及不久缺乏实干才能的洪仁玕被废除"总理朝政",《资政新篇》并未得到任何实施,也因此未对太平天国、对中国发挥实际作用,殊为遗憾。

取、"大公无私"、艰苦奋斗,而是陷入了权力斗争、特权、享乐①等陷阱,因此有了天京事变乃至最终太平天国的覆灭,最终还是应了黄炎培提出的"其兴也勃焉,其亡也忽焉"的历史周期律。这是太平天国失败的又一重要原因,这两个内因是太平天国失败的主要原因。

马克思对太平天国的"异化"有准确的评价。他刚开始在1853年对太平天国非常赞扬地说"清王朝的声威一遇到不列颠的枪炮就扫地以尽,天朝帝国万世长存的迷信受到了致命打击,野蛮的、闭关自守的、与文明世界隔绝的状态被打破了"②,而到了1862年他批评道:

> 除了改朝换代以外,他们没有给自己提出任何任务。他们没有任何口号,他们给予民众的惊惶比给予老统治者们的惊惶还要厉害。他们的全部使命,好像仅仅是用丑恶万状的破坏来与停滞腐朽对立。这种破坏没有一点建设工作的苗头。……显然,太平军就是中国人的幻想所描绘的那个魔鬼的化身,这类魔鬼是停滞的社会生活的产物。③

太平天国失败的外因首先是因为太平天国要打倒"孔家店",要毁灭中国传统文化,而失去了知识人为首的社会精英的支持,这也是曾国藩、左宗棠等出山镇压太平天国的主要原因。如钱穆所言,太平天国如果只是致力于推翻清朝是很有可能成功的,但要推翻全部中国历史文化就只能失败:

> 哪里有全不读书,把自己国家以往历史传统全部推翻,只抄袭一些外洋宗教粗迹,天父天兄,一派胡言,便能成了事?我们不必纵论其他之一切,但看他们那些国名官名,就知其必然会失败。若太平天国成功了,便是全部中国历史失败了。当时的洪杨,并不是推不翻满

---

① 太平天国攻占南京后,洪秀全等各王都修建了豪华王府,其中天王府约占地9万平方米,天王府内众多器物皆为黄金铸造,纯金皇冠达8斤。传说洪秀全一餐用金碗20个、菜品880道,出行仪仗队达3000余人,妃子至少88人,以编号管理。据野史《江南春梦笔记》载,洪秀全的天王府里有爱娘、嬉娘、妙女等16个名位共208人,24个王妃名下又有姹女、元女等7个名位共960人,妃嫔共计1168人,再加上女官之类或达3000人,正可谓后宫佳丽三千人。

② 马克思:《中国革命和欧洲革命》,《马克思恩格斯全集》第九卷,第110页。

③ 马克思:《中国记事》,《马克思恩格斯全集》第十五卷,第545页。

清，但他们同时又要推翻中国全部历史，所以他们只可有失败。①

其次，《天朝田亩制度》提出的"凡天下田，天下人同耕"的目标很美好，甚至曾宣传免除三年赋税，但并未得到真正执行，农民"照旧完粮纳税"，乃至太平天国施行代理人包租制度反而在一些地方加重了农民负担，甚至有时对农民有横征暴敛以及摧毁庙宇、摒弃传统等行为，因此失去了很多农民的支持，"因为太平军扰乱平静的乡村生活，捣毁庙宇神龛，令他们心寒"②。此外，太平天国"唯我独尊"的教义也阻碍了太平军与天地会、三合会、捻军、小刀会等其他起义势力的合作，"太平军以天朝官军自居，藐视其他起义军为贼匪"③，如小刀会曾于1853年到1855年占领上海达17个月，但并未得到太平天国有力支持而最终失败。

再者，太平天国失去了外国的支持。英法美等列强原本对太平天国与清廷之战持中立态度，甚至刚开始也有不少外国人加入太平军，以及很多外国传教士因太平天国"拜上帝会"与基督教有些类似而对太平天国颇有好感，认为这是在中国传播上帝福音的大好机会。英法更是因为想"换约"增进权益而于1856年发动了第二次鸦片战争，和太平军共同攻打清廷使其腹背受敌。但1860年第二次鸦片战争结束后，英法却因太平军攻打外国人聚集的上海以及维护其与清廷签订的条约等④，而转变态度，支持清廷，对太平军施行武器禁运，甚至亲自出兵攻打太平军，这也导致了太平天国失去外援、两面受敌而覆灭。

当然，太平天国失败的其他原因还有很多，尤其是如李秀成在《李秀成自述》中所概括的一些具体原因，如不该派林凤祥、李开芳孤军北伐，

---

① 钱行编：《思亲补读录：走近父亲钱穆》，九州出版社，2011年，第109页。
② 徐中约：《中国近代史》，世界图书出版公司，2013年，第175页。
③ 菊池秀明著，马晓娟译：讲谈社·中国的历史《末代王朝与近代中国：清末 中华民国》，广西师范大学出版社，2014年，第48页。
④ 1857年，英国驻华盛顿公使内皮尔勋爵曾发表英国保全中国政策的官方声明："中华帝国的瓦解以及它的各个省份与中央政府的分离将会造成中国领土上联络的中断、财产的损失、工业的损坏，所有这些灾难性的后果将损害列强各国的生产和消费。这样的结果对英国向中国出口商品和从中国进口茶叶极为不利。茶叶是英国税收的来源之一，也是英国人生活的必需品。"引自纪陶然：《天朝的镜像：西方人眼中的近代中国》，江苏人民出版社，2014年，第31页。

北伐失败后又不该逐次添兵前往救援,也不该派林绍璋去湘潭导致全军覆没,更不该在天京变乱中自相残杀,石达开也不该率军出走等,以及洪秀全任人唯亲、不问政事、封王过多①、不用贤才、立政无章等方面的昏庸无能。其中,洪秀全责任尤大,他太重"天国",只管"天情"而"不谙世事",他的性格、才能、知识、人格等方面也有很多缺陷②。

太平天国虽然失败了,但它的影响、意义非常重大。首先,它如学者何炳棣所言是"世界史上规模最大的内战",造成了几千万人口的伤亡③、几亿两财政的耗费④,也使很多地方经济、文化⑤遭受巨大破坏以及民众生活悲惨,一些地方甚至"几于百里无人烟,其中大半人民伤亡,室庐焚毁,田亩无主,荒弃不耕"⑥。当时的英国驻华领事富赐礼记载道:

> 完全的废墟和荒芜成为太平军从南京到苏州之间进军路线的标志,无法用言语来表达对这些场面的任何感受……我们在城门外遇到几个可怜兮兮的人在出售药物和药草,但除此之外,我们没有看到任何一

---

① 太平天国后来封了2000多个王,只要给洪秀全两个哥哥送钱送礼就封王。封王太多导致李秀成难以对手下诸王制约,这可能也是洪秀全封王目的之一,即分李秀成的权,只不过这也导致了李秀成指挥不力而在很大程度上造成了太平天国的覆灭。

② 参见唐德刚:《从晚清到民国》,中国文史出版社,2015年,第36—44页。

③ 学者葛剑雄研究认为太平天国运动在主战场湖北、江西、安徽、江苏、浙江等五省造成的中国人口损失至少达8700万人,再加上其他战场,人口损失至少在一亿以上(参见张宏杰:《曾国藩传》,民主与建设出版社,2019年,第234页)。太平天国运动到底造成了多少人口损失难以准确统计,多数学者认为在7000万至1亿以上。

④ 王闿运在《湘绮楼日记》中记载,镇压太平天国"用银二万八千余万,钞七百六十余万,钱八百十八万贯"。学者彭泽益根据中国社会科学院经济研究所藏清代钞档及当时各省督抚、统兵大臣的文集、奏稿等,统计出清政府镇压太平军的军需开支总数为银1.7亿余两,镇压捻军的军需开支总数为银3173万余两,考虑到缺漏部分,"最低估计当不会少于现有军费数的一倍,约在八亿五千万两"。

⑤ 宁波天一阁、杭州西湖文澜阁、镇江金山寺文宗阁等不少藏书阁被毁,大量珍贵图书被焚或被删改。太平天国曾在南京等地发起焚书运动,后设立"删书衙",古书需经删改才能刊行。据幼天王洪天贵福交代,洪秀全看完古书后"总用火焚"。太平天国不仅反对儒家,还反对"拜上帝教"外所有宗教,如把菩萨改名为"该杀",供奉菩萨的庙包括南京大报恩寺的琉璃塔也有很多被毁。大报恩寺琉璃塔被誉为"天下第一塔",位列中世纪世界七大奇迹之一,1856年韦昌辉因担心石达开占领琉璃塔后炮轰南京城内,而用炸药和火炮毁了琉璃塔,大报恩寺其他建筑也被焚毁。

⑥ 王韬:《平贼议》,《弢园文录外编》(卷七)。

个当地人。①

太平天国运动也或在客观上耽误了中国发展良机，使得中国与西方国家以及与日本进一步拉开了差距，当1860年英法联军入侵北京时日本已乘风破浪、横渡太平洋了，如历史学家蒋廷黻所言："中华民族丧失了二十年的宝贵光阴。"②但这些危害其实不能完全怪太平天国，甚至更多的还是要怪罪于清廷，毕竟太平天国师出有因，如前所叙是被清廷"逼反"的，且多数杀烧抢掠都是清军所为，"清军制造的损失超过百分之六十"③，如湘军在安庆、南京的屠杀。太平军纪律总体上要比清军好很多，尤其是初期纪律严明，严禁滥杀无辜、奸淫妇女，李秀成还在江南轻徭薄赋"着佃征粮"，太平天国的统治其实并不比大清统治差，如英国驻华领事富赐礼所写：

> 但如果要我说说南京真正的主流秩序，那的确很像华沙条款，但仍有其秩序——天王的军官里有一位特别厉害的将领……在未沦为战场的地方，土地得到充分耕种——太平天国部队的行为丝毫不比清军的行为恶劣——且绍兴与杭州之类城镇的居民，在太平天国治下过的日子，比起那些城市被清廷收复、落入蛮族官员之手后居民的不幸遭遇，要好上太多。④

"念念不忘，必有回响"，太平天国也有很多有利影响。首先，太平天国虽然没有直接消灭清廷，让大清这艘"破船"侥幸从洪流中逃脱，但导致了大清元气大伤，也导致了清廷因在镇压太平天国运动中认识到洋枪洋炮以及自强的重要而有了洋务运动、同治中兴。"如果没有太平天国这个插曲，中国融入世界还会晚若干年。因为，如果没有太平天国把中国汉人士大夫的积极性焕发出来，那么，即使是英法联军逼得朝廷签了条约，中国还是变不了。所以从中国进入世界的步调而言，太平天国起到了一个推

---

① 转引自张宏杰：《曾国藩传》，民主与建设出版社，2019年，第232页。
② 蒋廷黻：《中国近代史》，海南出版社，1994年。
③ 李晓鹏：《晚清六十年的革命与改良》，团结出版社，2023年，第166页。
④ 转引自裴士锋著、黄中宪译：《天国之秋》，社会科学文献出版社，2014年，第390页。

动的作用,尽管它自己并没有这个意思。"① 虽然清廷得以苟延残喘、回光返照,但最终其实还是太平天国挖下的"坑"在很大程度上颠覆了清廷,因为在镇压太平天国运动中造成了湘军、淮军集团等地方势力②、汉人权力、士绅力量③的崛起,而这些因素在后来消灭清廷中发挥了重要作用。

"太平天国的经历还激励了后代的革命者,那些太平军余部转入地下,加入了天地会,使种族及民族主义式的反满革命思想得以延续。太平天国也成为民主革命的先行者孙中山先生的灵感之泉源。孙中山诞生在太平天国灭亡之后的两年,他在孩提时代就听说了关于太平军的故事,12岁时就立志做洪秀全第二。他日后的革命是从秘密会社那里获取支援,而早期的追随者中有许多人都是哥老会会徒;甚至他的革命理论——三民主义——也是受到太平天国理念的影响。孙中山认为洪秀全之失败,是因为洪秀全只懂得民族独立,却不懂得民众的主权,洪秀全懂得君主,却不懂得民主。为了纠正洪秀全在意识形态上的缺陷,孙中山就倡导了洪秀全的前两项'民主'和'民权'原则,而第三项'民生'主义则包含了'平均地权'和'节制资本'的思想,这部分是受太平天国土地制度和财产公有制的启发,因此太平天国未能实现的社会革命,在孙中山及其信徒身上得到了部分推行。"④ 孙中山还授意刘成禹编写了《太平天国战史》并亲自作序,赞扬太平天国运动为中国"民族大革命",赞扬洪秀全是"扬汉皇之武功",认为太平天国运动是"吾党宣传排满的好资料"⑤。

---

① 张鸣:《重说中国近代史》,台海出版社,2016年,第103页。

② 太平天国运动后,各省督抚的军权、财权、人事权、行政管理权等权力不断增长,尤其是有些督抚几乎完全控制了本地的财权和人事大权,乃至于时人把当时的18个行省称为"十八国",督抚对中国早期现代化有重要影响。

③ 清廷最初对士绅也严厉打压,摧残绅权,尤其是借江南科考舞弊案、奏销案严厉打击有反清情绪的江南士绅,如奏销案有1.3万名地主、士绅被以"抗粮"罪名整治,著名文人金圣叹便因身为士绅带头哭庙而被斩,江南科录取名额也被大幅削减。直到太平天国兴起后,各地督抚因需借助士绅办团练筹"经费"而使得绅权重新伸张,乃至后来的东南互保、立宪运动、辛亥革命中皆有士绅发挥重要作用。

④ 徐中约:《中国近代史》,世界图书出版公司,2013年,第183页。

⑤ 参见李晓鹏:《晚清六十年的革命与改良》,团结出版社,2023年,第118页。

再者，如果在"数千年未有之变局"的背景下看太平天国运动，应该可以说它是近代国人对"中国何处去"的第一次探索，是中国立足本土、学习西方的第一次尝试①，"也是中西转型、社会改制最早的尝试"②。如"太平天国"的"太平"二字出自《易经》，也是一直以来的中国"图腾"，而"天国"则出自《圣经》，是西方"图腾"，"太平天国"本身就是中西结合的产物。太平天国官制建置主要来源于《周礼》《孟子》，"天父下凡"源于中国本土的"鬼神附体"传统，"拜上帝教"可以说是中国化的基督教，圣库、田亩制等"很多太平天国的制度事实上来自中国的传统"③，太平天国运动也像之前很多农民起义一样假借宗教迷信，洪秀全等高级领袖也有着浓厚的封建思想，中国传统的大同思想和绝对平均主义思想也体现得很明显。

"太平军比同时代任何其他叛乱都更加专心致志地直接对付他们的时代危机，并提出了解决危机的具体办法。太平天国关于新的所有制、新的地方控制结构以及个人与国家之间的崭新关系的见解，就是针对清帝国后期那些令人瞩目的问题所作出来的真正的反应。"④

虽然这次探索失败了，但为中国留下了民族主义、理想主义等方面宝贵的经验、教训，也留下了前行的坐标，如学者李洁非所言："反清，抑或汉族对异族统治者复仇，仅系太平天国民族主义的最表层含义；其更深指向，是要重构中国、改造汉族，使其脱略儒家伦理，而以新的形态和面目立于世界。"⑤我们能从之后的历史中找到很多太平天国的影子。因此，可以说太平天国运动是中国早期现代化的萌动，它已蕴含了现代化的一些因素，如它的新思想、新目标、新国情已有现代色彩，《资政新篇》已是现代化的

---

① 太平天国的"拜上帝会"有西方基督教的影响，学习了西方基督教原始教义，但也有中国本土巫术传统、"公羊三世说"等的影响，乃至如汉学家魏斐德在著作《中华帝国的衰落》中所言，也有"今文经学"的影响。即如历史学家茅海建在著作《依然如旧的月色》中所言，"经世致用"思想只是通往社会变革思想的一个中介，许多反对改革的保守主张也来自"经世致用"。

② 唐德刚：《从晚清到民国》，中国文史出版社，2015年，第60页。

③ 费正清等著：《中国：传统与变革》，江苏人民出版社，2012年，第259页。

④ 费正清、刘广京等编：《剑桥中国晚清史（上卷）》，中国社会科学出版社，1985年，第308页。

⑤ 李洁非：《天国之痒》，人民文学出版社，2019年，第529页。

纲领，对之后中国早期现代化有众多重要影响，更直接催生了其后洋务运动开启现代化。

太平天国运动其实与鸦片战争也有着密切关系，甚至可以说它是鸦片战争在中国的结果和"继续"，是对第一次鸦片战争失败后国家命运的一种改变。如前所述，太平天国运动爆发的一个重要原因就是鸦片战争时军队对地方的扰害及鸦片战争后的巨额赔款、市场开放导致无数国人更加贫困、破产，鸦片战争反映的清军不堪一击、导致的清政府权威丧失也让民众"自是咸怀愤激，益轻视官兵"，直接诱因则是鸦片战争后签订的条约使得传教士更多地向内地传教而让洪秀全得到了基督教传教小册子。太平天国振兴的一个机会是洪仁玕基于香港经历制定的《资政新篇》，太平天国失败的一个重要原因则是第二次鸦片战争后英法联手清廷的镇压，太平天国的革命纲领《天朝田亩制度》《资政新篇》也是对如何改变鸦片战争失败后国运的理论探讨。

总之，太平天国的兴亡反映了西方对中国的冲击及传统对现代的影响，而如何应对西方、传统是中国现代化的一个重要命题。西方，包括西方现代化对中国现代化有参考、借鉴价值，但也有可能会误导。太平天国运动应让国人意识到学西方之必要和教训，不能仅仅学习皮毛，尤其是不能学糟粕。如冯友兰所言："中国所需要向西方学习的是西方的长处，并不是西方的缺点。洪秀全和太平天国所要学习而搬到中国来的是西方中世纪的神权政治，那正是西方的缺点。"① 而传统包括传统文化对现代化有抑制作用，但其中的爱国精神、经世致用思想等也有促进作用。太平天国运动也应让国人意识到对传统文化不能全盘否定，对西方文化也不能全盘接受，都应"取其精华，去其糟粕"；还应让国人意识到理想主义的可贵和可怕，理想主义可以让人"上天堂"，但往往更让人"下地狱"，如哈耶克所言："所有通往地狱之路，原先都是准备到天堂去的。"

"人不能揪着自己头发离开地球"，太平天国有其历史局限性，其实它

---

① 冯友兰：《中国哲学史新编》下，人民出版社，1999年，第334页。

本质上还是和大清一样都属于专制帝国，而只有从"帝国"彻底走向"共和"，才能让中国"涅槃重生"；太平天国也和大清帝国一样，自命为"天朝上国"，视外国为臣属①，而只有面向世界、融入现代化浪潮，才能让中华民族真正复兴。理想很丰满，现实很骨感，地上建立不起"天国"，只有脚踏实地、贴合现实，才能真正实现理想。

---

① 洪秀全自认为是"上帝次子"，得宠于"天父"，他创立的"拜上帝教"才是正宗，他是"万国之主"。因此太平天国也视外国为臣属，实际上仍然秉承的是"天朝上国论"，如太平天国致英国的信中写道："尔海外英民不远千里而来，归顺我朝。"太平天国不愿与英法签订通商等条约，更反对鸦片输入，乃至批判外国传教士和基督教教义。此外"洋人"也渐渐认识到"拜上帝会"是不同于基督教的"异端"。如洪秀全原来的基督教老师罗孝全在太平军起事后，一度撰文替太平天国说了很多好话，但 1860 年他抵达天京后渐渐发现拜上帝会和基督教完全不是一回事，而逃出天京说洪秀全亵渎上帝、说拜上帝会是异端邪说。这些也是英法美等列强后来转变"中立"态度支持清廷的重要原因。

第三章 洋务运动：现代化开启

洋务运动的宗旨是"师夷长技以制夷"，"以外交治标，以自强治本"，是中国早期现代化第一波浪潮高峰，开启了中国工业、科技、军事等方面的现代化，进一步打开了国门，尤其是打开了国人知识、信息、观念"茧房"，也的确让国家更加富强，但洋务运动"只代表了非常肤浅的现代化尝试"。

一、曾左李：平定捻军

"树欲静而风不止"，曾国藩、左宗棠、李鸿章等人平定太平天国运动，立下"赫赫"战功后将何去何从，大清帝国又将何去何从？清廷论功行赏，曾国藩被封为一等侯、晋太子太保，曾国荃、左宗棠、李鸿章各加太子少保、封一等伯爵。

但曾国藩对此封赏其实并不满意，因为咸丰曾许诺过平定太平天国首功者封王，他理应被封为王，而清廷则认为"文臣封王，似嫌太骤，且旧制所无"[①]。可不满意又能怎么办？朝廷既然不守信用不封王，那何不自立为王？当时曾国藩可以指挥的湘军已达二十余万人，他又节制四省，掌握大清财力最雄厚的四省财政，还有三个现任总督、五个现任巡抚也属湘军集团，湘军集团已是大清实力最强大的势力，振臂一呼，直指北京，消灭清廷，取而代之，称王称帝不香吗，曾国藩不想吗？

在辛酉政变时，湘军各大要员不知政变底细更不知局势将如何变化，

---

① 薛福成：《庸庵笔记》。

便频繁通信见面、商谈密谋，尤其是曾国藩、左宗棠、胡林翼三人经常一起说悄悄话。据野史记载，左宗棠首先托胡林翼送给曾国藩一副对联："神所依凭，将在得矣；鼎之轻重，似可问焉？"鼎是国家权力的象征，"问鼎"便是夺权的意思。胡林翼素有大志，之前还说过："天下糜烂，岂能安坐而事礼让？当以吾一身任天下之谤！"他见曾国藩对此不说话，又拿出自己的一副对联："用霹雳手段，显菩萨心肠。"意思是用霹雳手段推翻清廷，用菩萨心肠安定天下。曾国藩还不表态，爱将彭玉麟又写信来问："东南半壁无主，老师岂有意乎？"这话就很直接了，曾国藩还是沉默是金。"学成文武艺，货与帝王家"的王闿运干脆登门，摇动三寸不烂之舌，口水四溅相劝，曾国藩继续神情冷漠，但用食指沾着茶水写道"狂妄！狂妄！狂妄！"还把讲话"十分悖谬"的曾耀先杀了。李秀成被俘后，传闻他曾劝曾国藩独立，他将召集部属相助，但曾国藩依旧雷打不动，甚至为避嫌也把李秀成杀了。后来湘军高级将领齐聚大厅，打算直接上演"赵匡胤黄袍加身"，曾国藩走出来挂出一副对联："倚天照海花无数，流水高山心自知！"这意思是"我老曾还是要依靠天子的，你们不懂我的心，我的心日月可鉴绝无不轨之意"。曾国藩老家也有传言，传木匠在给曾国藩盖书屋时说："两江总督太细哩，要到南京做皇帝！"

这些传闻当然都属野史，不能完全信以为真；但无风不起浪，有人劝曾国藩自立为王肯定是真的。那曾国藩为何无动于衷呢？要说完全不动心肯定也不可能，曾国藩再超凡入圣也是凡人，是凡人在古代就难免不动君临天下、坐拥江山的念头。曾国藩不是不想，更大程度上应该是不敢。

首先性格决定命运，曾国藩一向谨小慎微，"战战兢兢，即生时不忘地狱"，如何敢冒天下之大不韪呢？一旦造反不成不但会葬送掉自己卿卿性命和好不容易挣下的高官厚禄、"圣人"美名，还将株连九族、遗臭万年，这生意风险太大划不来。而且他"因其以护持名教为帜志，绝不能自毁立场，做反礼教之事也。君臣大义，在数千年专制政体积威之下，业已根深蒂固"①，即曾国藩立志为"国藩"而不是"反国"，他是打着"保名教"名义起兵镇压太平天国的，如果他造反就是不守名教和君臣大义、自己打自己脸了，也就没有合法性、领导力可言了。更重要的是，"外斗外行，内斗内行"的清廷其实早已对曾国藩有所提防，湘军四周已有僧格林沁、冯子材、官文等部清军监视防备，朝廷已下旨斥责曾国荃"勿使骤胜而骄，庶可长承恩眷"以杀鸡儆猴，清廷任命李鸿章、左宗棠等人为督抚和各自统兵其实也是分曾国藩权，尤其是向来瞧不上曾国藩的左宗棠在太平天国覆灭后更是与曾国藩直接翻脸。

就在曾国藩被封为一等毅勇侯时，左宗棠却给朝廷上了一道奏折，称太平天国幼主洪天贵福并没有被抓住，从南京逃出来的太平军也有很多，言下之意是曾国藩在撒谎欺君。之前，曾国藩的奏折称洪天贵福已经"积薪自焚"，南京叛军已全被剿灭干净。

敢欺君？慈禧太后看到左宗棠的奏折后勃然大怒，责问曾国藩，让他查清楚到底逃出多少太平军，并从严处理防范不力的将领。对此，曾国藩一方面积极为自己辩解，另一方面则反戈一击说左宗棠当年打下杭州城时也有数万叛军逃出，而左宗棠上奏称只有几千人。对于曾国藩的反咬一口，慈禧太后下旨道左宗棠如实举报，属于公事公办，不要有意见闹情绪，且让曾国藩向左宗棠学习，"朝廷所望该督（左宗棠）者，至大且远……"朝廷对左宗棠的明褒、对曾国藩的暗贬使得两人从此绝交，"彼此不通书问"。后人有人对此感叹道："盖以官术而施之军中，虽名臣不免。故同治不足言中兴，与晚清之终亡，可由是而决。"②

曾国藩曾在"劣幕"案中出力救过左宗棠，且保举左宗棠为浙江巡抚，左宗棠为何忘恩负义举报曾国藩呢？曾国藩为何又对此小题大做、不依不饶呢？就因为这点小事而导致两人失和？这些看起来似乎都很蹊跷，不符合两人名重天下的大臣身份，也不符合两人情深义重的交往历史。因此，左宗棠的曾孙左景伊认为这两人失和乃是假象，是为了保全自己上演的"双

---

① 萧一山编：《清代通史3》，华东师范大学出版社，2006年，第606页。
② 黄濬：《花随人圣盦摭忆（上）》，中华书局，2013年，第49页。

簧戏"。①

"三千里长江上下，无一不挂曾字旗"，曾国藩的势力当时正如日中天，且已有部下簇拥他独立，清廷对此不免忧虑重重。那时，全国的主要军事势力几乎全部控制在曾国藩、左宗棠、李鸿章三人手中，而李鸿章作为曾国藩的学生肯定会支持曾国藩，如果左宗棠再联手曾国藩，则清廷危如累卵。因此，当时便有官文、僧格林沁等满蒙重臣受命监视曾、左、李三人动向。"功高震主，过河拆桥"的道理，曾国藩和左宗棠都很清楚，因此他们主动失和，便能免了朝廷的担心，也能各自自保。这便是左景伊的推测、论证，他还认为这可能是胡林翼在临终前定下的最后一个妙计，是胡林翼写信对左宗棠的嘱托。

左景伊的推测貌似很有道理，历史似乎也验证了其合理性。"曾左交恶"后，左宗棠受到重用，曾国藩也得以善终，乃至曾国藩、左宗棠两人还"暗通款曲"。左宗棠平反西路捻军、新疆回乱时，是曾国藩把刘松山、刘锦棠等老湘营交给左宗棠，给了左宗棠很大支持。曾国藩还低调地说："论兵战，吾不如左宗棠；为国尽忠，亦以季高为冠。国幸有左宗棠也。"左宗棠平定西捻时也曾上书清廷："臣以此服国藩知人之明，谋国之忠，实非臣所能及。"

但左景伊的推测却忽视了很重要的一点，即"江山易改，本性难移"。左宗棠性格向来刚直，没有多少花花肠子，断不会为自保而演戏，即使演也演得了一时而演不了一世。左宗棠心胸也比较狭窄，据说左宗棠没有发迹时经常去当铺当东西，因为他身材矮小，上下梯子、接东西颇为困难，经常被当铺伙计取笑，左宗棠发达后便下令将当铺梯子一律锯掉三尺。左宗棠晚年则以骂曾国藩为最大乐趣，小骂天天有，大骂三六九，有时骂得客人都听不下去而掩耳逃走，甚至睡前都要骂，让"骂声成了他自编的催眠曲"②。曾国藩虽然自觉"拙于口而钝于辩"，对此只能"以不诟不詈不见不闻不生不灭之法处之"，但也是不能原谅左宗棠，曾在与心腹赵烈文的密

---

① 参见左景伊：《我的曾祖左宗棠》，湖北人民出版社，2010年，第113—116页。
② 张鸣：《历史的坏脾气》，中国档案出版社，2005年，第104页。

谈中说左宗棠"心胸未免狭窄些"。

"俺老曾平生最讲求的就是'诚信'二字,他居然举报俺老曾欺君,是可忍孰不可忍",曾国藩一直对左宗棠当年举报他的事耿耿于怀。曾国荃劝他写信与左宗棠修好,曾国藩始终推辞说没空没空下次下次,"下次决不食言"。况且,曾国藩自己主动裁军后,已构不成对朝廷的威胁,即使当初真是左宗棠和曾国藩联手演戏,那此后这戏也没有必要演个没完没了,自己不烦,观众早都看腻了。

曾国藩、左宗棠两人的失和,其实最主要原因应该出在左宗棠的性格上。他个性太强、锋芒毕露,见不得曾国藩造假。而且,阳刚的左宗棠一向心高气傲、目中无人,看不太起和他性格正好相反、阴柔的曾国藩,甚至之前就多次骂过曾国藩。"两人赋性绝不同,故不易订合。"① 当年,靖港之战一败涂地,曾国藩跳水自杀被救起后一蹶不振,被左宗棠一通大骂,甚至骂道"好像猪子"。曾国藩后来借口父亲去世要守孝而先斩后奏、径自回家,又被左宗棠连去五封信痛骂,甚至骂道:"不俟朝命,似非礼非义,不可不辨。"② 这样的"第一印象",使得"硬汉"左宗棠始终缺乏对"软蛋"曾国藩应有的敬意,何况后来两人都是总督、都是朝廷股肱,谁会服谁呢?两人因为性格、地位的原因迟早会翻脸的,这也是为什么后来两人都不肯低头和好的原因,谁先低头谁就示弱了。

其实,在"曾左交恶"之前,两人就已有不和。据说,曾国藩最初办团练时曾让左宗棠的亲家陶澍家捐款,左宗棠袒护陶家就与曾国藩闹过意见。曾国藩最初有个部下叫王鑫,是湘军元老,他自恃有才、能征善战且办团练资格很老,一直不服曾国藩的管教。后来,王鑫干脆自己带队,离开了曾国藩,服从湖南巡抚骆秉章的指挥,并与时任骆秉章师爷的左宗棠过从甚密。曾国藩靖港之战失利时,恰好附近的王鑫率部歼灭了一些太平军。随后骆秉章的奏折中报告了曾国藩在靖港的战败,还报告了王鑫的胜利,让曾国藩颇为不爽。这份奏稿最后的定稿人就是左宗棠,因此曾国藩

---

① 黄濬:《花随人圣盦摭忆(上)》,中华书局,2013年,第201页。
② 《致曾涤生》,《左宗棠全集·书信》。

对左宗棠很有意见，很多人认为这是曾国藩与左宗棠失和的最初起源。

"私交虽有微嫌，于公谊实深敬服，故特奏请奖曾，以励疆吏。大丈夫光明磊落，春秋之义：'笔则笔，削则削'；乌能以私嫌而害公谊，一概抹杀，类于蔽贤妒能之鄙夫哉！人之以我与曾有龃龉者，观此当知我之黑白分明，固非专闹意气者矣。"同治七年，左宗棠在写给儿子的家书中如此概述自己和曾国藩的关系。这句话其实便道出了他为何和曾国藩失和，乃"我之黑白分明，固非专闹意气者"，是他黑白分明，故而当年率性举报曾国藩造假；也道出了为何此后两人还暗地里"互通款曲"，是"乌能以私嫌而害公谊"也。

左宗棠和曾国藩友谊的"小船"就这样说翻就翻了，如果曾国藩造反，第一个起兵讨伐的很可能就是不服他的左宗棠，"岂有此理，吾今亮还没造反，你个笨老曾竟然自不量力敢造反，看吾今亮如何三下五除二干掉你"；李鸿章虽然是曾国藩的学生但也指望不上，李鸿章之前在关键时刻老是"掉链子"逃之夭夭，给曾国藩留下了"难与共患难"的印象；另外，湘军看似势力强大但派系复杂，曾国藩嫡系部队仅曾国荃部五万余人，且湘军整体上已思乡厌战，异化堕落成强弩之末。所以，单论实力，曾国藩造反几无胜算，曾国藩再笨也不会笨到拿自己的脑袋做赌注。

既然不敢进而自立为王，为避免兔死狗烹、鸟尽弓藏，"理学家"曾国藩理性思考后就只好退而自剪羽翼、裁兵自敛。"处兹乱世，凡高位、大名、重权三者皆在忧危之中"，他一方面让攻陷天京而暴得大名和因纵容部下在天京杀烧抢掠而暴得恶名的曾国荃开缺返乡，自己也多次上疏告病请辞；另一方面他主动以"湘军作战年久，暮气已深"为由，裁掉了大部分湘军，只保留了两万嫡系湘军和将湘军水师改编为有政府编制的长江水师。"曾国藩主要依靠这条策略完成了政治上的退却，缓和了同清政府的矛盾，巩固了自己的地位，化险为夷，渡过难关。能够做到这一点绝非易事，在中国封建社会中，像曾国藩这样恰如其分地完成这种转变的事例是不很多的，而身败名裂、兔死狗烹者则史不绝书。此亦足见其历史经验之丰富、政治嗅觉之灵敏，审事详明，处事果断。"当然，曾国藩这也是无奈之举，与其自己被炒鱿鱼甚至被砍头，不如炒别人鱿鱼而保住自己。

裁撤湘军后，曾国藩作为两江总督，将主要精力投于治理所辖的江苏、安徽、江西等地，尤其是以一己之力恢复传统文化[①]。他在南京恢复了科举，复建了夫子庙、江南贡院、惜阴书院等文脉，修复秦淮河坊，开放烟花场所，"养活细民不少"，"尝自乘画船缀灯八十余盏"[②]，对秦淮河两岸各类商铺免税三年。他还创建了中国近现代严格意义上的第一家官方书局金陵书局，所印图书以经史为主，为恢复、重建传统文化立下汗马功劳。但不久，曾国藩就于同治四年农历五月初三接到上谕，命他北上"剿捻"。

随着太平天国的覆灭，清廷此时面临的最大敌人为祸乱北方的捻军。"捻"原是存在于民间的反清团体，俗称"捻子"，意为像捻子一样忽聚忽散。太平天国运动爆发后，捻军乘势而起发动起义，与太平军互相支援。天京陷落后，不少残余的太平军投奔捻军，尤其是在太平天国遵王赖文光整编下，捻军声势越来越浩大，负责剿灭捻军的亲王僧格林沁"疲师尾追"屡战屡败，最后于1865年春被一个年仅十五六岁的小捻童一刀取命。"国之柱石"僧格林沁阵亡后，清朝最后的铁拳——八旗主力丧失，原来的绿营军早不堪用，剿灭捻军的重任便非曾国藩莫属了。朝廷很快颁发上谕，命"曾国藩出省会剿……不准稍涉迁延"。曾国藩为之"诧叹忧愤"，很不乐意，一连五次上奏陈述自己身心疲惫，"俺老曾老矣"，请求另派大员剿灭捻军。但大敌当前，容不得曾国藩了，清廷其实也不放心将两江总督这一重任交给曾国藩，于是坚决不允所请，"廉颇老矣尚能饭，你老曾老矣亦能战"。

无奈之下，曾国藩只好唉声叹气，拖着病体领命北上。上任后，曾国藩坚持一贯的"结硬寨，打呆仗"的战法，但捻军骑兵飘忽不定，很少攻打曾国藩军的营地，也几乎不攻占城市，使得曾国藩的法宝失效。后来，曾国藩又决定分兵把守、各守其土，并筑起河防，以大运河为防线堵截捻军。不料，他苦心经营的河防被捻军轻易撕破，还有一支捻军绕过了各路清军，出现在了北京城下的卢沟桥上，让清廷大惊。殚精竭力的曾国藩情绪低落、灰心至极，又七次遭朝廷切责剿捻不力，于是他以疾病为由向清

[①] 朱东安:《曾国藩传》，辽宁人民出版社，2014年，第197页。

[②] 黄濬:《花随人圣盦摭忆（上）》，中华书局，2013年，第251页。

廷告假，并奏请朝廷派李鸿章主持东路剿捻军务。

清廷也看到了曾国藩的有心无力，甚至无心作战，真的老矣，很快颁发谕旨，免除了曾国藩节制北方各省军队的任务，任命李鸿章负责剿灭东路捻军、左宗棠负责剿灭西路捻军。李鸿章虽然之前曾嘲讽曾国藩的河防战略，说"故有万里长城，今有万里长墙，秦始皇于千年后遇公等为知音"，但他接任后基本上还是沿用了曾国藩定下的战略，"一守曾国藩旧章"。只不过李鸿章统兵打仗能力的确强于曾国藩，且负责剿灭东路捻军的主力是他一手创建的淮军，再加上捻军出了叛将等一些运气因素，李鸿章耗时一年多剿灭了东路捻军[①]，西路捻军也很快被左宗棠剿灭。

李鸿章、左宗棠对捻军的剿灭，完成了曾国藩未竟的事业，标志着曾国藩开始日落西山，而李鸿章、左宗棠逐渐旭日东升。三人的地位此时已基本平等，平定捻军后，曾国藩任直隶总督，李鸿章任湖广总督，左宗棠任闽浙总督。除旧布新，这三人在平定太平天国、捻军期间尤其是之后也在开创新的事业即洋务运动，成为洋务运动中地方派的代表。

二、曾国藩"望远"：开创洋务运动

咸丰十一年农历十月，曾国藩在安庆收到了两架望远镜，他欣喜地试用了一整天，在当天日记中兴奋地记载道："冯竹渔自广东购寄千里镜二具，在楼上试验，果为精绝，看半里许之人物如在户庭咫尺之间。其铜铁、树木等，一经洋人琢磨成器，遂亦精曜夺目。"[②]这意思是"俺老曾用望远镜看美景看美女看得非常清楚，洋人的奇技淫巧果然不是盖的"。

这个故事反映了曾国藩对"洋"人"洋"务态度的转变，他开始"登高望远"。曾国藩原本和当时大多数国人一样认为外国乃"蛮夷"，认为第

---

① 李鸿章剿灭捻军也颇不容易，甚至曾被以"勤王不力"罪名革去双眼花翎、黄马褂及骑都尉世职，李鸿章部下对此不满，乃至据说也想怂恿李鸿章挥师北上自坐朝廷。曾国藩对此和赵烈文说："国家更不可问，且大局如此，断难有瘳"，"惟望速死为愈耳！"

② 《曾国藩全集·日记17》，岳麓书社，2011年，第239页。

一次鸦片战争不过是"夷狄"作乱罢了，但第二次鸦片战争开始锤醒了曾国藩。第一次鸦片战争失败还可以说是意外，毕竟清军主力尤其是僧格林沁所率的蒙古骑兵还未上场，那第二次鸦片战争失败还是意外吗？僧格林沁骑兵在八里桥之战中损失数千人，而英法联军仅死掉五人。如果不是意外是什么？是什么导致了堂堂"天朝上国"竟然打不过"蕞尔小国"？曾国藩对此震惊，"念（外国人）纵横中原，无以御之，为之忧悸"①，也开始思索外国人为何如此"纵横中原"。他受魏源的《海国图志》②和徐继畬的《瀛寰志略》等影响，尤其是亲眼看到西方的"船坚炮利"后，意识到洋枪洋炮不是盖的，还是技不如人，应该"师夷智以造炮制船"。

1860年，《北京条约》换约后，俄国公使提出愿派兵帮助清廷镇压太平军，清廷对此向群臣征求意见。曾国藩认为这是和"洋人"搞好关系的大好机会，"目前资夷力以助剿济运，得以纾一时之忧，将来师夷智以造炮制船，尤可期永远之利"③。1862年，曾国藩就"夷务"和幕僚谈道：

> 与幕府诸君畅谈。眉生言及夷务。余以欲制夷人，不宜在关税之多寡、礼节之恭倨上着眼。即内地民人处处媚夷，艳夷而鄙华，借夷而压华，虽极可恨可恶，而远识者尚不宜在此等着眼。吾辈着眼之地，前乎此者，洋人十年八月入京，不伤毁我宗庙社稷，目下在上海、宁波等处助我攻剿发匪，二者皆有德于我。我中国不宜忘其大者而怨其小者。欲求自强之道，总以修政事、求贤才为急务，以学作炸炮、学造轮舟等具为下手工夫。但使彼之所长，我皆有之，顺则报德有其具，逆则报怨亦有其具。若在我者，挟持无具，则曲固罪也，直亦罪也，怨之罪也，德之亦罪也。内地之民，人人媚夷，吾固无能制之；人人仇夷，吾亦不能用之也。④

---

① 《曾国藩全集·日记2》，岳麓书社，2011年，第212页。
② 曾国藩认真研读过魏源的《海国图志》《皇朝经世文编》《圣武记》等著作，十分敬佩魏源，曾奏请为魏源立名宦祠。
③ 《曾国藩奏稿》，十二卷，第58页。
④ 《曾国藩日记》，九州出版社，2014年，第530页。

曾国藩这话意思是说英法联军攻入北京，没有毁坏大清宗庙且帮助大清镇压太平天国，是有德有恩于中国的，应该向其学习军工科技等方面的长处。如果学到了，自身强大了，那么干啥都有理了。"这一段话较为全面完整地表达出了洋务派的思想政治路线，此后洋务运动的发展和洋务派人物的活动总的说来都没有脱离这个轨道。"① 这话中的"欲求自强之道，总以修政事、求贤才为急务，以学作炸炮、学造轮舟等具为下手工夫"，也是"中体西用"最早的表述。

曾国藩也不是盖的，他不仅这么说，也是这么做的。他原本认为"在人不在器""真美人不甚争珠翠"，反对使用洋枪洋炮，但后来购买了六百多尊洋炮，安置在湘军的水师船上。1861年7月，他又上书《复陈购买外洋船炮折》，指出当前"购买外洋船炮，为今日救时之第一要务"。1862年曾国藩在安庆组建了中国近代第一家兵工厂"安庆内军械所"，以"制造洋枪洋炮，广储军实"②为宗旨，聘请了徐寿、华蘅芳、李善兰等国内最懂西方科技的专家，开始仿制洋枪洋炮和轮船，他还亲自为湘军"劈山炮"设计了一款叫"群子模"的霰弹。很快，徐寿、华蘅芳造出了中国第一台蒸汽机，曾国藩兴奋地在日记中写道：

> 中饭后，华蘅芳、徐寿所作火轮船之机来此试演。其法以火蒸水，气贯入筒，筒中三窍，闭前二窍，则气入前窍，其机自退，而轮行上弦；闭后二窍，则气入后窍，其机自进，而轮行下弦。火愈大，则气愈盛，机之进退如飞，轮行亦如飞。约试演一时。窃喜洋人之智巧，我中国人亦能为之，彼不能傲我以其所不知矣。③

能将蒸汽机原理摸得这么透彻，写得这么清楚，"文科生"曾国藩还真不是盖的。"理学家"曾国藩虽然天资愚笨，但向来很有钻研精神和恒心、决心，"不撞南墙不回头"，不握真"理"不罢休。

---

① 朱东安：《曾国藩传》，辽宁人民出版社，2014年，第358页。
② 《曾国藩年谱》，第142页，转引自杨国强：《衰世与西法》，广西师范大学出版社，2020年，第46页。
③ 《曾国藩全集·日记2》，岳麓书社，2011年，第306页。

同治二年农历十二月，中国第一艘自制的蒸汽机轮船下水，曾国藩亲自乘坐，试行了八九里远，并命名为"黄鹄"号，还兴奋地在日记中写道："试造此船，将以次放大，续造多只。"①为扩大规模、改进技术，曾国藩还授予中国第一个"海归"容闳②五品顶戴，派他携带六万八千两银子"出洋按照专业工程师的眼光去购买适合中国的最好的机器"③，并准备在两湖一带设立新厂。

1865 年，曾国藩和李鸿章在上海创办江南制造总局，这是当时国内规模最大、技术设备最先进的综合性军事工厂。1868 年 5 月，曾国藩亲自视察了江南制造总局，参观了容闳从美国购买的机器设备。容闳对此记录道：

> 文正来沪视察此局时，似有非常兴趣。予知其于机器多创见，因导其历观由美购回各物，并试验自行运动之机，明示以应用之方法。文正见之大乐。④

同治七年七月，江南制造局造成的第一艘轮船下水，曾国藩再次亲自乘坐试行，在日记中写道："中国初造第一号轮船而速且稳如此，殊可喜也。"⑤并向朝廷奏报道：

> 臣亲自登舟试行至采石矶，每一时上水行七十余里，下水行一百二十余里，尚属坚致灵便，可以涉历重洋……国自强之道，或基于此。

至 1872 年曾国藩再赴沪视察时，江南制造总局已造出各式轮船四艘，第五艘也将近完工。1876 年，中国第一艘铁甲军舰"金瓯"号在江南制造

---

① 《曾国藩全集·日记 2》，岳麓书社，2011 年，第 485 页。

② 容闳（1828—1912），广东香山人，自幼入教会学校，1847 年随传教士赴美留学，1854 年从耶鲁大学毕业回国，是第一个毕业于美国大学的中国人，也是中国首位"海归"人才。他在其回忆录《西学东渐记》中说自己回国原因是"以为予之一身既受此文明之教育，则当使后予之人亦享此同等之利益，以西方之学术灌输于中国，使中国日趋文明富强之境"。他在香港工作期间与洪仁玕有过交往，曾赴太平天国提出教育改革、建立银行、建设善良政府等七项建议，但未获赏识，只获了一个四等爵位，于是投奔曾国藩而获得重用。在离开天京时，洪仁玕给了容闳一个在太平天国自由通行的护照，使得容闳贩卖茶叶而大发其财，有了他之后特立独行的"资本"。

③ 容闳：《我在中国和美国的生活》，东方出版社，2006 年。

④ 容闳：《容闳回忆录》，东方出版社，2012 年，第 66 页。

⑤ 《曾国藩日记》，九州出版社，2014 年，第 1128 页。

总局诞生。但曾国藩去世后,接管江南制造总局的李鸿章转为购买外国轮船,江南制造总局一度未再大造轮船,而转为造枪造炮。后来,江南制造总局又开始造船,仅1905年至1911年就造船136艘,一战时期还造出万吨轮船并向西方国家出口,现为中国最大的造船企业之一江南造船集团。为了解决江南制造总局养船缺乏资金的问题,曾国藩还曾提出将新造商轮租给商人使用的主张,成为官督商办与轮船招商局创立之源头。

除了像西方一样制造坚船利炮之外,曾国藩还意识到翻译的重要性,"翻译之事,系制造之根本。洋人制器出于算学,其中奥妙,皆有图说可寻。特以彼此文义扞格不通,故虽日习其器,究不明夫用器与制器之所以然"①。1867年冬,曾国藩设立翻译馆和印书处于江南制造局内,先后聘请徐寿、李善兰、华蘅芳、李凤苞及一些外国人为主要翻译人员,"译书的目的在于致用,尤注重工艺、矿冶、兵政以及医药、农业"②。"翻译馆自开馆到清朝末年,一共译书200多种,约占全国同期所译之书的一半,所译书籍以化学、数学等方面的居多。翻译馆不仅培养了一批卓有成效的专家,而且奠定了中国近代诸多学科的基础,为中国社会的转型提供了科技智力支持。这些译著不仅输入了实用技术,同时也输入了科技知识,在加快西学东传的同时,对近代思想界也产生了重大的影响,这无疑会让时人改变原来的世界观。"③康有为、梁启超、谭嗣同等维新人士都受过其书影响,如康有为选购或送人的制造局所译之书就有三千多册,梁启超"见上海制造局译出西书若干种,心好之",也即曾国藩实际上对后来的维新变法等现代化运动亦有贡献,薪火总是相传。

此外,更重要的是曾国藩对外国人的认识尤其是外交观的转变。曾国藩逐渐意识到"洋人"也是人,也有信义,在信中曾感叹:"咸丰三年刘丽川攻上海,至五年元旦克复,洋人代收海关之税,犹交还七十余万与监督

---

① 曾国藩:《曾文正公全集·卷27》,东方书局,2009年。
② 郭廷以:《近代中国的变局》,九州出版社,2012年,第47页。
③ 知乎:《曾国藩思想体系中的世界观的形成》,https://zhuanlan.zhihu.com/p/268093695。

吴道。国藩尝叹彼虽商贾之国,颇有君子之行。"① 于是,曾国藩逐渐形成了三个与众不同的外交观念:"一是对外国人要平等相待,要把外国人当人";二是要诚信外交,"对外国人也要讲信用","诚信"第一,签订的条约应信守不移;三是"对外交往中,不要争面子,而要争里子。不要争小处,而要争大处","大事苦争,小事放松",要记"大德"忘其"小怨"。但曾国藩不反对洋务、洋物,而比较反感"洋人",如他愿用洋枪、洋炮但不赞成像李鸿章一样使用洋枪队。1861 年清廷曾向英国购买军舰,结果操办此事的李国泰竟然擅自做主,连英国军官一起"打包"买了,曾国藩对此坚决反对,认为必须由中国人指挥舰队。② 他也反对"洋人"进入中国内地开矿,认为事关重大,"洋人"一定会极大地扰害百姓。

曾国藩的外交观集中体现在"天津教案"中,而这也成了曾国藩的滑铁卢。1870 年四五月份,天津发生多起儿童失踪绑架事件,而此时教会育婴堂中恰有几十名孤儿患病而死,乃至民间开始传言"外国修女以育婴堂为幌子,实则绑架杀死孩童作为药材之用"。1870 年 6 月 20 日,有个叫武兰珍的人因为被民众怀疑与儿童失踪绑架有关而被送到官府,他在口供中牵连到教民王三及望海楼天主堂。第二天,天津知县刘杰带武兰珍去教堂对质,发现该教堂并无王三其人,也没有武兰珍所供的席棚栅栏,"遍传堂中之人,该犯并不认识,无从指证"。但群情激愤,已不管真相如何,千余民众包围了教堂,并与教堂人员抛砖互殴。

此时,法国驻天津领事丰大业在前往教堂的路上与知县刘杰相遇相争,并怒而开枪,打伤了知县的远房侄子刘七等人。天津民众彻底被激怒了,先群起杀死了丰大业及其秘书西门,之后又杀死了包括修女、神父、法国领事馆人员、法国侨民、俄国侨民等在内的 18 名外国人和 30 多名中国教徒,还焚毁了望海楼天主堂、仁慈堂、法国领事馆及当地其他 4 座基督教堂。

法国这么多人被杀,当然不肯善罢甘休,于 1870 年 6 月 24 日派军舰来到天津,并联合七国公使向总理衙门抗议,要求处死中国相关官员,否

---

① 《曾国藩全集·书信 4》,第 2521 页。
② 本段内容参见张宏杰《曾国藩传》,民主与建设出版社,2019 年,第 276—296 页。

则就开战。清廷遂派直隶总督曾国藩来调查、处理此事。右眼失明、肝病日重的曾国藩知道此行凶多吉少,临行前给儿子立下遗嘱道:"外国性情凶悍,津民习气浮嚣,俱难和叶,将来构怨兴兵,恐致激成大变。余此行反复筹思,殊无良策。余自咸丰三年募勇以来,即自誓效命疆场,今老年病躯,危难之际,断不肯吝于一死。"

"作为一个做过圣贤功夫的士大夫,曾国藩并不喜欢天主教,并深知其既'滥'且'横'而'屡滋事端',已久使'百姓积不能平';但作为当日中国政府的代表,他又在事理之曲直以外,还直面着西方人不以事理论曲直的'边衅'和'事端',并成了这一场政治危机和外交危机的直接承担者。由此形成的是一种深深的历史矛盾和个人困境。"① 经过调查和内心斗争后,曾国藩"惟有委曲求全之一法"②,认为育婴堂并无诱拐伤害孩童之事,并应法国要求决定处死为首杀人的 20 人,充军流放 25 人,包括将天津知府张光藻、知县刘杰革职充军,赔偿外国人损失 46 万两银,再派特使去法国道歉。

这个决定应该还算合理,但遭到了当时"爱国群众"的痛骂及他的对手醇亲王奕譞等人的攻击③。曾国藩为千夫所指,一下子从万人敬仰的"中兴名臣"沦为人人喊打的"过街老鼠","诟詈之声大作,卖国贼之徽号竟加于国藩。京师湖南同乡尤引为乡人之大耻"④。原以他为荣的京城湖南会馆砸毁了曾国藩手书的"湖南会馆"匾额,并将曾国藩名籍削去,即不承认他是湖南籍人;湖南老家绅民更是一怒砸了他的家宅,湖南每天讨伐"汉奸"曾国藩的书信达百余封。为朝廷背"黑锅"的曾国藩还被慈禧怒斥道:"曾国藩率行给假他出,实属不知缓急。若再托词远避,国法俱在,岂能宽宥!"其实正是慈禧将曾国藩《查明天津教案大概情形折》中为天津市民

---

① 杨国强:《衰世与西法》,广西师范大学出版社,2020 年,第 166 页。
② 《筹办夷务始末·同治朝》卷七十三,第 47—49 页。
③ 曾国藩调任直隶总督后,醇亲王奕譞托人送信给曾国藩,意与结交,但曾国藩对此置之不理,因此得罪了醇亲王。而且醇亲王向来反对"洋人",因此他及其派系借天津教案对曾国藩大加攻击,更借此要求皇帝下旨讨伐洋教、惩处媚外官员,以改变朝廷"洋务"方针。参见雷颐:《中国切片,1900》,郑州大学出版社,2020 年,第 17、18 页。
④ 《国闻周报》,第 6 卷第 83 期。

辩护的"致疑点"全部删去，而只印发曾国藩替外国人"洗白"的话，导致曾国藩被视为"汉奸"[①]。最终，朝廷于同治九年农历八月下令将曾国藩调回两江总督任上，由李鸿章接任直隶总督一职，继续处理"天津教案"。曾国藩在与李鸿章交接直隶总督关防时感慨地说："我遇困境，咸赖汝继。汝才胜我，我聊以自解者，汝究为我所荐也。"[②]

接手"天津教案"的李鸿章本来想改变曾国藩的处理决定，不必"一命抵一命"。但具体办案后，他很快发现此路不通，不得不按照曾国藩的方案来办。最后因为被打死的外国人中有四名是俄国人，而俄国只要求高额经济赔偿，不要以命抵命，所以李鸿章只是将原来判二十人死刑改为判处十六人死刑、四人缓刑，其余基本不变。因为清廷急于了结此事，"爱国群众"的怒火也已发泄，李鸿章的决定很快被通过执行，没有引起太大反对。"杀贼功高，百战余生真福将；和戎罪大，早死三年是完人。""天津教案"后，有对联如此挖苦曾国藩。的确，曾国藩因为此事身败名裂，且曾国藩失去了慈禧信任，被她责备道"文武全才惜不能办教案"，承受着"外惭清议，内疚神明，忍心害理，悔恨之至，萃六州之铁不能铸此一错"[③]的煎熬。两个月后，在两江总督任上，有人报告说又有反教会民众敲署衙大门，竟然吓得曾国藩一下瘫倒在地。

"天津教案"中，曾国藩的确把"洋人"当人看，也够"诚"、够顾全大局，可惜他却因这样的外交观念而闹得自己身败名裂，这只能说明他的外交观念太超前了而不被时人理解。就像龚自珍、魏源的遭遇一样，先行者、孤勇者、逆行者一般都会成为殉道者。其实，曾国藩也早就预料到了办洋务之艰难，但"知其不可为而为之"。他在1870年的一份奏报中说：

苟欲捍御外侮，徐图自强，自非内外臣工各有卧薪尝胆之志，持

---

① 黄濬在《花随人圣盦摭忆》中感慨道："又可知京草风气，凡稍通外国情事者，一遇事变，略当其冲，即被呼为汉奸，此等习惯，由来已久。"（黄濬：《花随人圣盦摭忆》（上），中华书局，2013年，第300页）可惜的是黄濬自己及其长子于1937年因对日泄露国民政府军事机密而被处死，成为抗战期间第一个被处死的高级汉奸。

② 刘体智：《异辞录》，文海出版社有限公司。

③ 参见唐浩明：《曾国藩》，人民文学出版社，2002年。

以一二十年之久，未易收效。然因事端艰巨，畏缩不为，俟诸后人，后人又托辞以俟后人，且永无自强之一日。①

"知其不可为而为之"（因为事情是对的就去做，哪怕不成功）正是儒家最宝贵的精神之一，曾国藩不愧为儒家门下。此外曾国藩还办了一件非常重要的洋务，即选派幼童跟随容闳出国留学。这或是曾国藩受天津教案刺激，"（天津教案）让他看到了中国社会的种种弊病，特别是民众对外界事物的不了解和谣言所能造成的破坏力，因此他对容闳的派人留学、改变中国风气的建议更加赞成"②。在将组织留学视为己任、"专心致志以为之"的容闳（天津教案时容闳任曾国藩翻译）的催动下，1870 年 10 月，曾国藩向朝廷上奏此事；1871 年 8 月他再次和李鸿章上奏，称"今中国欲仿效其意而精通其法，当此风气既开，似宜亟选聪颖子弟，携往外国肄业，实力讲求，以仰副我皇上徐图自强之至意"③。直到 1872 年 8 月 11 日，清廷终于选派了 30 名幼童，远赴美国留学④，以"徐图日强"，开中国公派留学生先端，"固属中华创始之举，抑亦古来未有之事"，而此时曾国藩已去世五个月了。

---

① 黄濬：《花随人圣盦摭忆》（上），中华书局，2013 年，第 325 页。
② 王元崇：《中美相遇》，文汇出版社，2021 年，第 21、22 页。
③ 《曾国藩全集·奏稿 12》，岳麓书社，2011 年，第 259 页。
④ 1872 到 1875 年，4 年间共 4 批、120 名幼童赴美留学。这些幼童寄居在美国家庭中，学习刻苦、不断跳级，考入美国中学、大学，培养了首批铁路工程师詹天佑、罗国瑞、杨昌龄，首批矿业工程师邝荣光、曾溥，支持孙中山革命的容闳族弟容星桥，首批电报专家梁敦彦、牛尚国等中国著名科技专家及国务总理唐绍仪，驻美公使梁诚等政治家、外交家，也促进了中美文化交流。这是中国第一批有现代知识、思想、观念的人，据关河五十州所著《一个民族的远航》，这批留美幼童中从事工矿、铁路、电报者 30 人，其中工矿负责人 9 人、工程师 6 人、铁路局长 3 人；从事教育行业者 5 人，其中清华大学校长 1 人、北洋大学校长 1 人；从事外交行政者 24 人，其中国务总理 1 人、驻外大使 1 人、外交部长 1 人、领事代办以上者 12 人；进入海军者 20 人，在中法、中日海战中有 7 人牺牲。这些留学生有 60 人考入美国大学，可惜因被中断，只有詹天佑等两人获得大学学士学位。由此可以预见，如果此计划得以持续，将对中国产生何等影响。但曾国藩去世后，此留学计划遭到顽固派的反对，顽固派认为留美学生换西装、读洋文甚至剪掉辫子，大失体统、"西化"严重。清政府于 1881 年撤回了所有留学生并视为"叛徒"将其打发到基层，如耶鲁土木专业毕业的詹天佑等一半留学生被分配去了水师。原定 20 年的留学生计划半途而废，"古老中国刚刚睁开的遥望世界之眼，又一次被蒙上"。这也是中国早期现代化进程中的一个巨大挫折，否则将对中国现代化起到不可估量的推进作用。

三、曾国藩：终究不是"圣人"

"盖棺论定"，该如何评价曾国藩呢？这历来是个问题。历史上，刚开始对曾国藩的评价以褒扬为主，如江苏巡抚何璟当时上奏说曾国藩"辅佐圣世中兴之业"；后来革命党将曾国藩视为帮助满人压制汉人的帮凶，又一度被视为压迫农民的刽子手；而现在又兴起"曾国藩热"了。评价曾国藩，应该还是要回到历史，就事论事、就人论人，以他自身功业、思想为主要评价对象。

首先，曾国藩可谓是洋务运动的开创者，是他首先将魏源"师夷长技以制夷"的思想付诸实践，是他第一个大量购买和制造洋枪洋炮，是他建立了第一个兵工厂和最大的兵工厂，也是他第一个设立译书局和组织公派留学生。曾国藩作为中国传统文化集大成者和坚决捍卫者，之所以办洋务学习西方科技，初心自然是希望"师夷长技""隐图自强"以成就更强大的大清帝国和自己的功业，由他的经世致用思想所致，他想不到的是由此却加速了大清、传统文化和自己的衰亡。当然，从另一个层面讲，也是他开启了现代化新的景象，"曾国藩，一个以捍卫传统起家的卫道者不自觉或被迫地充当了否定传统、开辟新纪元的历史中介，以介绍西方新知识为直接目的，间接或无意识地打破了中国即'天下'的传统认知，逐步改变那种以中国为中心的'世界'观念。封闭的中国终于迎来了一个新世界图景和新'自我'形象。"①

"天津教案"后，"外惭清议，内疚神明"的曾国藩备受打击，回任两江总督后油尽灯枯，于1872年3月12日去世，享年62岁。他临终前最后一篇日记写道："傍夕久睡。又有手颤心摇之象，起吃点心后，又在洋床久睡。阅《理学宗传》中张子一卷。二更四点睡。"②这则日记反映了曾国藩最后的人生状态，即睡在洋床、阅读理学，以中为体、以西为用。曾国藩逝世当日，"金陵微雨，天色阴惨，忽火光烛城中，江宁、上元两县令惊出救火，

---

① 知乎：《曾国藩思想体系中的世界观的形成》。
② 《曾国藩日记》，九州出版社，2014年，第1438页。

卒无所见,见有红光圆如镜面,出天西南隅,良久渐微,江南士民巷哭"①。

曾国藩去世后曾被誉为晚清"中兴第一名臣""千古完人",是被毛泽东、蒋介石、梁启超②等都非常推崇的人,有人甚至评价他为"立德立功立言三不朽,为师为将为相一完人"。清廷赐予他"文正"谥号,赐治丧银三千两,辍朝三日以示哀悼,而清代仅有八人得过最荣耀的"文正"谥号。《清史稿》称他为"汉之诸葛亮,唐之裴度,明之王守仁""中兴以来,一人而已"③。那曾国藩究竟有哪些成功呢?是否也有遗憾呢?

曾国藩的确"立德立言立功",著有很多著作,有平定太平天国运动、兴起洋务运动等功,但对于今天的我们来说,他最大的价值、成功当在"立德",尤其是在修身方面对我们有诸多启迪,而非他的"治国平天下",更非他的"成功学""做官术""相面法"。

人生贵在有志,"有志者,事竟成",修身也不例外。年轻时,曾国藩也有很多毛病,但三十岁时,改号"涤生"的曾国藩立志自新,洗涤过去,浴火重生,誓要成为"不愧于天地之完人"。后来,曾国藩也曾杀人如麻,被称为"曾剃头",甚至在安庆、南京默许湘军大肆屠杀民众;他也有"节礼""贺礼""冰敬""炭敬"等各种灰色收入,对弟弟、部下的贪腐睁一眼闭一眼;他有时候也虚伪甚至圆滑,如在曾国藩被朝廷任命为署理湖北巡抚时,曾国藩实际上很想任职却上书谦让,而被咸丰皇帝揭穿道"朕料汝必辞"……但总体上,曾国藩在私德方面还算比较完美。

尤其是,在"三年清知府,十万雪花银"的时代背景下,曾国藩个人非常廉洁。幕僚赵烈文有次到曾国藩家,看到他家很少荤菜,便问他堂堂

---

① 《曾文正公年谱》,《足本曾文正公全集(一)》,吉林人民出版社,1995年。
② 青年时期毛泽东曾在信中说:"愚于近人,独服曾文正,观其收拾洪杨一役,完满无缺。"蒋介石一生尊崇曾国藩,称其"盖已足为吾人之师资矣"。梁启超则评价曾国藩道:"曾文正者……在并时诸贤杰中称最钝拙,其所遭值事会,亦终身在拂逆之中,然乃立德、立功、立言三不朽,所成就震古铄今,而莫与京者,其一生得力在立志,自拔于流俗,而困而知,而勉而行,历百千艰阻而不挫屈,不求近效,铢积寸累,受之以虚,将之以勤,植之以刚,贞之以恒,帅之以诚,勇猛精进,坚苦卓绝。如斯而已,如斯而已!"
③ 《清史稿·曾国藩传》。

总督府里难道连火腿也没有吗？曾国藩对此回答说："无之，往时人送皆不受，今成风气，久不见人馈送矣。即绍酒亦每斤零沽。"堂堂总督喝酒还要去街上买，赵烈文不禁感叹道："大清二百年不可无此总督衙门！"身为总督的曾国藩从未贪污公款，家具都是从湖南老家带过去的，鞋袜都是夫人和女儿给他制作的。曾国藩临死前留下的财产不足两万两银子，仅仅相当于他一年的养廉银，儿子曾纪鸿病重都缺钱医治，可见曾国藩的确廉洁得很，连他的"老冤家"左宗棠都感叹道："以中兴元老之子，而不免饥困，可见文正之清节足以为后世法矣。"

不过曾国藩虽然个人廉洁但也称不上是"清官"。首先，曾国藩还是有不少灰色收入的。据学者张宏杰考证，"节礼""贺礼"等各种灰色收入在曾国藩的总收入中一直占相当比重，他在"后路粮台"还建有"小金库"。此外，曾国藩对吃喝应酬一般不太拒绝，也有冰敬、炭敬、程仪等灰色支出，对下属送的一些价值较轻的礼物也会收下，如他在同治四年曾写信给儿子曾纪泽嘱咐道："容闳所送等件如在二十金以内，即可收留，多则璧还为是。"①

其次，曾国藩对弟弟、下属等亲友的贪腐睁一眼闭一眼。他弟弟曾国荃、曾国潢及众多湘军将领都大发战争横财，湘军攻下南京后通往湖南的水陆路上运送财物的船车川流不息，"杀人如麻，挥金如土"②的曾国荃更是"每克一名城、奏一凯战，必请假回家一次，颇以求田问舍自晦"，赢得"老饕"恶名③。曾国藩虽然也曾要求他们廉洁，但对其腐败行为总体上持理解、

---

① 参见张宏杰：《给曾国藩算算账：一个清代高官的收与支（京官时期）》，中华书局，2015年。

② 光绪十年，左宗棠曾问曾国荃道："老九一生得力何处？"曾国荃回道："挥金如土，杀人如麻。"左宗棠听闻大喜道："吾固谓老九才胜乃兄也。"

③ 曾国荃赢得"老饕"恶名其实有些冤，他自己实际上并未因掳掠南京暴富，也并未大发战争财，据曾国荃长孙媳所言曾国荃家财不及百万，郭嵩焘也说过"曾国荃亦无百顷田"，而曾国荃的收入大多来自两江总督任上。当然，相对于曾国藩、左宗棠、胡林翼等人，曾国荃的确还是比较贪腐，不过比起李鸿章就"小巫见大巫"了。据与李鸿章共过事的容闳说，李鸿章去世后留给子孙的遗产多达4000万两白银，占光绪年间清朝财政收入的一半，折合现在100亿人民币。李鸿章家族在家乡合肥东乡附近占地将近300万亩，分家合同中写的给他儿子李经方的田产就多达14万亩，李鸿章在很多企业中还有股份，并开有自己的茶庄、票号。

默许态度，认为"凡带勇之人，皆不免稍肥私囊"。他只约束自己不贪污而不苛求他人，"余不能禁人之不苟取，但求我身不苟取"。曾国藩对下属中饱私囊睁一眼闭一眼，是因为他因此激励他们带兵打仗，他对弟弟的贪污受贿视而不见，是因为他由此"养家糊口"。他自己两袖清风的同时也一直对自己不能资助亲友深感愧疚，因此"曲线救国"，通过弟弟的贪腐行为来帮助曾氏家族。①

咸丰十年，曾国藩任两江总督兼钦差大臣后，一度开展反腐运动。他不仅自己不收礼，还贴出告示希望官民检举、揭发腐败行为，吓得官员们如坐针毡。但不久，曾国藩收到一份检举信，信中说曾国荃打下吉安后，运回两万多两银子到湖南老家，而这原本是曾国藩授意所为。看到这封检举自己和弟弟的信后，曾国藩只好"打落牙齿和血吞"，借口军情紧急要上前线而终止了这场反腐运动。这个事情颇能反映曾国藩的问心有愧，不够"清官"。

当然，这更多的是大清制度问题而非曾国藩个人问题。清朝官员薪俸非常微薄，正一品大学士每年薪俸只有180两，正二品总督只有155两，正九品文官则只有33两。为补贴如此低微的薪俸，清廷自雍正时期又向官员支付"养廉银"，每年"养廉银"往往是正规薪俸的100倍，如曾国藩当总督时的一年养廉银近两万银子。但"养廉银"还是养不了廉，因为官员开支很大，尤其是自己的幕僚、吏属薪酬皆要自己掏腰包。为维持日常开支和人情世故，曾国藩不得不收各种"陋规"和"待人以宽"。

其他很多"非典型清官"都是如此，如林则徐自身操守很好，但也照样收礼送礼。道光二十六年，陕西发生重大灾荒，地方税收大幅减少，而陕西粮道张集馨在《道咸宦海见闻录》中说这一年"督抚将军陋规如常支送"，其中的"抚"就是陕西巡抚林则徐。林则徐这一年所得"陋规"有多少呢？据张集馨说计"每季白银一千三百两"，另有"三节两寿"的"表礼、水礼、门包"和其他杂费"年逾万"，即光张集馨的粮道衙门就要送给林则

---

① 本段内容参见张宏杰：《曾国藩的正面与侧面》，民主与建设出版社，2014年。

徐一年一万两白银。当然林则徐也需要到处送礼进贡、打点关系，否则他后来也不可能复出重任总督。张集馨自己在陕西粮道任命下来后，贷款 1.7 万两白银在京城到处送礼，美其名曰为"别敬"，他四次上任前送的"别敬"总计近十万两。由此可见，反腐不能光靠个人修养、高薪养廉和运动，最根本的还是需要建立、完善对权力的制约、监督机制，让官员们"不敢贪、不能贪、不想贪"。

话又说回来，修身还是要修的，至少对自己有用。而修身之道首要在于像曾国藩一样立志，确立志向、坚定志向。志向如同地基，只有打下地基才可能建造高楼大厦，如曾国藩对弟弟所言："人苟能自立志，则圣贤豪杰何事不可为？"

修身不仅需要立志，更需要恒心、韧性。曾国藩最重视的便是"恒"字，"有恒为作圣之基"，即持之以恒是成为"圣人"的基础。曾国藩最用力的也是"恒"字，"人而无恒，万事不成"。曾国藩终身坚持读书、写字，即使在戎马生涯中也从不间断，如梁启超所言："曾文正在军中，每日必读书数页，填日记数条，习字一篇，围棋一局……终身以为常。"他还坚持早起、坚持静坐、坚持反思自己……尤其是坚持写日记，从 29 岁开始写日记到临终前一天，曾国藩写下了长达三十余年、多达 150 多万字的日记。甚至他行军打仗"结硬寨，打呆仗"，为人处世"打掉牙合着血吞下去"，乃至所谓的"挺经"，其实本质上都是一个"恒"字。

无论"坚持就是胜利"，还是"哪有什么胜利可言，挺住就是一切"，"有恒"为修身之基、为成功之本。而持之以恒离不开"勤"字，辛勤、努力方能有恒。曾国藩总结出人生五勤：

> 一曰身勤：险远之路，身往验之；艰苦之境，身亲尝之。二曰眼勤：遇一人，必详细察看；接一文，必反复审阅。三曰手勤：易弃之物，随手收拾；易忘之事，随笔记载。四曰口勤：待同僚，则互相规劝；待下属，则再三训导。五曰心勤：精诚所至，金石亦开；苦思所积，鬼神迹通。

"身勤"便是身体力行。曾国藩自己终生辛苦，早起晚睡，日理万机，还曾在军营中自己种菜,并要求家中女性每天都要做女红;"眼勤"便是多用眼,曾国藩晚年右眼失明,左眼也几乎盲了,便与他用眼过度有关;"手勤"便是养成好习惯,曾国藩的手几乎从不停过,不是批阅文件,就是翻书写信习字,最大的休闲仅是下棋而已;"口勤"便是多动口,曾国藩带兵一大特点就是重视"宣传",经常亲自向士兵宣讲儒家道理,对下属也经常苦口婆心地讲大道理或讲小段子;"心勤"便是要有坚忍不拔的意志,曾国藩从不服输、屡败屡战①,虽然也曾因兵败而想自杀,但最终还是咬牙坚持下来。

"天下古今之庸人,皆以一惰字致败",曾国藩认为庸人之所以平庸乃是懒惰所致,反之一勤天下无难事,"千古圣贤豪杰,既奸雄欲有立志者,不外乎一个'勤'字"。的确如此,"爱拼才会赢",从来没有随随便便的成功。

有了成功,则需要一个"谦"字。曾国藩认为"千古有道自得之士,不外一个谦字",而"古今之人才,皆以一傲字致败"。所以,曾国藩非常注重谦虚谨慎、居安思危,在家书中屡屡告诫子弟要"谦虚、谦逊、谦和、谦让"等,在日记中也可以强烈感觉到他的战战兢兢、如履薄冰。每次升官或有封赏,曾国藩都感到"惶悚""惊惧""愧惧""权太重、位太高,虚望太隆,悚惶之至"。乃至在攻陷金陵后,曾国藩将功劳归于朝廷,并主动裁军,劝弟弟曾国荃退隐。也正因为过谦,才有了曾国藩年轻时的十年七升,有了他创建湘军、平定太平天国,更有了他身居清朝汉人最高官位而能罕见地善终。"天地间惟有谨慎是载福之道",诚如曾国藩所言,人生在世当始终胸怀"谦"字,敬畏天地,谦虚做人,谨慎行事。

"古人修身治人之道,不外乎勤、大、谦。而勤谦二字,须臾不可离之道",正如曾国藩所言,他立志高远,持之以恒,勤谦并重,这便是他的主要修身之道。当然,曾国藩其他的修身之道还有不少,如他在日记中所写:"细思古人功夫,其效之尤著者,约有四端:曰慎独则心泰,曰主敬则身强,曰求仁则人悦,曰思诚则神钦。"②

---

① 传说曾国藩在上奏时说自己"屡战屡败",左宗棠将其改为"屡败屡战",这一修改含义、效果大为不同,也可见曾国藩之老实和左宗棠之有才。

② 曾国藩:《曾国藩日记》,九州出版社,2014年,第1314页。

而且，在曾国藩立志自新时，还制定了具体的修身方法，"从此谨立课程，新换为人，毋为禽兽"。这"课程"主要内容为：严肃、静坐、早起、读书专一、读史、谨言、养气、保身、写日记、每月作诗文、写字、夜不出门。

"不为圣贤即为禽兽，莫问收获但问耕耘"，曾国藩修身之初曾写下这副对联，经过大半生辛勤耕耘，最终他如愿以偿成为了"圣贤"。"修身，齐家，治国，平天下"，修身是"齐家治国平天下"的基础，是我们成就事业的根本。曾国藩之所以"外王"和立言立功，首先在于他的"内圣"和立德。数修身还看曾国藩，今天我们学习曾国藩，主要应该学习他的修身之道。即使我们成不了"圣贤"，至少也不要成为"禽兽"。

"修身"之外，"齐家"方面，曾国藩也算是比较成功的。众所周知，曾国藩非常重视"齐家"。《曾国藩家书》包含了近1500封家书，包含教子、持家、交友、修身等方面道理，蕴含着曾国藩对父母、弟弟等家人的深情厚望，塑造了"孝悌勤俭"等曾氏家族良好家风，成为家庭教育经典风行至今。他的弟弟曾国荃、曾国潢、曾国华、曾国葆等及两个儿子在曾国藩的言传身教下各有成就，如曾国荃后来也官至总督，长子曾纪泽出任驻外公使成为中国第一代外交家，次子曾纪鸿则成为颇有成就的数学家。

曾国藩"齐家"之术有很多，如他首先强调耕读传家，在家书中屡屡谆谆教导："吾家子侄半耕半读，以守先人之旧，慎无存官气"；他强调对父母要孝，他自己便对祖父母、父母极其孝顺，经常写信给长辈嘘寒问暖，经常寄人参、阿胶等补品给家里，还常常为不能亲身孝敬长辈而内疚；他强调对兄弟姐妹要悌，曾国藩对弟弟、妹妹在做人、读书、生活等方面都非常关爱，真正做到了"长兄如父"，虽然也经常骂他们；他强调勤俭治家，"家俭则兴，人勤则健；能勤能俭，永不贫贱"，对弟弟花费七千银两建富厚堂"深为骇叹"，发誓绝不踏进新宅半步；他强调要坚守祖父留下的八字家训"猪、蔬、鱼、书、早、扫、考、宝"，要践行自己提出的"八本"：读书以训诂为本，作诗文以声调为本，事亲以得欢心为本，养生以戒恼怒为本，立身以不妄语为本，居家以不晏起为本，作官以不要钱为本，行军以不扰民为本。①

临终前，曾国藩对儿子曾纪泽、曾纪鸿立下遗训，内容主要包括慎独则心里平静、主敬则身体强健、追求仁爱则人高兴、参加劳动则鬼神也敬重，"此四条为余数十年人世之得，汝兄弟记之行之，并传之于子子孙孙。则余曾家可长盛不衰，代有人才"。其后代后来的确"长盛不衰，代有人才"，在化学界、教育界、文学界、艺术界、考古界、交通界等多个领域取得了不凡成就，比较著名的人物有教育家曾约农和曾宝荪，翻译家曾宝葹，原高教部副部长、化学家曾昭抡，南京博物院原院长、考古学家、博物馆学家曾昭燏，北平交通博物馆主任曾昭亿，原农业部办公厅主任、园艺学家曾宪朴，原全国妇联副主席曾宪植等。

修身齐家之外，立功方面，众所周知，曾国藩在平定太平天国运动、兴起洋务运动中功业卓著、首屈一指，还有一个颇值得一提的功业是曾国藩在捍卫儒家文化方面的贡献。虽然，有人说曾国藩一生思想多变、或儒或法或道，有人说曾国藩是一个"以理学为核心、儒学为主体，集古今思想之大成的杂家"②，但曾国藩本质上还是个儒生，是深受儒家影响且终身躬行儒家文化的士大夫，甚至可以称他为中国最后一个儒家文化的集大成者，他也以捍卫、弘扬儒家文化为己任。

太平天国运动对传统文化一度造成毁灭性影响，很多书院、孔庙、学宫被毁坏，很多传统书籍被焚毁。正是受此刺激，曾国藩开始主持团练镇压太平天国运动，如他在讨逆宣言中所说："举中国数千年礼义人伦、诗书典则，一旦扫地荡尽。此岂独我大清之变，乃开辟以来名教之奇变，我孔子孟子之所痛哭于九泉。"乃至很多人认为他与太平军作战，是为保名教而非为保大清。在镇压太平天国运动之后，曾国藩又着力于恢复传统文化，修复了很多书院、孔庙、学宫，印刷了很多经典著作。他自己也选编汉唐以来名臣奏疏17篇辑为《鸣原堂论文》，并主持整理《王船山遗书》320卷出版。

"修身，齐家，治国，平天下"，曾国藩可以说都做得非常出色，不愧

---

① 参见张宏杰：《曾国藩的正面与侧面2》，岳麓书社，2017年，及《曾国藩家书》。
② 朱东安：《曾国藩传》，辽宁人民出版社，2014年，第355页。

为理学家和儒家门徒。此外，还有一个方面，应该说曾国藩也是做得非常出色，那便是善于识人、用人、育人。

传说曾国藩会识人术，能通过面相、语言、身体等看透一个人，并著有相人奇书《冰鉴》[①]。还传说李鸿章有次带了三个人请曾国藩任命差遣，曾国藩刚吃饱饭，正在散步打嗝，那三人便在一旁恭候。散完步之后，李鸿章请他接见那三人，曾国藩却说不必了，而对惊讶的李鸿章说："那三个人我都看过了，第一个低头不敢仰视，是个忠厚人，可给保守的工作；第二个喜欢作假，人前恭敬，我一转身便左顾右盼，将来必阳奉阴违，不能任用；第三个人双目注视，始终挺立不动，他的功名，将不在你我之下，可委以重任。"后来，那三人的发展果然都如曾国藩所料，其中第三人便是赫赫有名的刘铭传。

曾国藩爱才如癖，每到一个地方的第一件事就是打听、搜罗人才。他识人久注观人精神，乍见观人情态，如他一眼便为江忠源的豪迈不羁倾倒，对好友郭嵩焘说："这个人会立名天下，却会保持气节，壮烈而死。"他用人坚持"德才并重"，湘军主将因此多文武双全，而非像淮军主将那样只会冲锋陷阵。他待人以诚，曾对装病不想早起的李鸿章说："少荃！既入我幕，我有言相告，此处所尚惟一'诚'字而已。"他培养人才主要靠言传身教、千锤百炼，"广收、慎用、勤教、严绳"，先带在身边逐渐熟悉军事再让他独领一军，如李鸿章便是曾国藩久经培养才放心让他领军。

曾国藩幕府中人才之多，在清朝首屈一指。据统计，曾经入曾国藩幕府而官至巡抚、总督的有左宗棠、郭嵩焘、李鸿章、沈葆桢、丁日昌、刘蓉、唐训方、陈士杰等30余人，成为著名知识人的有薛福成、容闳、李善兰、吴汝纶、华蘅芳等人。李鸿章对此认为："曾公知人之鉴，并世无伦。"而李鸿章本人正是曾国藩最得意的弟子，并成为他衣钵传人。

"金无足赤，人无完人"，曾国藩再完美也毕竟不是真正的"完人"，他也有不少失败、遗憾，如他也曾杀人如麻，以民众血肉筑养自己的"神圣"。

[①] 现在市场上所谓曾国藩作的《冰鉴》和《挺经》其实都是假的，曾国藩其实没有亲自写过这两本书，这两本书不过是根据曾国藩所作所为"演绎"而成。

最大的"败笔"当在立言方面，虽然曾国藩所著的《曾国藩日记》《曾国藩家书》风行至今，但这些著作只是他"顺手牵羊"而已，他并未写出多少国学经典著作，更未能像王阳明一样创建自己的理论体系。曾国藩早年的志向其实是文章报国，如他在1840年6月7日的日记中所言："诚能日日用功有常，则可以保身体，可以自立，可以仰事俯蓄，可以惜福，不使祖宗积累自我一人享受而尽，可以无愧词臣，尚能以文章报国。"此后，他也一直坚持读书作文，钻研践行文章"义理、考据、辞章、经济"之道。但曾国藩始终不满意自己的学问、文章，在日记中经常自责。如他在1841年，自己30岁生日时感慨道："聪明日减，学业无成，可胜慨哉。"20年后，他在1861年的日记中回顾往事又写道："余志学有年，而因循悠忽，回思十五年前之志识，今依然故我也，为之悚惕无已。"去世的前一年，他回顾一生则感叹道："念此生学问、文章，一无所成，愧悔无已……"

这些自责当然有曾国藩的谦虚成分，但客观而言，曾国藩虽也有高深学问，但恐怕难以称为国学大师，比肩他同代的倭仁、王闿运都难；至于文章水平虽传承桐城派，但恐怕也比不上桐城派前辈方苞、姚鼐。曾国藩虽然也著有《求阙斋文集》《诗集》《读书录》《日记》《奏议》《家书》《家训》及《经史百家杂钞》《十八家诗钞》等十几本书，但真正流传风行的是《日记》《家书》等"成功学"作品而非其国学著作。"相传光绪年间，有人向清廷建议，应准曾国藩从祀文庙。清廷下礼部议奏，部议国藩无著述、于经学亦无发明，且举王湘绮的挽词①证之。事遂终止。"②立德、立功、立言三不朽方能成为真正"圣人"，曾国藩立德不足，立言更是匮乏，他没有

---

① 曾国藩去世后，被曾国藩斥为"狂妄"的王闿运送了一副挽联，写道："平生以霍子孟、张叔大自期，异代不同功，戡定仅传方面略；经学在纪河间、阮仪徵之上，致身何太早，龙蛇遗恨礼堂书。"这意思是说："曾国藩你说我狂妄，其实你也很狂妄，你平生以霍光、张居正自诩，可仅留下一些用兵方略而已，经学方面更是没留下什么学术著作，论学术成就还不如我王闿运呢。"王闿运还受曾纪泽所托著有《湘军志》，秉笔直书，对曾国藩、曾国荃及湘军多有批评，如写曾国藩奸忍严酷，写湘军攻破南京后杀掠无道，曾国荃为此"几欲得此老而甘心"。为此，王闿运将《湘军志》所印之书及书版交给郭嵩焘销毁，后四川尊经书院学生将其翻刻再版。

② 高伯雨：《中兴名臣曾胡左李》，香港波文书局，1977年，第34页。

富有影响的学术著作，更没有像心学的王阳明那样开宗立派，有自己独立、完整的理论、思想体系，所以他顶多只能称为半个"圣人"，而不能像孔子、王阳明一样成为中国历史上第三个"圣人"。这主要与曾国藩的天资和环境有关，曾国藩天资一般甚至愚笨，而后半生又陷入戎马生涯，没有足够的才智和机遇"悟道"、修学。

在齐家方面，虽然曾国藩的弟弟、儿子、后代都足以让他欣慰，但有一个很大的遗憾则是他的女儿大多遇人不淑、命运多舛，而这与曾国藩脱不了干系。曾国藩长女曾纪静嫁给了曾国藩的翰林院同事袁漱六的儿子袁榆生，"漱六尚有品学，其子亦聪明伶俐。与之结姻，谅无不可"。可谁也没想到，长大后的袁榆生成了花花公子，放荡饮酒、负债累累，把父亲一生藏书都卖了，且"未婚而先娶妾"。婚后，袁榆生继续沾花惹草、冷淡妻子，甚至仗着曾国藩女婿的身份横行霸道、大肆嫖娼，气得曾国藩与他断绝关系，也气得曾纪静生了大病、抑郁而终，年仅29岁。二女儿曾纪耀非常贤惠，甚至曾割肉给病危的曾国藩当药吃，却因有一个脾气暴躁、经常家暴的丈夫而逆来顺受、"抑郁终身""无人生之欢"，和大姐一样没有生育、红颜薄命。三女儿曾纪琛的公公是湘军名将罗泽南，但她丈夫罗允吉却"性情乖戾"、品行不端，她婆婆则"性颇悍厉"、极难伺候。四女儿曾纪纯倒是嫁了个举案齐眉、互相恩爱的丈夫，可惜结婚三年丈夫便病逝，自己也因独自抚养两个幼子积劳成疾而早逝。只有最小的女儿曾纪芬嫁对了人，丈夫聂缉椝对她很好，且后来官至巡抚，她自己也得享高寿，"子孙绵继，寿登耄耋，既贵且贤"。

选婿有风险，结婚当谨慎。曾国藩这些女儿的不幸其实多由他一手造就。如他前几个女婿多是他从小选定的豪门子弟，却不料长大后骄纵暴躁，只有小女儿曾纪芬是长大后才给她选的丈夫；再比如，他大女儿、三女儿受不了丈夫虐待，想回娘家待着，却被坚守理学的曾国藩送回婆家继续"耐劳忍气"、恪守妇道，最终导致抑郁而终。或许曾国藩对此可能并不认为自己有错，就像饿死偷吃糕饼女儿的海瑞一样，"伦理纲常"在他们心中要比自己的骨肉还重要。这也是曾国藩自己大肆杀人以及默许部下大肆屠杀的根本原因所在——人的性命在"天理"面前轻如鸿毛。如曾国藩自己所言:"天父天兄之教,天燕天豫之官,虽使周孔生今,断无不力谋诛灭之理,既谋诛灭,断无以多杀为悔之理。"这也可见传统思想、伦理的确需要"转型",需要现代价值观。

"寿则多辱",曾国藩也有很多耻辱。深悟谦退之道的曾国藩在平定太平天国运动后虽也主动裁军,可惜并未功成身退,而因此引来了自己"晚节不保"。

第一个耻辱是曾国藩剿捻不力而被李鸿章接替,而李鸿章很快就剿灭了捻军,从此与曾国藩平起平坐。虽然李鸿章是曾国藩的学生,虽然李鸿章剿灭捻军基本采用的是曾国藩原来的方略,但最终"青出于蓝而胜于蓝",曾国藩内心肯定也有失落和羞耻。第二个耻辱也是他最大的耻辱,乃"天津教案"。从此,曾国藩身心俱垮、抑郁万分,两年后便离开了人世。在去世前四天的日记中,曾国藩概括自己一生写道:"通籍三十余年,官至极品而学业一无所成,德行一无许可,老大徒伤,不胜悚惶惭赧。"①这句话透露出曾国藩内心无限悲凉,一生勤恳立志成"圣"的曾国藩最终几乎否定了自己的一生,为谁辛苦为谁忙,终不过大梦一场。

"大才赤忠难补天",其实,曾国藩最大的失败、耻辱不是他所说的"学业一无所成,德行一无许可",而是号称"中兴第一名臣"的曾国藩为之努力一生的清朝中兴事业不过昙花一现,甚至连真正的中兴都谈不上,如李鸿章所言只是"裱糊"而已。

曾国藩对此也有感知,通过他与心腹赵烈文的几次谈话可见一斑。1867年6月20日,曾国藩对赵烈文忧心忡忡地说:"得京中来人所说,云都门气象甚恶,明火执仗之案时出,而市肆乞丐成群,甚至妇女亦裸身无裤。民穷财尽,恐有异变,奈何?"②赵烈文直接回答说:"天下治安,一统久矣,势必驯至分剖。然主威素重,风气未开,若非抽心一烂,则土崩瓦解之局不成。以烈度之,异日之祸,必先根本颠仆,而后方州无主,人自

---

① 《曾国藩日记》,九州出版社,2014年,第1437页。
② 赵烈文:《能静居日记2》,岳麓书社,2013年,第1068页。

为政，殆不出五十年矣。"① 赵烈文还认为大清得天下"创业太易，诛戮太重"，"创业太易"是指清军因吴三桂"冲冠一怒为红颜"打开山海关大门而入关，"诛戮太重"是指清军入关后大肆屠杀如"嘉定三屠""扬州十日"②以及其后高压统治。这两点导致大清统治缺乏"合法性"，不得人心，因此不会出现苟延残喘、南北分治的情况。半个月后，赵烈文更是指出"中兴"之不可能在于："而中兴气象，第一贵政地有人，奄奄不改，欲以措施一二之偶当，默运天心，未必其然也。"曾国藩拿出"皇帝勤政""权柄从不下移""德政"等例子论证大清还有希望，而赵烈文则认为大清气息奄奄，没有卓越人物，主政的奕䜣虽然聪明但没有大智慧，想靠一两个"小打小闹"挽救不了颓败不堪的大势。

对于这番惊天言论，曾国藩刚开始不以为然，直到他担任直隶总督，见到慈禧太后、同治皇帝和恭亲王、文祥、宝鋆等清廷核心人物及明了全国形势后，才不得不承认大清大势已去、无可救药，"吏治风俗颓坏已极，官则出息毫无……余一筹莫展！"他对赵烈文说道：

  两宫（慈禧太后、慈安太后）才地平常，见面无一要语；皇上冲默，亦无从测之；时局尽在军机恭邸（奕䜣）、文（文祥）、宝（宝鋆）数人。恭邸极聪明而晃荡不能立足；文柏川（文祥）正派而规模狭隘，亦不知求人自辅；宝佩衡（宝鋆）则不满人口。朝中有特立之操者尚推倭艮峰（倭仁），然才薄识短。余更碌碌，甚可忧耳。③

曾国藩还对赵烈文说如果清朝果真中兴才不负他的"攻克金陵"等所为，意思是说如果清朝没有中兴那他将会成为"亡国之臣"，还对赵烈文说道"吾日夜望死，忧见宗祏之陨"④，并开始向赵烈文学佛。光绪五年农历

---

① 赵烈文：《能静居日记2》，岳麓书社，2013年，第1068页。

② 清军入关后大肆屠杀反抗者及无辜百姓，估计有几千万人遭到屠杀，很多地方遭到屠城，如清军占领扬州后"总计前后杀人凡八十万，诚生民一大劫也"；嘉定百姓遭到三次屠杀，有5万至20万人惨死；1650年清军占领广州后至少屠杀了七十万人。清朝如此野蛮得天下，注定了它先天就没有合法性。

③ 朱汉民、丁平一主编：《湘军7·日记·地方志》，社会科学文献出版社，2013年，第180页。

④ 赵烈文：《能静居日记2》，岳麓书社，2013年，第1068页。

十一月十三日，曾国藩作了一首《自箴韵语》，其中一句写道："补救无术，日暮道穷。"可见，曾国藩最终承认大清气数已尽、回天无术。

果然如赵烈文所言，不出五十年，清朝便灭亡了，而灭亡的原因也正如赵烈文所说"必先根本颠仆，而后方州无主，人自为政"。更吊诡的在于，如学者朱东安所言曾国藩是"近代军阀的开山鼻祖"，是曾国藩平定太平天国运动而挽救了清朝，也是他创建湘军、"兵为将有"，导致从此武装私有、地方做大，中央权威丧失，而致使清朝很快灭亡。"成也萧何，败也萧何"，可以说，曾国藩既是大清帝国的拯救者，也是它的掘墓人，这恐怕绝对不是曾国藩的"初心"，而是他最大的悲哀。

曾国藩早年非常自负，相信事在人为，中年后认为"凡富贵功名，皆有命定，半由人力，半由天事"，晚年则"到老始知非力取，三分人事七分天"。纵观曾国藩的一生，他尽力做到了儒家理想中的"修身、齐家、治国、平天下"，"内圣外王"，将向内的理学与向外的经世之学近乎完美地结合贯通，不愧为晚清第一人。但个人和国家的命运皆有定数，曾国藩终究不是"完人""圣人"，也有不少"败笔"遗憾，更改变不了大清王朝和儒家文化的气数。

"不论如何，曾国藩用一生捍卫、守护了自己珍视的文化和信仰，他死在了补天填海的路上。曾国藩用自己的一生，证明了人的意志力所能达到的高度，同时，也证明了一个人意志力的局限。"[1]"他身上有儒家的艰苦真诚，也有道家的知雄守雌，他能如墨翟一般胼手胝足，也能如申韩一样残酷无情。他是中国传统文化造就的全才"[2]，但他终究只是传统的士人，几乎没有任何现代观念、意识，更没有对时代的敏锐判断、思考。对于我们现

---

[1] 张宏杰：《曾国藩传》，民主与建设出版社，2019年，第379页。

[2] 朱东安所作的《曾国藩传》中认为："严格地说，曾国藩既不算一个纯粹的理学家，也不算纯粹的儒学家，而是一个以理学为核心、儒学为主体，集中国古今思想之大成的杂家……曾国藩的思想之所以这样始终以理学为核心，而又显得博杂多变，是与他一心为封建统治阶级尽忠报效的政治志向和经世致用的治学作风分不开的。"（辽宁人民出版社，2014年，第355、356页）张玉法在著作《近代变局中的历史人物》中认为理学是曾国藩"修己"的功夫，"经世"是他"治人"的功夫，曾国藩的经世纲领主要包括崇尚礼治、兼用法治、讲求史治、端正风俗、办理军务，并认为曾国藩的经世以义理为出发点，他义理为体经世为用。（参见张玉法《近代变局中的历史人物》，九州出版社，2019年，第9—16页）

代人而言，他的缺点、不足其实也不少，对于我们最大的意义主要在于修身齐家方面而已。

总之，曾国藩尽心尽力、超凡入圣，但他终究还是凡人，他在自己身上试图克服人性和时代但终究克服不了，他未能超越时代、引领时代，更不能阻止历史滚滚向前。曾国藩尚且如此，更遑论那个时代的其他人了，现代化之艰难之重要也可见一斑。

四、左宗棠"用情宜厚"：热衷洋务

曾国藩死后，左宗棠对贫病交加的曾国藩儿子曾纪鸿"以三百金赠之"，推荐曾国藩女婿聂缉椝担任上海制造局会办，上奏保举曾国藩儿子曾纪泽称"于泰西各国情形了如指掌"，还赠送曾国藩挽联道："谋国之忠，知人之明，自愧不如元辅；同心若金，攻错若石，相期毋负平生。""相爱相杀"大半生，左宗棠在曾国藩去世后感到了"寂寞空虚冷"，他终于想到了曾国藩的"谋国之忠""知人之明"而感到自愧不如，也想起两人恩怨而感到不负平生，当然这也可能只是左宗棠"高风亮节"而已。人们常常对逝去的东西才会怀念，而对眼前的东西却不知珍惜。其实左宗棠最对不起的人不是曾国藩，而是郭嵩焘。

据说，1865年即同治三年，湘阴文庙里生出一株灵芝。郭崑焘写信给时任广东巡抚的哥哥郭嵩焘说："文庙产芝，殆吾家之祥。"[①]这也许是玩笑话，但同为湘阴人的左宗棠听说后很不高兴，他刚刚因为肃清浙江太平军而被封为一等伯爵又自忖是当今诸葛，区区巡抚郭嵩焘算个毛？怎配得上灵芝？如有祥瑞，那肯定"亦为吾封爵故。何预郭家事乎？"[②]于是，他写信给郭嵩焘争这株灵芝到底是为谁而生，两人由此闹掰成仇，"以兹小故，浸成大衅"。

而之前，两人作为老乡老友，关系深厚。"劣幕案"中左宗棠的脱险、

---

① 黄濬：《花随人圣盦摭忆（上）》，中华书局，2013年，第147页。
② 黄濬：《花随人圣盦摭忆（上）》，中华书局，2013年，第147页。

升官，郭嵩焘对咸丰帝说的好话及幕后的奔走居功至伟，可以说郭嵩焘是左宗棠的救命恩人。左宗棠当时也很感激地说："郭筠仙（郭嵩焘）与我交谊稍深，此谊非近人所有。"但不承想，左宗棠发达之后很快"恩将仇报"。左宗棠率楚军很快扫荡太平军，肃清全浙，升任闽浙总督。而此时，广东巡抚郭嵩焘手下粤军战斗力不强，因此郭嵩焘请求左宗棠派军"调派劲旅，严密分布，截其西窜之路，以便方耀等军专顾粤疆，力保完善"①。不料却遭到左宗棠严词拒绝："本省堂奥有贼，不能为邻省代固藩篱；本省腹地渐清，自必与邻省共谋夹击。"②郭嵩焘是左宗棠的老友、姻亲和恩人，左宗棠却如此不给面子，让郭嵩焘很不高兴，埋下了两人的芥蒂。更过分的是，左宗棠不仅不派军支援郭嵩焘，还上奏撤走了近在广东的李鸿章淮军。

后来，广东"孤掌难鸣"，军务毫无起色，而左宗棠屡立奇功，于是朝廷命左宗棠节制闽浙粤三省，成了郭嵩焘的上级。让郭嵩焘没想到的是，左宗棠在复奏朝廷之任命时竟然说："广东民俗，类多狡猾凶顽，出人意表，此次从贼归来者又多以投诚幸免，恐两广兵事尚无已时。若得治军之才如李鸿章、蒋益澧其人，祸乱庶有豸乎？"③这实际上就是说广东巡抚郭嵩焘不是"治军之才"，应该撤换。后来，左宗棠"坏人做到底"，一连四疏直言广东军务的种种失误皆因郭嵩焘不顾大局"迹近负气"之故，最后一疏竟暗指郭嵩焘有贪污行为。左宗棠还举荐了"明干开济之才"蒋益澧，代替了郭嵩焘担任广东巡抚，郭嵩焘因此一度被迫长期赋闲在家。

事后，左宗棠致书郭嵩焘说："阁下力图振作，而才不副其志，徒于事前诿过、事后弥缝，何益之有？生平惟知曾侯、李伯及胡文忠而已，以阿好之故，并欲侪我于曾、李之列，于不佞生平志行若无所窥，而但以强目之，何其不达之甚也……因忠而愤，以直而亢，知我罪我，听之而已。"④"你伤害了我，还一笑而过"，左宗棠不仅不道歉，还认为郭嵩焘是

---

① 《闽省腹地清末能先顾邻省片》，《左集·奏稿（二）》。
② 《闽省腹地清末能先顾邻省片》，《左集·奏稿（二）》。
③ 《左宗棠全集·奏折·复陈广东军务贻误情形折》。
④ 《答郭筠仙》，《左集·书信（一）》。

"才不副其志"、咎由自取，这让郭嵩焘如何能不生气？

于是，郭嵩焘与左宗棠绝交十六年，他像左宗棠骂曾国藩一样逢人就诉说自己的委屈和左宗棠的无情，号召天下人共弃之，在日记中更是愤慨地批判了左宗棠一百多次，把他骂得一无是处。有一次，他还梦到左宗棠跪在自己面前自扇耳光，沉痛忏悔，郭嵩焘认为这是鬼神在催左宗棠向他道歉。1881年11月，左宗棠回乡省亲时去拜访郭嵩焘，郭嵩焘不肯相见，僵持很久才开门。见到左宗棠，郭嵩焘的第一句话就责怪道："你当年为什么接连弹劾我三次？"左宗棠很"无辜"地回道："老朋友，我只弹劾过你一次。"左宗棠"顿首称老哥，述往事，深自引罪，再三谢"①，郭嵩焘虽然维持着表面上的哼哼哈哈、"天气不错"，但心中的隐痛始终难以释怀，后来得知左宗棠去世的消息时还在日记中写道："公负我，我不负公。"

左宗棠和郭嵩焘两人的断交，当然不是因为子虚乌有的灵芝之争，而在于左宗棠太过刚直无私。左宗棠对郭嵩焘的行政才能不太认可，认为他不适合当官，曾在奏折中道："郭嵩焘勤恳笃实，廉谨有余，而应变之略非其所长。臣曾以圣明在上，遇事宜慷慨直陈相勖；而郭嵩焘复函以时艰同值，宜委曲以期共济，颇以臣悻直为非。兹因粤事贻误已深，忧惧交集，始侃侃直陈，而已无及矣。谕旨责其负气，责其不据实陈奏而称疾乞退，是郭嵩焘咎由自取，早在圣明洞鉴之中，臣亦不敢因亲好私情稍涉回护也。"②在致郭嵩焘的私函中，左宗棠更是直接评价郭嵩焘在粤抚任内的做法是"好官好人，微近迂琐"。让郭嵩焘让贤，乃是左宗棠出于公心，出于对郭嵩焘治理广东的不满，如"理中客"曾国藩对此所评："济公家之急，此盛德事也。"曾国藩作为郭嵩焘好友，也认为郭嵩焘更是"著述之才"。

左宗棠有句名言："居心宜直，用情宜厚。"认为对待朋友应该内心正直、态度坦诚。不仅对郭嵩焘如此无情，左宗棠还曾骂过自己最好的朋友胡林翼"喜任术、善牢笼""不及我者以此"，对自己的恩人曾国藩更是每天至少骂两三次，当成"下酒菜"。只是如此大公无私、不留情面，一般人

---

① 黄濬：《花随人圣盦摭忆》（上），中华书局，2013年，第149页。
② 《左宗棠全集·奏折·复陈广东军务贻误情形折》。

很难像"圣人"曾国藩一样装聋作哑、"坐怀不乱",左宗棠只能不断地和朋友翻脸了。

左宗棠不仅对人"居心宜直,用情宜厚",对事对国家也是如此。担任闽浙总督后,注重经世致用的左宗棠更大的兴趣并非平乱,而是善后、是建设,他倡导农桑、开商兴市、改革盐制、减少税赋、开设书局、复兴教育,《清史稿》对此赞道:"百废待兴,东南诸省善后之政,以浙江为最。"其中,最大的功绩之一是开办了福州船政局。

1866年,左宗棠创建了中国近代第一家造船企业——福州船政局。因为左宗棠敏锐地意识到了海防的重要性,而要想海防必须得有船,而"借不如雇,雇不如买,买不如造",所以左宗棠力主创建了福州船政局。他在奏折中写道:

> 聪明睿知,相近者性,而所习不能无殊。中国之睿知运于虚,外国之聪明寄于实;中国以义理为本,艺事为末;外国以艺事为重,义理为轻。彼此各是其是,两不相喻,姑置弗论可耳;谓执艺事者舍其精,讲义理者必遗其粗,不可也。谓我之长不如外国,藉外国导其先,可也;谓我之长不如外国,让外国擅其能,不可也。

即左宗棠认为中国人和西方人一样聪明,只不过中国人的聪明多用于务虚、追求义理,应该学习西方多些务实、提高技艺,不能让外国人专擅其能。

福州船政局设立在易守难攻的福建马尾,和法国签订了造船合作约定,雇佣外国技术团队协助设厂造船,以"尽得西人之长技,为中国之长技"。为配合福州船政局,左宗棠还创办了中国第一所科技专科学校——福州船政学堂,培养船政人才,分为培养制船人才的制造学堂和培养驾船人才的驾驶学堂,旨在"欲广其传,使中国人艺日进,制造驾驶辗转授受,传习无穷耳"。就在为福州船政局极力谋划时,左宗棠接到了剿捻的任务,为不使福州船政局半途而废,左宗棠极力申请将福州船政局升级为朝廷直辖衙门,还三顾茅庐请正丁忧在家的林则徐的女婿沈葆桢担任总理船政大臣,像当年林则徐托付给他新疆大业一样,将船政局"托孤"给沈葆桢,并让胡雪岩全款负责福州船政局所需经费。如此三管齐下保证了福州船政局有权、有人、有钱，因此使得福州船政局顺利起航，极速前行，四年后就造出了中国第一艘自建轮船"万年青"号，1889年造出了中国第一艘钢甲巡洋舰"平远号"，到1907年暂行停办为止共造出了40艘轮船，成为当时中国最重要的舰船工业基地，乃至被誉为"远东第一船厂"。1949年后，马尾造船所改为马尾造船厂，迎来了新的起航。福州船政学堂后来还创办中国第一所技工学校艺圃，三次组织学生"分赴英、法两国学习制造、驾驶之方，以及推陈出新，练兵制胜之理"①，共培养了严复、萨镇冰、邓世昌、詹天佑、黎元洪等众多人才，被誉为中国近代海军的摇篮。1912年，孙中山参观马尾造船所时说，他少年时原本想投考福建船政学堂投身海军，但因中法战争船政局被毁未能如愿而改学医学，可见当年福建船政学堂对学子的吸引力。

1867年3月，左宗棠奉命率楚军北上剿捻，主要负责剿灭西捻军。"南方牛"碰上了"北方马"，"牛唇不对马嘴"，向来所向披靡的楚军遇到飘忽不定的捻军，一度战事不利，左宗棠甚至被革职、夺去花翎、戴罪立功，"硬汉"左宗棠为此还想像他瞧不起的曾国藩一样自杀。直到后来西捻军出现内乱，首领张宗禹将带头内乱的十多个将领一口气全杀了，导致西捻军军心大乱，再加上已剿灭东捻军的李鸿章部配合，才最终剿灭了西捻军。"西捻军一灭，左宗棠的官帽，又被慈禧太后捡起来了。拍拍灰，戴到他头上，说几句左老三真不错的话。"②

左宗棠官复陕甘总督后，又"剿抚兼施"，率大军平息陕甘回军起义。不久，阿古柏政权在新疆成立，并谋求独立，将清军基本上赶出了新疆。对此，左宗棠上奏"西征表"，力主西征，"西事以五年为期"，于是1875年清廷委任左宗棠为"钦差大臣身份督办新疆军务"负责收复新疆。次年，64岁的左宗棠统率西征军"先北后南，缓进急战"，像诸葛亮抓孟获一样

---

① 《清末海军史料（上）》，第378页。
② 徐志频：《左宗棠：帝国最后的"鹰派"》，中国青年出版社，2014年，第232页。

又擒又纵①，仅用时一年多就基本上收复了伊犁之外的整个新疆，阿古柏绝望自杀。伊犁此时被俄国占领，清廷派崇厚去俄国谈判，想和平收回伊犁。崇厚倒是"不辱使命"，与俄国擅自签订了《里瓦几亚条约》，条约虽然规定了"伊犁空城归属中国"，但要中国割让其他大片领土及赔偿巨款给俄国。清廷大惊失色，将崇厚革职、判为"监斩候"，再派曾国藩的儿子曾纪泽赴俄谈判。而左宗棠定下三路收复伊犁策略，并亲自带着一口空棺材率军压境，以示视死如归、志在必得。在左宗棠的震慑下，在曾纪泽的力争下②，俄国最终与曾纪泽签订了《中俄伊犁条约》，虽然多赔了些钱，但终于收回了伊犁。至此新疆全境收复，左宗棠成为了"唐太宗以后维护国家领土功劳最大者"，为中国保住了六分之一的土地，功在当时、利在千秋，左宗棠自己也不谦虚地把他的功劳"比隆汉唐"。

左宗棠之所以顺利收复新疆，要归功于总数5230万两军饷的支持，其中外债近2000万，保障了他粮草充分、武器先进，当时左部已装配了"螺丝开花炮"、加特林机枪等最先进的枪炮。如泰戈尔所说："你今天受的苦，吃的亏，担的责，扛的罪，忍的痛，到最后都会变成光，照亮你的路。"这也要归功于左宗棠早年对舆地学的钻研和林则徐对他的新疆大业"托孤"，使得他对新疆风土人情了如指掌，还要归功于他在收复新疆时采用的正确战略战术及民族政策，如左宗棠所期望的："八城回民如去虎口而投慈母之怀。不但此时易以成功，即后此长治久安亦基于此。"③

像担任闽浙总督时期一样，注重经世致用的左宗棠在西北时也是一手抓军事，一手抓建设，"引边荒艰巨为己任"。他兴修水利、注重农桑、广

---

① 左宗棠收复新疆虽然像诸葛亮一样神勇，但他不再自称"今亮"了。据说是因为他每次打了胜仗便捋着胡须道："此葛亮之所以为亮也。"有一次陕西布政使林寿图实在忍不住回道："此诸葛之所以为诸（谐音"猪"，讽刺肥胖的左宗棠是猪）也。"后来有人将此写成一副对联道："祭东风、破曹操，此诸葛之所以为亮也；失街亭、斩马谡，此葛亮之所以为诸（猪）欤！"从此左宗棠不再自称"今亮"。这是戏说，也可能是因为随着年龄增长见识增多，左宗棠越来越意识到人生维艰，想成为"今亮"太难。

② 韦力、拓晓堂在《古书之媒》一书（广西师范大学出版社，2014年）中认为李鸿章在幕后也对中俄伊犁交涉发挥了重要作用，尤其是对曾纪泽的谈判策略有重要影响。

③ 转引自左景伊：《我的曾祖父左宗棠》，湖北人民出版社，2010年，第250页。

开义学、植树造林、禁种鸦片，他所推广的几千口井被称为"左公井"，他栽种的 1000 多万柳树被称为"左公柳"，处理新疆善后事宜的杨昌濬为此写诗赞道：

> 大将筹边尚未还，湖湘子弟满天山。
>
> 新栽杨柳三千里，引得春风渡玉关。

另外，"左宗棠总结出：中国内所以有太平天国、捻军起义、回民变乱，发生的主要原因，是'学术不讲'。他认为好的社会，是政府清正廉洁，民众知书达礼，本着通过教育来传播学术，改良人心，建设一个太平世界，他在西北修建了兰州有史以来第一个、同时也是当时全国最大的贡院——兰州贡院。"① 兰州书院可容 4000 余人，并施行了甘肃、陕西"乡试分闱"，让甘肃人尤其是回民子弟得以更多中举。左宗棠还创设或重建了尊经书院、文明书院、银川书院等 40 多所书院，兴建了几百所义学，并与民同乐，创建了西北最早的公园——节园。

像在浙江时一样，左宗棠还注重洋务，在西北创办了西安制造局、兰州制造局、甘肃呢织总局、兰州火药局等新兴企业。在担任陕甘总督时期，为了方便提供镇压捻军的军火，左宗棠创办了西安制造局，花 30 万两白银购置了德国先进的军火生产机器。剿灭捻军、到任兰州后，左宗棠将西安制造局迁移到兰州，改名为兰州制造局，因进军新疆需要又扩大了规模，所造武器后来对收复新疆发挥重要作用。左宗棠还亲自指导火药生产，使得火药质量与西方火药差不太多，以至于俄使后来参观兰州制造局所造武器时大为赞叹。兰州制造局在新疆收复后曾暂时关停，1908 年重开至今，现为兰州通用机器制造有限公司。

1877 年，左宗棠在甘肃又创办了甘肃呢织总局，首开机器纺织先河，也是中国大西北首家大型轻工企业。"因为兰州地区盛产羊毛、驼毛等原料，用此生产织呢可以减少运输、原料、人工等成本。而且，左宗棠早前就在兰州设立机器总局，局里聚集了一大批能工巧匠，刚好可以为织呢局

---

① 徐志频：《左宗棠：帝国最后的"鹰派"》，中国青年出版社，2014 年，第 328 页。

服务。"①但梦想很丰满,现实很骨感,甘肃呢织总局的建设生产面临着一大堆问题。首先,去哪里买机器?左宗棠找到老搭档胡雪岩,让其帮忙从德国采购。其次,如何将购置的4000箱机器运到偏远的大西北?先将机器运至汉口,再将机器拆放在小船上,逢水就划船,没水就抬船,如此花了一年多的时间才将所有机器运至兰州。有了机器,没人操作怎么办?左宗棠又高薪聘请了德国技术人员。终于,甘肃呢织总局于1880年9月开工,但开工生产的产品如何销售?因为产品成本高、质量差、需求少,最终甘肃呢织总局于1884年倒闭关停。虽然倒闭了,但此厂毕竟开西部洋务运动风气之先,且此厂后来又一度恢复生产,1949年后在此基础上建成兰州第二毛纺厂。

"从兴办军工企业,到兴办民用企业,从坚船利炮,到衣食住行各行业,左宗棠所走的兴实业、夯筑帝国根基之路,遵循着自强——求富的洋务思想,为国家和人民尽心尽力,或开先河,或取得较大成绩,无不令人敬服。"②左宗棠之所以热衷于洋务,出于他一贯的经世致用思想,尤其是深受魏源影响。魏源对左宗棠一生有重要影响,可谓他精神上的导师。左宗棠早年就阅读过魏源主编的《皇朝经世文编》,后节衣缩食,于1851年花巨资购买了《皇朝经世文编》,再次认真阅读,并极力推荐此书,称它是一部体用俱备、裨益世务的"有用之书"。左宗棠还阅读了魏源的《圣武记》,称魏源"于地道兵形较若列眉"。对于《海国图志》,左宗棠道"切实而有条理,近料理新疆诸务,益叹魏子所见之伟为不可及。《海国图志》一书,尤足称也",还应邀为《海国图志》新版作序,称其是魏源激于强寇入侵积弱中国的"发愤之作"。魏源病逝时因逢战乱而草草入殓,1864年3月左宗棠驻军杭州时亲自主持维修魏源墓,魏源族孙魏光焘还跟随左宗棠西征,后在左宗棠栽培下任江西布政使、云贵总督、两江总督等要职。左宗棠从魏源著作中学到了很多知识,更在此后身体力行着魏源的经世致用思想和"师夷长技"主张,他以魏源的继承者自居,曾自豪地说自己学习西方的举

---

① 止水:《左宗棠传》,中国华侨出版社,2016年,第141页。
② 止水:《左宗棠传》,中国华侨出版社,2016年,第147页。

动是"此魏子所谓师夷长技以制之也"。

左宗棠在大西北还有许多宏图大业要干，他要完成林则徐托付的"治疆"大业，但因为他收复新疆劳苦功高，朝廷擢升左宗棠入值军机处任总理衙门大臣主管兵部，左宗棠由此位极人臣，登上了"人生巅峰"。左宗棠官职升了但脾气依旧不改，他在"入京陛见"时坚决不按照"潜规则"交四万两"入门钱"①，甚至跺脚骂守门太监道："吾尝入百万军中，无人敢阻挡者，安识汝曹小辈？"意思是"敌人百万都不敢拦我，你个小太监算老几"。最终对峙五天后，太监不得不放行。后来又有太监送来纸条，说太监总管李莲英要为父亲做寿，请左宗棠送礼祝贺。左宗棠再次跺脚怒骂："尔等乃无后之卑鄙阉人，竟屡次敲诈本帅……国事败坏于尔辈身上，毋说吾无银，若有，亦不予分文"，即"你们这些断子绝孙的阉人竟敢屡次敲诈本大帅，国家大事都败坏在你们身上，别说我老左没钱，有钱也不给你们一分一毫，看你们敢动我一根毫毛吗？"②

左宗棠不仅敢怼太监，对其他人也是不待见，我行我素，不断打破官场"潜规则"。他像龚自珍一样"少磕头多说话"，常骂旗人官员无能；上朝不按顺序发言，想说就说，说得响亮；甚至在慈安太后去世时竟然不相信她是病死而公开在宫里说："我几天前才见过太后，她说话还跟平时一样好好的。我不信她就这么死了，一定事有蹊跷。"③之前慈安太后召见左宗棠

---

① 大清有很多类似的"潜规则"，如曾国藩报销 3000 万两军费，户部按照惯例要收 1.3% 即四十多万两白银的部费，好说歹说部费减至 8 万两。后来慈禧太后念湘军劳苦功高免于报销，但曾国藩还是按照说好的交了户部 8 万两部费，因为此后不免还要和户部打交道，还是破财消灾的好，否则户部官吏如果从中作梗就很麻烦。当年福康安军功赫赫，又传说是乾隆私生子，他征西藏回来刚开始也不愿交部费，但有人劝道应趁大胜归来龙颜大悦赶紧报销，否则等个三五年再报销就麻烦多多，福康安"闻之，大为激赏"。

② 黄濬在《花随人圣盦摭忆》中写道："此两人（曾国藩、左宗棠）皆不勾结宫廷王公太监，稍存书生本色。李文忠（李鸿章）则好结内援，宦术深矣。"（黄濬：《花随人圣盦摭忆》（上），中华书局，2013 年，第 202 页）李鸿章曾一次贿赂李莲英 20 万两白银。对太监态度也可见三人风格，曾国藩是因为受义理约束不愿为之，左宗棠是因为豪迈性格而不屑为之，李鸿章则是因为贪图事功而不惜为之。不过一次，左宗棠入宫时把官帽落到宫里，最后还是不得不付给太监 3000 两白银才拿回帽子。连硬汉左宗棠尚且如此，也可见晚清贪腐贿赂之风多么严重。

③ 贝尔斯：《左宗棠传》，哈尔滨出版社，2014 年，第 225 页。

时对他嘘寒问暖,让"硬汉"左宗棠备感温暖而流下眼泪。慈安问他为何流泪,左宗棠说自己被路上风沙刺激所致,慈安于是又将咸丰用过的一副墨镜赐给左宗棠,让左宗棠更是感动,因此对慈安很是感激。在军机处坐班,左宗棠也是随心所欲,乃至动辄提起他的"丰功伟业"滔滔不绝,"甚至拍案大笑,声震旁室"[①]。别的同事提醒他应该按照规矩跟着王爷,于是左宗棠第二天搞恶作剧,紧跟恭亲王,恭亲王去哪儿他去哪儿,恭亲王上厕所他也跟着上厕所。恭亲王很奇怪地问为什么像跟屁虫一样老是跟着他,左宗棠回答说这是别的军机大臣吩咐的,凡事跟着王爷走,对此恭亲王很是无语。

光绪皇帝十岁生日时,左宗棠前去祝寿竟然迟到,还在行"三跪九叩"大礼时因年迈体衰行动迟缓,少磕了几个头,这下便被别人抓到把柄,参劾他"藐礼不臣",意思是藐视礼教反对皇帝。这帽子扣得够大,杀几个头都不够,幸而左宗棠功高盖世,慈禧太后等人也奈何不了他,只罚了左宗棠一年俸禄。但这样的老刺头"愤青"待在身边总是不爽,于是慈禧太后便让左宗棠出任两江总督,美其名曰去两江富庶之地多为后代攒点钱吧。临走前,左宗棠住所门楣上长出了五棵灵芝,房梁两端也各长出了两棵灵芝,人们都认为是好兆头,左宗棠却说:"休乎?咎乎?"[②]他已经不再像年轻时那般为子虚乌有的灵芝而兴奋了,他预感到了自己将"休"将"咎"。1882年2月,左宗棠上任两江总督后,还是像他主政其他地方时一样主抓经济建设、兴修水利、改革盐务、重视文教,但他的洋务思想有了很大改变。在西北时,左宗棠也曾大胆尝试用机器开渠挖井,一度还用机器挖掘到了油矿。但当时左宗棠为避免外国染指,反对李鸿章等人主张的开矿、修路、架电线等,认为"洋人的电报属于奇巧之器,华而不实"。担任两江总督后,左宗棠愈发认识到洋务、洋物的必要,"中国之睿知运于虚,外国之聪明寄于实",而提出创办本国银行、"以机器开采"矿产及在长江沿岸架设电线的主张:

---

① 黄濬:《花随人圣盦摭忆》(上),中华书局,2013年,第155页。
② 左景伊:《我的曾祖父左宗棠》,湖北人民出版社,2010年,第289页。

> 电线兴自泰西，无论水陆程途千里，音信瞬息可通，实于军情、商务大有裨益……应由中国先行设立陆线，杜其狡谋，所有一切经费仍由华商自筹……敕下总理衙门速咨江西、湖北、安徽各省一律举行……

更尊重外国人的左宗棠也获得外国人的尊重，在他几次巡视上海时，都受到外国兵船升龙旗、鸣礼炮等礼遇。光绪九年正月，左宗棠在南京为"托孤"事业于他的陶澍、林则徐建立了陶林二公祠，题写对联道："三吴颂遗爱，鲸浪初平，治水行盐，如公皆不朽；卅载接音尘，鸿泥偶踏，湘间邗上，今我复重来。"三十年过去了，左宗棠终究没有辜负陶澍、林则徐的所托。

1885年3月，左宗棠又上奏清廷，把修建铁路视为"大政"，要求"次第举办"。左宗棠的海防思想也有了较大转变，他不仅同意购船，还提出要建立海军舰队。他更发现了洋务运动的弊病在于"所铸之器不精，而费不可得"，问题根源在于产权不清，因此左宗棠大力主张企业"商办"，鼓励民间自办企业，"与民争利，不若教民之兴利"，也由此他更加扶持胡雪岩，而与李鸿章展开了决斗。

左宗棠和李鸿章原本皆属湘军，后各自立门户，左宗棠创建楚军，李鸿章创建淮军，都立下赫赫功业。"曾国藩拼命做学问，左宗棠拼命办事，李鸿章拼命做官。"在曾国藩去世后，两人成为晚清最重要的汉臣，可惜却是死对头，如同周瑜和诸葛亮般"既生瑜，何生亮"。左宗棠与李鸿章有着怎样的"瑜亮之争"呢？

相比李鸿章，大十一岁的左宗棠要资格老得多。1852年，左宗棠出山担任师爷暗掌湖南大权时，李鸿章还不过是个籍籍无名的一介文书。后来，两人同入曾国藩军中，说话刻薄的左宗棠常喜欢讽刺别人，称李鸿章为"小李子"，搞得李鸿章很是不满，"我又不是小李子李莲英"，但他又无可奈何，只能在给朋友的信中吐槽左宗棠"湘人胸中有鳞甲"。左宗棠还笑话出身安徽的李鸿章说"安徽人做文章还勉强可以，打仗不行"，让李鸿章内心很是不服不平，埋下了两人不和的动因。

后来，左宗棠、李鸿章各自率兵打仗，左宗棠在训练楚军时，曾拿李鸿章的淮军做反面教材，"淮军以诈力相高，合肥（李鸿章）又以牢笼驾驭为事，其意在取济一时，正虑流毒无穷"。左宗棠担任闽浙总督，主要率军在浙江一带作战，李鸿章担任江苏巡抚，主要率军在江苏一带作战，本"井水不犯河水"，可很快江苏境内太平军占领的城市除了南京都被李鸿章的淮军给收复了。于是，朝廷下令李鸿章派兵援助曾国荃攻克南京，拜曾国藩为师的李鸿章"不敢近禁脔而窥卧榻"，便转而派兵去了浙江，近左宗棠的"禁脔"去了，让被"窥卧榻"的左宗棠气得上奏朝廷，告李鸿章"越境掠功"。

太平军基本平定后，左宗棠、李鸿章又开始各自率军剿灭捻军。左宗棠负责剿灭的西捻军一度跑到北京附近，让负责剿灭东捻军的李鸿章"躺枪"，受到朝廷连带斥责，气得李鸿章对左宗棠咬牙切齿，在给弟弟李鹤年信中写道："左公放贼出山，殃及鄙人。若使办贼者获罪，何以激励将士？侍心如古井，恨不投劾归去，断不以目前荣辱介怀。"

1868年，在左宗棠和李鸿章合作下，西捻军终于被剿灭，李鸿章上奏朝廷说西捻军首领张宗禹投河自杀。左宗棠像当年举报曾国藩谎称太平天国幼主洪天贵福被抓一样，再次上奏朝廷说张宗禹并未投河自杀而是逃走了。对此，李鸿章和当年被举报的曾国藩一样非常恼怒，在给曾国藩的信中把自恃"今亮"的左宗棠比作曹操，"（左宗棠）阿瞒本色，于此毕露"，意思是"他说自己是在世诸葛亮，我看是曹操还差不多，哼，气死小李子我了"。

左宗棠、李鸿章两人的正式交锋则是"海防与塞防之争"。当时中国面临列强瓜分，沿海和边疆都领土告急，尤其是俄国占领了伊犁，于是1874年清廷要求各位重臣就塞防与海防各抒己见。重臣们的意见主要分成两派，一派以李鸿章为首，认为海防是国防中心。李鸿章在长达九千字的《筹议海防折》中提出"放弃新疆，专务海防"的主张，认为新疆是中国的手脚，而东南沿海则是中国的心脏，"新疆不复，于肢体之元气无伤；海疆不复，则腹心之大患愈棘"①；另一派则以左宗棠为首，提出"海塞并重"，新疆绝不能放弃，因为"保新疆之所以保蒙古，保蒙古之所以卫京师"，并在奏折中主动请缨率军西征。最终，左宗棠用他的见识和担当说服了朝廷，做出了"海防与塞防"并重②的决策，任命左宗棠为钦差大臣督办新疆军务，同时任命李鸿章督办北洋海防事宜、沈葆桢督办南洋海防事宜。

在左宗棠率军平定回乱、收复新疆过程中，与不计私怨、鼎力支持的曾国藩不同，李鸿章对左宗棠多有掣肘。如李鸿章不愿意派淮军大将潘新鼎、刘铭传援助左宗棠，最后仅派出百余官兵，勉强将3万两白银拨给左宗棠，还写信给左宗棠说不能再如数协款。为筹收复新疆的军费，左宗棠上奏朝廷欲借洋款1000万，朝廷要督办台湾钦差大臣沈葆桢"代为筹借"。主张"海防"重要的沈葆桢不太愿意，李鸿章也写信给沈葆桢撑腰，说左宗棠让别人"代为筹借，能不另有所谋？"左宗棠为缓和冲突，主动提出借款减少到400万，但清廷还是坚持借款1000万，李鸿章为此又找到军机大臣文祥质问。

收复新疆后的左宗棠劳苦功高，晋升为"二等恪靖侯"，并获东阁大学士头衔，又进军机处，成了朝中重臣，也成了李鸿章的头号对手。传说，有次左宗棠去见李鸿章，李鸿章出来迟了。想到李鸿章宠爱小老婆的传闻，左宗棠讥讽说"与如夫人洗脚"，意思是"你为了给小老婆洗脚而不惜怠慢大臣啊"。李鸿章则脱口而出道"赐同进士出身"，触及了左宗棠只中过举人而被朝廷赐"同进士出身"的软肋，让两人关系更为紧张。

这个故事只是传说，不过左宗棠在军机处时的确去天津见过李鸿章。当时，左宗棠出京视察水利工程，路经天津，便与直隶总督李鸿章见了面。在这次长谈中，斗了半辈子的左宗棠和李鸿章似乎有些和解，左宗棠事后

---

① 不能简单地认为李鸿章此主张就是卖国，李鸿章因为身在东南沿海，更加认识到海防的重要性，认识到海洋时代已经到来。且中国古人并不认为领土越多越好，为夺土地穷兵黩武不被认可，而为了和平、为了"王道"出让一些领土则未尝不可，如康熙与俄签订《尼布楚条约》将原属中国的尼布楚让给俄国，便被认为体现了"王道"，详情参见叶曙明的著作《李鸿章大传》。

② 实际上谁都知道"海防与塞防"应该并重，但实际上"海防与塞防"并重"双赢"根本不可能，后来左宗棠西征实际上也挪用了大量海防经费。

告诉刘坤一:"李伯相晤谈数次,意见已融,无复从前偏执意态。"①李鸿章也在给张佩纶、丁宝桢的私信中说:"左相莅津后,盘桓两日,意见肯融。沿途咨访情形,似已略知梗概,不似从前之夸张矣。"②

但随后在李鸿章回老家"丁忧"时,位高权重的左宗棠借机将李鸿章派系的官员打击了一番,或开除或贬谪。"丁忧"期满后的李鸿章对此非常恼火,决定以牙还牙,便拿胡雪岩开刀。胡雪岩原本是钱庄小伙计,因资助当年落魄青年、后成为浙江巡抚的王有龄发迹,左宗棠继任浙江巡抚后对胡雪岩也非常欣赏。胡雪岩是左宗棠一手扶植起来的全国首富和奏荐的"红顶商人"③,浙江军人、官员的钱财都存入胡雪岩钱庄,胡雪岩以此为资本大肆扩张产业而成首富。胡雪岩从平定浙江太平军到收复新疆也给了左宗棠强大支持,可谓是左宗棠的"经济基础",因此"倒左必先倒胡"。

当时,胡雪岩高价收购了大批蚕丝,垄断了市场,准备囤积居奇,大发其财。此时正赶上胡雪岩为左宗棠行军打仗所筹借的80万两借款到期,于是李鸿章授意盛宣怀对外放风说胡雪岩资金紧张。盛宣怀和胡雪岩作为当时最有实力的两大商人,也一直明争暗斗,如胡雪岩暗使手段弹劾盛宣怀,使其一度丢了招商局督办之职,因此盛宣怀倒胡格外卖力,专程坐镇上海组织对胡雪岩"定点清除"。

虽然借款是替清廷借的,但经手人却是胡雪岩,外国银行于是纷纷找胡雪岩催款要钱。胡雪岩从自己的阜康钱庄紧急调来80万两白银还账,不料盛宣怀通过所管辖的电报掌握了胡雪岩情况。盛宣怀联系各地商人买办,不让他们买胡雪岩的生丝,又安排一些大户到阜康钱庄提款挤兑,还放风说胡雪岩已血本无归。于是,存款客户纷纷到胡雪岩的钱庄提款,"风声四

---

① 左宗棠:《答刘岘庄》,《左宗棠全集》,第12卷,第692页。
② 李鸿章:《致张佩纶》,《李鸿章全集》第33册,第45页。
③ 左宗棠收复新疆所需借款多由胡雪岩所借,左宗棠所办洋务事业也多由胡雪岩资助,从这个意义上讲,胡雪岩对中国也有重大贡献。因资助收复新疆有功,左宗棠向朝廷保荐胡雪岩,胡雪岩获赏穿黄马褂、戴红顶。清朝此前只有乾隆年间的盐商有过戴红顶子的,赏戴红顶又穿黄马褂的商人历史上仅胡雪岩一人,故胡雪岩成为显赫一时的"红顶商人",后"红顶商人"指"官商"或勾结官员的商人。

播,取存款者云集潮涌,支持不经日而肆闭",胡雪岩这时如梦初醒,想发电报给"靠山"左宗棠求救,可电报又被掌握着电报局的盛宣怀扣下了。虽然,最后左宗棠也出马挽救胡雪岩,亲自"按簿查询",对账发款,且向户部为胡雪岩求情,甚至他曾搥胸叹曰:"君父之恩,略已报矣;胡光墉(即胡雪岩)之恩,未能报也。"可此时大势已去,"墙倒众人推",一代首富胡雪岩最终破产,惨死于一个荒郊野外的小屋里,据说临死前大吼"盛宣怀,我和你没完",成了李鸿章与左宗棠斗争的牺牲品。胡雪岩的这个结局其实也反映了洋务运动的缺陷,意味着"在封建集权社会里,'官督商办'只能是一种理想,暂时无法实现"①,甚至根本就不能实现。"红顶商人"很难有好下场,集权社会里企业很难有大发展,因为权力集中与市场自由本就水火不容。

虽然胡雪岩被打倒了,但李鸿章和左宗棠的斗争还没完,在随后的中法战争中又有延续。刚直不阿的左宗棠终究不是老奸巨猾的李鸿章对手,左宗棠就要谢幕了,李鸿章"一手遮天"的时代来了。

五、李鸿章"接轨":洋务运动"集大成者"

平定太平军、捻军后,李鸿章的淮军在曾国藩的"保驾护航"下被近乎完整地保留下来,到 1871 年,淮军约有 4.5 万人守卫着直隶、江苏、山西等军事要地,在后来的 20 年间淮军从 1875 年的 95 个营扩张到 146 个营。淮军"取代了过时而无能的八旗和绿营,成为清廷装备最精良、最重要的防卫力量,直到义和团之后的 10 年才被袁世凯的新军所取代"②,也成为李鸿章做大、做强最重要的政治资本,也成为曾国藩进可攻、退可守的一步妙棋后棋,"瞧,俺老曾的湘军基本都裁了,朝廷你们该放心了吧,但你们要是敢动我,淮军虽然不是我亲儿子但胜似亲儿子,也饶不了你们"。

1869 年,李鸿章接任湖广总督,他裁撤鄂军以节省军饷救济自家的淮

---

① 徐志频:《左宗棠:帝国最后的"鹰派"》,中国青年出版社,2014 年,第 355 页。
② 李怀印:《现代中国的形成:1600—1949》,广西师范大学出版社,2022 年,第 152 页。

军,写信给担任湖北学政的张之洞支持他筹办书院,他不会想到张之洞将成为他最后最大的对手。不久天津教案爆发,李鸿章接手曾国藩"躺赢",由此成为北洋大臣、直隶总督,任这两要职达25年,接替曾国藩开始了李鸿章时代,"坐镇北洋,遥执朝政,凡内政外交,枢府长倚为主,在汉臣中,权势为最巨"①。

"青出于蓝而胜于蓝",李鸿章胜于曾国藩的一个重要方面在于他更清醒务实,如他更清醒地认识到中国在技术工艺方面的落后,认识到必须学习西方、兴办洋务、奋起直追,为此实用主义,怎么办好怎么来,而非像曾国藩、左宗棠那样拘泥于道统、主权等名分。早在带领淮军保卫上海时,李鸿章就感叹"洋兵数千,枪炮并发,其落地开花炸弹真神技也"②而大胆起用洋枪队,淮军也大量引进洋枪、洋炮、洋教练,"以湘淮纪律参用西洋火器",到1862年9月淮军各营已有来复枪一万余支,淮军的"立正""稍息"等口令甚至都是英语。李鸿章还写信给曾国藩说:"鸿章尝往英、法提督兵船,见其大炮之精纯、子药之细巧、器械之鲜明、队伍之雄整,实非中国所能及……深以中国军器远逊外洋为耻,日戒谕将士虚心忍辱学得西人一、二秘法,期有增益而能战之。"③

1864年,李鸿章致书主持总理各国事务衙门的恭亲王奕䜣,系统地提出自强之道:

> 鸿章窃以为天下事穷则变,变则通。中国士大夫沉浸于章句小楷之积习,武夫悍卒又多粗蠢而不加细心,以致用非所学,学非所用。无事则斥外国之利器为奇技淫巧,以为不必学,有事则惊外国之利器为变怪神奇,以为不能学。不知洋人视火器为身心性命之学者已数百年……前者英法各国,以日本为外府,肆意诛求。日本君臣发愤为难,选宗室及大臣子弟之聪秀者,往两国制器厂师习各艺,又购制器之器,在本国制习,现已能驾驶轮船,造放炸炮……夫今之日本即明之倭寇

---

① 刘体智:《异辞录》卷二,中华书局,1988年,第84页。
② 转引自雷颐:《李鸿章与晚清四十年》,山西人民出版社,2008年,第173页。
③ 《李文忠公全集》奏稿,卷二,第46—47页。

也，距西国远而距中国近。我有以自立，则将附丽于我，窥视西人之短长；我无以自强，则并效尤于彼，分西人之利薮。日本以海外区区小国，尚能及时改辙，知所取法。然则我中国深维穷极而通之故，夫亦可以皇然变计矣……鸿章以为，中国欲自强则莫如学习外国利器。欲学习外国利器则莫如觅制器之器，师其法而不必尽用其人。欲觅制器之器与制器之人，则或专设一科取士，士终身悬以为富贵功名之鹄，则业可成，业可精，而才亦可集。

李鸿章以日本为例，认为中国必须学习西方以自强，自强之道在于学习西方利器，而要想学习西方利器必须有相关人才，这又需要改革科举制度，学习西方文化知识。步步深入，李鸿章由物及人再深入到文化、制度，可谓慧眼如炬、高瞻远瞩，历史后来也证明了这一现代化逻辑的合理性。其实早在上此书前一年，李鸿章就曾上奏请设外国语言文学学馆，后在上海设立广方言馆，聘请美国传教士林乐知担任英文教习，林乐知曾教授学生电报机使用原理等西方科技，考试方式则是将简短英文译成中文。

不过李鸿章当时认为"中国文武制度，事事超出西人之上，独火器万不能及"，所要做的主要是学习西方制造火器。他先是在江苏开设了三所小型的军火工厂，即所谓的"炸炮三局"，随后将其中的一所军工厂改为金陵机器制造局，随后又将另外两个军工厂及所购的一家美国人开设的铁厂一起合并为江南制造总局。江南制造总局先后开设有轮船厂、机器厂、木工厂、熟铁厂、铸铜厂等十三个分厂，占地七十余亩，雇工兵3000余人，大量雇佣了"通习军器"的外国技师，生产机器、轮船、枪炮、弹药、钢铁等，还翻译西方书籍，是近代中国规模最大的军事企业。江南制造总局虽然由曾国藩所规划，但实际上由李鸿章长期负责，甚至李鸿章离开南京后也依旧对其负责。

后来，李鸿章北上担任直隶总督、北洋大臣，有了更大的施政空间。他将天津原来的军火机器总局更名为天津机器局，并在用人、业务等方面进行了大刀阔斧的改革，兴建了许多分厂，还创办了电气水雷局培养相关人才。另外，他又和曾国藩一起多次上奏推进幼童赴美留学。其中也颇多曲折艰难，如好不容易争取到了朝廷的批复，但负责留学事宜的容闳几乎招不到学生，因为当时去美国留学要签具类似于"卖身契"的"甘结书"，承诺"倘有疾病生死，各安天命"，容闳最后只好回到家乡广东和香港招生；如詹天佑父亲本来也不同意送詹天佑出国留学，经一个长期在香港做事的邻居的反复劝说及将自己女儿许配给詹天佑才勉强同意。同治十一年正月二十六日，李鸿章写信给曾国藩谈中国自强之难道：

> 兴造轮船兵船，实自强之一策。惟中国政体，官与民、内与外均难合一；虑其始必不能善于后，是以鸿章于同治四、五年创议铁厂时，左公已议造船，鄙意未敢附和，但主仿造枪炮军火，谓可自我发而收之也，即不备于水而尚有备于陆也。前闽、沪造船已六载，成器成效不过如此，前兴之而后毁之，此信之而彼疑之，及今吾师与左公尚存，异议已多，再数年，十数年后，更当何如？①

这信意思是感叹自强之难主要在于人心不一，"曾国藩和左宗棠你们现在还健在就有很多非议，你们去世之后，小李子我可咋办呢？"他还感叹中国正面临"数千年未有之变局"，必须迎头赶上。李鸿章没有等到曾国藩的回信，因为曾国藩不久前已经去世。李鸿章在得知曾国藩去世后"忧悸欲绝"，送挽联道："师事近三十年，薪尽火传，筑室忝为门生长；威名震九万里，内安外攘，旷世难逢天下才。"②曾国藩走了，"忝为门生长"的李鸿章的路还很长，还将继续薪火相传、兴办洋务、自强不息，而他未来的威名、业绩以及艰辛、耻辱也将不亚于曾国藩。

李鸿章的第一个大手笔是创建了轮船招商局，这是中国第一家轮船运输企业，也是中国第一家近代民用企业、第一家股份制企业。鸦片战争之后内河航运权逐渐开放，西方轮船大举进入中国，抢占商业运输市场，中国传统的木帆小船如何能敌得过"钢铁巨兽"呢？洋船逐渐占领了中国运输市场，为图自救，有些国人就入股外国轮船公司或租赁外国船只、冒充外商，有些有识之士则提出由中国人自办新式轮船企业。

---

① 李鸿章：《复曾相》，《李鸿章全集（五）》，时代文艺出版社，1998年。
② 李鸿章：《李鸿章全集·信函二》，安徽教育出版社，2008年，第422页。

1872年12月23日，李鸿章向清廷上奏《试办招商轮船折》。在这份奏折里，他指出成立招商局的目的是为承运漕粮和与洋商分利，"冀为中土开此风气，渐收利权"，"庶使我内江外海之利不至为洋人尽占，其关系于国计民生者，实非浅鲜"。他还提出了"官督商办"的经营模式，由商人出资，官方督办，"官总其大纲，察其利病，而听候商董等自立条议，悦服众商"。三天后，清廷就批准了这份奏折。轮船招商局官本二十万串、拥船四艘，但因为是新兴事物，民间观望者多而实际掏钱入股者少，李鸿章果断替换有人脉、有经验的唐廷枢接任总办。唐廷枢长期担任洋行买办，甚至担任过英商驻华总买办，且是很多西方轮船公司的股东。在他的带领下，轮船招商局很快入股者纷纷，也很快盈利。

但不久北方大旱、南方水灾导致百业萧条，航运业也受到严重影响，为此外国轮船公司打起了价格战，轮船招商局陷入困境，李鸿章拨公款45万两白银给招商局，帮渡难关。另一方面，轮船招商局也努力自救，先是成立了中国第一家保险公司——"仁济和保险公司"，接着打算收购美国的旗昌公司。中国民营企业要收购外国公司，这可是破天荒的事，收购旗昌公司需白银220万两，收购之后市场何在也是个大问题。最后，轮船招商局还是力排众议，收购了旗昌公司，李鸿章称赞此举"为收回利权大计，于国计商情两有裨益"。

轮船招商局收购旗昌公司后实力大增，拥船三十余艘，但随之各种经营费用也增多，业务出现亏损，乃至有山西道监察御史董隽翰在上奏中指责"据称该局每月亏银五六万两，因置船过多，载货之资不敷经费，用人太滥，耗费日增"。李鸿章则上折为招商局辩护，并奏请招商局缓交三年官款利息，以及将沿江沿海各省所有船运业务都交给轮船招商局。轮船招商局因此有了巨大市场，也进而逐渐盈利、实力雄厚，到1879年盈利近八十七万两，并在各地纷纷设立分局，还陆续投资创建了中国最早的大型煤矿开采企业——开平矿务局、中国近代第一家银行——中国通商银行、上海交通大学的前身——南洋公学等，对中国历史发挥了重要影响。"轮船招商局是洋务派创办的第一个从'军工'转向'民用'、从'求强'深化为

'求富'、由'官办'转向'官督商办'的企业，因此意义非同寻常"①，也可以说是中国早期现代化进程中标杆性企业。

轮船招商局之后，李鸿章又一伟业是他组织人马在中国修建铁路，此事足见中国与世界接轨、开展现代化之艰难，也足见李鸿章之坚韧。李鸿章早就认识到我国应该修建铁路，但他主张由国人自办铁路，"只有中国自己创办和管理铁路，才会对中国有利。并且中国人坚决反对在内地雇佣许多外国人；而一旦因筑路而剥夺中国人民的土地的时候，将会引起极大的反对"②。早在1874年，李鸿章赴京面见总理各国事务衙门大臣奕訢时，便"极陈铁路利益，请先造清江至北京铁路，以便南北转载运输"。奕訢表示想法很好，但"天下无人敢出来主持这件事"，"两宫太后也不能决定此等大计"。

吃了这个"闭门羹"后，李鸿章虽然在给郭嵩焘的信中表示"从此遂绝口不谈矣"③，但他始终没有放下此事，而是走"迂回"路线，暗渡陈仓，支持福建巡抚丁日昌在台湾试办铁路，并亲自为其募集款项。可丁日昌很快因病离任，在台湾修铁路的机会又泡汤了④，李鸿章继续耐心等待时机。1876年，开平矿务局成立后，为了能更快捷地运输煤炭，在李鸿章的允准下，由开平矿务局自己出钱，偷偷地修建了一段全长11公里的铁路。李鸿章为求朝廷批准，特在奏折中声明由驴马来驮载，亦即此乃"马路"而非铁路，终于获得朝廷批准，国内第一条自办铁路——唐胥铁路于1880年正式建成通车。这条铁路的有些铁轨至今还在沿用，而且一直都没有生锈，一直熠熠生辉，见证着历史。

当时反对修建铁路的声音很多很大，很快发生了有关铁路问题的大论

---

① 雷颐：《李鸿章与晚清四十年》，山西人民出版社，2008年，第214页。
② 宓汝成编：《近代中国铁路史料（上）》，文海出版社有限公司。
③ 李鸿章：《复郭筠仙星使》，《李鸿章全集（六）》，时代文艺出版社，1998年。
④ 1874年，美国人布拉福特组成的吴淞道路公司以筑路为名，擅自在上海吴淞修建了一段三十多里长的铁路，清廷对此坚决反对，将附近火灾归咎于铁路，后来花了二十八万五千两白银买下了这段铁路。买下之后，铁路被拆除，铁路器材被运往台湾打算利用，但后来台湾的铁路也没有修建起来，这些器材被扔在海滩变成了废铜烂铁。沈葆桢在拆毁吴淞铁路的同时，还细心地下令将车头上的"总督号"三个字去掉。

战,反对者认为修建铁路"凿我山川,害我田庐,碍我风水,占我商民生计",甚至是"以夷变夏"。1881年,李鸿章上陈《妥筹铁路事宜折》,提出修建铁路有调兵遣将、保卫京师、兴办商务、方便矿务、转移民俗等九大好处,是中国自强最重要的措施,但遭到顽固守旧势力的猛烈攻击,最终清廷批示为"着无庸议"。在论战中落败,李鸿章很失望地感叹道:

> 士大夫之愚惑,朝廷之无人,亦可笑矣……天下事无一不误于相互牵掣,遂至一事办不成,良久感叹。处今时事,外须和戎,内须变法。若守旧不变,日益削弱,和一国又增一敌矣。自秦政变法而亡,后世人君遂以守法为心传。自商鞅、王安石变法而诛绝,后世人臣遂以守法取容悦。今各国一变再变,而蒸蒸日上,独中土以守法为兢兢,即败亡灭绝而不悔。天耶?人耶?恶得而知其故耶?[①]

虽"良久感叹",但深得曾国藩"挺经"的李鸿章依旧坚韧不拔、务实灵活,"不让我小李子修建铁路,那我扩展原来的'马路',总可以吧"。他先是悄悄地将唐胥铁路延长为唐芦铁路,接着又求得主持海军衙门的醇亲王奕譞的支持,以海军衙门的名义将唐芦铁路接连到天津,取名津沽铁路,全长共130公里。1882年,唐芦铁路上安装了一辆利用开平煤矿废旧锅炉改造成的蒸汽机车,又遭到很多非难,乃至被奉旨查禁,后经李鸿章反复申诉才获解禁通行。在第一条铁路唐胥铁路"开通后的十年时间里,整个中国统共才修了四百六十千米铁路,摊到一年才四十多千米,可见发展之慢"[②]。

1888年,李鸿章还打算通过海军衙门修建天津到通州的铁路,理由是"外助海路之需,内备征兵之入卫用",引起又一波激烈反对、论战。李鸿章为打动"老佛爷"慈禧的"欢心",申请在慈禧住的西苑安装铁路,不承想竟然获得慈禧同意。很快,西苑的铁路修好了,慈禧每天坐着小火车来回吃饭,但慈禧不喜欢车头冒烟,于是这火车不装机车而用四名太监拖拉。坐着小火车优哉游哉的慈禧一高兴就批准了津通铁路,但还是有很多人强烈反对。最终,清廷同意了张之洞的方案,暂停津通铁路的兴建,先修卢

---

① 《李文忠公全集·朋僚函稿·复王壬秋山长》。
② 关河五十州:《一个民族的远航》,华龄出版社,2022年,第246页。

沟桥到汉口的铁路。正在李鸿章为不能修建津通铁路而苦恼时,俄国加快了侵略朝鲜的步伐,威胁到了清廷权贵的老家满洲。于是,李鸿章抓住机会,上奏朝廷建议缓修卢汉铁路,"先办关东铁路",并获得朝廷批准,授权李鸿章全权督办。到 1894 年已在山海关外修筑铁路六十四公里,可惜此事后来因为甲午战争而终止,本来修关东铁路所用的 6000 吨铁轨后来还被日军缴获。

从 1874 年开始,李鸿章面临强大的保守势力,不屈不挠,总共修建了 300 多公里铁路,开创了中国现代铁路建设,也充分反映出他的坚忍不拔。修铁路之外,李鸿章还组织在中国首先开矿、架电线、建织布局等。

1875 年,李鸿章上奏派盛宣怀办理湖北矿务,盛宣怀由此成为李鸿章办洋务的重要助手和接班人。就像曾国藩与李鸿章父亲同科一样,盛宣怀父亲与李鸿章同科,因此李鸿章之前聘请盛宣怀担任贴身秘书。如李鸿章所言,盛宣怀"精明稳练""智虑周详""刚柔得中","慨然以匡时济世自期"的盛宣怀在湖北先是勘查矿藏,接着尝试挖矿,后正式成立煤矿总局。此外,李鸿章还在磁州开采煤炭,又派招商局总办唐廷枢到滦州开平开采煤矿,1881 年农历四月开平矿务局正式成立,成为中国第一家大型矿业公司。后来,李鸿章还支持、指导兴办了热河铅矿、漠河金矿、招远铅矿、平度金矿等十余家矿厂。

盛宣怀在办矿的同时建议李鸿章筹办电线电报。李鸿章早在 1865 年就提出要办电报,于是委任盛宣怀负责电线电报筹备工作,但一直不被清廷批准。直到 1874 年 8 月日本入侵台湾,清廷一个月后才得知消息而由此认识到电报的重要。本来计划架设从台湾到厦门的电报线,但需白银 15 万两,朝廷此时正为慈禧修建陵墓,计划要花 500 万两白银呢,便拿不出钱架设电报线。直到 1879 年,李鸿章才在大沽、北塘架设了一条 40 英里长的电报线。此电报线效果良好,醇亲王等清廷权贵亲身试验后也纷纷点赞。光绪六年农历八月十四日,朝廷终于批准了李鸿章筹办津沪电报线的计划,九月成立天津电报学堂,次年农历三月开工建设津沪电报线,并改电报局为官督商办,盛宣怀被委任为电报局总办。1881 年 12 月,全长 3075 华里的津沪电报线路全线竣工营业，收发公私电报，成为中国自主建设的第一条长途电报线路。当时对架设电线也有很多攻击，除了攻击"电报之设，深入地下，横冲直撞，四通八达，地脉既绝……"以外，还把电报局"商享其利，官认其需"视作弊端。李鸿章一一上奏反驳，且一寸一寸前行，陆续将沿海外国人铺设的电报线买下，又陆续将电报线从天津架到北京城内。1884年，北京电报线架设完毕，分设京城内局和外局，内局专收官电，外局专收民电。1885年，电报局收入已达一百一十五万五千两。

鉴于每年进口洋布导致大量白银外流，李鸿章又支持创办了中国第一家机器棉纺织工厂——上海机器织布局，1882年委任郑观应为总办。郑观应曾担任英国太古洋行轮船公司总理，出版《易言》一书鼓吹学习西方，甚至提出了君主立宪的主张，李鸿章对此书很多观点很有共鸣，因此很欣赏郑观应。上海机器织布局于1878年设立，于1889年12月28日正式开工，在经历了亏损与大火灾之后，于1893年在盛宣怀主持下重建，并扩大规模改名为"华盛纺织总厂"，陆续在全国各地设立了十个分厂，在中国纺织史上留下了华美篇章。

李鸿章还批准了中美合办电话的协定，1884年李鸿章组织架设了天津到保定的电话线。这是我国最早的长途电话线，当时报纸报道"德律风（电话）之设，虽数百里不殊面谈"。1899年，盛宣怀出任邮传部尚书，上书请准创办中国官办电话，1903年天津电话总局成立，是中国第一家官办电话局。另外，李鸿章还创建了上海广方言馆、天津电报学堂、天津武备学堂、北洋医学堂等新式学堂，并和曾国藩一起奏请派幼童到美国留学，还曾派段祺瑞等人到欧洲学习。

当然，李鸿章也对不少洋务有心无力。如他想创办中国自己的银行，官办行不通，李鸿章又想中美合办，且企图先斩后奏，将生米煮成熟饭。但消息还是走漏而遭到众多攻击，如御史屠任守上纲上线道："实则窃朝廷之大柄，坏经常之大法，外启各国之心，内夺众商之生理，将使户部为虚设，国计为孤注"[①]，直到1897年中国第一家银行——中国通商银行才在盛

---

① 转引自叶曙明：《李鸿章大传·大清裱糊匠》，江苏凤凰文艺出版社，2016年，第47页。

宣怀努力下成立。李鸿章还想创办邮政局,从1878年就开始想方设法谋划,直到1896年才获准设立国家邮政总局,但由英国人赫德管理。

纵观李鸿章所办洋务,经历了从军事工业求自保到民用工业求富强的发展过程,因为李鸿章越来越认识到要"自强"必先求富,如他在1882年上奏中所言:"臣维古今国势,必先富而后能求强,尤必富在民生,而国本乃要益固。"①如果说曾国藩是洋务运动的开创者,那李鸿章无疑则是洋务运动的"集大成者","1872—1885年清政府在自强的名义下实施的计划,约有五分之四是经李鸿章之手主办的"②。

正所谓"青出于蓝而胜于蓝",李鸿章作为曾国藩的"门生长"终不辱师门,如学者徐中约所评:"随着曾国藩于1872年去世及左宗棠在1868年—1880年投身于镇压西北和新疆的回民起义之役,李鸿章成了自强运动的中兴人物。他在1870年以后的25年里长期担任直隶总督和北洋大臣之职,这使得他得以在华北建立起一个全权独揽的军事和工业基地。虽然他只是一个省级大员,但他实际上行使着中央政府的一些职权,并充当着一种类似于全国上下自强规划之'协调人'的角色。他在30年中一直是中国'洋务'的主要设计者及倡导者。"③但如曾国藩所言:"名满天下,谤亦随之。"李鸿章也因办洋务屡受攻击弹劾,如他自己所叹道:"三十年来,日在谣诼之中。"④而这只是李鸿章"光荣"和"屈辱"的开始。

六、中法战争:对洋务运动的检验

李鸿章及曾国藩、左宗棠等人所办洋务效果如何,不久爆发的中法战争便是对洋务运动的第一次集中检验。这场战争也是"晚清四大名臣"之

---

① 李鸿章:《试办织布局折》,《李鸿章全集(三)》,时代文艺出版社,1998年。
② 费正清、刘广京等编:《剑桥中国晚清史(下卷)》,中国社会科学出版社,1985年,第239页。
③ 徐中约:《中国近代史》,世界图书出版公司,2013年,第204页。
④ 《李文忠公全集·海军函稿》卷三,转引自杨国强:《衰世与西法》,广西师范大学出版社,2020年,第513页。

三李鸿章、左宗棠、张之洞之间的明争暗斗，在幕后运筹操纵的李鸿章也因此像曾国藩一样背上了"汉奸"的骂名。

1883年，法国军队进攻越南顺化，强迫越南签订《顺化条约》，意图使越南脱离中国的藩属地位，成为法国的保护国，引得中国朝野大哗。1883年12月中旬，以法军进攻驻越南清军为标志，中法战争正式爆发。

法军水陆并进，法舰在中国东南沿海全歼福建水师及部分南洋水师主力舰，在法国工匠帮助下建立的福州船政局也被法舰轰得"千疮百孔"，随即法舰占领澎湖，并试图登陆占领台湾。陆军则攻城略地，占领越南宣光、梁山等城镇后，侵占广西门户镇南关，即将把战火蔓延到中国国土。

关键时刻，两广总督张之洞起用老将冯子材。冯子材早年曾参加反清起义，后降清追随向荣镇压太平军，久任广西、贵州提督，战绩卓著，素有声望，因此被推为前敌主帅。他上任后，团结前线将士，大力整顿溃散的清军，加紧修筑工事。1885年3月，法军统帅尼格里率2000余人分三路向镇南关发起进攻。冯子材率军浴血奋战，并带领自己的两个儿子身先士卒冲出战壕扑向敌人，使得法军全线崩溃，一退百里。"法悉众分三路入，子材语将士曰：'法军再入关，何颜见粤民？必死拒之！'士气皆奋。法军攻长墙亟，次黑兵，次教匪，炮声震山谷，枪弹积阵前厚寸许。与诸军痛击，敌稍却。"①中国军队乘胜追击，连克文渊、谅山等地，共歼敌近千人，重伤法军司令尼格里。

镇南关大捷后，形势似乎一片大好，法国茹费理内阁因此倒台，但时任直隶总督兼北洋通商大臣的李鸿章却竭力议和。4月1日，李鸿章致电总理衙门，大意是说法国茹费理内阁倒台不一定是因为越南方面战事所致，谅山已被收复，如在这时平心静气与法国议和，和款可无多大损害，否则兵祸又会起了。

在李鸿章的建议下，清政府于4月4日与法国签订了《中法停战条件》，主要内容为：双方停战，法国解除对台湾的封锁；双方派代表到天津或北

---

① 《清史稿》第42册，第12690页。

京议定条约细目和撤兵日期。《中法停战条件》签字后，清政府立即下令在越南的清兵分期撤退回国。对此，有些督抚大臣表示不满和反对，如两广总督张之洞就在4月8日上奏，主张趁机光复河内，振作全局。李鸿章为此致电劝告张之洞："已经画押定期停战，必须遵旨办理，不可失信。"他还致电各地清军将士，要求以大局为重，立即停战撤兵，前线将士为之"拔剑砍地，恨声连连"。

1885年4月20日，清政府委派李鸿章为"全权大臣"，与法国新政府代表巴德诺和谈。1885年6月，李鸿章与巴德诺正式签订《中法会订越南条约》，也称《中法天津条约》或《中法新约》。该条约主要内容是确认了1884年法国和越南签订的《第二次顺化条约》，否定中国对越南的宗主权，改由法国全权管理越南；法国军队移交台湾，中国军队撤出越南。

《中法新约》签订后，越南从此长期成为法国属地。中国好不容易对外打了个胜仗，"镇南关大捷"是晚清对外战争的首场和不多的胜仗，被称为"中国近代反侵略战争史上战果辉煌的战役之一"。但因为李鸿章等人的议和，最终结局是"法国不胜而胜，中国不败而败"。李鸿章因此背上"丧权辱国"的骂名，"荣升""汉奸"，当时左宗棠就对李鸿章骂道："对中国而言，十个法国将军，也比不上一个李鸿章坏事""李鸿章误尽苍生，将落个千古骂名"。

李鸿章被骂似乎也不冤，中法战争期间力主议和及力保"和好大局"的确是李鸿章的一贯态度。在中法战争之前，对于与越南宗藩关系出现的危机，李鸿章就消极对待，不肯出兵援助越南，寄希望于越南自强和英德美等国牵制法国。1882年9月，李鸿章署理北洋大臣后，随即谋求与法国驻华公使宝海会谈。双方达成初步和议，却因"狂热的殖民主义者"茹费理出任法国内阁总理而被废弃。在中法战争刚刚开始时，李鸿章又暗地里与法国领事林椿密谋和议。1883年5月，清廷以法越事急，命令李鸿章前往广东督办越南事宜。李鸿章拒绝赴任，说"若以鄙人素尚知兵，则白头戍边，未免以珠弹雀。枢府调度如此轻率，殊为寒心"，意思是"不能因为老夫我会打仗就让我上前线啊，让我这样的老人家上前线很轻率，如同用大钻石打麻雀，你们朝廷真好意思说得出口，让老夫我很寒心啊"。他还主张总理衙门"勿惑浮议，激成祸端，致误全局"，再次力主避战求和。1884年4月，中法战争第一阶段结束后，李鸿章又同法国水师总兵福禄诺谈判，对越南问题处理提出几近放弃的意见，"但使妥定约章，画界分守，当能永久相安"。

为什么李鸿章非要选择议和呢？因为他认为当时的形势和清廷的实力，"未可与欧洲强国轻言战事"。的确，当时中法战争虽然取得镇南关大捷，但这只是局部胜利，很难从根本上扭转在越南的不利局面。镇南关以南的大部分地区仍被法军占领，法军主力犹存，兵力超过清军且在不断增援之中，法国议会已连续通过共两亿法郎的增兵议案。而清军自身伤亡惨重，"军民多怨"，抗战主力黑旗军只剩五百多人，且由于清政府财政捉襟见肘，导致军事后勤无法保障。据《中法战争调查资料实录》中记载，由于粮食供应不足，清军士兵甚至到了要用步枪向越南百姓换取口粮的地步。

另外，还有一个重要原因是很多研究者所不曾注意的，即选择议和"弃越南"，可能是为了保台湾。此时，孤拔率领法国舰队已攻占澎湖岛，而澎湖岛对台湾非常重要，郑成功、施琅攻占台湾均以先占澎湖为跳板。占领了澎湖，将有效隔断台湾与大陆的联系，并对台湾周边产生巨大的辐射影响。即澎湖一失，台湾岌岌可危，如李鸿章所言："澎湖既失，台湾必不可保。"当时台湾缺乏工业基础，农业也非常落后，后勤保障全靠大陆支援，而此时台湾海峡已基本被法军封锁。因此，台湾清军比越南清军还惨，医疗、弹药、粮饷等保障奇缺，固守台湾的督办台湾事务大臣刘铭传为此上书朝廷道："敌焰日炽，台事愈危，饷缺器乏……恳乞朝廷速救全台性命。"此时福建水师已全军覆没，北洋水师又被日本牵制，单靠残余的南洋水师和台湾守军，很难力保台湾不失，法军还有可能一路北上而占领大沽直达京师。

此外，对于越南，清廷此刻事实上已无藩可保。就在中法战争还在紧张进行的1884年6月6日，越南执政的阮氏朝廷撇开清廷与法国签订的《第二次顺化条约》，公然宣布越南接受法国保护。阮氏朝廷不但将清廷颁赐的玉玺当众销毁，还命令越南民众抗击清军，这等于越南已实际脱离中国的藩属地位。

继续打下去很可能打不赢，且出师无名，此时"趁胜即收"的确应该是最佳选择，能保全更多权益，至少能保住台湾。否则，战争旷日持久，很有可能如李鸿章所言，国家财力衰竭，导致"全局败坏"、不可收拾。中法战争已耗去了一亿多两白银，而当时国家一年财政收入不过七千万两。这也是当时很多清廷大臣的看法，就连主战最力的驻法公使曾纪泽也不例外，他原本表示"越南本属中国，理应全境保护"①，但他在镇南关大捷刚结束时就致电总理衙门称"宜趁机议和，较为有体面"。《中法新约》不割地、不赔款、保全台湾，已经是晚清对外战争最好的结果了，至于放弃对越南的宗主权，不过是承认既定事实罢了。

　　放弃名存实亡的越南宗主权而保全台湾，这应该是镇南关取得大捷清廷却最终选择议和的重要原因，毕竟台湾实实在在是中国领土，且地位非常重要。只是好景不长，十年后又爆发了甲午中日战争，台湾最终还是被一度割让给了外国，而代表清廷签署《马关条约》的还是李鸿章。不知李鸿章对此会如何感慨，他当年为了保全台湾"委曲求全"，甚至不惜被骂"丧权辱国"与法国议和，最终却还是在他"手上"失去了台湾。

　　其实即使"丧权辱国"，这个"黑锅"也不应由李鸿章自己来背。他虽然是晚清外交政策的主要创制者、执行者，但最终决策者还是慈禧。如李鸿章自己在回张之洞信中所言，中法和谈"款议始终由慈禧主持，专靠赫德，虽给予我以全权，不过奉文画押"而已，赫德则说："在这次谈判中，每一项提议都事先经过太后亲自主持考虑和批准"。其实不仅《中法新约》，之后的《马关条约》《辛丑条约》等"丧权辱国"条约最终决策者其实都是慈禧太后，作为"裱糊匠"的李鸿章不过奉命行事，如何能为"房东"做主呢，且他一定程度上是忍辱负重，"我不入地狱谁入地狱？"

　　这场中法战争是对洋务运动的一次综合检验，清军的英勇、战争的胜利表明洋务运动的确对富国强兵有一定效果。但"'不败而败'表明二十余年的洋务新政不堪一击，经不起考验，外交、政治和技术上的'有限现代

---

① 中国史学会：《中法战争》第 5 册，新知识出版社，1955 年，第 80 页。

化'根本不足以支持中国抗击列强,中国南方的朝贡国只好一个接着一个丧失。1885年,英国效法法国入侵缅甸,迫使缅甸脱离中国而沦为英国的保护国"。① 这场战争还"表明了一个重要的事实:如果没有现代的组织和指挥,那么现代武器也将毫无用处"②,也即说明仅器物层面的现代化是远远不够的。

此外,这场战争让李鸿章背上了"汉奸"骂名,也让一世英雄左宗棠备受打击、抑郁而终。战争爆发时,左宗棠正在湖南休假,本"事不关己",但他并未高高挂起而是立即自动销假,写了《时务说帖》再次主动请缨作战,于是左宗棠被任命"以钦差大臣身份,督办福建军务"。已经71岁的左宗棠在国家有难时再次临危受命,他坚持主战,认为"与其赔款,不如拿赔款做军费"③,令王德榜招募士兵到前线作战,组织数千渔民组成渔团,几次抱病视察炮台工事,力谏慈禧要求各路军队迅速进军。虽然左宗棠没有亲自指挥这场战争,但对战争胜利也有重要贡献。

但这场战争最终中国"因胜而败",左宗棠非常痛恨却无力回天,他在签订合约第九天后上书申请退休回家养病,获得批准。但"食少事烦,经常咳血"的左宗棠"退而不休",抓紧最后时光上奏了《请专设海防全政大臣折》,就海防建设提出意见。原本主张"海塞并防"的左宗棠经中法一战更加认识到了海防的重要性,尤其是马尾海战中福建水师全军覆没④,左宗棠辛苦创建的马尾造船厂也被摧毁,让左宗棠痛心不已,也愈加认识到中国的未来或在海洋文明。当天,他又上奏《台湾紧要请移福建巡抚镇摄折》,

---

① 马勇:《叠变:鸦片、枪炮与文明进程中的中国(1840—1915)》,中国大百科全书出版社,2022年,第113页。1885年,英军攻入缅甸京城俘虏缅王,将缅甸并入英属印度,清廷对此无能为力,于次年与英国签订"缅甸专款","允英国在缅甸现时所秉一切政权,均听其便",从此缅甸也与中国脱离宗藩关系。

② 费正清:《中国:传统与变革》,江苏人民出版社,2012年,第316页。

③ 窦宗一:《李鸿章年(日)谱》,第163—164页,转引自苑书义:《李鸿章传》,人民出版社,1991年,第271页。

④ 左宗棠对福建水师的全军覆没或也有一定责任,据赖晨文章《左宗棠因何挪用海军经费》所述,左宗棠1882年担任两江总督兼南洋大臣后,为修建朱家山水利工程挪用福建水师经费数百万两白银,导致福建水师不振,海军上将萨镇冰侄儿萨伯森在《萨鼎铭先生年谱》一书中也记载:"1878年(光绪四年),公二十岁……南洋调集之款数百万亦为江督提办朱家山河工。筑室道谋,此海军之所以不振也。"

认为"台湾为七省门户，关系全局，应建置行省"。左宗棠的这两个折子很快有了回应，不久清廷就设立总理海军事务衙门，批准台湾改设行省。但左宗棠没有看到这一天，他于1885年9月5日带着"此生未完成"的遗憾去世，享年73岁，遗折中写道："凡铁路、矿物、船炮各政应及早举行，以策富强之效，上下一心，实事求是，则臣虽死之日，犹生之年。"遗言则是"此次越南和战，实中国强弱一大关键，臣督师南下，迄未大伸挞伐，张我国威，遗恨平生，不能瞑目"。

"今亮"左宗棠像诸葛亮一样"出师未捷身先死"，清廷赐谥号"文襄"，意思是他文武双全。的确，左宗棠一生以经世致用、建功立业为己任，48岁才出山却功勋卓著，平太平天国、收复新疆、与法开战等，战功赫赫，同时又注重经济建设、兴办洋务、文化教育，其功绩或不亚于他所自诩的诸葛亮。而且，左宗棠一生特立独行、卓尔不群、个性十足，从不苟且妥协，从不贪污腐败而将个人收入补贴军费，每月家庭开支只有200两，活出了最真实、最好的自己。这或是左宗棠对中国现代化最大的意义所在，某种程度上，甚至可以说他是现代人——现代人最重要的特征之一便是要有独立人格。

"曾国藩会做人"，李鸿章会做事，左宗棠则会做自己。如果说曾国藩是"伪圣人"，虽然很高大上但活得其实很苦逼，那左宗棠则是"真豪杰"，活得非常率性洒脱。如他所言："毁我者不足以掩我之真，誉我者转失其实耳。千秋万世名，寂寞身后事，吾亦不理。"[①]学曾国藩修身，学李鸿章做事，其实我们现代人尤其是有真本事的人更应学左宗棠做人、做自己，活出自我、成就自我、实现自我。只是想活出自我太难，也许正是在这个意义上，梁启超称"左公乃五百年来第一伟人！"

左宗棠去世后，与他"相爱相杀"大半生的李鸿章或许感到了寂寞，他送挽联道："周旋三十年，和而不同，矜而不伐，唯先生知我；煜耀九重诏，文以治内，武以治外，为天下惜公。"不过，李鸿章很快就有了新的

---

① 左宗棠：《与郭意城》，《左集·书信（一）》。

"欢喜冤家",那就是在中法战争中正式登上历史舞台的张之洞。

七、张之洞：洋务"后起之秀"

张之洞原本是"清流"代表，"清流"是晚清一道靓丽的风景线。晚清"清流"又分为"前清流""后清流"，张之洞、张佩纶、陈宝琛、宝廷等人是"前清流"。他们都曾声名大噪，但只有张之洞笑到最后。张之洞作为一个后起之秀，不依靠枪杆子，而与以军功起家的曾国藩、李鸿章、左宗棠一起跻身于"晚清四大名臣"，凭什么呢？因为张之洞集"清流"与"洋务"于一身，既务虚注重道德文章，又务实不废建功立业，既有原则又很灵活。"清流"是张之洞初登政坛的角色、"招牌"，也是他发迹的"第一桶金"。张之洞之所以有这个身份，一方面是受清廉耿直的先辈和自小接受的儒家教育等先天条件影响。他祖籍天津南皮，1837 年 9 月 2 日出生于贵州兴义，父亲张瑛曾任兴义府知州。"在 13 岁以前，张之洞已经学完四书五经等儒家经典，兼习史学、小学（文字学）、文学及经济之学，又自学《孙子兵法》《六韬》等多部兵学名著，打下日后从政和治学的坚实基础。"①张之洞 11 岁便写就著名的《半山亭记》，12 岁便刊有诗文集《天香阁十二龄课草》，13 岁便中得秀才，15 岁又以顺天府乡试第一名中得举人。要不是因为族兄张之万两次担任考官而不得不避嫌弃考，他早就高中进士了。

"近朱者赤，近墨者黑"，另外一方面便是受张之洞所处后天环境的熏陶。1863 年，二十七岁考中进士、获得探花、授职翰林院编修后，张之洞的朋友圈便主要是"清流"中人，他们一起议论时政、诗酒交游、文章唱和。逐渐，张之洞和宝廷、张佩纶、黄体芳一起并称为"翰林四谏"，再加上刘恩溥、陈宝琛，又称"清流六君子"，拥军机大臣、大学士李鸿藻为领袖，"连同一气，封事交上，奏弹国家大政，立国本末"。

所谓"清流"是对中国自古以来"清议"人群的称呼。他们直谏敢言，用康有为的话来说即"指陈时政，直言得失，上以广人主聪听，下以系天下安危"，宋代太学生、明末东林党即是代表。晚清的张之洞等"清流"大

---

① 王振羽：《国家重器：张之洞》，江苏人民出版社，2022 年，第 4 页。

多出身于翰林院，品级较高、自视甚高，因慈禧"以清议维持大局"操纵政治势力的需要而获得暗中放任，"台谏生风，争相弹击，清流横甚"，史称晚清"前清流"，又因他们多是北方人又被称为"北派"，以区别于翁同龢、文廷式、张謇等后期南方人为主的清流"南派""后清流"。

"前清流"中，李鸿藻为"青牛头"，陈宝琛为"青牛尾巴"，宝廷为"青牛牛鞭"，张之洞与张佩纶同为"青牛角"，像牛角一样"用以触人"，他们上疏力谏、弹劾权贵、声名远震。张之洞初试牛角是为都察院御史刘芝泉"捉刀"，写了一篇弹劾御史吴台寿的奏状，直斥吴台寿为权臣胜保辩冤乃"朋党挠法、饰词挟制"，最后"害得"吴台寿被革职、胜保被赐自尽。初战告捷后，张之洞亲自出马，为四川东乡被以"反叛"罪名冤杀的四百多农民伸冤，最终使得主犯东乡县知县孙定扬、四川提督李有恒被判处死刑，其他几十名涉案官员也都受到应有惩处。接着，他和陈宝琛联名上奏，直言太监李三顺违例出宫门而被护军所揍是咎由自取，要求宽免护军、严惩李三顺，最终使得护军被从轻发落。张之洞也因此声名鹊起，赢得"直谏"美誉，并由此赢得高层注意、赏识，从而得以步步升迁。

另外一个直接原因是中俄交涉事件。围绕着崇厚擅自与俄国签订的《里瓦几亚条约》，清廷内部发生激烈争论，李鸿章等为崇厚辩护，张之洞则连上《熟权俄约利害折》《筹议交涉伊犁事宜折》等奏折，力陈"俄约有十不可许"，并要求将"误国妩敌"的崇厚"拿交刑部，明正典刑"[①]。对此，张之洞共上疏19次，反对对俄妥协，提醒朝廷加强战备，博得朝野好评及带动了很多人反对该条约，也引得慈禧青睐，被接连提拔，于1881年外放山西巡抚。

"职限方隅，不敢忘经营八表之略。"[②]担任外地官员后，张之洞的角色逐渐从清流派转为洋务派。清流派多重视纲常礼教而排斥西方事物、反对洋务运动，视洋务派为"浊流"，对洋务派多有攻击，如1889年丁立钧曾

---

① 崇厚因擅自与俄签约被弹劾入狱，"光绪十年，崇厚输银三十万济军，释归。遇太后五旬万寿，随班祝嘏，朝旨依原官降二级，赏给职衔。十九年（1893年），卒，年六十有七"。

② "身为疆吏，固犹是瞻念九重之心；职限方隅，不敢忘经营八表之略"，此话出自张之洞《到山西任谢恩折》。"九重""八表"即天下的意思，可见张之洞当时志向远大。张之洞这话说得太大，当时还引发不少争议，甚至有人认为他有不臣之心。

上奏将各大洋务派领袖逐一攻击：

> 同治年间，朝士懵于洋务，偶有谈效法外洋之便者，群相訾笑。自前巡抚郭嵩焘、丁日昌等创建邪议，专以用夷变夏破坏中国数千年相承之治法，而议者乃竟以为然。至于近年，总督李鸿章、侍郎曾纪泽率皆迁就依违，未能力排邪议。如洋人屡次请开银行，经部奏驳，而李鸿章以为可从，率与私议草约，事几欲行。假如此议一行，则国家利权寄之洋人，其害有甚于开铁路者。李鸿章读书明理，而惑于邪说，遂至蒙昧如此，然其心犹公而非私也。至于按察使周馥，道员盛宣怀、杨宗濂、唐廷枢、马建忠辈，其人屡被讥弹，而时号通晓洋务，专能依据洋书，条陈新法，多为创设，阴便私图。①

而张之洞受当时在山西的英国传教士李提摩太的影响，开始接触西方知识，认为"洋务最为当务之急"，拟筹洋务局，还下令搜罗各种洋务人才、"所有新出关涉洋务各书"及纺织、农用机器。1884 年中法战争爆发后，张佩纶、陈宝琛等"清流"骨干因高声主战，纷纷被外派会办防务，却因"纸上谈兵"战争失利而被嘲笑放逐，大多被迫退出政坛。如张爱玲的爷爷张佩纶以三品衔被派往福建前线，会办海疆事务兼署船政大臣，却在法军攻击马尾港时自己落荒而逃，导致福建水师几乎全军覆没②，自己也被发配边疆，最后只能作为李鸿章的女婿聊度残生。陈宝琛则因保举唐炯、徐延旭等人统办军务失利，遭部议连降五级，从此在家闲居长达二十五年。

张之洞也主战，并对这场战争多次提出建议，因此他也火线上阵，被

---

① 中国近代史资料丛刊：《洋务运动（一）》，第 255—256 页。

② 当时福建水师 11 艘军舰被击沉，700 多名官兵阵亡，法军还开炮轰炸附近的马尾造船厂。督战钦差张佩纶没有做好应战准备而将所有军舰收缩港内，更没有先发制人，还率先落荒而逃，是福建水师全军覆没的重要原因，否则至少不会全军覆没，乃至当时张佩纶逃命时都没有老百姓家愿意开门。也有人认为不能将战败责任全归于张佩纶，是清廷不允许先发制人导致被动挨打，张佩纶也并未落荒而逃，如负责调查此事的左宗棠便称张佩纶身临前敌不避艰险，"其咎无可辞而心尚可悯"（参见姜鸣：《却将谈笑洗苍凉》，生活·读书·新知三联书店，2020 年，第 225—249 页）。姜鸣还认为张佩纶之所以被严惩，是因为他之前作为御使弹劾众臣而得罪了很多人，尤其是因为恭亲王奕䜣求情而得罪了醇亲王奕譞。张佩纶后来成为李鸿章的女婿、被贴上"淮戚"标签就更难复出了，还一度因"干预公事，屡招物议"，被朝廷下令逐出李鸿章总督府。不过张佩纶和李鸿章的女儿李菊耦倒是恩爱得很，夫妻还合著有武侠小说《续侠义传》。

调任两广总督,但张之洞调度得当、指挥有力,尤其是大胆起用唐景崧、刘永福、冯子材等得力战将,为中法战争扭转局面立下汗马功劳。其间,他的务实才能体现得淋漓尽致,尤其是妥善处理了与前两广总督张树声、钦差大臣彭玉麟等人的关系。当时有人奏参前两广总督张树声,清廷让张之洞查明上报。因为当时两广防军多是张树声旧部,张树声自己也在广州督战,为了团结张树声及其部众,张之洞虽然清楚所参大多属实,但依旧对张树声巧妙维护。

张之洞之所以务实,与他早年有着丰富的生活经验密不可分。他曾随父办理过军务,当过族兄张之万[①]等人的幕僚,对实际生活、人情练达有着很深的了解,也有经世致用思想,主张学术"要其终也,归于有用","生长兵间,好阅兵家言及掌故经济之书,慨然有经世志"[②]。尤其是他深受胡林翼影响,张之洞年轻时曾向胡林翼问学,之后便自称胡林翼为"受业师",心仪"胡文忠公",深得胡林翼经世致用思想真传,曾校刊《胡文忠公抚鄂记》,且对胡林翼后人非常关心,还每年赠送胡林翼家族六百两白银。他对魏源也非常敬佩,认为魏源是"豪杰之士",称"近人邵阳魏源,于道光之季,译外国各书各新闻为《海国图志》,是为中国知政之始"[③]。另外,担任两广总督期间,张之洞身处对外开放最前沿的广东,也感受到了一个全新的世界,从中法战争中他也切实感受到了中国军事技术的落后,因而更加倾向洋务。

1889年8月,张之洞调任湖广总督后,仿效曾抚鄂的胡林翼以实政为本,真抓实干、注重洋务,创办了汉阳铁厂、湖北枪炮厂、湖北织布局、湖北纺纱局等几十家企业,成为后期当之无愧的洋务领袖和晚清重臣。其中,张之洞创办汉阳铁厂尤其曲折,也颇有代表性。

---

① 张之万也是晚清重臣,1847年中得状元,历任江苏巡抚、闽浙总督、兵部尚书、礼部尚书、内阁大学士等职,1897年去世,谥号"文达"。张之洞早年曾担任过张之万幕僚,为之起草的奏折经常很"高大上",张之万对此讽刺说:"稿甚佳,留待老弟任封疆入告未晚也。"

② 胡钧:《张文襄公年谱》卷1,第10页。

③ 张之洞:《劝学篇》,《张文襄公全集》卷203。

早在担任两广总督时,张之洞就奏请开办广东炼铁厂,计划"先筹官办,垫支开办,俟其效成利见,商民必然歆羡,然后招集商股,归还官本,付之商人经理,则事可速举,资必易集"。但因为张之洞所奏的修筑卢汉铁路获得批准,他便被调任为湖广总督,主持该铁路的筹修。

修铁路需要大量钢铁,这让张之洞更想筹办铁厂,以使修路、炼铁相得益彰,"前六七年积款积铁,后三四年兴工修筑,两端并举,一气作成"①。当时很多人都对中国自办铁厂不敢相信,认为中国现有条件开不出矿、炼不出钢,连李鸿章都致电张之洞说:"炼铁至成钢轨、铁桥、机车,实非易事,日本铁路日增,至今工料皆用土产,唯钢轨等项仍购西洋,非得已也。"②但张之洞铁了心要办中国自己的铁厂,"必须自行设厂,购置机器,用洋法精炼"。

1890年,张之洞设置了专门机构——"湖北铁政局",负责筹建铁厂,聘任精通英语、善办洋务的蔡锡勇"作为驻局总办",还聘请了一些外国工程师、技术人员。张之洞对这个铁厂寄予厚望,希望它"兼采矿、炼铁、开煤三大端,创地球东半面未有之局"③。人马到位后,接下来便是铁厂选址。经过蔡锡勇等人不断勘察,最终铁厂选址于汉阳大别山下,因为此地"宽绰有余。南枕大别山,北滨汉水,东与省城相对,气局宏阔,运载合宜。当经督饬局员及学生、洋匠详加考核,佥以为此地恰宜建厂"。奏请朝廷后,张之洞将要兴建的铁厂命名为汉阳铁厂。

厂址选定后,便要购置机器。关于张之洞购置汉阳铁厂机器,一直有一个故事流传。这个故事大意是说,张之洞电告英国公使薛福成,请其帮忙购买炼钢锅炉等机器。薛福成询问了英国一个工厂后,回电张之洞说应先将铁厂所用铁矿和焦炭样品寄给厂家化验,然后才能确定定购什么型号的设备。张之洞却回答说中国地大物博何矿不有,还寄什么样品,只管将机器买来,结果所买的设备与所用的矿质不符,因此浪费了大量钱财、时

---

① 张之洞:《遵旨筹办铁路谨陈管见折》。
② 张实:《苍凉的背影——张之洞与中国钢铁工业》,商务印书馆,2010,第187页。
③ 王树楠主编:《张文襄公奏稿第28卷》,北平文华斋,1920年。

间。不过，也有一些学者认为这个故事乃是杜撰，汉阳铁厂当时已聘请了不少专业的外国匠师，不可能犯如此低级错误。无论这个故事真假，倒反映出了当时很多人在看张之洞的笑话。

1894年5月，耗资280万两的汉阳铁厂正式投产，是亚洲第一个大规模炼铁厂，比1901年投产的日本第一座钢铁厂还要早7年。汉阳铁厂初期有两座高炉，一个昼夜能够产铁近百吨，美国驻汉口领事查尔德在参观过该厂后曾赞叹道："这个企业是迄今为止，中国以制造武器、钢轨、机器为目的的最进步的运动，因为这个工厂是完善无疵的，而且规模宏大，所以走马看花地参观一下，也要几个钟头！"张之洞自己也得意地称其"是为东半球设铁厂之始"①。

但汉阳铁厂作为中国首家铁厂也面临着很多困难，首先是所需煤炭供应问题。为了供应铁厂煤炭，张之洞先后创办了王三石、马鞍山等煤矿，但王三石煤矿挖了三年最后以挖出大水而告终，马鞍山煤矿的煤炭也不适合熔铁所用。汉阳铁厂只好购买远地甚至英德的煤炭，因此造成铁厂成本太高。再加上汉阳铁厂还是衙门作风，管理不善，许多闲职人员"终日酣嬉"，以及生产的铁质量很差少人购买，使得汉阳铁厂"亏折甚巨"。

经费困难则是汉阳铁厂最大问题。兴办铁厂需要巨资，虽然海军衙门许诺每年拨给汉阳铁厂200万经费，但并没有实际兑现，张之洞只好自己四处"化缘"，或扣留应上缴的款项或挪用其他地方的资金或借用本地税费等，先后投资汉阳铁厂580万。正当张之洞为筹款焦头烂额时，大理寺卿徐致祥还参他说"议办铁厂，并开煤铁各矿，乞留巨款，轻信人言，浪掷正供……"，幸亏奉旨调查的两江总督刘坤一同为洋务派，他体谅张之洞的困难，上奏朝廷说张之洞"似尚无浪掷情事"，还说张之洞"谋国公忠，励精图治"。

清廷虽然没有怪罪张之洞，但也没有帮张之洞解决汉阳铁厂经费问题，反而因为当时呼吁官办企业改为商办的舆论很大，最后颁旨令各官办企业

---

① 张之洞：《抱冰堂弟子记》，《张文襄公全集》卷228，第11页。

"从速变计，招商承办"，其中还特意点了汉阳铁厂的名字。山穷水尽的张之洞也对汉阳铁厂心灰意冷，决定甩掉这个烫手山芋。刚开始，他对中国商人没有信心，想把铁厂卖给外国人，遭到很多人的反对，如湖南巡抚陈宝箴去电张之洞说："今需用正急，忽与外人共之，与君初意大不符合。且此端一开，将无事不趋此便易之路，彼资日增，我力难继，必至喧宾夺主，甚为中国惜之。"

再加上一时也没有外国商人来买，张之洞最后只好把汉阳铁厂改为官督商办，交给有经验、有财力、有能力、有背景的"四有青年"盛宣怀承办。盛宣怀接手后，投入巨资购买了大量先进设备，解决了铁厂燃料等问题，终于使得汉阳铁厂步入了正轨。1908 年，汉阳铁厂被并为汉冶萍公司，为现在重庆钢铁集团的前身。

汉阳铁厂虽然创建、经营上出现很多困难、问题，但作为中国第一个钢铁企业，被誉为"中国钢铁工业的摇篮"，"不仅为重工业的发展埋下了第一块基石，对推动民族工业的发展起了促进作用，而且对振兴民族精神，提高中国的国际地位也产生了良好的影响"[①]，也即是中国早期现代化进程中的一块丰碑。同时，它所面临的问题、艰难的发展，也是洋务运动和中国现代化步履蹒跚的一个剪影。

除了汉阳铁厂外，张之洞创办的代表性洋务企业还有湖北枪炮厂、湖北纺织四局。其中，湖北枪炮厂于 1890 年筹备，1892 年动工兴建，1894 年建成，1895 年正式投产，分为炮、枪、炮架、炮弹、枪弹等五厂，生产的"汉阳造"步枪是中国多年来步兵的主要武器，1904 年更名为湖北兵工厂。1908 年，继任湖广总督陈夔龙奏报湖北兵工厂生产情况时说："自开机制造以来，共造成步、马快枪十一万余支，枪弹四千数百万颗，各种快炮七百四十余尊，前膛钢炮一百二十余尊，各种开花炮弹六十三万余颗，前膛炮弹六万余颗，枪炮器具各种钢坯四十四万六千余磅，无烟枪、炮药二十七万余磅，硝镪水二百数十万磅。"[②]

---

① 司马烈人：《张之洞境经》，中国华侨出版社，2002 年，第 88 页。
② 陈夔龙：《庸庵尚书奏议》，卷 9。

湖北织布局于 1891 年兴建，1893 年正式投产，张之洞特为之题写了"布衣兴国，蓝缕开疆"的楹联。从 1894 年到 1901 年，湖北织布局共生产原色布 330916 匹，斜纹布 11785 匹，面纱 135702 担。1895 年起张之洞又开始筹建纺纱局和湖北缫丝局，1895 年湖北缫丝局建成投产，1897 年北纱厂落成。1898 年，张之洞又创办了我国第一个机器制麻厂——湖北制麻局，并将它与湖北织布、纺纱、缫丝局一起合并为湖北纺织四局，构建了完整的纺织工业体系。

张之洞兴办的洋务还有很多，如他还在湖北创办了造纸厂等七家小厂，成立了自强学堂、武备学堂、农务学堂，在南京创建了南大前身——三江师范学堂、鲁迅曾就读的江南水师学堂、江南陆军学堂等。且"张之洞所办的洋务企业涉及到各行各业，其种类之全、数量之多也是以前的洋务派难以比拟的"[①]，还有人认为是张之洞开创了湖北的现代化。这让张之洞成为洋务运动的后期领袖，甚至成为维新变法的主帅之一，但也正是他埋下了大清帝国爆炸灭亡的"火药"。

八、奕䜣：洋务运动"总设计师"

曾国藩、左宗棠、李鸿章、张之洞在地方上推行洋务，是洋务运动主力，在中央层面也有慈禧、奕䜣支持系统开展的洋务。洋务运动可谓轰轰烈烈、风风光光，但也步履维艰、虚弱不堪。

实际上，"洋务运动"是后人对当时历史的概括，最早是学者何干之于 1937 年在《近代中国启蒙运动史》中提出的，他在此书中说："鸦片战争以来，由曾、李的洋务运动，康、梁的维新运动，辛亥反正的三民政策，五四时代的文化运动，国民革命时代及其以后的新社会科学运动等，都是与一百多年来中国社会的经济机构、政治形态，与中国资本主义，互相适应的启蒙运动。"后来，"洋务运动"一词逐渐风行，成为主流说法。

---

① 李细珠：《张之洞与清末新政研究》，上海书店出版社，2003 年，第 48 页。

其实，当时并没有"洋务运动"这个名词，"'洋务运动'一词，在文字上既不通，与事实尤不符合，历史上从未发生过名叫'洋务'的什么'运动'这回事"①。因为国人素来称外国为"夷"，所以刚开始与外国相关的事情被称为"夷务"，关于晚清外交关系的第一手原始资料便名为《筹办夷务始末》。但因为外国人认为"夷"字有侮辱意味，于是"夷"逐渐被洋气的"洋"代替，与外国相关的事情尤其是外交关系便被称为"洋务"，如曾国藩1866年所说："目下中外之患，自以洋务为最巨。"②再之后，学习西方的相关事宜也渐渐被称为"洋务"。但"洋务运动"一词当时未有，这或许是因为"洋务"在历史上其实并未形成"运动"，也或许是因为当时还没有"运动"一词。

历史总是连续相贯的，晚清无论最初与外国相关的事情，还是后来的学习西方都是"被动"的，都是激于鸦片战争、被迫打开国门后的反应，也是直接被刺激于太平天国运动。如曾国藩、左宗棠、李鸿章最初采用洋炮、洋枪乃至开办金陵制造局、福建船政局，都是因为他们见识到了西方的"船坚炮利"，其初衷也都是用来镇压太平天国。所以，可以说，如果没有鸦片战争，没有太平天国运动，也就不会有洋务运动。

尤其是第二次鸦片战争的爆发，让清廷终于开始惊醒，毕竟火烧圆明园烧到了他们的"屁股"，甚至差点烧到他们的"心腹"。而英法只烧圆明园，对权力的象征皇宫却不动分毫，以及签订完条约后立即拍屁股走人，也让大清上下感到吃惊，如当时户部尚书沈兆霖说："以万余人入城，而仍换约而去，全城无恙。则该夷之专于牟利，并无他图，已可深信。"③新来的"蛮夷"看来与原来的不一样，如郭嵩焘、冯桂芬等人认为"洋人""无意于中国土地民人"，应该对他们有重新认识了，应该改"仇夷"为"联夷制乱""借师助剿"，也应该"自强"了。

"从1861年开始，'自强'一词在奏折、谕旨和士大夫的文章中经常出

---

① 樊百川：《清季的洋务新政》，上海书店出版社，2009年，第2页。
② 曾国藩：《复李次青》，《曾国藩全集》。
③ 沈兆霖：《沈文忠公集》卷1。

现。这表现出人们认识到需要一种新的政策，以应付中国在世界上的地位所发生的史无前例的变化……自强一词是1860年英法联军占领北京以后第一次出现的，它是清朝新的对外政策的一部分，它强调要与欧洲列强妥协，接受条约制度，虽然主要的重点放在与列强保持和平方面，但建立中国自己的力量仍被视为有助于维护这种和平的局面。"[1]"自强"一词成为当时的流行语，如曾国藩讲"欲求自强之道，总以修政事、求贤才为急务"，李鸿章道"知西来大势，识外国文明，想效法自强"，左宗棠说"至我国自强之道，莫要于捐文法，用贤才"。洋务运动实际上当时被视为"自强"之举，"自强"正大光明、理所应当，因为它自古就是中国的优良传统，《易经》中早就强调"天行健，君子以自强不息"。从这个层面讲，洋务运动作为中国早期现代化第一波浪潮高峰虽然是向西方学习，但也有着浓厚的中国传统。

因上所述，中央层面，主政的恭亲王奕䜣的态度也随之而变。"1860年与英法媾和的惨痛教训，促使恭亲王对洋人的态度发生了彻底的转变。在此以前，他也是激烈反洋的，主张对外夷索求作坚决抵制，并处死巴夏礼；而在媾和以后，他形成了对夷务的新概念。他逐渐尊重甚至崇拜英国的力量，认定中国别无选择，只有去学会如何与西方共处。"[2]刚奉旨谈判时的奕䜣称英法联军是"譬诸犬羊，时吠时驯"[3]，但英法联军撤走后，奕䜣在奏折中兴奋道："该夷并不利我土地人民，犹可以信义笼络，驯服其性，自图振兴。"半年后即1861年1月13日，参与过与英法谈判的奕䜣、文祥联名向咸丰呈送了四千余字的《统筹全局酌拟善后章程》，其中写道：

> 臣等就今日之势论之，发捻交乘，心腹之害也；俄国壤地相接，有蚕食上国之志，肘腋之患也；英国志在通商，暴虐无人理，不为限制，则无以自立，肢体之患也。故灭发捻为先，治俄次之，治英又次之。

---

[1] 费正清、刘广京等编：《剑桥中国晚清史（上卷）》，中国社会科学出版社，1985年，第479、450页。

[2] 徐中约：《中国近代史》，世界图书出版公司，2013年，第192页。

[3] 《筹办夷务始末·咸丰朝》七，第2497页。

奕䜣等人虽然将"发捻"视为"心腹之害",将俄视为"肘腋之患",将英国视为"肢体之患",但毕竟已意识到俄英等外国之患,且为了除掉"心腹之害"即"发捻"也需"洋务"。因此,奕䜣在此折中提出设立专理外交事务的总理各国事务衙门、办理关税、学习外国语言等六条章程。咸丰对此非常重视,立即交王公大臣妥速议奏,惠亲王等人认为筹议各条切中时弊,可照办理。于是,咸丰帝批准,首先于1861年设立了总理各国事务衙门①,"是中国与现代国际体系接轨的重要一步,是中国政治体系与外交制度现代化的重要一步"②,中国由此正式开始走向世界,"以外交治标,以自强治本"③的洋务运动也由此正式鸣锣开场。

总理各国事务衙门主要负责外交,接管了以前礼部、理藩院分管的一些"夷务",刚开始设立英国、法国、俄国、美国、海防五股,其后又设立了总税务署、京师同文馆、司务厅、电报处等机构,职权越来越扩大,组织体制"一切均仿照军机处办理"。"实际上,除了六部九卿的传统公务,一切新事务都集中到了总理衙门,成了清政府的'内阁',只不过无权直接指挥各省督抚。所有这些繁纷的新事务都直接、间接涉及外洋。"④也即总理各国事务衙门成为洋务运动的领导机构,被视为"策我国之富强"的"总汇之地""洋务内阁",而主持总理各国事务衙门28年的奕䜣无疑是洋务运动的"总理"。

奕䜣少年聪慧、精明、能干,"思想敏捷,才具开阔,勤于国事",传道光本有意传位于奕䜣,但他锋芒太露。有一年春,道光带领众皇子打猎,奕䜣射杀最多,咸丰却按照师傅杜受田所言未发一箭而回道光道:"不忍伤

---

① 总理各国事务衙门刚开始的全称其实是"总理各国通商事务衙门",由自作聪明的咸丰在奕䜣所请的名字上加了"通商"二字,意图将其职权限定在通商方面,甚至咸丰一度坚持总理衙门奏折必须由礼部代转。这反映了咸丰潜意识里还沉浸在"天朝上国"的美梦里,他"日恨其(总理衙门)不早裁撤,以为一日衙门尚存,即一日国光不复"。后来在奕䜣力争下,咸丰才把"通商"二字去掉。

② 刘晨晖:《黄昏中的紫禁城》,团结出版社,2017年,第103页。
③ 蒋廷黻:《中国近代史》,中国华侨出版社,2016年,第267页。
④ 丁贤俊:《洋务运动史话》,社会科学文献出版社,2011年,第34页。

生以干天和",道光于是认为咸丰仁义,而决意立他为帝。还据说道光临终前召见奕䜣、咸丰询问如果他们当上皇帝会做什么,奕䜣大谈特谈他的宏图大志,而咸丰只是伏泣流涕说如果他当上皇帝就意味着道光死了,于是道光认为奕䜣有才但咸丰仁孝而立咸丰为帝、奕䜣为亲王。如果奕䜣能为皇帝,大清或许真能中兴。可惜奕䜣生不逢时,遇上了"藏拙示仁示孝"、善于装腔作势的咸丰,后来又遇上了比他更精明狠毒的慈禧。这不仅是奕䜣个人的不幸,更是整个大清的不幸,或只能说这是大清的命数。

　　道光临终时在遗折中特封奕䜣为亲王,咸丰即位后封奕䜣为恭亲王,意思是让他认清身份、恭恭敬敬。咸丰虽然表示"今虽君臣,情愿一体",乃至将和珅宅所赐给奕䜣,但并不太给奕䜣干政的机会,甚至一度让奕䜣回上书房读书。直到咸丰三年,太平天国定都南京,大清国势岌岌可危,奕䜣入值军机处,才开始登上历史舞台。第二次鸦片战争时期,奕䜣担任便宜行事全权大臣,负责与英法谈判,最终在十天内与英法签订《北京条约》,挽救了大清,"再造乾坤",也确立了自己的威望、势力。辛酉政变后,奕䜣被封为议政王,总揽朝政且兼任军机大臣、宗人府宗令、内务府大臣等要职,虽然他很快被慈禧废除"议政王"称号,但依旧长期主持朝政尤其是总理各国事务衙门,直到 1884 年被慈禧彻底赶下台①。因此,的确是奕䜣长期主持了洋务运动,奕䜣可谓是洋务运动的"总设计师","应该

---

① 奕䜣虽然聪明能干,但缺乏大才干,更缺乏狠心,因此他斗不过阴毒的慈禧。1865 年,慈禧责备奕䜣重用汉人,发飙道:"汝事事与我为难,我革汝职。"奕䜣不服,回道:"臣是先皇第六子,你能革我职,不能革皇子。"并随后擅自站起。慈禧大呼,"言恭王欲打她"。随之奕䜣被慈禧以"揽权纳贿,徇私骄盈"为由罢免,虽然很快复出,但被免去了"议政王"称号,奕䜣在谢恩召见时"伏地痛哭,无以自容"。慈禧晚年大兴土木,经常让奕䜣修这修那,奕䜣满口答应但就是不办。1884 年,"隐衷正在为所欲为"的慈禧借口中法战争的失利,罢免了奕䜣的一切职务,命其"家居养疾",还将奕䜣一派的所有军机大臣免职,换成醇亲王奕譞当政,史称"甲申易枢"。"甲申易枢"让慈禧从此大权独揽,也正是洋务运动、同治中兴由盛到衰的转折点,也是晚清改革的分水岭(谌旭彬认为"其分水岭,也就是倒 U 型的顶点……曲线的前半段,改革的基本趋势是艰难突破种种阻碍坚持向前;曲线的后半段,改革的基本趋势是减速放缓,最后走向了反改革",引自谌旭彬:《大变局:晚清改革五十年》,浙江人民出版社,2023 年,前言)。直到 10 年后甲午战争时奕䜣才复出,但复出后的奕䜣已身心交瘁、再无锐气,大清也是百病缠身而再无复兴可能。

为奕䜣在中国近代化的里程碑上记上一个头功"①，即奕䜣对中国早期现代化有重要贡献。

奕䜣主持洋务运动，大体上包括练兵、制器、育人三个方面，如他自己所言："自强之术，必先练兵；练兵又以制器为先；制器又须以天文算学为源本。"②练兵方面，奕䜣除了支持创建湘军、淮军、楚军等新式军队外，也对旧有军队进行了改造，按照西式训练方法在天津、上海、福州等地练兵，尤其是创建了第一支运用现代武器的皇家军队神机营。制器方面，奕䜣提出"练兵以制器为先"，主张"宜乘南省军威大振，洋人乐于见长之时，将外洋各种机利火器实力讲求，切不可偷安苟且，坐失机宜"，并支持曾国藩、左宗棠、李鸿章等人创办各种军事企业。育人方面，奕䜣于1862年奏请创建了京师同文馆。围绕京师同文馆发生的争论是最早有代表性的洋务派和保守派之争，且是两派领袖的直接交锋，颇能反映中国早期现代化之曲折不易。

京师同文馆旨在培养外语、外交人才来应对日益繁多、重要的外交事务，"与外国交涉事件，必先识其情性……欲悉各国情形，必谙其语言文字，方不受人欺蒙"，其直接"诱因"据说是巴夏礼事件。在第二次鸦片战争谈判中，英法谈判代表巴夏礼等39人被清政府扣押。奕䜣让巴夏礼写信联系英法联军议和，"中国通"巴夏礼便用中文写了一封信，但信的末尾有几行英文。当时，奕䜣身边没有人懂英文，怕这英文有啥阴谋诡计便不敢发出。等请到懂英文的人看了，才知道这只是巴夏礼的签名和日期而已。因为这一耽搁，差点耽误了议和大事，奕䜣由此认识到外语人才的重要性，从而于1861年初上奏请求创办外国语言学堂。他在《通筹善后章程折》中也说："查与外国交涉事件，必先识其性情，今语言不通，文字难辨，一切隔膜，安望其能妥协！"

奕䜣等人的奏折很快获得咸丰帝批准，经过一年多筹备，京师同文馆于1862年7月11日正式开学。京师同文馆附属于总理事务衙门，与总理

---

① 马平安：《大变局下的晚清君臣》，团结出版社，2018年，第95页。
② 《清代筹办夷务始末·咸丰朝》卷72，第11页。

事务衙门一个大院,聘请英国传教士包尔腾为总教习,聘请《瀛寰志略》的作者徐继畬为总管同文馆事务大臣,初设英文、俄文、法文馆等外文馆,主要以旗人子弟为招生对象,上学还发工资,每月发膏火银3至15两,当时七品翰林一年俸禄不过45两。刚开始,因为京师同文馆只是教教外语,因而并未引起太多反对。京师同文馆培养的学生也大多自觉维护纲常,如后来成为驻英公使的学生张德彝在欧洲游历时看到"将是物冠于龙阳之首,以免染疾。牝牡相合,不容一间"的"肾衣"(即避孕套),而批道:"其法固妙矣,而孟子云:不孝有三,无后为大。惜此等人未之闻也。要之倡兴此法,使人斩嗣,其人也罪不容诛矣!"①

　　1866年底,当时意气风发、雄心勃勃的奕䜣不满足于京师同文馆只培育外语人才,计划将京师同文馆教学外语和洋务并重,以培养适应新时代的新式人才。于是,他上奏拟在京师同文馆讲授天文算学,并招取举人贡生及五品以下官员入馆学习,声称"师法西人并不可耻,可耻者为不若人"。奕䜣的奏折立即遭到保守派强烈反对,尤其是被保守派领袖、大学士、同治皇帝的老师倭仁猛烈攻击。倭仁是当时有名的"理学大师",一向看不惯外国人、西学及洋务派,从来不参与外交应酬。在奏折《请罢同文馆用正途人员习天算折》中,倭仁反对教授天文算学,称"立国之道,尚礼义不尚权谋;根本之图,在人心不在技艺"。

　　倭仁说得冠冕堂皇,似乎无可辩驳,但有一句话有漏洞,即他奏折中所言:"如以天文算学必须讲习,博采旁求,必有精其术者,何必夷人,何必师事夷人。"奕䜣便抓住了这句话,奏请让倭仁保荐"精其术者",称"倭仁公忠体国,自必实心保举",还让倭仁来主持京师同文馆,并在总理各国事务衙门行走。慈禧太后也知道这是个戏弄,便顺水推舟地批准了。写得一手锦绣文章的倭仁一下傻眼了,他到哪里去找"精其术者"呢?又如何

---

　　① 张德彝:《航海述奇》。张德彝原是同文馆学生,曾跟随赫德、蒲安臣、崇厚、郭嵩焘等人七次出国,几乎每次清廷派使出访欧洲都少不了他,1891年曾担任光绪英文老师,1901年出任驻英公使,著有《航海述奇》《欧美环游记》《随使法国记》《使英日记》等七本游记,记录了大量国外观察。

主持得了京师同文馆呢？"不作死就不会死"，倭仁被将军，尴尬至极，只好故意坠马而称病辞职，还被朝廷一再不准，最后才被"准开一切差使，仍以大学士在弘德殿行走"。

这次京师同文馆之争，最终以洋务派胜出。虽然因为保守派的大肆攻击，京师同文馆当时并未招到多少优质学生，"正途投考者寥寥"，尤其是天文算学馆最终学成的只有五人，但毕竟由此"改变了京师同文馆的语言学堂性质，确立了它在中国教育近代化过程中的开创性地位"①，即是它开创了中国教育的现代化。后来，京师同文馆除了讲授外语外，还开设了数学、物理、化学、各国历史、地理、法律等课程，培养出了陆徵祥、严复、胡惟德、刘式训等不少人才，并成为晚清译书事业与西学传播的一大重镇。1902年，京师同文馆并入戊戌变法时成立的北京大学前身——京师大学堂。

因为有总理各国事务衙门的统一领导，洋务运动虽然当时并未全国开花，但在不少地方都风起云涌。除了曾国藩、左宗棠、李鸿章、张之洞"大兴土木"外，奕䜣还授意三口通商大臣崇厚在天津创办了天津机器局，天津机器局后在李鸿章管辖下迅速扩充，与江南制造局、福州船政局、金陵机器局并称洋务运动四大军工企业。而类似的机器局在全国很多，如"英桂所办福建机器局（1870）、刘坤一所办广州机器局（1874）、广州火药局（1875）和金陵火药局（1884），丁宝桢所办山东机器局（1873）和四川机器局（1877），王文韶所办湖南机器局（1875），吴大澂办的吉林机器局（1881），刘秉璋办的浙江机器局（1883），奕譞办的神机营机器局（1883），岑毓英办的云南机器局（1884），张之洞办的山西机器局（1884）、广东机器局（1885）和湖北枪炮局（1890），刘铭传办的台湾机器局（1885）等"②。

军事工业之外，洋务运动也因寻求财源、视野扩大等原因逐渐扩展到民用工业、学堂等其他产业，从自救求强转向求富求知。除了左宗棠、李鸿章、张之洞所办的产业外，代表性之举还有沈葆桢、丁日昌于1878年在

---

① 岳忠豪：《作为中国近代教育事业的开端，京师同文馆的设立有什么波折？》，https://history.sohu.com/a/225301818_469046。

② 丁贤俊：《洋务运动史话》，社会科学文献出版社，2011年，第59页。

台湾架设的中国第一条电报线路，商人李金镛主持的 1896 年盈利达 30 万两的漠河金矿，冯桂芬①主持的培养西学人才的上海广方言馆，丁日昌于 1875 年创办的福州电报学堂等。

洋务运动除了办企业、办学堂、办各种新式产业外，还成立海关总税务司②，设立南洋北洋通商大臣③，引进国际法④，派遣外交使团，以及组建新式陆军、海军等，开始了中国军事、工业、教育等方面的现代化。

---

① 冯桂芬（1809—1874），1832 年考中举人，1833 年林则徐任江苏巡抚时称冯桂芬为"百年以来仅见"的人才。他曾仔细研读魏源的《海国图志》，1840 年中进士授翰林院编修，1860 年加入李鸿章幕府。1861 年，尤重经世致用之学的冯桂芬完成《校邠庐抗议》四十篇，将本土儒家理念与西方观念融合，主张"以中国之伦常名教为原本，辅以诸国富强之术"，最早表达了洋务运动"中体西用"的指导思想。他认为中国受制于"小夷"是"有天地开辟以来未有之奇愤"，在书中也较早地提出了变法主张，认为"法苟不善，虽古先吾斥之，法苟善，虽蛮貊吾师之"，明确提出"鉴诸国"，"始则师而法之，继则比而齐之，终则驾而上之"，提出的具体改革措施及对西方的赞赏比魏源更激进，如倡议地方自治、官员选举、半数以上的士人改从西学。也正因为此书内容太"大胆"，冯桂芬后来央求曾国藩作序荫庇（曾国藩未敢给作序）、删去书稿中一些文字乃至生前不予出版，直到他死后第九年的 1883 年才出版，光绪曾下旨将此书印刷两千部给大臣阅读（参见谌旭彬：《大变局：晚清改革五十年》，浙江人民出版社，2023 年，第 7 页）。

② 第一任海关总税务司为李泰国，第二任是赫德，赫德从 1863 年起担任中国海关总税务司四十余年，海关总税务司主要负责征收中国海关关税及方圆五十里内所有的商业税。中国海关在赫德管理下税收颇丰，每年约收税一千万两，其中的 40% 计划用作海军经费，仅发现一例贪污案（其秘诀在于独立的监督机制和人性化的薪酬福利体系，详情参见谌旭彬：《大变局：晚清改革五十年》，浙江人民出版社，2023 年，第 29、30 页），是当时清政府最重要的财政来源，在 19 世纪 70 年代约占总收入的 20% 至 37%。赫德还开创了中国的邮政系统、气象系统，组建了中国第一支西洋管乐队，曾撰写《局外旁观论》，认为清廷官僚系统彻底糜烂而对晚清改革提出建议，深度参与大清外交、洋务包括京师同文馆设立，推动了清政府管理体制的现代化，自称"四十余年食毛践土，极思助中国自强"，1889 年获清廷授予"太子太保、一品顶戴、花翎"等封赏。

③ 1844 年 10 月，清廷设置办理各国通商事务的"五口通商大臣"，一般由两广总督或两江总督兼任，这是中国建立现代外交机构的第一步，虽然当时清廷依旧将外交关系限于"五口通商"。恭亲王奕訢在奏请设立总理各国事务衙门的奏折中，还建议设立南北洋通商大臣，以便有效管理南北洋各通商口岸，也以此继续将外交活动局限于地方。此后，两江总督兼南洋大臣，主要管理东南沿海及长江沿岸各口岸的通商、海防和其他洋务；直隶总督兼北洋大臣，主要管理直隶、山东、奉天三地对外通商、海防和其他洋务。即南洋、北洋大臣实际上也负责外交、洋务事宜，且不隶属于总理各国事务衙门，其中北洋大臣权力要远大于南洋大臣，所以长期担任北洋大臣的李鸿章实际上在很大程度主持了晚清的外交、洋务，如晚清大多数外交谈判都是由李鸿章主持的。

④ 总理衙门聘请美国传教士丁韪良于 1864 年将《万国公法》译成中文，并印刷三百部发放给各省督抚参考，使得中国开始了解、融入国际法体系。

台湾的洋务运动尤其风生水起，经沈葆桢、丁日昌、刘铭传等人努力，台湾营防军均用洋枪、洋教练，还于1885年建省创设台北机器局，1886年起设电报学堂、中西学堂等新式学堂，1887年开设基隆煤矿，1888年架设电报线、开办邮局，1891年基隆台北段火车通车，并设立通商总局于全球招商，"马路电灯、自来水、医院一应俱全，台北俨然成了一个近代都市"①。历史学家郭廷以甚至称："甲午战前，台湾成了全国最具有近代化基础的省份。"②

洋务运动发起原因首先在于军事需要，因此军事方面的现代化首屈一指。首先，除了创建曾国藩的湘军、李鸿章的淮军、左宗棠的楚军外，还组建了其他新式陆军。1862年，奕䜣呈交《会议练兵章程》，主张在旧有军队中抽选精干，使用洋枪、洋炮和新式操练方法练兵。1862年起，清廷先后抽调了上万士兵在天津、上海、宁波、福州、广州等地由外国人训练，直到1869年为止。此外，神机营、旗兵、绿营也纷纷抽兵编练新军。相应地，陆军新式学堂也纷纷创建，如1885年李鸿章在天津创建北洋武备学堂，张之洞在1887年开办广州陆师学堂及1894年在南京创立江南陆军学堂。

另外，两次鸦片战争的失利让清廷意识到海防的重要性，也意识到组建海军的必要性。奕䜣在《北京条约》签订后的第六天就上奏提出建立海军、买铁甲船、建筑炮台等意见，不久福建巡抚丁日昌也上奏《海洋水师章程》提出创建北洋、东洋、南洋海军，李鸿章在1874年又上奏万言的《筹议海防折》，朝廷在征得各省督抚意见后同意筹建海军。1875年，李鸿章奉旨筹建北洋海军，沈葆桢负责筹建南洋海军，朝廷从海关税中各拨二百万两给北洋海军、南洋海军。南洋海军因朝廷所拨款项被沈葆桢③主动

---

① 郭廷以：《近代中国的变局》，九州出版社，2012年，第247页。
② 郭廷以：《近代中国的变局》，九州出版社，2012年，第32页。
③ 沈葆桢是林则徐的女婿，像林则徐一样耿直，李鸿章对他"君子欺之以方"，写信给他讲"大道理"，大意是400万两银子同时建不好两支海军，不如先集中资源建好北洋水师，因为北洋水师拱卫京畿更加重要。沈葆桢被这"大道理"打动而主动将南洋水师200万两白银送给北洋（参见李晓鹏：《晚清六十年的革命与改良》，团结出版社，2023年，第286、287页）。但两年后，沈葆桢"醒悟"过来，又奏请使得海防经费"分解南北洋各半"，直到1885年海军衙门成立后统一拨付给海军衙门。

让给北洋海军而没有大的进展，仅在传统水师基础上有所扩展，船只也主要由福州船政局、江南制造局所造。

北洋海军因拱卫京师而是海军建设重点，主要船只皆花巨款而购自外国，如 1885 年购买的"定远""镇远"铁甲舰是当时远东最大、世上最新式巨舰，到 1888 年北洋舰队拥有 2 艘铁甲舰、11 艘巡洋舰、13 艘鱼雷舰等共 41 艘船舰，还"募洋员教练"，聘请英国海军军官琅威担任提督衔的"总查"。另外，清廷组建了广东水师、福建水师，到 1882 年拥有战舰 50 艘，还在大沽、威海卫、旅顺、台湾、广东、福建等地修筑了不少炮台，创建了北洋水师学堂、广州鱼雷学堂、广东水陆师学堂、昆明湖水师学堂、威海水师学堂、南洋水师学堂等水师学堂，并组织海军学生出国学习。1885 年 10 月，清廷还设立了总理海军事务衙门，统一管理海军事务。1888 年 10 月，清廷批准《北洋海军章程》，标志着北洋海军正式成军。大清海军貌似蔚为大观，尤其是北洋舰队拥舰近五十艘、官兵四千余人，号称亚洲第一、世界第八[①]，"是'同治中兴'最重要的标志"[②]。但实际上海军"外强中干"，1884 年中法战争中福建水师不堪一击而全军覆没，在十年后的甲午中日战争中实力最强大的北洋海军也全军覆没。

海军的覆没，实际上象征着大清洋务运动以及所谓的"同治中兴"[③]的失败，貌似风风火火、轰轰烈烈，实际上虚弱不堪、不堪一击。洋务运动的宗旨是"师夷长技以制夷"，"师其所能，夺其所恃"[④]，"以外交治标，以自强治本"[⑤]，是中国早期现代化第一波浪潮高峰，开启了中国工业、科技、

---

① 1890 年，出使美国的崔国因在日记里记录纽约《新报》报道："今天下各国之水师，当以英为首，法第二……中国第八。"参见《出使美日秘日记》，黄山书社，1988 年，第 186—187 页。

② 马勇：《错过的机遇：1884—1894》，《东方历史评论》，贵州人民出版社，2018 年。

③ "早在 1869 年，清代士人就开始声称同治时代为'中兴'，此说法很快为朝廷自豪地采用"（引自卜正民主编，罗威廉著，李仁渊、张远译：《哈佛中国史 6：最后的中华帝国：大清》，中信出版集团，2016 年，第 181 页），"1875 年，又有陈弢收录朝臣奏章编辑成书，直接定名为《同治中兴京外奏议约编》。在整个 19 世纪 70 年代，'同治中兴'之说得到了朝野大多数人的认同"（引自谌旭彬：《秦制两千年》，浙江人民出版社，2021 年，第 292 页）。

④ 《李文忠公全集·奏稿》卷十九，转引自杨国强：《衰世与西法》，广西师范大学出版社，2020 年，第 77 页。

⑤ 蒋廷黻：《中国近代史》，中国华侨出版社，2016 年，第 267 页。

军事、教育、外交等方面的现代化,"我国现代化的'第一阶段'便是洋务阶段,也就是科技现代化的阶段"①,进一步打开了国门,尤其是打开了国人知识、信息、观念的"茧房"②,产生了最早的一批资产阶级、工人、新知识人等新社会因素,也的确让国家更加富强,如1894年清政府的财政收入是1842年的一倍,1894年进出口总值比1865年增加137.99%③。

曾国藩、左宗棠、李鸿章、张之洞、奕䜣等洋务运动的主持者传承龚自珍、魏源、林则徐的经世致用精神,"以其造船造炮的事功开一世风气,就这个意义而言,他们是当日中国最先自觉地回答和回应西方冲击的人物。在这种自觉的回答和回应里,本源古老的经世之学成为一种津筏,使中国人能够由此入彼,从熟悉的时务走进不熟悉的洋务。而后,以暴力开始的中西交往才可能演化为曲折而坎坷的文化与文化的交往……在这些人身上始终有着一种中国文化铸就的人文品格,一种以天下为己任的自觉自愿。当自强作为一个历史过程而排难发轫之日,这些都成了内在的催运和力量"④。

但洋务运动"只代表了非常肤浅的现代化尝试,其活动的范围仅局限于火器、船舰、机器、通讯、开矿和轻工业,而没有开展任何仿效西方制度、哲学、艺术和文化的尝试。自强的努力仅仅触及了现代化的表皮,而没有获得工业化的突破"⑤。且洋务运动缺乏顶层设计、统一规划,而主要靠地方各行其是、各自为政,导致了地方势力进一步坐大。洋务运动中兴办的大多数企业产业也有各种弊病,"奸商胡闹,贪官串弊;各省矿局,只为候补人员领干脩之用,徒糜国帑"⑥,如福州船政局仅冗员就达六百多人,还

---

① 唐德刚:《从晚清到民国》,中国文史出版社,2015年,第129页。
② 洋务运动时期,全国创办新式学堂三十余所,派遣留学生二百余人,翻译西方书籍近千种,参见李喜所、李来容:《中国近代史》,中信出版集团,2017年,第152页。
③ 虞和平:《洋务运动时期中外贸易状况变化的几个问题》,中国社会科学院近代史研究所政治史研究室、苏州大学社会学院编:《晚清国家与社会》,社会科学文献出版社,2007年,第521页。
④ 杨国强:《衰世与西法》,广西师范大学出版社,2020年,第52、54页。
⑤ 徐中约:《中国近代史》,世界图书出版公司,2013年,第209页。
⑥ 《政变原因答客难》,转引自吴其昌:《梁启超传》,台海出版社,2019年,第21页。

有官商之争、绅民之争等各种纷争以及"官督商办"导致的行政效率低下、贪污腐败、动辄报效等各种问题，导致大多数洋务企业产业其实半死不活以及商人投资越来越少，就连最大的洋务企业轮船招商局虽然商人股份居多也一度被收归官办、报效众多而导致奄奄一息。"据统计，从1884年到1911年的二十七年间，轮船招商局和电报局这两个企业给政府的报效共三百五十万两，相当于两局股本总额的六成。"①

洋务运动虽然使大清经济总量、军事实力位居当时亚洲第一，但实际上只是如李鸿章所言的裱糊而已，并未有根本的刮骨疗毒，也就仅仅使大清回光返照而已，并不能有力阻止大清帝国的衰亡。这源于洋务运动本质上是"中体西用"，大清依旧太过文化自大、制度自大②，只从器物层面学习西方而未触及文化、制度、思想等深层变革。"事实上，只有改革中国既有体制、文化方面的弊端，容受广义的西方精神、体制和文化优长之处，才能真正为中国开出一条新治道。"③

以现代化视域来看，洋务运动只在器物层面进行现代化，"是一种局部的、初步的和畸形的早期现代化运动"④，它的失败则是历史的必然，这也或是现代化进程中的必经之路。科技发展是现代化重要动力，工业化是现代化的核心，因此器物层面的现代化是现代化的第一步，当然仅仅器物层面的现代化也是远远不够的。"虽然洋务运动最终失败了，但它在客观实际上却为中国现代化道路的探索提供了可贵的经验和教训……洋务运动的失败再次激发先进的中国人继续探索中国的现代化之路。"⑤

---

① 雷颐：《历史的裂缝：近代中国与幽暗人性》，广西师范大学出版社，2007年，第61页。

② 如张之洞不仅认为中国文化优良因此须中体西用，还认为西方的制度貌似新颖，但也不一定如中国传统的政治制度有效。例如他认为中国也有陈奏、代奏等制度，比起西方三权分立更能收群策群力之益且能避免相互牵制之弊，参见马勇：《"新知识"背后：近代中国读书人》，福建教育出版社，2013年，第38页。

③ 马勇：《叠变：鸦片、枪炮与文明进程中的中国（1840—1915）》，中国大百科全书出版社，2022年，第95页。

④ 虞和平、谢放：《中国近代通史第三卷：早期现代化的尝试（1865—1895）》，江苏人民出版社，2007年，第485页。

⑤ 陈向阳：《晚清三次思想分化与早期现代化思想的变迁》，《学术月刊》，1999年第2期。

九、郭嵩焘："独醒之累"

洋务运动的纲领和本质是"中体西用"，这鲜明体现于洋务派理论家郭嵩焘的身上，而他是当时最通晓"洋务"的人了。郭嵩焘的命运也鲜明体现了"洋务"之难，现代化之不易。

郭嵩焘1818年出生，1874年中进士，与曾国藩、左宗棠、李鸿章都相交颇深。他是湘军创始人之一，被称为"湘军财神"，曾倡议捐输、抽收厘金①，创建水师，曾催促曾国藩、左宗棠出山以及救过左宗棠、劝过李鸿章回曾国藩幕府，如果没有他可能就不会有后来的曾国藩、左宗棠、李鸿章，也就不会有所谓的"同治中兴"。如郭嵩焘自己所言："三人者，中兴之元辅也，其出任将相，一由嵩焘为之枢纽，亦一奇也。"②他更是那个时代先知先觉的人物，是我国真正"开眼看世界第一人③"，是"众人皆醉我独醒"，也因此承受了"独醒之累"。

第一次鸦片战争后，郭嵩焘受战败刺激开始"读书观史"，思索"洋患""夷务"问题。咸丰八年，郭嵩焘入值南书房后，大量阅读了《数学启蒙》《海国图志》《发明西洋各国通例》等有关西学著作。在帮办曾国藩军务时，郭嵩焘见识到西方"船坚炮利"，认识到外国人并非蛮夷之辈，并认真研读了《日不动而地动》等自然科学图书。被曾国藩委派到上海筹措粮饷后，他眼界大开，发现"洋人"竟然很有礼貌，葡萄酒也不难喝，还对西方建筑感叹道："细致精妙，非中国所能为也。"回江西时还特意给曾国藩

---

① 厘金即商品税。在郭嵩焘的建议下，湘军首先征收厘金，随后各地开始征收厘金，成为地方政府所能控制的重要税收来源，也成为晚清除海关收入外最重要的税收来源之一，直到1931年才被废除。厘金"很快成为国家财政的大宗，不仅于'同治中兴'功不可没，而且是洋务企业的财政基础之一，构成了中国早期现代化建设资本原始积累的重要部分"（杨华山，《晚清厘金与中国早期现代化建设》，人民出版社，2011年，第28页）。从这个意义讲，郭嵩焘对中国早期现代化也有重要贡献。

② 郭嵩焘：《玉池老人自叙》，《郭嵩焘全集》，岳麓书社，2012年，第759页。

③ 《独醒之累》一书作者孟泽观点。

带了望远镜和风雨表。1863年，郭嵩焘出任广东巡抚后又努力研究国际公法，继续了解西方文化。

进而，郭嵩焘对西方对世界潮流有着清醒认知，认识到"洋人"也是人，可以"以理格之""以礼通之"，认识到"切记今时天下利弊，无过于洋务"，而"办洋务"核心在于一个"理"字，认识到西方先进、中国落后，认为应向西方学习和寻找真理，"窃以为方今治国之要，其应行者多端，而莫急于仿照西法，以立富强之基"。尤其是他率先创议"循习西方政教"，认为议会政治是西方富强之本，"西洋立国以政教为本"，"欲循西洋之法，以求进于富强，未有舍政教而可收效者"。他还认为商人和士人是平等的，应大力发展工商业，"以行商为国计，其势必不能竟已也"，认识到"天下之大患，在士大夫之无识"，认为真正的国家振兴在于积百年之力的人心风俗改变。即郭嵩焘比后来的历史学家唐德刚更早地认识到中国需要二三百年才能完成社会转型，才能真正民族复兴，实现现代化。

对于晚清外交，郭嵩焘则尖锐地批评道："中国之于夷人，可以明目张胆与之划定章程，而中国一味怕。夷人断不可欺，而中国一味诈。中国尽多事，夷人尽强，一切以理自处，杜其横逆之萌，而不可稍撄其怒，而中国一味蛮。彼有情可以揣度，有理可以制伏，而中国一味蠢。真乃无可如何。"①即他将晚清外交方针概括为"一味蠢，一味蛮，一味诈，一味怕"，因为愚蠢而行蛮，行蛮不成则使诈，使诈失败则害怕而求和。这个评价的确准确概括了晚清外交特点，不久爆发的"马嘉理事件"便验证了。

1875年2月，英国驻华使馆翻译马嘉理等人在云南被当地一些民众因"蠢"而"蛮"打死，史称"马嘉理事件"。清政府刚开始使"诈"，称是民众所为与政府无关，但最后还是因"怕"被迫签订《烟台条约》，其中要求清政府派人赴英国当面向女王道歉、表示"惋惜"。根据英国驻华公使威

---

① 《郭嵩焘全集·日记》，咸丰十一年七月二十日。

妥玛要求，清政府借此次出洋道歉的机会，决定正式派遣驻外大使①。由此，1876年郭嵩焘出任中国第一任驻外公使，即驻英公使（后兼驻法公使），因为他"学问极博，于古今治乱升降之故，皆有得于心，言之成理，尤详究海外形势"。这是中国终于走向世界的标志，也意味着"天朝上国"的彻底崩溃。郭嵩焘本不愿去，"且夕求归"，在慈禧出面慰勉下不得不接受任命，慈禧给他"戴高帽"道："此时万不可辞，国家艰难，须是一力任之。"时人为之惋惜道："郭侍郎文章学问，世之凤麟，此次出使，真为可惜。"

1877年到英国后，郭嵩焘参观银行、学校、造币厂等各地，积极学习西方各种知识，系统考察了西方历史文化及现状，练出一口流利英语，维护了海外华工权益等国家利益，还展开"夫人外交"，主办了中国外交史上第一场招待舞会，且更加认识到西方文明的先进。但郭嵩焘如赫德所言"终为一中国人"，他和长期来华的传教士理雅格说："余承认英国有较为富丽的公舍与官署，较多之精巧工艺，各方均较中国整洁，但非余之所指。余意系就道德方面考察两国，所谓道德方面，应于仁义礼智信观之。"即他虽承认西方国家"富强之基，与其政教精实严密，斐然可观"，但其"文章礼乐不逮中华远矣"②。也就是说郭嵩焘虽然承认西方物质、政教方面优于中国，但依旧认为西方在文化、礼乐方面输于中国。

其他当时思想最先进的知识人也大多是如此观点，如王韬在《易言跋》中说"盖万世不变者，孔子之道也"，冯桂芬在《校邠庐抗议》中主张"以中国伦常名教为原本，辅以诸国富强之术"，郑观应在《盛世危言》中说"中学其本也，西学其末也。主以中学辅以西学"。"王韬和郑观应把西学的技

---

① 1866年，赫德带领其秘书——63岁的斌椿、斌椿子广英及三位同文馆学生游历欧洲11国，受到欧洲各国礼遇包括被英王接见，斌椿留有《乘槎笔记》等纪录欧洲见闻的游记，对英国议会政治颇感兴趣。1867年，美国驻华公使蒲安臣任满后被清政府聘为"钦派办理中外交涉事务大臣"，率清廷代表团30余人出访欧美，历时两年八个月先后到达美、英、法、瑞、丹、荷、普、俄等国，是大清历史上第一个正式外交使团，与美国签订了还算平等互利的《中美天津条约续增条约》。中途蒲安臣去世，由总理衙门章京志刚接任带队，志刚著有《初使泰西纪》。1870年，崇厚代表清廷前往法国为天津教案赔罪。但这些出使都不算正式与外国建交。

② 《郭嵩焘日记》第3卷，第147页，光绪三年正月初九日。

艺归入'器'一类，而专门把中学归入更有价值的'道'一类。70年代以后，采用了更为有力的两分法。这就是著名的'体'和'用'的概念，即'中学为体，西学为用'之说。"①学者李泽厚对此指出："'器'在这里已不仅是指工艺器械，而且包括某些政经体制，即政经体制也可以改，但'道'却绝不可变。这'道'指的便是纲常伦纪，即封建专制为特征的政治制度和家庭本位为基础的社会秩序。因此，所谓'法'可变，便必须限制在不破坏、不动摇、不损害这个根本制度和秩序的范围和限度之内。"②

这些当时思想最先进的知识人尚且如此认识，遑论其他国人。当时整个社会风气未开、思想保守、以洋为耻，"朝士皆耻言西学，有谈者，诋为罕见，不齿人类"③，如很多守旧官员称奕訢为"鬼子六"，醇亲王奕譞甚至拟定"焚其教堂、掳其洋货、杀其洋商、沉其货船"等"驱逐洋人之法"。乃至很多国人认为中华文明博大精深、无所不有，进而将西方文明"中国化"，如1866年第一个出使欧洲的官员斌椿在法国见到自行车，视之为中国古代"木牛流马"，洋务派首领奕訢也认为西方的天文算学"实本于中术之天元"，洋务派思想家代表郑观应也认为"西人由外归中"。所以此情此景，洋务运动就只"中体西用"④了，就只学习西方的器物了，就只"师夷长技以制夷"了。

而当时日本思想家代表福泽谕吉则明确倡导自由、平等权利，认为人权是第一位的，主张"脱亚入欧"，创建一个"新的西洋国"，且身体力

---

① 费正清、刘广京等编：《剑桥中国晚清史（下卷）》，中国社会科学出版社，p1985年，第197页。

② 李泽厚：《中国现代思想史论》，天津社会科学院出版社，2003年，第314、315页。李泽厚认为"体"的根本应是社会存在、生产方式、现实生活，尤其是现代大工业和科技（参见李泽厚：《中国现代思想史论》第333页）。

③ 《中国近代史资料丛刊·戊戌变法》第二册，第18页。

④ "中体西用"在19世纪80、90年代几乎已成为时人共识，在早期其实有着积极意义，更强调的是"西用"，有助于容纳西学、扩大西用，甚至其本意就在于以此为推进"西用"的掩饰，即只要坚持"中体"，其他皆可"用西"，如金满楼在著作《细读晚清七十年》中认为"张之洞的'中体西用'其实是主张'西重中轻'，甚至在操作中将中学以'致用为要'的方式'损之又损'"。可以说，"中体西用"是中国现代化最初的理论探索，极大推动了洋务运动乃至中国早期现代化的发展。只不过后来，"中体西用"越来越困于究竟何谓"中体西用"，而跟不上时代发展要求。

行、广为倡导，使得现代观念在日本开花结果。他还认为一个民族要崛起，需要改变三个方面：第一是人心的改变，第二是政治制度的改变，第三是器物的改变，这个顺序绝不能颠倒。或许因为看到中日学习西方的差距，1884年，福泽谕吉在《时事新报》上公开发表《东洋的波兰》一文，称中国将像波兰一样被西方列强与日本瓜分，日本将瓜分台湾与福建的一半。

而当时中国思想家代表郭嵩焘即使坚持"中体西用"，却也遭受众多非议，被讽刺道"出乎其类，拔乎其萃，不见容尧舜之世；未能事人，焉能事鬼，何必去父母之邦"，被很多人骂为"汉奸之人""勾通洋人"，甚至被总理衙门大臣李鸿藻弹劾说"有二心于英国，欲中国臣事之"。他的著作《使西纪程》激起"满朝士大夫的公愤"，被朝廷勒令销毁，他因穿英国人大衣、见巴西国王时起立致意、参加音乐会"屡阅音乐单"、让自己如夫人按照西方习俗应酬等小事被副使刘锡鸿弹劾①为"穷极天下之阴毒险贼"，他也很快被朝廷撤职再不起用，原来劝他"只一味替国家办事，不要顾别人闲说"的慈禧斥责他道："傥敢仍怀私怨，怙过不悛，则国法具在，不能屡邀宽宥也。"家乡士绅则不让郭嵩焘乘坐的轮船上岸，还"几欲焚其寓室"……李鸿章对此在致友人信中感叹："筠仙（即郭嵩焘）虽有呆气，而洋务确有见地，不谓丛谤如此之甚，若达官贵人皆引为鉴戒，中土必无振兴之期，日后更无自存之法，可为寒心。"②

"举世皆清我独浊，众人皆醒我独醉，以身之汶汶，受物之察察。"③对于自己的遭遇，郭嵩焘虽然也很抑郁，"时自伤哽"，但始终不悔，鄙视刘锡鸿说："一诪张为幻的小人，何足与较？"写诗嘲讽其他人道："人生都是

---

① 刘锡鸿在弹劾郭嵩焘"崇洋媚外"的同时，自己其实私底下也觉得英国工业、议会、教育等方面有诸多先进之处，如他后来在《英轺私记》中写道："故英国之富，以制造之多也。其制造之所以多，则官为经理以归利，人人咸乐图谋也。他国之人不肯用心者，则反是也。"还感慨"英之育人成才，用心为良苦矣"，承认自己过去有"误"和"偏执"，但又说它们不符合中国国情，希望能"用夏变夷"。

② 李鸿章：《复周筱棠京卿》，转引自雷颐：《帝国的覆没》，东方出版社，2021年，第132页。

③ 《郭嵩焘使英前后致沈葆桢书》，黄濬：《花随人圣盦摭忆（上）》，中华书局，2013年，第235页。

可怜虫，苦把蹉跎笑乃公。奔走逢迎皆有术，大都如草只随风。"他回国后继续"关心君国"，大谈洋务，反对与外国战争，"力主中国当亟办火车、轮船、电报三事"①，还"打洋拳"，将自己的见解论述编成《罪言存略》送给故人朋友，希望人们对洋务多"通知其情伪，谙习其利弊"，并坚称"虽使尧舜生于今日，必急取泰西之法推而行之，不能一日缓也"。他对自己也充满自信，"以外交能手自负，尝自谓七百年来所无"②，"以先知觉后知，以先觉觉后觉，予于此亦有所不敢辞，于区区世俗之毁誉奚校哉"③。甚至有传说，郭嵩焘死前在自己照片后留下了预言诗："傲慢疏慵不失真，惟余老态托传神。流传百代千龄后，定识人间有此人。"

"世人欲杀定为才，迂拙频遭反噬来。学问半通官半显，一生怀抱几曾开。"（郭嵩焘诗作《戏书小像》）美梦醒来很痛苦，独醒更累更痛，郭嵩焘于1891年怆然离世，遗嘱道："三日成服，传知本家及一二至亲，并于灵前行礼，其他亲友概不通报。"唯一稍微理解郭嵩焘的李鸿章请旨按惯例为他赐谥立传，认为曾国藩、左宗棠皆赖于郭嵩焘，"实推挽之，至创厘捐以济师，练战船以拒贼，尤谓兵饷大政所系，皆事成而不居其功"④。但朝廷颁旨说："郭嵩焘出使西洋，所著书籍，颇滋物议，所请著不准行。"⑤他死后第九年，当义和团运动高涨时，还有官员上奏请开棺鞭戮郭嵩焘尸体以谢天下。

"谁说站在光里的才算英雄，谁说污泥满身的不算英雄？"郭嵩焘虽然不被时人理解，但也开风气之先，如严复、陈宝箴就深受郭嵩焘影响，尤其是他晚年长期担任湖南书院山长，并创建思贤讲舍及改校经堂为教育机构，"与之讲论读书经世之方"，对于湖南后来人才辈出而成为力挽中国狂澜的主力军之一有着重要贡献。历史学家汪荣祖对郭嵩焘有准确评价："郭嵩焘是那个时代中，最勇于挽澜的人。我们追踪其人，印证其时、其地，

---

① 黄濬：《花随人圣盦摭忆（上）》，中华书局，2013年，第159页。
② 黄濬：《花随人圣盦摭忆（上）》，中华书局，2013年，第156页。
③ 郭嵩焘：《郭嵩焘全集》第十一册，第106—107页。
④ 《郭嵩焘请付史馆折》，《李鸿章全集·奏议十四》，安徽教育出版社，2008年，第136页。
⑤ 《郭嵩焘请付史馆折》，《李鸿章全集·奏议十四》，安徽教育出版社，2008年，第137页。

很可觉察到此人的孤愤与无奈。他的思想过于先进，同时代人鲜能接受；他的个性貌似恭谦，实则自负与固执。而郭氏执着之深，正见其信心之坚。当时人觉其独醉而众醒，但今日视之，实众醉而斯人独醒。"①

"挈舟出海浪滔天，满载痴顽共一船；无计收帆风更急，那容一枕独安眠。"② 郭嵩焘的观点、遭遇也充分反映了洋务运动的命运，他的局限是洋务运动的局限，他的挫折也是整个洋务运动乃至我们民族的挫折③、现代化的挫折。即当时思想依旧固化，大多数国人对西方文化依旧冷漠，如江南译书局翻译的书从19世纪60年代到90年代中期只卖出了1.3万部，大多数书院中没有西学的踪影，新式学堂没有一个发生过大的影响④，而同时日本福泽谕吉的一本有关西方文化的著作很快卖掉了25万册。

而且洋务运动更多的是上层官员、士人的行动，这期间对于普通国人而言，因为国门打开，"洋人"进来，反倒是引发了排外情绪。也因为洋务运动太注重"富强"，而忽视、影响了民生，导致不少底层民众生活更加困苦，当时就有人对此批评道："今之谋国者，第知夺外洋之利，而不知所夺者止为中国穷民之利。"⑤ 因此，在义和团运动之前，中国大地就爆发过一场场类似义和团运动的反教运动。尤其是1891年的反教运动非常汹涌，且正是这些反教运动的结果"引发"了其后"轰轰烈烈"的义和团运动。

1891年3月20日，有人在扬州街道张帖，揭帖大意为"阴历三月三更时，人们听见多人目睹洋人正在行凶，被害的是两位女孩，她们被杀害后躺在血泊中"。这个传言越传越离奇，各种谣言、揭帖也越来越多，如说"洋人"挖取国人的心脏、眼睛。于是引发群情激愤，围观人群越聚越多，五六千人开始冲击当地教堂，砸毁了教堂的围墙和后门。由于当地官员很

---

① 汪荣祖：《走向世界的挫折》，岳麓书社，2002年，第326—327页。
② 郭嵩焘写于1880年的诗歌，表达了郭嵩焘当时的孤独。
③ 学者孟泽说："他的挫折，远不是个人的挫折，而是这个民族有个性的出类拔萃者的挫折，同时是整个民族的挫折。"引自孟泽：《独醒之累》，岳麓书社，2021年，第345页。
④ 费正清、刘广京等编：《剑桥中国晚清史（下卷）》，中国社会科学出版社，1985年，第277、278页。
⑤ 中国近代史资料丛刊：《洋务运动》（六），上海人民出版社，1961年，第211—212页。

快率兵赶来，骚乱没有扩大。23日傍晚，有人看见教堂在搬运行李，于是怀疑他们见了揭帖后"心虚"，要转移从国人身上挖取的心脏和眼睛。群情更加哗然，当地民众又围住了教会，开始打砸抢，当时《申报》报道："无数群众包围了天主堂与育婴堂，突闻一片喧嚷呐喊与拍手几同四面春雷，同时并发，拥挤之下将圣母堂花墙挤倒，轰然一声，闻于远近。"直到27日，城外大股清兵入城保护，并加强巡逻，持续近十天的骚乱才宣告结束，而天主堂和育婴堂几乎完全被毁。

紧接着，芜湖也爆发反教运动。1891年5月10日，两名天主堂修女带着两名幼童在街上被人揪住，指控她们使用迷药麻醉儿童，遂将她们拘送至保甲局，保甲局又送至县署。消息被传为"迷拐幼孩，挖眼制药"，一时间引来几千人围观。当地知县调查后，认为修女是带小孩回教堂治病，修女并无过错乃予以释放，结果引发舆论大哗。第二天，一位姓胡的妇女来到教堂前，要求领回被收养的孩子，但教堂大门紧闭，五六千围观群众开始向教堂内投掷石块。随后，他们用石块砸开大门，冲入教堂，将教堂、育婴堂及教士住宅焚毁，并冲击海关洋楼和英领事公署。清军水师开炮威胁，群众仍聚集不散。法国传教士夏鸣雷、滕伯禄以及美国传教士华约翰等人从教堂后门逃走，他们在上船撤离芜湖之前亲眼看见教堂正燃起熊熊大火，人们在疯狂地抢劫，"这次破坏十分严重，烧过剩下的东西又被人们拆除搬走，其中一些贪得无厌的人攫取一切可以到手的东西"[①]。

芜湖起事后，反教斗争迅速向江苏、江西、浙江、湖北等各地扩展，安庆、丹阳、无锡、如皋、江阴、九江、杭州、广济、宜昌等地教堂或教士住宅纷纷被人焚毁，史称"长江教案"。如1891年5月16日，安庆一批群众冲进天主教堂，准备砸开育婴堂的大门；6月5日，在江西湖北交界的武穴，千余群众攻打教堂，当场击毙英国教士和职员；9月1日，宜昌数千人火焚法、英教堂三处。当时，几乎整个长江流域都爆发了反教运动，如时任美国公使田贝向美国报告所说："几乎在长江各通商口岸都有骚乱发

---

① 陈增辉：《清末教案》，中华书局，2000年，第260页。

生……没有一个城市是安全的，上海也包括在内。"① 为此，各国派护侨军舰驶入长江流域，各国公使联衔提出抗议。

长江流域这些反教运动的领导者是哥老会，时任出使英、法、意、比四国大臣的薛福成在其后不久所写的《处置哥老会匪片》中就指出哥老会是反教运动的发动者："此次焚毁教堂，殴毙教士，传闻系哥老会匪散布揭帖，激发众怒，事起则率党纵火，事毕则潜踪四散……迨入会者众，不免恃势滋事。今者教堂之衅，则又为从前所未有。"哥老会是当时长江流域最为庞大的民间帮会，在官兵中也会员众多，号称"楚师千万，无一人不有结盟兄弟之事"。尽管曾国藩严厉禁止湘军士兵加入哥老会，但湘军裁军后，哥老会吸纳了许多散兵游勇，势力更为壮大。

哥老会统一领导了长江流域的反教运动，手法几乎相同，发动者也几乎是同一拨人。两江总督刘坤一事后不久拿获一名叫曹义祥的湖南人，他供称1891年3月14日，曾是营勇的哥老会头目蒋桂仿等人来到他家，商议如何发洋财。几人一起拟定并执行了一个方案：先是匿名张帖，宣称教会害死小孩，引发民愤；然后鼓动民众，带头围攻、纵火教堂；再趁乱脱身，到其他地方接着如是炮制。他们先是在扬州、芜湖闹事，"蒋桂仿们又回到南京、镇江等处，往来游弋。因见营兵巡防严密，无从下手，就于四月二十九日到丹阳城内，也先造谣揭帖，煽惑众人闯入堂后园内，挖出许多小孩尸骨。蒋桂仿们就在场喊说：放火烧毁教堂，就可除害！那时众怒齐发，就各放起火来。蒋桂仿们因没抢得财物，还到沿江下游一带去闹……金匮、无锡、江阴、阳湖、如皋等县教堂都被烧毁"②。

其实，不仅哥老会发动的反教运动，晚清很多反教事件手法几乎都如出一辙，都由谣言所致，如时任湖广总督张之洞所言："各省闹教之由，实由匿名揭帖最为祸首，挖眼残害诸事，有图有歌，谣传一播，愚民竟谓目前真有是事，有触即发。"谣言纷传在华传教士迷奸妇女、给井水投毒、拐卖儿童、刨挖坟茔、私藏军火，似乎他们无恶不作，最耸人听闻的谣言是传教士"挖

---

① 马士：《中华帝国对外关系史》第2卷，第455页。
② 吴善中：《哥老会与光绪十七年"长江教案"》，《扬州大学学报》，2006年第6期。

眼剖心"、肢解人体,说传教士会施展妖术挖取中国人尤其是孩子的眼睛和心脏,用以制药或炼银或买卖,实际上所谓挖的"眼睛"是荔枝。

这些谣言造成了中国底层民众的恐慌和对传教士的仇恨,使得各地教案频发,之前典型的如1870年爆发的著名"天津教案"。领导反教运动还只是小打小闹,哥老会还计划发动反教起义。1891年春天,各路哥老会在安庆开会,奉原捻军首领李昭寿儿子李洪为大元帅,计划以盂兰盆会名义举行暴动,并印制了《谨遵圣谕辟邪》《擎天柱》《棘手文章》《鬼叫该死》《灭鬼歌》《禀天主邪教》等大量反洋反教的书本、图画、揭帖广为散发,号召国人"齐心拼命,使鬼教不入华土"。哥老会计划在沙市起义,并商派各头目在汉口、黄州、樊口、黄石港、三夹、扬叶洲、武穴、九江、大通、芜湖、金陵、镇江、十二圩等地的轮船码头布置船只准备接应。哥老会还委托镇江海关帮办英国人梅森从香港购买军火,不料梅森被上海海关查获。清政府严令各地查缉,严惩首要,解散胁从,导致哥老会首领和骨干大多被捕,从而使这次反洋教起义流产,也使得长江流域的反教运动逐渐平息。

可就在长江流域反教运动平息不久,热河承德爆发了大规模的反教起义。当地金丹教势力渐渐壮大,在平泉、建昌、赤峰、朝阳四地信徒颇众,与相邻的蒙古部落矛盾日益增多。1891年10月,蒙古部落企图以打猎为名攻击金丹教教徒。金丹教先发制人,发动当地数千教众起义,以仇杀天主教、蒙古王公、贪官为号召。随后,附近各地金丹教及其他民间教会纷纷聚众起义,树起"奉天伐暴""护国佑民"大旗,"旬月之间,由数千聚至数万"。其中,武圣教等教自称有金钟法术,能刀枪不入。起义军不仅攻击蒙古部落,也在所到之处焚毁教堂、屠杀教民,影响波及开平、滦州、迁安、永平和锦州等地。10月中旬,直隶总督兼北洋大臣李鸿章派叶志超、聂世成率兵围剿,金丹教发动、很多民间教会参与的这场反教起义最终被炮火镇压。

1891年,长江流域和热河的反教事件此起彼伏、规模不小,且大多都有组织、有计划,称之为反教运动当不为过。虽然1891年的反教运动大多都被镇压了,但是其爆发的根本原因——民教矛盾,即中国底层民众和外国教会的矛盾还在。因为基督教、天主教等外国教会与中国传统的思想、信仰、风俗、习惯等常常冲突，很多传教士又态度傲慢，甚至一些中国教民靠着教会为非作歹，如有些中国教民拒不纳税，甚至敲诈勒索，或者有些民众做了坏事便加入教会逃避惩罚，导致中国普通民众与教会"格格不入"，矛盾频发。"老百姓害怕和敌视外国人的原因不一而足。有时其起因不过是一时一地之事……民众厌恶传教士和诡异者的另一些原因更为普遍。它们大体上可分为两类：即一类是对社会和经济的不满，一类是文化、种族和迷信等恐惧引起的变态心理状态（这也可以大致归之为排外情绪）。"① 早在1856年，就爆发过西林教案。1856年，西林县知县张鸣凤根据村民呈控，逮捕法国传教士马赖及教徒25人，并将马赖和两名教徒处死，致使法国政府以此为借口与英国联合发起了第二次鸦片战争。

1891年的反教运动便是民教矛盾激烈的一次集中爆发，也使清政府感到自危，进而开始试图约束教士和教民。如1892年5月，直隶总督李鸿章提出《论变通教务》和《酌拟教堂禁约十条》，内容包括：禁止教士诋毁儒教；中国官员按季查看教堂并看望所收婴孩；教堂按月报告收养及病故婴孩人数；教堂只收养12岁以下幼童；教堂照约由地方官员税契，并登记所在地，报明地方存案，教堂停止滥收莠民和被拐骗者；教民诉讼，教士不得包庇；教士须约束教民；由教皇派遣大主教驻北直隶与地方官员直接商办教务事宜，不用法国照料保护……但当时教会因为有外国政府撑腰多肆无忌惮，而清廷因为害怕外交纠纷多"偏袒"教会，如曾国藩在奏折中所言："遇有民教争斗，平民恒曲，教民恒胜。教民势焰愈横，平民愤郁愈甚。"因而导致这些"禁约"根本无法实施，民众和教会的矛盾愈演愈烈，冲突越来越多。"从1860—1900年这40年间，发生了需要通过最高级外交途径来处理的数百起重大事件或骚乱，至于地方上不难了结的案件则有数千起之多。"②

---

① 费正清、刘广京等编：《剑桥中国晚清史（上卷）》，中国社会科学出版社，1985年，第551页。

② 费正清、刘广京等编：《剑桥中国晚清史（上卷）》，中国社会科学出版社，1985年，第553页。

随着来华传教士的逐渐增多和列强瓜分中国的危机日趋严重，底层群众的"爱国"反教情绪不断高涨，终于在 1900 年爆发了更大规模的义和团运动。而 1891 年的反教运动是义和团运动之前最为严重的反教运动，可称之为义和团运动的先声或"演习"，其爆发原因都是民众和教会的矛盾所致，爆发方式也都是由民间帮会发动底层大众抗争。如果 1891 年的反教运动能使清廷正视从而解决或缓和民教矛盾，而非一味地镇压反教运动和偏袒教会，那么后面的义和团运动便不会爆发。可惜，历史没有假设，后人只能"坐视"义和团运动的爆发及其后八国联军侵华的惨烈。

根本上，这些反教运动也反映了洋务运动的失败，反映洋务运动并未深入民众，并未引起国人观念大的改变，并未让中国现代化有大的进展。而与此同时，克里米亚战争的失败让沙俄开启废除农奴制等改革，"黑船事件"让日本开始明治维新，欧洲国家正热火朝天忙于工业化，中国和日本及西方国家的差距在不断增大，也因此有了之后的甲午战争、维新变法等的发生和失败。中国早期现代化第一波浪潮就此悄无声息地戛然而止，第二波浪潮将很快更猛烈地袭来。

本篇结语

物极必反，盛极必衰，当乾隆皇帝还沉醉在"康乾盛世"的美梦中时，大清其实已经开始衰落，已经落后于西方。衰落不可怕，可怕的是没有自知之明，依旧妄自尊大固步自封。乾隆拒绝马戛尔尼、拒绝打开国门，使中国错失了主动融入全球化、现代化的良机，可谓"一步差，步步差"。

大清"盛世"的衰落在天理教攻入皇宫事件中有明显反映，标志着大清已开始衰亡，龚自珍当时就明确指出大清已步入"衰世"。鸦片战争则是大清衰落的又一反映，也是历史车轮滚滚向前"惯性"使然，是中国内忧外患的集中爆发，标志着中国迈入"数千年未有之变局"。之所以是"数千年未有之变局"，主要是因为中国从此面临强大的西方国家，面临现代化挑战，面临社会"转型"。

对此，龚自珍、魏源、林则徐等少数有识之士进行了深思、探索，尤其是魏源提出"师夷长技以制夷"，开启了中国近代思想的"转型"。这也是对中国现代化的最初思索，思索中国究竟该往何处去，如何应对"大变局"，如何处理和传统、西方的关系。

随着鸦片战争战败，内忧外患更加严重，太平天国运动由此爆发，这是社会"转型"改制最早的尝试，也是在探索"中国何处去"，是结合传统学习西方的现代化探索。太平天国运动虽然失败，但直接刺激产生了洋务运动，开启了中国工业、科技、军事等方面的现代化，也一度有了"同治中兴"，但终究只是"裱糊"而已。

中国早期现代化第一波浪潮大致从1841年鸦片战争中期到1895年甲午战败，以洋务运动为高潮，主要由奕䜣、曾国藩、李鸿章、左宗棠、张之洞等先行者推动，主要波及工业、科技、军事等器物层面，虽然只是肤浅的现代化尝试，但毕竟拉开了中国现代化的序幕。从此，中国现代化浪潮席卷神州大地，浩浩荡荡不可遏制，早期现代化第二波浪潮也即将来临。

第二篇 中国早期现代化第二波浪潮：变法、进化

甲午战败宣告了洋务运动的失败，中国早期现代化第一波浪潮开始走向更加猛烈的第二波浪潮，从器物层面肤浅的现代化迈向文化、教育、政治等深层层面的现代化，而有了维新变法的更深探索。但这波浪潮太猛，而有了反方向的义和团运动，现代化浪潮发生巨大退潮。

关键词：朝鲜　日本　维新变法　戊戌变法　义和团　八国联军

时间：1895年至1901年

主要人物：李鸿章　张之洞　康有为　梁启超　严复　谭嗣同　翁同龢　奕䜣　光绪　慈禧

第四章 甲午战争：现代化刺激

甲午战争更加打开了国门，彻底揭开了大清帝国的遮羞布，宣告了洋务运动的失败、同治中兴的破灭。国人受此刺激开始了对现代化更深的探索，进而有了其后的维新变法、义和团运动乃至辛亥革命。

一、日本挑衅：从琉球到朝鲜

如果说鸦片战争开始打破"天朝上国"的美梦，那甲午战争则打破了"洋务运动"及"同治中兴"的美梦，也彻底破灭了"天朝上国"的美梦，一切美梦皆是幻影。而甲午战争的爆发不是偶然的，是"天朝上国"解体的反映，也是中日关系及国力发展的必然。而这一战也是李鸿章的"最后一役"，且在一定程度上可以说是李鸿章"一人敌一国"。

众所周知，日本原以中国为师为尊，在明代还是中国的朝贡国；但随着日本以西方为师、经明治维新[①]强大起来后，逐渐不再尊重中国这个"老

[①] 日本原来和大清一样"闭关锁国"，1853年美国海军抵达日本江户海面（史称"黑船"事件），迫使日本与美国签订《日美亲善条约》，日本国门从此被打开，幕藩体制也随之瓦解。1868年，日本明治天皇发布《王政复古大号令》，废除幕府制度，发起倒幕运动，夺得大权，改元"明治"，明治维新运动由此开始。1871年日本废藩置县，建立中央集权政府，次年明治政府解除土地买卖禁令，1873年起实行地税改革。此后，明治政府实施了富国强兵、殖产兴业和文明开化三大政策。富国强兵，即改革军警制度，创办军火工业，实行征兵制，建立新式军队和警察制度；殖产兴业，即引进西方先进技术、设备和管理方法，大力扶植资产阶级的发展，尤其是将大量官营企业低价卖给三菱、三井等民营企业；文明开化，即学习西方文明，发展现代教育，提高国民知识水平，培养现代化人才。1885年日本建立内阁制，1889年颁布《帝国宪法》，确立近代天皇制。明治维新让日本走上资本主义道路，初步实现现代化，国力迅速大增。

大哥"，甚至一步步开始和"老大哥"争权夺利了。在甲午战争之前，日本就已不断挑衅中国，首先发生的是琉球风波。

琉球位于台湾岛和九州岛之间，大多移民来自中国福建、广东。据《清代野记》记载："考琉球全国之地，不过中国一大县，本无国王也。明洪武好大喜功，赐其土酋金印，封为国王，又赐闽人善操舟者三十六姓以为之辅，于是俨然一国矣。"①1372年琉球古国便向明朝称臣进贡，1609年日本诸侯萨摩藩武力征服琉球，"从此，琉球变成'一仆二主'，一面公开向北京朝贡，一面暗中向日本江户朝贡。这种奇怪的宗藩关系，一直维持到大清。大清先后八次册封琉球中山国王"②。

1871年，69名琉球船民乘船出海遭遇飓风，淹死3人，剩余66人登上台湾岛，误入原住民社区遭到原住民围攻，被杀死54人，剩余12人被清军送到福州。日本一年后才获悉此事但借机生事，天皇声称"台湾岛生番，数次屠杀我人民，若弃而不闻，后患何已"，即日本把琉球人称为"我人民"，要求中国赔偿，甚至表示准备派兵"讨伐台湾生番"。而清廷对此声称"'土番'之地，为政教禁令所不及，为化外之民"，即表示台湾"土番"是"化外之民"。日本又问大清与朝鲜的关系，清廷则回答说："只要循守册封贡献例行礼节，此外，更与国政无关。"即表示朝鲜自主。主持大清外交的李鸿章也对此明确表示："台人杀琉人与日本无关，即前往问罪亦无能为。朝鲜虽中国属邦，内政外交向归自主。"③清廷和李鸿章的这些表示，暴露了大清的软弱，给日本之后侵占琉球、台湾、朝鲜壮了贼胆和找到了借口。

1874年，日本通过《台湾番地处分要略》，决议"征台"，设立"台湾番地事务局"，组织了三千六百人的"台湾生番探险队"进兵台湾。清廷刚开始对此茫然无知，连李鸿章也半信半疑。确定日本侵台后，李鸿章主动调兵六千多人增援台湾，加上台湾原有驻军共一万余人。日本对此也不敢

---

① 张祖翼：《清代野记》，中华书局，2007年，第129页。
② 叶曙明：《李鸿章大传·以一人敌一国》，江苏凤凰文艺出版社，2016年，第66页。
③ 窦宗仪：《李鸿章年（日）谱》，国家图书馆出版社，2011年版，转引自叶曙明：《李鸿章大传·以一人敌一国》，江苏凤凰文艺出版社，2016年，第70页。

轻举妄动，于是派驻华公使柳原前光与李鸿章谈判，李鸿章道："中国十八省人多，拼命打起来，你日本地方小人少，吃得住吗？大丈夫做事总应光明正大，虽兵行诡道，而两国用兵题目总要先说明白，所谓师直为壮也。"①并斥责日本"口说和好之话，不做和好之事"。李鸿章还直接手书："此事如春秋所谓侵之袭之者是也，非和好换约之国所应为，及早挽回尚可全交。"②李鸿章曾于1871年与日本签订《中日修好条规》《中日通商章程》，规定"两国领土均以礼相待，互不侵犯"，原以为有这条约便可保障两国"修好"，日本必不会侵犯朝鲜乃至中国，这也是李鸿章签订的第一个条约。

日本于理有亏，于实力也不敢冒进，而清廷更想"破财消灾"。于是1874年，清廷与日本签订《北京专条（附会议凭单）》，"协议规定日本从台湾撤兵，中国付给日本'抚恤银'和'修建费'共五十万银两③，并且承认'日本国此次所办，原为报民义举起见'，'中国不指以为不是'"④。这条约如当时日本的法国顾问巴桑纳所言"使清帝国承认了日本对琉球岛的权力"⑤，进一步鼓舞了日本，日本于1875年占据琉球，并禁止琉球进贡大清。琉球国王派特使多次投诉此事⑥，请求清廷"尽逐日兵出境"，而清廷"惟以情理二字相驳诘"，也曾委托美国出面调停，但最终都无济于事，日本进而于1879年正式将琉球吞并设为冲绳县，将琉球国王劫持到东京。琉球从此被日本吞并，"天朝上国"宗藩体系由此失去了第一个"藩属"进而开始逐渐分崩

---

① 李鸿章：《与东使柳原前光郑永宁问答节略》，《李鸿章全集（七）》，时代文艺出版社，1998年。

② 李鸿章：《述柳原辨难》，《李鸿章全集（七）》，时代文艺出版社，1998年。

③ 其中10万两赔给琉球的受害者，40万两收买日本在台湾修筑的营房，英国驻日公使巴夏礼对此讽刺道："中国心甘情愿地对它受到的侵犯付出报酬。"参见费正清、刘广京等编：《剑桥中国晚清史》，中国社会科学出版社，1985年，第86、87页。

④ 叶曙明：《李鸿章大传·以一人敌一国》，江苏凤凰文艺出版社，2016年，第88页。

⑤ 转引自《日本外交史》上册，第154页。

⑥ 琉球派遣使臣求援清廷，有使臣留下遗书《以死乞师》后自杀明志，还有使臣"流寓京师十二年矣，每岁皆有表文，而总督不为达，其旅费则琉球遗民倾助，间有奏致其旧君，则间关由粤渔船转达，流离琐尾，备极可怜"，还曾被当作奸细抓捕（查明真相后被释放），引自黄濬：《花随人圣盦摭忆（上）》，中华书局，2013年，第300页。

离析^①。

"琉球既灭，必及朝鲜"，日本对朝鲜早有觊觎，"征韩论"早已响起。在1863年朝鲜高宗李熙继位后，日本便派出军事顾问协助朝鲜实际掌权的闵妃训练新军。1876年2月27日，日本迫使朝鲜签订《江华条约》，第一款就提出"朝鲜国自主之邦，保有与日本国平等之权"，并规定朝鲜向日本开放港口、通商，在朝鲜设立日本公使馆，承认日本领事裁判权。此条约是朝鲜与外国签订的第一个条约，标志着朝鲜从此打开国门，也标志着朝鲜废止与中国的宗藩关系[②]，还意味着日本开始蚕食朝鲜。而清廷对此只能"默然"，但也认识到朝鲜危机所在，1879年将对朝鲜的管理权从礼部转移到北洋大臣手上，意图将朝鲜事务纳入大清外交事务之中。但受命主管朝鲜事务的北洋大臣李鸿章也没有什么法宝，只是引导朝鲜与各国建交通商，"以夷制夷"，使日本不得独占，这又进一步鼓舞了日本对朝鲜的野心。

1882年，朝鲜一些新军训练中被遣散的士兵在高宗父亲大院君唆使下发动兵变，推举大院君为领袖，还焚毁了日本公使馆，杀死了七名日本军事顾问，闵妃乔装外逃，史称"壬午兵变"。兵变发生后，日本迅速派兵赶往朝鲜。此时，李鸿章正在家丁忧，署理直隶总督张树声派北洋水师提督丁汝昌运兵朝鲜，山东帮办军务吴长庆的文书张謇则推荐了袁世凯任职前敌营务处，张謇尤其是袁世凯由此登上历史舞台。袁世凯1859年9月16日出生于河南项城，自小"好读兵书"、关心时事而不喜八股，祖父袁甲三曾官至漕运总督，和曾国藩、李鸿章交好，袁世凯养父袁保庆和吴长庆则是金兰之好，因此袁世凯多次乡试未中后决定投奔吴长庆。他将诗文付之一炬道："大丈夫当效命疆场，安内攘外，岂能龌龊久困笔砚间，自误光阴

---

① 实际上，洋务运动时期，清廷也在一定程度上接受了现代国际观，主观上也有些有意放弃宗藩制度，致力于和平、平等外交以及韬光养晦，如奕䜣在《统筹全局酌拟善后章程》中提出"外敦信睦，而隐示羁縻"。

② 朝鲜在明清时代被看作中国极其重要的"外藩"，是当时中国头等朝贡国，在1637年到1894年有507个朝鲜使团到过北京，明朝曾于1592、1597年两次各耗费一千万两白银帮助朝鲜抗击日本入侵，详情见徐中约《中国近代史》，世界图书出版公司，2013年，第243页。朝鲜也以"小中华"自居。

邪。"①吴长庆本来还想让袁世凯好好读书、参加科举，因此聘请张謇指导袁世凯读书。张謇认为袁世凯日后必为"有造之士"，但不擅长读书，因此多次向吴长庆推荐袁世凯从戎。吴长庆率兵到达朝鲜后迅速将大院君擒获送往天津，迎回闵妃，兵变由此平息。兵变虽然由清军平息，显示了大清余威犹在，但胜利的果实却被日本摘了。朝鲜与日本随后签订了《仁川条约》，朝鲜赔款惩凶，并允许日本派兵保护日本公使馆。日本从此获得了在朝鲜首都平壤驻兵的权力，为之后出兵攻占朝鲜、攻打清兵埋下了伏笔。

"壬午兵变"中袁世凯崭露头角，他署理营官后号令全营官兵整装待发，如有不从就地正法，并身先士卒、冲锋在前。兵变结束后，年仅二十五岁的袁世凯受到李鸿章赏识，他笑对袁世凯称："韩人闻袁大将军至，欢声雷动，谁敢抗拒？"李鸿章与袁世凯祖父袁甲三关系甚好，"相鼓以道"，对袁世凯的嗣父袁保庆、叔父袁保龄等也很信任，因此对袁世凯自然也多加照顾。经李鸿章推荐，被李鸿章称赞为"胆略兼优，能知大体"的袁世凯任"驻扎朝鲜总理交涉通商事宜"全权代表，其秘书、翻译则是当年留美幼童之一、被袁世凯赞为"老成练达，精通西学"的唐绍仪，两人八拜结交，从此携手"内外兼修"、飞黄腾达。野心勃勃的袁世凯俨然成为大清的"小钦差"、朝鲜的"太上皇"，在朝鲜皇宫中乘轿而行，目无国王、欺压百官，巩固了大清对朝鲜的宗主国地位，闵妃还将自己的表妹及另外三名"宫姬"嫁给了袁世凯②。但一波未平一波又起，日本不甘心就此罢休，支持朝鲜前驻日特使金玉均组成开化党，意欲"联日排清，脱离中国，宣布朝鲜独立，实行君主立宪"。1884年（甲申年，清光绪十年）农历十月，开化党在日军保护下冲进王宫，挟持国王组阁。关键时刻，袁世凯再次显示了他的枭雄本色，机敏干练的他不等李鸿章命令，当机立断，率军1500人冲进王宫，占领王宫、击退日军、迎回国王。

这场骚乱迅速平息后，日本与大清、朝鲜展开论争，争论谁的责任更

---

① 沈祖宪、吴闿生：《容庵弟子记》，卷1，第1页，1913年。
② 这四位袁世凯的如夫人前后给袁世凯生了15位子女，包括次子袁克文，袁克文之第三子便是著名物理学家袁家骝，袁家骝夫人便是最杰出的华人女科学家吴健雄。

大，争论袁世凯率军入宫是否正当。最终，中日签订《中日天津会议专条》，"内容约有三项：一、议定两国撤兵日期；二、中日均勿派员在朝鲜教练；三、朝鲜有变乱重大事件，两国或一国要派兵，应先互行文护照。这个条约实际把日本派兵到朝鲜合法化，朝鲜从中国的藩属国，变成中日两国共同保护。对日本来说，这只是迈进了一大步，第二、第三步，将接踵而来，埋下了甲午战争的导火索"①。其中，"朝鲜有变乱重大事件，两国或一国要派兵，应先互行文护照"由中方主动提出，当时被视为重要的外交胜利，其本意是使将来日本出兵朝鲜时必须先照会中国，中国便可有反制准备，但没有想过万一中国先出兵朝鲜会有什么后果。

发起这场骚乱的金玉均后来逃往日本，朝鲜高宗、闵妃不肯放过他，派人将他引诱到上海租界杀死。随后，朝鲜对金玉均尸体凌迟，砍下头颅、"盐渍其首"、威示四方。这引发了金玉均"幕后黑手"日本的愤怒，日本为金玉均举行了盛大葬礼，并将其死怪罪于中国，认为是中国在背后下黑手，且是中国用军舰将他的尸体运回的朝鲜，因此对中国动武的声音越来越大。此时，正逢北洋水师在日本，北洋水师中最有威力的铁甲舰定远、镇远在国内竟然保养不了，只能前往日本长崎保养。不料，北洋水师水兵与日本巡警发生冲突，双方各有死伤②。此事进一步激发了日本人的反清情绪，"大力发展海军"成为日本共识，再加上日本对朝鲜的野心和对大清的了解，如"四月二十七日，日本参谋本部向日本天皇和内阁汇报：'中国士兵仅五分之三有步枪，一团中装备有十三种步枪。中国完全无准备，作战时机已到'"③，中日战争只需要一根导火索了，而这导火索便是东学党起义。

朝鲜高宗昏庸无能，百姓民不聊生、怨声载道，有民谣唱道："金樽美

---

① 叶曙明：《李鸿章大传·大清裱糊匠》，江苏凤凰文艺出版社，2016年，第9页。
② 还有传言说这次北洋军舰去日本保养时，日本海军司令伊东祐亨发现竟然有大清水兵在大炮上晒裤子，而对同僚说中国海军不堪一击，因此下定了对中国开战的决心。这个传言现在基本上被认为是伪造的，但也反映了当时人们对北洋舰队的一些看法。
③ 袁灿兴：《军机处二百年》，岳麓书社，2021年，第283页。

酒千人血，玉盘佳肴万姓膏；烛泪落时民泪落，歌声高处怨声高。"①因而以反对"西学"、提倡"东方之学"为宗旨的东学党在朝鲜逐渐崛起，并像太平天国一样于1894年（甲午年，清光绪二十年）正月揭竿而起②，且迅速控制了南部三道，各地也风起云涌、纷纷响应。朝鲜朝廷对此惊慌失措，在袁世凯的怂恿下，几经犹豫，最终决定向中国借兵清剿。

五月，李鸿章派济远、扬威二舰先行出兵前往仁川，随即又派聂士成、叶志超、夏青云各率军马赶往朝鲜。日本得知中国出兵后欣喜若狂，终于等到出兵朝鲜的机会了。因为根据《中日天津会议专条》，中国如果出兵朝鲜，那日本也可以出兵朝鲜。于是，日本迅速于6月5日成立大本营，并在同一天，明治天皇批准以"保护使署、领事及商民"为名，向朝鲜派出一个混成旅。6月16日，日本混成旅四千余人全部登陆仁川，后续部队三千余人也很快登陆朝鲜，海军八艘军舰也抵达朝鲜。其实，这时东学党在清兵的震慑下已与朝鲜朝廷达成了休战协议，朝鲜已请求中国撤兵，聂士成也建议应迅速撤兵。但李鸿章举棋不定、进退维谷，他还像以前一样寄希望于英国、俄国的调解而和平解决。调解没戏后，李鸿章终于向总理各国事务衙门建议中国先撤兵，不给日本发起战争的借口，但被光绪拒绝了，光绪不愿堂堂"天朝上国"先行撤兵而示弱于"小日本"。

当时光绪乃至大清上下不相信日本敢与中国作战，即使开战也不足为惧，毕竟日本乃"蕞尔小国"而且久附中国，而中国乃"天朝上国"又"同治中兴"了，"倭不度德量力，敢与上国抗衡，实以螳臂当车，以中国临之，直如摧枯拉朽"。甚至翁同龢、李鸿藻等不少大臣还求战心切，想通过打"小日本"而宣扬国威，一吐多年被外国欺负的怨气。光绪年轻气盛又刚刚执政，更想通过战争的胜利来立威，来稳固自己的执政，因此光绪恨不得御驾亲征。慈禧也希望通过打一次胜仗，为她的六十大寿增光添彩。

---

① 《日清战争实记》第5编，第102页，转引自戚其章：《甲午战争史》，上海人民出版社，2014年，第7页。

② 学者马勇认为东学党起事背后也有日本好战分子如玄洋社人在背后秘密鼓动，参见马勇：《激荡：晚清二十年》，新星出版社，2021年，第33页。

只有李鸿章等少数身在局中者才知道战争打不得，他在六月上奏称北洋只有八艘可作战的战舰，"自光绪十四年后，并未添购一船，操练虽勤，战舰过少"①，又上奏说："臣久历兵间，深知时势艰难，边衅一开，劳费无已，但使挽回有术，断不敢轻启衅端。"②但李鸿章的奏折遭到光绪痛斥："而我之海军，船械不足，训练无实，李鸿章未能远虑及此，豫为防范，疏慢之咎，实所难辞。"③其他朝臣也纷纷对李鸿章指责攻击，甚至说李鸿章"平日挟外洋以自重，当倭寇来犯，自恐寄倭寇之钱财付之东流，其不欲战，固系隐情"④。"无知者无畏"，这些人不会想到中日之间的真实差距，不会想到这场战争将极大地改变大清及他们自己的命运。

二、甲午战争：中国惨败日本大胜

中日双方都不甘示弱、求战心切，那战争的爆发便不可避免了。1894年7月17日，日本召开御前会议，正式作出了对中国开战的决定，并很快完成了发动战争的各项准备工作，中日战争一触即发。日本要求朝鲜立即驱逐清军和施行内政改革，又很快以不满意朝鲜的答复为借口，于7月23日攻占朝鲜王宫，胁迫国王以朝鲜"自主独立受侵害"为由委托日军驱逐在朝清军。日本终于找到了中日开战的借口，"不是我想打你们，而是朝鲜委托我打的"。

7月25日即农历六月二十三日，运兵返航的济远、广乙巡洋舰在朝鲜丰岛海面遭遇日本吉野、浪速、秋津洲三艘军舰，日本军舰在两队距离三千米时突然猛烈开火，中日战争就此不宣而战。广乙是鱼雷舰，战斗力不强，很快被炮火击中退出战斗，搁浅而焚船、自毁。孤军作战的济远坚

---

① 《清光绪朝中日交涉史料（卷十四）》，转引自叶曙明：《李鸿章大传·大清裱糊匠》，江苏凤凰文艺出版社，2016年，第121页。
② 顾廷龙、戴逸主编：《李鸿章全集·奏议十五》，安徽教育出版社，2008年，第371页。
③ 《清实录》（德宗毅皇帝实录），中华书局，2009年版。
④ 王芸生：《六十年来中国与日本》第二卷，生活·读书·新知三联书店，1980年，第192页。说李鸿章"挟外洋以自重"也有些道理，李鸿章正是靠外交而获得了更大权力。

持战斗，有一发炮弹击中吉野火药库，可惜由于炮弹质量差没有爆炸，不久力战不支而逃。日军军舰在追击时发现了大清运兵的高升号和运送军饷军械的操江号，便又向这两艘船开炮。操江号只是木壳小船，配置陈旧，不得已挂起白旗投降，船上20万两饷银及20门大炮、3000支步枪和大量弹药为日本所虏。高升号是悬挂英国旗的商船，也没有作战能力，英籍船长和其他外籍船员打算投降，但船上1116名清兵誓死不降。日本军舰随即开火，清兵以步枪对抗，视死如归，最后高升号沉没，而日舰"用快炮来向水里游的人射击"[1]，最终871名清兵殉难，其他245名清兵被附近外国商船救起。

日本在取得丰岛海战首战胜利后，进一步壮大贼胆而水陆大进。首先日本陆军进犯牙山，牙山清军只有三千多人。农历六月二十七日，一支日军在安成渡附近被清军伏击，不过伏击的清军人数太少而未能告捷，双方打了个平手，各有二十多人伤亡，这是中日陆军首次交手。随后，日军进攻成欢，清军虽然"莫不以一当十"，但伤亡很重，堡垒相继沦陷，聂士成不得已率军撤退，成欢沦陷。这是中日双方正式的第一次陆战，"日本完全切断了中国到达朝鲜西海岸的航道，日军便可以专力北顾，为后来发动平壤战役解除了后顾之忧。同时，此为'开战后第一冲突之胜败，关系尔后两军志气者极大'。因此，可以说成欢之战的结果，预示了清军平壤战役的成败"。[2]

丰岛海战之后，清政府并未正式对日宣战，还寄希望于英俄等国调解，尤其是被日军击沉的高升号是英国船只，按理说"英人必不答应"。但因为高升号是商船，且战前英国和日本刚刚签署《英日通商航海条约》以扶持日本对抗俄国，因而英国对此并没有太大反应，反倒是向清廷索要了一笔赔款。于是，在成欢之战后，清廷终于下定了开战的决心，光绪于七月初一下达宣战谕旨：

> 朝鲜为我大清藩属，二百余年，岁修职贡，为中外所共知。近十数年，该国时多内乱，朝廷字小为怀，叠次派兵前往戡定，并派员驻扎该国都城，随时保护。本年四月间，朝鲜又有土匪变乱，该国王请

---

[1] 转引自戚其章：《甲午战争史》，上海人民出版社，2014年，第61页。

[2] 戚其章：《甲午战争史》，上海人民出版社，2014年，第73页。

兵援剿，情词迫切，当即谕令李鸿章拨兵赴援，甫抵牙山，匪徒星散。乃倭人无故派兵，突入汉城，嗣又增兵万余，迫令朝鲜更改国政，种种要挟，难以理喻。我朝抚绥藩服，其国内政事向令自理。日本与朝鲜立约，系属与国，更无以重兵欺压强令革政之理。各国公论，皆以日本师出无名，不合情理，劝令撤兵，和平商办。乃竟悍然不顾，迄无成说，反更陆续添兵，朝鲜百姓及中国商民，日加惊扰，是以添兵前往保护。讵行至中途，突有倭船多只，乘我不备，在牙山口外海面，开炮轰击，伤我运船。变诈情形，殊非意料所及。该国不遵条约，不守公法，任意鸱张，专行诡计，衅开自彼，公论昭然。用特布告天下，俾晓然于朝廷办理此事，实以仁至义尽，而倭人渝盟寻衅，无理已极，势难再以姑容。著李鸿章严饬派出各军，迅速进剿，厚集雄师，陆续进发，以拯韩民于涂炭。并著沿江沿海各将军督抚及统兵大臣，整饬戎行，遇有倭人轮船驶入各口，即行迎头痛击，悉数歼除，毋得稍有退缩，致干罪戾。将此通谕知之，钦此。①

这个宣战诏书简单地说即"你小日本敢打我儿子朝鲜，还敢打老子我，反了你，不得不揍你了"。日本天皇也于同一天下达宣战诏书，大意是"我打朝鲜是为了朝鲜好，你们大清却多管闲事，我为了帝国的光荣不得不宣战了"。这两份诏书的颁布，标志着中日正式开战。

光绪在颁布宣战诏书前后，命李鸿章速速备战，李鸿章开始"以一人而战一国"。李鸿章先后派四路大军一万多人援朝，其中驻守平壤的清军有9500余人。平壤是朝鲜首都，至关重要，日本先后派近两万兵力入朝，其中进攻平壤的兵力有16000余人。清军虽然兵力不占优势，但占据平壤的地理优势其实并不落下风。因此，清军挡住了日军刚开始的几轮攻击，虽然死伤惨重，尤其是总兵左宝贵在平壤的宣武门外战死。左宝贵本来生病中风"不能起床"，但在日军进攻时换上御赐黄马褂和双眼花翎，从病床上一跃而起赶往前线督战，并亲自点炮射击。部下劝他脱下朝服以免被敌

---

① 《上谕》，《清光绪朝中日交涉史料》，第16卷，第2—3页。

人注意，左宝贵厉声喊道："吾服朝服，欲士卒知我先，庶竟为之死也。敌人注目，吾何惧乎？"①左宝贵先中两枪仍在炮台指挥，又被炮火击中胸前，部下想将他带走，不料又一个炮弹飞来炸死了左宝贵，士兵们受此激励也奋战不退。

打了一上午，日军伤亡实际上比清军还严重，且当天下午暴雨突至不利进攻，日军弹药、口粮也将尽，连军官都只能每天喝两碗稀粥。但谎报战功而被委任为清军统帅的叶志超丧失了信心，大部分将领也赞成撤退。于是，入夜后，清军突然在四个城门同时挂起白色降旗，清军冒雨蜂拥而出。而日军像打靶一样枪炮排击，"清兵人马尸体，累累如山"。最终，清军被击毙者1500余人，被击伤者4000多人，被俘者683人，被缴获军械军饷军粮无数，包括毛瑟枪数万杆、炮弹792发、子弹56万发、金砖43公斤、饷银十万两。这场平壤之战是中日陆军的决战，清军元气大伤，尤其是淮军声名扫地，李鸿章闻之"痛哭流涕，彻夜不寐"，还被朝廷下令"着拔去三眼花翎，褫去黄马褂，以示薄惩"②。三眼花翎是用三枝孔雀羽毛做成的官帽装饰，是官员最高荣誉，李鸿章是大清汉臣中唯二获得三眼花翎的（另一个是后来的徐桐）。

平壤失守的第三天，日军又于黄海海面与北洋舰队展开了海军决战。当天，海军提督丁汝昌率军舰护送援军抵达朝鲜后返航，在鸭绿江口外的大鹿岛海域与日本联合舰队遭遇，黄海海战由此爆发。北洋舰队旗舰定远首先开炮但并未击中敌舰吉野，三分钟后日本旗舰松岛开炮还击，双方正式开战。北洋参战军舰10艘，日本参战军舰12艘，北洋军舰数量、总吨位、平均航速、发射速度、火炮总数均弱于日舰，"中日双方参战舰艇势力对比：舰艇数量42:29；总排水量4.26:5.2；舰炮数约为7:10"③，发射速度大

---

① 《清朝野史大观》第8卷，第49页，转引自戚其章：《甲午战争史》，上海人民出版社，2014年，第108页。

② 《清实录·德宗景皇帝实录》，中华书局，2009年版，转引自叶曙明：《李鸿章大传·大清裱糊匠》，江苏凤凰文艺出版社，2016年，第139页。

③ 杨肇林：《醒世先驱：严复传》，作家出版社，2016年，第236页。

约为日舰一分钟三炮而清舰三分钟一炮。且北洋海军使用的克虏伯穿甲弹由于引信技术不过关经常穿而不炸，还有不少炮弹是平时用的训练弹；而日军使用了最新研制的下濑炸药，爆炸力强，极易引起火灾，因此战斗形势极为不利。尤其是北洋舰队因为缺乏经费、技术导致很多船只已成"老弱病残"，系统老化、动力下降、锅炉腐朽、零件短缺，如"定远"舰当时"船舱多渗漏之处"。

更不幸的是战争一开始，北洋舰队旗舰定远就被击中，统帅丁汝昌身负重伤导致舰队群龙无首[①]只能各自为战。北洋舰队右翼超勇、扬威本是最弱之舰，又被四艘日舰围攻，超勇首先沉海，扬威随之搁浅，不过日舰比睿、赤城也被重创而退出战斗。不久，致远中弹累累，弹药也尽，被誉为"万夫特雄之将"的管带邓世昌下令致远"鼓轮怒驶"撞向日舰吉野，打算同归于尽，但不幸中途又中榴弹和鱼雷，致远随后沉没。邓世昌坠海后誓与舰共存亡，不接仆人扔来的救生圈，还把来救他的爱犬按下水，自己随之沉没。经远以一敌四毫不示弱，最后被击沉，管带林永升"突中敌弹，脑裂阵亡"。济远也受重伤，在逃跑时误撞扬威，扬威管带林履中愤而投海，济远管带方伯谦率舰逃回旅顺。而广甲也在逃亡中触礁搁浅，管带吴敬荣[②]纵火登岸，当时的"马弁"、后来的"总统"黎元洪等人泅水逃生。

至此，北洋舰队只剩下定远、镇远、靖远、来远四舰还在战斗，而日军还剩九艘战舰。但四艘剩余的北洋战舰力战不退，尤其是中了3000余发炮弹的定远、镇远两艘铁甲舰紧密配合越战越勇，定远发射的炮弹还击中日本旗舰松岛使其丧失了指挥、战斗能力，松岛及其他四艘日舰开始逃逸。定远、镇远穷追不舍，日舰不得不回头应战，不久靖远、来远及其他几艘港内的战舰赶来助战，日舰随之撤退。至此黄海海战历经四小时四十分结束战斗，北洋舰队共五艘军舰沉没、死伤千余人，日本舰队也有五舰受重

[①] 丁汝昌重伤包扎后依然坐在甲板上"激励将士，同心效命"。后来，北洋舰队定远舰管带、右翼总兵刘步蟾接替丁汝昌实际指挥作战，他与实际指挥日本舰队的东乡平八郎是格林威治海军学院同学，电影《甲午海战》中对此有鲜明反映。严复和伊藤博文也是留学同学。

[②] 甲午海战后，方伯谦被处斩，吴敬荣被革职留任。

伤、死伤六百余人。客观地讲,北洋舰队以弱敌强,与日本海军打成这般已属不易,虽败犹荣甚至谈不上是失败,尤其是完成了为陆军护航的任务,官兵们"均狞厉振奋、毫无恐惧之态"。"综计全战局,日人炮多而快,命中率15%。我舰炮少而慢,然命中率,亦达10%"①,尤其是北洋舰队击中的多是日舰要害位置,被认为是"教科书级的射击"。对此,李鸿章奏称:"臣查大东沟一战,我以十舰当倭十二舰。倭人船炮俱快,我军奋力迎击,血战逾三时许,始则互有损伤,既而我船或沉或焚,或因伤修补,或驶追敌船,仅余定、镇两铁舰,与倭各舰相持至三时之久,为地球各国海战向来罕有之事。"②1895年英国《布雷赛海军年鉴》统计,北洋舰队火炮命中率超过日本一倍;连日本的《黄海海战记事》也称赞道:"此次海战,断续交战四小时有余。此间,清舰队虽勇敢奋战,但不能保持阵形,四方散乱,可谓遗憾。然其发射之炮弹,有经常命中者。此外,一、二水雷舰及二、三军舰乘员,舍生忘死,尽忠职守,可大加称赏。"

相比海军的英勇③,大清陆军逊色太多。叶志超率军从平壤撤退后又一路溃逃,从安州、定州退到义州。清廷起用75岁的四川提督宋庆帮办北洋军务,接替叶志超统辖黑龙江将军依克唐阿部之外所有前线军队,宋庆赴任前慷慨激昂道:"此行如不能奏攘倭之功,唯一死以报国。"清军前线总兵力达3万余人,防守鸭绿江一线的大炮有90余门,但清军各部实际上还是各自为战,像以前不服叶志超统辖一样也并不服从宋庆,且清军无信心也无决心防守,因此也是一触即溃。九月二十七日起,日军进攻虎山,虎山守军虽浴血奋战但很快失守,清军各部纷纷溃逃,三天内鸭绿江防线即全线崩溃。

日军随即接连攻陷凤凰城、海城、金州、大连等地,又于十月二十四

---

① 唐德刚:《从晚清到民国》,中国文史出版社,2015年,第148页。
② 李鸿章:《大东沟战状折》,《李鸿章全集(五)》,时代文艺出版社,1998年。
③ 大清海军英勇是有原因的,海军属于新式军队,官兵多出自福建船政学堂,不经军事院校培训不能充任军官,如据唐德刚调查甲午海战中14位管带全是福建船政学堂学生,都接受过十余年的新式教育和专业训练,尤其是很多管带后来又去英美海军名校学习过。他们在去英国格林威治海军学院学习的誓词中写道:"此去西洋,深知中国自强之计,舍此无所他求。背负国家之未来,取尽洋人之科学。赴七万里长途,别祖国父母之邦,奋然无悔!"

日攻陷号称"东洋第一坚垒"的旅顺。旅顺由李鸿章花了15年时间苦心经营，堡垒城防极为坚固，还有147门从德国进口的最先进的大炮。当时西方人根据火力计算，即使有50艘军舰、10万陆军，也至少需六个月才能攻下，却因守城将领纷纷逃跑而被日军在一天之内攻陷。日军随后在旅顺进行了持续四天残害几万人的大屠杀，最后只剩下36位掩埋尸体的中国人戴着"此人不可杀戮"标记的白帽幸存。对此，1894年11月28日的《纽约世界报》报道说："旅顺的日军从攻陷旅顺的第二天开始，连续四天杀害了约6万名非战斗人员、妇女和儿童，在整个旅顺免遭杀害的清国人不过是为掩埋尸体而幸存的36人。"

光绪二十一年正月初一，日军开始进攻威海卫，威海卫南北两岸炮台很快丢失，退守刘公岛的北洋舰队腹背受敌，但丁汝昌率北洋舰队连续击退日军多次进攻，甚至把日军鱼雷舰击沉，把登山拍照准备在朋友圈炫耀的日本大寺安纯少将一炮轰死。但不久北洋舰队的来远、靖远等舰被日军击沉，定远被日军鱼雷击伤被迫搁浅自毁，右翼总兵、定远管带刘步蟾自杀兑现了他"苟丧舰，将自裁"的誓言。而此时，两岸清军已逃，舰队中的13艘鱼雷舰也集体出逃被日军所俘，陆路援军遥遥无望，北洋舰队伤船未复①，粮弹缺乏，人心浮动，投降声起，甚至"勇丁、水手露刃慑丁汝昌"，绝望的丁汝昌下令炸毁附近三座炮台，截去提督印一角后吞鸦片自尽以"一身报国"，临死前道："吾誓以身殉，救此岛民尔！"② 随后，左翼总兵兼镇远

---

① 黄海海战后一个月后，北洋水师舰只还处在"各船伤重且多"的状态中，迟迟无法修复，因为有些零件需要购自国外，也缺乏相应的工匠，而日军在黄海海战中受伤的军舰两个月内全部修复归队。这背后反映了两国当时工业化、现代化的差距。

② 丁汝昌下令炸毁附近三座炮台以免资敌，截去提督印一角以免用提督印向日军投降，他还下令炸毁镇远等舰但没有得到执行，"诸将不应。盖恐沉船徒降，取怒倭人也"。丁汝昌死后，日本舰队司令伊东祐亨令解除武装的清军"康济"舰载丁汝昌、刘步蟾的尸体运往烟台，日本舰队鸣炮致哀。美国《纽约时报》当时发文称："(丁汝昌)认为世界上还有一些别的东西要比自己的生命更宝贵。"而在国内，丁汝昌则成了甲午战争失败的替罪羊，也或与部下盗用丁汝昌名义起草投降书有关，清廷下令抄丁汝昌家产，丁汝昌尸体身穿囚衣，棺材被用三根铁链锁住，十年内不准下葬。直到1910年，丁汝昌灵柩才得以安葬，生前官职开复，属下萨镇冰等人凑钱在刘公岛建了"丁公祠"。甲午战败后，北洋水师其他十余位将领也多被革职，其他没被革职的将领也被遣回原籍，北洋水师编制被取消，海军衙门被撤。

舰管带杨用霖口诵文天祥的"人生自古谁无死？留取丹心照汗青"开枪自杀，护军统领总兵张文宣也同时自尽。剩余的其他人商定投降日军，正月十八日北洋舰队递交降书，二十日签署《威海降约》，北洋舰队剩余船舰降下大清旗、升上日本旗，编入日本舰队，北洋舰队就此全军覆没。后来北洋舰队有些主力舰被停在日本一个民用码头，被当作日本渔船停泊时登岸用的"趸船"，镇远舰在日本服役多年后于1912年被解体，其铁锚被陈列在东京公园以炫耀日本战绩。回想当年，北洋舰队建成尤其是从英国自行开回超勇、扬威两舰，还坐拥定远、镇远两艘当时的"航空母舰"，号称海军亚洲第一、全世界第八，是何等意气风发、风光无限。

旅顺、威海卫的沦陷尤其是北洋舰队的全军覆没，让清廷失去了信心，就连之前怒发冲冠的"鹰派"也纷纷转向议和，毕竟再打就要打到满洲权贵老家"龙兴之地"和首都北京了。光绪为此说现在还讲什么体面，"宗社为重，边危为轻"；慈禧则"令顺天府备车二千辆，骡八百头"准备出逃，当然她更希望议和后她的六十"万寿"庆典能照常风光举行。因此清廷决定与日本议和，但由谁来议和呢？日本拒绝与前来会谈的尚书衔总理衙门大臣张荫桓谈判，说其没有资格，"全权不足"。日本首相伊藤博文暗示只有恭亲王奕䜣和李鸿章二人才有资格议和。

奕䜣身为亲王不便屈尊，"卖国"这种事还得由"专业"的李鸿章出马。于是，之前被革职留任的李鸿章被委派为全权大臣出使日本和谈。李鸿章不傻，行前想拉个"垫背"的，要求主战派代表翁同龢一起前去，"仗是你们要打的，现在打输了不能让我老李给你们擦屁股吧"，也不傻的翁同龢被吓得连忙推辞。

李鸿章抵达日本马关后与"老朋友"伊藤博文多次力争、软硬兼施，"舌敝唇焦，磨到尽头处"，甚至以"养子"自居哀求道："譬如养子，既欲其长,又不喂乳,其子不死何待?"但伊藤博文对自己曾经的偶像李鸿章[①]寸步不让道:"我实在别无办法。两国相争,各为其主,国事与交情,两不相涉。"直到李鸿章有次回行馆时遇刺,一名不想停战的日本人突然冲出来向李鸿章开枪,子弹射入李鸿章左眼下颧骨处。昏迷的李鸿章醒来后拒绝取出子弹延误谈判,"国步艰难,和局之成,刻不容缓,予焉能延宕以误国乎?死生有命,我宁死不割"。日本因为李鸿章挨的这一枪颇为尴尬,天皇派出御医前往护理,皇后还亲制绷带以示慰问。怕因此被国际上视为野蛮国家而引发外国干预,日本退让了赔款一亿,从原来的要价3亿元减到2亿元,将原来要求的七处通商口岸减至四处,其他条件"只管分辨,但不能减","万万不能再让"。弱国无外交,清廷则怕议和决裂大局不可收拾,最终双方于三月二十三日签订了《马关条约》。

据说,清廷最高"统帅"慈禧最后同意签订《马关条约》的原因很简单,"数种史料记载情节离奇但内容一致。李莲英指着地图上的台湾对太后说:'此岛不过豆大之一点耳,割之何妨。'于是,'慈禧信之'——用一个'豆大'小岛保全大清朝廷,她认为确实没什么不合理"[②]。而光绪"宵旰彷徨,临朝痛哭,将一战一和,两害孰权,而后幡然定计",痛苦地在《马关条约》上盖印。

《马关条约》签订后,李鸿章立即回国,还发誓从此不再踏进日本本土一步,"衔《马关条约》之恨,誓终身不履日地"[③]。"对中国而言,《马关条约》是一个空前丧权辱国的条约。对李鸿章而言,这也是他一生事业从巅

---

① 伊藤博文年轻时曾访问中国,对李鸿章领导洋务运动取得的"丰功伟业"甚为钦佩。伊藤博文曾当面对李鸿章说:"正是因为中堂大人的感召,我才入了政界。"还曾对李鸿章说:"如果你是我,在日本一定干得比我强;如果我是你,在中国不一定干得比你好。"后一句话可能是实话,也可能只是伊藤博文的客气话,伊藤博文本质上是"资产阶级政治家",而李鸿章本质上还是"封建官僚"。

② 王树增:《1901》,人民文学出版社,2011年,第40页。

③ 李鸿章后来真的兑现了他的诺言,1896年李鸿章结束欧美之行后经日本横滨港倒换船只。在换船时,李鸿章并没有踏上日本土地,而是在两艘换船之间搭起一只木板,73岁的李鸿章从板子上摇摇欲坠地走了过去。日本政府为此派专人到李鸿章乘坐的邮轮致歉。李鸿章回国后,日本还发行明信片将李鸿章列为世界五大伟人之一,与伊藤博文并列。

峰坠至谷底的标志。"① 从此，李鸿章彻底成了"汉奸""卖国贼"，遭到比晚年曾国藩遭遇的更严重的举国痛骂和众人弹劾，捶打李鸿章成了当时最"爱国"、最政治正确的事，如米兰·昆德拉所言："他们只有在安全的时候才是勇敢的，在免费的时候才是慷慨的。"李鸿章对此感慨道：

> 予少年科第，壮年戎马，中年封疆，晚年洋务。一路扶摇，遭遇不为不幸。自问亦未有何等陨越。乃无端发生中日交涉，至一生事业，扫地无余，如欧阳公所言"半生名节，被后生辈描画都尽"。②

后来，在俄德法等国的要求下，日本最终放弃占领辽东半岛，但须中国多付三千万两白银作为赎金。日本对此深感耻辱，"此时'卧薪尝胆'一词扩大到日本全国，为日俄战争埋下了伏笔"③。根据《马关条约》，台湾被割让给日本，但李鸿章采取拖延战术说"容再思一月"以望转圜，台湾巡抚唐景崧及台湾军民更是誓死不肯交出台湾，"愿人人战死而失台，决不愿拱手而让台"。在众人推举下唐景崧担任"台湾民主国"总统，刘永福也率黑旗军赶来与各路义民一起与日军英勇作战。但寡不敌众，喋血奋战四个月后，台湾最终被伤亡数千人的日军攻占，被日本实行殖民式统治。这也宣告了甲午中日战争的全部结束，中国惨败、日本大胜。

三、甲午战败：中日现代化差距

"去岁仓促开衅，征兵调饷，不遗余力。而将非宿选，兵非素练，纷纷召集，不殊乌合。以致水陆交绥，战无一胜。"清廷在签订《马关条约》后下诏解释批准合约以及中方战败的原因，将战败原因归结于"将非宿选，兵非素练"等技术层面。实际上，甲午战争中国惨败于日本的原因很多，但总体上还是因为当时综合国力、现代化进展不如日本。

---

① 叶曙明：《李鸿章大传·大清裱糊匠》，江苏凤凰文艺出版社，2016年，第166页。
② 吴永口述：《庚子西狩丛谈》，广西师范大学出版社，2008年，第170页。
③ 菊池秀明著，马晓娟译：讲谈社·中国的历史《末代王朝与近代中国》，广西师范大学出版社，2014年，第84页。

财政方面，日本通过全国上下捐款和发行国债，准备好的甲午战争的预算高达 2.5 亿日元，约在中国 1.4 亿两以上，军费达到了总财政支出的 30%；而大清并没有战争预算，只"临时抱佛脚"，通过民间筹款 3000 万两，通过借外债筹款 1000 多万两，甲午战争共耗费军费五六千万两。打仗是拼刺刀更是拼钱财，大清首先在战争费用上就输给了日本，而这背后则是经济实力的差距。甲午战争前，中国近代企业只有 100 家，资本总额 3032 万；而日本则有 3240 家企业，资本总额为 29457.9 万日元[①]。日本还有一千多家银行，而中国一家银行也没有。另外，日本已建立起从小学到大学完整的现代教育体制，各类学校近 3 万所，识字者当时已有两千万人，小学入学率达到 61%，派遣留学生超过两千人；而中国还是传统的科举制度，识字者只有几百万人，新式学堂不超过百所，派遣的留学生不超过两百，好不容易派到美国的 120 名幼童又很快被召回。也即日本已基本完成现代国家建构，而中国还是传统国家，因此如同第一次鸦片战争，甲午之战不是一个维度的战争。

战争体制方面，日本为甲午战争专门成立了大本营，由天皇统一指挥，举国作战，"直辖陆军省、海军省、军令部、参谋本部、宪兵，具有至高无上的权力。这种军事指挥体制，使筹划战争和调动武装力量有了最高决策机构，适应现代化的战争需求"[②]。日军还学习西方兵制，基本上完成了现代军事转型，组建了陆军省、海军省、陆军参谋本部、海军军令部、教育总监即统称"日本军部"，统一陆军、海军指挥权，实行师团制，引进欧美标准的军衔、编制体系，有了现代后勤保障体制，军官大多从新式军官学校产生或到欧洲考察过军事。而大清虽然也专门成立了督办军务处，但督办军务处并无实权，其他相关机构也权责不明互相推诿，"最高军政体制的混乱，使得清政府的战争决策陷入愚蠢、低效、无可救药的境地。一个落伍于时代的体制构造，却要来应付一场近代化的大型战争，结果如何，可以

---

① 参见徐飞：《帝国的崩塌》，浙江人民出版社，2022 年，第 87 页。
② 徐飞：《帝国的崩塌》，浙江人民出版社，2022 年，第 53 页。

预料"①。清军除了海军还算有些现代色彩外，其他军队编制落后，士兵军事素养低下，武器大多老化，更缺乏日常训练和后勤保障，军队风气更是松弛，如平壤之战前多数士兵"置酒征歌"。尤其是，大清参战部队派系林立，各自为战甚至互相提防，为求自保动辄望风而逃，焉能不败？如平壤战役中，统帅叶志超之所以决定逃跑，就是因为他想"忠心"地保住李鸿章的淮军，毕竟淮军是李鸿章的本钱而他更隶属于李鸿章而非朝廷。当时英国就对日清军队比较说："就像十九世纪的文明军队和中世纪的军队一样。"《纽约时报》文章《大清帝国军事资源透析》甚至认为："世界上没有任何一国的军事力量像大清国这样脆弱……装备极差，而且几乎全军都缺乏严格的军事训练。"

战略战术方面，日本对甲午战争早有预谋、准备，"它是日本明治政府长期推行对外扩张政策的产物。早在 1868 年，明治天皇睦仁登基伊始，即颁行诏书，宣称'开拓万里之波涛，宣布国威于四方'，以实行对外侵略扩张为基本国策。日本的侵略矛头，主要是指向中国。为此，明治政府进行了长期的扩军备战活动"②。日本于 1887 年就制定了旨在彻底灭亡中国的《清国征讨方略》，实行全民义务兵役制，发行海军公债，连续八次提出海军扩张案，从外国购买大量军舰，尤其是从 1888 年起购买了十二艘军舰一举超越了北洋舰队，还步步为营，蚕食朝鲜、麻痹清政府，并派出大量间谍刺探中国情形。而清政府战前根本不相信日本敢于开战，又因为恰逢慈禧太

---

① 徐飞：《帝国的崩塌》，浙江人民出版社，2022 年，第 64 页。
② 戚其章：《甲午战争史》，上海人民出版社，2014 年，第 508 页。
③ 日本参谋本部第二局局长小川又次受命两次秘密前往中国刺探大清状况，最终在 1887 年写成了《清国征讨方略》，将其上交军部，获得日本高层认可。《清国征讨方略》是日本第一部经过实地调研写成的中国军事详情报告，也成了日本之后侵华总方案，主要内容包括大清兵力财力守备力量等考察、日本作战计划、善后方案等。该报告建议"趁清国还幼稚，我们应断其四肢，伤其身体，使之不能动弹，我国才能保住安宁，亚洲大势才能为我掌握"，还指出"清国作为缺乏忠君爱国精神之国，困于财政，弱于军备，其弊可谓已极矣"。其他日本间谍也对大清国情有充分调研，如荒尾精在报告《复命书》中认为清国的"上下腐败已达极点，纲纪松弛，官吏逞私，祖宗基业殆尽倾颓"，宗方小太郎在《中国大势之倾向》中像李鸿章一样认为大清江山"犹如老屋废厦加以粉饰"，且认为早则十年迟则三十年中国"必将支离破碎呈现一大变化"。宗方小太郎还在威海探得北洋舰队的出发时间，使得日本舰队在朝鲜黄海道大东沟附近以逸待劳。

后六十大寿，一切都得为"大寿"祥和让步，几乎没做任何战争准备①；战争发生之初清廷又寄希望于外国调解而战和不定，之后也是一味防守避战，被动挨打，毫无谋划。

而最根本原因，则是两国现代化尤其是统治、制度方面的差距，"甲午战争时，中国仍属'非现代国家'，而日本已基本完成'现代国家'建构，这是中国惨败的根本原因"②。日本通过明治维新建立了君主立宪、议会制等现代政治体制，明治天皇励精图治甚至带头减薪减餐，每年捐出内库白银30万两，还据说他在甲午战争前宣布"从今日起，直至帝国海军超越北洋水师为止，我一天只吃一餐"，内阁、军队等各个部门也权责明确、团结一致。而大清还是君主专制，君主专制中只有君主一人有权有责，其他人"莫非王臣"只能"明哲保身"，摊上个开明君主还能将就，摊不上就只能全盘皆输了。

不幸的是，大清皇帝光绪虽然也想励精图治，但没有实权，且年轻气盛、好勇斗狠，而掌握实权的"老佛爷"慈禧太后"骄奢淫逸"③。她最关心的是自己的权力、享受，更在意"岁月静好现世安稳"。据清朝最后一任总管太监小德张回忆，慈禧一天生活费四万两银子，一顿饭118道菜还嫌"太少了，无法下筷"，从年轻起就专门雇佣乳母喝人奶，过六十大寿花掉了六百多万两银子包括各种衣服6459件，这些过寿的钱够再建一个北洋舰队了。她甚至不惜挪用海军经费修建颐和园，还兴建包括"北海、中海、南

---

① 因此，战后京城流传两副对联："万寿无疆，普天同庆；三军败绩，割地求和""台湾省已归日本，颐和园又搭天棚"。

② 雷颐：《帝国的覆没》，东方出版社，2021年，第126页。

③ 出自太监寇连材的《宫中日记》。说慈禧"骄奢逸"毫无问题，但说慈禧"淫"似乎有些"美化"她了。英国驻清外交官巴恪思著有《太后与我》一书，回顾了他与慈禧四年情史，说自己"与她日夜欢爱，我一向及时记录，看来，性事共发生了一百五十至两百次"，还说"慈禧长长一生中有上千个亲密情人"。另据野史《清宫琐闻》，"金华有柜伙史某，少年而白皙者也，常暗随李莲英至宫中游玩。一日为西后瞥见，问其为谁，李莲英遂实奏。西太后不怒而喜，因将史留之宫中。昼夜宣淫，未几遂生光绪"。这些自然都是野史，仅供谈资。传太监寇连材屡次向慈禧讥谏，甚至曾上折请慈禧归政光绪，"拼死而上也"，最后被慈禧处死。高阳在《翁同龢传》中感慨道："清朝养士两百余年，得一从容就义的内侍，此亦气数已尽的征兆。"（引自高阳：《翁同龢传》，黄山书社，2008年，第170页）

海"在内的"三海工程","从 1888 年到 1894 年的 7 年间,海军经费一共被挪用了 210 万两"①。1891 年户部还以"因库部空虚,海疆无事"为由"停购船械"、裁撤海军人员②,导致北洋舰队开战前六年没有再"添船购炮",连最基本最便宜的密封圈都没钱维修而老化了,乃至"两艘铁甲战斗舰共同只有三颗大口径的开花弹"③。战前,北洋舰队英国顾问琅威理曾建议中国购买两艘世上航速最快的巡洋舰,但没钱购买而被日本买去了,其中的吉野在甲午海战中战功卓著。

这种专制体制更使大清统治昏庸无能,卖官鬻爵④、腐败成风、内耗严重,"全国富力,有日蹙而无日舒;而中流社会之人,已相炫以豪华。虽

---

① 徐飞:《帝国的崩塌》,浙江人民出版社,2022 年,第 64 页。学者唐德刚认为修建颐和园等工程至少挪用了海军经费 1000 万两白银,还有人认为共挪用了 3000 万两白银。如《清宫遗闻》记载:"修颐和园款多出之海军经费,闻约三千万两。其修理费,则出土药税。"据《清代野记》记载:"自移园后,每日园用万二千金也。园中设电灯厂、小铁道、小汽船,每一处皆有总办帮办委员等数十人,满员为多数。甲午战败,李文忠常恨恨曰:'使海军经费按年如数发给,不过十年,北洋海军船炮甲地球矣,何致大败!此次之败,我不任咎也。'"这些经费大多是清廷打着"海军经费"名义征集的,包括让官员报效,其实本就不打算给海军用,甚至每年拨发给海军的四百万两经费也经常被克扣挪用。据唐德刚的《从晚清到民国》一书,海军实际经费每年不过 120 万两。清廷为掩饰挪用海军经费,名正言顺地修园,1887 年在皇家禁苑昆明湖附近办了个昆明湖水师学堂,该学堂仅培养了一届学生,最后只有三名学生参加了海军。光绪及其父亲奕譞之所以非常积极地为慈禧修颐和园,其实也是希望慈禧能在颐和园里颐养天年,不再过问政事。

② 此事虽由户部尚书翁同龢主张,但恐怕背后是慈禧授意或为了顺应慈禧。之前户部尚书阎敬铭因反对修园而遭慈禧撤职,接任户部尚书的翁同龢因此不得不顺从慈禧心意而克扣海军经费为慈禧修园,当然这也"适合平日(翁同龢)憎厌北洋侈张军备之意"(黄濬:《花随人圣盦摭忆》(下)》,中华书局,2013 年,第 660 页)。

③ 李剑农:《中国近百年政治史(上)》,世界知识出版社,2019 年,第 131 页。

④ 晚清卖官鬻爵已成公开的秘密,"官可价得,政可贿成",如"一任清知府,十万雪花银"即是指要想当上知府需要花十万两白银。清廷 1851 年颁布《筹饷事例》规定,凡京官郎中、外官道员以下各官皆可通过捐纳获得,即清廷已公开卖官鬻爵,七品知县官衔需 3700 两、五品知州官衔需 4800 两、三品道台官衔需 1.3 万两。据《剑桥中国晚清史》,咸丰至光绪时期,拥有"虚衔"和"实职"的官员中超过 66% 是用捐纳获得,官员花钱买来官职必然会通过贪污、腐败、苛敛等方式收回成本。花钱也可捐相当于秀才的监生,如严复屡考不中就花钱捐了个监生。花钱甚至可以买谥号,如台湾巡抚刘铭传死后,礼部官员暗示家属如果多花一万两银子,即可将谥号"刘壮肃公"改为"刘庄肃公"。为筹款修颐和园,清廷当时还设海防捐,捐款助"买军舰"即可获得官职,如捐银三千两可得三品以上官衔,共募集海防捐 300 万两。当然卖官卖得最欢的正是慈禧及其中间人李莲英,如道台要想升职至少要孝敬他们一万两银子。

以区区一曹郎,而一室之陈设,耗中人十户之赋。一席之饮宴,值会典半年之俸。而其尤宦达者,更无论也"①。如李鸿章为帮助醇亲王奕譞凑款修颐和园而让醇亲王府总管张翼接手开平煤矿,张翼接手后谋取私利,把优质煤卖到市场甚至卖给日本而供应北洋舰队劣质煤,导致北洋舰队动力不足,航速很慢,以及冒出滚滚浓烟被日军提早发现而做好了战斗准备;负责北洋武器生产和维修的天津军械局总办是李鸿章外甥张士珩,而天津军械局提供的弹药质量很差,维修也很不到位,张士珩还将大量军械、情报偷偷卖给日本;还有官员以次充好中饱私囊,用铁渣来代替海军火药;还比如北洋舰队的一个水兵在长崎在与日本巡警斗殴中丢失译电本,使得日本破解了中国驻日公使馆的电报密码,从而日本对甲午战争及李鸿章在日本和谈过程了解得一清二楚,而透明的大清对此一无所知。

李鸿章身边大量亲随、官员也被日本间谍收买,如日本著名间谍石川伍一在供词中明确说:"叫日本打高升船官兵的信,是中衙(即李鸿章衙门)里送出来的。"就连本来风气最好的北洋水师也渐渐腐化败坏,制度疲沓、纪律松弛,如有军舰走私贩运、搭载旅客,舰队内部结党营私、腐败严重,士兵训练弄虚作假乃至公然赌博嫖妓吸鸦片,提督丁汝昌带头违背章程盖屋租给将领居住以致"夜间住岸者,一船有半",管带方伯谦甚至为争夺妓女和丁汝昌、刘步蟾都闹过矛盾,日本间谍则堂而皇之地进入舰队基地随意拍照。

大清其他官员也好不到哪里去,如两江总督兼南洋大臣刘坤一在战争中被授予钦差大臣,但他以"队不齐,械不备"为由拒绝出兵;署理两江总督张之洞虽然忧心如焚,坚决主战,想方设法提出各种对策,甚至建议把新疆西藏送给英国俄国以获取这两国支持击败日本,但他拒绝派南洋舰队支援北洋舰队②,还安插了坐探在北洋舰队收集材料以弹劾李鸿章;很多

---

① 《说国风·中》,转引自吴其昌:《梁启超传》,台海出版社,2019年,第22页。

② 张之洞致电李鸿章道:"旨调南洋兵轮四艘,查此四轮既系木壳,且管带皆不得力,炮手水勇皆不精练,毫无用处,不过徒供一击,全归糜烂而已。甚至故意凿沉、搁浅皆难预料。"刘坤一、张之洞等人作壁上观也不能完全怪他们自保,一定程度上这是李鸿章的报应,当年中法战争时李鸿章也多次拒绝淮军、北洋舰队南下支援。

前线将领则谎报军情谎称胜利以邀功请赏，如丰岛海战后丁汝昌上奏称定远重创吉野"一弹飞其将台，二弹毁其船头，三弹中其船尾"，叶志超也曾发电报说他率军在成欢歼敌二千余人而仅伤亡二百余人。有些文人墨客也在有意无意粉饰太平，如当时杨柳青的年画中有《牙山捷报》图绘道清军用盾牌挡住了子弹接着用长矛大刀大破日军，《月夜大战高丽平壤城》画道勇猛善战的叶志超在平壤大战中率军杀死日兵无数才主动撤离，《迎迓李傅相》显示清军狂胜、日本乞和，因而李鸿章在各国公使的恳请下雄赳赳气昂昂地赴日本谈判。

"当局者迷，旁观者清"，日本对大清失败的原因看得一清二楚，如日本海军在致丁汝昌的劝降信中所言：

> 至清国而有今日之败者，固非君相一己之罪，盖其墨守常经，不通变之所由致也。夫取士必以考试，考试必由文艺，于是乎执政之大臣，当道之达宪，必由文艺以相升擢。文艺乃为显荣之梯阶耳，岂足济夫实效？当今之时，犹如古昔，虽亦非不美，然使清国果能独立孤往，无复能行于今日乎？前三十载，我日本之国事，遭若何等之辛酸，厥能免于垂危者，度阁下之所深悉也。当此之时，我国实以急去旧治，因时制宜，更张新政，以为国可存立之一大要图。今贵国亦不可不以去旧谋新为当务之急，亟从更张，苟其遵之，则国可相安；不然，岂能免于败亡之数乎？与我日本相战，其必至于败之局，殆不待龟卜而已定之久矣。

这意思是说大清墨守成规不知改变，尤其是不在制度方面进行改革，而日本通过明治维新除旧布新改弦更张，以旧敌新、以落后敌先进，焉能不败？"这些关于国家变革的理论竟然出自日本的一介武夫之口，由此可见日本人对自己国家的崛起有着多么深刻的感受和认识"[①]，也可见大清之衰亡在外人眼里已是明镜一般。"中国并没有利用财富增长的机会适时进行政治体制改革，旧有的政治体制束缚了中国的发展，这就是甲午战败的根本

---

① 王树增：《1901：一个帝国的背影》，2010年，海南出版社。

原因。"①

而清廷并未认识到战败的根本原因，四月十六日，光绪颁发的朱谕对于签订合约和战败原因则如此说道：

> 近自和约定议以后，廷臣文章论奏，谓地不可弃，费不可偿，仍应废约决战，以期维系人心，支撑危局。其言固皆发于忠愤，而于朕办理此事，秉权审处、万不得已之苦衷，有未能深悉者。自去岁仓猝开衅，征兵调饷，不遗余力；而将少宿选，兵非素练，纷纷召集，不殊乌合，以致水陆交绥，战无一胜；至今日而关内外情势更迫，北则竟逼辽沈，南则直进京畿，皆现前意中之事。陪都为陵寝重地，京师则宗社攸关，况二十年来慈闱颐养，备极尊崇，设一朝徒御有惊，则藐躬何堪自问？加以天心示警，海啸成灾，沿海防营，多被冲没，战守更难措手；用是宵旰彷徨，临朝痛哭，将一和一战，两害熟权，而后幡然定计。此中万分为难情事，乃言者章奏所未详，而天下臣民皆应共谅者也。兹当批准定约，特将前后办理缘由，明白宣示。嗣后我君臣上下，惟当艰苦一心，痛除积弊，于练兵筹饷两大端，尽力研求，详筹兴革。勿存懈念，勿骛空名，勿忽远图，勿沿故习，务期事事核实，以收自强之效，朕于中外臣工，有厚望焉。②

大清洋务运动和日本明治维新几乎同时起步，处在同一起跑线上，国情相似、背景相同，都是自上而下发起，都是学习西方自强，但为什么结果是天壤之别？因为"这两个国家的改革一开始就通向了两个不同的方向，中国的改革是为了修补旧传统，为那个僵化的体制提供某种缓解，绝不敢对它进行任何触犯；而日本的改革，则更多地致力于新力量的培养，用新的形式取代旧的形式"③，也即洋务运动只是在器物层面学习西方、有所变革，只是"求强""求富"，而明治维新则是从制度、文化等方面彻底改革、

---

① 马勇：《戊戌政变的台前幕后》，江苏人民出版社，2012年，第39页。
② 《清德宗实录》，卷366，转引自马忠文：《荣禄与晚清政局》，社会科学文献出版社，2016年，第116、117页。
③ 许知远：《醒来：110年的中国变革》，湖北人民出版社，2009年，第28页。

全盘西化①以"与世界各个强国并驾齐驱",因而日本只通过一代人的努力就完成了从传统社会到现代社会的"转型"。

早在甲午战争开战之前,德国铁血宰相俾斯麦就曾预言,如果中日开战则中国必败日本必胜,因为"日本人到欧洲来讨论各种学术,讲究政治原理,谋求回国做根本的改造。而中国人到欧洲来只是问哪个船厂的船造得好,价钱如何,回去拿钱来买就是了"。

当然这背后更根本的原因,在于文化、观念所限,中国人当时还是太自信自大了,如梁启超所言:"以为吾中国之政教风俗,无一不优于他国,所不及者唯枪耳,炮耳,船耳,机器耳。吾但学此,而洋务之能事毕矣。"②而日本向来擅长"见风使舵",有"跟着强者走"的传统,因此看到原来的学习对象中国不行了后就立即"改头换面"拥抱西方。1876年李鸿章与日本驻华公使森有礼的对话鲜明体现了这点。李鸿章问森有礼:"阁下对贵国舍旧服仿欧俗,抛弃独立精神而受欧洲支配,难道一点不感到羞耻吗?"森有礼回道:"毫无可耻之处,我们还以这些变革感到骄傲。这些变革绝不是受外力强迫的,完全是我国自己决定的。正如我国自古以来,对亚洲和其他任何国家,只要发现其长处,就要取之用于我国。"李鸿章对此说:"我国决不会进行这样的变革,只是军器、铁路、电信及其他器械是必要之物和西方最长之处,才不得不采之外国。"当时,大多数国人对日本明治维新并不认同,连与奕䜣一起领导洋务运动的军机大臣文祥对明治维新也持否定态度,连思想最为先进的王韬也认为"余谓仿效西法,至今日可谓极盛;然究其实,尚属皮毛"③。

---

① 日本在西化时其实也注重将传统与现代化相结合,日本维新派的口号是"和魂洋才","日本近代实业界之父"涩泽荣一的理念是"《论语》加算盘",就如罗荣渠在《现代化新论》中所言:"日本的'成功'经验是相当保守的现代化;明治维新的领导人一方面认识到旧的传统已落伍过时,敢于抛弃一部分儒学传统包袱和社会陋习,大力推行'西化';一方面又对自己的民族具有信心,在西化思潮刚刚泛滥之际就恢复一部分传统道德东西,主要是儒家伦理和皇权思想,以稳定社会秩序,有效地推动自上而下的工业化"(引自罗荣渠:《现代化新论》,华东师范大学出版社,2013年,第178页)。

② 梁启超:《李鸿章传》,中华书局,2012年,第50页。

③ 王韬:《扶桑游记》,第248页。

当然最根本的原因，或许在于大清帝国这艘"破船"太大了，难以掉头，而日本则"船小好调头"。"传统的中国根本不能像日本那样实现现代化，因为中国社会幅员如此辽阔，组织如此牢固，以至于无法迅速地转变成西方的组织模式。从这一角度讲，只有等到大部分传统社会的虽已腐朽但仍在延续的结构被摧毁以后，才能建立起一个现代化的中国。这一过程要比在日本要缓慢得多，因为日本较小，反应也较快，另外，日本还拥有更易于接受西方制度和思想的特征。"①

作为甲午战争中大清的主帅，李鸿章对战争的失败当然负有直接责任。他虽然早在1871年与日本代表商签《中日修好条规》时就认为日本"日后必为中国肘腋之患"，在1874年曾上奏朝廷道日本"其志不小，故敢称雄东土，藐视中国。伺我虚实，诚为中国永久大患"，1885年认识到"大约十年内外，日本富强必有可观"。但他不相信日本敢于开战，"伊藤尚明大局，不致嗾韩匪起事"，仅断定日本"以重兵挟议，实欲干预韩内政，为侵夺之谋"。因此，李鸿章没有积极做好备战和应战工作，如当时北洋舰队账户上还有200多万两白银，也不是绝对没有钱再买军舰、更新设备，但李鸿章不舍得花钱而一味哭穷。后来，李鸿章又听信袁世凯所谓的日本"志在商民，俟无他意"而派兵入朝，让日本找到了入侵朝鲜的借口，也"不能以死生争"，将不战进行到底②。战争开始后，他又重用无能的亲信卫汝贵、贪腐的外甥张士珩等人，还寄希望于英俄等国的调停"以夷制夷"，乃至一味"避战求和"。如黄海海战后北洋舰队主力犹存，但李鸿章要求北洋舰队"扼守""捍卫""保船制敌"，导致北洋舰队丧失制海权，被打成了靶子。当然，这是因为李鸿章深知清军兵力，大清实力不足为战，而日本则踌躇满志，如他在上奏中所言："方倭事初起，中外论者皆轻视东洋小国，以为不足深忧。而臣久历患难，略知时务，夙夜焦思，实虑兵连祸结，一发难收。

---

① 费正清等著：《中国：传统与变革》，江苏人民出版社，2012年，第273页。

② 陈三立等人"对合肥之责难，不在于不当和而和，而在于不当战而战，以合肥之地位，于国力军力知之綦审，明烛其不堪一战，而上迫于毒后仇外之淫威，下劫于书生贪功之高调，忍以国家为孤注，用塞群昏之口，不能以死生争，义宁之责，虽今起合肥于九京，亦无以自解也。"引自黄濬：《花随人圣盦摭忆（上）》，中华书局，2013年，第312页。

盖稔知倭之蓄谋与中国为难，已非一日……倭人于近十年来，一意治兵，专师西法，倾其国帑，购制船械，愈出愈精。中国限于财力，拘于部议，未能撒手举办，遂觉相形见绌。"①战败后，他在和伊藤博文的对话中更是感慨道："贵大臣之所为，皆系本大臣之所愿为；然使易地而处，即知我之难为，有不可胜言者。"伊藤博文也附和道："要使本大臣在贵国，恐不能服官也。"②

况且，这场战争如梁启超所言，几乎是李鸿章"以一人而战一国"，海军主力北洋舰队、陆军主力淮军皆为他属，他也不能不爱惜。而其他派系则作壁上观，甚至有些人巴不得李鸿章输掉这场战争以削弱他的势力，如主战派领袖翁同龢就直接和学生说"吾正欲试其良楛，以为整顿地也"，意思即"我就是要试试李鸿章行不行，好整治他"。客观地讲，战争中李鸿章独撑大局，战后李鸿章尽力谈判甚至不惜要以身殉国，最终虽未力挽狂澜但毕竟以自己中弹为代价减少了1亿元赔款，所以他被骂为"汉奸"就像当年他在中法战争中被骂一样冤枉。可总得找个"背锅侠"，也只能找直接"砸锅"的李鸿章了。

甲午战争对中日影响巨大，极大改变了两国的国运。日本获得中国巨额赔款、割地和掠夺的大量物资后加速完成工业化，尤其是军事工业飞跃式发展，并开始主导东亚，"第一次真正地尝到了发动侵略战争的甜头，更加刺激了它对外扩张的野心。从此，日本政府便大力扩张军备，为发动新的战争而作准备"③。而正是这导致日本走上军国主义道路以及在三四十年后又发动了侵华战争，最终也导致日本在二战中战败，正可谓"成也萧何，败也萧何"。

而"甲午战争的失败，对整个中国社会震动之大，影响之深，都是前所未有的。中国从前只被西方大国打败过，如今竟被东方小小的岛国日本打败了，不仅割国土，赔巨款，丧利权，蒙受奇耻大辱，而且进一步刺激了列强侵略中国的野心，大大加速了中国半殖民地化的进程。中国的民族

---

① 李鸿章：《据实陈奏军情折》，《李鸿章全集（五）》，时代文艺出版社，1998年。
② 林乐知：《中东战纪本末》，文海出版社，1897年。
③ 戚其章：《甲午战争史》，上海人民出版社，2014年，第508页。

危机愈以深重了。"① 这场战争更加打开国门，尤其是《马关条约》允许外资在华办厂而加大了列强对中国的侵略，也彻底揭开了大清帝国的遮羞布，宣告了洋务运动的失败、同治中兴的破灭。看起来光鲜亮丽的"裱糊"其实一触即破，国人受此刺激，开始了对现代化更深的探索而有了中国早期现代化第二波浪潮，进而有了其后的维新变法、义和团运动乃至辛亥革命，即甲午战争是对中国现代化的巨大刺激。

"整体而言，中日甲午战争是中国帝制史上的重要分水岭，更甚于通常被赋予此意义的鸦片战争"②，从此救亡图存成为国人上下最重要的目标，从而打乱了原来"自强"的渐进步伐。学者马勇甚至认为："甲午战争是中国历史的根本转折。这个转折从根本上打乱了中国发展的步伐。中国原本可能在洋务新政基础上往前走，在解决了物质的、器械的完善之后一步一步踏上一条君宪主义道路，中国不可能不改变，但中国最不应该的是因外部刺激而改变。中国从此踏上一条激进主义道路。"③ 呜呼哀哉！这样的结果谁能料到？"秦人不暇自哀，而后人哀之；后人哀之而不鉴之，亦使后人而复哀后人也。"

---

① 戚其章：《甲午战争史》，上海人民出版社，2014 年，第 512 页。清政府为了赔偿对日赔款，对外大量借债，这些借款"加上回扣和利息，清政府为战争赔偿总共支付高达 7 亿两白银"。（参见李晓鹏：《晚清六十年的革命与改良》，团结出版社，2023 年，第 322 页）

② 卜正民主编，罗威廉著，李仁渊、张远译：《哈佛中国史 6·最后的中华帝国：大清》，中信出版集团，2016 年，第 207 页。

③ 马勇：《回望：近代一百年》，新星出版社，2021 年，第 66 页。

第五章　维新变法：现代化推进

维新变法是鸦片战争、洋务运动的继续发展，也是现代化的深入推进、探索。这次探索虽然失败了，但有着许多重要的影响、意义，也反映了中国早期现代化之艰难曲折，我们今人当对其有更多"同情之理解"，也证明了当时走改良式现代化之路行不通。

一、康有为"造势"：为变法奠定基础

"四万万人齐下泪，天涯何处是神州？"[①]甲午战败对当时国人的影响、刺激巨大，当时京城人尤其是达官显贵喜欢穿薄底靴名为"跑得快"，"至甲午之乱，满城迁避，为之一空，竟符其谶，此妖服也"[②]。战败后空前的割地赔款更是无论如何也粉饰不了的，两亿两赔款相当于全国年度财政收入的两倍，割让台湾、澎湖列岛更是前所未有。如果说之前的战争输给西方列强还能勉强解释、"理解"，毕竟西方"船坚炮利"、技不如人，那现在"老大哥"输给"小弟弟"则是空前的耻辱，如何解释？如康有为所言："夫以中国二万里之地，四万万之民，远比日本，过之十倍，而为小夷慢侮，侵削若刲羊缚豕，坐受剥削，耻既甚矣，理亦难解。"[③]唯一的解释就是"同文的小国"日本经过三十多年的明治维新强大起来了，那大清也有三十多年

[①] 出自谭嗣同的《有感》，全诗为"世间无物抵春愁，合向苍冥一哭休。四万万人齐下泪，天涯何处是神州？"这是谭嗣同在听闻《马关条约》割让台湾时所写。

[②] 黄濬：《花随人圣盦摭忆（上）》，中华书局，2013年，第258页。

[③] 康有为：《上清帝第三书》，《康有为政论集》，中华书局，1981年，第140页。

的洋务运动为什么没强大起来呢？唯一的解释就是日本维新变法学习了西方的制度，而大清洋务运动只是学习了西方的皮毛而已，所以像日本一样维新变法的声音开始逐渐在神州大地响起。

李鸿章在甲午战争中就呼吁过："伏愿圣明在上主持大计，不存轻敌之心，责令诸臣多筹巨饷，多练精兵，内外同心，南北合势，全力专注，持之以久，而不责旦夕之功，庶不堕彼速战求成之诡计。"① 在与伊藤博文和谈时，李鸿章对伊藤博文建议中国变革的话也表示道：

> 我国之事，囿于习俗，未能如愿以偿。今转瞬十年，依然如故，本大臣自惭心有余力不足。贵国兵将，悉照西法训练，甚精；各项政治，日新月盛。此次本大臣进京与士大夫谈论，也深知我国必须改变方能自立。

在签订《马关条约》后，李鸿章很快在上奏中又道："敌焰方张，得我巨款及沿海富庶之区，如虎傅翼，后患将不可知。臣昏耄实无能为，深盼皇上振励于上，内外臣工齐心协力，及早变法求才，自强克敌。"②

可见洋务运动主将李鸿章已经明确意识到洋务运动不过是如他所言的"裱糊"而已，大清需要真正的革新，"必须改变方能自立"，应"及早变法求才，自强克敌"。他甚至在为李提摩太著作《泰西新史揽要》③写的序里说："非常于今日，殆将复中国为公天下之局。"而"公天下"与"私天下"正是现代社会与传统社会最主要的差别之一。可他已有心无力，也无职权，光绪等很多人都把甲午战败归咎于他，"国人皆曰可杀"。光绪在李鸿章从日本归来觐见时就怒斥他道："身为重臣，两万万款，从何筹措？台湾一省送予外人，失民心，伤国体。"④ 随即六十八人联名弹劾李鸿章，陈三立等人还"吁请诛合肥以谢天下"⑤，李鸿章被免去直隶总督、北洋大臣等要职而"奉

---

① 李鸿章：《据实陈奏军情折》，《李鸿章全集（五）》，时代文艺出版社，1998年。
② 《光绪朝中日交涉史料》卷三十八。
③ 李提摩太翻译的这本《泰西新史揽要》，介绍欧洲改革成就，国内销量在百万册以上。
④ 翁同龢：《翁同龢日记》第六卷，中西书局，2012年，第2874页。
⑤ 黄濬：《花随人圣盦摭忆》（上），中华书局，2013年，第311页。

旨入阁办事"，只能闲居北京贤良寺，贤良寺正是当年曾国藩因天津教案而"人设崩塌"的下榻之地。权去势落、众叛亲离，李鸿章时代开始落幕，这也标志着洋务派的落幕。

"唤起吾国四千年之大梦，实自甲午一役始也。"①有识之士、爱国之士纷纷被甲午战争的失败惊醒，从此"亡国灭种"的"达摩克利斯之剑"高悬于国人头上，救亡图存成为时代主题。《马关条约》签订后，"绕屋彷徨"的谭嗣同在上海《申报》发文怒吼"君可欺，而我民不可欺"，梁启超叹道"满腔都是血泪，无处著悲歌"，严复"尝中夜起而大哭"。众多官员则纷纷上书提出应对之策包括主张变法，如正在负责编练新军的胡燏棻上奏《变法自强疏》，被光绪选为变法九折中的第一，盛宣怀致信王文韶、翁同龢、李鸿章等要员提出必须维新变法才能变弱为强，就连以守旧著称的徐桐也多次上书提出变法主张。"当日李提摩太在广学会作'年会陈词'，津津乐道'中东战后，京外大小各官，因地大十倍之中国，不能敌一蕞尔之日本也，莫不欲究其所以致此之故，求新之意，因此而起'。遂使广学会印行之译书由'人鲜顾问'一变而'几于四海风行'。"②

其实在《马关条约》签订前，各地士人尤其是在北京的举人、官员就已多次"公车上书"，呼吁朝廷拒绝签约尤其是拒绝割让台湾，"察院门外车马阗溢，冠衽杂遝，言论滂积者，殆无虚晷焉"③，仅举人上书次数就达三十余次，上书人次达三千多人次。"这是晚清知识分子反投降、反卖国的最伟大的一次壮举。于四千年的漫漫帝王专制统治中，第一次站起身为民族的救亡图存呼吁和呐喊。这声音对于朝廷，自然是微弱的，但这是地火，它宣告着一个爱国运动的到来，其后，便是维新运动的高潮。而这个腐败王朝的'不治'终将迎来的末日，也不会久远了。"④而这场"公车上书"的发起者、组织者正是康有为、梁启超，这两人也由此成为历史主角，进而

---

① 梁启超：《改革起原》，《饮冰室合集·专集之一》，中华书局，1989年，第113页。
② 杨国强：《衰世与西法》，广西师范大学出版社，2020年，第607、608页。
③ "沪上哀时老人未还氏"：《公车上书记序》，《戊戌变法》卷二，第154页。
④ 张健：《戊戌悲歌：康有为传》，作家出版社，2016年，第82页。

领导了之后的维新变法。

康有为，1858年3月19日出生于广东省南海县的一个鼎盛家族，原名康祖诒。他的祖叔康国熹曾办团练，后以军功受知于左宗棠；他的另一个祖叔康国器则跟随左宗棠与太平军作战，军功累累，后任护理巡抚；他的叔叔康达行跟随左宗棠参加了收复新疆的战斗，另外两个叔叔康达腾、康达迁则跟随冯子材参加了中法战争。这些前辈无疑在潜移默化中影响了康有为，让他从小就具有了爱国之心和建功立业之志，"慷慨有远志"。康国器衣锦还乡时还修建了藏书两万卷的藏书楼，这也让康有为从小博览群书，"得博群集"。康有为的父亲康达初"考天下古今治乱义理之学"，但因身体多病而在家乡教书，在康有为十一岁时病逝，临终前对康有为遗训道："立志勉学，教以孝亲，友爱姊弟。"

康有为自小聪慧，大伯祖给他改名为"有为"，堂伯父则在他六岁时夸道"此子非池中物也"，十二岁时被众人赞为"神童"。父亲病逝后，康有为跟随祖父康赞修生活，康赞修给他选了《通鉴》《大清会典》《明史》《三国志》等历史著作阅读，康有为对这些书如饥似渴，他还对祖父馆内传递朝政信息的邸报及其他杂书颇为痴迷。这些都培养了康有为对政治、对历史、对世界的兴趣，"涉猎群书为多，始见《瀛寰志略》《地球图》，知万国之故、地球之理"①。康有为弟弟康广仁后来说他哥哥从小用功读书，每天早上将五六本书放在桌上，然后拿一把尖利的铁锥用力往下锥，锥穿几本就一定在一天内读完几本，这反映了康有为虽不爱惜书，但从小就爱读书，也很怪异。因为康有为当时言必提"孔圣人"，他当时还赢得了"圣人"的"美名"。康有为虽然爱读书，称"圣人"，但不爱写八股文，甚至曾"绝不一作"。十九岁时，康有为凭借家族前辈功劳获得了荫监生资格，可以直接参加乡试考举人。康有为第一次参加乡试不出意外地落榜了，祖父很着急，便决定给他请个名师。

这个名师便是当时的理学大师朱次琦。朱次琦学说虽根柢于宋明理学

---

① 转引自张健：《戊戌悲歌：康有为传》，作家出版社，2016年，第11页。

但非常提倡做学问以经世致用为主,这让康有为更加注重经世济用且学问大进、狂气大增。有一次,老师带领弟子去瞻仰苏东坡当年被贬时的"遇风泊舟之处",康有为却不去不去就是不去,甚至说道:"逆流之舟,何用瞻仰?我想看的是王荆公的改制台。"即他更钦佩的是变法的王安石,而对苏轼、韩愈等名家大儒不屑一顾。跟随朱次琦学习三年后,康有为突然有了很大的精神危机。经世致用,经世致用,所读的这些书到底有何用呢?他感到很迷茫、很绝望,于是狂性大发,纵酒放歌、痛哭流涕,然后他辞别老师,回了老家。是啊,读圣贤书所为者何,埋头苦读、辛勤治学到底于自己、于世界有何意义?不仅康有为对此迷茫,他的老师朱次琦其实对此也很迷茫,在康有为走后不久便将自己的全部书稿焚毁。

回乡后,康有为找到一个白云洞,自己参禅悟道、昼夜苦读,"专讲佛道之书,养神明,弃渣滓",但"他对佛教的兴趣仅是选择性的,不过是学者用功的途径之一……他能洞悉大千苦难也很可能来自佛中'五苦'之说。但有一不同之处,康氏并不如佛家将苦难之源归于人欲,以及寻求去人欲、得解救之途,而将苦源全归之于错误的制度,故求改制以求人类解放、满足人欲。因此,康氏并不拒斥世俗,而求革新,使成为人们安居之地"[①]。也就是说,康有为拿佛教为他所用,希望通过改进制度、改良社会、满足人欲,而非一味地去欲避欲、"看破红尘",这对康有为后来领导维新变法包括写《大同书》都有重要影响,也反映了他一贯的"拿来主义"。

在参禅悟道的同时,康有为狂性不改、疯魔依旧,他衣衫不整、披头散发、随意躺卧、自哭自笑。有一次,他躺在白云洞外的巨石上正放声高歌、自嗨得很,翰林院编修张鼎华回乡游玩途经此地、恰好看到了他,便好奇地问他在做啥,并好心劝道年纪轻轻的不要"躺平"啊。不料康有为并不领情,与之吵了起来。张鼎华拂袖而去后越想越奇怪,便托人打听这个怪人到底是谁,当打听到是康有为后便转怒为喜,赞叹他颇有自己当年风采。

这个事情后来传到康有为耳朵里,年少轻狂的康有为不再狂了,而写

---

① 萧公权著,汪荣祖译:《近代中国与新世界:康有为变法与大同思想研究》,江苏人民出版社,1997年。

信给张鼎华道歉。两人由此相识并成为忘年交，如康有为所言两人"过从累年，谈学最多，博闻妙解，相得至深也"①。张鼎华给康有为介绍了西学新书及洋务自强风气，后来还推荐康有为认识了他的外甥、张之洞亲信梁鼎芬等达官贵人，可以说张鼎华是康有为后来维新变法的领路人和命中贵人。康有为因为自己疯魔而改变命运，正可谓俗话说的"不疯魔不成活"，也应了西谚的"只有偏执狂才能获得成功"。

结识张鼎华后，康有为视野大开，开始更多地关心时事和国家危机。他又重新读起《周礼》《太平经国书》《经世文编》《东华录》《大清会典则例》等历史书籍，尤其是像左宗棠一样认真研读《天下郡国利病书》和《读史方舆纪要》，从中寻觅救国之策。他也有了更高志向，写诗《登粤秀山顶五层楼》道：

> 登山缥缈又登楼，风起云飞揽九州。
> 沧海有时经烬劫，布衣何处不王侯。
> 袖中纳纳乾坤易，眼底茫茫星汉浮。
> 云水此身频出入，珠江花发又扁舟。

康有为不仅读万卷书，还行万里路。他在看了一本写周游世界的书《环游地球新录》②后也产生了"世界那么大，我想去看看"的念头。于是，康有为便在1879年底游历了香港。此次香港之行像当年对魏源、郭嵩焘一样对康有为刺激也很大，"览西人宫室之瑰丽，道路之整洁，巡捕之严密，乃始知西人治国有法度，不得以古旧狄夷视之"③。从香港回来后，康有为翻出魏源编著的《海国图志》重新阅读，还千方百计找到《瀛寰志略》《西国近事录》

---

① 康有为：《康有为自编年谱》。

② 此书作者叫李圭，他曾任宁波海关副税务司霍搏逊的秘书。1876年，美国费城举行"万国博览会"，他代表清政府前去。参加完博览会后，他又游历世界各地，成为中国第一个环游地球的人。回国后，他写成《环游地球新录》记录了自己的所见所闻，包括博览会和中国留美幼童情形（世博会上展出了留美幼童日常试卷与笔记，令观众称奇，李圭认为他们"西学所造，正未可量"），尤其是对美国邮政做了详尽描述并建议中国开办邮政，首先在国内指出地球是圆的，认为中国应学习西方"取长补短，原不以彼此自域"。李鸿章为此书做序，并上书总理衙门给资印行三千部，对康有为、郭嵩焘等寻找新知的知识人有过影响。

③ 康有为：《康有为自编年谱》。

和利玛窦译著等有关西方的书研读，尤其是他在1882年赴京赶考落榜回乡途中在上海购买了大量西方书籍及一架显微镜，"自是大讲西学，始尽释故见"。"他是要从西学中，寻找救国的真理。在探究中，又把西方的自然科学进化论与中国传统学说相结合，初步形成了自己的历史进化观和变法理论。"①

融会贯通，在学习他人的同时，康有为经常几天几夜不睡觉，独自思索悟道，进而著书立说，逐渐形成了自己的思想、理论，如梁启超后来所言："他感觉自己就像佛祖一样修成了正果，从菩提树下站起来，耸立于天地间而唯我独尊。老师一生的学力实在是于此时形成的。一番修炼之后，老师的内心充满使命感，像是从佛祖那里得到了出世的旨意，要像圣人一样浩然出世。他纵横四顾，有澄清天下之志。"②随后受中法战争刺激，正在广州的康有为更加迫切探求救国之道。1884年至1887年，康有为写成了《人类公理》《实理公法全书》《康子内外篇》《教学通义》等书。其中前两本书成为康有为代表作《大同书》③的前身，他在这两本书中从整个人类的视角出发，认为"人类平等是几何公理"即平等是最大的公理，"人有自主之权"即人该是自由的，"君主威权无限""大背几何公理"即该有民主，即康有为初步指出了平等、自由、民主的重要性。

学以致用，康有为在著书立说之余，更希望他的学说能得到施行，因此有了他的"上清帝第一书"。早在1886年，康有为就向两广总督张之洞上书，提议翻译西方有关政治的书籍。1888年，康有为再次赴京，在参加乡试的同时，他也四处拜访京官"遍谒朝贵""上书谀颂"，只为找人呈送他给皇帝的上书，因为他作为一介布衣没权直接呈送。"上清帝第一书"

---

① 张健：《戊戌悲歌：康有为传》，作家出版社，2016年，第29页。
② 梁启超：《南海康先生传》，转引自刑超：《戊戌变法真相》，中国青年出版社，2015年，第23页。
③ 康有为的大同书"廿年抱宏愿，卅卷告成书"，1902年康有为完成《大同书》全书，但直到1913年才公开发表部分章节，1919年刊印部分章节单行本，1927年康有为去世八年后全书才出版。康有为写作此书的目的是"吾为天游，想象诸极乐之世界，想象诸极苦之世界，乐者吾乐之，苦者吾救亡，吾为诸天之物，吾宁舍世界天界绝类逃伦而独乐哉！"该书主要内容是康有为设想了一个没有阶级、没有剥削、没有压迫、没有私有财产的"大同社会"。这样的"大同社会"虽然很美好但太不切实际，这恐怕也是一向狂妄的康有为迟迟不愿公布此书的原因。

六千余字，康有为鉴于中法战争后国家"强邻四逼于外，教民蓄乱于内"的危难形势，提出"变成法""通下情""慎左右"等三条变法纲领，希望光绪帝效法西方、日本自上而下改革，如此可"岁月之间，纪纲已振，十年之内，富强可致，至二十年，久道化成，以恢属地而雪仇耻不难矣"。这是康有为的第一篇上清帝书，也是维新派公开发出的第一次呼声。但康有为人微言轻，即使再"遍谒朝贵"也无人相助，内阁大学士徐桐直斥他为"大胆狂生"；光绪的老师翁同龢虽然欣赏此书、将其做了摘抄，但对默默无闻的康有为不放心；救过左宗棠的老好人潘祖荫劝康有为熟悉大清律例，不要惹是生非，还送他八两白银打发他回老家。于是，处处碰壁"举国目为怪"的康有为只好打道回府，临行前他"瞻望宫阙，徘徊久之"。

"虎豹狰狞守九关，帝阍沉沉叫不得。"一介布衣兼一介狂生康有为回老家又能干啥呢？只有教书这一条路了。如他在临行前致朋友沈曾植的信中所说："我无土地，无人民，无统绪，为之奈何？或者其托于教乎？"可教书也不容易，康有为贴出招生"广告"半个多月无人光顾，因为他毕竟只是个监生，有人就在"广告"上留言嘲讽道："监生亦居然出而教馆乎？"直到他有一次去学海堂书院代课，听课的学生陈千秋被康有为学识震撼，便登门"问惑"成为康有为的第一个弟子。不久，陈千秋又拉了他的同窗好友梁启超前来。1873年出生的梁启超自小便是"神童"，四岁时便跟祖父识字，接受宋亡明灭的"爱国主义教育"。据说他八岁即写诗《凌云塔》道：

> 朝登凌云塔，引领望四极。
>
> 暮登凌云塔，天地渐昏黑。
>
> 日月有晦明，四时寒暑易。
>
> 为何多变幻？此理无人识。
>
> 我欲问苍天，苍天长默默。
>
> 我欲问孔子，孔子难解释。
>
> 搔首独徘徊，此时终难得。[①]

[①] 新会梁氏:《梁启超家族的文化史》，转引自解玺璋:《梁启超传》，上海文化出版社，2012年，第16页。

梁启超十二岁中得秀才，二十六岁高中举人，但原本沾沾自喜、洋洋得意的梁启超被只是监生的康有为深深震撼，"冷水浇背，当头一棒，一旦尽失其故垒，惘惘然不知所从事，且惊且喜，且怨且艾，且疑且惧，与通甫联床竟夕不能寐"①。于是，被"当头一棒"捶蒙了的梁启超拜师康有为，"康梁"从此结为一体。

在陈千秋、梁启超的引荐下，康有为门下的学生越来越多，于是康有为在1891年春正式开堂讲学。学堂名为"万木草堂"，意为培养万木作为国家栋梁。万木草堂不同于当时只教四书五经、写八股的其他学堂，更讲经世致用之学和西学，所学课程有外国语言文字学、政治学原理、中国政治沿革得失、数学、地理学、万国史学、泰西哲学等。因此，与众不同的万木草堂影响越来越大，康有为的名气越来越大，学生也越来越多，这些学生从此成为康有为的忠实信徒，形成"康党"，为康有为领导维新变法奠定了组织基础。对此，梁启超后来在《南海先生七十寿言》一文中深情地回忆说："先生每逾午，则升坐讲古今学术源流，每讲辄历二三小时，讲者忘倦，听者亦忘倦。每听一度，则各各欢喜踊跃，自以为有所创获。退省则醰醰然有味，历久而弥永也。"

作为导师，康有为还组织学生一起编写了他的代表作《新学伪经考》《孔子改制考》，为他领导维新变法奠定了理论基础。这缘于康有为受学者廖平的著作《辟刘篇》和《知圣篇》启发②，1890年廖平到广州时曾将这两本书送给康有为。康有为的《新学伪经考》认为自古以来所尊崇的《周礼》《左传》《毛诗》等"古文"经典都是西汉末年刘歆伪造的"伪经"，"凡后

---

① 梁启超：《三十自述》，《梁启超全集》第4卷。
② 廖平后来认为康有为的《新学伪经考》抄袭剽窃了他的思想，曾专门致函康有为责问，但康有为始终不承认。这反映了康有为一贯的作风，为达目的不择手段，治学为表经世为本。大多数后世学者以及梁启超都认为康有为此书的确是参考廖平著作，至少是"学术不规范"。戊戌政变后，廖平鉴于他的著作和康有为的密切关系而很惶恐地开始了"经学第三变"，他在《地球新义》等书中认为所有西方学问知识都可以在祖宗所传的经书中找到，即便如此他也于1903年被以"逞臆说经，多离经畔道之语"为由革去教职。而廖平则深受王闿运影响，如叶德辉所言："考康有为之学，出于蜀人廖平，而廖平为湘绮楼下楼（王闿运）弟子。"

世所指目为'汉学'者,皆贾、马、许、郑之学,乃新学,非汉学也;即宋人所尊述之经,乃多为伪经,非孔子之经也"①。这本惊世骇俗的著作是今文经学的"颠覆之作""巅峰之作","使清学正统派之立脚点,根本摇动,一切古书,皆须重新检查估价,此实思想界一大飓风也"②,诞生后立即引发轰动上了"热搜",海内风行,众人瞩目,纷纷翻印。康有为一下子成了全国"明星",成了今文经学领袖,而不再只是"南海奇葩"。

但此书也引发不少非议,乃至有给事中余联沅上奏弹劾,说其"荒谬绝伦,诚圣人之蟊贼,古今之巨蠹也"。光绪下令两广总督李瀚章对此速查,具体负责调查此事的知县李滋然在通读此书后深感钦佩因此为之辩护,正在北京赶考的梁启超也找了沈曾植、张謇、曾国藩的孙子曾广钧等人疏通说情,最终"官界佛子"李瀚章③上奏说:"查明《新学伪经考》,乃辨刘歆之增纂圣经,以尊孔子,并非离经,既经参奏,即饬其自行抽毁"。从而,康有为逃过一劫,而且他还像左宗棠当年被弹劾一样因祸得福,声名大涨,"再次收获了关注度,尤其在朝中士大夫中扩大了自己的影响力,为第二年公车上书、创立强学会做了铺垫"④。

康有为在写完《新学伪经考》后的第二年,又开始在弟子协助下写《孔子改制考》,历时八年才完成。此书是《新学伪经考》的续篇,认为"六经"皆孔子为托古改制而作,是孔子提出的治理国家的政教礼法,还认为孔子"与时更化"首创"选举"制度,"托尧舜以行民主之太平"。既然孔子可以托古改制,那现在当然也可以改制变法。而且此书从《公羊》"三世"学说出发,认为"据乱世"就是君主专制时代,"升平世"是君主立宪时代,"太平世"则是民主共和时代,人类社会必将沿着"据乱、升平、太平"三世

---

① 《新学伪经考·序》,《康有为全集》第一集,上海古籍出版社,1987年,第573页。

② 梁启超:《论中国学术思想变迁之大势》,上海古籍出版社,2006。

③ 李瀚章是李鸿章兄长,以负责曾国藩湘军后勤事务起家,为官数十年,历任四川总督、两广总督等职,但他从未弹劾过任何官员,因此人送外号"官界佛子"。李瀚章也贪腐却赢得"取之有道"美名,因为他从来不让送钱的下属吃亏。因此,李瀚章一生风调雨顺,没有大的磨难,某种意义上他比李鸿章更会做官。

④ 刑超:《戊戌变法真相》,中国青年出版社,2015年,第31页。

的顺序向前发展。很明显"醉翁之意不在酒",此书是康有为借孔子之口为维新变法寻找理论依据,而非是在纯粹治学和致敬孔子了。"在康的真实意图里,重要的不是孔子是否有进化的思想、立宪的意思,重要的是现时的中国需要进化论、需要立宪改革。"①

"南海狂人"康有为可不是白叫的,他内心里可能还瞧不起孔子呢,他有着强烈的入世"教主"心态。康有为号"长素",意思不是长年吃素,而是他自认为比"素王"孔子还厉害呢,他五大弟子的号也都"超越"孔子弟子,如大弟子陈千秋号"超回"即超越颜回,梁启超号"轶赐"即超越端木赐(子贡),麦孟华号"驾孟"即超越孟子,曹泰号"越伋"即超越燕伋,韩文举号"乘参"即如唐德刚所言"把曾参当马骑也"。《孔子改制考》这本更惊世骇俗的书像"火山大爆发"一样更震惊世人,为维新变法奠定了舆论基础,也招来了更多争议、攻击,埋下了康有为后来与翁同龢、张之洞等人分道扬镳的种子。

康有为果然有为,几乎是凭借一己之力为维新变法奠定了组织、理论、舆论基础,如学者羽戈所言:"窃以为康有为之于戊戌变法的最大贡献,端在一个'势'字。他是造势或开风气者,好比吹鼓手或设计师。"②

二、梁启超、谭嗣同、严复:维新运动风生水起

有了组织基础、理论基础、舆论基础,维新变法只需要一根导火索了,这根导火索便是甲午战败,尤其是《马关条约》的签订。在《马关条约》签订前,翰林院侍读学士、光绪爱妃珍妃的老师、翁同龢首席弟子文廷式将朝廷即将签署和约的消息泄露了出去,"遍示同人",因而引发了举国震惊乃至公车上书。正和梁启超在京参加会考的康有为得知消息后悲愤异常,便令弟子梁启超、麦孟华等人分头鼓动各省举人上书拒约。1895年4月22日,梁启超首先领衔率广东八十八名举人上书,主张"严饬李鸿章,订正

---

① 王人博:《1840年以来的中国》,九州出版社,2020年,第134页。
② 羽戈:《激进之踵:戊戌变法反思录》,山西人民出版社,2019年,第47页。

和款,勿割让台湾"。随后,湖南、江西等各地举人也纷纷上书,梁启超、麦孟华等康门弟子多次名列其中。但康有为没有列名,因为雄心勃勃的康有为正在策划一场全国十八省"联合上书","我康大圣人要搞就搞最大的"。5月1日,康有为召集十八省举人在明朝忠臣杨继盛①故居松筠庵开会,以继承杨继盛的精神"铁肩担道义,辣手著文章"。会上决定要联合上书,以形成更大舆论压力,并委托康有为起草要上的书。康有为花一天两夜起草好了一万八千言的"上清帝第二书"。此书认为"吾民精华已竭,膏血俱尽,坐而垂毙,弱者转于沟壑,强者流为盗贼,即无外患,必有不可言者",提出应对危机的"行大赏罚、迁都、练兵"等策,而变法是最根本的"立国自强之策",并具体提出了"富国之法""养民之法""教民之法",尤其是创造性地提出了"议郎"制。"议郎"即有中国特色的议员,"实际上是要求建立西方近代民主国家普遍实行的代议制,最终达到'君民同体,情谊交孚,中国一家,休戚与共'的政治局面。它具有了浓厚的政治改革的意味,是一套资产阶级民主改革的完整方案了"。②

康有为写好此书后,各省举人在松筠庵继续开会传阅此书,也都在书后签了名,准备5月4日投递到都察院,但因5月2日光绪已在《马关条约》上盖了"御印",木已成舟、大局已定,很多举人纷纷"取回知单",此书最终其实并未提交③。所以,此次十八省"联合上书"半途流产了,并未像康梁后来所宣称的产生了"国朝未有之举也"的巨大影响。但之前的公车上书是梁启超在康有为授意下带头的,准备十八省"联合上书"的松筠庵集会是康有为召集的,"上清帝第二书"是康有为起草的并广为流传,"索稿传天下,人人墨争磨",这些事实都毫无疑问。所以,可以说康梁是

---

① 杨继盛曾任明朝吏部主事等职,上书《请诛贼臣疏》弹劾权臣严嵩"五奸十大罪",被严嵩罗织罪名处死,死后他的故居被改成松筠庵。杨继盛曾写一副著名的对联"铁肩担道义,辣手著文章",后被李大钊改为"铁肩担道义,妙手著文章"。

② 张健:《戊戌悲歌:康有为传》,作家出版社,2016年,第83页。也有不少学者认为康有为提出的"议郎"制并非西方的议会而只是个咨询机构。

③ 此次上书究竟有没有投递到都察院?康有为自己说1895年5月2日众举人排队到都察院递交,但都察院以光绪已盖印为由拒收。但多数学者认为实际上此书并未投递到都察院。

这场公车上书的发起者组织者，康梁也因此获得了更大的知名度、美誉度，为他们领导维新变法进一步奠定了基础。

祸福无常，就在康有为策划的"公车上书"流产的第二天，康有为竟阴差阳错喜得进士，而本应中进士的梁启超却因为老师康有为落榜了。这一年会试主考官正是斥责康有为为"狂生"的徐桐，他吩咐考官道广东省有才气的考卷必为康有为所写，"即勿取"。果然，考官们看到一份考卷才华横溢，于是以为是康有为的便弃之一边，有考官还在这考卷卷尾题字嘲笑道："还君明珠双泪垂，恨不相逢未嫁时，惜哉，惜哉！"不料，这份考卷其实是梁启超的，康有为的试卷则漏网了，于是三十八岁的康有为终于侥幸中了进士，而梁启超则为老师"背锅"落了榜。

高中进士的康有为终于不再是一介布衣了，兴奋的康有为于是将他的"上清帝第二书"修改为"上清帝第三书"，由都察院呈送给光绪。在"上清帝第三书"中，康有为如此书标题所言，提出"为安危大计，乞及时变法，富国养民，教士治兵，求人才而慎左右，通下情而图自强，以雪国耻而保疆国"。这次，光绪终于看到了这份上书，对其非常满意，"览而喜之"，并令军机处抄发呈送慈禧阅览，还将其列为变法九折中的第二折，让"各省将军督抚议"。

备受鼓励的康有为再接再厉，又写了"上清帝第四书"，提出"立科以励志学""设议院以通下情"两大主张，以及"下诏求言""开门集议""辟馆顾问""设报达聪""开放辟士"等五项具体建议，尤其是提出在各地设立民政局以督办新政。但这"上清帝第四书"最终上书失败，因为都察院认为此时康有为已被授予工部主事，理应由所在单位工部呈递，工部却有堂官拒绝画押代递。

"上清帝第四书"失败后，意志坚定的康有为并没有灰心，他听从了一些朋友的建议决定在京"合群、开会"，继续为维新变法造势，"思开风气、开知识，非合大群不可"。康有为还认为"当以报先通其耳目而后可举会"，梁启超也认为"欲开会，非有报馆不可，报馆之议论，既浸渍于人心，则风气之成不远矣"。于是，1895年8月17日，北京第一份近代报刊《万国公报》创办,梁启超、麦孟华任编辑。之所以取名为《万国公报》是因为当时国内最有影响的报纸是上海的《万国公报》,此报由英美传教士在华组织广学会创办,是中国第一份中文教会报纸,在28年内出版了677册,刊发了大量介绍西方先进知识、观念的文章,深刻影响了中国学界、报界、政界。北京的《万国公报》"照葫芦画瓢"也刊登了大量西方知识,梁启超、麦孟华还撰写了不少政论性文章,每期发行量1000份,随北京原有的《京报》发行,免费赠送京师"士夫贵人"。

《万国公报》创办不久,康有为又和张权、陈炽、沈曾植、袁世凯、杨锐等人发起成立了强学会,选举陈炽为会长、梁启超为书记员。强学会是维新变法中第一个正式的维新组织,其宗旨如康有为、梁启超所起草的《强学会序》中所言:

> 夫中国之在大地也,神圣绳绳,国最有名。义理、制度、文物,驾于四溟。其地之广于万国等在三,其人之众等在一,其纬度处温带,其民聪而秀,其地腴而厚,盖大地万国未有能比者。徒以风气未开,人才乏绝,坐受凌侮。昔曾文正与倭文端诸贤,讲学于京师,与江忠烈、罗忠节诸公,讲练于湖湘,卒定拨乱之功。普鲁士有强国之会,遂报法仇。日本有尊攘之徒,用成维新。盖学业以讲求而成,人才以摩厉而出。合众人之才力,则图书易庀;合众人之心思,则闻见易通。《易》曰:"君子以朋友讲习。"《论语》曰:"百工居肆以成其事,君子学以致其道。"海水沸腾,耳中梦中,炮声隆隆。凡百君子,岂能无沦胥非类之悲乎!图避谤乎?闭户之士哉!有能来言尊攘乎?岂惟圣清,二帝、三王、孔子之教,四万万之人将有托耶!

这意思是"我们合群合力才能救国,现在是国家生死存亡之际,我们应该站出来一起努力,不负先贤不负国民",简单地说即"合群"以"保国"。强学会创办后声势浩大,参会和捐助的人众多,就连王文韶、刘坤一、张之洞等总督也各捐款五千两银子,李鸿章也想捐款两千两银子入会,但因他声名狼藉而遭拒绝,据说恼羞成怒的李鸿章对此发狠道:"若辈与我过不去，看他们尚做得成官否！"①

强学会创办后，北京的《万国公报》便成为了强学会的机关报并因为上海的《万国公报》就两报重名提出了抗议，改名为《中外纪闻》。《中外纪闻》影响越来越大，由免费赠送改为花钱订阅，如康有为所言："报开两月，舆论渐明，初则骇之，继则渐知新法之益。"但不久它随强学会一起被封禁了。强学会为什么会被封禁呢？原因很多，有内部鱼龙混杂、派系众多、纷争不断的原因，也有人说是因为被拒入会、怀恨在心的李鸿章委托亲家杨崇伊弹劾所致，根本原因其实在于清廷绝不容许体制外的政治组织存在。康有为曾得意忘形地写诗"复社东林开大会"，把强学会比作复社、东林党，清廷怎么会允许他们认为"祸延宗社"的复社、东林党存在呢？封禁后，在李鸿藻、翁同龢的努力争取下，"停散"的强学会改为京师官书局，成为官办机构专欲"译刻各国书籍"。

随北京强学会一起被封禁的还有上海强学会。上海强学会的成立得益于时任两江总督张之洞的支持，康有为在北京强学会成立不久便到南京拜访张之洞。作为洋务运动的后期领袖，张之洞对洋务运动的失败自然像李鸿章一样创巨痛深，他自然也像李鸿章一样意识到唯有像日本一样维新变法才能彻底挽救大清王朝。于是，1895年7月19日，张之洞上书《呼请修备储才折》，提出采用西式办法训练新军、加强海军建设、加强铁路建设、广设学堂、讲究商务、讲究工政、出国考察等建策。他对康有为的维新主张刚开始也颇为赞同，派自己儿子张权、亲信杨锐和康有为一起发起成立北京强学会，还捐款五千两白银支持。

所以，张之洞对康有为的到来非常欢迎，两人"隔日一谈，每至夜深"。张之洞当时对康有为颇为赞赏，称其"才高学博，胆大识精，许为杰出的人才"。两人经过深谈，决定联合创办上海强学会。张之洞为上海强学会拨公款一千两白银，自己捐款五百两白银，并同意以他的名义发表由康有为起草的《上海强学会序》。很快，在张之洞支持下，上海强学会和强学会机

---

① 汪大燮：《致汪康年诒年书》，《手札》。

关报《强学报》创办,该会"专为联人心,讲学术,以保卫中国"①。但也很快,张之洞与康有为发生了分歧。因为康有为具体操办的《强学报》第一期封面使用了孔子纪年,还发表文章《孔子纪年论》主张把孔子的生年作为中国纪年。这对于张之洞而言"是可忍孰不可忍",因为使用孔子纪年而非大清纪年就意味着"不奉今王之正朔也","莫非小康这个大胆狂徒要改朝换代?"

又正逢北京强学会被封禁的消息传来,张之洞趁机也将上海强学会和《强学报》查封了。张之洞其实对康有为的《孔子改制考》很是不满,认为其是"邪说暴行,横流天下"。张之洞"平生学术最恶公羊之学,每与学人言,必力诋之"②,曾托梁鼎芬劝康有为放弃孔子改制说,说只要康有为放弃就可供养他。对此诱惑,康有为坚决拒绝道:"孔子改制,大道也,岂为一两江总督供养易之哉!"即"开什么玩笑,我康大圣人宣扬的孔子改制是天下大道,岂能因为你一个小小两江总督的供养而放弃"。康有为和张之洞的分歧,为戊戌变法的失败埋下了一颗"地雷"。

就此,京沪两地强学会和其机关报都被封禁了,意味着第一波维新运动的失败,但它们有着巨大影响。如康有为所言:"自强学会开后,海内移风,纷纷开会,各国瞩目。"在它们带动下全国各地学会和报纸纷纷出现③,"而一新当时耳目,具革新中国社会之功"④。

上海强学会被查封后有一笔余款,前往善后的张之洞的幕僚汪康年便打算利用这笔余款创办一个新的报纸,汪康年眼界开阔,"绝意仕进",素有办报之心。这个计划获得了时任江宁洋务局总办黄遵宪的支持,黄遵宪出使过日本、美国、英国、新加坡,对西方社会认识很深,也主张维新变

---

① 康有为:《上海强学会序》,汤志钧编《康有为政论集》上册,第169页。
② 《抱冰堂弟子记》,《张文襄公全集》卷228,第27页。
③ 据《中国近代报刊史》,1896年、1897年两年内,全国共建立了40多个主张改良维新的学会,鼓吹维新变法的报刊达10多家。
④ 梁启超:《莅北京大学校欢迎会演说词》。

法,如他写过《日本国志》①,加入过强学会,因此他表示愿意捐款一千元作为办报经费。汪康年又联系梁启超,他和梁启超同是学者石德芬的学生,办过《中外纪闻》的梁启超发现自己擅长言论而"办报之心益切"。因此,三人一拍即合,共同于1896年8月9日创办了旬报《时务报》,汪康年任报馆总经理,梁启超任总主笔,黄遵宪在幕后支持。

张之洞刚开始对《时务报》非常支持,赞赏为"中国创世第一种有益之报",不但同意用强学会余款作为其经费,还以湖广总督身份下令各府县订阅。而梁启超挥动"笔锋常带感情"的如椽大笔,发表了大量针砭时弊、酣畅淋漓的文章,如梁启超在成名作《变法通议》等文章中呼吁变法,指出"法者,天下之公器也;变者,天下之公理也",认为"变亦变,不变亦变。变而变者,变之权操诸己,可以保国,可以保种,可以保教"。他甚至直接指出当时中国最根本的问题在于政治体制,应由君权向民权过渡。梁启超的文章有思想、有文采、有感情,总经理汪康年也经营得法,又有黄遵宪在政治上把关,因此《时务报》很快声名大噪。《时务报》一度畅销17000余份,创国内报纸发行纪录,在当时起到了重要的启蒙作用,如梁启超后来所言:"一时风靡海内,数月之间销行至万余份,为中国有报以来所未有,举国趋之,如饮狂泉。"②严复也曾评价道:"一纸风行海内,观听为之一耸。"梁启超也由此成为中国思想界舆论界领袖。《时务报》还将各种副业经营得有声有色,如大力出版书籍,搞有奖征文,"积极拓展线下业务,搞知识付费,成立东文学社,教授日语。据说年轻的王国维每天来这里苦读三

---

① 黄遵宪(1848—1905),1876年考中举人,但他更致力于经世致用之学,历任大清驻日参赞、驻旧金山总领事、驻英参赞、新加坡兼马六甲总领事等职。在出使日本期间,黄遵宪广泛了解日本社会,写有《日本杂事诗》,历经多年于1887年写成约五十万字的《日本国志》,深入系统地介绍了日本历史和现状尤其是明治维新情况,希望中国像日本一样变法尤其是要有政治制度变革,是第一本对日本系统研究的中国著作,被誉为"近代中国研究日本的集大成之作"。此书虽然有李鸿章、张之洞两位重臣推荐但始终不能出版,直到1894年甲午战败后才出版。此书出版后风行天下,对维新变法思想有重要影响,很多人认为如果此书早点出版,中国可能就不会和日本开战,也可能会早点变法自强不输给日本。戊戌政变后,因外国使节干涉,黄遵宪逃过一劫,被免职回乡养老,1905年病逝。

② 复旦大学新闻系新闻史教研室:《中国新闻史文集》,上海人民出版社,1987年,第48页。

个小时"。①

但好景不长,"一个和尚挑水吃,两个和尚抬水吃,三个和尚没水吃",《时务报》也很快发生内争,如汪康年的好友吴樵所感叹"中国事,大抵如此,不必诧也"②。熟悉西方的黄遵宪认为《时务报》应采取西方管理模式设立董事会,由汪康年担任董事长,由其他人出任具体负责的总经理。这自然惹得总经理汪康年不满,认为黄遵宪是"欲以其官稍大,捐钱稍多,而挠我权利",而汪康年到处应酬、喝花酒也引得黄遵宪等人不满。暴得大名的梁启超不满汪康年独霸报馆,进而想染指报社管理,而汪康年则想像梁启超一样发声出名,他因此也提笔上阵,甚至提出了比梁启超更激进的"民权"主张。梁启超和汪康年还纷纷把自己的亲戚好友拉进报馆,由此报馆成员分成了两派。汪康年聘请的远方亲戚章太炎③比康有为还狂,他不满康门弟子整天把康有为当"圣人""教皇"而大骂"康党"是"教匪",因此遭到康门弟子群殴,由此让章太炎从"间接之革命"转向"直接之革命",也埋下了章太炎和梁启超后来"革命与保皇"之争的动因。最终,各方冲突愈演愈烈,迫使梁启超离开《时务报》而赴湖南。

梁启超前往湖南是应湖南时务学堂邀请担任总教习,湖南是当时全国各地中维新活动最热烈、最切实的,这源于湖南经世致用的传统以及湘军崛起带来的风气大开、人才辈出,尤其是像《时务报》一样也主要得益于

---

① 罗山:《维新派的民间动员:强学会与〈时务报〉》,《帝国挣扎》,大有书局,2022年,第119页。

② 上海图书馆编:《汪康年师友书札·一》,上海古籍出版社,1986年,第406页。

③ 章太炎(1869—1936),革命家、思想家、国学家,出生于浙江余杭,原名章学乘、章炳麟,因仰慕顾炎武改号太炎,"自十六七岁时读蒋氏《东华录》《明季稗史》,见夫扬州、嘉定、戴名世、曾静之事,仇满之念固已勃然在胸"(章太炎:《狱中答新闻报》)。他少年时拜经学大家俞樾为师,曾捐款赞助康有为办的上海强学会,1897年起在《时务报》担任记者。后因反满革命遭到老师俞樾痛斥"不忠不孝,非人类也",章太炎则写《谢本师》与老师绝交,后来他的弟子周作人也"谢本师",俞樾曾孙俞平伯又"谢"周作人。鲁迅也是章太炎弟子,曾与周作人一起在东京听章太炎讲课,并在临终前写有《关于太炎先生二三事》《因太炎先生而想起的二三事》,认为"先生的业绩,留在革命史上的,实在比在学术史上还要大"。章太炎在辛亥革命成功后曾任临时政府枢密顾问和袁世凯政府高等顾问,后组织统一党、主持共和党,散布"革命军兴,革命党消"言论,又反对袁世凯,被袁监禁三年直到袁死,晚年主要埋头学术。

三个人。第一个人是调任湖广总督的张之洞,没有他这个湖南最高领导的支持,一切都是白搭。张之洞从两江总督调任湖广总督后,在继续推进铁路建设、学堂建设、汉阳铁厂建设等洋务运动的同时,也积极主张和推进维新变法。如1895年7月19日,张之洞上陈《奏陈修备储才九事》折,提出九条维新变法具体意见,后来又多次上奏主张变法自强。

第二个人是湖南巡抚陈宝箴,他曾被好友郭嵩焘推荐给曾国藩而一路高升,又颇受郭嵩焘的思想影响,如他的孙子陈寅恪所说"(陈宝箴)认为郭嵩焘的思想是真知灼见。祖父的变法思想来自于世务、时局的刺激,他希望向西方学习以改变中国的旧法"①,也曾赞誉康有为"为人所不肯为,言人所不肯言"。而他的儿子陈三立更是新潮人物,与谭延闿、谭嗣同并称"湖湘三公子",与谭嗣同、徐仁铸、陶菊存并称"维新四公子",与谭嗣同、吴保初、丁惠康并称"晚清四公子",曾在甲午战败后写诗反讽道"凭栏一片风云气,来作神州袖手人",曾赞康有为"中国有此人,即亡如不亡",他自然也极大影响了父亲陈宝箴。1895年担任湖南巡抚的陈宝箴受甲午战败刺激而在湖南开始积极推进"变法开新",以开化湖南为己任,设立矿物总局,鼓励电报、轮船、铁路等实业及各种学会在湖南兴办。如在陈宝箴的支持下,湖南名士、前学政王先谦创办了"宝善成机器制造公司"和湖南第一家发电厂,王先谦虽然是理学大家,但对郭嵩焘的思想、主张也颇为认同。

第三个人是湖北巡抚谭继洵的儿子谭嗣同,他虽是官二代却如梁启超所述:"少倜傥有大志,淹通群籍,能文章,好任侠,善剑术。父继洵,官湖北巡抚。幼丧母,为父妾所虐,备极孤孽苦,故操心危,虑患深,而德慧术智日增长焉。"②他年少时因为白喉瘟疫死了母亲、大哥、二姐,自己也差点死去,而有了强烈的忧患意识,后追随父亲常年在外奔波漫游,结交各路豪杰,包括大刀王五,养成了任侠思想,也深刻了解了社会现实。他的老师欧阳中鹄、涂启先、刘人熙等又培养了谭嗣同经世致用思想,他因此厌恶八股科举,曾在课桌上写有"岂有此理",1893年谭嗣同认识了英

---

① 陈寅恪:《寒柳堂集》,转引自刑超:《戊戌变法真相》,中国青年出版社,2015年,第66页。
② 梁启超:《谭嗣同传》。

国传教士傅兰雅而又开始接触西学。甲午战败后，谭嗣同认为"经此创巨痛深""非守文因旧所能挽回"，必须大力改革，并提出了开议院、变科举、改官制、练兵、办刊等变法主张。1895年他与梁启超相识，一见如故，由此对康梁大为佩服而思想更加精进、激进，他甚至认为中国的根本问题在于君权膨胀、民权衰微而主张削君权、兴民权。在从北京回南京时，谭嗣同认识了佛学大师杨文会又开始学佛，"谭嗣同醉心佛学，其原本看重的是佛学与儒学的相通以及它的救世情怀，希望通过学习佛学，求得解决中国现实问题的办法。但通过学习和研究佛学，谭嗣同得到的不仅仅是救世之术，他还从佛学中学到了舍生取义，勇于行动，勘破红尘的精神"①，也因此有了他后来的"我不下地狱谁下地狱"而在戊戌政变后主动舍生取义。

1896年，谭嗣同在上海看到了X光底片和一台刚发明的实用计算机，大为震撼，感叹道："无论多复杂的计算，都毫无差错。最奇怪的是，运算最终结果，数字不仅会自动显示在机器上，而且只要需要，它还会自动打印在纸上，从机器里送出来。我简直无法相信自己眼前的一切。"②同年，他总结自己的学问思想，写出代表作《仁学》。如梁启超所说，此书将科学、哲学、宗教"冶为一炉"，将"仁"视为天地万物之源，抨击"三纲五常"尤其是"君臣一伦，尤为黑暗否塞，无复人理"，深刻指出"两千年来之政，秦政也，皆大盗也；两千年之学，荀学也，皆乡愿也。惟大盗利用乡愿，惟乡愿工媚于大盗"，并提出了振聋发聩的"冲决网罗"主张，主张冲破君主、利禄、三纲五常等一切捆缚压迫国人的"网罗"，尤其是要"誓杀尽天下君主，使流血满地球，以泄万民之恨"③。

《仁学》"用热情洋溢的语言鲜明表达了完全否定和彻底解放这两个如影随形的主题。在这些语言中产生了一种革命的朦胧观念"④，甚至直接指出

---

① 王儒年：《谭嗣同》，陕西师范大学出版社，2017年，第70页。
② 闵杰：《戊戌风云》，上海书店出版社。
③ 谭嗣同：《谭嗣同全集·下册》，第337页。
④ 费正清、刘广京等编：《剑桥中国晚清史（下卷）》，中国社会科学出版社，1985年，第296页。

"爱新觉罗诸贱类异种,亦得凭陵乎蛮野凶杀之性气以窃中国。及既窃之,即以所窃之法还制其主人",影响颇大,尤其是对后来邹容、冯自由、吴樾等革命党人①颇有影响。"谭嗣同的《仁学》对中国、对思想文化从上层建筑到经济基础,从纲常伦理到宗法观念,从君主专制到考试制度都进行了全面的批判。这种全面的批判让追求革命的知识青年对中国的现状和存在的诸多问题有了更清晰的认识,对于革命应该完成的任务更加明确。而谭嗣同在对现实批判中所表现出的大无畏精神,更是给了他们巨大的鼓舞。他们从《仁学》对清政府的批判中明白了推翻清政府的重要性。从《仁学》所宣扬的自由、平等、博爱及个性解放的思想中获得了思想武器。"②

同年,谭嗣同与和他并称"浏阳二杰"的唐才常在老师欧阳中鹄、湖南学政江标等人支持下创办浏阳算学社,推崇算学等西学,成为湖南第一家近代教育机构,"省会人士始自惭奋,向学风气由是大开。这不仅是浏阳,而且是湖南近代新文化的开始"③。

也是在1896年,王先谦上禀湖南巡抚陈宝箴,请求在宝善成公司下开设学堂,"欲招二三十小学生,常住居中俾学制造"。而陈宝箴站得高、看得远,"拍案叫绝"而大笔一挥,不仅批准创办该学堂,还将该学堂升格为官办的综合性新式学堂,拨公款一万两千两作为办学经费,命名为"时务学堂",并命熊希龄具体筹备。熊希龄1870年出生,像梁启超一样自小也是"神童",25岁即中进士,1896年他受甲午战败刺激而投笔从戎,被

---

① 谭嗣同写成《仁学》后"恐骇流俗,故仅示一二同志,秘未出世",被捕前将书稿托付给梁启超,梁启超次年将部分章节刊发于《清议报》而影响极大。写作《革命军》而蜚声中外的邹容将《仁学》称为维新运动的《圣经》,说对自己影响巨大;国民党元老冯自由则把谭嗣同列为革命同志,赞扬《仁学》的巨大影响;吴樾也对《仁学》尤其是谭嗣同的"任侠"思想非常佩服,受其影响而后来怀揣炸弹,暗杀清廷出国五大臣,最后自己壮烈牺牲;钱穆读过《仁学》后大为震动,直接将自己脑后辫子剪掉了。从《仁学》中也可见谭嗣同已有革命思想,他之所以转身支持维新变法是因为"民权以救国耳,若能变法借君权行民权,岂不更胜?"他的好友唐才常对此也说:"虽役其身于朝廷从事维新,而其心实未尝须臾忘怀革命。"戊戌政变后,谭嗣同之所以主动赴死,其实既为酬变法也为激革命。

② 王儒年:《谭嗣同》,陕西师范大学出版社,2017年,第109页。

③ 马勇:《戊戌政变的台前幕后》,江苏人民出版社,2012年,第197页。

张之洞委任为两湖总务处总办,后又受陈宝箴邀请来到湖南辅助陈宝箴。1897年熊希龄担任时务学堂总理后,邀请谭嗣同、黄遵宪参与学堂建设,谭嗣同和黄遵宪便推荐了他们共同的好友梁启超担任时务学堂中文总教习,梁启超此时大名鼎鼎,中文总教习非他莫属。而梁启超之所以答应聘请,是因为《时务报》的内讧,更因为他内心不满足于仅仅办报发声,更想建功立业,而此时湖南面貌一新、大有可为。

1897年11月14日,梁启超来到长沙出任湖南时务学堂中文总教习,受到湖南各界欢迎欢迎热烈欢迎,"宾客盈门,款待优渥",就连辈分甚高的王先谦对梁启超也是尊礼有加而张宴唱戏以示欢迎。张之洞称比自己小三十多岁的梁启超为"卓老",给予他最高年薪一千二百两白银,还倒履相迎、大开辕门,甚至打算按照迎接封疆大吏的规格开中门、放礼炮来迎接梁启超。总教习负责学堂教学,因此梁启超在时务学堂掀起了"书斋中的革命",如《湖南时务学堂公启》中所期望的:"吾湘变,则吾中国变;吾湘立,则中国存。用可用之士气,开未开之民智,其以视今日之日本宁有让焉!"

梁启超不仅推荐了韩文举、叶觉迈、欧榘甲等康门弟子来校授课,还在课堂上大力宣扬康有为的"孔子改制"思想,甚至宣扬民权理论、革命思想,鼓励学生大量阅读西方书籍,联系中国现实独立思考,且秘密重印散发黄宗羲反对专制的著作《明夷待访录》以及记录"扬州十日"的《扬州十日记》。在学生札记的批语中,梁启超也常有激进思想,甚至鼓吹设立议院,如梁启超有一则批语道:"屠城、屠邑皆后世民贼之所为,读《扬州十日记》尤令人发指眦裂。故知此杀戮世界,非急以公法维之,人类或几息矣。"①

时务学堂还有湖南第一架天文望远镜,甚至有幻灯片放映,学生在投影屏上看到了当时英国伦敦的各种景象,甚至看到了英国"日不落帝国"时期维多利亚女王画像。但当学生过年回家将自己"大逆不道"的笔记给亲友看后,引发湖南舆论大哗和强烈反对,由此引发了湖南守旧派在大儒

---

① 梁启超:《学堂日亟梁批》,叶德辉编《觉迷要录》卷4,台湾文海出版社,1987年。

王先谦、叶德辉①率领下对时务学堂乃至对维新变法的攻击，还有举人曾廉以梁启超的激进言论作为悖逆证据，上书要求将康梁处死，指责其为"舞文诬圣，聚众行邪，假权行教之人"。而此时放了"一把火"的梁启超已拍拍屁股去了北京，但梁启超为湖南留下了"火种"，时务学堂第一班四十多个学生中五分之二后来成了革命先烈或名人，其中蔡锷、范源濂、李炳寰等人在中国历史上发挥了重要作用，尤其是蔡锷在袁世凯称帝后首举反袁义旗而"再造共和"。

除了时务学堂，湖南其他维新事业也轰轰烈烈、卓有成效，有了电灯、马路、电报等现代化设施，如1897年9月谭嗣同在给新任湖南学政徐仁铸的信中所言："两年间所兴创，若电线，若轮船，若矿物，若银圆，若铸钱，若银行，若官钱局，若旬报馆，若日报馆，若校经堂学会，若舆地学会，若方言学会，若时务学堂，若武备学堂，若化学堂，若藏书楼，若刊行西书，若机器制造公司，若电灯公司，若火柴公司，若煤油公司，若种桑公社、农矿工商之业，不一而足。近又议修铁路及马路。其诸书院亦多增课算学、时务，乌睹所谓守旧闭化者耶！"②其中，1897年4月22日江标与唐才常等人创办的《湘学新报》（后改名为《湘学报》）是湖南第一份近代日报，它大力宣扬维新思想，介绍西方知识，成为湖南版的《时务报》，极大地推动了湖南新文化、新思想的发展，如该报主笔之一谭嗣同所评："诸新政中，又推《湘学报》之权力为最大。盖方今急务在兴民权，欲兴民权在开民智。《湘学报》实巨声宏，既足以智其民矣，而立论处处注重民权，尤觉难能可贵。"谭嗣同等维新派还有"亡后之想"，计划"湖南腹地自立"，计划将湖南建设为复兴中国之本，光绪则两次在上谕中表彰鼓励湖南巡抚陈宝箴。而湖南维新不仅对湖南贡献巨大，使得湖南从"以疾恶洋务名于地球"的

---

① 王先谦、叶德辉实际上也并非完全反对变法，如王先谦自己率先开公司，参与众多湖南新政，叶德辉也不反对西学、不主张排外、不赞同恢复八股考试，"他们反康主要是反其搅乱了中学"（详情参见罗志田：《斯文关天意：近代新旧之间的士人与学人》，生活·读书·新知三联书店，2020年，第65页）。叶德辉后来屯积谷物居奇而激起长沙抢米风潮，还鼓吹袁世凯称帝，1927年因破坏北伐被农民所杀。

② 谭嗣同：《与徐仁铸书》，《谭嗣同全集》，中华书局，1998年，第270页。

最保守①省份之一转变为"全国最富朝气的一省",使得湖南后来人才辈出,改变了中国,更对其他省的维新事业起到了示范作用,对戊戌变法有直接、重要影响,对中国现代化也有深远影响。

除了湖南,其他地方的维新派也在各尽本分、各竭所能。如严复受《时务报》影响在天津创办了《国闻报》,进而两报南北齐名,被称为"真康党"刊物,在《时务报》被封禁后《国闻报》更是力撑维新大局,劝告清廷不要为渊驱鱼停止改革。严复于1854年出生,1866年考入福州船政学堂,其间他研读了魏源的《圣武记》《海国图志》,"深受魏源'经世以谋富强,张掌故以明国是,崇今文以谈变法,究舆地以筹边防'的启迪和影响,受其指引,致力于中国的富强"。1877年严复被公派到英国格林威治皇家海军学院学习,他在英国时与中国驻英公使郭嵩焘交往密切,受到郭嵩焘极大赞赏、培养、影响,可谓是郭嵩焘思想的传人②。严复在英国大量阅读西方经典著作,深入考察英国社会,由此开始探究西方富强之道。留学回国后,严复受李鸿章所邀先后担任北洋水师学堂洋文正教习、会办、总办,培养了黎元洪、张伯苓、冰心的父亲谢葆璋等人才,"开创性地为中国海军院校教学奠定了基础,对于李鸿章要求的'开北方风气之先,立中国兵船之本'做出了自己的贡献"③。

甲午战败后,严复深受刺激,尤其是很多阵亡的北洋舰队官兵是他的同学、学生,如甲午海战中殉难的四名管带、自杀的三名管带全都是严复

---

① 湖南原本风气保守,如陈宝箴所说:"自咸丰以来,削平寇乱,名臣儒将,多出于湘,其民气之勇、士节之盛,实甲于天下,而恃其忠肝义胆,不愿师他人之所长,其义愤激烈之气,鄙夷不屑之心,亦以湘人为最。"因此,曾国藩创建湘军保名教而湖南从者众。湖南也最为抵制基督教传教,因而曾国藩在天津教案后"尤引为乡人之大耻",他的灵柩用轮船运回故乡时还受阻,湖南另一个名人郭嵩焘也因出使英国而被湖南人痛骂为"汉奸"。

② 郭嵩焘与严复后来鱼雁不绝,郭嵩焘去世后,严复送挽联道:"平生蒙国士之知,而今鹤翅鷃鷃,激赏深惭羊叔子。唯公负独醒之累,在昔蛾眉谣诼,离忧岂仅屈灵均。"他把郭嵩焘视为蒙受冤屈的屈原,而自己受他的"国士之知"。郭嵩焘虽然立功不大,但他的立言实际上影响很大,如对严复、陈宝箴、王先谦都有重要影响,而严复的"开民智"等思想及译作又对梁启超的"新民说"、鲁迅的"改造国民性"等影响很大,可见薪火总相传以及思想力大无穷。

③ 杨肇林:《醒世先驱:严复传》,作家出版社,2016年,第215页。

的同班同学,他常常半夜被噩梦惊醒,"起而大哭"。"严复领悟到中国的失败不只是军事的落后,而有更深一层的政治、经济、社会,以及思想方面的因素,因此必须要师法西方,才能突破困境。"① 因此,严复决意"以西学为根据作狮子吼,唤醒国人"②,认为"是以今日要政,统于三端:一曰鼓民力;二曰开民智;三曰新民德……此三者,自强之本也",而最要紧的是开民智而培元固本,"善治如草木而民智如土田","民智不开,则守旧、维新两无一可"。他随即在天津《直报》发表了很多"尊民叛君,尊今叛古"(蔡元培评)的文章探究救国之道,如他在《论世变之亟》中认为"今日之世变,盖自秦以来,未有若斯之亟也",因为"今之夷狄,非犹古之夷狄也";在《原强》中认为"以自由为体,以民主为用"是西方社会昌盛的真正原因,还在此文中首次向中国介绍了达尔文的进化论和斯宾塞的"群学";在《救亡决论》中,他直指大清衰败在于上下"始于作伪,终于无耻",必须"救亡"自强。

看到《时务报》的风行,严复深受启发,他捐款100元资助《时务报》,还和夏曾佑、王修植等人创办了日报《国闻报》,"将以求通","一曰通上下之情,二曰通中外之故","略仿英国《泰晤士报》之例",一年内发表了四十多篇社论,成为北方当时最有影响的报纸。严复认为不能再"中体西用",而应本末兼治、体用合一、"会通中西","故中学有中学之体用,西学有西学之体用,分之则并立,合之则两亡"③。严复还于1896年翻译了英国赫胥黎著作《天演论》,在《国闻报》上连载,系统介绍了达尔文的进化论,认为自然界万物都在不断进化,旗帜鲜明地宣扬"物竞天择,适者生存"思想,并联系中国实际指出如果再不振作自强就会亡国灭种,对中国

---

① 黄克武:《笔醒山河:中国近代启蒙人严复》,广西师范大学出版社,2022年,第92页。
② 马勇:《"新知识"背后:近代中国读书人》,福建教育出版社,2013年,第98页。
③ 严复:《与外交报主人书》,《严复集》,中华书局,1986年,第559页。

产生了非常重大、深远的影响①。

此外，洋务运动后期主将盛宣怀也在甲午战败后致信翁同龢，劝说翁同龢积极影响光绪变法图强。他又致函李鸿章提出变法主张："丧师失地之后，即不为收复计，亦当为善后计矣。中国苟能发愤自强，除吏政、礼政、刑政暂不更动外，户政、兵政、工政必须变法。"②盛宣怀还从自己做起，除了继续推行原来的洋务，如在1896年接手张之洞创办的汉阳铁厂使其起死回生，还于1895年创办了中国第一所近代大学北洋大学堂，于1897年创办了上海交通大学、西安交通大学的前身南洋公学及中国第一家银行中国通商银行。

"周虽旧邦，其命维新。"总体上，甲午战败深刻刺激了不少国人，让他们意识到必须维新变法，必须从洋务运动的只学西方器物扩大到学习西方文化、思想乃至制度，尤其是在康梁的带动下有了风生水起的维新运动，开始了中国早期现代化第二波浪潮。到1897年，全国各种学会、新式学堂、报馆"遍地并起"，学会据说多至百余，报纸多达七十余种③，到1898

---

① 《天演论》对当时和其后的国人产生了深远影响，对中国的现代化发展影响也极其巨大。"物竞天择""优胜劣汰"成为很多国人的口头禅，更重要的是主张优胜劣汰、适者生存的进化论及弱肉强食的"丛林法则"成为"公理"深入人心，让国人从此相信"落后就要挨打"，如余英时在《钱穆与中国文化》一书中所言"进步变成最高价值""中国民气为之一变"，也为此后维新变法等社会变革乃至革命提供了理论依据，即进化成了现代化的重要逻辑、合法性所在（社会进化论也是现代化理论的主要来源之一）。但这其实在一定程度上误读了《天演论》，严复在《天演论》中实际上更强调的是世界需要依赖"伦理原则"而非"丛林法则"，"天行者以物竞为功，而人治则以使物不竞为的"。因为"天演进化论"，如学者杨国强在著作《衰世与西法》中所言"中国人从天演进化之说里获得了进步主义、历史目的论、对于未来的乐观主义，以及青年崇拜意识，然而以儒学为核心的那种原本坚守善恶之分的文化则在天演进化的冲击下开始碎裂"，最重要的影响或是因"进步成最高价值"而很多人认为社会只能"前进"乃至激进以及趋新反旧。十多年间此书有了三十多种版本，后来还成为中学读物，梁启超、鲁迅、胡适等几乎所有近代中国名人都受到影响，如鲁迅初读《天演论》爱不释手且几乎看过所有的严复译作，胡适因此书将自己原名"胡洪骍"改为"胡适之"。严复由此成为中国近代首屈一指的启蒙思想家，就连"狂人"康有为也称严复"译《天演论》为中国西学第一者也"，梁启超在读原稿时更佩服得五体投地，进而影响了梁鲁等人的改造国民思想。从郭嵩焘到严复、梁启超再到鲁迅、胡适，启蒙火炬一代代传承不息。

② 转引自刑超：《戊戌变法真相》，中国青年出版社，2015年，第93页。

③ 参见郭廷以的《近代中国史纲》。

年"全国各地创办的学会、学堂和报刊,共有三百多起"①。如果维新事业就此稳步继续下去,那中国可能真的会焕然一新、自强兴国,但 1897 年 11 月爆发的德国强占胶州湾事件打乱了原有节奏,引发了激烈的戊戌变法、政变,也引发了中国的剧烈变动乃至中国早期现代化的"高潮"与"回潮"。

三、奕䜣与翁同龢"离去":戊戌变法正式开始

世上万事有因必有果,有果必有因,胶州湾事件的爆发其实是甲午战争的后续、演化。甲午战败后签订的《马关条约》原本要求中国将辽东半岛割让给日本,当时是德国联合俄国、法国逼迫日本放弃了辽东半岛,这其实是它们基于自己的利益要求,不愿日本独霸中国,但之后它们尤其是德国自恃对中国有恩而要求"适当的补偿"。因此,德国提出"租借"胶州湾作为远东海军基地,清廷自然知道这是肉包子打狗——有去无回,但也不敢直接拒绝、得罪德国,便又念起了中国的法宝"拖字诀",让德国愤恨又无奈。

1897 年 11 月 1 日,两名德国传教士在山东巨野被一些当地农民错杀②。本来这些农民是到教堂抢劫财物的,而这两名德国传教士恰好路过这个教堂,因天晚留宿,且教堂的神甫让他们住到了教堂主卧。这些农民晚上摸到主卧想大发其财,结果惊醒的一个传教士开枪打伤了一个人,于是这些农民便一哄而上,杀死了这两个传教士。这两个传教士的确死得很冤,可谓"躺着中枪",但德国听说这个消息后不悲反喜,他们终于找到了强占胶州湾的借口。德国立即向远东派出军舰,并在第十二天后强行占领了胶州湾。

很是愤恨又无奈的清廷便找俄国调解,因为俄国与大清签订了《中俄密约》,双方有互相援助的义务。不料,俄国表面上答应调解,背地里却与德国狼狈为奸,商定互不干涉,并借口要出兵扬威、吓唬德国而派舰队

---

① 杨天石:《帝制的终结》,岳麓书社,2013 年,第 47 页。

② 此事真相也有争议,也有人认为这是当地一些民众或土匪针对该教堂传教士的蓄意报复。

开进了旅顺,德国皇帝威廉二世为此还给俄国沙皇尼古拉二世写信道:"衷心地祝贺你在旅顺口采取行动所获得的胜利结果,我们二人将在渤海湾的入口处组成为一队优秀的哨兵,受到人们适当的尊敬,特别是黄种人的尊敬!"①"秀才遇到兵——有理说不清",清廷对此哑巴吃黄连——有苦说不出,打是不敢打,连"小日本"都打不过,如何能打得过德国、俄国呢?那只能迎风吐唾沫——自认倒霉,于是清廷只能与德国签订《胶澳租借条约》,将胶州湾"租借"给德国 99 年,并允许德国在山东省内修筑铁路,山东开办的各项事务德国有优先权,由此山东成为德国的势力范围。

俄国自然也不甘罢休,清廷又被迫与俄国签订了《续订旅大租地条约》,俄国"租借"大连、旅顺 25 年,俄国可以修筑铁路至大连湾,东北成为了俄国的势力范围。其他列强自然也不甘示弱,纷纷提出领土要求,"如不答应将自行处理",瓜分中国的狂潮由此开始。清廷被迫将威海卫"租借"给英国,长江流域成为英国的势力范围;被迫将广州湾"租借"给法国,云南、广东、广西成为法国的势力范围;日本"不好意思"再"租借"中国领土,但要求福建不得"租借"于别国,福建成为日本的势力范围。美国更"棋高一招",提出了"门户开放"政策,要求与其他国家一样在中国利益均沾、机会均等。由此,整个中国沿海地区除了天津都被列强瓜分完毕,据说慈禧曾对此描绘道:"中国变成了一个甜瓜,每个国家都想从这里切得一片。"②列强除了在瓜分中国,还纷纷通过清廷向列强的借款(用以对日赔款)获得了铁路修筑权、矿山开采权,以及通过《马关条约》获得了在通商口岸的企业投资权、经营权,中国亡国危机日益严重。

胶州湾事件及其后的瓜分中国狂潮"几于卧榻之旁,任人鼾睡矣"③,更加刺激了有识之士、爱国之士,他们产生了强烈的毁灭感、紧迫感,切切实实地认识到再不进行大的维新变法即将亡国。因此,严复在《国闻报》

---

① 《德皇威廉二世致沙皇尼古拉二世的信》,《"黄祸论"历史资料选辑》,中国社会科学出版社,1979 年,第 116 页。

② 德龄:《光绪泣血记》,中国人民大学出版社,2012 年,第 137 页。

③ 吕思勉:《中国近代史》,中国书籍出版社,2017 年,第 101 页。

上大呼加快政治改革，梁启超也在时务学堂宣扬政治变革，而恰好在北京的康有为更是怒发冲冠、壮怀激烈。康有为这次到北京本是筹划运输华工到巴西"开辟新国"，他虽是工部主事，但是候补的不用坐班，在强学会被封禁后他先到广西创办圣学会，又回老家万木草堂教书，但始终不甘寂寞。当他听到有澳门华商招募华工到巴西的消息后便灵机一动、脑洞大开，心想"故国既然不好救，何不运送华人到异乡'开辟新国'以'保国保种'呢"？"中国人满久矣，美及澳洲皆禁吾民往，又乱离迫至，遍考大地，可以殖吾民者，惟巴西经纬度与吾近，地域数千里，亚马孙河贯之，肥饶衍沃，人民八百万，若迁吾民往，可以为新中国。"①于是他来到北京谋划，甚至找到原来他瞧不起的李鸿章。"老油条"李鸿章同意此计划，"许办之，惟须巴西使来求乃可行"②。可巴西使节啥时候来求呢？康有为不肯干等，便想去找那澳门华商再想办法，正当要离京时他听闻了胶州湾事件。

政治敏感性很强的康有为立刻意识到了此事的非同寻常，意识到国家将更加危急，也意识到他将因此更有机会了。他立刻写了《外衅危迫宜及时发愤革旧图新呈》，即"上清帝第五书"。在此书中，康有为预料中国将被继续瓜分，"其始壮夫动其食指，其后老稚亦分杯羹，诸国咸来，并思一脔"，而大清"图保自存之策，舍变法外别无他图"。康有为具体提出上、中、下三策，上策是"择法俄日，以定国是"，即效法俄国、日本等与中国国情相近的国家的成功道路，通过变法实行君主立宪制，建立国会，制定宪法；中策是"大集群才而谋其政"，下策是"听任疆臣各自变法"，"凡此三策，能行其上，则可以强；能行其中，则犹可以弱；仅行其下，则不至于尽亡，唯皇上择而行之"。如果不及时变法，康有为警告道："皇上与诸臣，虽欲苟安旦夕，歌舞湖山而不可得矣，且恐皇上与诸臣，求为长安布衣而不可得矣！"即如果不变法，将来皇上和大臣们想当个普通老百姓都当不了，只能当亡国奴了。

这份上书太激烈、太大逆不道了，所以康有为的工作单位工部认为有"偏激之词"不敢呈递，康有为找的其他人也不敢帮呈。1897年12月11日，

---

① 康有为：《康南海自编年谱》。
② 康有为：《康南海自编年谱》。

心灰意冷的康有为收拾行囊正要离京，翁同龢突然悄然来访，劝说康有为留下，还暗示皇上即将重用他。这次来访改变了康有为、翁同龢乃至整个维新变法的命运，康有为后来写诗"深惜追亡萧相国"即把此事比喻成萧何月下追韩信，还把翁同龢称为"中国维新第一导师"。

翁同龢，1830年出生于江苏常熟，他的父亲翁心存曾任内阁大学士、兵部尚书。翁同龢少年得志，26岁中得状元后任同治、光绪两帝帝师，出入宫廷30余年，因此世人称翁家"两朝宰相，再世帝师，三子公卿，四世翰林"。翁同龢与李鸿章水火不容，经常为难李鸿章甚至多次弹劾李鸿章及其部属，据说这是因为李鸿章曾为曾国藩起草折子弹劾过翁同龢的大哥翁同书。李鸿章怕斗不过位高权重的翁家，特在折子中说"臣职分所在，例应纠参，不敢因翁同书之门第鼎盛瞻顾迁就"，此话导致了朝廷不能"瞻顾迁就"翁家而判翁同书斩刑，翁同书的父亲翁心存因此气得气绝身亡。虽然后来翁同书被改判充军新疆，但由此导致翁同龢对李鸿章始终耿耿于怀，成为李鸿章当时最大的政敌。李鸿章说东，翁同龢就说西；李鸿章对甲午战争主和，翁同龢就主战；翁同龢甚至利用户部尚书职权克扣李鸿章的北洋水师经费，乃至让北洋水师停购船械。据胡思敬在《国闻备乘》中的记载，甲午战争时，翁同龢奉命到天津问策李鸿章，李鸿章"怒目而视，半晌无一语"后对翁同龢说："师傅总理度支，平时请款辄驳诘，临事而问兵舰，兵舰果可恃乎？"翁同龢回道："计臣以撙节为尽职，事诚急，何不复请？"李鸿章又说："政府疑我跋扈，台谏参我贪婪，我再哓哓不已，今日尚有李鸿章乎？"翁同龢对此语塞，自知有愧，无话可说。

翁同龢与李鸿章是当时两位权势最大的汉臣，时人称之为"宰相合肥天下瘦，司农常熟世间荒"，既是说他们两人并列相争，也是说这两人都很贪婪①。甲午战败后李鸿章失势，他的死对头翁同龢上位，任军机大臣、总

---

① 李鸿章的确很贪钱，据说李鸿章"富甲天下"，他老家满大街都是"李"字招牌。但其实，李鸿章老家的很多产业并不是他的，王文韶曾奉旨调查发现淮军账目并无贪污，李鸿章有钱的一个重要原因是他投资入股了很多洋务企业，盛宣怀对他也有很多孝敬。而翁同龢实际上并不贪钱，他被革职还乡后仅余两千两白银。不过，翁同龢和李鸿章一样都很贪权，因此说他们都很贪婪也有一定道理。

理各国事务衙门大臣，乃至接替李鸿章主持外交事务。"不当家不知柴米油盐贵"，翁同龢主持外交后才知道李鸿章的难处，而感慨称"日伍犬羊，殆非人境"。原本思想守旧的他接触维新人士和外国传教士后逐渐倾向维新变法，将冯桂芬的《校邠庐抗议》、陈炽的《庸书》、汤震的《危言》等主张维新变法的著作推荐给光绪，还与李提摩太等传教士讨论变法，甚至邀请李提摩太担任政府顾问，也进而逐渐赏识康有为。当翁同龢第一次看到康有为的"上清帝第一书"时就颇为欣赏而做了不少摘抄，1895年6月1日他与康有为见面交谈后更为欣赏，进而支持康有为创办强学会，还利用户部尚书职权给强学会拨了一笔钱款和一部印书机。胶州湾事件后，具体处理此事委曲求全的翁同龢"猪八戒背媳妇——出力不讨好"，被慈禧斥责为无能失职，甚至与光绪发生争辩，"词多愤激，同列讶之"，因此翁同龢更是苦思出路，更倾向变法。当时康有为的"上清帝第五书"其实已被都察院主管徐寿蘅呈递给光绪，光绪对此书很满意。翁同龢便顺水推舟向光绪推荐了康有为，说康有为"其才胜臣十倍"。光绪对康有为也很满意，因此翁同龢便"小憩出城"，悄悄拜访康有为，请他留下来催动变法。

翁同龢拜访康有为的次日，兵部掌印给事高燮曾便上奏《请召对康有为片》，说康有为"学问淹长，才气豪迈，熟谙西法，具有肝胆"，请求光绪帝予以召见重用。这是第一次有人保荐康有为，有不少学者认为高燮曾这折子是康有为和翁同龢密谋写的，甚至是康有为"买折"，但无论如何翁同龢肯定在其中发挥了重要作用，要不然这份折子不会那么顺利上达"天听"且受到光绪高度重视。光绪看到高燮曾的上奏后立即批示总理衙门研究研究，看看如何重用康有为，他甚至打算亲自召见康有为，但主持总理衙门的恭亲王奕䜣认为"本朝成例，非四品以上官不能召见，今康有为乃小臣，皇上欲有所询问，命大臣传语可也"[①]。

于是，1898年1月24日，大年初三还在加班的总理衙门大臣在接待完英法公使后留下五位与康有为问话。这五位大臣是荣禄、李鸿章、翁同龢、

---

① 梁启超：《戊戌政变记》。

廖寿恒、张荫桓，除了荣禄，其他四位大臣实际上都倾向维新变法，李鸿章、翁同龢自不待言，廖寿恒也具有浓厚的维新思想，张荫桓出使过多国，"晓然于欧美富强之机"①且是康有为老乡，因此他是康有为最大靠山，两人关系密切乃至康有为经常夜宿张家。而荣禄虽然不屑康有为，但并非老顽固，也有一定变法思想，如他曾奏请陆军"改练洋操"，支持修建铁路②，所以这场问话本有利于康有为。但荣禄想给康有为一个下马威，首先发难道"祖宗之法不能变"，而一向狂妄的康有为则义正词严地怼道：

> 祖宗之法，以治祖宗之地也；今祖宗之地不能守，何有于祖宗之法乎？即如此地为外交之署，亦非祖宗之法所有也。因时制宜，诚非得已！

开场就"交火"舌战，使得这场问话气氛很紧张、尴尬。在问话中，康有为大谈特谈自己的变法主张，如指出"宜变法律，官制为先"，主张要设立制度局、新政局，练民兵、开铁路、借外债等。"对于这些重臣来说，康有为等这些建议或许并没有多少新意，他们在自己的政治实践中早已明了这些道理。不过对于康有为来说，尽管康有为的狂妄姿态引起了一些重臣的极端反感③，为后来的政治发展或许留下了若干变数，但他直率的言辞和极端的见解，尤其是那种'片面深刻'的思维路数确实给这些当朝重臣留下了相当深刻的影响。西花厅问话成了康有为政治生涯中一个最值得记忆的转折点。"④

---

① 苏继祖：《清廷戊戌朝变记》。

② 荣禄曾担任神机营管理大臣，而神机营即采用西式方法练兵，武器也改用洋枪洋炮。荣禄在神机营时及其后一直受到醇亲王奕譞重用，这也或使荣禄后来反对慈禧废黜奕譞儿子光绪的皇位，他一直以调和两宫为责任。荣禄主持督办军务处后选择了袁世凯在小站负责编练新军，在当直隶总督时也并未抵制新政，后来还反对义和团，可见他并非顽固守旧派。

③ 康有为怒怼荣禄让荣禄很是不爽，他在这次问话中提前走了，这也让他对康有为印象很坏。据苏继祖的《清廷戊戌朝变记》所记，后来康有为有一次又碰到荣禄，荣禄问该如何变法，康有为回道："杀几个一品大员，法即变矣。"这似乎是暗示要杀荣禄，让荣禄更为不爽。荣禄和慈禧关系非常密切，传说他是慈禧年轻时的情人（如高阳在《慈禧全传》和德龄小说体回忆录《御苑兰馨记》中所写），在奕䜣死后成为最高权臣，所以荣禄对康有为的不满直接影响了慈禧的态度，是戊戌变法失败的重要诱因。

④ 马勇：《戊戌政变的台前幕后》，江苏人民出版社，2012年，第16页。

西花厅问话后，翁同龢将问话情形向光绪做了倾向性汇报，光绪于是又想面见康有为，但又被奕䜣所阻，而改让康有为书面汇报变法意见。随即，康有为奋笔疾书，很快将《请大誓臣工开制度新政局图新以存国祚折》即"上清帝第六书"及《日本变政考》《俄大彼得变政记》呈上。"上清帝第六书"是康有为最重要、最系统的上书，"取鉴于日本之维新"，后来实际上成为戊戌变法的变法纲领。其中，康有为提出三条主要变法建议，一是"大誓群臣以定国是"即要大张旗鼓地宣布变法，二是开制度局总揽新政及十二个新局"以任其事"即设立具体负责维新变法的机构，三是设待诏所允许天下人上书即欢迎各位国民为变法献计献策。

据梁启超说，光绪看了"上清帝第六书"非常满意，"置御案，日加披览，于万国之故更明，变法之志更决"①。康有为再接再厉，不久又向总理衙门呈上《译纂〈俄彼得变政记〉成书呈》即"上清帝第七书"，希望光绪像彼得大帝一样"以君权变法"。彼得大帝为了变法新政，处死了摄政的姐姐索菲亚及反对自己的儿子，这或让被"垂帘听政"的光绪颇有共鸣。康有为很快又呈上《译纂〈日本变政考〉成书呈》，希望光绪"采鉴日本"，"收日人已变之成功，而舍其错戾之过节"。总理衙门将康有为的这些条陈呈送给光绪后，光绪命军机大臣将康有为所呈的全部条陈、译书收齐，送给慈禧"恭呈慈览"，而慈禧迟迟没有表态。

康有为在不断上书的同时也在到处结交言官，形成志同道合的"康党"，其中包括杨深秀、徐致靖、宋伯鲁、文悌、李盛铎等人，这些人在戊戌变法、政变中都有重要作用。他还把梁启超拉到北京共图大业，再次一起公车上书。在康有为、梁启超、麦孟华的带动下，三月下旬、四月下旬接连又有两次大规模联合上书，尤其是四月末联合上书的各省举人达一千多人，实现了之前康梁"十八省联合上书"的梦想。

此时粤学会、闽学会、关学会、蜀学会等各地学会也纷纷成立，康有为又想成立一个全国性的学会，"我康大圣人要搞就搞大的"。于是，他和

---

① 梁启超：《戊戌政变记》，《饮冰室合集》专集一，第15页。

御史李盛铎于1898年4月17日发起成立了保国会，康有为在二三百人参加的成立大会上慷慨激昂地讲道：

> 吾中国四万万人，无贵无贱，当今日在覆屋之下，漏舟之中；如笼中之鸟，牢中之囚；为奴隶，为牛马，为犬羊，听人驱使，听人宰割。此四千年中二十朝未有之奇变。加以圣教式微，种族沦亡，奇惨大痛，真有不能言者也。

康有为的演讲听得众人泪如雨下、响应者众，当天众人便拟定了保国会章程，规定了保国会宗旨："一、本会以国地日割、国权日削、国民日困，思维持振救之，故开斯会以冀保全，名为保国会。二、本会遵奉光绪二十一年五月二十六日上谕，卧薪尝胆，惩前毖后，以图保全国地、国民、国教。"

保国会"讲求变法、研究外交、谋求经济实效"，成立后刚开始声势浩大，连续召开了三次大会，康有为"分日夜之力，往各会宣讲"，"宾客填塞，应接不暇"。但树大招风，很快保国会就遭到弹劾。康有为的老乡、礼部尚书许应骙因为之前康有为来京不拜访他而与康有为结下仇怨，他首先发难，弹劾保国会"惑众敛财，行为不端"。发起保国会的李盛铎遭到恩主荣禄痛斥，荣禄曾说"康有为立保国会，现放许多大臣未死，即使亡国尚不劳他保也。其僭越妄为，非杀不可"，所以李盛铎也立即调转枪头弹劾康有为；原本属于"康党"的文悌也见风使舵上奏弹劾，称康有为"保中国不保大清"。这话可谓"低级红，高级黑"，反映了在文悌等一些人的潜意识里大清和中国并不是一回事。而明事理的光绪则力挺保国会说"会能保国，岂不大善哉？何可查究耶"，并斥责了许应骙，罢免了文悌，将所有弹劾保国会的奏折封存。可是即使有光绪的保护，保国会还是因为众人避嫌、门可罗雀而名存实亡。

保国会虽然很快偃旗息鼓，但"保国会传播了爱国维新的思想种子，各省志士纷纷继起，自是风气大开，人心大振，士大夫阶层对中国必须走上维新变法的政治道路有了更多的共识，这对于此后不久光绪帝正式宣布诏定国是，应该说起到了直接的推动作用，提供了重要的舆论氛围。康有为、梁启超以及康门其他弟子也都在这次重要的政治活动中得到了锻炼，为后来的政治变革准备了足够的干部和丰富的人事资源。京城士大夫阶层及官僚阶层中的一些开明人士一度以结识康、梁等新派人物为荣，这也为后来康有为、梁启超的政治活动提供了丰厚的外援"①。

保国会戛然而止后，就在康梁失望准备离京时，清廷发生了重大变故，最高权臣奕䜣去世，由此戊戌变法很快正式开场，康梁也终于有了用武之地。1898年5月29日，首席军机大臣、总理衙门领班大臣、恭亲王奕䜣去世。他在辛酉政变后长期负责朝政，尤其是长期主持洋务运动，为大清苟延残喘、回光返照立下头功。可虽然他精明能干，还是斗不过阴险狠毒的慈禧。1865年他被慈禧以"妄自尊大，诸多狂傲"罪名免去"议政王"称号，1874年他因反对同治重修圆明园又一度被撤职，1884年中法战争时他终被慈禧借口战争不利，用"因循日甚"四个字罢免一切职务而"居家养疾"。辛辛苦苦二十年，一夜回到辛酉政变前，奕䜣抑郁难言甚至差点出家念佛。他写诗道：

纸窗灯焰照残更，半砚冷云吟未成。
往事岂堪容易想，光阴催老苦无情。
风含远思俙俙晚，月桂虚弓蔼蔼明。
千古是非输蝶梦，到头难与运相争。

甲午战争爆发后，慈禧在李鸿藻、翁同龢等大臣压力下被迫再次起用奕䜣。"往事岂堪容易想，光阴催老苦无情"，复出后的奕䜣已身心俱老而不复当年勇，"历经千帆归来"不再是从前那个"少年"，而变成了自己当初最讨厌的保守懦弱、一无主见的人，美国传教士、京师同文馆的总教习丁韪良因此将奕䜣形容为"暴风雨中弯折的芦苇"。奕䜣虽然也知道他"一把屎一把尿"养大的洋务运动徒有其表、外强中干，需要维新变法刮骨疗毒，他也推行过科举设立特科、编练新军等改革举措，但他对康有为的激进改革方案并不认同，所以他极力阻止光绪与康有为的见面。在病危时，

① 马勇：《叠变》，中国大百科全书出版社，2022年，第181页。

他对前来看望的慈禧和光绪道"闻有广东举人主张变法,当慎重,不可轻任小人也"①,认为康有为提出设立制度局是"废我军机,谋我大清"。对于当年力主重新起用他的翁同龢,奕䜣也"大公无私恩将仇报",指责翁同龢"居心叵测,并及怙权",将甲午战败归咎于翁同龢的开战主张,"所谓聚九州之铁不能铸此错者"。

"千古是非输蝶梦,到头难与运相争",奕䜣有才又贤,让大清得以"中兴",但他终究难以与命运抗争。人亡政息,奕䜣的去世也直接影响了戊戌变法乃至大清命运。一方面,奕䜣的去世让维新变法失去了一大"拦路虎",康有为等人通过翁同龢劝说光绪,利用权力真空赶紧变法"勿失时"②,光绪由此决定放手一搏而开始变法。"䜣死,帝益发虑,适德人假细故攘我胶澳,举朝无一策。帝复泣告后,谓:'不欲亡国之主。'后曰:'苟可致富强者,儿自为之,吾不内制也。'"③另一方面,奕䜣的去世也让清廷新旧两派尤其是光绪和慈禧之间失去了一大"缓冲带""平衡轮"④,两派由此直接交手,"不是东风压倒西风就是西风压倒东风",进而导致了大清这艘"破船"失衡,忽如戊戌变法一样右转,忽如义和团运动一样左转,而加速覆没。

奕䜣的去世让康有为意识到了这将是变法的转机,而"机不可失,失不再来"。于是,1898年6月1日康有为先代御史杨深秀起草了奏折《请定国是而明赏罚折》,6月6日他又以自己名义上书促请光绪推行变法,6月8日他又代侍读学士徐致靖拟了《守旧开新宜定从违折》,请光绪风行雷动、即刻变法、不要犹疑。康有为等人的接连上奏推波助澜,让光绪下定了变法决心,对慈禧道绝不当"亡国之主",并将杨深秀、徐致靖的奏折呈送给慈禧。

6月11日,慈禧对杨深秀、徐致靖的奏折"批示"道:"以前日御史杨

---

① 胡思敬:《戊戌履霜录》。
② 《康南海自编年谱》,第40页,转引自马勇:《晚清笔记》,广东人民出版社,2017年,第91页。
③ 中国史学会:《戊戌变法》第1册。
④ 美国传教士、学者明恩溥将恭亲王奕䜣形容为"朝廷统治机器重要的平衡轮"。

深秀、学士徐致靖言国是未定，良是。今宜专讲西学，明白宣示。"光绪接到这个"尚方宝剑"后立刻召集群臣，颁发《明定国是诏》，吹响了变法的号角。《明定国是诏》写道：

> 数年以来，中外臣工，讲求时务，多主变法自强。迩者诏书数下，如开特科，裁冗兵，改武科制度，立大小学堂，皆经再三审定，筹之至熟，甫议施行。惟是风气尚未大开，论说莫衷一是，或托于老成忧国，以为旧章必应墨守，新法必当摈除，众喙哓哓，空言无补。
>
> 试问今日时局如此，国势如此，若仍以不练之兵，有限之饷，士无实学，工无良师，强弱相形，贫富悬绝，岂真能制梃以挞坚甲利兵乎？朕惟国是不定，则号令不行，极其流弊，必至门户纷争，互相水火，徒蹈宋明积习，于时政毫无裨益。即以中国大经大法而论，五帝三王不相沿袭，譬之冬裘夏葛，势不两存。用特明白宣示，嗣后中外大小诸臣，自王公以及士庶，各宜努力向上，发愤为雄，以圣贤义理之学，植其根本，又须博采西学之切于时务者，实力讲求，以救空疏迂谬之弊。专心致志，精益求精，毋徒袭其皮毛，毋竞腾其口说，总期化无用为有用，以成通经济变之才。
>
> 京师大学堂为各行省之倡，尤应首先举办，着军机大臣、总理各国事务王大臣会同妥速议奏，所有翰林院编检、各部院司员、大门侍卫、候补候选道府州县以下官、大员子弟、八旗世职、各省武职后裔，其愿入学堂者，均准其入学肄业，以期人材辈出，共济时艰，不得敷衍因循，徇私援引，致负朝廷谆谆告诫之至意。
>
> 将此通谕知之。钦此。①

这份著名的《明定国是诏》是戊戌变法的正式纲领，大意是说现在时局危急国势危弱，如再不变法自强将更加危险，特颁发这个纲领来统一思想，将举办京师大学堂、重用人才、改革朝政，希望大家共克时艰、发奋图强、锐意进取，不要辜负了朝廷的厚望。

---

① 《上谕》(45)，《戊戌变法资料丛刊》第一册，第17页。

《明定国是诏》拉开了戊戌变法的大幕，在当时、在历史上都有着重要价值，可以说是中国第一个正式的现代化纲领——之前太平天国制定的《资政新篇》毕竟没有正式实施。这个现代化纲领可以说是中国早期现代化进程中的一个里程碑，虽然最终没有实施多少，但表明了现代化大潮已来。

　　而《明定国是诏》是翁同龢起草的①，可就在《明定国是诏》颁发四天后，翁同龢却被罢免了，成为戊戌变法中的第一个重大变故。翁同龢位高权重又是光绪的老师，按理说正是光绪推行变法最需倚重的人，为何会突然被罢呢？直接原因是奕䜣对康有为和翁同龢的不满影响了翁同龢，他为了洗清自己"居心叵测"的罪名，为了和康有为避嫌，便决定舍康有为而保自己。所以，当光绪1898年5月26日向翁同龢索要康有为著作时，原来推荐过康有为的翁同龢竟然说自己和康有为不曾往来，并指责康有为"居心叵测"。光绪又问翁同龢以前怎么不这样说，以前说的可是康有为"其才胜臣十倍"，翁同龢则回答说自己最近读完康有为的《孔子改制考》才发现的。

　　翁同龢说的也许是实情，他在总理衙门大臣与康有为的问话当天也在日记中说康有为"狂甚"，他在看完《新学伪经考》后说："真说经家一野狐也，惊诧不已。"②但光绪对翁同龢的突然变脸很是愤怒，乃至由此验证了翁同龢果然如奕䜣所言"居心叵测，并及怙权"，翁同龢聪明反被聪明误。当然，翁同龢的变脸只是导火索，光绪实际上对翁同龢早已不满，一是因为翁同龢本质上思想保守，如他一直反对修建铁路，他也反对光绪采用西方

---

①　据解玺璋的《抉择》一书："他（翁同龢）在草拟此诏时参考了之前监察御使杨深秀的《请定国是明赏罚以正趋向而振国祚折》，以及翰林院侍读学士徐致靖的《请明定国是折》，而他们二人的这两道奏折，都是一直积极推动变法的康有为代拟的。这侧面表明康有为是戊戌变法最直接的推手，称他为'戊戌维新运动的核心和灵魂'，一点儿都不过分。"（参见解玺璋：《抉择：鼎革之际的历史与人》，天地出版社，2020年，第145页）

②　《翁文恭公日记》第33本，第43页。但此日记有可能被删改，翁同龢在戊戌政变后为避免被牵连对其日记多有删改。学者姜鸣写道"按照翁万戈、翁以均先生的研究，涵芬楼影印版《翁文恭公日记》，全书共有十处遮掩……均与铁路建设有关"，也可见翁同龢的确反对修筑铁路，思想本质上保守。参见姜鸣：《秋风宝剑孤臣泪》，生活·读书·新知三联书店，2015年，第104页。

礼节接待外国使节①，反对光绪在看到徐致靖奏折后打算召见保举的康有为、张元济、谭嗣同、梁启超等"通达时务人才"，反对光绪"推重力保"张荫桓，美国当时驻天津领事也说翁同龢"是顽固派中的顽固派"②；二是因为翁同龢作为两帝帝师，难免自恃功高位尊，而不像其他大臣那样尊崇他一手教养大的光绪，因此倚老卖老，与光绪发生过几次直接冲突，甚至在节饷宴时理应陪坐的他竟然不屑为之，还有一天以看折子为由不参加朝会，的确"喜怒见于词色，渐露揽权狂悖情状"；三是因为胶州湾事件后引发的瓜分中国狂潮也需要找个"替罪羊"，就像当初甲午战败找李鸿章当"替罪羊"一样，而这次只能找此时负责外交、签订《胶澳租借条约》的翁同龢"背锅"了。当时翁同龢负责的工作也出现很多失误，尤其是他主持发行的中国第一次国内公债昭信股票少人购买，让大清丢尽脸面，已有多人弹劾翁同龢"权奸误国"，如安徽藩司于荫霖就上奏指责翁同龢造成了当时的外交失败和困难重重。

人长大了往往会"弑父"，光绪于自己考虑、于变法大局考虑，决定"舍卒保车"，而慈禧当然更对此乐见其成、求之不得了③，去掉翁同龢等于去掉光绪的左膀右臂，更可以任她摆布了，她之前就下令撤上书房让翁同龢失去了和光绪单独接触的机会。6月15日这一天正是翁同龢69岁生日，心情不错、"喜而不寐"的翁同龢一如既往地去上朝，却意外地被挡在了外面，只能"独坐看雨"，不久他接到了自己被罢的上谕：

协办大学士翁同龢近来办事多不允协，以致众论不服，屡经有人参奏。且每于召对时咨询事件，任意可否，喜怒见于词色，渐露揽权狂悖情状，断难胜枢机之任。本应查明究办，予以重惩；姑念其在毓庆宫行走有年，不忍遽加严谴。翁同龢著即开缺回籍，以示保全。

---

① 1898年，德皇威廉二世的弟弟亨利亲王访华，光绪用西方礼仪接待，准其轿车入东华门，在召见时赐坐、握手，还用西餐西乐招待。这是破天荒的，引发很多人包括翁同龢的反对。

② 《戊戌变法文献资料系日》，上海书店出版社，1998年，第699页。

③ 原来的主流观点认为光绪罢免翁同龢是迫于慈禧的压力，但现在学界多认为是光绪主动罢的，但无疑慈禧对此乐见其成、顺水推舟。

人往往会被自己的固执偏见所限，翁同龢的被罢固然使光绪推行变法少了些阻力，更少了许多助力，毕竟翁同龢是光绪最重要、最忠实的亲信大臣，是帝党第一号人物，满朝文武其实只有翁同龢最忠于光绪，也最能帮助光绪。光绪与翁同龢朝夕相处长达二十二年，情同父子，"交谊最深，倚为生命，其忠于皇上者惟翁而已"，"上幼畏雷声，虽在书房，必投身翁师傅怀中"①，光绪小时候还经常玩弄翁同龢的胡须和"以手入怀抚其乳"②。可年轻气盛的光绪忘记了这些，他在翁同龢来告别时相顾无言，"上回顾无言，臣亦黯然如梦"③。而翁同龢对光绪始终挂念，"身在江湖，心依魏阙"④。他在回到老家后孤苦伶仃，戊戌政变后慈禧又以光绪名义下旨"革职，永不叙用，交地方官严加管束。不准滋生事端，以为大臣居心险诈者戒"，翁同龢因此闭门不出，整日"闷坐"，给自己的小院起名为"瓶庐"，即守口如瓶，甚至在院子里挖了口井打算随时自尽。1904年，翁同龢饮恨去世，临终前写诗道："六十年中事，伤心到盖棺。不将两行泪，轻向汝曹弹。"即"我虽然很委屈很伤心，但不会对汝掉眼泪"。这个"汝"主要是指光绪吧，他虽然"伤心到盖棺"，但从来没有怪过光绪。可光绪一直怪罪于他，在他死后反对庆王为其请恤，"历数翁误国之罪，首举甲午之战，次举割青岛。太后无语，庆王不敢再言，故翁无恤典"⑤。直到光绪死后载沣摄政，翁同龢才被赐谥号"文恭"。"文恭"翁同龢和恭亲王奕䜣一生都为人谦恭、对上恭敬，"恭"字可谓名副其实。

四、光绪与康有为"联袂"：戊戌变法轰轰烈烈

奕䜣和翁同龢的离开加速了变法脚步，光绪在罢免翁同龢的同一天，

---

① 恽毓鼎，《崇陵传信录》，转引自王树增：《1901》，人民文学出版社，2011年，第 453 页。
② 徐柯：《清稗类钞》，转引自王树增：《1901》，人民文学出版社，2011年，第 453 页。
③ 翁万戈编、翁以钧校订：《翁同龢日记》第七卷，中西书局，2020年，第 3183 页。
④ 翁万戈编、翁以钧校订：《翁同龢日记》第七卷，中西书局，2020年，第 3208 页。
⑤ 王照：《方家园杂咏纪事》，转引自羽戈：《激进之踵：戊戌变法反思录》，山西人民出版社，2019年，第 134 页。

还颁发了多道对戊戌变法有重要影响的谕旨。一是调王文韶入京接替翁同龢所任的军机大臣、总理衙门大臣、户部尚书等职，调荣禄入京任直隶总督、北洋大臣，裁撤督办军务处袁世凯所辖陆军，由荣禄节制；二是所有蒙慈禧赏加品级及被授予文武二品以上、满汉侍郎者均需到慈禧面前谢恩，新任命的各省将军都统督抚等官员也需到慈禧面前谢恩；三是本年秋间慈禧与皇上要到天津阅操，命荣禄预备一切；四是新任刑部尚书崇礼兼任步军统领，把持京都军权；五是之后只要皇上在颐和园接见官员，也应一体带领向慈禧引见。

这些谕旨是光绪所颁发，无论光绪主动还是被迫，毫无疑问结果都有利于慈禧，慈禧因此牢牢掌握了军政大权，为她后来发动戊戌政变准备了"杀手锏"。如时任礼部主事王照所言，慈禧"但知权力，绝无政见"[1]，她最关心的是自己的权力而非维新或守旧，在掌握权力的前提下可以让光绪"自为之，不内制"，可以推行洋务运动、维新变法乃至后来的清末新政，甚至说过"今宜专讲西学"，毕竟她也不想让大清灭亡、让祖宗江山沦丧，但一旦危及自己权力，便如荣禄所言"太后心狠，令人不测"[2]，连清朝末代皇帝溥仪都说她"心狠手辣，为了自己不顾一切"[3]。她之前发动辛酉政变诛杀肃顺等三位顾命大臣，多次撤奕䜣的职，逼得亲儿子同治不能与皇后亲近而外出寻花问柳而染上梅毒早逝[4]，借口同治的皇后"引诱"同治丧命而不给同治的皇后送饭逼得她自杀，在同治死后为保自己垂帘听政而不顾"祖制"让与同治同辈且是自己妹妹儿子的光绪继位，还传说她甚至割自己的肉讨

---

[1] 王照：《德宗遗事》，转引自庄建平：《落日残照紫禁城：清宫秘史纪实》，四川人民出版社，1999年，第166页。

[2] 王照：《方家园杂咏纪事》。

[3] 溥仪：《我的前半生》，民主与建设出版社，2021年，第9页。

[4] 正史说同治死于天花，民间多说同治死于梅毒，同治因皇后为慈禧不喜便外出寻花问柳，又因怕被人看见只能去最下等妓院因此染上梅毒，也有人认为同治是死于天花加梅毒。据《清朝野史大观》记载：太医见同治大惊，知道是梅毒却不敢说而请命慈禧是何病症，慈禧说"恐天花也"，于是，太医便按天花来治，同治暴怒道："我非患天花，何得以天花治？"太医回说是太后命也，"帝乃不言，恨恨而已"。

慈安太后欢喜,乃至咸丰、慈安太后、醇亲王奕譞的死或都与她有关①。以及迟迟不让光绪亲政。光绪亲政后还要向她"早请示晚汇报",且要叫她"亲爸爸"②,"光绪皇帝每天批阅的奏章必须送颐和园慈禧处审阅;二品以上官员的罢免和任命必须请示太后才能决定"③……可见慈禧对权力有多么贪婪,也多么心狠手辣。

就在慈禧同意变法的前一天,慈禧还召集庆亲王、荣禄、刚毅等人,"询及皇上近日任性乱为,要紧处汝等当阻之。同对:皇上天性,无人敢拦。刚伏地痛哭,言奴才婉谏,屡遭斥责。太后又问,难道他自己一人筹划,也不商之你等?荣、刚皆言曰:一切只有翁同龢能承皇上意旨。刚又哭求太后劝阻。太后言,到时候,我自有法"④。也是在这次秘密会议上,慈禧安排了刚毅、荣禄等人的人事任命,将权力更加牢牢掌握在自己手中。

而光绪当然对权力也有欲望,渴望摆脱"傀儡"位置,他决定与日本开战乃至维新变法,也有强化自己权力的因素,但光绪内心里的确是有变法思想、热情。他自小渴求新知,"自欲振励,勿用人扶",八九岁时就摆弄过电报机,开始迷恋外国科技。早在1886年帝师孙家鼐、翁同龢就向光

---

① 咸丰在死前意识到慈禧野心勃勃,一度想废黜她乃至想效仿汉武帝死前杀太子母亲那样杀掉她,但终因为心软而没有实施。也有一说是因为太监李莲英偷听到咸丰与肃顺打算将慈禧赐死的商议而告诉慈禧,慈禧求太后而得以饶命,因此慈禧痛恨肃顺,李莲英也因此发迹。为防止将来慈禧专权,咸丰死前让八位顾命大臣辅政,还让慈安、慈禧分掌两枚御印,所有诏书只有同时盖上这两枚御印才有效。甚至传说咸丰给慈安留下一道遗诏,如果慈禧以后做了越界之事,慈安可以根据这道诏书召集朝廷大臣除掉慈禧。慈安和慈禧在聊天中无意透露了这个事情,于是在慈安有一次生病时,慈禧谎称割了自己的肉给慈安煎药,慈安一时感动便烧掉了这份遗诏。慈安心善、性情宽厚,且是东宫,比慈禧位崇,因此两人也有矛盾,慈安曾下令杀掉慈禧心腹太监安德海。后来身体很好的慈安突然暴病而亡,最大可能就是慈禧下毒,传慈禧当时欲盖弥彰,对内务府大臣荣禄说:"尔等详细视敛,勿令人有疑辞。"甚至连左宗棠对慈安之死都感到蹊跷,溥仪在《我的前半生》中也认为很可能是慈禧毒死慈安,慈安之死让慈禧从此独揽大权。刘晓庆主演的电影《一代妖后》对此有生动反映。另据《春冰室野乘》所记,咸丰也是被慈禧毒死的,他在临终前连呼:"翠儿!翠儿!你好忍心。"翠儿正是慈禧的小名。光绪的父亲醇亲王奕譞千方百计讨好慈禧,甚至挪用海军经费修颐和园,自光绪亲政后便不再问政,自号"退潜居士",但据说也被不放心的慈禧害死。慈禧"赐"给奕譞一个妓女使他得了性病,又让御医给他看病,结果奕譞"病益危"。

② 慈禧让光绪叫她"亲爸爸"以彰显自己的权威,这让有亲爸爸醇亲王的光绪很是不爽。

③ 王树增:《1901》,人民文学出版社,2011年,第454页。

④ 苏继祖:《清廷戊戌朝变记》。

绪推荐了冯桂芬的《校邠庐抗议》、郑观应的《盛世危言》、汤寿潜的《危言》①等主张变法图强的著作，光绪还两次下旨要求大臣阅读《校邠庐抗议》。1889 年光绪开始阅读西方译著，1891 年光绪向两位同文馆的毕业生学习英语②，1894 年他又阅读了陈炽的《庸书》③等维新派著作，1895 年他还阅读了李提摩太翻译的《泰西史揽要》，光绪甚至还读过卢梭的著作、《逻辑学基础教程》、《圣经》，还搜集了大量西学书籍包括全套的广学会会刊《万国公报》。在甲午战败后，光绪与翁同龢"战栗哽咽""相顾挥涕"，据说光绪还命太监将御案上所有古书付之一炬，认为它们无用。受甲午战败刺激，光绪开始痛定思痛，筹划变法，"自甲午、乙未兵败地割，求和偿款，皇上日夜忧愤，益明中国致败之故，若不变法图强，社稷难资保守"④。1895 年 5 月 11 日，光绪下"罪己诏"道："嗣后我君臣上下，惟当坚苦一心，痛除积弊，于练兵、筹饷两大端尽力研求，详筹兴革。勿存懈志，勿骛虚名，勿忽远图，勿沿故习，务期事事核实，以收自强之效。朕于中外臣工有厚望焉！"⑤

后来，康有为的几次上书以及附送的《日本变政考》《俄大彼得变政记》等书，让光绪"考读西法新政之书，日昃不惶"，坚定了他要像明治天皇、彼得大帝那样变法自强成为一代英主的决心。胶州湾事件更让光绪意识到亡国在即，他不愿做"亡国之君"，决意变法，乃至他托庆亲王奕劻对慈禧放狠话道："太后若仍不给我事权，我愿退让此位，不甘作亡国之君。"⑥慈禧在光绪逼迫和舆论压力下被迫同意变法，"苟可致富强者，儿可自为之，吾不内制也"，"凡所实行之新政，但不违背祖宗大法，无损满洲权势，即不

---

① 汤震（1856—1917），后改名寿潜，1890 年出版《危言》，提出改革考试、学习西法、裁撤冗员、设立议院、实行晚婚等主张，1898 年受到光绪两次接见，后成为立宪派领袖人物，辛亥革命后被孙中山任命为交通部部长。

② 徐中约：《中国近代史》，世界图书出版公司，2013 年，第 265 页。

③ 陈炽（出生年不明—1900），1899 年任职户部，他写的《庸书》较为完备地阐述了西方各个方面的情况，认为议院制度是西方国家"强兵富国，纵横四海之根源"。

④ 苏继祖：《清廷戊戌朝变记》。

⑤ 《清实录·德宗实录》。

⑥ 苏继祖：《清廷戊戌朝变记》。

阻止,儿可自为之"①。

　　光绪终于开始变法了,但孤家寡人的他能依靠谁呢?最重要的亲信翁同龢已被罢,文廷式、志锐、长麟等其他"帝党"成员也已被慈禧革职,光绪只能依靠最主张变法的康有为了。康有为看到《明定国是诏》也心潮澎湃、踌躇满志,认识到他等待的机会终于来了,他必须抓住。于是,他立刻起草了一份折子托徐致靖上呈,在这折子中他保举了自己和梁启超、黄遵宪、谭嗣同、张元济,"举贤不避亲"地说自己"忠肝热血,硕学通才,明历代因革之得失,知万国强弱之本原,其所论变法,皆有下手处,某事宜急,某事宜缓,先后次第,条理粲然,按日程功,确有把握。其才略足以肩艰钜,其忠诚可以托重任,并世人才,实罕其比"。看到这折子后,光绪立即下旨命康有为、张元济"预备召见"。

　　1898年6月16日,康有为前往颐和园接受召见。召见前,据说他碰到了荣禄,荣禄问道你天天要变法,到底有何变法良策。康有为再次怒怼道:"杀几个一品大员,法即变矣。"②这似乎是暗示要杀荣禄。随后,恼怒的荣禄立即向慈禧告了康有为的黑状,说康有为"乱法非制,皇上如过听,必害大事"。对此,慈禧感叹道儿大不由娘,说你做总督的知道该怎么做了。在一旁老奸巨猾的李鸿章则不表态,只是叩头说"皇太后圣明",而转头告诉康有为要小心荣禄。

　　康有为终于"得见天颜",见到了他期盼已久的光绪,这也是康有为与光绪的唯一一次见面。在这次会谈中,康有为谈了法国、日本的变法情形,谈了罢黜旧官员、招揽新官员、废除八股、开制度局、赴外国考察、开启民智等变法主张。康有为表示"既知守旧之致祸败,则非尽变旧法与之维新不能自强",光绪轻声叹道:"奈掣肘何?"康有为劝说光绪如果不能罢免

---

① 苏继祖:《清廷戊戌朝变记》。

② 学者马忠文在《荣禄与晚清政局》一书中认为这些话都出自康有为自编年谱,不足为信,"政变前荣禄与康有为有过两次见面,他对康有为言论不认可,视为变乱祖制,确是实情。不过,二人正面交锋的可能性很小。荣禄身居大学士,二人地位差距很大,与司官当堂辩论,与当时的官场习惯也不尽相符"(马忠文:《荣禄与晚清政局》,社会科学文献出版社,2016年,第179页)。笔者认为,按照康有为的狂傲个性,他怒怼荣禄也是有可能的,只不过细节可能有些出入。

老臣，至少可以提拔维新人士。

会谈后，光绪当天任命康有为为"总理衙门章京"，这个官职虽然不大，其实已是光绪最大的权限了，而且在光绪看来到负责洋务、新政的总理衙门上班也很适合康有为。心高气傲的康有为对这个六品职务自然不满，认为是军机大臣刚毅等人从中作梗，"盖欲以辱屈我也"，但光绪另一道旨意让他很满意，即康有为可以专折奏事，可以通过军机大臣廖寿恒直接将奏折呈送给光绪。这相当于康有为有了"绿色通道"、VIP特权，康有为决定不去总理衙门坐班而专心上折奏事。

在光绪召见的第二天，康有为就利用"特权"上折请求废除八股，同时又代宋伯鲁上折请废八股，梁启超也联络各省举人联名上书请废八股。当时凡是有识之士如龚自珍、魏源、左宗棠等人都意识到了科举八股取士的荒唐，而人才是国家兴废之根本，如梁启超在《变法通议》中所言："变法之本，在育人才；人才之兴，在开学校；学校之立，在变科举。"甚至时人认为"中国之割地赔款，非他为之，而八股致之也"，所以维新派首先主张废除八股。光绪看到废八股的折子很重视，在早朝时命枢臣拟旨，但刚毅不同意立刻废除八股，光绪怒斥道："汝敢阻挠我耶？"刚毅不敢但还是让光绪请示慈禧。康有为等人听说此事后不敢直接弹劾刚毅，便让宋伯鲁上折弹劾了与刚毅关系密切且也不赞成废除八股的吏部尚书许应骙，以"杀鸡儆猴"，说许应骙"庸妄狂悖，腹谤朝旨""见有诏书关乎开新下礼部议者，其多方阻挠"，还说许应骙作为总理衙门大臣有次被德国公使一拍桌子吓得落荒而逃，请皇上将许应骙降级。光绪看到这份弹劾奏折后让许应骙"按照所参各节，明白回奏"，许应骙在回奏中驳斥了弹劾，并倒打一耙，指责康有为品德低下、居心叵测，请皇上将康有为驱逐回籍。光绪既没降级许应骙，也没驱逐康有为，而下旨道："礼部有总司贡举学校之责，总理衙门办理交涉事件，均关重要。该尚书嗣后遇事，务当益加勉励，与各堂官和衷商榷，毋负委任。"意在警告许应骙和其他大臣不要阻挠新政。

光绪的态度鼓励了康有为，他于1898年6月22日又和徐致靖上折请废八股。光绪也下定了废八股的决心，当天去请示慈禧，慈禧表示了同意。

次日，光绪明发谕旨，三年后将"停止八股，改试策论"，至于如何具体改试将由相关部门拟定。康有为等维新派等不及三年后再改，于6月30日又上折奏请童试岁科立即改用策论，光绪当天下旨同意。7月4日，张之洞联合陈宝箴上折，建议科举分为三场，第一场考史事政治，第二场考时务，第三场考四书五经等儒家经典。7月10日，礼部满族尚书怀塔布也提出了对八股取士的具体改革意见。相关部门在光绪要求下以张之洞、陈宝箴的方案为蓝本，制定了新的科举方案，于7月19日公布，7月22日举行的拔贡朝考便改考策论，8月19日光绪又下旨科举停考诗赋也不能凭书法取士。戊戌变法中的第一场重大变法到此结束，最终结果其实是新旧妥协，对科举有所改革但并未完全废除八股，这反映了变法的曲折不易。

除旧布新，维新派在打算废除八股的同时也在谋划创建新式教育，尤其是开办京师大学堂。早在1896年6月12日，刑部左侍郎李端棻就上奏提出要设立京师大学堂，据说这是他的堂妹夫梁启超代为起草的[①]。光绪当时即令总理衙门议奏，总理衙门认为这本质上是对官书局的扩充，便将"皮球"踢给了管理书局大臣孙家鼐，孙家鼐也是光绪的老师兼任工部尚书。孙家鼐认为中国的确需要办京师大学堂，并提出了办大学堂的具体方案，但同时认为即刻就办还有很多困难，应该缓办。这一缓就是两年，1898年2月15日御史王鹏运再次上奏恳请开办京师大学堂。光绪当日即令军机大臣和总理衙门大臣"妥筹具奏"，6月11日颁发的《明定国是诏》中也特别提出京师大学堂"尤应首先举办"，且再令军机大臣和总理衙门大臣"妥筹具奏"。可这一"妥筹具奏"又迟迟不见动静，6月26日光绪想起此事发了火，令军机处和总理衙门大臣"迅速复奏，毋再延迟"，否则"定即从严惩处不贷"。

军机处和总理衙门大臣见光绪发了火，不敢再懈怠，但如何"迅速复奏"呢？他们对新学堂一无所知，便找梁启超代笔起草京师大学堂章程。

---

① 1889年，17岁的梁启超参加乡试一举中第，主考官李端棻见其非常优秀，料定将来必大有作为，便主将堂妹李蕙仙嫁给了梁启超，这也导致李端棻与梁启超乃至"康党"关系密切。李端棻也曾保举过康有为，所以后来光绪在戊戌变法中将李端棻提升为礼部尚书。

"下笔千言"又当过时务学堂总教习的梁启超自然对此驾轻就熟,很快就起草好了章程,同时御史李盛铎也上奏提出了兴办京师大学堂的一些建议。总理衙门在这两个方案基础上稍作修改,上奏光绪,光绪于7月3日下旨颁布《京师大学堂章程》,并任命孙家鼐为管理大学堂事务大臣,具体负责创建京师大学堂。

孙家鼐原来也支持康有为创办强学会,但他主张稳健变法,所以他后来也反对康有为的激进变法主张,如他曾在奏折中说:"康有为之为人不端,而才华尚富……愿皇上采择其言,而徐察其心术。"① 他在负责筹办京师大学堂后首先看出了梁启超在起草《大学堂章程》中的"小心思",梁启超在章程中主张由总教习负责京师大学堂具体管理,而总教习"必择中国通人,学贯中西,能见其大者"。这不是给康有为量身定做的吗?康有为如果担任总教习岂不是会在学堂中推行他的"歪理邪说",如此还得了?所以,孙家鼐将总教习分为中文总教习、西文总教习,没有聘请康有为而是聘请了许景澄为中文总教习、美国传教士丁韪良为西文总教习。对于梁启超提出的由编译局②统一编纂京师大学堂等学堂教科书的主张,孙家鼐也表示反对,认为编译局应专门编译西书。同时,孙家鼐还上奏举报康有为的"孔子改制"思想荒唐,请光绪明发谕旨,将康有为书中有关孔子改制的内容一律删掉。光绪没有发明谕,只是托孙家鼐传旨让康有为删去书中有关内容,意在调和老师孙家鼐和干将康有为。

但孙家鼐的接连攻击让康有为也很不满,于是开始反击。他先通过宋伯鲁上书请求改《时务报》为官报并入译书局,由梁启超主持。光绪按照程序让孙家鼐处理此事,而孙家鼐将计就计回奏说梁启超没有精力再办报而建议由康有为去上海办报,其意是调虎离山,让康有为离开京都。光绪不知是没看出孙家鼐的用意还是因为别的什么,最终批准了这一建议,为

---

① 马忠文:《"翁同龢荐康说"质疑》,《中国近代史》,1999 年第 11 期。

② 光绪在颁布《大学堂章程》的同天召见了梁启超,梁启超对此非常自豪,认为以布衣身份获皇帝召见本朝前所未有,但光绪仅任命梁启超办理译书局事务赏六品衔,据说是因为梁启超不会说北京话导致词不达意而使得光绪对他不太满意。梁启超原来在上海办有译书局,总理衙门奏请将其改为官办,并与筹办中的京师大学堂译书局合二为一,统一由梁启超管理。

后来康有为离京乃至戊戌政变埋下了伏笔。"一计不成，又生一计"，康有为接着又上奏建议京师大学堂官员应专职专任，意思是调开同时兼任工部尚书和管理京师大学堂事务大臣的孙家鼐，"你不是要调走我嘛，那我也要调走你"，但光绪对此没有同意。孙家鼐在与康有为交锋取得完胜后积极筹办京师大学堂，京师大学堂的创建成为戊戌变法中第一件成功的大事，也因为由孙家鼐而非"康党"创办及"萌芽早"而成为戊戌政变后唯一仅存的硕果，成为现在北大的前身。众所周知，后来北大对于中国现代化发挥了非常重要的作用，而这其实也是戊戌变法的贡献。

废除八股和创办京师大学堂是戊戌变法的开幕，随后光绪和康有为上下联袂，开始了大刀阔斧、波澜壮阔的变法。康有为利用上折"特权"接连上奏，先是于1898年6月19日上奏《敬谢天恩并统筹全局折》，"请求三事：统筹全局以图变法；御门誓忠以定国是；开制度局定行宪法"①，光绪则命康有为将各国变法情况"立即抄写进呈"。于是，康有为很快就提交了他重新修订的《日本变政考》及李提摩太翻译的《泰西新史揽要》《列国变通兴盛记》，以及进呈了他编写的《波兰分灭记》，提醒光绪如不变法就会像波兰一样亡国，"臣编书至此，未尝不废书而痛流涕也"。光绪看了这些书尤其是《波兰分灭记》深受触动，特破例赏康有为两千两白银。康有为还上奏了三十多篇有关如何具体变法的折子，光绪也大多给了回应，"经统计整理，1898年康有为累计上书30多次，其中提出的大部分意见都被光绪采纳，以上谕的形式发布，成为国家的大政方针"②。如6月26日，康有为上折恳请设立专利制度，光绪于7月5日下旨允许设立专利制度；7月7日，康有为上折恳请设立中小学堂，7月10日及其后光绪多次下旨令各地尽快设立中小学堂；7月23日，康有为恳请设立商务局，8月2日内阁下旨要求各省设立商务局；8月21日，康有为奏请设立农商局，当日光绪即发谕旨下令设立农商局。③

---

① 张健：《戊戌悲歌：康有为传》，作家出版社，2016年，第218页。
② 李晓鹏：《晚清六十年的革命与改良》，团结出版社，2023年，第369页。
③ 刑超：《戊戌变法真相》，中国青年出版社，2015年，第218—220页。

除了采取康有为的变法主张外，光绪还在一百多天内推行了许多其他变法措施，如下令各省陆军改练洋操，下旨停止弓刀石武试，下旨各省保荐贤能、允许民众上书等等，史称"百日维新"。"据统计，在百日维新期间，光绪帝发布的有关改革的各种诏令有184条之多，平均每天颁布1.7条，9月12日最多，在一天时间里颁布了11条变法谕旨。"① 还有人说光绪的变法谕旨共有300多条，几乎涉及各个方面，遍地开花。这么多"狂飙"的变法措施显示了光绪的变法决心、热情，但也因为太多太快以及其中有些方案不成熟不周全，而引发了众多反对乃至最终导致戊戌变法失败。

从教育、经济到制度、政治、人事，变法逐渐从浅水区进入了深水区，从增量改革到了存量改革，触犯到了越来越多的既得利益者，尤其是设立制度局、裁撤官员。早在1898年1月28日康有为上奏的"上清帝第六书"中，康有为就提出要设立制度局，之后也多次在奏折中提出。设立制度局可谓是康有为变法思想的核心主张，制度局主要职能是制定各项新政制度、统筹全局、领导变法，类似于西方议会但成员不是选举产生而由皇帝选拔，下设法律、税计、农商、学校、铁路、社会、武备、游历、造币、邮政、学校工务、矿政等十二个分局。这其实相当于重构政治体制，新建一个权力核心机构，那如果有了这样的制度局，原来的权力核心军机处、总理衙门就形同虚设了，而康有为等维新派就可能入制度局掌握大权了，这也正是康有为一意主张设立制度局的"小心思"。

军机处、总理衙门大臣也不傻，也看清了这点，"是废我军机也，我宁忤旨而已，必不可开"②。所以当光绪让他们对制度局设想研究决定时，他们刚开始全面否定了设立制度局和十二新局的必要。光绪对此不满，令军机处和总理衙门"另行妥议具奏"，"日日催之，继之以怒"，军机处和总理衙门大臣不好再简单粗暴全面否定，而是在联合上奏中耍起"化骨绵掌"和"移花接木"，说皇帝可以随时召见政治新锐，所以没必要专门设立制度局，说十二新局有些已成立有些正在规划中。如此，康有为设立制度局的宏伟

---

① 王晓秋编：《戊戌维新与近代中国改革》，社会科学文献出版社，2000年，第32页。
② 楼宇烈整理：《康南海自编年谱（外二种）》，中华书局，1992年，第51页。

设想便被化于无形,康有为在自编年谱中发出类似感叹:"人家也没驳斥,也没说不行,可怎么行呢,这个事情就这样不了了之,而人家更痛恨我了。"

但康有为也懂得变通,也会"移花接木","既然你们不让设立制度局,那我就换个名义恢复懋勤殿,懋勤殿早已有之不过后来形同虚设,现在恢复早就有的懋勤殿,你们没啥可说的了吧"。于是,7月24日,康有为指使梁启超以李端棻的名义上奏开懋勤殿,选拔顾问、参与议政,"选集通国英才数十人,并延聘东西各国政治专家,共议制度"①。光绪指使庆亲王和孙家鼐研究研究,这两个人不反对恢复懋勤殿,但认为应选拔德才兼备的人而非一些"居心叵测"的政治新人,意思即"皇上你要恢复懋勤殿当然可以,但不要让康有为这样的维新派进了,要进也得我们哥俩进"。那如果这样,恢复懋勤殿还有何意义?光绪也不傻,于是对此不再热心。

光绪和康有为如此大张旗鼓地变法,阻挠很多、效果很差,绝大多数官员都在"高度重视"、消极对抗。8月26日,光绪下旨指责"各省积习相沿,因循玩懈,虽经严旨敦迫,犹意存观望",并直接点了两江总督刘坤一和两广总督谭钟麟的名,说这两人迟迟不回奏筹办之事,经过反复催问,刘坤一竟然说没收到来电,而谭钟麟还是不回复,"置若罔闻"。光绪认为新政得不到切实贯彻,都是因为旧有官员因循守旧、消极懈怠,恰在此时署理大理寺正卿岑春煊上奏恳请裁撤冗员,他认为詹事府、大理寺、通政司、太常寺、光禄寺、鸿胪寺、太仆寺等京中衙门统统可撤,外地与总督同城的湖北巡抚、广东巡抚、云南巡抚及河道总督、漕运总督和漕运、河道、学政、绿营、盐务等系统的很多官员都可以裁撤。岑春煊的奏折正对光绪胃口,光绪于是不顾康有为提出的"老人老办法新人新办法"的主张,也不等军机处和总理衙门的议复,直接于8月30日下旨按照岑春煊的意见颁发了裁撤冗员的谕旨。这一谕旨直接触动了成千上万官员及其亲友的"奶酪",引发了很大的社会慌乱及各种谣言,如当时在京城为官的陈夔龙所言:"戊戌政变首在裁官,京师闲散衙门被裁者,不下十余处,连带关系因

---

① 梁启超:《戊戌政变记》,《戊戌变法》丛刊第1册,神州国光社,1953年,第272页。

之失职失业者，将及万人。朝野震骇，颇有民不聊生之戚。"①

紧接着，9月1日，光绪还雷霆动怒，直接罢黜了礼部六堂官，引爆了官场大地震，"举朝震撼"。此事起因是光绪之前多次下旨允许部院司员和士民可上书朝廷，司员由各部堂官代奏，士民由都察院呈递。于是，众人备受鼓舞纷纷上书，礼部主事王照也上书提出变法主张，包括"请皇上奉皇太后圣驾巡幸中外"，其本意是为了缓和慈禧与光绪的母子关系并使他们亲眼目睹西方先进文明。但礼部尚书许应骙不愿给王照代奏，他向来不赞成维新变法，"今见王照所言，大都维新之道，正触其恶，不欲代奏"。王照年轻气盛，又是牛脾气，岂肯善罢甘休，在康有为背后鼓励下，他又写了一折弹劾许应骙违反御旨、阻挠新政，然后再送到礼部让其代奏。礼部怕事情闹大便不得不代奏，但同时写了份弹劾王照的奏折，说他"咆哮堂署，藉端挟制"。

光绪看到这两个奏折后勃然大怒，他正要杀鸡儆猴、"开枪"立威、惩处阻挠新政者，而许应骙便一直反对变法，如今又自己送到"枪口"上了，于是光绪下旨让吏部处置。吏部按照惯例认为应将礼部满族尚书怀塔布、汉族尚书许应骙及满汉四名侍郎"降三级调用"，盛怒的光绪却亲笔写下谕旨将这六名礼部堂官统统革职，而将六品的王照"著赏给三品顶戴，以四品京堂候补，用昭激励"。如此雷厉风行、"龙颜大怒"引发了很大反响，让维新派看到了光绪的变法决心，也让守旧派"初而震恐，继而切齿"，尤其此次罢免是光绪乾纲独断，事前并未征得慈禧同意，而被罢的礼部满族尚书怀塔布夫妇又与慈禧有亲戚关系。怀塔布因自己不常去礼部，未见到王照折子而被革职觉得很冤，"陡闻革职，出涕曰：'我并未见人家的折子说的什么话，跟他们一同革职，冤不冤？'"②因此他夫妇二人在慈禧面前哭诉道"皇上为左右荧惑，变乱朝政，求老佛爷做主"，再下去弄不好就是"尽除满人"了。"变乱朝政"？"尽除满人"？这让慈禧对光绪颇为不满，虽然当时未加发难，但埋下了她发动政变的伏笔。

---

① 陈夔龙：《梦蕉亭杂记》。
② 王照：《方家园杂咏纪事》。

有罢就有升，光绪在罢免守旧派的同时也在擢升维新派。在罢黜礼部六堂官的第二天，光绪又未经慈禧同意擅自破格擢升了谭嗣同、杨锐、刘光第、林旭四人为军机章京，让他们专门处理新政事宜，包括处理司员士民上书，且有权直接向光绪呈递条陈。这种待遇前所未有，其权力甚至超过了军机大臣，且这四人虽然背景不同但都主张维新变法，因此引发了慈禧及守旧派更大不满和政治层面的分化冲突。这四名军机章京到军机处上班第一天就受到刁难，当时满汉章京办公桌各占一端，他们去上班时竟然没有自己的办公桌。到了汉族章京那儿，汉族章京说我们是办旧政的请到其他地方；到了满族章京那儿，满族章京说我们是满族章京你们掺和啥，气得这四位章京扭头就走要罢工。旁边的军机大臣怕闹大了在光绪那儿不好交代，只好在屋子中间给他们设立了办公桌。守旧派对这四章京"谓之四贵"，侧目而视、"愤愤不平"，刘光第在致朋友的信中对此说："因为参预新政，遂为嫉妒者诟病，势如水火，将来恐成党祸。"半个月后此话便因戊戌政变而一语成谶。

9月7日，光绪又下旨授裕禄、李端棻任礼部尚书，徐致靖等任礼部侍郎，其中李端棻、徐致靖都是重要的"康党"成员，同一天他还下旨将李鸿章逐出总理衙门。光绪之所以将李鸿章逐出总理衙门原因复杂，有他一直不喜李鸿章的缘故，有当时维新派倾向联日而李鸿章素来仇日联俄的原因，还有李鸿章地位、势力下降等原因。还有人说这是恭亲王奕䜣在最后时刻的建议，而李鸿章自己则认为是他原来的手下张荫桓忘恩负义想取而代之。无论什么原因，总理衙门大臣是当时李鸿章唯一的实任职务，此次被罢让李鸿章对张荫桓及维新派咬牙切齿。而李鸿章又向来是慈禧的心腹，这让慈禧更为不快，戊戌政变已不可避免。

五、慈禧与光绪争斗：戊戌政变爆发

"溪云初起日沉阁，山雨欲来风满楼。"光绪罢礼部六堂官、罢李鸿章、升康有为、升谭嗣同等四位章京都事先未经慈禧同意，很明显这已侵犯了慈禧的权力，而慈禧最在乎的就是自己的权力，因此这让慈禧大为不满。戊戌变法也产生了很多恐慌、谣言，尤其是罢免官员、淘汰冗员及废弛八旗经商，允许八旗子弟自谋生计，让既得利益者尤其是满洲贵族很是不满，"时百日间，变法神速，几有一日千里之势。其尤为雷厉风行者：一令都中筑马路，二令办理国防，三命八旗人丁，如愿出京谋生计者任其自由。于是满族诸人大哗，谣谤四起"①。

而这时康有为又煽风点火，上书让光绪亲掌军队，宣布迁都，甚至要改易发饰、推广西服、改变年号。谣言就更多、更离谱了，如有谣传将设"鬼子衙门"用"鬼子"办事，传要改衣冠、剪发辫，传要尽撤六部九卿督抚司道，还说光绪将聘即将访华的伊藤博文为宰相来让"洋人"执政，还说要与日、英、美搞"合邦"，还说将裁撤内监"要行新政必须驱逐太监"……这些谣言使满人、太监、守旧派大为恐惧，他们轮番向慈禧进谗言，"以潜诬我皇上于素有嫌隙之皇太后前。以结党密谋，将不利颐和园，激太后之怒；以变乱成法，众心不服，悚太后之听；以联外夷，惑邪说，动太后之疑惧"②。慈禧于是更为不满，担忧局势失控乃至大清灭亡。她之前就说过"发辫不剪，我便不管"，而如今"发辫要剪"了，且要夺取她的权力了，慈禧"不得不管"了，这便是她发动戊戌政变、再次垂帘听政的根本原因。早在1898年9月6日，她就斥责过光绪："九列重臣，非有大故，不可弃；今以远间亲，新间旧，徇一人而乱家法，祖宗其谓我何？"而光绪则不服道："祖宗而在今日，其法必不若是。儿臣忍坏祖宗之法，不忍弃祖宗之民，失祖宗之地，为天下后世笑也。"③

"黑云压城城欲摧，甲光向日金鳞开。"戊戌政变的导火索，是不甘心的康有为又托宋伯鲁于9月13日代奏《请选通才以备顾问折》，请开懋勤

---

① 《清史纪事本末》，转引自刑超：《戊戌变法真相》，中国青年出版社，2015年，第221页。
② 转引自晨雨财经：《光绪帝不肯放弃变法，慈禧太后最终做出了什么决定？》，https://baijiahao.baidu.com/s?id=1699728620737899559&wfr=spider&for=pc。
③ 胡思敬：《戊戌履霜录》，转引自张健：《戊戌悲歌：康有为传》，作家出版社，2016年，第242页。

殿,"将一切应兴应革之事,全盘筹算,定一详细规则,然后施行"。次日,徐致靖还上书《遵保康有为等以备顾问折》而推荐康有为、黄遵宪等四人入懋勤殿,王照上书《遵保康广仁等以备顾问折》而推荐康广仁、梁启超、麦孟华、徐致靖、徐仁录、宋伯鲁等六人入懋勤殿。受此鼓舞,光绪又下定决心要开懋勤殿,于是在9月14日前往颐和园向慈禧请示。这时光绪要开懋勤殿的传言已几乎人人尽知,引起了更多谣言、不安,如开了懋勤殿将无疑成为新的权力中心,也让慈禧更加愤怒。慈禧当天一见光绪即"神色异常",怒骂道:"小子为左右荧惑,使祖宗之法自汝坏之,如祖宗何?"①"小子以天下为玩弄,老妇无所矣!"②意思即"你这个臭小子要坏祖宗之法,要玩弄天下,你还要不要祖宗?老娘我将死无葬身之地了。"而光绪哭诉道:

> 时事至此,敌骄民困,不可不更张以救,祖宗在亦必自变法。臣宁变祖宗之法,不忍弃祖宗之民、失祖宗之地,为天下后人笑,而负祖宗及太后之付托也。③

光绪的意思是"你不要老拿祖宗压我,现在这个情形必须得变祖宗之法了,再不变法就会丢掉祖宗江山了,这也会辜负祖宗和太后你啊"。如此,两人之间已经摊牌,已经水火不容了,慈禧不让光绪变祖宗之法,而光绪非变不可。所以,慈禧此时开始打算重新垂帘听政,"儿大不由娘,你这个臭小子长大了就敢忤逆老娘,就敢不要祖宗?还得了?得让你知道谁才是真正的一国之主了"。

而光绪也大体明白了慈禧的意思,意识到自己将皇位不保。因此光绪一夜难眠,想方设法也没想出什么好办法,只想出了一道密诏,第二天下发给他认为稳重可靠的杨锐,让杨锐与其他维新派赶紧想想办法:

> 近来仰窥皇太后圣意,不愿将法尽变,并不欲将此辈老谬昏庸之

---

① 《戊戌变法文献资料》,转引自张健:《戊戌悲歌:康有为传》,作家出版社,2016年,第242页。

② 胡思敬:《戊戌履霜录》,转引自张健:《戊戌悲歌:康有为传》,作家出版社,2016年,第243页。

③ 《戊戌变法文献资料》,转引自张健:《戊戌悲歌:康有为传》,作家出版社,2016年,第242页。

大臣罢黜,而登用英勇通达之人,令其议政,以为恐失人心。虽经朕累次降旨整饬,而并且有随时几谏之事,但圣意坚定,终恐无济于事。即如十九日朱谕,皇太后已以为过重,故不得不徐图之,此近来之实在为难情形也。朕亦岂不知中国积弱不振至于阽危,皆由此辈所误。但必欲朕一旦痛切降旨,将旧法尽变而尽黜此辈昏庸之人,则朕之权力,实有未足。果使如此,则朕位且不能保,何况其他?今朕问汝,可有何良策,俾旧法可以渐变,将老谬昏庸之大臣尽行罢黜,而登进英勇通达之人,令其议政。使中国转危为安,化弱为强,而又不致有拂圣意?尔等与林旭、谭嗣同、刘光第及诸同志等妥速筹商,密缮封奏,由军机大臣代递,候朕熟思审处,再行办理。朕实不胜紧急翘盼之至。特谕。

光绪这密诏的意思是"慈禧太后不同意我的变法主张,而我要想继续变法就恐皇位不保了,你们赶紧帮我想想有什么办法,能让中国转危为安同时能让太后满意"。从这份密诏中明显可以看出,光绪已意识到他将皇位不保,因此非常惶恐着急。当然,光绪也没有直接下令让维新派除掉太后,而只是让维新派想想办法能两全其美,既变法自强"又不致有拂圣意"。

杨锐接得这份密诏后很是惶恐,他回光绪道:"此陛下家事,当与大臣谋之。臣人微言轻,徒取罪戾,无益也。"并建议光绪应充分尊重慈禧的权威,要将所有改革通盘考虑,不要在人事问题上大动干戈,还说:"康不得去,祸不得息也。"① 但光绪坚持让杨锐回去找人想想两全其美的办法,本不想参与"陛下家事"又是一个四品小臣的杨锐能奈何呢?能有什么办法两全其美呢?他思虑了很久,最终去找林旭,让林旭将此密诏告诉康有为——林旭自称康有为弟子,与康有为关系密切。而在 9 月 17 日,光绪也给林旭下了一道谕旨:

工部主事康有为,前命其督办官报局,此时闻尚未出京,实堪诧异!朕深念时艰,思得通达时务之人,与商治法,闻康有为素日讲求,

---

① 杨锐:《杨参政公事略》,转引自汤志钧《戊戌变法人物传稿》上,第141页。

是以召见一次。令其督办官报，诚以报馆为开民智之本，职任不为不重，现在筹有的款，著康有为迅速前往上海开办，毋得迁延观望。"①

这道谕旨是明旨，据康有为说，光绪还托林旭给以"编书未竟"为由继续留在北京的康有为下了一道口谕："朕今命汝督办官报，实有不得已之苦衷，非楮墨所能罄也。汝可迅速出外国求救，不可迟延。汝一片忠爱热肠，朕所深悉。其爱惜身体，善自调摄，将来更效驰驱，共建大业，朕有厚望焉。特谕。"②

光绪为什么给康有为颁发这样的谕旨呢？可能是光绪被慈禧所迫，可能是光绪意识到如果慈禧重新垂帘听政必定先拿康有为开刀，也可能是他认为让康有为离开京都或能缓和他与慈禧的关系，如杨锐在9月15日反复对光绪所言："康不得去，祸不得息也。"林旭在得知光绪这些谕旨后意识到此事事关重大，于是当晚就去找康有为。但康有为当时不在家，林旭留下纸条说第二天早上再来。第二天即9月18日一早，再次前来的林旭将光绪的谕诏都转达给了康有为。康有为"跪读痛哭"，听闻密诏中"朕位且不能保"后"誓死救皇上"。可如何"救皇上？"如何"又不致有拂圣意"呢？"世上安得双全法，不负如来不负卿？"康有为找来谭嗣同、梁启超、徐仁镜、徐仁录、康广仁、徐世昌等人一起抱头痛哭，商议"救上之策"，想来想去、哭来哭去，脑路清奇地想出了"围园弑后"计划，即带兵围颐和园杀慈禧太后。"一山不容二虎"，皇上和太后看来只能留一个，康有为等维新派始终认为光绪无权，和慈禧矛盾很大，不能兼容，清廷存在帝党、后党两大派系，甚至康有为之前就认定即将举行的天津阅兵就是慈禧想借机废黜光

---

① 中国第一历史档案馆编：《光绪宣统两朝上谕档》第24册，广西师范大学出版社，1996年，第407页。

② 此道密诏乃康有为1898年10月19日在《新闻报》上所说。这道密诏到底有没有，有的话到底是什么内容，学界大多存疑。而光绪给杨锐的密诏则是确定的，后由杨锐之子杨庆昶于宣统元年呈交资政院。康有为私改了光绪给杨锐的密诏，说这是光绪颁发给他的，且加进了"设法相救"等字，意思是光绪下旨让康有为设法相救。这即所谓的"衣带诏"，成为后来康有为"奉诏求救"成立保皇党最大政治资本、护身符，也让慈禧更加怀疑、痛恨光绪而使得光绪处境更为不妙。"保皇党"名为保皇"专以救皇上"实则害皇，某种意义上"保皇党"吃的正是光绪的"人血馒头"。

绪,他还声称过如要"尊君权""非去太后不可"①。因此,他们认为为了继续维新变法只能除去慈禧这块最大的"绊脚石",并商定由谭嗣同去找袁世凯。

为什么要去找袁世凯?因为袁世凯当时坐拥新军,势力强大。甲午战争前,朝鲜"太上皇"袁世凯感到形势危急而托病化成平民,在手握双枪、腰挎双刀的唐绍仪护送下开溜,回国后负责甲午战争的粮饷筹备。甲午战争后,袁世凯聘请一些幕友翻译了外国兵书十二卷,并起草了一些训练新军的方案,以"知兵"著称,他早在朝鲜时就帮朝鲜国王编练过5500人的新军。善于投机的袁世凯看到原来的"恩师"李鸿章失势便转投翁同龢、荣禄、李鸿藻、李莲英等权贵门下,还曾忘恩负义地替翁同龢劝说李鸿章退隐"养望林下",甚至据说还亲自撰文弹劾李鸿章②,并上书李鸿藻、荣禄等请练新军。在大力奔走下,袁世凯于1895年12月接替胡燏棻在天津小站编练新军,按照德国操典练有七千人的新式陆军,尤其是全方位采用了西方军队现代建制,成为北洋军的起源,"实开中国陆军近代化的先河"③。袁世凯当时也有维新思想,他和康有为一起发起强学会,捐银五百两,曾代康有为上书,和康有为私人关系也不错,经常参加康有为组织的聚会,称康有为为"大哥",如康有为后来在劝袁世凯退位的电报中所言:"昔强学之会,饮酒高谈,坐以齿序,公呼吾大哥,吾与公兄弟交也。"④且他是与康有为等维新派唯一有来往的军事将领,因此他们认定"袁世凯夙驻高丽,知外国事,讲变法,与同办强学会……可救上者,只此一人"。

熟读历史的康有为也懂得"枪杆子里出政权",他其实也一直在拉拢策动袁世凯。如1898年7月下旬,康有为派徐致靖侄子徐仁禄到小站策动袁世凯,说袁世凯的直接上级荣禄"跋扈不可大用",而"少奸巨猾"的袁世凯称赞康有为"悲天悯人之心,经天纬地之才",并隐约"表演"出对

---

① 中国史学会主编:《戊戌变法(四)》,上海人民出版社,1953年,第331页。

② "袁世凯不得不重新站队,跟翁同龢、李鸿藻站到了一起,而且凭着他对内情的了解,亲自撰文,通过列举种种不利于李鸿章的证据来弹劾李鸿章。"引自关河五十州:《一个民族的远航》,华龄出版社,2022年,第191页。

③ 侯宜杰:《袁世凯传》,辽宁人民出版社,2020年,第43页。

④ 汤志钧编:《康有为政论集》下册,中华书局1981年,第941页。

荣禄的不满。后来，康有为还托徐致靖保荐袁世凯，"必当隆其位任，重其事权，似不宜加以铃束，置诸人下"，使得光绪在 9 月 16 日召见了袁世凯，升他为侍郎，专办练兵事务，且让袁世凯"此后可与荣禄各办其事"。而袁世凯也知道这是康有为保荐，事后写信致谢康有为，表示"虽赴汤蹈火，在所不辞"①。这些情形使得康有为认为袁世凯可靠，即使不可靠也只能死马当活马医，别无他法了，于是便让谭嗣同去找袁世凯执行"围园弑后"计划。"有谁可以想到这个皇帝十分信任的人会是中国最大的叛徒呢？又有谁会料到他不仅在 1898 年失信于皇帝，还在 1911 年出卖了皇族，最后在 1916 年背叛了整个民国。"②

1898 年 9 月 18 日谭嗣同深夜面见袁世凯的具体情形，梁启超在《谭嗣同传》中写道：

> 初三日夕，君径造袁所寓之法华寺，直诘袁曰："君谓皇上何如人也？"袁曰："旷代之圣主也。"君曰："天津阅兵之阴谋，君知之乎？"袁曰："然，固有所闻。"君乃直出密诏示之曰："今日可以救我圣主者，惟在足下，足下欲救则救之。"又以手自抚其颈曰："苟不欲救，请至颐和园首仆而杀仆，可以得富贵也。"袁正色厉声曰："君以袁某为何如人哉？圣主乃吾辈所共事之主，仆与足下同受非常之遇，救护之责，非独足下，若有所教，仆固愿闻也。"君曰："荣禄密谋，全在天津阅兵之举，足下及董、聂三军，皆受荣所节制，将挟兵力以行大事。虽然，董、聂不足道也，天下健者惟有足下。若变起，足下以一军敌彼二军，保护圣主，复大权，清君侧，肃宫廷，指挥若定，不世之业也。"袁曰："若皇上于阅兵时疾驰入仆营，传号令以诛奸贼，则仆必能从诸君子之后，竭死力以补救。"
>
> 君曰："荣禄遇足下素厚，足下何以待之？"袁笑而不言。袁幕府某曰："荣贼并非推心待慰帅者。昔某公欲增慰帅兵，荣曰：'汉人未可

---

① 毕永年：《诡谋直记》，日本外务省档案，转引自杨天石：《帝制的终结》，岳麓书社，2013 年，第 64 页。

② 庄士敦著、张昌丽译：《紫禁城的黄昏》，武汉大学出版社，2014 年，第 15 页。

假大兵权。'盖向来不过笼络耳。即如前年胡景桂参劾慰帅一事，胡乃荣之私人，荣遣其劾帅而已查办，昭雪之以市恩；既而胡即放宁夏知府，旋升宁夏道。此乃荣贼心计险极巧极之处，慰帅岂不知之？"君乃曰："荣禄固操莽之才，绝世之雄，待之恐不易易。"袁怒目视曰："若皇上在仆营，则诛荣禄如杀一狗耳。"因相与言救上之条理甚详。袁曰："今营中枪弹火药皆在荣贼之手，而营哨各官亦多属旧人。事急矣！既定策，则仆须急归营，更选将官，而设法备贮弹药则可也。"乃丁宁而去，时八月初三夜漏三下矣。

而另一方当事人袁世凯在《戊戌日记》①中则写道：

正在内室秉烛拟疏稿。忽闻外室有人声，闻人持名片来，称有谭军机大人有要公来见，不候传请，已下车至客堂。急索片视，乃谭嗣同也。

余知其为新贵近臣，突如夜访，或有应商事件，停笔出迎。渠便服称贺，谓有密语，请入内室，屏去仆丁。心甚讶之，延入内室，叙寒暄，各伸久仰见晚周旋等语。谭以相法谓予有大将格局，继而忽言"公初五请训耶？"告以现有英船游弋海上，拟具折明日请训，即回津。谭云："外侮不足忧，大可忧者，内患耳。"急询其故。乃云："公受此破格特恩，必将有以图报，上方有大难，非公莫能救。"予闻失色，谓"予世受国恩，本应力图报效，况已身又受不次之赏，敢不肝脑涂地，图报天恩，但不知难在何处？"谭云："荣某近日献策，将废立弑君，公知之否？"予答以在津时常与荣相晤谈，察其词意，颇有

---

① 袁世凯的《戊戌日记》又名《戊戌纪略》，是目前唯一能见到的袁世凯日记，共3200余字，记述了他于1898年7月29日至8月10日这十二天即戊戌政变期间及其前夕所发生的一些事情。袁世凯《戊戌纪略》首次刊行于宣统年间袁世凯被罢回籍前后，袁世凯在《自书〈戊戌纪略〉后》声言"交诸子密藏"，此时发表意在为自己在戊戌政变中的行为辩白，尤其是在日记中反复辩白惟恐牵连光绪，因为当时载沣为替光绪报仇欲杀袁世凯。《戊戌纪略》发表之初人们大多认为是伪造，现在学者多认为《戊戌纪略》所述内容绝大部分真实，如杨天石在《晚清风云》书中认为《戊戌纪略》主要情节和大多数次要情节可靠。袁世凯后来在接受伦敦《泰晤士报》采访中，也说他告密的原因是维新派唆使他谋杀慈禧。袁世凯当上总统后为掩盖叛卖行迹，则下令将谭嗣同等人生平事迹造具清册特予表扬，还批准为"戊戌六君子"建立祠宇、清史馆为之立传。

忠义，毫无此项意思，必系谣言，断不足信。谭云："公磊落人物，不知此人极其狡诈，外面与公甚好，心内甚多猜忌。公辛苦多年，中外钦佩，去年仅升一阶，实荣某抑之也。康先生曾迭在上前保公，上曰'闻诸慈圣，荣某常谓公跋扈不可用'等语。此言甚确，知之者亦甚多，我亦在上前迭次力保，均为荣某所格，上常谓袁世凯甚明白，但有人说他不可用耳。此次超升，甚费大力。公如真心救上，我有一策与公商之。"因出一草稿，如奏片式，内开："荣某谋废立弑君，大逆不道，若不速除，上位不能保，即性命亦不能保。袁世凯初五请训，请面付朱谕一道，令其带本部兵赴津，见荣某，出朱谕宣读，立即正法。即以袁某代为直督，传谕僚属，张挂告示，布告荣某大逆罪状，即封禁电局铁路，迅速载袁某部兵入京，派一半围颐和园，一半守宫，人事可定，如不听臣策，即死在上前。"各等语。予闻之魂飞天外，因诘以："围颐和园欲何为？"谭云："不除此老朽，国不能保。此事在我，公不必问。"予谓："皇太后听政三十余年，迭平大难，深得人心。我之部下，常以忠义为训诫，如令以作乱，必不可行。"谭云："我雇有好汉数十人，并电湖南招集多人，不日可到。去此老朽，在我而已，无须用公。但要公以二事：诛荣某，围颐和园耳。如不许我，即死在公前。公之性命在我手，我之性命，亦在公手，今晚必须定议，我即诣宫请旨办理。"予谓："此事关系太重，断非草率所能定，今晚即杀我，亦决不能定，且你今夜请旨，上亦未必允准也。"谭云："我有挟制之法，必不能不准，初五日定有朱谕一道，面交公。"

予见其气焰凶狠，类似疯狂，然伊为天子近臣，又未知有何来历，如明拒变脸，恐激生他变，所损必多，只好设词推宕。因谓："天津为各国聚处之地，若忽杀总督，中外官民，必将大讧，国势即将瓜分。且北洋有宋、董、聂各军四五万人，淮泗各军又有七十多营，京内旗兵亦不下数万；本军只七千人，出兵至多不过六千，如何能办此事？恐在外一动兵，而京内必即设防，上已先危。"谭云："公可给以迅雷不及掩耳，俟动兵时，即分给诸军朱谕，并照会各国，谁敢乱动？"予又谓:"本军粮械子弹,均在津营内,存者极少,必须先将粮弹领运足用,方可用兵。"谭云:"可请上先将朱谕交给存收,俟布置妥当,一面密告我日期,一面动手。"予谓:"我万不敢惜死,恐或泄露,必将累及皇上,臣子死有余辜,一经纸笔,便不慎密,切不可先交朱谕。你先回,容我熟虑,布置半月二十日方可复告你如何办法。"谭云:"上意甚急,我有朱谕在手,必须即刻定准一个办法,方可复命。"及出示朱谕,乃墨笔所书,字甚工,亦彷佛上之口气,大概谓:"朕锐意变法,诸老臣均不顺手,如操之太急,又恐慈圣不悦,饬杨锐、刘光第、林旭、谭嗣同另议良法"等语。

　　大概语意,一若四人请急变法,上设婉词以却之者。予因诘以:"此非朱谕,且无诛荣相围颐和园之说。"谭云:"朱谕存林旭手,此为杨锐抄给我看的,确有此朱谕,在三日前所发交者。林旭等极可恶,不立即交我,几误大事。谕内另议良法者,即有二事在其内。"予更知其挟制捏造,不足与辩,因答以:"青天在上,袁世凯断不敢辜负天恩,但恐累及皇上,必须妥筹详商,以期万全。我无此胆量,决不敢造次为天下罪人。"谭再三催促,立即决议,以待入奏,几至声色俱厉,腰间衣襟高起,似有凶器,予知其必不空回,因告以:"九月即将巡幸天津,待至伊时军队咸集,皇上下一寸纸条,谁敢不遵,又何事不成?"谭云:"等不到九月即将废弑,势甚迫急。"予谓:"既有上巡幸之命,必不至遽有意外,必须至下月方可万全。"谭云:"如九月不出巡幸,将奈之何?"予谓:"现已预备妥当,计费数十万金,我可请荣相力求慈圣,必将出巡,保可不至中止,此事有我,你可放心。"谭云:"报君恩,救君难,立奇功大业,天下事尽入公掌握,在于公;如贪图富贵,告变封侯,害及天子,亦在公;惟公自裁。"予谓:"你以我为何如人?我三世受国恩深重,断不至丧心病狂,贻误大局,但能有益于君国,必当死生以之。"谭似信,起为揖,称予为奇男子。予又说:"以我二人素不相识,你夤夜突来,我随带员弁必生疑心,设或漏泄于外人,将谓我们有密谋。因你为近臣,我有兵权,最易招疑,你可从此称病多日，不可入内，亦不可再来。"谭甚以为然。

又诘以两宫不和，究由何起？谭云："因变法罢去礼部六卿，诸内臣环泣于慈圣之前，纷进谗言危词。怀塔布、立山、杨崇伊等，曾潜往天津，与荣相密谋，故意见更深。"予谓："何不请上，将必须变法时势详陈于慈圣之前，并事事请示；又不妨将六卿开复，以释意见；且变法宜顾舆情，未可操切，缓办亦可，停办亦可，亦何必如此亟亟至激生他变？"谭云："自古非流血不能变法，必须将一群老朽，全行杀去，始可办事。"予因其志在杀人作乱，无可再说，且已夜深，托为赶办奏折，请其去。

梁启超和袁世凯的记述细节各有不同，自然都有美化己方、丑化对方的用意。但基本内容是相同的、确定的，即谭嗣同让袁世凯带兵杀荣禄、围慈禧，而袁世凯并没有明确表态，只是说将尽力而为。"少奸巨猾"的袁世凯向来多头下注，向来"不见兔子不撒鹰"，所以他一方面结交康有为甚至派心腹徐世昌参与康有为的"围园弑后"密谋，一方面并未明确表态乃至犹豫了两天后向荣禄告密。

在谭嗣同回来汇报了袁世凯的态度后，康有为等人意识到了袁世凯并不可靠。他们也想了其他办法，如打算让谭嗣同的师父大刀王五联络武林豪杰，让谭嗣同好友、会党领袖毕永年带领百人捉拿慈禧，让王照策动聂士成，让林旭策动董福祥，发电让唐才常在湖南招集"好将多人"来京。但这些计划明显更不可行了。当时康有为住所正好"屋室墙倾覆"，信命的康有为意识到危险在即，便于1898年9月20日离京，打算到上海"督办官报"。

而守旧派也没闲着，也在密谋筹划中。1898年9月18日，"专劾附光绪帝诸臣"①的御史杨崇伊上奏请慈禧"即日训政"，说光绪要将康有为兄弟"引入内廷"，说"变更成法，斥逐老成，位置党羽"，还说光绪要将政权拱手让给伊藤博文，"伊藤果用，则祖宗所传之天下，不啻拱手让人"，最后呼请慈禧"即日训政，以遏乱萌"。很显然，奏请"即日训政"这么重大

---

① 黄濬：《花随人圣盦摭忆（上）》，中华书局，2013年，第125页。

的事不可能是杨崇伊提着脑袋自己拍脑袋想的，他背后可能是庆亲王奕劻、荣禄、李鸿章唆使[①]。那时杨崇伊与荣禄交往密切，"往来南北传消息"，"荣禄嗾杨伊，请太后复出听政"，杨崇伊"揣知太后意，潜谋之庆亲王奕劻，密疏告变。请太后再临朝，袖疏付奕劻转达"，"而废立之议即定是时矣"。当时光绪将被废黜的说法已遍传北京，这个传言也是康有为决定"围园弑后"孤注一掷的重要原因。

杨崇伊的这份奏折对于慈禧重新垂帘听政起到了多大作用难以确定，但至少有推波助澜的作用，确定的是慈禧于1898年9月19日启程从颐和园突然回到了皇宫西苑。为什么她突然回西苑也众说纷纭，有人说是因为慈禧怕来访的伊藤博文被光绪重用，学者马勇认为"主要是因为英俄两国的军事调动所引发的外交危机"[②]。确定的是慈禧这次回苑并没有即刻发动政变，虽然她已对光绪发怒。时任翰林院侍讲的恽毓鼎记载道：

> 八月初四（19日）日黎明，上诣宫门请安，太后已由间道入西直门，车驾仓皇而返。太后直抵上寝宫，盖括章疏携之去。召上怒诘曰："我抚汝二十余年，乃听小人之言谋我乎？"上战栗不发一语。良久嗫嚅曰："我无此意。"太后唾之曰："痴儿！今日无我，明日安有汝乎？"[③]

慈禧在1898年9月19、20日这两天或还在犹豫当中，光绪在9月20日这一天正常处理政事，包括接见伊藤博文和再次接见袁世凯，光绪的朱批权也没有被取消。不过慈禧此时已有防备而让庆亲王奕劻在光绪接见伊藤博文时在场，以免光绪真的聘请伊藤博文为执政顾问甚至宰相或合邦，还有说法说慈禧当时就坐在帘子后面，因此光绪在与伊藤博文会面时并未就变法多谈，对变法前景不太看好的伊藤博文则说："皇上锐意变法。虽不

---

① 学者马忠文在著作《荣禄与晚清政局》中就认为："从种种迹象看，太后训政是庆王与在津的荣禄密谋后促成的。当时与慈禧关系密切、地位之崇隆的王公权贵，非此二人莫属。"（马忠文：《荣禄与晚清政局》，社会科学文献出版社，2016年，第203页）也有人认为这背后是李鸿章唆使，毕竟杨崇伊跟李鸿章的长子李经方是儿女亲家，杨崇伊之前弹劾珍妃的老师文廷士的奏折就是李鸿章在背后指使，杨崇伊弹劾强国会的折子也有人认为是李鸿章指使。

② 马勇：《戊戌政变的台前幕后》，江苏人民出版社，2012年，第460页。

③ 恽毓鼎：《崇陵传信录》。

知圣太后圣意如何,但唯恐皇太后与皇上意见一致才能成功变法。"①

9月21日凌晨五点多,光绪刚看完礼部撰写的秋祭祭文,走出大殿,一些侍卫、太监过来说奉太后之命让他前去觐见。见到太后后,据溥仪说慈禧"因在愤怒之下,曾亲手打了光绪几个耳光"②,慈禧还设朱杖于座前,怒斥光绪为什么重用康有为,为什么辜负自己:

> 汝之变法维新,本予所许,但不料汝昏昧糊涂,胆大妄为,一至于此。汝自五岁入宫,继立为帝,抚养成人,以至归政,予何负于汝?而汝无福承受大业,听人播弄,如木偶然,朝中亲贵重臣,无一爱戴汝者,皆请予训政。汉大臣中虽有一二阿顺汝者,予自有法治之。③

从这话中可以看出,慈禧感到很委屈,她觉得自己一把屎、一把尿④把光绪养大,又开恩放权归政给光绪,不料光绪竟然辜负她,像木偶一样任人摆布,"看来还得老娘我来训政"。而光绪也感到很委屈,他任劳任怨还不是为了大清江山嘛,结果还备受指责,那还不如撂挑子不干,或出于承担责任考虑,于是光绪可能也请慈禧训政。两人"一拍即合",一个不让干了,一个不想干了,慈禧训政成为定局。当天,光绪和慈禧召见军机大臣,颁发朱谕,以光绪有病为由请慈禧训政,"因念宗社为重,再三吁恳慈恩训政,仰蒙俯如所请,此乃天下臣民之福,由今日始,在便殿办理"⑤,戊戌政变由此爆发。

---

① 菊池秀明著,马晓娟译:讲谈社·中国的历史《末代王朝与近代中国》,广西师范大学出版社,2014年,第98页。

② 溥仪:《我的前半生》,民主与建设出版社,2021年,第28页。

③ 黄鸿寿:《清史纪事本末》。

④ 戊戌政变后,面对外界的质疑,慈禧曾对瞿鸿禨讲道她对光绪"呕心沥血"的培养:"外间疑我母子不如初乎? 试思皇帝入承大统,本我亲侄。以外家言,又我亲妹妹之子,我岂有不爱怜者? 皇帝抱入宫时才四岁,气体不充实,脐间常流湿不干,我每日亲与涤拭。昼间常卧我寝榻上,时其寒暖,加减衣衿,节其饮食。皇帝自在邸时,即胆怯畏闻声震,我皆亲护持之。我日书方纸课皇帝识字,口授读四书诗经,我爱怜唯恐不至,尚安有他? "(瞿鸿禨《四种纪略》)这话其实有些不太属实,如慈禧其实并未"每日亲与涤拭。昼间常卧我寝榻上",而是将年幼的光绪主要交付于乳母、宫女照顾,且慈禧对光绪要求极其严格,"稍不如意,常加鞭挞,或罚令长跪",光绪还经常吃不饱饭、害怕打雷。但此话也反映了慈禧自己感觉很委屈。

⑤ 翁万戈编、翁以钧校订:《翁同龢日记》第七卷,中西书局,第3208页。

六、"戊戌六君子"牺牲：虽败犹荣

"老虎不发威，你当我是病猫啊。""母老虎"慈禧训政后，首先迫使光绪发布了逮捕康有为、康广仁的命令，康有为的罪名是"结党营私，莠言乱政"，而康广仁则主要是作为康有为的弟弟"躺着中枪"。慈禧在发布这道命令后并没有太把训政当回事，一切尽在她掌握中，她于1898年9月21日又兴致勃勃地回了颐和园。但在9月21日深夜或22日凌晨，慈禧突然又回宫并下令宫城加强戒备，又于22日下令捉拿谭嗣同、杨锐、林旭，24日下令捉拿张荫桓、杨深秀、徐致靖。为什么慈禧突然大动干戈呢？大多数学者以及袁世凯自己都认为这是袁世凯告密所致，袁世凯于9月20日夜、21日晨①向荣禄告发了谭嗣同来找他的事，荣禄迅速让杨崇伊将此事报告给了慈禧。而学者马勇等人则认为是被捕的康广仁在有意或无意中透露了他们的"围园弑后"计划，"在步军统领衙门的一系列审讯中，康广仁作为维新志士一定是侃侃而谈，甚至以毫不畏死的精神滔滔不绝，甚至带有几分炫耀也带有几分遗憾地谈到了他们的计划"②。

---

① 1898年9月20日，光绪再次面见袁世凯，光绪并没有向袁世凯颁发"密旨"，袁世凯也没有向光绪挑明谭嗣同来策动他的事，而是提醒光绪"新进诸臣，固不乏明达猛勇之士，但阅历太浅，办事不能缜密。倘有疏误，累及皇上，关系极重"。显然，袁世凯稍加思索即意识到康有为、谭嗣同的计划不可行，尤其是他并没有得到光绪密诏，他由此决定不支持该计划而向直接上级荣禄告密。20日回到天津后，袁世凯马上前去拜访荣禄，但当时有其他人在场，袁世凯并未多说。第二天早晨，袁世凯将谭嗣同来访一事告诉了荣禄，荣禄一时也不知如何是好，直到荣禄接到慈禧已训政的电文而正好前来的杨崇伊将此事通过奕劻告诉了慈禧。袁世凯告密一事确定无疑，虽然这不是引发戊戌政变的直接原因，但无疑加重了戊戌政变，这也是光绪之后对袁世凯耿耿于怀、恨之入骨的原因。据吴永所著《庚子西狩丛谈》，光绪在庚子西逃途中有时画一乌龟写上袁世凯姓名，粘到墙壁上拿小竹弓射之，射烂之后还再取下来剪碎"令片片作蝴蝶飞"。另据历史学者姜鸣在文章《关于袁世凯告密的新史料》中说，盛宣怀亲信所著的《虎坊撼闻》中提到"十一日荣中堂入都，以袁世凯护理直督。或言袁入觐时康有为诣之，使以兵胁颐和园，袁许之，于是有开缺以侍郎候补之命。袁谢恩后，使密告礼王而行"，即袁世凯其实是向当时的首席军机大臣礼王世铎告的密而因此获得重用。也即袁世凯在向荣禄告密之前其实已向礼王告密，而这发生在戊戌政变之前。如果此事为真，那即很可能直接是袁世凯的告密引发了戊戌政变。如果说政变之后袁世凯告密还可"理解"是他出于自保，而政变之前他就告密性质则完全不一样了，袁世凯完全就是主动卖主求荣的卑鄙小人了。另外，著名学者汪荣祖也认为是袁世凯告密在前，如他在2020年接受凤凰网专访时说："我们谈历史除了要事据之外，还要注意理据。试想如果袁世凯事后才告密，慈禧能信得过他吗？"

② 马勇：《戊戌政变的台前幕后》，江苏人民出版社，2012年，第460页。

袁世凯的告密或康广仁的泄密，让事情陡然升级。光绪变法惹怒慈禧毕竟还属"内部矛盾"，训政训政再教育上他几年，"孺子还可教"，最可恶的康有为也不过是"结党营私，莠言乱政"罢了；可如今要"围园弑后"，要杀自己了，这明显是大逆不道，是要造反了，是"敌我矛盾"了，是可忍孰不可忍。所以，慈禧大发雷霆，接连逮捕了谭嗣同等人，转而指责康有为等人"乘变法之机，阴行其乱法之谋，包藏祸心，潜图不轨，前日竟有纠约乱党谋围颐和园劫制皇太后陷害朕躬之事"①。

慈禧对光绪的态度也彻底改变，她厉声怒斥"汝以旁支，吾特授以大统，自四岁入宫，调护教诲，耗尽心力，尔始得成婚亲政。试问何负尔，尔竟欲囚我颐和园，尔真禽兽不如矣"②，并责问光绪究竟知不知道"围园弑后"一事，"汝知之乎？抑同谋乎？"毫不知情的光绪百口莫辩，不知该如何辩解，乃至据说被吓蒙的他曾战战栗栗地回答说知道。光绪其实对"围园弑后"计划毫不知晓，于情他不会干杀害"亲爸爸"的事，于理显然这一计划也太不靠谱，于胆动辄在慈禧面前跪地战栗的光绪打死也不敢"太岁头上动土"。康有为曾于1898年9月19日以杨深秀的名义上折说知道在圆明园里埋有黄金，申请带人去挖，这其实就是在准备"围园弑后"，而光绪对该折仅下旨"存"并于当日呈送慈禧太后，可见他确实不知此事，否则他就批准这一奏折了，至少不会傻到把证据送给慈禧。但事已至此，光绪跳进黄河也洗不清了，如果说自己知情是大逆不道，如果说自己不知情也是失察，毕竟康有为、谭嗣同等都是"他的人"，毕竟他的确给杨锐下过密诏③，毕竟"围园弑后"也是为了他。

而慈禧相不相信光绪对"围园弑后"一事知情呢？应该是半信半疑，甚至更倾向于相信，否则她之后不会对光绪如此歹毒。她先是重新垂帘听

---

① 《光绪朝东华录》，中华书局，1958年，第4206页。

② 沃丘仲子：《慈禧传信录》。

③ 通过袁世凯告密以及康有为事后宣扬，清廷知道光绪曾发给杨锐密诏，但这密诏当时并未被查找出来，杨锐的门生黄尚毅将其缝在杨锐尸体衣领里，连同灵柩一起运回四川，直到杨锐之子杨庆昶于宣统元年呈交资政院。为什么这道密诏当时没有被查找出来？原因众多，或是因为的确没查到，或是因为荣禄等满洲权贵掩盖此事，怕公布密诏内容后更挑起两宫不和，也或是因为慈禧不想知道密诏真相而"难得糊涂"，不想再让事情闹大。

政,剥夺了光绪的执政权力,光绪虽然依旧有朱批权,依旧参加各种仪礼、接见官员,但徒有皇帝名号,无实际权力。9月25日起光绪被宣布"病重"不再参加重要会议,接着以"干预国政,搅乱大内,来往串通是非"等罪名将光绪及珍妃身边的太监打死了四名、"枷号"了十名,又于10月8日起将光绪囚禁在四面皆水的瀛台,为防光绪逃走还将瀛台通往对岸的桥"日间放下,夜拽起",甚至在冬天将四周结的冰凿开,将光绪最爱的珍妃①也软禁起来,还逼着光绪看天雷劈死不孝儿子的戏《天雷报》,给光绪吃的饭菜也腐臭不堪,乃至光绪感叹道:"朕并不如汉献帝也。"②后来,慈禧还曾打算废黜光绪而立端王载漪之子溥儁为"大阿哥",在西逃前还下令将珍妃推到井中淹死,最终光绪被毒死③在她死的前一天也与她脱离不了干系。

对光绪尚且如此狠毒,对戊戌变法的其他维新派人士,慈禧就更不留情了。如鲁迅所言"在中国,挪动一张桌子也要流血",戊戌变法这样巨大的变动自然流血更多。因为被捕的张荫桓长期负责外交,与英日公使关系密切,所以在英日公使强烈干预下使得张荫桓暂时得以免死④。为免外国再

---

① 珍妃和她姐姐瑾妃是当时侍郎长叙的女儿,选妃时慈禧强迫光绪选了她侄女隆裕为皇后。婚后,光绪宠爱珍妃而疏远皇后,皇后因此经常向慈禧打小报告。珍妃性格又比较刚强活泼,她工翰墨、会下棋,甚至女扮男装和玩照相机,且珍妃的哥哥是康有为追随者,因此慈禧讨厌珍妃。据许指严《十叶野闻》,慈禧软禁光绪时,唯有珍妃义愤填膺地对慈禧说:"太后幸宽恕帝罪,勿加斥责,帝为国家计,不得不尔,且帝乃国人之共主,太后终不可任意废黜。"慈禧闻言大怒,因此圈禁珍妃。珍妃早在戊戌变法四年前便被慈禧降为贵人(后恢复为妃),甚至被廷杖,起因是她仿效慈禧而联合哥哥志锜、志锐卖官而事发,据说珍妃甚至对慈禧说:"上行下效,不是老佛爷开端,谁敢如此?"

② 恽毓鼎:《崇陵传信录》。

③ 2008年11月2日,国家清史编纂委员会、中央电视台等单位联合举行清光绪死因研究报告会,宣布光绪死于砒霜中毒。相关专家认为慈禧太后有最大嫌疑,也有人认为可能是李莲英等慈禧身边太监或袁世凯派人下的毒,毕竟慈禧死后光绪重新执政的话肯定不会放过他们。据启功回忆,他曾祖父亲见光绪是喝了慈禧赏的一碗酸奶后死去的。据给光绪写《起居注》的恽毓鼎回忆,光绪得知慈禧痫疾"面有喜色",慈禧对此发狠说:"我不能先尔死。"

④ 张荫桓曾是光绪最信赖的人,如王照在《礼部代递奏稿》中所言"蒙眷最隆,虽不入枢府,而朝夕不时得参密沟,权在军机大臣以上",也是康有为最倚重、关系最密切的朝中大臣,有传光绪召见康有为实为张荫桓推荐,因而为慈禧所痛恨。尤其是张荫桓在陪同来访的伊藤博文时与伊藤博文拉手,被慈禧怀疑有秘密勾当。戊戌政变后,他因外国干预被发配边疆、免于一死,1900年八国联军侵华时还是被痛恨"洋鬼子"的慈禧下令处斩,是戊戌政变唯一被处死的高级官员,临死前说:"大臣为国受法,宁复有所逃避?安心顺受,亦正命之一道也。"

干预也"恐有中变",如当时谕旨所言"俛语多牵涉,恐致株连"①,慈禧下令不经审讯将康广仁、杨深秀、谭嗣同、杨锐、刘光第、林旭等六人直接在9月28日处斩,是谓"戊戌六君子"。

"戊戌六君子"中,杨锐是张之洞的亲信和安插在北京探讨消息的"坐京",刘光第也与张之洞关系密切,张之洞曾设法托王文韶、裕禄等搭救这两个人,但未来得及救下②。并不是"康党"甚至一直对康有为不满的杨锐半夜裸体被捕下狱,在临刑前他多次问监斩大臣刚毅自己何罪,死时"血吼丈余"。杨深秀甚至在政变后上书责问光绪为何被罢,要求慈禧归政,在狱中写诗道:"久拼生死一毛轻,臣罪偏由积毁成。自晓龙逢非俊物,何尝虎会敢徒行。圣人岂有胸中气,下士空思身后名。缧绁到头真不怨,未知谁复请长缨。"自投入狱的刘光第自认为并无新旧之见,作为刑部官员的他在刑前问为何"未讯而诛"而不肯下跪,最后被强迫跪地杀害"身挺立不仆",他十四五岁的儿子"伏尸痛哭一日夜以死"。康广仁主要是作为康有为的弟弟而牵连被捕,他对康有为的活动其实颇有不同看法,认为"规模太广,志气太锐,包揽太多,同志太孤,举行太大"③,所以他被捕后刚开始感觉很冤而悲痛呼号道"天哪!哥子的事,要兄弟来承担"④,但也很快在狱中谈笑自若,临刑前说"中国自强之机在此矣"。谭嗣同本有机会逃走,但他决定舍生取义、"向死而生",将宝剑赠于劝自己逃走的大刀王五,还与王五谋划营救光绪,将自己的书稿托付给梁启超说:"不有行者,无以图将

---

① 引自《清实录·光绪朝实录》,该谕旨道:"旋有人奏稽延日久,恐有中变。朕熟思审处,该犯等情节较重,难逃法网,俛语多牵涉,恐致株连,是以未俟覆奏,于昨日谕令将该犯等即行正法。此事为非常之变,附和奸党,均已明正典刑。康有为首创逆谋,恶贯满盈,谅亦难逃显戮。现在罪案已定,允宜宣示天下。"

② 1902年,张之洞再任两江总督时重游南京鸡鸣寺,想起他曾与杨锐在此饮酒夜谈,便捐资在鸡鸣寺内盖了一座"豁蒙楼",因为杨锐曾写诗道:"忧来豁蒙蔽。"杨锐是张之洞心腹,而与张之洞一样是维新变法的稳健派,并不属于"康党"。他本来也能逃过此劫,1898年7月杨锐大哥去世,杨锐本可以回家奔丧,但张之洞因戊戌变法正在高潮而打电报不让他回家奔丧,这或也是张之洞有愧而纪念杨锐的原因之一吧。

③ 康广仁:《致易一书》,转引自汤志钧《戊戌变法人物传稿》,中华书局,1982年,第132页。

④ 黄濬:《花随人圣盦摭忆(上)》,中华书局,2013年,第206页。

来，不有死者，无以酬圣主。"与妻子诀别时说："告诉后来的人们，我为了什么而死。"并代父亲写下《黜革忤逆子嗣同》奏片和伪造家书以帮父亲脱罪，后在狱中写道："望门投止思张俭，忍死须臾待杜根。我自横刀向天笑，去留肝胆两昆仑。"[1]在临刑前高呼："有心杀贼，无力回天，死得其所，快哉快哉！"只有23岁的林旭也毫不畏惧，仰天冷笑，"与谭嗣同皆谓我等为挽救中国而死，毫无恐怖，且今日杀一人，后起必有千人，与我辈保国云云"[2]，其妻子是沈葆桢的孙女，在收尸后"仰药以殉"，还写诗道："人生谁氏免无常？离合悲欢梦一场。何事为荣何事辱？只求到死得留芳。"另外一位主动投案入狱的徐致靖本是慈禧第一个下令"斩立决"的人，因为是他保荐了康有为，但因他父亲徐伟侯与李鸿章关系颇深——传徐伟侯在和李鸿章一起科考时帮突发疟疾的李鸿章誊写试卷使得李鸿章高中进士——李鸿章托荣禄求情说徐致靖是个书呆子不懂新政，而使徐致靖得以免死，被判"刑部永远监禁"[3]。

其他参与维新变法的如李端棻、宋伯鲁、陈三立、张元济、文廷士等几十人也被捉拿下狱或被革职，在湖南主持新政的陈宝箴、江标、徐仁铸、熊希龄、黄遵宪等人也被革职。湖南是戊戌变法时期唯一切实贯彻光绪旨令、认真推行变法的省份，在创办时务学堂、《湘报》后，湖南又创办了

---

[1] 据说此诗被梁启超"篡改"过，原诗据说为："望门投趾怜张俭，直谏陈书愧杜根。手掷欧刀仰天笑，留将公罪后人论。"时人唐烜在《留庵日钞》中的记载是："望门投趾邻张俭，忍死须臾待杜根。吾自横刀向天笑，去留肝胆两昆仑。"如梁启超在《饮冰室诗话》中所言，谭嗣同"志节、学行、思想为我中国二十世纪开幕第一人"，其舍生取义的精神更光耀千古，实为我国现代化进程开路先锋之一。

[2]《林旭（临刑）先嚎啕而后笑》,《万国公报》《中外日报》报道，转引自张健:《戊戌悲歌：康有为传》,作家出版社，2016年，第286页。

[3] 荣禄还说光绪在变法期间从未召见过徐致靖，慈禧命太监查询果然如此而饶他一命，实际上光绪之所以未召见徐致靖是因为他耳朵聋。1900年，慈禧西逃后，徐致靖也从无人看管的狱中逃走，后自投刑部说"加恩释放，免治起罪"。他回老家定居后改名为徐仅叟，意思是"六君子"被害，自己是刀下仅存的老叟。他对维新变法始终不悔，后来还说"戊戌变法虽然失败了，但我们变法维新的主张是对的。我们对清政府的腐败贪污不满，要除旧布新，这一点也是站得住脚的"。1914年，他与康有为十六年后再见面，抱头痛哭，长夜笔谈了80多张纸，但康有为参与"张勋复辟"时，徐致靖表示反对并予以规劝。徐致靖在生命最后几年常常说自己活得太久了，本应该与"戊戌六君子"一同赴死才对，于1918年去世。

一千多人的南学会，传播新知，呼吁变法，"实兼地方议会之规模"，又创办类似于警察机构的保卫局，还新创办了不少矿厂。湖南新政之所以有力，得益于湖南巡抚陈宝箴及湖广总督张之洞的支持，但这两人虽然力主维新却并不赞成康梁激进的变法主张尤其是担心其"民权"思想惑乱人心①，而像张之洞在1898年所著的《劝学篇》中所言主张"以中学为体，以西学为用"，因此他们是维新变法中的稳健派②。张之洞在《马关条约》签订后即上奏要求改革，主张"变通陈法"，甚至称"虽孔孟复生，岂有议变法之非哉"，也在湖北大力推行新政，所以他刚开始很欣赏康梁。但他主张体制内渐进改革，因此后来与主张激进改革的康梁决裂并将之视为敌人，且在湖南排挤、打压黄遵宪等维新派。张之洞之所以写《劝学篇》也正是为了反对康有为的"邪说"，"暗攻康梁"，极力维护中国的纲常名教，如当时张之洞的幕僚辜鸿铭所言："它是张之洞反对康有为雅各宾主义的宣言书，也是他的'自辩书'。该书告诫他的追随者和中国所有文人学士，要反对康有为的改良方法。"③

也因此，张之洞"左右通吃"新旧咸宜，《劝学篇》被光绪批阅为"持论平正通达，于学术，于人心大有裨益"后奉旨印刷达一百万册，戊戌变法时慈禧和光绪还曾打算调张之洞入军机处，代替死去的奕䜣，但因翁同龢阻挠作罢。"如果张之洞入京辅政，他在《劝学篇》中提出的'中学为体、

---

① 这或许正是新旧两派最根本的一个区别，如学者罗志田所言："新派害怕不行新政则瓜分之祸亟，外患又必引起内乱，从而造成亡国；旧派则认为人心不固将先生内乱而招外侮，然后亡国"，引自罗志田：《斯文关天意：近代新旧之间的士人与学人》，生活·读书·新知三联书店，2020年，第69页。

② 陈寅恪在《读吴其昌撰梁启超传书后》一文中说："当时之言变法者，盖有不同之二源，未可混一论之也。咸丰之世，先祖亦应进士举，居京师。亲见圆明园干霄之火，痛哭南归。其后治军治民，益知中国旧法之不可不变。后交湘阴郭筠仙侍郎嵩焘，极相倾服，许为孤忠闳识。先君亦从郭公论文论学，而郭公者，亦颂美西法，当时士大夫目为汉奸国贼，群欲得杀之而甘心者也。至南海康先生治今文公羊之学，附会孔子改制以言变法。其与历验世务欲借镜西国以变神州旧法者，本自不同。故先祖先君见义乌朱鼎甫先生一新《无邪堂答问》驳斥南海公羊春秋之说，深以为然。据是可知余家之主变法，其思想源流之所在矣。"即他认为维新变法有两个思想源头，一个是康梁影响，一个是郭嵩焘思想影响，前者激进后者稳健，其祖父陈宝箴主要受后者影响。

③ 辜鸿铭：《辜鸿铭文集》上册，第318—320页。

西学为用'的主张，很可能成为此期朝政的纲领；而他对康有为及其学说的敌视，将会全力阻止康有为一派的政治企图。他对'迂谬'理念的反感，也将会全力阻止极端保守派的政治反动。若是如此，清朝的历史之中是否就会没有戊戌变法和戊戌政变，没有义和团和庚子事变，而提前进行清末新政？"①所以，在戊戌政变后张之洞没有受到任何牵连反而被朝廷更加器重，陈宝箴也主要是因为保举杨锐、刘光第而非因为推行变法被革职永不叙用②。

在捉拿或罢免维新派的同时，清廷也陆续废除了维新变法的各种举措，原被裁撤的詹事府、大理寺等衙门恢复办公，重新禁止士民上书言事，恢复科举旧制，仍用八股文体，查禁各地报馆，裁撤农工商总局等新设机构，恢复被撤的湖北、广东、云南巡抚及河东河道总督，恢复武举考试，湖南南学会、保卫局等也被撤销……除了京师大学堂得以保留③和中小学堂由各地自行决定去留外，大多数新政都被废除，都恢复到变法前，仿佛一切都未曾发生，甚至很多洋务运动的成果也被否定，导致中国现代化浪潮开始第一波退潮。慈禧对此得意洋洋地说："我朝圣圣相乘，宪度修明，尽美尽善。至于厚泽深仁，难以枚举。"即"老祖宗留下来的一切都是完美的，大家都深受福泽，一切都不用改、不用变"。

但雁过留声、人过留痕，不可能一切都好像没有发生。康有为在英国公使的保护下侥幸逃脱到日本，梁启超也在日本公使的保护下逃往日本，"康梁"在日本又结为一体，继续在国外宣传变法改良。而越来越多的国

---

① 茅海建：《戊戌变法的另面——"张之洞档案"阅读笔记》，上海古籍出版社，2014年，第74页。

② 陈宝箴被革职后回到江西老家居住，1900年突然去世，有人认为是慈禧将其赐死，但也有人如学者茅海建等认为不可能是被赐死。

③ 京师大学堂在戊戌政变后也受到很多攻击，孙家鼐1899年以自己病重为由辞职，并反对慈禧废黜光绪，"独持不可"，为此称病归乡。孙家鼐在戊戌政变后创办了中国最早的纺织企业之一安阳广益纱厂，还支持创办了国内第一家机器面粉厂阜丰面粉公司，可见他内心还是支持维新。1906年清廷宣布立宪，孙家鼐任资政院总裁，1909年去世，与曾国藩一样谥号"文正"。

人则被戊戌变法的失败惊醒①而对清廷、对改良失望，转向革命的人越来越多，"此后关于革命的言说日渐流行，不几年间，经学革命、史学革命、文界革命（含诗界、曲界、小说界、音乐界和文字诸革命）等各种革命就从'今日中国新学小生之恒言'迅速发展为'近数年来中国之言论'中'最有力之一种'"②，连谭嗣同的好友毕永年也转身投入革命，后来参加了惠州起义。另一方面，守旧派当时也备受鼓舞，更加守旧排外，如当时守旧派领袖刚毅③甚至说"改革者汉人之利也，而满人之害也。设吾有为，宁赠友邦，无与家奴"，也因此引发了其后的义和团运动以及八国联军侵华，最终也引爆了清廷的灭亡。"这是一沟绝望的死水，清风吹不起半点漪沦"，就像闻一多的诗歌所言，旧中国就像一潭死水，而"变法的意义就在于搅动了这一潭死水，让死水有所波动，有波动才有改天换地的希望"④。

这些是戊戌变法的直接影响，戊戌变法在经验教训方面也为之后中国的变革提供了很多参考。戊戌变法失败的原因众多，如维新派势单力薄而守旧派势力强大，变法触犯了众多既得利益者的利益使得"朝野上下，颇有民

---

① 大多数国人当时其实依旧没有被惊醒，而认为维新派是"奸臣""乱党""名教罪人""士林败类"，他们在"戊戌六君子"血洒菜市口时麻木观看甚至纷纷扔菜叶子，在张荫桓流放新疆路过保定时纷纷大喊"看大奸臣"。

② 罗志田：《尝试更广义地看辛亥革命》，《华中师范大学学报（人文社会科学版）》，2021年第5期。

③ 刚毅（1837—1900），他早年供职刑部时曾主持平反大名鼎鼎的"杨乃武与小白菜案"而赢得时誉，本身也比较清廉，1894年担任军机大臣，据说他是翁同龢引荐入枢，也可见翁同龢本质上的确是保守派。不过，刚毅后来因翁同龢对他"恒面规之"而对翁同龢有攻击，如他曾对李提摩太秘书称"翁同龢把皇帝引进了一团黑暗里，蒙蔽了他的双眼"（李提摩太：《亲历晚清四十五年》，第241页）。翁同龢被开缺也或与刚毅有关，翁同龢自己就将其归咎于刚毅，翁同龢被开缺的谕旨即由刚毅所拟。

④ 徐飞：《帝国的崩塌》，浙江人民出版社，2022年，第233页。

不聊生之戚"①，变法土壤还不成熟，民智未开，守旧思想依旧占据主流②，变法措施太快、太多、太激进、太脱离实际，以及主导变法的光绪虽有雄心壮志却没有实权又欠缺深思熟虑，而变法领袖康有为识见不足缺点很多③，尤其是只重目的而不注重策略、团结等。根本原因如学者羽戈所言："可以一言蔽之：'缺乏经验、判断力和方向'（辜鸿铭语）的改革者，完全是以革命的方式进行改良事业，本来需要和风细雨，细水长流，却付之雷霆万钧，一意孤行；本来需要积攒跬步以成千里之行，却痴想一步跨越险峻的悬崖，一脚踢出个光明的未来。"④即以激进方式改良。但这也是有原因的，外因在于面临救亡图存的生存危机而刻不容缓，"中国的现代化是'防御式现代化'，这一特点决定了现代化选择总是同救亡图存内在相关。它面临的问题是'生存还是灭亡？'因此，现代化对中国来说是一个尖锐的生存问题，而不是一个奢侈的文化问题。这种紧迫性要求一切变革必须采取非自发的、超常规的发展节奏"；内因"主要是由于中国文化的理想主义传统所决定的。理想主义的超验性特点往往遮蔽经验视野，使人们难以用务实态度去处理日常事务和

---

① 中国近代史资料丛刊：《戊戌变法》第一册，上海人民出版社、上海书店出版社，2000年，第351页。

② 广西举人李文诏在戊戌年八月初五上奏曰："臣窃观中外大臣，大约主守旧者，十之七八。"学者羽戈则认为当时守旧势力达十之八九，"而且，这十分之二的维新派内部，绝大部分人都主张渐进的道路，康有为、谭嗣同这类真正的激进派甚至不到十分之一"（引自萧轶：《羽戈 VS 马勇：知识精英的恐慌想象酿成了近代史悲剧？》，新京报，2019年1月30日）。

③ 梁启超学生吴其昌在《梁启超传》中指出："康有为对于'当领袖'的根本资格，其优点是：一、魄力伟大，二、精神勇猛，三、感情丰富，四、毅力坚韧。但他的缺点较多：一、胸襟不广，二、态度傲慢，三、个性执拗，四、理智不强，五、做事无序，六、缺乏科学训练，七、本身不求进，八、所学太乱，不适用于其时代。而反骄终不惭，自谓贯通天地人。"康有为弟子陆乃翔、陆登骥在所著《康南海先生传》中对康有为评价道："他每天戒杀生，而日日食肉；每天谈一夫一妇，而自己却因无子而娶妾；每天讲男女平等，而其本家之女子未尝独立；每天说人类平等，而自己却用男仆女奴。"康有为流亡海外后拿着华侨捐助"保皇"的巨款到处买房纳妾生活奢侈，更是为人所诟病，他后来还积极参与张勋复辟及"觐见"废帝溥仪，他的老对手章太炎送了他一副对联说："国之将亡必有，老而不死是为。"他的老朋友严复则评价他道："鲁莽割裂、轻易猖狂，驯至幽其君，杀其友，己则逍遥海外，还巧立名目以敛财欺人，恬然不以为耻。"曾受康有为影响的鲁迅在《趋时和复古》中甚至称康有为"是拉车屁股向后"。当然，也不能过于贬低康有为，无论如何不能否认他曾对维新变法对引领时代的贡献，康有为实际上也一直"不忘初心"，坚持他的改良立宪路线。

④ 羽戈：《百年孤影》，东方出版社，2010年，第55页。

可操作性问题"①。而如学者萧功秦所言,"中国早期现代化过程中的激进与保守,是理解中国现代化问题的复杂与深刻性的关键"②,也因此有了后来围绕李泽厚"救亡压倒启蒙""告别革命"的观点之争。

这些失败的教训都为后来的变革提供了殷鉴,变革总是要变的,但变革成功并不容易甚至常常九死一生,而变革的成败主要取决于利益博弈、观念变迁以及变革的具体策略。"值此2000年未有的转型期,失之毫厘,差之千里。有心掌舵的人,总应略通古今之变,粗识中西之长,虚怀若谷,慎重将事。君子误国,其害甚于小人。可不慎哉?"③

"戊戌年间的变法运动,是当时官僚、士人阶层在强烈的外部形势刺激下,以救亡图存为目的,以全面、激进的政治变革为手段的自救行为,是民族存亡关头的一种强烈反映,是谋求国家富强的一种冒险尝试。"④而整个维新变法实际上不仅包括戊戌年间的变法,还包括从1895年开始的维新运动。整体上看,维新变法是中国现代化的又一次探索,虽败犹荣,尤其是从洋务运动时期学习西方器物突破到学习西方文化、制度,产生了大量报纸、学会、新式学堂,传播了科学、民主等新文化新思想⑤,让西学成为时尚,让变革成为潮流,让国人观念大变、更加"睁眼看世界",可以说正式拉开了中国思想启蒙的大幕,对中国早期现代化具有重要的催化作用,梁启超甚至称戊戌维新"实为二十世纪新中国史开宗明义第一章也"⑥,胡适则

---

① 何中华:《戊戌维新三题议》,刘丽丽编:《步履维艰——中国近代化的起步》,商务印书馆,2019年,第73、74页。这两点原因也基本上可以解释中国之后的各种激进运动,即要对激进有更多理解。

② 萧功秦:《危机中的变革——清末现代化进程中的激进与保守》,上海三联书店,1999年,第6页。

③ 唐德刚:《从晚清到民国》,中国文史出版社,2015年,第203页。

④ 刑超:《戊戌变法真相》,中国青年出版社,2015年,第307页。

⑤ "科学和民主对现代化来说,既是标志,更是动力。这不仅在于此二者能发挥不断改革生产力和全面实现人尽其才的作用,而且在于能够促进社会由野蛮向理性、由专制向自由的转变,摸着了社会文化和政治制度现代化的真谛,抓着了现代化的根本所在。"引自郭世佑、邱巍:《突破重围——中国早期现代化研究》,河南大学出版社,2010年,第135页。

⑥ 梁启超:《康有为传》,《戊戌变法》四。

说:"主张'维新'的人,即是当日主张现代化的人。"而如陈旭麓所言,启蒙是现代化的理论先导和必不可少的环节①,从这个意义上也可以说,"戊戌变法不仅是中国现代化进程的逻辑起点,也是中国现代文化的生长点"②,甚至可以说戊戌变法并未失败。

"尽管维新运动没有能达到它的政治目标,但它所引起的思想变化却对中国的社会和文化有着长期和全国规模的影响。"③尤其是通过兴办企业、报纸、学会、学堂等公共媒介,产生了有新知识结构、新思想视野,更具独立性④的新式知识分子阶层,如到1899年新学堂已扩展到全国17个省,开始了中国知识人的现代化,即从传统士大夫到新式知识人的转变,而新式知识人将在之后的中国历史上发挥非常重要甚至一度主导的作用,"新思想充盈头脑的新式知识分子开始尖锐地掊击旧政治秩序,同时积极向社会传播新的观念意识"⑤。维新变法还革新传统陋俗,让社会面貌发生变化,如电灯、电扇、西装等西方物质文明开始走进千家万户,禁缠足⑥、兴女学⑦、变婚俗等社会习俗变革逐渐发生。

此外,维新变法在精神上对国人也有重要意义,如梁启超所言:"戊戌

---

① 参见陈旭麓:《"戊戌"与启蒙》,《学术月刊》,1998年第10期。
② 颜炳罡:《戊戌变法与中国现代化进程》,刘丽丽编:《步履维艰——中国近代化的起步》,商务印书馆,2019年,第86页。
③ 费正清、刘广京等编:《剑桥中国晚清史(下卷)》中国社会科学出版社,1985年,第322页。
④ 学者许纪霖认为现代知识分子必须具备超然性和介入性,"所谓'超然',即知识分子应该与整个社会保持一定的隔离状态,在社会角色分工中有一块只属于其本人的独立营地,并凭借各自的专业从事文化价值创造和操作性运用。所谓'介入',即知识分子又必须关切和参与整个社会的公共事务,包括国家的最高政治决策,能够在一个超个人功利的宏观立场上领导舆论,批评时政,发挥社会良心的功用",他认为传统知识分子缺乏"超然性"即独立性(参见:许纪霖:《大时代中的知识人》,中华书局,2012年,第47、48页)。
⑤ 李礼:《转向大众:晚清报人的兴起与转变》,北京师范大学出版社,2017年,第24页。
⑥ 康有为早在维新变法前就没有给自己的女儿康同薇和几个侄女缠足,他后来又领导维新派发起了轰轰烈烈的不缠足运动,在上海、湖南、杭州等地成立了不缠足会,光绪还在康有为建议下发布上谕"准令各省劝诱推行禁止妇女缠足"。
⑦ 康有为、梁启超大力提倡女学,重视女子教育,维新派在维新变法时期出版了第一份女报《女学报》,创办了中国第一个女子学堂经正女学。

维新之可贵，在精神耳！精神既立，则形式随之而进。看其形式，则殊多缺点……看其精神，则纯以国民公利公益为主……虽有不备，不忧其后之不改良也，此戊戌维新之真相也。"① 尤其是康有为等人的"知其不可为而为之"及救世救国、经世致用的精神，以及谭嗣同的"我不下地狱谁下地狱"舍生取义的精神②，都光耀千古照亮国人。因此，戊戌变法也在无形中影响和改变了历史，如毛泽东、胡耀邦都深受影响，毛泽东曾说"我崇拜康有为和梁启超"③，胡耀邦曾特别欣赏康有为说的"当以开创之势治天下，不当以守成之势治天下，当以列国并立之势治天下，不当以一统垂裳之势治天下"④。

总体上看，维新变法是鸦片战争、洋务运动的继续发展，是中国早期现代化的深入推进、探索，"是中国人争取自身政治发展以推行现代化的一次比较全面的社会动员，在一定程度上表明了中国人已对现代化有了自觉的认知"⑤，"使中国早期现代化从工业化扩展到民主化，从社会表层的技术、器物革新深入到社会深层结构的变革，从而扩大和加深了现代化的范围和程度，加快了中国早期现代化全面产生的进程"⑥。这次探索虽然失败了，但有着许多重要的影响、意义，也反映了中国现代化之艰难曲折，我们今人当对其有更多"同情之理解"。维新变法的失败也证明了当时走改良式现代化之路行不通，从而为之后辛亥革命这另一条现代化之路提供了铺垫。

---

① 梁启超：《南海康先生传》。
② 谭嗣同舍身取义的精神感召了其后很多人尤其革命义士舍身取义，如暗杀出国考察五大臣的吴樾便受到谭嗣同重要影响，他曾说："谭嗣同有言曰：'志士仁人，求为陈涉、杨玄感，以供圣人之驱除，死无憾焉……至哉言乎！'"
③ 斯诺：《红星照耀中国》，转引自刑超：《戊戌变法真相》，中国青年出版社，2015年，第308页。
④ 孔祥吉：《康有为变法奏章辑考》，转引自刑超：《戊戌变法真相》，中国青年出版社，2015年，第308页。
⑤ 卫忠海：《中国现代化的理论与实践》，四川大学出版社，2008年，第107页。
⑥ 谭来兴：《中国现代化道路探索的历史考察》，人民出版社，2008年，第110页。

第六章　义和团运动：现代化退潮

义和团运动可以说是国人的又一次救国救民的探索，只不过这次探索方向完全是反的，尤其是它与现代化背道而驰，是中国现代化浪潮的巨大退潮，"义和团排斥、反对乃至仇视一切现代文明，坚决反对现代化，与现代化这一历史主题是背道而驰的"。

一、拳民兴起："神助拳，义和团，只因鬼子闹中原"

中国历史就像绵延不绝的长江，大清这艘千疮百孔的"破船"行驶到了湍急的"历史三峡"，又逢外来狂风暴雨，眼看就要船毁人亡，"破船"上层的人进行了修修补补，"船底"的无数民众呢？他们有什么反应？他们也不甘坐以待毙，也掀起了一场场暴风骤雨来救国救民，如太平天国运动和义和团运动。

义和团运动的爆发就像太平天国运动的爆发一样也是历史的必然，是鸦片战争、甲午战争、胶州湾事件等一连串历史刺激的结果，其根本原因则在于中国民众和外国教会的矛盾。在观念上，"非我族类，其心必异"，当时多数民众依然视外国为"蛮夷"，视外国人为"洋鬼子"；在文化上，外国基督教与中国儒家文化、民间文化格格不入，如1704年罗马教会制定"禁约"，禁止中国教徒入孔庙行礼，禁止祭拜祖先[①]；在利益上，铁路、矿

[①] 这个"禁约"或是外国教会在中国命运的分水岭，之前中国对外国宗教一直很包容，明朝国人入天主教者已有30万人，利玛窦便是明朝时在华二十多年的著名传教士，康熙甚至聘请了汤若望、南怀仁等很多传教士担任天文部门的官员。这个"禁约"制定后，康熙将教皇特使驱逐到澳门，雍正则因传教士参与宫廷斗争而下令禁止基督教在国内传教，没收各地教堂，乾隆更是严禁内地传教，甚至处死过外国传教士。

厂、电报线等"洋务"影响了国人的"风水""龙脉","洋货"、铁路、航运等还让很多国人失业或生活状况恶化,更有一些外国传教士尤其是中国教民依仗"领事裁判权"①为非作歹,"皈依基督教的人中绝大多数是秘密教派成员、土匪、穷人。就此而言,教会作为政府中的政府,不可能在群众中赢得好名声"②,如很多被镇压的白莲教教徒为寻求庇护加入了教会。因此,民教矛盾愈演愈烈,如前所述,早在义和团运动爆发之前神州大地就已发生过一千多次反教事件,1891年反教运动更是多地响应乃至揭竿而起,义和团运动便是这些反教运动的延续和高潮。

《马关条约》全面打开国门后,随着外国传教士与中国教民的日益增多,如"天主教徒从1890年的大约50万人增至1900年的700万人"③,中国民众与外国教会的矛盾愈演愈烈,乃至当时流传民谣"百姓怕官,官怕朝廷,朝廷怕洋人,洋人怕百姓"。尤其是1897年11月爆发的巨野教案不仅直接引起了胶州湾事件,进而引发了外国瓜分中国的狂潮和戊戌变法,也引发了教会更加得势嚣张④以及民众排外情绪更加愤懑高涨,进而让民教矛盾更加激烈。中国不信教的民众与外国教会教徒已几乎水火不容,就像维新变法中守旧派和维新派水火不容一样,双方矛盾像火山一样爆发已是必然,而导火索则是当时的旱灾。

1898年8月,先是黄河决口,数百万人流离失所,接着四川、江西、安徽、江苏等地发生重大洪灾,这年年底华北又发生了持久的特大旱灾。

---

① 1842年中英《善后章程》规定"英国商民……与内地居民发生交涉狱讼之事,英商归英国自理",这是外国攫夺领事裁判权之始。1858年清廷与俄英法美签订《天津条约》,赋予了外国传教士在华传教自由,并正式给予了在华的外国人"领事裁判权",即在华的外国人不受中国法律管辖,发生纠纷由外国领事处理。"领事裁判权"其实是当时清廷怕管理外国人惹来麻烦而主动给予的,没想到的是在华的外国人由此可以为非作歹,中国教民也常因此获得教会庇护,直到1943年"领事裁判权"才宣告撤销。当然,为非作歹的外国传教士只是一部分,也有不少外国传教士为中国文化教育、科学技术、医疗卫生等方面的现代化做出了巨大贡献。

② 周锡瑞著,张俊义、王栋译:《义和团运动的起源》,江苏人民出版社,2021年,第109页。

③ 柯文:《历史三调:作为事件、经历和神话的义和团》,江苏人民出版社,2000年,第77页。

④ 巨野教案的处理结果是清廷迫于德国压力,在教案发生地和其他两个地方修建了教堂,处分了数名官员,包括山东巡抚李秉衡,多名当地人被处斩或被判无期。

这场旱灾一方面让无数底层民众失业挨饿、无事可干、焦躁忧虑[①]；另外一方面也让民众开始思考爆发这样特大旱灾的原因是什么。按照国人"天人合一""天人感应"的一贯思维，天灾与人祸密不可分，甚至天灾常常就是人祸所致，所以如果全国发生特大天灾，往往皇帝会下"罪己诏"，而这次民众则将旱灾归咎于"洋人"而非自然，亦非清政府救灾无能赈灾不力[②]。当时有传教士听说"说天不下雨是我们造成的"，还有传教士听到天津街上有男孩喊"洋鬼子来了，老天就不下雨了"，还有揭帖流传"杀了洋鬼头，猛雨往下流""洋人杀尽，欲雨还雨，欲晴则晴"[③]"灭洋人，甘雨速降"。进而，民众"把传教士和其他所有洋人看作中国大地上的恶之源，看作引起众神愤怒的直接因素"[④]。

1899年，清廷又颁发《地方官接待教士事宜条款》，赋予传教士以清廷官员身份，可参与教案审判。这无疑加重了教会特权和民教矛盾，"让清帝国本已严重失衡的底层社会变得更加支离破碎，直接催生出1900年的义和团运动"[⑤]。

总之，当时中国民众与外国教会的矛盾以及特大旱灾是义和团运动爆发的主要原因，因此义和团运动的爆发是历史的必然。也因此，在这个层

[①] 而参加了义和团便有事可干，不再挨饿焦虑。1900年四月份，直鲁交界下了一场大雨，很多义和团拳民便回家耕地播种去了。

[②] 清朝虽然也建立了比较完备的仓储等救灾制度，但到后来仓储制度已千疮百孔，各种瞒报、贪污、腐化层出不穷，电视剧《天下粮仓》对此有生动反映。如1882年安徽发生洪灾，直隶候补道周金章领了17万两赈灾银，却只拿出2万赈灾，其他的用来"发商生息"；1877、1878年丁戊奇荒之所以饿死上千万人，也是因为许多赈灾粮食被官员贪腐，甚至有十万妇女儿童被贪官借机拐卖。另外，因为巨额的"甲午赔款"，清廷也无财力赈灾。因此，清廷对1898年这次旱灾基本"无能为力"，灾民甚至还要继续交粮纳税。传教士李提摩太因此称丁戊奇荒更是人祸，他提出要救济灾民却遭到山西巡抚曾国荃拒绝。从这个层面讲，清廷也是义和团运动兴起的重要原因，也因此可以说清廷灭亡的确是咎由自取。

[③] 参见柯文：《历史三调：作为事件、经历和神话的义和团》，江苏人民出版社，2000年，第89、71、70页。

[④] 柯文：《历史三调：作为事件、经历和神话的义和团》，江苏人民出版社，2000年，第69页。

[⑤] 谌旭彬：《大变局：晚清改革五十年》，浙江人民出版社，2023年，第506页。

面上，的确可以说义和团运动本质上是"反帝爱国运动"，而非仅仅是因为民众"愚昧无知"。义和团运动中流传最广的揭帖①也揭示了这些原因：

> 神助拳，义和团，只因鬼子闹中原。
> 劝奉教，自信天，不信神，忘祖先。
> 男无伦，女行奸，鬼孩俱是子母产。
> 如不信，仔细观，鬼子眼球俱发蓝。
> 天无雨，地焦干，全是教堂止住天。
> 神发怒，仙发怒，一同下山把道传。
> 非是邪，非白莲，念咒语，法真言。
> 升黄表，敬香烟，请下各洞诸神仙。
> 仙出洞，神下山，附着人体把拳传。
> 兵法艺，都学会，要平鬼子不费难。
> 拆铁路，拔线杆，紧急毁坏火轮船。
> 大法国，心胆寒，英美德俄尽萧然。
> 洋鬼子，尽除完，大清一统靖江山。②

"神助拳，义和团，只因鬼子闹中原"，即"鬼子闹中原"是"义和团"兴起的主要原因。"天无雨，地焦干"，全是因为"教堂止住天"，所以"神发怒，仙发怒，一同下山把道传"。

当然，除了民教矛盾、旱灾这两个主要原因外，各地兴起义和团也有各自的具体原因。如山东冠县梨园屯之所以成为义和团的发源地，直接原因是教会与当地农民的土地纠纷，而这场纠纷由来已久。1869年，梨园屯的玉皇庙被改成了教堂，这引起了当地居民持久的反对。1892年左右，当地人请来梅花拳领袖赵三多帮忙助威，赵三多率人多势众的梅花拳及当地村民于1897年围攻了正在修建的教堂。次年，赵三多为不连累梅花拳，将

---

① 义和团运动中有很多揭帖、传单，类似于"大字报"，内容通俗生动，极大地宣传了义和团主张，而这个流传最广的揭帖实际上相当于义和团的纲领。

② 中国社会科学院"近代史资料"编辑组：《近代史资料》第1期，科学出版社，1957年，第18页。

自己所率的梅花拳改名为"义和拳","义和拳的'义',显然是指中国武术传统中英雄好汉们非常珍重的义气,它体现为忠诚、正直和大公无私的利他主义。'和'可以理解为'和谐'或'团结'"①。赵三多接着又率义和拳和当地村民攻击了梨园屯及其附近的教民,并打出了"扶清灭洋"的旗号,"一以号召人民,一以抵塞官府,用自别于白莲、天门诸教。缘此而从者益众,渐明目张胆,昌言无忌"②,由此义和拳正式登上历史舞台。虽然清军很快将赵三多所率的义和拳镇压,赵三多被迫逃往直隶,但义和拳就此在山东各地纷纷兴起,如当时那首流传很广的歌谣所唱:"义和团,起山东,不到三月遍地红。孩童个个拿起刀,保国逞英雄。"山东因胶州湾事件,是当时教案最多、民教矛盾最激烈的地方,"从德国夺取胶州湾后一年半间,山东一省闹出来的路、矿、教三项外交案,共达一千余件"③,因此义和团首先爆发于山东。

义和拳原领袖赵三多逃亡,而山东各地义和拳却纷纷兴起,这主要源于前述的民教矛盾、华北旱灾这两大原因,也因为义和拳本是普通的民间组织。"内练一口气,外练筋骨皮",中国向来有各种各样的秘密宗教、民间组织,尤其是山东素有尚武精神,各种民间武术团体众多,如当时山东除了梅花拳还有大刀会、红拳、乾拳等,其中大刀会人数据说一度高达10万④。这些民间组织主要功能是练武护身、互帮互助,如之前的捻军也起源于这样的组织。这样的民间组织形式很多也很散,所以它们受赵三多的义和拳尤其是其"扶清灭洋"旗号"启发",纷纷效仿,摇身一变也称自己为义和拳,类似"加盟店"一样,只要设立一个"坛"、有个"大师兄",便可称"义和拳"。

刚开始清廷对义和拳采取的是镇压策略,镇压了赵三多首举义旗的义和拳,但义和拳在山东各地纷纷兴起后,山东巡抚李秉衡对义和拳多有袒

---

① 周锡瑞著,张俊义、王栋译:《义和团运动的起源》,江苏人民出版社,2021年,第189页。
② 吴永:《庚子西狩丛谈》,广西师范大学出版社,2008年,第7页。
③ 李剑农:《中国近百年政治史(上)》,世界知识出版社,2019年,第154、155页。
④ 周锡瑞著,张俊义、王栋译:《义和团运动的起源》,江苏人民出版社,2021年,第135页。

护甚至秘密鼓动称"此义民也"①，继任山东巡抚的张汝梅则于1898年6月3日上奏朝廷提出了"化私会为公举，改拳勇为民团"的主张，还建议将"义和拳"改名为"义和团"，获得朝廷默许，当时最大的一支由朱红灯率领的义和拳遂于次年改名为"义和团"。从此"义和拳"改称"义和团"，"拳"有斗争的意思，而"团"则为"团结"，意思是像以前的团练、民团一样保家卫国。张汝梅和继任巡抚毓贤对待义和团都只处分首领，不责难团众，毓贤甚至认为"与教民为难者即系良民"，还公开宣布"民可用，团应抚"，给义和团颁发"毓"字大旗，乃至惩办了镇压义和团的一些官员，这致使义和团进一步在山东各地发展壮大，也进一步引发了更大的反教运动。

在外国公使的抗议下，毓贤不久被撤职，改由袁世凯接任山东巡抚。袁世凯一向心狠手辣，认为义和团是"左道邪教"，又将他一手训练的新军带到山东，因此他对义和团予以严厉镇压。拳民对袁世凯恨之入骨，纷纷痛骂道："杀了袁鼋蛋，我们好吃饭。"在他的镇压下，山东各地义和团拳民纷纷逃往隔壁直隶，而直隶总督裕禄比较庸碌又无军队可用，此地民教矛盾又格外激烈，"大多数教徒都集中在与山东交界的直隶东南部耶稣会传教的地区"②，因此义和团反而在直隶迅速壮大，如李鸿章当时称赞袁世凯所言："幽蓟云扰，而齐鲁风澄。""统计资料显示，到1900年初，仅在直隶南部的武邑县就有将近100个拳场。在随后的7个月中，义和团的势力向直隶西南部和中部迅速扩张，拳场的数量就更多了。"③而直隶临近天津、北京，这就导致义和团迅速于1900年初蔓延到天津、北京，进而于1900年夏季实际"占领"了首都北京，进而与清政府、各国公使馆"零距离"，也就有了之后的义和团攻打公使馆乃至八国联军侵华。而这在一定程度上归咎于袁世凯的"驱狼成虎"，"袁大头"继戊戌政变后又一次阴差阳错地在历史上充当了"冤大头"。

---

① 吴永：《庚子西狩丛谈》，广西师范大学出版社，2008年，第7页。
② 周锡瑞著，张俊义、王栋译：《义和团运动的起源》，江苏人民出版社，2021年，第91页。
③ 柯文：《历史三调：作为事件、经历和神话的义和团》，江苏人民出版社，2000年，第31、32页。

义和团之所以迅速兴盛也因它自身特点所致，最大的特点即义和团是"神拳"，如那流传最广的义和团揭帖开头第一句便是"神助拳"，即义和团乃神仙授意相助。如何证明义和团是"神拳"？最大的一个证据是义和团可以"降神"，"仙出洞，神下山，附着人体把拳传"。"义和团宗教活动的核心是降神附体"①，即神可以降临到义和团成员身体内，如"据另一个目击者声称：他们'忽然如发马脚之状，面红眼直视，口喷白沫，呼呼嘻嘻，飞拳踢足'"②。"降神"过程中有点灯、烧香、磕头、贴符、焚表等很多仪式，可降的神主要来源于《封神演义》《西游记》《三国演义》等通俗小说和民间戏剧，包括玉皇大帝、如来佛、孙悟空、猪八戒、二郎神、哪吒、姜子牙、关羽、张飞、赵云、秦叔宝、岳飞、刘伯温、黄天霸、天、地、日、月等，甚至还包括健在的支持义和团的前山东巡抚李秉衡。

　　"降神""跳大神"是中国民间长期以来的"传统文化"，很多国人尤其是底层民众都相信"降神"，尤其是相信可以"降神附体治病"，如之前太平天国迅速崛起便得力于杨秀清的"天父下凡"、萧朝贵的"天兄下凡"，所以很多民众相信义和团的确可以"降神"。"而大水过后的疾病流行，特别是霍乱的流行，使得以看病为其主要活动之一的神拳得到了一展才华的绝好机会。精神与肉体的极度悲苦与这场大规模的自然灾害结合起来，为民众活动的兴起、为人们要逃离现实苦难的愿望提供了滋生环境。而神拳确实给人们带来了某种希望。"③

　　义和团可以"降神"、是"神拳"的一个直接有力证据，是义和团成员法术高超尤其是可以刀枪不入。传义和团"法力甚大，不畏刀斧、能御枪炮"④，能飞檐走壁，能刀枪不入，能闭住枪炮，能随意点火，也能起死回

---

① 柯文：《历史三调：作为事件、经历和神话的义和团》，江苏人民出版社，2000年，第83页。
② 周锡瑞著，张俊义、王栋译：《义和团运动的起源》，江苏人民出版社，2021年，第369页。
③ 周锡瑞著，张俊义、王栋译：《义和团运动的起源》，江苏人民出版社，2021年，第283页。
④ 佚名《天津一月记》，《义和团》，转引自止庵：《神拳考》，华东师范大学出版社，2016年，第67页。

生,"团言大师兄有法力,将手一指,大炮全喑,其膛口惟出黑水而已"①。传义和团首领曹福田、张德成法力更强,能隐身分身,还能用秫秸当宝剑,只需一指便使敌人头颅纷纷落地,更有"海干和尚""能令海水无点滴"。传义和团女将红灯照还会在空中飞行,在水上行走,她们将手中红巾一掷便可化为红灯燃起大火,"近日相传有红灯照,每晚于亥子之间,游行天空,有见者,如风筝之悬灯,或东或西,其行如飞……能游弋天空,以为起火之媒。故自有红灯照,而城内外教堂及教民之屋,相继起火"②,红灯照首领"黄莲圣母"还能用清水治伤,用手一摸死人即可复活。

实际上,义和团到底会不会法术尤其刀枪不入呢?有些成员因为练习金钟罩、铁布衫等气功可以刀砍不伤,但更多的法术其实是"魔术"、骗人,如将枪炮的火药换成自己造的假药,更多的是以讹传讹了。如果法术不灵怎么办?义和团的解释是要么因为违反了义和团纪律,要么因为妇女秽物败法,如义和团声称外国军队胜利是因为"每炮皆有一赤身妇人跨其上",要么是因为自身修炼不够。总之,"天灵灵,地灵灵",义和团法术就是灵,不灵那是你不行。

法术高超可以"降神",让当时的民众普遍相信义和团的确是"神拳",因而纷纷或加入或支持义和团,包括当时的多数士人。如编修萧荣爵说:"夷狄无君父二千余年,天将假义民尽灭之。""官无论大小,民无论男妇,大概信者十之八,不信者十之二。"③信义和团得"神助""得永生",而不信义和团、不转义和团传单者将有"灾殃","城乡练义和团,一日之间传单数至,谓传一张免一身之灾,传十张免一家之灾,见者不传吐血而亡"④,也即所谓的"转发后一生平安""不转不是中国人"。因此,焉敢不转,焉敢

---

① 黄曾源:《义和团事实》,《义和团运动史料丛编》,转引自止庵:《神拳考》,华东师范大学出版社,2016年,第67页。

② 杨典诰:《庚子大事记》,《义和团》,转引自止庵:《神拳考》,华东师范大学出版社,2016年,第63页。

③ 刘孟扬:《天津拳匪变乱纪事》。

④ 《龙关县县志》,《义和团史料》,转引自止庵:《神拳考》,华东师范大学出版社,2016年,第67页。

不信义和团？不为"神"即为"鬼"，不加入、支持"神拳"就很可能会被指为"二毛子""三毛子"，而引来杀身之祸。

"神对于义和团的意义，不仅在于它把团民整合在一起，从而使义和团成为一个集体；不仅在于它把攻击对象整合在一起，从而使义和团始终有明确的攻击方向；也不仅在于它给每一团民以最大支持，从而使得它以前所未有的精神和力量投身于这一战争；更重要的是，义和团没有理由不相信，一场体现神的意志，得到神的支持的战争终将取得胜利。"①

这是义和团兴盛的总体原因，当然每个人加入义和团也都有其具体原因。有些人是真信"神拳"，有些人是闲着没事干，有些人是跟风从众，有些人是为了借机报复平时与自己有仇的人，有的人是害怕被报复、被义和团打击，还有人是因为"当了义和团很'热闹'；有机会练武术；在轻信的众人面前表演很有乐趣；在民众面前耀武扬威会产生很大的自我满足感。然而，这些个人动机并不能替代或涵盖更多人共同拥有的一些动机，例如，对朝廷的忠诚，排外思想，以及相信义和团能够消除外来势力、结束世纪之交祸及华北大部分地区的旱灾的社会心理等"②。

这些是义和团自身原因，义和团兴盛当然也离不开清廷的放任、支持。清廷对义和团的态度一直摇摆不定，先是镇压，后又游移不决、谕旨不一，最后决定扶持义和团。之所以如此，一方面是因为义和团毕竟属于民变，而清廷向来禁止民间结社，担心义和团闹大会控制不住、危及政权；另一方面是因为义和团毕竟打出了"扶清灭洋"的旗号，矛头指向"洋人"而对大清是"扶清""兴清"，且义和团的确反映了广大民意。

所以，清廷左右为难、摇摆不定，政策前后不一。1899年11月起各国多次联合照会总理衙门，要求清廷镇压义和团，在各国压力下，清廷先是于1900年1月11日颁发了一个模糊的上谕"只问其为匪与否，肇衅与否，

---

① 止庵：《神拳考》，华东师范大学出版社，2016年，第67页。
② 柯文：《历史三调：作为事件、经历和神话的义和团》，江苏人民出版社，2000年，第95页。

不论其会不会，教不教也"①，2月19日则颁布上谕要求严禁义和团，5月28日又发布谕旨命令官兵剿灭义和团即"严拿首要，解散胁从"，6月6日则发布上谕强调义和团为国家"赤子"。

1900年6月上旬，慈禧让军机大臣刚毅、赵舒翘去被义和团占领的第一个城市涿州调查，"名为宣旨解散，实隐察其情势也"，看看义和团究竟是否法术高超，是否可信可用。赵舒翘私下里认为义和团"皆亡民无赖耳，乌可用"，但极端排外的刚毅坚信义和团可用，甚至认为他可以辖制义和团，"刚毅往涿州，遇赵舒翘于路。刚曰：我往，不过一言即了耳。赵问其故。刚曰：我问义和团，刚毅是否清官，彼必曰，是清官，我则曰，既是清官，则当听我之吩咐。"②赵舒翘为刚毅所保举，因此赵舒翘不敢忤逆刚毅，于是两人向朝廷复命时说义和团"无他心""有神术"，忠勇可嘉，神术高超，可恃可用，赵舒翘还将义和团"神功"手舞足蹈地模仿了一遍又一遍，涿州请来的大师兄则装扮成关公挥舞大刀高喊："那洋人欺压我太甚！誓把那洋鬼子杀干净！"

在被罢官来京的毓贤竭力劝说③等因素下，其他权贵如端王、庄王、徐桐等也都纷纷为义和团点赞，于是慈禧下定决心支持义和团。"皇太后昨晚在宫内召集各大臣，密议团匪乱事，为时极久。旋即议定，决计不将义和团匪剿除。因该团实皆忠心于国之人，如予以上等军械，好为操演，即可成为有用劲旅，以之抵御洋人，颇为有用。当定议时，只荣相、礼王不以为然，又因势力不及他人，故不能为功。余如庆王、端王、刚相、启、赵二尚书等，俱同声附和，谓断不可剿办团匪。"④慈禧自己也渐渐真的信了义

---

① 《义和团档案史料》上册，第56页，转引自周锡瑞著，张俊义、王栋译：《义和团运动的起源》，江苏人民出版社，2021年，第344页。

② 黄曾源：《义和团事实》，《义和团运动史料丛编》，转引自止庵：《神拳考》，华东师范大学出版社，2016年，第93页。

③ 毓贤被罢官后在京游说各个王爷，受到英雄般欢迎，他还亲自表演生吞两条活鱼的"神功"，获得王爷们纷纷点赞和慈禧亲手书写的"福"字，后调任山西巡抚。参见王树增：《1901》，人民文学出版社，2011年，第174页。

④ 佐原笃介：《拳乱纪闻》。

和团,"嗣由庄王请旨令大师兄上法入宫演习,孝钦亲自命枪不中,然后深信不疑"①,"津团有捷音,佛心欢喜,命大阿哥向东南方叩谢,此团规也,可谓笃信矣"②。

慈禧及端王、庄王、徐桐、刚毅等人之所以相信、支持义和团,主要原因在于他们虽身在高位却像底层民众一样愚昧无知,他们和义和团有着相同的文化惯习、思维方式、"操作系统",一样排外、守旧、信"神",而且越守旧就越偏执越排外。如刚毅声称"夷人无种矣!天下自是当太平"。八十多岁的守旧派领袖徐桐"每见西人,以扇掩面",他见到同事戴眼镜不高兴,见到儿子抽洋烟则罚跪,曾有名言:"所谓西洋各国,除意大利真有其国外,其余都是汉奸捏造出来吓唬人的。"还称"西班有牙,葡萄有牙,牙而成国,史所未闻",并在自家大门贴上对联:望洋兴叹,与鬼为邻。徐桐甚至相信"阴门阵","徐荫轩相国传见翰林,黄石荪往,遇山东张翰林曰:东交民巷及西什库,洋人使妇女赤体围绕以御枪炮。闻者匿笑,荫老信之"③。他不但相信"阴门阵",还在退朝后召集翰林"演说阴门阵",差点就亲自演练"阴门阵"了,对此"四座生徒亦粲然"④。而当时思想比较开明的朝廷官员大多因戊戌政变被罢被斥,这也使得守旧派更加得势、嚣张狂妄,如监斩"戊戌六君子"的刚毅在戊戌政变后权势滔天,实际担任首席军机大臣,"一人主持于上,虽以荣中堂之见信于太后,亦不能与刚毅争执"⑤。

而且就像拳民加入义和团各有自己动机一样,这些朝廷大员及慈禧支持义和团其实也各有自己的"小算盘",如"学问淹通"的赵舒翘其实不信义和团,但他出于自保——"劫于刚势,不敢立异"⑥——而睁眼说瞎话;刚毅认为端王载漪将来必定执掌朝政而投其所好,且他在戊戌变法时受过光

---

① 赵声伯:《庚子纪事长札》。
② 叶昌炽:《缘督庐日记》,转引自止庵:《神拳考》,华东师范大学出版社,2016年,第120页。
③ 高树:《金銮琐记》。
④ 黄濬:《花随人圣盦摭忆(上)》,中华书局,2013年,第32页。
⑤ 中国史学会:《戊戌变法》第3册。
⑥ 吴永:《庚子西狩丛谈》,广西师范大学出版社,2008年,第142页。

绪痛斥而对光绪怀恨在心；徐桐之所以成为义和团的铁杆粉丝，是因为他认为义和团能发扬"忠孝节廉"等"优秀传统文化"，如他赠送义和团"大师兄"的对联所言"创千古未有奇闻，非左非邪，攻异端而正人心，忠孝节廉，只此精诚未泯；为斯世少留佳话，一惊一喜，仗神威以寒夷胆，农工商贾，于今怨愤能消"，且他是"大阿哥"的师傅，还想更加赢得慈禧欢心而入军机处；而慈禧、端王之所以支持义和团其实主要因为贪图权力。

戊戌政变后，慈禧并非垂帘听政而是直接训政，即在皇位旁边再设一个座位与光绪并坐，且她认为光绪背叛自己，一直想废黜光绪，迎合慈禧的徐桐甚至建议封光绪为"昏德公"。1899年12月24日，慈禧召集军机大臣、各部尚书、内务大臣及一些王公商议废立之事，她说："今之上立，国人颇有责言，谓不合于继嗣之正。况我立之为帝，自幼抚养，以至于今，不知感恩，反对我种种不孝，甚至与南方奸人同谋陷我，故我起意废之，选立新帝。"但此举遭到刘坤一、孙家鼐、荣禄等重臣反对，刘坤一说"君臣之分已定，中外之口难防"，孙家鼐"独持不可"为此称病归乡，荣禄甚至说"必欲议废立，请先斩臣"，更遭到外国反对①。各国认为光绪开明，"认定光绪二字，他非所知"，英国通知清廷如果光绪遭遇不测将在西洋各国产生不利于中国的后果，日本表示如果光绪被废一定干涉，法国甚至派医生来为光绪诊治，认为并无大病，只是患有"微恙"的慢性肾炎②。荣禄后来建议了一个折中办法，立端王载漪之子溥儁为"大阿哥"（满语，"皇长子"的意思）以随时接替光绪的帝位，于是1900年1月24日清廷下旨立溥儁为"大阿哥""以绵统绪"，并预谋于这年元旦废黜光绪、改元"保庆"，史

---

① 日本和西方列强总体上支持中国维新变法，"日本国内有一批人一直希望中国强大起来，这样日本可以和中国一起联手对抗西方。西方国家也乐见中国按照西方的模式进行现代化改革⋯⋯如果中国的改革能够促进市场化规则的确立，那么西方人和中国人进行贸易交流就更方便，他们所能获取的利益也就更多"，引自张鸣：《重说中国近代史》，台海出版社，2016年，第166页。

② 光绪当时的确患有肾炎，之前清廷御医和各省名医也诊断光绪肾亏遗精，因此光绪一直不能生育，张荫桓也曾说光绪病势渐成虚损。但这病虽然是绝症也并不致命。

称"乙亥建储"①。

此举也遭到很多反对,"刊印公议万纸,分布于通衢,以为可惊可骇之事,莫此为甚"②。各地士民皆有抗争,如上海电报总办经元善③联合章太炎、蔡元培、黄炎培、唐才常等1231人致电北京王公大臣,抗议"名为立嗣,实则废立",请光绪"力疾临御,勿存退位之思",还通告全国各省希望共同抗争、保全光绪;康有为领导的保皇会也征集百万华侨签名,一起通电北京:"无罪见废,大众公愤,如若不听,立意起兵勤王。"各国对立"大阿哥"一事更是非常冷淡,溥儁的父亲端王通知各国使节前来"朝贺",结果预备了茶点等了三天三夜没有任何使节捧场。这让端王、慈禧很没面子,觉得"洋人欺人太甚","自是载漪之痛恨外人也,几于不共戴天之势",他们因此决定依仗"扶清灭洋"的义和团来灭"洋人威风",来一吐多年被"洋人"欺负的"怨气"。慈禧之前就因英日帮助康梁逃脱等事对列强"旦夕切齿,未尝一日忘报复"④,如据盛宣怀本人所记,1899年10月5日,慈禧在召见盛宣怀时多次说"外国人欺我太甚"⑤,"所以她对于这次外国人不来参

---

① 当然,也可以"善意"地理解"乙亥建储",如学者马勇在《叠变》一书中所言,光绪当时也的确病情恶化需要静养又无子嗣,"而清政府繁琐的日常典礼实在太多了,所以如果有一个大阿哥代劳,至少可以使朝廷日常事务重回正常状态。这是立大阿哥的真实原因,是为光绪帝的身体而着想,这个想法在很大程度上应该是光绪帝本人的主意"(引自马勇:《叠变:鸦片、枪炮与文明进程中的中国(1840—1915)》,中国大百科全书出版社,2022年,第214页)。

② 《安民篇》,《新闻报时务通论国事》六,第4页。

③ 经元善(1840—1903),他经商多年成为巨富,并长期主持上海协赈公所,组织多次重大义赈,1882年被委任为上海电报局总办。他素来支持维新变法,亲手创办上海经正女学,开创中国女学。1900年他的领衔发电让清廷震怒,下令捉拿经元善又抄没了他的家产。经元善逃往澳门,一度被囚禁,但在华侨及兴中会谢缵泰等人营救下很快被释放,1902年回到上海后身体每况愈下,次年病逝。此外,慈禧还下令通缉其他50余位联名通电的绅商,启蒙思想家宋恕当时将其比作明末抓捕东林党。

④ 侯宜杰:《清末立宪运动史》,辽宁人民出版社,2020年,第13页。

⑤ 慈禧憎恶外国人,是因为她觉得外国人常常批评、干涉她的统治,还因外国传教士在中国不守法度、破坏习俗,她还觉得外国人看不起中国人,如认为外国使节夫人傲慢无礼。但慈禧积极接受了西方先进物质文化,宫内装了电话、电灯,喜欢喝咖啡,骑自行车,坐火车、汽车。参见马平安:《慈禧与晚清六十年》,新世界出版社,2017年,第221—225页。

加庆祝会，便以为是最大的无礼，最大的敌意"①。

　　本质上，慈禧、端王以及在戊戌政变中得罪了光绪的刚毅、徐桐等顽固派其实是想借义和团之手来废光绪，立"大阿哥"为帝，从这个层面讲，义和团运动其实是戊戌政变的演化发展，"庚子年'拳匪之乱'是中国顽固势力的总动员"②。另外，"爱屋及乌"，慈禧一向喜欢看戏，素来迷信鬼神，京剧即是在慈禧欣赏、支持下成为第一国粹的，戏剧也给了慈禧最基本的教育，这可能也是她认同如戏曲般"表演"的义和团的原因之一。这即所谓的"上半身慈禧，下半身义和团"，他们有着同样的知识结构、信仰体系，本是"同一人"。"慈禧执政四十年，重大战略错判，究竟原因，虽有载漪等人的鼓噪，但主要原因还是在慈禧自身。一个嗜权如命的人，一个衰落的王朝，没有了自我革新的机制，就像一个非常怕死，身体又极度虚弱之人，已经丧失了生命机能，各种怕，怕光、怕声、怕水……排外，根本还是缘于骨子里的自卑与恐惧，是制度与文化缺乏自信的表现。清朝的天朝大国气象，早被西方文明击得粉碎。"③

　　在清廷的纵容、支持下，义和团在北京像野火一样迅速蔓延，进而形成燎原之势。北京的拳民一度超过十万，上至王公大臣，下至黎民百姓，内至太监宫女，外至清军，"几乎无人不团"，"盈廷惘惘，如醉如痴，亲而天皇贵胄，尊而师保枢密，大半尊奉拳匪，神而明之，甚至王公府第，闻亦设有拳坛"④。义和团实际上已成为北京、天津等地新的统治者，"京师里九外七各城门，皇城各门，王公大臣各府，均派义和团民驻守"⑤。慈禧配了护身符，亲画"灵符"，日夜"念咒"，据说每天念咒达70多次，每念一次身边李莲英就附和道咒死了一名洋人，她还"对义和拳的头目嘉勉备至，

---

① 溥仪：《我的前半生》，民主与建设出版社，2021年，第34页。
② 蒋廷黻：《中国近代史》，中国华侨出版社，2016年，第94页。
③ 陈卿美：《史上最疯狂的排外是如何产生的？|晚清陈卿美》，晚清陈卿美公众号，2019年4月30日。
④ 《斥酿乱大臣疏》，粤东侨生：《京津拳匪纪略》。
⑤ 仲芳式：《庚子纪事》，转引自止庵：《神拳考》，华东师范大学出版社，2016年，第29页。

并命令包括妇女在内的全部宫廷侍从学习他们的武艺"①；迷恋武术的载漪将自己的端王府设为义和团总坛口，与义和团拳民称兄道弟，不仅自己练拳还让家人及他统率的虎神营官兵都练拳术；奉命统率义和团的庄王载勋干脆打扮成义和团的模样，甚至跪迎义和团首领"咸执弟子礼"，庄王府也成为义和团指挥所和杀人刑场；直隶总督裕禄见了义和团首领张德成、曹福田笑脸相迎、唯唯诺诺，封其为一品衔，还拨饷20万两请义和团来津"助拳"，将自己的总督衙门变为"天下第一坛"，并下令打开天津军械库，任义和团挑选兵器。据说裕禄还遭到船妓出身的红灯照首领"黄莲圣母"的痛斥，"她斥责时，裕禄连连点头，跟那捣蒜锤子一样"②，还向她行三跪九叩之礼。

"有权不用，过期作废"，权力是最好的"神药"，义和团有了权力便在北京、天津等地大肆"灭洋"，为所欲为，由此"山河一片红"。"民心蓄怒已久，不同而同，闻灭鬼子杀教民，人人踊跃思奋"③，他们拆教堂，烧洋宅，禁洋货，杀"洋人"和教民，"杀一男洋人，赏银五十；杀一女洋人，赏银四十；杀一洋婴，赏银二十"④，拆毁京师同文馆和大学堂，捣毁铁路、电线、机器、轮船等"洋物"……凡是带"洋"字的和"洋"沾边的统统要被义和团消灭，很多洋货被迫改名，如人力车改为太平车，售卖洋货者纷纷用红纸将招牌上的"洋"字糊上或改成"广"字，东交民巷被改名为"切洋鸡鸣街"，很多外国书被迫烧掉，如当时年仅七岁的梁漱溟将所有的英语课本全部偷偷烧毁。很多人仅仅因为带铅笔、眼镜、洋烟、洋纸、洋伞等洋货，就被指为是"二毛子"而被杀害，"曾有学生六人，仓皇避乱，因身边随带铅笔一支，洋纸一张，途遇团匪搜出，乱刀并下，皆死非命"⑤，有人

---

① 费正清、刘广京等编：《剑桥中国晚清史（下卷）》，中国社会科学出版社，1985年，第119页。

② 柯文：《历史三调：作为事件、经历和神话的义和团》，江苏人民出版社，2000年，第226页。

③ 刘福姚：《庚子纪闻》，《义和团史料》。

④ 王树增：《1901》，人民文学出版社，2011年，第213页。

⑤ 佐原笃介、沤隐：《拳事杂记》，《义和团》第1册。

"有洋书两箱,亦被团众用刀斫"①,甚至有"一家有一枚火柴,而八口同戮者"②,"其杀人之法,一刀毙命者少,多用乱刀齐下,将尸剁碎,较之凌迟处死为尤甚"。

如何判断是不是"二毛子"呢?烧香焚表的纸灰飞不起来即是,额头有纹即是,甚至义和团说你是就是、不是也是,乃至义和团的铁杆粉丝徐桐都被义和团抄家公审而磕头求饶,大臣荣禄、王文韶、孙家鼐、立山等人的府邸都被焚毁,二品高官神机营副都统庆恒虽和端王关系亲密,可他全家十三口也都被义和团所杀……义和团还要杀"一龙二虎三百只羊","一龙"即光绪皇帝,因"义和团既籍仇教为名,指光绪帝为教主"③,"二虎"即不认同义和团的庆亲王奕劻和李鸿章,"三百只羊"即跟"洋人"有关的官员,义和团声称只有十八个官员可以活。一心想当太上皇的端王载漪甚至带着六十多名义和团拳民闯进皇宫要抓光绪,乃至"呼帝为鬼子徒弟",在怕引起轩然大波的慈禧干涉下才得以制止,慈禧怒斥载漪:"尔即自为皇帝乎?胡闹至此,亦复成何体制。"④"但是这条'龙'也就生不如死了。他不但在御前会议中遭端王、庄王的折辱,据说连个年方十四的'大阿哥'也指着他叫'二毛子。'"⑤有一次,"大阿哥"还在背后重重拳击了光绪,使得光绪倒地不能起来,慈禧得知后也只是打了"大阿哥"二十棍。

对于"洋人"及教民,义和团更是"绝不宽恕",一个都不放过,"洋人教士教民,分大毛子、二毛子、三毛子,遇之杀无赦"⑥。"大毛子"即"洋人","二毛子"即信教的中国教民,"三毛子"即"通洋学""谙洋语""用洋货""行洋礼"者。义和团既然是"神拳",是神授意,那它的敌人"大毛子、二毛子、三毛子"自然是与"神"相对应的"鬼",因此义和团"替天行道",消灭"鬼子",绝不留情。"义和团之杀教民毛子也,备诸酷虐,

---

① 佐原笃介、沤隐:《拳事杂记》,《义和团》第1册,第289页。
② 柴萼《庚辛纪事》,《义和团运动史事要录》。
③ 吴永:《庚子西狩丛谈》,广西师范大学出版社,2008年,第136页。
④ 许指严:《十叶野闻》。
⑤ 唐德刚:《从晚清到民国》,中国文史出版社,2015年,第259页。
⑥ 罗惇曧:《拳变余闻》,《庚子事变文学集》。

锉舂、烧磨、活埋、炮烹、支解、腰杀,殆难尽述。京西天主堂坟地,悉遭发掘,若利玛窦,庞迪我,汤若望,南怀仁诸名公遗骨,无一免者。胜代及本朝御碑,皆为椎碎。保定属有张登者,多教民,团匪得其妇女,则挖坑倒置,填土露其下体,以为笑乐。"①利玛窦、汤若望、南怀仁等著名传教士生前在中国受到很高礼遇,他们无论如何也不会想到自己尸骨无存。

而与此同时,瑞典设立了诺贝尔奖,美国莱特兄弟在试飞飞机,法国巴黎正举行万国博览会,法国工业部长儒尔·罗什在博览会开幕式上说:"世界变得越来越小,距离变得越来越短,邻居也就越来越近,因此了解自己的邻居也就变得越来越重要。如果一个人对周围的邻居一无所知或知之甚少,他将面临危险。"中国参展万国博览会的物品包括烟枪烟灯、长刀刑具,知县衙门、城隍庙等微型建筑,以及缠足妇女、绿营兵、翰林学士等人物泥塑。这同时发生的魔幻,宛如两个世纪、两种文明的对话,也是现代社会与传统社会的对照。

二、联军侵华:"有谁料到今天竟到这般地步"

"星星之火,可以燎原",义和团如星星之火在全国尤其是北京燎原,形势一日千里、急剧恶化。

1900年5月31日,英、美、法、俄、日、意六国军队400人应各国公使要求,入京保卫公使馆,6月3日清廷明令停止清剿义和团,6月7日俄军4000人赶往天津,6月9日慈禧将有很多士兵参加了义和团的甘军调回北京城内,并让端王主持总理衙门,让态度"软弱"的奕劻、廖寿恒退出。6月10日,驻天津的各国领使组织2000人的联军,由英国海军司令西摩尔带领,乘火车增援北京公使馆。因为铁路被拳民破坏,西摩尔所率联军受阻于天津城外的杨村、廊坊一带,与清军及义和团战斗不利而撤退,史称"廊坊大捷"。6月11日,日本驻华使馆书记杉山彬因被疑是间谍被甘军开

---

① 佐原笃介、沤隐:《拳事杂记》,《义和团》第1册,第241页。

腹剖心。6月13日，义和团大举进入北京内城，烧毁11所教堂，还对死去的传教士掘墓毁尸，3200多名天主教徒逃入西什库教堂，2000多名基督教徒逃入东交民巷的使馆区。6月14日，义和团袭击公使馆，公使馆向拳民开枪。6月15日，公使馆全面出击，杀死数百名义和团拳民。6月16日，义和团放火本想烧北京前门的一家西药店，结果几千家商铺被烧成废墟，24家铸银炉厂也被全部焚毁，导致北京所有钱庄被迫歇业，还有无数教民以及无辜者被义和团屠杀。6月17日，东城4000多家商铺又被义和团放火烧毁，慈禧看到局势如此恶化，便发布上谕要求刚毅、董福祥对义和团"亲自开导，勒令解散，其有年力精壮者，即行招募成军，严加约束"，而当天天津大沽炮台外列强海军发出最后通牒，要求清军次日交出大沽炮台否则将武力夺取。6月19日，慈禧接到列强对大沽炮台的通牒怒火中烧，随即她又接到一份伪造的各国要求她归政的照会①，更是"红颜一怒"道"外人无礼至此，予誓必报之"②，而决心与各国开战，"等亡也，一战而亡不犹愈乎"。

"东风吹，战鼓擂，当今世上谁怕谁。"1900年6月19日，清廷召开御前会议，慈禧及多数大臣大哭大叫，"开战就开战，谁怕谁"，而萎靡了很久的光绪则阳刚起来，坚决反对开战，称"断无与各国同时开衅之理"。在光绪的鼓舞及慈禧"诸臣有何意见，不妨陈奏"的鼓励下，兵部尚书徐用仪、户部尚书立山、礼部侍郎许景澄、内阁学士联元、太常寺卿袁昶也纷纷反对开战，认为"奸民不可纵，外衅不可启"，如许景澄说："臣就据实而言，依大清目前的实力，似难敌其中一国，更不用说数国联军了。臣以为和为上策。"联元则直接说："如与各国宣战，恐将来洋兵杀入京城，必致鸡犬不留。"光绪更是走下龙椅，拉着许景澄的手哽咽地说："更妥商量……天下数万万生灵，立见涂炭，汝不可不切言之。"坚决不让他去使馆区宣战，称"朕一人死不足惜，如天下何？"随后，光绪、袁昶、许景澄"三

---

① 此"照会"有四条内容，包括指明一地为光绪居住，列强代收各省钱财，列强代掌天下兵权，皇太后归政给光绪。此"照会"其实是伪造的，一说是载漪令"宣战诏书"的作者连文冲伪造，一说是荣禄得自江苏粮道罗嘉杰。

② 《景善日记》，辜鸿铭、孟森等编著《清代野史》第一卷，巴蜀书社。

人团聚共泣"，慈禧"疑二公必有何等密语刺激皇上"而怒斥道："这算什么体统？皇帝放手，毋误事。"①联元最后祈求不要与所有列强开战，实在要开战就只和信奉天主教的法国开战吧，因为天主教在华引发的民教冲突最多，"断无结怨十一国之理。果若是，国危矣！"端王对此大叫联元通敌，说杀了他"洋人"自然退去。

1900年6月20日的御前会议上，慈禧看完"宣战诏书"底稿后慷慨激昂地说："衅自彼开，国亡在目前，若拱手让之，我死后无面目见列圣……今日之事，诸大臣均闻之矣，我为江山社稷，不得已而宣战，有如战之后，江山社稷仍不保，当知我苦心，勿归咎予一人，谓皇太后送祖宗三百年天下。"②"老佛爷"慈禧把自己说成了受冤屈的"小怨妇"，意思是"如果打败了可不要怪臣妾俺呀，俺也是为江山社稷不得已而宣战"。光绪则痛哭道："如此则数千万生灵必遭涂炭，三百年宗社必致不守。"同一天，德国驻华公使克林德代表各国前往总理衙门要求保护，被大清神机营途中枪杀③，义和团和清军还向使馆区和西什库教堂开火，这意味着战争已不可避免。

1900年6月21日，清廷发布"宣战诏书"，将诏书送往英、美、法、德、意、日、俄、西、比、荷、奥匈等十一国公使馆和大清海关总税务司英国人赫德处，向"彼等"也即向大清之外整个世界同时宣战，向国民发起战争动员令：

> 我朝二百数十年，深仁厚泽，凡远人来中国者，列祖列宗，罔不待以怀柔。迨道光咸丰年间，俯准彼等互市。并乞在我国传教，朝廷以其劝人为善，勉允所请。初亦就我范围，讵三十年来，恃我国仁厚，一意姑循，乃益肆嚣张，欺凌我国家，侵犯我土地，蹂躏我人民，勒索我财物。朝廷稍加迁就，彼等负其凶横，日甚一日，无所不至，小

---

① 吴永：《庚子西狩丛谈》，广西师范大学出版社，2008年，第125页。
② 恽毓鼎：《崇陵传信录》。
③ 克林德带着翻译前往总理衙门，在走到西单时遭遇神机营霆字枪队恩海所率清兵，双方发生言语冲突，克林德被打死。八国联军攻占北京后，一位日本便衣侦探逛街时意外发现一块怀表背面刻有克林德的名字，于是抓获恩海将其处死，将其头颅运往德国。恩海在审讯中拒绝借饮酒为自己免刑而道："我万不料因此表犯案。但我因杀国仇而死，心中甚乐。汝等即杀予以偿命可也。"

则欺压平民，大则侮谩神圣。我国赤子，仇怒郁结，人人欲得而甘心。

此义勇焚烧教堂，屠杀教民所由来也。朝廷仍不开衅，如前保护者，恐伤我人民耳。故再降旨申禁，保卫使馆，加恤教民。故前日有拳民皆我赤子之谕，原为民教解释宿嫌，朝廷柔服远人，至矣尽矣。乃彼等不知感激，反肆要挟，昨日复公然有杜士立照会，令我退出大沽口炮台，归彼看管，否则以力袭取。危词恫吓，意在肆其猖獗，震动畿辅。平日交邻之道，我未尝失礼于彼，彼自称教化之国，乃无礼横行，专恃兵坚器利，自取决裂如此乎？

朕临御将三十年，待百姓如子孙，百姓亦戴朕如天帝。况慈圣中兴宇宙，恩德所被，浃髓沦肌，祖宗凭依，神祇感格，人人忠愤，旷代所无。朕今涕泪以告先庙，慷慨以誓师徒，与其苟且图存，贻羞万古，孰若大张挞伐，一决雌雄。连日召见大小臣工，询谋佥同。近畿及山东等省，义兵同日不期而集者，不下数十万人。至于五尺童子，亦能执干戈以卫社稷。彼尚诈谋，我恃天理；彼凭悍力，我恃人心。无论我国忠信甲胄，礼义干橹，人人敢死，既土地广有二十余省，人民多至四百余兆，何难翦彼凶焰，张国之威！其有同仇敌忾，陷阵冲锋，抑或仗义捐资，助益饷项，朝廷不惜破格悬赏，奖励忠勋。苟其自外生成，临阵退缩，甘心从逆，竟做汉奸，即刻严诛，决无宽贷。尔普天臣庶，其各怀忠义之心，共泄神人之愤，朕有厚望焉。

随即，清廷将义和团称为"义勇"，编为民团，发放米二万石、银十万两，命其施展法术，配合官军将"洋人"赶尽杀绝，"一改'攻剿'为'联络'，令各省'招集成团，借御外侮'"①。清廷之前都打不过"小日本"，现在之所以敢前无古人后无来者地向十一国同时"宣战"，"大张挞伐，一决雌雄"，自然是依仗义和团乃"神拳"，有神功，且"人心"可用、"民气可恃"，如"史上最勇敢的女人"慈禧所说："法术不足恃，岂人心亦不足恃乎？今日中国积弱已极，所仗者人心耳，若并人心而失之，何以立国？"②

---

① 马忠文：《荣禄与晚清政局》，社会科学文献出版社，2016年，第267页。
② 恽毓鼎：《崇陵传信录》，转引自止庵：《神拳考》，华东师范大学出版社，2016年，第95页。

只有光绪等少数清醒者知道"人心何足恃,独兹乱耳。士夫喜谈兵,朝鲜一役,朝议争主战,卒成大挫。今诸国之强,十倍日本,若遍开衅,必无幸全",光绪还说:"民气两字是虚的,怎能依靠?"

果然,如光绪所说,义和团的法术并不可靠,"民气"也不可靠。几万名义和团拳民拿着引魂幡、雷火扇、九连环、如意钩、阴阳瓶等各种法宝,采取火攻、水攻、兵攻、地道战、地雷战等各种战术,联合清军连番攻打只有四十一名士兵守卫的西什库教堂和只有四百五十名士兵守卫的公使馆,却攻了两个月都攻不进去。其中,端王组织了最精锐的八旗军,取名为神虎营,因神能驱鬼虎能吞羊("洋"),攻打北京最大教堂西什库教堂却迟迟攻不下。清廷又专门聘请了"其道最深"的五台山老和尚,挑选了几百名精壮义和团拳民和几十位红灯照女将再度进攻西什库教堂,"刚毅亦以红布缠腰、缠头,随之步行",结果"教堂内猝发数枪,正中和尚要害,堕于马下。拳匪大师兄居前者,亦被弹而倒。后队大溃,数人拖一尸而奔。红灯照幼女有被践而死者,蹂花碎玉,殊可惜也。败北者一拥出西安门。刚毅立不能稳,足不能动,力抱门柱而立。一老阉人不知其为宰相也,曰:'你老先生如此年纪,亦学此道,何自苦也。'"①"端王以教堂不能下,愤甚,乃命工以木杆起四面炮台,请巨炮名大将军者,实铅弹如斗以攻之,弹着屋瓦,不能透。复命挖地道,以棺实火药然之。教堂毁去一屋,死教民数十人,仍不能下。"②

当然,西什库教堂和公使馆之所以久攻不下,也要归功于反对义和团的荣禄并非真心想攻打,机警狡诈的他明白如果真要打下来将来肯定会怪罪于他。所以,身为武卫五军③总节制的荣禄刚开始只让没有大炮的甘军攻打,还让甘军朝天放枪,甘军首领董福祥找荣禄借大炮,还被义兄荣禄奚落道:"炮固然在,不断吾头不可得。"后来虽有了大炮,但炮弹大多是并不

---

① 陈恒庆:《清季野闻》,《义和团史料》。
② 陈恒庆:《清季野闻》,《义和团史料》。
③ 戊戌政变后,清廷将京郊五大军队改编为武卫全军,以宋庆部为武卫左军,以袁世凯部为武卫右军,以聂士成部为武卫前军,以董福祥部为武卫后军,荣禄自率武卫中军且总领全军。

爆炸的实心弹且多穿越房顶而过。再后来端王调来威力极大的"开花大炮"，"官场老司机"荣禄对负责开炮的天津总兵张怀芝说："横竖开几炮，反正里面（慈禧）听到响声就是了。"张怀芝心领神会，将大炮目标锁定为使馆后面的空地轰了一天一夜。后来，荣禄还派人向公使馆送过西瓜、蔬菜、大米、面粉等慰问品，看得口渴如焚的清军气愤不已。甚至一度在使馆区外面立了个牌子，上书"奉旨保护"，还派人与驻京公使建立联系。

"功夫不负有心人"，果然，战后荣禄因此逃脱了列强的"惩凶"。这其实也正合慈禧心意，她后来就此称赞荣禄"国家不亡，实彼之力"，还说："火气一过我也就回转头来，处处留有余地。我若是真正由他们尽意地闹，难道一个使馆有打不下来的道理？"①慈禧后来还对曾被围在使馆中的使节夫人遭遇"表示极大同情，并且和她们一边说话，一边流泪"②，并承认"这是我一生中唯一的错误。不过因为一时的不当心，使我铸成了这大错。以前我是一块洁白无瑕的美玉，人人都称赞我对于国家的丰功伟绩，但自从这事以后，美玉上就有了污点，并终生不能洗除。我时时为这事懊丧不止"③。

因此，有人认为："事实上，清军攻打大使馆，并不是你死我活的战争，而是清廷'以战促和'的一种策略，慈禧希望通过给京城的洋人施加压力，让列强主动进行和谈，迫使八国联军放弃进攻北京的计划。"④据最新资料，当时光绪还写下致美国总统的亲笔信，希望美国出面调解，并辩解义和团攻击外国使馆没有得到政府支持，"希我们诚恳率直地致信于您，望阁下想方设法，采取行动，协调各国一致为恢复秩序与和平作出努力"⑤。这个亲笔信虽然是光绪所写，但无疑获得了慈禧授权，可见清廷当时态度的确暧昧，

---

① 吴永：《庚子西狩丛谈》，广西师范大学出版社，2008年，第141页。
② 马士：《中华帝国对外关系史（三）》，张汇文译，商务印书馆，1963年，第388页。
③ 德龄：《清宫二年记》，中国人民大学出版社，2012年，第181页。
④ 陈卿美：《清军攻打大使馆，交战双方如何沟通｜晚清陈卿美》，晚清陈卿美公众号，2019年6月19日。
⑤ 参见陈卿美：《光绪为什么要向美国总统求救》，晚清陈卿美公众号，2019年6月19日。该文还写道："后来美国也确实帮助了中国。美国的做法总结起来，主要有两点，一是强调要保持中国的领土完整和行政完整，要求西方各国不要瓜分中国。二是美国将中国的战争赔款控制在两亿以内。结果，第二条没有成功，第一条基本成功。"

光绪还以皇帝的名义向俄日英法德等国分别发出国书,希望各国"设法维持""挽救时局"。

无论背后真相如何,攻打教堂、公使馆的义和团和清军确是屡屡败阵,而攻打天津、北京的外国联军则所向披靡、势如破竹。日本、俄国、英国、美国、法国、奥地利、意大利等七国组成联军于1900年6月19日攻占大沽炮台,清军守军数千人全部阵亡,守军司令罗荣光服毒自杀前杀其眷属曰"不可使辱于敌"。7月14日联军伤亡750余人,甚至使用毒气弹攻占了天津,联军部队中还有一支隶属英军的两百多人的华勇营,直隶总督裕禄不再庸碌,在逃跑途中羞愤自杀。直隶提督聂士成率最精锐的武卫前军也即甲午战争中唯一打过胜仗的清军血战八昼夜,反对义和团的他将"刀枪不入"的义和团列为前锋,义和团向前冲有联军子弹,向后跑有聂军机枪而死伤无数。义和团也不甘示弱,将聂士成的母亲、妻子、女儿等家人抓走,加入了义和团的部下还向他开枪。前后为难的聂士成换上黄马褂决意战死,称"此吾致命之所也,逾此一步非夫矣",最后身中多弹,"肠出数寸",壮烈牺牲,是淮军最后一位名将,也是清朝最后一位战死沙场的大将,"盖庚子死事大员,疆场马革,惟聂公最得其正也"①。

近两万联军于8月4日向北京进发,沿途15万多名的义和团拳民和清军虽"士气高扬,英勇抵抗",却不堪一击、纷纷溃散,赶来"勤王"的主战派代表李秉衡"仰药死之",如愿实现了"但拼一死",他遗书中说自己"上负朝廷,下负斯民,无可逃罪。若再偷生,是真无心人矣"②。8月14日,联军进攻北京,北京守城兵力十万余人,是联军的八倍,清军还配备当时最先进的克虏伯野炮、毛瑟枪等武器,联军原计划用两年时间攻占北京,可最终仅死亡91人,仅用两天即于8月16日占领了北京,后面的德军都没来得及赶上这支七国联军。联军占领北京后,义和团拳民换掉衣服,扔掉棍棒,纷纷逃亡,"一日一夜之间,数十万团民踪迹全无,比来时尤觉迅速也"③。慈

---

① 吴永:《庚子西狩丛谈》,广西师范大学出版社,2008年,第38页。
② 唐德刚:《从晚清到民国》,中国文史出版社,2015年,第276页。
③ 《庚子纪事》,中华书局,1978年,第31页。

禧也携光绪等皇室，换上农家衣服，乘骡车"西狩"，逃往西安①，临行前感慨道："有谁料到今天竟到这般地步。"

临跑前为泄愤，狠毒的慈禧下令杀了反对开战的徐用仪、立山、许景澄、联元、袁昶等五大臣②，还不顾光绪下跪求情，命太监将光绪最爱的珍妃推到井里淹死③，据说"又欲杀奕劻、王文韶、廖寿恒、那桐，会城破而免"④，"别看老娘我外斗外行，内斗我却内行。都是光绪和你们五大臣惹的

---

① 据王照《方家园杂咏纪事》，"悲愤之极"的光绪本不想逃走，他说："无须出走，外人皆友邦，其兵来讨拳匪，对我国家非有恶意。臣请自往东交民巷，向各国使臣面谈，必无事矣。"并换上朝服准备前往使馆谈判，但不被慈禧允许，"严禁出户，旋即牵连出狩矣"。假如光绪出面与联军议和，《辛丑条约》所赔必然大幅降低，大清也不至于太快灭亡。

② 1900年7月28日，许景澄、袁昶被以"勾结洋人，莠言乱政，诸多离间"等罪名处死，许景澄在被抓前将他经手的存在俄国银行的四十万两白银取出交还国库；8月11日，徐用仪、立山、联元又被处死。史称这五人为"庚子五忠"，与"戊戌六君子"齐名。许景澄、袁昶不仅在御前会议上多次反对与各国开战，还与东南督抚频繁沟通而透露消息，并联合上折强调要保护公使，痛斥徐桐、刚毅等人误国，要求"先治以重典"，表示"臣等虽死，当含笑入地"。袁昶在狱中问许景澄："人生百年，终有死。死本不奇，所不解者，吾辈究何以致死耳？"许景澄笑答："死后自知爽秋何以不达耳。"徐用仪在看见许景澄、袁昶被杀后为其收尸哭丧且终日愤愤不平，将家人送回原籍，在家书中写道："以老年而处此危地，生死在所不计，只可听之于天"。联元反对立"大阿哥"，与光绪亲近，认为"匪气不可用"，使臣不可杀，被称为"满奸"。立山本为慈禧所信任，但因"主和"与载漪对骂，被载漪污蔑为家中藏有外国人。这五位大臣位高权重且并未像肃顺、谭嗣同一样挑战慈禧权力却照样被慈禧处死，显示慈禧当时已气急败坏、歇斯底里，也或因慈禧担心她离京逃跑后主和派与外国人"勾结"而对她不利。袁昶死前对监刑的徐之子徐承煜说"予死而无罪，汝辈狂愚，乱谋祸国，罪乃当死也。予名将长留于天壤，受后人之爱敬……勉为之，吾待公于地下矣。"，还称"你们将来死得连一只老鼠都不如"。后来徐桐一家相约自杀，徐承煜却在父亲徐桐自杀后逃走，但最终还是被抓，被就地正法，死前他不肯就刑，在地上打滚，真连老鼠都不如。李鸿章回京议和时命人料理许景澄、袁昶等人丧事，各国使节纷纷吊唁。次年，清廷为"庚子五忠"平反，"开复原官，以示昭雪"。

③ 慈禧为什么要下令将珍妃推到井里淹死？据金易、沈义羚《宫女谈往录》所记，慈禧后来的解释是说当时她只是说气话，是太监总管"崔玉贵逼能硬把珍妃扔下去的"，而因此事被赶出皇宫的崔玉贵说："这是老太后深思熟虑要除掉珍妃。"慈禧对珍妃说："你年轻，容易惹事！我们要避一避，带你不方便。"电影《宫廷秘史》中对此演绎是因为珍妃不肯逃走并劝说光绪留下主持大局（当年咸丰逃跑时，慈禧也曾劝过咸丰留力战，称"今若遽弃京城而去，辱莫甚焉"，可咸丰却没杀她）。慈禧先骗光绪说将来会还权给他且珍妃已上车，而让不肯走的珍妃自杀免得被"洋人"凌辱有损皇家颜面，珍妃不肯自杀便被慈禧下令推到井中。无论到底是什么原因，珍妃之死显示了慈禧的阴毒无情，也显示了她依旧没有原谅光绪，毕竟珍妃是光绪最珍爱的人。珍妃香消玉殒时仅24岁，后来被"西狩"归来的慈禧赐谥号"恪顺皇贵妃"。慈禧死后，珍妃的姐姐瑾妃将其迁葬于光绪坟墓崇陵。据黄濬《花随人圣盦摭忆》，慈禧曾梦见珍妃"扼其喉，肿，因设神位祀之"（黄濬：《花随人圣盦摭忆（上）》，中华书局，2013年，第138页）。

④ 吴永：《庚子西狩丛谈》，广西师范大学出版社，2008年，第27页。

祸，洋鬼子不让我好过，我也不让你们好过"。她翻脸比翻书还快，在逃亡路上很快发布上谕称"此案初起，义和团实为肇祸之由，今欲拔本塞源，非痛加铲除，严行查办，务绝根株"①，命清军协助联军一起镇压义和团，仿佛"圣母皇太后"真是纯洁无辜的"圣母"。途中，她还大言不惭地说她利用义和团的目的是保护光绪：

> 载漪有一次居然同我抬杠，险些儿把御案都掀翻过来。这时我一个人，已作不得十分主意，所以闹到如此田地。我若不是多方委曲，一面稍稍的迁就他们（义和团），稳住了众心，一方又大段的制住他们，使他们对着我还有几分瞻顾；那时纸老虎穿破了，更不知道闹出什么大乱子，连皇帝都担着很大的危险。②

三、《辛丑条约》签订："国家以来未有之奇变"

八国联军占领北京，大清这艘"破船"驶进了最危险的漩涡中，随时都有可能被吞没。而惹下滔天大祸的义和团和慈禧拍拍屁股跑了，给他们"擦屁股"、收拾烂摊子的还得是专业"卖国"二十年的李鸿章。

甲午战败后因签订《马关条约》，李鸿章被举国视为"卖国贼"而被剥夺要职，闲居贤良寺，甚至被削夺专折奏事权，李鸿章的儿子李经方甚至被传为成了日本天皇驸马。戊戌变法时期，李鸿章虽然不认可康有为的激进变法主张，但也同情维新变法，乃至要捐款两千两白银加入强学会，被拒后又捐金一千支持上海强学会，还曾私下里告诫康有为要小心荣禄，要养壮士住深室，并力荐康有为担任京师大学堂总教习，在康有为离京时还派人送行。戊戌政变后，李鸿章救了徐致靖、张元济③等"康党"，"逢人辄语云：康有为

---

① 何瑜：《百年国耻纪要》，北京燕山出版社。
② 吴永：《庚子西狩丛谈》，广西师范大学出版社，2008年，第134、135页。
③ 张元济（1867—1959），26岁中进士，1894年任刑部主事，后任总理衙门章京，创建通艺学堂讲授英语、数学等西方知识。维新变法时期，张元济也积极主张变法，曾与康有为一起被光绪接见，曾上奏变法总纲五条，还曾被推荐拟任京师大学堂总办但他未接受。戊戌政变后，张元济被"革职，永不叙用"，在李鸿章、盛宣怀帮助下出任南洋公学译书院院长，1902年入职商务印书馆，将商务印书馆发展成民国时期最大的民间出版公司。

吾不如也"，还说"废制义事，吾欲为数十年而不能，彼竟能之，吾深愧焉"，乃至有人弹劾李鸿章说他也是"康党"，慈禧为此召见李鸿章：

> 比召对，太后以弹章示之曰："有人谗尔为康党。"合肥（李鸿章）曰："臣实是康党，废立之事，臣不与闻，六部诚可废，若旧法能富强，中国之强久矣，何待今日。主张变法者即指为康党，臣无可逃，实是康党。"太后默然。①

李鸿章之所以自称是"康党"，是因为他内心里的确支持维新变法，他明确意识到中国非变法不能富强，同时老奸巨猾的他也很明白慈禧其实并不太在乎变法不变法，而是更在乎权力，所以他先强调"废立之事，臣不与闻"。满朝文武可能只有李鸿章敢说自己是"康党"，而同样老辣阴毒的慈禧对此无可奈何。李鸿章后来对此很得意地和哥哥李瀚章的女婿孙宝瑄说"我也是康党，陛辞时，有人劾我为康党"②，说完哈哈大笑。

而且，清廷也离不开李鸿章，尤其是在外交方面，因为外国当时视李鸿章为"东方俾斯麦"。1896年，俄国沙皇尼古拉二世继位，清廷在俄国要求下不得不派李鸿章出马前去参加俄皇加冕典礼。李鸿章在俄国威逼利诱下与俄国签订了"中俄密约"③，向黄遵宪很得意地说道："二十年无事，总

---

① 孙宝瑄：《日益斋日记》，《戊戌变法》第1册，上海人民出版社，上海书店出版社，2000年。
② 孙宝瑄：《日益斋日记》，《戊戌变法》第1册，上海人民出版社，上海书店出版社，2000年。
③ 1896年3月，俄国利用中国在甲午战败后的困境，借口"共同防御"日本，诱使李鸿章代表清政府签订了《御敌互相援助条约》，因为此条约双方秘而不宣故也称《中俄密约》。此条约名义上双方"协力御敌"，却使俄国取得了在东北"借地修路"等特权（该条约中说"中国国家允于中国黑龙江吉林地方，接造铁路以达海参崴"），为沙俄后来侵略东北提供了各种方便。此密约在一定程度上刺激了日本与俄国的矛盾乃至引发了日俄战争，也刺激了德国等对中国领土的野心乃至引发了其后的"瓜分中国"狂潮，还引起了之后的"拒俄运动"等，如历史学家蒋廷黻在《中国近代史》中对此说："以后'瓜分之祸'，及日俄战争，'二十一条'，'九一八'等这些国难都是那个密约引出来的。"该密约后来被报人沈荩泄露，恼羞成怒的慈禧下令将沈荩杖毙，沈荩因此被称为中国"最早为新闻事业献身的人"。也有人说沈荩不是因为泄密而是因为曾参加自立军起义而被处死，但无论什么原因，沈荩的牺牲引发了全国性的排满革命风潮，如当时上海沈荩追悼会上宣读的《祭沈荩文》就号召人们"犁清廷，复九世之仇"，也引发了舆论对媒体自由的关注，使得同时因"苏报案"被抓的章太炎、邹容得到了一定庇护。也即此密约也引发了革命风潮。当然，李鸿章主张联俄、签订《中俄密约》根本上还是慈禧授意，"其实仍出自西后意"，慈禧之所以联俄是"欲缓兵"，却不承想更加速了大清的灭亡，也可见慈禧并无远见卓识（参见黄濬：《花随人圣盦摭忆（下）》，中华书局，2013年，第620页）。

可得也。"①然后，他带着一口彩绘金漆大棺材②访问了德国、荷兰、比利时、法国、英国、美国、加拿大等国家，受到各国热情接待，风光无限，"他那超过一米八的高大身躯，以及雍容的气质、坦率的谈吐，令西方朝野为之倾倒。从此，在欧美报刊的漫画中，中国人第一次以健康、正面的形象出现"③。李鸿章见到了"铁血宰相"俾斯麦④，参观了法国埃菲尔铁塔、歌剧院、枫丹白露宫，参观了英国海军舰队、议院、造船厂、电报局、银行等地，祭拜了与他曾"相爱相杀"的戈登，将戈登夫人送的名贵小狗炖着吃了。在美国，李鸿章受到海军鸣礼炮的礼遇与几十万群众的欢迎，会见了美国时任总统克利夫兰，祭拜了与他有过交往的美国前总统格兰特，访问了美国国会、华盛顿市政厅、唐人街等地，将中西菜肴"拌于一盘食之"而产生了名菜"李鸿章杂烩"，且随地吐痰，甚至有一次将痰吐在葡萄酒杯中。他还接受了《纽约时报》记者专访，认为应学习西方的教育制度，应像西方媒体一样要讲真话，同时也痛斥了美国的"排华法案是世界上最不公平的法案"。这是第一次中国高级别使臣出使各国，李鸿章对欧美文明尤其是"立国政教"有了更多认识，认为欧美"上下一心"而中国"政杂言庞"，更加认为中国必须走变法自强之路，提出"根本之计，尤在变法自强"：

> 德约甫成，俄事又起，群雄环伺，正无了期，当局者真有朽索六马之惧。美邦政教人情，诚如尊指。论者皆云宜结为援。中国所需，自应取材于此。至于根本之计，尤在变法自强。彼既不肯为我祸，亦

---

① 1900年，沙俄乘联军侵华之际出兵，凭借《中俄密约》占领了东北三省铁路沿线及重要城市，黄遵宪因此说李鸿章是"老来失计亲豺虎，却道支持二十年"。参见迟云飞：《变局之下：晚清十大风云人物启示录》，中国大百科全书出版社，2022年，第83页。

② 左宗棠带着棺材出征新疆是为了表示视死如归鼓舞军心，而李鸿章带着棺材出访是因为他唯恐自己客死他乡以备不时之需。由此也可见，左宗棠与李鸿章之区别，左宗棠更多的是为公，而李鸿章更多的是为私。

③ 雪珥：《李鸿章的欧洲之行》，《帝国挣扎》，大有书局，2022年，第61页。

④ 在与俾斯麦的会谈中，李鸿章得意地告诉俾斯麦："有人恭维自己是'东方俾斯麦'。"俾斯麦听后却说"法国人不会认为'东方俾斯麦'是恭维语"，还表示自己难以得到"欧洲李鸿章"的称号。李鸿章请教政府"何以图治"，俾斯麦只是回答说："以练兵为立国之基，舍此别无长策。"俾斯麦还说："苟为大臣，以至诚忧国，度未有不能格君心者，惟与妇人孺子共事，则无如何矣。"与"妇人"慈禧、"孺子"光绪共事的李鸿章对此只能"默然"。

岂肯为我福。子舆氏有言：祸福无不自己求之者，恃人终难久也。①

内政方面，清廷也最终离不开李鸿章。1897年清廷先是派李鸿章为勘河大臣、商务大臣，后授李鸿章为两广总督。当时荣禄走访李鸿章，托他打听外国人对废黜光绪的态度，李鸿章借机说如果派他去外地当总督，正好可以趁外国使节来祝贺时打听。而慈禧之所以顺水推舟任命李鸿章为两广总督，是想让同情"康党"的李鸿章前去镇压"康党"，将他强行"拖下水"。在行前，慈禧召见李鸿章，交代了三大任务：整顿税收，练兵抗击英法，抓捕康有为、梁启超，如果抓到将加封公爵。慈禧对康有为、梁启超恨之入骨，称之为祸害大清的祸首，曾于1900年颁旨道"康梁之祸，有甚于发捻"，曾赏银十万两捉拿康梁，并重金收买刺客在海外多次刺杀康有为，甚至梁士诒本来科举中了状元，却因他的名字是"梁头康尾"（康有为字祖诒）而"躺着中枪"被慈禧刷掉了。但李鸿章到广州后不仅没有抓康梁，竟然还致信梁启超表示慰问鼓励："研精西学，历练才干，以待他日效力国事，不必因现时境遇，遽灰初心。"② 慈禧见抓不到康梁，气急败坏地命李鸿章掘康梁的祖坟③，李鸿章对此迟迟不肯执行，拖了一个多月才在慈禧压力下铲了康梁"祖坟"。他还反对立"大阿哥"，曾回电驻英公使罗丰禄说："为毅皇立阿哥，无太子之名，似不应贺。"④

义和团运动兴起后，李鸿章下令广东各地处理教案要小心谨慎、公正

---

① 《李文忠公尺牍》，文海出版社有限公司，转引自叶曙明：《李鸿章大传》，江苏凤凰文艺出版社，2016年，第225页。

② 这或许是梁启超后来为李鸿章作传，对李鸿章多有赞许的原因之一吧。梁启超虽然也曾对李鸿章不满甚至想派人暗杀李鸿章，但总体态度是"敬其才""惜其识""悲其遇"。

③ 挖人祖坟在中国是最阴毒也是最卑劣的行为，向来为人所鄙视、所不耻。慈禧的老公咸丰之前就下旨挖洪秀全、冯云山等人祖坟，慈禧也有样学样要挖康梁祖坟。冥冥中自有报应，1928年，军阀孙殿英率人挖了花费2.27亿两白银修筑的慈禧陵墓，将其洗劫一空，抛棺毁尸，据说还拿走了慈禧口中大如鸡蛋的夜明珠，慈禧的尸体也遭到严重破坏。如果慈禧地下有知，不知当作何感想。天理昭昭，作恶终有恶报。且据冯自由的《革命逸史》，擅长捣糨糊的李鸿章在唐绍仪劝诫下"毁灭康梁祖墓一事，奉以发掘一二无主荒坟虚报塞责"（冯自由：《革命逸史》上，新星出版社，2016年，第387页），而孙殿英挖的则是货真价实的慈禧陵墓。电影《清宫秘史》中，慈禧骗光绪上车西逃说将来会还权给他，如果撒谎将会被挖坟，不承想后来还真一言成谶。

④ 谢世诚：《李鸿章评传》，南京大学出版社，2011年，第618页。

持平，并对时局忧虑重重，如他在农历五月十七日致两江总督刘坤一的信中说："即早定计，善后已难商办，大局甚危险。"后来，对义和团游移不定的慈禧想起"老成谋国"的李鸿章，6月15日起多次命李鸿章速速来京维持大局，又任李鸿章为直隶总督兼北洋大臣。当时义和团要砍"二虎"之一李鸿章的"虎头"，李鸿章当然不会乖乖地送上"虎头"。并且李鸿章称宣战诏书为"矫旨""粤断不奉"，即是说那与各国宣战的诏书是假的，广东恕不奉陪。他还上奏反对宣战，称"政府助乱党攻使馆，实至愚大谬"①，暗责慈禧不该相信义和团邪术，"闻两宫意将西幸，合肥李相纠合各督抚力阻圣驾"②。

各国联军攻打北京后，清廷命各地赶紧起兵勤王，但南方各省督抚无一响应，他们"见太后所行，自招灭亡之政策，极为焦虑，发电力阻"，"莫不谓拳匪酿祸，贻误国家，痛心疾首，同切忧惧"③。张之洞致电荣禄、裕禄，主张对拳民"即行剿办"，担任电报局总办的盛宣怀更是利用职权扣下朝廷"着集义民"的谕旨，并与郑观应、张謇、赵凤昌、汪康年等人奔走游说李鸿章、刘坤一、张之洞等东南督抚实行"东南互保"。6月26日，由盛宣怀牵线策划，上海道余联沅邀请各国驻上海领事举行会晤，议定了《东南保护约款》（即《中外互保章程》和《保护上海城厢内外章程》）九条，其核心内容是"上海租界归各国共同保护，长江及苏、杭、内地归各督抚保护，两不相扰，以保全中外商民人命产业为主"④。随后，反对义和团的东南各地督抚如两广总督李鸿章、两江总督刘坤一、湖广总督张之洞、闽浙总督许应骙、山东总督袁世凯、四川总督奎俊等纷纷加盟"东南互保"，他们甚至商量一旦清廷垮台，将推举李鸿章为总统，湘军最后一个大佬刘坤一甚至指着自己脑袋说"头是刘姓物"（即是说"头是俺老刘自己的而不是朝廷的，因此俺自己说了算"）。

东南各地竟然"互保"，竟然称清廷与各国作战的旨令为"乱命"，这

---

① 《景善日记》，辜鸿铭、孟森等编著《清代野史》第一卷，巴蜀书社。
② 黄濬：《花随人圣盦摭忆（上）》，中华书局，2013年，第435页。
③ 《庚子拳变始末记》，辜鸿铭、孟森等编著《清代野史》第一卷，巴蜀书社。
④ 《盛中堂来电》，《张之洞全集》第10册，第8044—8045页。

在大清历史上是破天荒的,反映了在举国昏睡中终究还有人清醒,也反映了清廷权威已经丧失而地方、民间力量崛起。"地方之所以敢于如此而且能够如此,是晚清地方权力崛起、经济社会结构变化、新式绅商阶层产生的结果。"① 尤其因为江南是富庶之地,国家财政以及战争巨额赔款必须依赖东南,因此"非东南不足以存西北"②。而盛宣怀、张謇作为当时最大的商人,积极参与"东南互保"自然也是为了保卫他们的经济利益。这或许也与1900年6月9日清廷曾向各省督抚发过的一道密旨有关,至少这道让他们"联络一气,共挽危局"的谕旨给了各督抚一个借口。此谕旨说:

> 各省督抚均受国厚恩,谊同休戚。时局至此,当无不竭力图报者。应各就本省情形,统盘筹划,于选将、练兵、筹饷三大端,如何保护领土,不使外人逞志;如何接济京师,不使朝廷坐困。事事均求实际。沿江沿海各省,彼族觊觎已久,尤关紧要。若再迟疑观望,坐误事机,必至国势日蹙,大局何堪设想?是在各督抚互相劝勉,联络一气,共挽危局。

另外,"李鸿章、刘坤一、张之洞等督抚敢这么做,除了他们出于对清廷真正的忠诚,不愿意看到宗社倾覆等责任感外,还有一个更重要的原因是他们充分评估了这样做的风险。因为他们知道慈禧老佛爷在愤怒到极点时做出的这番不理智行为一定会碰到头破血流,所依仗的义和团很快会完蛋,而他们尽量为大清保留一点元气,事后是会得到慈禧太后的原谅甚至是赞赏的。当然,他们这样做仍然要冒被秋后算账的风险,而他们之所以最终下定决心,是得到了军机处事实上的军机大臣荣禄的鼎力支持,甚至可以说是荣禄和几位督抚里应外合促成了'东南互保',避免大清受到更大

---

① 雷颐:《帝国的覆没》,东方出版社,2021年,第175页。

② 随着江浙经济的发展,当时已实际形成了以张謇、汤寿潜为代表的东南精英集团,"是以私谊、经济利益、政治主张等因素所组成的联盟"。这个东南精英集团在东南互保、国会请愿运动、辛亥革命等历史重大事件中都发挥了至关重要的作用,对中国早期现代化进程有重大影响(参见章开沅、田彤:《东南精英与辛亥前后的政局》,引自郭太风、廖大伟主编《东南社会与中国近代化》,上海古籍出版社,2005年,第404—426页)。这也可见经济基础决定上层建筑,经济发展、工业化是现代化的必由之路。

的损害"①。6月20日,刘坤一、张之洞等督抚曾致电荣禄,请保护在京驻华公使、外国商人、传教士,荣禄复电表示赞成并希望东南督抚"密为布置,各尽其心",这实际上是荣禄给东南督抚交了底,吃了"定心丸"。

"东南互保"旨在保境安民,如张之洞、刘坤一电奏慈禧的奏折中所言:"就目前计,北事已决裂至此,东南各省若再遭蹂躏,无一片干净土,饷源立绝,全局瓦解,不可收拾矣。惟有稳住各国,或可保存疆土。"神州大地由此出现魔幻一幕,北方清军、义和团与八国联军浴血奋战、生灵涂炭,南方各地政府却与列强互不侵犯、一片祥和。"东南互保"让八国联军侵华战争主要局限于直隶一带,让大清保住了江山尤其是保护了江南税赋重地,也因此让大清苟延残喘。但它也让各国"安心"与清廷作战,加速了义和团和清军的失败,更导致了之后地方势力膨胀乃至大清最终崩溃。

"老佛爷"慈禧扮成"老大娘""西狩"后,朝廷授予李鸿章为全权大臣"便宜行事",与庆亲王奕劻一起负责与各国议和。李鸿章本不想再蹚浑水再去"卖国",但残局总得有人收拾。"舍我其谁"(传李鸿章议和前所说),李鸿章只能起身北上主持大局。当时孙中山、梁启超正纷纷派人劝他两广独立,李鸿章虽然也有心动,但最后还是"静下心来","一代人只能做一代人的事"(电视剧《走向共和》中李鸿章对劝他两广独立的人所说)。北上临行前,他对朋友说:"我能活几,当一日和尚撞一日钟。钟不鸣了,和尚亦死了。"②说罢,李鸿章涕泪长流,全没了当年豪言"丈夫只手把吴钩,意气高于百尺楼。一万年来谁著史,三千里外欲封侯"的气势。

此次议和极为难办,因为各国要求惩办祸首甚至要求惩办慈禧,八国联军的司令瓦德西甚至扬言踏平北京,"让中国人再不敢对德国人侧目而视"③,他还向李鸿章传话:"各国军舰百余艘,拥公为帝,可乎?"④李鸿章

---

① 十年砍柴:《家国与世情:晚清历史的侧影》,现代出版社,2020年,第201页。
② 裴景福:《河海昆仑录》,文海出版社,1973年,第225—227页。
③ 马士:《中国帝国对外关系史》卷3,第309页,转引自费正清、刘广京等编:《剑桥中国晚清史(下卷)》,中国社会科学出版社,1985年,第125页。
④ 刘体智:《异辞录》,转引自叶曙明:《李鸿章大传》,江苏凤凰文艺出版社,2016年,第283页。

的老师曾国藩都不敢称帝,风烛残年、即将入土的李鸿章自然更不敢称帝。他拼尽心血与各国力争斡旋,宣称两宫被劫持、宣战诏书是"矫诏"、大清也是受害者,尤其是大耍特耍他擅长的"挑拨离间""痞子术":"对俄秘密交涉;对美法请求调解;对德国道歉;对日本动以种族情感相召;对英以长江商业利益之保护为词……"①

最终,庆亲王奕劻、李鸿章代表清政府于1901年9月7日与十一国签订了《辛丑条约》,其主要内容包括:(1)中国对各国赔款4.5亿两白银,价息合计超过9.8亿两白银②,并以关税和盐税等作抵押;(2)划定北京东交民巷为使馆界,允许各国驻兵保护,不准中国人在界内居住;(3)拆毁天津大沽口到北京沿线设防的炮台,允许列强各国派驻兵驻扎北京到山海关铁路沿线要地;(4)清政府保证严禁人民参加反帝运动;(5)外国认为各个通商章程中应修之处或其他应办的通商事项,清政府概允商议;(6)惩办"首祸诸臣";(7)改总理各国事务衙门为外务部,班列六部之前;(8)清政府对德、日道歉等等。③

《辛丑条约》是中国历史上最丧权辱国的不平等条约,赔款为史上最多,平均每位国人一两白银,是清朝十年财政收入总和;东交民巷允许各国驻兵保护以及各国派兵驻扎北京到山海关铁路沿线,严重侵犯了我国领

---

① 《李鸿章年谱》,第424页,转引自唐德刚:《从晚清到民国》,中国文史出版社,2015年,第296页。

② 之所以是4.5亿两白银赔款,是各国认为中国所有人都是"罪犯"因此每人应罚银一两,这赔款金额远超了联军所受到的损失,如美国人私下提出的赔款为200万美元而条约中给美国的赔款为32939055元。美国甚至认为如果中国赔款太多会导致中国崩溃,因此反对向中国索要如此巨额赔款,甚至将赔款问题投诉至海牙国际法庭,但被海牙国际法庭驳回。在中国驻美公使梁诚及美国新教传教士的敦促下,1908年美国政府退还中国赔款10785286美元,所退赔款设立为留美中国学生教育费用,为此成立了清华大学及中国文教促进会(这两个组织对中国现代化也贡献巨大),1924年美国第二次退还赔款1254.5万美元并放弃了其余赔款,之后其他国家除日本外也纷纷豁免或退还了部分赔款,如英国退回赔款额的40%、比利时退回赔款额的50%。1939年,中国政府宣布停止支付庚子赔款,总共赔款约5.76亿,占赔款总额58%。(参见费正清、刘广京等编:《剑桥中国晚清史》,中国社会科学出版社,1985年,第126页。晚清陈卿美:《庚子剧变》,郑州大学出版社,2023年,第338页)梁诚原是留美"幼童",在他催动下,四十年后又有了派遣胡适、梅贻琦、竺可桢等大批留学生赴美,可见种子总会开花结果,也可见历史浪潮终究无可阻挡。

③ 参见百度百科《辛丑条约》,https://baike.baidu.com/item/辛丑条约/599439?fr=aladdin

土主权①；暂停发生过反帝运动所在地的科举考试则是对中国民众权利的公然干涉……《辛丑条约》给国家带来了深重灾难，"标志着中国已完全沦为半殖民地半封建社会"②，荣禄当时就说："此纸上条文，又为将来无数困难问题发生之源。"据说李鸿章在签字时也感叹道："可恨毓贤误国至此！"当然从另一个层面讲，"1901年的这个条约，虽然使中国的国际地位、国家尊严跌至谷底，但也是中国重新起步、从头开始的起点。这一年重新启动的新政就蕴含着这个因素，几年之后开始的预备立宪，实际上也是'辛丑共识'的逻辑发展"③，这个"辛丑共识"即"中国必须进行政治改革，必须尽快缩小与世界的差距，尤其是观念上的差距"④，即必须实行现代化。

如鲁迅所言"见羊现凶手相，见凶手现羊相"，未被惩办的慈禧对此条约倒是非常满意，"太后得约，度不许，兵且西；又方以首祸当议己，常悒慄不自安；及见约无之，喜过望，诏报奕劻鸿章尽如约"⑤，她甚至说出了千古名言："量中华之物力，结与国之欢心。"⑥"宁赠友邦，勿予家奴"（刚毅的话），保住自己就行了，她不管与她"穿同一条裤子"的其他"祸首"了。她把责任都推卸给端王载漪、刚毅、赵舒翘等人，说"铸此大错，误信端王"，说他们"误国，实在死有余辜"⑦，像扔臭袜子一样扔掉了这些"替罪羊"。应各国公使要求，共有142位"祸首"被惩处，其中端王载漪、辅国公载澜被判斩立决、发配边疆，载漪的儿子溥儁的"大阿哥"之位也自然

---

① 后来，其他国家军队陆续撤走，只有日本还在华北驻军，发动卢沟桥事变的日本军队便是其中驻军。

② 郑天挺、吴泽、杨志玖主编：《中国历史大辞典·上卷》，上海辞书出版社，2000年，第1525页。

③ 马勇：《叠变：鸦片、枪炮与文明进程中的中国（1840—1915）》，中国大百科全书出版社，2022年，第251页。

④ 马勇：《回望：近代一百年》，新星出版社，2021年，第5页。

⑤ 李希圣：《庚子国变记》，载《义和团》，转引自止庵：《神拳考》，华东师范大学出版社，2016年，第195页。

⑥ 此话出自清廷1901年2月14日发布的《上谕》："昨据奕劻等电呈各国和议十二条大纲，业已照允。仍电饬该全权大臣将详细节目悉心酌核，量中华之物力，结与国之欢心。"参见故宫博物院明清档案部编《义和团档案史料》。

⑦ 吴永：《庚子西狩丛谈》，广西师范大学出版社，2008年，第140页。

被废①，庄王载勋被赐自尽，在山西大肆屠杀"洋人"②甚至亲自手刃外国主教的山西巡抚毓贤被即行正法，睁眼说瞎话、企图自保的赵舒翘被赐自尽后一直折腾没死乃至最后被堵住七窍闷死，在逃亡途中拉肚子病故的刚毅被判斩立决，徐桐、李秉衡虽然自尽但被判斩监候，连起草"宣战诏书"的军机章京连文冲都被"革职永不叙用"……这些人大多至死无悔，"初心不改"，依旧充满"爱国"情怀和道德优越感，如刚毅死前还对身边的朋友说："非义和拳不能杀洋人，实在被假的混坏了"③，毓贤在临死前写的自挽联中说"我杀人，夷狄杀我，亦有何憾"④。学者羽戈对此评价道："什么是愚昧？这就是愚昧。愚昧不仅指缺乏知识，缺乏洞察力，还指缺乏反思和纠错能力。尽管隐约意识到自己步入了错误的方向，却不愿回头，宁可一条道走到黑，直至穷途末路。"⑤

尘埃终于落定，《辛丑条约》的签订标志着义和团运动的彻底失败。义和团运动虽然本质上是"反帝爱国运动"，事出有因、情有可原，但也有盲目排外、落后无知、"乌合之众"、民粹主义的一面。"总的来看，义和团运动表现了中国人民反抗外来侵略的意志；但同时，它又具有盲目排外、笼统排外的极端民族主义情绪，以及排斥近代生产方式、排斥科学技术的愚

---

① 清廷于1901年11月30日下发慈禧懿旨，废除溥儁的"大阿哥"名号，"载漪实为祸首，得罪列祖列宗，既经严谴，其子岂宜膺储位之重……溥儁著撤去大阿哥名号，并即出宫……"但其中又表示："至承嗣穆宗毅皇帝一节，关系甚重，应俟选择元良……"张之洞得此消息后致电姐夫、军机大臣鹿传霖反对："惟此时只可暂虚此位，万不宜又生枝节。"在张之洞等人反对下，慈禧之后未再立储君。参见茅海建：《当代学人精品·茅海建卷》，广东人民出版社，2016年，第364页。

② "在山西，官方直接处死和在官方策动下被杀的人数总和为：外国人130名、中国教民2000名。山西外国人丧生数目在各省份中最高"（周锡瑞著，张俊义、王栋译：《义和团运动的起源》，江苏人民出版社，2021年，第382页）。因此，山西被联军处罚也最严重，"以此山西一省，洋人要索赔款多至一千余万，大小官吏，以迎合毓意被罪诛夷降革者至数十百人"（吴永：《庚子西狩丛谈》，广西师范大学出版社，2008年，第162页）。

③ 刘孟扬：《天津拳匪变乱纪事》，转引自止庵：《神拳考》，华东师范大学出版社，2016年，第195页。

④ 梁羽生：《名联观止（下）》，广西师范大学出版社，2008年，第690页。

⑤ 羽戈：《义和团的历史悲剧：愚昧的力量不可低估》，凤凰新闻，https://ishare.ifeng.com/c/s/7smVO3vtRfC。

昧思想,具有明显的落后性。"①义和团运动可以说是继太平天国、洋务运动、维新变法之后国人尤其是底层民众又一次救国救民的探索,只不过这次探索方向完全是反的,是中国现代化浪潮的巨大退潮,也反映了中国现代化进程中乡村的停滞、落后。"建立现代化的经济、政治、社会制度,实现现代化转型,是近代中国的历史主题。义和团排斥、反对乃至仇视一切现代文明,坚决反对现代化,与现代化这一历史主题是背道而驰的。"②这也说明了中国现代化顺利推进的关键在于如何处理中外、新旧、传统与现代、城市与乡村的关系,要兼容并包、取其精华,一味地保守是绝对行不通的,如李大钊在其《东西文明根本之异点》中所说:"时至近日,吾人所当努力者,惟在如何吸取西洋文明之长,以济吾东洋文明之穷。断不许以义和团的思想,欲以吾陈死寂灭之气象腐化世界。"

"庚子之役,为自有国家以来未有之奇变。"③义和团运动的影响、教训是重大、惨痛的。首先它带来了巨大的劫难,造成了几百名外国人、几万名中国教民和几十万无辜国人的死亡,"1900年的血光之灾结束之前,有200余名'洋鬼子'遇害,被杀死的教民据说超过3万人"④。八国联军占领天津、通州、北京等地后,更是杀烧抢淫无恶不作,如一名叫科洛斯托维茨的俄国军官写道"天津似乎只剩下十万居民了,而过去有一百万"⑤,通州"合城之人,死六成,逃三成,有一成未动者,皆老幼残疾之人耳"⑥。联军在北京还开始了杀人、抢劫"竞赛",如联军总司令瓦德西承认:"联军占领北京之后,曾特许军队公开抢劫三日,其后更继以私人抢劫……抢劫时所

---

① 李刚:《大清帝国最后十年》,当代中国出版社,2008年,第16页。
② 雷颐:《中国切片,1900》,郑州大学出版社,2020年,第81页。
③ 《义和团史料》下册,第661页。
④ 伊萨克斯:《亚洲的形象》,第139页,转引自柯文:《历史三调:作为事件、经历和神话的义和团》,江苏人民出版社,2000年,第143页。
⑤ 科洛斯托维茨:《俄国人在远东》,转引自王树增:《1900》,人民文学出版社,2011年,第345页。
⑥ 汪康年:《汪穰卿笔记》,转引自王树增:《1901》,人民文学出版社,2011年,第370页。

发生之强奸妇女、残忍行为、随意杀人、无故放火等事,为数极多……"①,一位美国指挥官说:"我敢说从占领北京城以来,每杀死一个义和团,就有50名无辜的苦力或农民包括妇女和儿童被杀"②,参与抢劫的英国记者辛普森称各国军队其实都是"盛装骑马之盗贼……其所为之事无异,皆杀人耳,抢劫耳"。

徐桐全家及仆人除大儿子徐承煜逃跑外全部自杀,候选员外郎陈銮全家31人自杀,蒙古族唯一的状元、同治皇帝的老丈人、户部尚书崇绮"眷属尽为联军所拘,驱诸天坛,数十人轮奸之"后全家自杀,北京自杀的王公官员及其家眷共有上千人。端王府、庄王府等王府被烧成废墟,怡亲王、肃亲王、吏部尚书塔怀布等王公亲贵被惩罚拉洋车、洗衣服、清理死尸,早死了的守旧派领袖倭仁的妻子被勒令"赤身烧饭"。联军还占领保定,直接审判处死了护理直隶总督廷雍等人,德军还派出讨伐队在华北进行了半年多的恣意烧杀,"承揽了最主要和最血腥的行动",俄军则趁机强占了我国东三省铁路沿线及其他重要城市,还在东北的海兰泡、江东六十四屯等地借口义和团破坏铁路大肆屠杀了成千上万中国人,"据说,义和团运动期间俄国人在黑龙江以北乌苏里以东地区残杀的中国居民不下20万"③,列宁曾对此撰文《中国的战争》说:"他们杀人放火,把村庄烧光,把老百姓驱赶到黑龙江中活活淹死,枪杀和刺死手无寸铁的居民和他们的妻子儿女,沙皇政府在中国的政策是一种犯罪的政策。"

无数中国财产也被抢劫或损毁,包括户部数千万两银子、紫禁城和颐和园等皇宫林园、众多珍奇异宝、近200家当铺及诸衙门、众多王公贵族和百姓家的东西、"经史子集等,共四万六千余本"及无比珍贵的800本《永乐大典》④,"自元明以来之积蓄,上自典章文物,下至国宝奇珍,扫地遂

---

① 瓦德西:《瓦德西拳乱笔记》,王光祈译,时代文艺出版社,2013年,第38—54页。
② 周锡瑞著,张俊义、王栋译:《义和团运动的起源》,江苏人民出版社,2021年,第389页。
③ 《东三省攻略》,转引自董万仑:《"江东六十四屯"和老沙皇的侵华暴行》,第91页。
④ 也有一说,说《永乐大典》是被义和团烧的,义和团久攻不下外国使馆,便放火,结果烧了使馆北面的翰林院,烧掉了翰林院中所存的《永乐大典》《四库全书》等大量珍本。

尽"①，连天坛的清室祖先牌位都被英军当成宝贝运回了英国，俄军还在紫禁城里撕毁书籍珍本及宝贵的绘画作品擦屁股，慈禧上厕所的"精美银壶"也被抢了。"上帝也疯狂"，连传教士也纷纷丧失人性大肆抢掠，如西什库教堂主教樊国梁下令教徒抢劫，还亲自指挥将礼王府的财宝运往教堂，整整运了七天七夜，仅他指挥所抢财物就达百万两白银以上。"据内务府报告，皇宫失去宝物2000余件，内有碧玉弹24颗、四库藏书47506本；日本从户部银库抢走300万两银子和无数绫罗绸缎，还从内务府抢走32万石仓米和全部银两；联军洗劫了三海、颐和园等地，天坛损失祭器1148件……"②美国著名作家马克·吐温为此像当年雨果一样撰文怒骂联军，甚至称"教士们是在中国麦田上乱踏乱啃的一群驴子"。

义和团运动也有一定积极影响，它客观上减少了教会特权及民教矛盾③，或在一定程度上避免了中国完全沦为殖民地。如联军总司令瓦德西所言："欧美、日本的任何一国，都不具备统治占据世界四分之一人口的民众的智慧和兵力。割让乃最下策。"

最后"求仁得仁"，义和团运动沉重打击了顽固势力，让国人意识到"排外为野蛮为耻辱"，也沉重打击了清政府。清政府合法性至此几乎丧失殆尽，对外苟且懦弱、丧权辱国，对内翻云覆雨、压榨压迫，又昏庸无能、虚弱不堪，连皇宫都被蹂躏④，皇帝被迫逃亡，这样的政府还有何权威，还有什么存在的理由？尤其是巨额赔款加重了民众负担，更加激发了民众对清政府的不满。变革乃至革命因此逐渐成为时代最强音，如孙中山所言："当初次之失败也，举国舆论莫不目予辈为乱臣贼子、大逆不道，咒诅谩骂

---

① 柴萼《庚辛纪事》，《义和团运动史事要录》，第44页。
② 金满楼：《细读晚清七十年》，华文出版社，2021年，第175页。
③ 义和团运动也让外国教会开始重视在中国的民教矛盾而限制教会特权，如1903年英国驻华公使发出通报禁止传教士干涉教徒诉讼等事，1906年法国政府宣布放弃对在华天主教的保护权，其他国家也先后消减对教会特权的支持，因此民教矛盾及教案随后减少，基本实现了义和团运动的初心，义和团的鲜血终究没有白流。参见李晓鹏：《晚清六十年的革命与改良》，团结出版社，2023年，第434、435页。
④ 八国联军3100余人甚至在紫禁城举行了盛大的阅兵仪式，八国联军统帅瓦德西甚至住进了慈禧的寝宫，慈禧的床也被外国人躺过、坐过、拍照过。

之声，不绝于耳；吾人足迹所到，凡认识者几视为毒蛇猛兽，而莫敢与吾人交游也。惟庚子失败之后，则鲜闻一般人之恶声相加，而有识之士且多为吾人扼腕叹惜，恨其事之不成矣。前后相较，差若天渊。吾人睹此情形，心中快慰，不可言状，知国人之迷梦已有渐醒之兆。"①就连义和团的领袖赵三多也开始转向，他在义和团运动被镇压两年后率众起义，旗号从"扶清灭洋"换成了"扫清灭洋"。

"物极必反"，历史的巨钟总是左右摇摆，甚至常常从一个极端摇到另一个极端。义和团运动的失败迫使中国历史的巨钟回摆，迫使大清这艘"破船"开始转向，而有了之后的清末新政、预备立宪以及辛亥革命，大清帝国的灭亡正式进入倒计时，中国现代化浪潮又开始滚滚向前。

本篇结语

历史如同大江大海，总是"浪打浪"，总是跌宕起伏。洋务运动的稳健步伐被甲午战争打断了，甲午战败宣告了洋务运动的失败，宣告了仅靠器物层面的变革难以应对现代化浪潮，须有更深层面的变革，于是有了维新变法。

维新变法是中国现代化的继续推进，中国早期现代化第二波浪潮滚滚而来。这波浪潮由上而下、波涛汹涌，由光绪皇帝和康有为等维新派联袂开展，开启了中国文化、教育、制度等方面的现代化。但正因太过凶猛激进，导致了戊戌政变，变法失败，也导致了历史的回潮，即有了义和团运动。

义和团运动也是应对"大变局"，对如何救国的探索，只不过它的探索方向与现代化背道而驰。这种反现代化，其实也是现代化的反映，或者说是现代化的必经之路，浪潮滚滚向前必然会有回潮。

中国早期现代化第二波浪潮大致从1895年甲午战败到1901年义和团运动失败，高潮是戊戌变法，主要由光绪与康有为、梁启超、严复、谭嗣

---

① 孙中山：《建国方略》，《孙中山全集》第6卷，第235页。

同等维新志士推动，主要波及文化、教育、制度等较深层面，虽有高峰但也有退潮。

从第一波浪潮到第二波浪潮，从器物层面到更深层面，中国现代化虽然步履蹒跚甚至会有后退，但总体上还是向前行进。历史大势、现代化大潮浩浩荡荡不可阻挡，总会冲破阻碍继续前行，中国早期现代化第三波浪潮即将来临。

第三篇
中国早期现代化第三波浪潮：现代、新生

义和团运动的失败促使中国现代化浪潮又开始回潮向前，而有了清末新政、辛亥革命，开始了政治、思想、行为等根本层面的现代化。在现代化浪潮冲击下，帝国社会终结，大清灭亡，走向共和，传统社会开始迈入现代社会，中国现代化正式开启。

关键词：新政 预备立宪 改良 革命 同盟会 新军 共和

时间：1901年至1911年

主要人物：慈 禧 光 绪 李鸿章 张之洞 袁世凯 张 謇 梁启超 严 复 孙中山 黄 兴

第七章　清末新政：现代化加快

清末新政的确促进了中国工商业、文化教育、政治体制、法律制度等方面的进步，其主观本意是为了维护清廷统治，但因只进行经济、行政、文化等表层改革而不进行更根本层面的政治体制改革，而客观上加深了统治危机，加速了清廷灭亡，也加快了中国早期现代化进程。

一、慈禧："打自己脸"

"不作死，就不会死。"在"西狩"途中，来一场说走就走的"旅行"的慈禧和光绪极其狼狈，他们换成汉人装束，匆促秘密出逃，丢下文武百官、三宫六院，分乘三辆普通骡车，走的是泥泞难行的乡间小路，吃的是窝窝头和一度嚼秫秸秆解渴，睡过停棺材的房子甚至有时在"板凳上相与贴背共坐，仰望达旦"①，一度"胸背粘腻，蝇蚋群集，手自挥斥"的慈禧看到前来接驾的曾国藩的孙女婿、怀来县县令吴永时竟然"放声大哭"，称"有小米粥，甚好甚好，可速进"②。他们一定想到了很多，想到义和团红巾招展、彩旗飘扬，想到"戊戌六君子"人头落地、鲜血淋漓，想到"洋人"船坚炮利、欺人太甚，想到满骑入关、铁蹄铮铮，想到四十年前咸丰逃到热河，甚至想到之前像他们一样"西狩"的是一千多年前安史之乱时的唐玄宗李隆基和太子李亨，如慈禧曾说："不料竟至于此，诚可愧痛。唐玄宗遭安史之乱，亦蒙尘于外，目视其宠妃死而不能救；余今所处，殆尤过之。"

---

① 吴永：《庚子西狩丛谈》，广西师范大学出版社，2008年，第70页。
② 吴永：《庚子西狩丛谈》，广西师范大学出版社，2008年，第71页。

光绪有没有想过像李亨一样中途停下主持大局，进而摆脱慈禧控制掌握实权，而逃难前剪掉套着银质外壳长达26厘米指甲的慈禧有没有想过该如何防备光绪行动？据说，在抵达潼关时光绪提出"太后老，宜居西安，朕拟独归，否则兵不解，祸终及之"①，但被怕光绪趁此逃脱的慈禧拒绝。

无论这一路慈禧和光绪想什么，面对"赤县神州数千年未有之巨劫奇变"，这次这对相依为命的母子一定有一个共识，即"近数十年积习相仍，因循粉饰，以致成此大衅"②，一定意识到如果再不革新大清就真的完蛋了，他们也就跟着完蛋了。就像当初康有为所言"欲为长安布衣而不可得"，甚至可能上演前朝"煤山前事"。

因此，1901年1月29日，逃亡到西安、稍微缓了口气的慈禧立即以光绪的名义颁发了一道"变法上谕"：

> 世有万古不易之常经，无原封不动之治法。穷变通久，见于大《易》。损益可知，著于《论语》。盖不易者三纲五常，昭然如日星之照世。而可变者令甲令乙，无妨如琴瑟之改弦……总之，法则不更，锢习不破；欲求抖擞，当议更张。着军机大臣、大学士、六部、九卿、出使各国大臣、各省督抚，各就如今情形。参酌中西要政，举凡朝章国政、吏治民生、学校科举、军政财政，当因当革，当省当并，或取诸人，或求诸己，如何而国势始兴，如何而人才始出，如何而度支始裕，如何而武备始修，各举所知，各举所见，通限两个月，详悉条议以闻。再由朕上禀慈谟，推敲尽善，实在实施。③

一年多前还反对维新变法、屠杀了"戊戌六君子"的慈禧怎么说变脸就变脸，开始要变法革新了呢？"打自己脸"不疼吗？再疼也得打，否则她自己和大清的老命都将保不住了，慈禧在"西狩"途中曾痛心疾首道："我总是当家负责的人，现在闹到如此，总是我的错头，上对不起祖宗，下对

---

① 黄濬：《花随人圣盦摭忆（上）》，中华书局，2013年，第163页。
② 《光绪宣统两朝上谕档》，广西师范大学出版社，1996年，第460—461页。
③ 《光绪朝东华录》第4册，中华书局，1958年，第4602页。

不起人民。满腔心思，更向何处诉说？"①她又于1901年2月14日借光绪名义下《罪己诏》，"每见臣工，恒涕泣引咎"，甚至经常流泪，后悔地说："没想到我会变成皇帝的笑柄"。其实，慈禧并不完全反对变法、反对学习西方，她向来好学，兴趣广泛，喜欢新鲜事物包括"洋货"，如喜欢照相，愿意尝试乘坐火车、汽车，还在宫城内装了电灯、盖了"洋楼"，曾对御前女官德龄说："只要是新鲜的我都愿意试试，尤其是这种外边人不会知道的事情。"②否则洋务运动也不可能开展二三十年，戊戌变法刚开始也获得了慈禧默许，她第一次看到康有为的上书还"留览十日"并批转"各省督抚会议奏覆"③，她反对的是康有为、光绪借戊戌变法侵犯她的权力，而非反对变法本身，据说慈禧甚至说过："我并不反对变法，可他们为什么不来找我呀。"

所以，戊戌政变后，慈禧曾借光绪之口发布过上谕："前因中外积弊过深，不得不因时制宜，力加整顿。而宵小之徒，窃变法之说，为煽乱之谋。业经严拿惩治，以遏横流。至一切政治有关国计民生者，无论新旧，均须次第推行，不得因噎废食。"④即她认为变法是需要的，只不过被"宵小之徒，窃变法之说，为煽乱之谋"。她在这次"上谕"中也特别声明"康逆之谈新法，乃乱法也，非变法也"，即是说"以前康有为谈的变法是'乱法'，这次'老佛爷'我要推行'真'的变法了"。因此，"自强雪耻"、保住大清、

---

① 吴永：《庚子西狩丛谈》，广西师范大学出版社，2008年，第141页。
② 德龄：《御苑兰馨记》，文化艺术出版社，2004年，第271页。德龄是清朝外交使臣裕庚之女，笔名德龄公主，并非是真的公主，母亲是法国人，随父在日法生活多年，1903年回国，和妹妹容龄成为慈禧女侍官、翻译，任职两年，备受慈禧和光绪信任，著有《清宫二年记》《御苑兰馨记》《光绪泣血记》等书。她在《清宫二年记》中写道："我每天早晨碰见光绪皇帝。他常常趁我空闲的时候，问我些英文字。我很惊奇他知道的字这样多。我觉得他非常有趣，两眼奕奕有神。他单独和我们在一起的时候，就完全变成了另外一个人。他会大笑，会开玩笑。但一见到太后，他就变得严肃、忧郁，有时候甚至使人觉得他有些呆气……他，在中国实在是一个又聪明又有见识的人，他是一个出色的外交人才，有极丰富的脑力，可惜没有机会让他发挥他的才能。"光绪还和德龄说想去欧洲考察，"皇帝跟着又说，要是他能像欧洲的皇帝一样，能够到处去游览一下，那一定是很有益的"。(引自德龄：《清宫二年记》，中国人民大学出版社，2012年，第61页、第148页)可见光绪本性活泼依旧，充满求知欲，对未来还抱有希望。
③ 徐勤：《南海先生四上书杂记》，转引自汤志钧：《戊戌变法史》，人民出版社，1984年，第122页。
④ 《光绪朝东华录》第4册，中华书局，1958年，第4224页。

保住自己乃是慈禧决定施行清末新政的主要原因,"廷自经庚子之变,知内忧外患,相迫日急,非仅涂饰耳目,所能支此危局。故于西狩途中,首以雪耻自强为询……辛丑回銮以后,即陆续举办各项新政"①。历史兜了一个大圈子、付出沉重代价后又转回来了,也即叫不醒装睡和真睡的人只能将其"锤醒"。

当然,清末新政也有外因,即迫于外界各种压力。当时西方列强不仅要"惩凶"还要求另组"新政府","中国须将旧政府大臣更换,另选大臣,立一新政府,各国方能议和"②,甚至有"英、日劝行新政"③之说。清末新政也是清廷为了改变自身顽固守旧的形象以缓解西方压力。另外,当时各地督抚、士绅以及驻外使臣等也纷纷要求变法"新政",如李鸿章"于十月间有疏陈请革政"④,张之洞与刘坤一、盛宣怀联合上奏要求变法:"于和局大定之后,即行宣示整顿内政切实办法,使各国咸知我有发愤图强之望,力除积弊之心。"⑤而且义和团运动失败后社会风气大变,人们开始以顽固守旧为耻,以维新变法为荣,且顽固派大臣经过"惩凶"被基本扫除一空,也起到了杀一儆百的效果,"人人欲避顽固之名","无一人敢自命守旧"。"中国近代历史的发展,在诸种因素的交互作用下,终于呈现出一个以往不曾有过的更深入而全面的朝向现代化的发展契机。"⑥1901 年 8 月 20 日,在回銮路经开封时,慈禧、光绪下达了正式推行新政的谕旨:

谕内阁:钦奉慈禧端佑康颐昭豫庄诚寿恭钦献崇熙皇太后懿旨:自经播越,一载于兹。幸赖社稷之灵,还京有日。卧薪尝胆,无时可忘。推积弱所由来,叹振兴之不早。近者特设政务处,集思广益,博

---

① 岑春煊:《乐斋漫笔》,转引自李细珠:《张之洞与清末新政研究》,上海书店出版社,2003年,第82页。

② 《庚子六月二十八日东京李钦差来电》,《张之洞存各处来电》第37函,转引自李细珠:《张之洞与清末新政研究》,上海书店出版社,2003年,第81页。

③ 《盛京堂来电》,《张之洞全集》第10册,第8371页。

④ 孙宝瑄:《忘山庐日记》上册,第301页。

⑤ 张之洞:《致西安行在军机处》,《张之洞全集》第3册,第2184页。

⑥ 崔运武:《中国早期现代化中的地方督抚》,云南大学出版社,2011年,第215页。

采群言，逐渐施行。择西法之善者，不难舍己从人，救中法之弊者，统归实事求是。数月以来，兴革各事，业已降旨饬行。惟其中或条目繁重，须待考求，或事属创举，须加参酌。回銮以后，尤宜分别缓急，锐意图成。兹据政务处大臣荣禄等面奏，变法一事，关系甚重。请申诫谕示天下以朝廷立意坚定，志在必行。并饬政务处随时督催，务使中外同心合力，期于必成。用是特颁懿旨，严加责成。尔中外臣工，须知国势至此，断非苟且补苴，所能挽回厄运。惟有变法自强，为国家安危之命脉，亦即中国民生之转机。予与皇帝为宗庙计，为国民计，舍此更无他策。尔诸臣受恩深重，务当将应行变通兴革诸事，力任其难，破除积习，以期补救时艰。昨据刘坤一、张之洞会奏，整顿中法，仿行西法各条，事多可行。即当按照所陈，随时设法，择要举办。各省疆吏，亦应一律通筹，切实举行。大要不外言归于实，用得其人。予与皇帝宵旰焦劳，母子一心，力图兴复。大小臣工，其各实力奉行，以称予意。将此通谕知之。

随即，清廷成立了以庆亲王奕劻、李鸿章为首的"督办政务处"，作为办理"新政"的"统汇之区"而"专责成而提挈纲领"，正式开启新政，大清这艘"破船"终于驶向了正确的航道。这是大清帝国挽救自己的最后一次机会了，中国早期现代化第三波浪潮由此开始。

二、李鸿章去世："裱糊匠"而已

清末新政开始了，李鸿章终于等来了他期盼已久的变法自强，他在《辛丑条约》签订后就曾立即上书《和议会同画押折》请求变法：

臣等伏查近数十年内，每有一次构衅，必多一次吃亏。上年事变之来尤为仓促，创深痛剧，薄海惊心。今议和已成，大局少定，仍望朝廷坚持定见，外修和好，内图富强，或可渐有转机。[①]

---

① 李鸿章：《李鸿章全集（十二）》，时代文艺出版社，1998年。

"回思往事尽成尘，我亦东西南北身"（李鸿章的诗），新政对于李鸿章来说已经太晚了，他已无力再躬身其中了。《辛丑条约》耗尽了李鸿章最后的心血，他也再次"如愿以偿"地从"斡旋大局"的"再造玄黄之人"（慈禧对李鸿章的评价）转为"汉奸""卖国贼"，当时辜鸿铭甚至当面对他说："卖国者秦桧，误国者李鸿章！"签完"创深痛巨""薄海惊心"（李鸿章语）的《辛丑条约》后，李鸿章随即开始大口吐血，又与俄国代表费力谈判还东三省事宜，终于油尽灯枯，于1901年11月7日去世，临终前痛骂"毓贤误国"，其遗折写道：

> 窃臣体气素健，向能耐劳。服官四十余年，未尝因病请假。前在马关受伤，流血过多，遂成眩晕。去夏冒暑北上，复患泄泻，元气大伤。入都后，又以事机不顺，朝夕焦思，往往彻夜不眠，胃纳日减，触发旧疾，时作时止，迭蒙圣恩垂询，特赏假期，感极零泣。合约幸得竣事，俄约仍无定期，上贻宵旰之忧，是臣未终心事。每一念及，忧灼五中。本月十九日夜，忽喀血碗余，数日之间，遂至沉笃，群医束手，知难久延。谨口占遗疏，烦臣子经述恭校写成，固封以俟。伏念臣受知最早，蒙恩最深，每念时局艰危，不敢自称衰病。惟冀稍延余息，重睹中兴。赍志以终，殁身难瞑。现值京师初复，銮辂未归，和议新成，东事尚棘，根本至计，处处可虞。窃念多难兴邦，殷忧启圣。伏读迭次谕旨，举行新政，力图自强。庆亲王等皆臣久经共事之人，此次复同更患难，定能一心效力，翼赞讦谟。臣在九泉，庶无遗憾！至臣子孙，皆受国厚恩，唯有勖其守身读书，勉图报效。属纩在即，瞻望无时，长辞圣明，无任依恋之至。谨叩谢天恩，乞皇太后、皇上圣鉴。谨奏。①

李鸿章在这份最后奏折中没有表功也没有再提具体建议，只是表达了自己对大清的忠心，以及希望"举行新政，力图自强"。慈禧接到李鸿章去世消息和看到这遗折后大哭数场，甚至嚎啕大哭道："大局未定，倘有不测，

---

① 王彦威辑：《西巡大事记》，转引自叶曙明：《李鸿章大传·大清裱糊匠》，江苏凤凰文艺出版社，2016年，第291页。

再也没有人分担了。"吴永在《庚子西狩丛谈》中记载道:"旋得京师来电:合肥相国,已于今日午刻逝世。得此噩耗,兀如片石压入心坎之中,觉得眼前的百花,立时都颜色惨淡。听说两宫震惊痛悼得失去了常态,随驾人员,乃至于太监、卫士,无不相顾错愕,如同大梁和柱子倒塌下来,骤然间失去了倚恃一样。到了这样的关键时刻,才开始知道元老大臣对于国家安危的分量。"①

随后,清廷赐李鸿章为太傅,晋封一等侯,赐谥号"文忠",入祀贤良祠,还准在原籍、立功省份及京师建立专祠,这种待遇"为二百余年汉大臣所未有"。由清廷钦定的李鸿章碑文、祭文中赞扬李鸿章一生"力疾从公,未克休息,忠靖之忱,老而弥笃",评价他平定太平军和捻军"厥功甚伟",赞扬其主持洋务运动"光复中兴",评价他任职直隶总督兼北洋大臣期间"匡济艰难,辑和中外,老成谋国,具有深衷",赞扬他在庚子事变中"忠诚坚忍,力任其难,宗社复安,朝野攸赖",总体上认为李鸿章"在北洋三十年,办理交涉,悉合机宜",甚至将李鸿章比作郭子仪"闻命即行,不知诿谤",比作诸葛亮"鞠躬尽瘁,唯许驱驰"。

无论能否将李鸿章比作郭子仪、诸葛亮,李鸿章就这样挥一挥衣袖走了,"不带走一片云彩"。据传其"绝命诗"写道:

> 劳劳车马未离鞍,临事方知一死难。
> 三百年来伤国步,八千里外吊民残。
> 秋风宝剑孤臣泪,落日旌旗大将坛。
> 海外尘氛纷未已,诸君莫作等闲看。

回顾李鸿章的一生,他无疑是晚清数一数二的重臣,担任过两江总督、直隶总督、北洋大臣等高官,在平定太平天国运动、兴办洋务运动、外交议和②等晚清重要事件上的确居功至伟。那他究竟是如何建功立业的呢?主

---

① 王彦威辑:《西巡大事记》,转引自叶曙明:《李鸿章大传·大清裱糊匠》,江苏凤凰文艺出版社,2016年,第291页。

② 晚清几乎所有重要的外交谈判都由李鸿章主持,几乎所有重要的外交条约都由李鸿章签订,李鸿章一生共签订了三十多条对外条约。

要便靠他的"三板斧"。

"第一板斧"是李鸿章非常务实灵活，善于抓住机会，为达目的"不择手段"。快四十岁时，李鸿章还一事无成，回乡督办团练却屡遭挫折。不甘平庸的李鸿章于是投奔了恩师曾国藩，意欲借曾国藩之势"异军突起"。其间，李鸿章也曾与曾国藩闹过矛盾而出走，但郭嵩焘对李鸿章劝道："普通人要想成就大业，必须有所依靠。当今世上，没有谁比曾公更值得英雄豪杰依靠了。无论你对他有多大意见，你都必须依靠他才能成功。"李鸿章幡然醒悟，回到曾国藩幕府，很快便等到了机会。

1860年，太平军攻向上海，李鸿章抓住这千载难逢的机会，回乡组建淮军援沪，连战连捷，很快声名鹊起，当上江苏巡抚，开始了自己的辉煌人生。李鸿章之所以能率军连胜，主要也在于他的务实，他大用"洋人"洋枪和唯才是举。如李鸿章用人把能力放在首位，忠诚放在次位，而不注重其功名、学问、道德等，《清史稿》中对此说李鸿章"才气自喜，好以利禄驱众，志节之士多不乐为用"。曾国藩曾强烈反对李鸿章任用丁日昌等人，认为丁日昌是小人诈人，但李鸿章却因其"顾好名，能做事；诈为善，虽诈不能不取"。

当上江苏巡抚的李鸿章一路高升，除了甲午战败后短暂的"入阁办事"外，几乎没有跌下来过，在晚清官场非常罕见，传教士丁韪良称"其官职像桥墩一样坚固，任凭潮涨潮落而岿然不动"。其奥秘便在于他极会"做官"，如曾国藩所言："李少荃拼命做官。"做官需要左右逢源、八面玲珑，对上逢迎、对下笼络，李鸿章对此的确非常擅长。对上，李鸿章一直是慈禧眼前的大红人，主要便因为他善于讨好慈禧。如甲午战争时，北洋海军将领多次请求添置新式船舰，李鸿章则回答说："现在考虑到时艰款绌，我没敢奏咨渎请，如果有什么问题由我承担好了。"为了取媚慈禧，他不惜将大量海军军费"默许"挪用给慈禧修建颐和园。对下级，李鸿章善于以"名利"笼络部下，默许手下将领贪污腐败，甚至故意责骂手下让其感到"打是亲骂是爱"而"沾沾自喜"。

虽然李鸿章非常务实、灵活，但他同时做事又非常坚韧不拔、百折不挠，深得曾国藩的"挺经"真传，乃至曾国藩称赞他"宠辱不惊，祸福不计，心静力坚"。坚韧不拔便是他的"第二板斧"。

关于李鸿章的坚韧，最有代表性的事情是他组织修建铁路。从1874年开始，李鸿章面对强大的保守势力不屈不挠，从零开始总共修建了300多公里铁路，开创了近代中国铁路建设，充分反映出他的坚韧不拔。李鸿章在处理人际关系时也注重忍让，如他对曾国藩、左宗棠、曾国荃等人表面上都非常谦让；李鸿章做很多事情也都很有恒心，如曾临摹《圣教序》书帖万余遍；李鸿章做官更是"自壮至老，未尝一日言退，尝以曾国藩晚年求退为无益之请，受国大任，死而后已"。乃至李鸿章去世后，慈禧钦点的评语中有"坚忍"二字，李鸿章自己也有对联道"受尽天下百官气，养就胸中一段春"。

李鸿章建功立业的最后"一板斧"是勇于担当，如梁启超所言，无论遭遇何等风险，陷入何等风波，李鸿章皆挺然以一身当之，未尝有畏难退避之色。平定太平天国运动时，李鸿章就勇于担责，指哪打哪，甚至经常身先士卒率军作战。后来，朝廷命他处理曾国藩留下的平定捻军、处理天津教案等烂摊子，李鸿章也毫无怨言、任劳任怨。洋务运动中，李鸿章更是尽力尽责，克服重重困难，办了一个又一个的企业，集洋务运动之大成。

甲午战败后，李鸿章岂能不知一旦自己在割地赔款条约上签字，不但被时人唾骂还会留下千古骂名，但他毅然赴马关议和。在中弹第三天后，他便重新坐上谈判桌，并不顾老脸像个小贩一样，一再请求伊藤博文减些赔款："五千万不能，让二千万可乎？现有新报一纸在此，内载明贵国兵费，只用八千万，此说或不足为凭，然非无因""请让少许，即可定议，当电明国家志感""无论如何，总请再让数千万，不必如此口紧"……

果不其然，因为《马关条约》，李鸿章被万众唾骂为"卖国贼"，当时还有对联讽刺他道："杨三已死无昆丑，李二先生是汉奸。"光绪皇帝也将战败的责任推卸给他。李鸿章没有申辩叫冤，自己默默地到贤良寺赋闲"养伤"。时隔不久，清廷派布政使王之春前往俄国，致贺沙皇尼古拉二世登基，但遭到俄国驻华公使抗议，并暗示"而今全清廷最可胜任者，唯独李中堂耳"。李鸿章对此没有多加推辞，"唯有勉竭愚诚，敷宣德意，以期永敦和好，希望能仰达于朝廷知遇之恩"①。在俄国的威逼利诱下，李鸿章代表清廷签署了《中俄密约》。密约被大众周知后，李鸿章再遭世人诟骂，"辱甚矣！率天下人皆欲食其肉"。

随后，义和团风起云涌，八国联军侵华，李鸿章竟未奉诏北上而是主持了"东南互保"，冒着杀头之罪顾全国家大局。最后与八国议和的"烫手山芋"也还得李鸿章来接，"此时危局，惟李中堂可挽之耳"。李鸿章知道一旦再在签约上签字，他的"汉奸"罪名恐怕永远也洗不清了，可他还是牺牲自己的名节委曲求全，而在《辛丑条约》上颤抖地签下了自己的名字，因为颤抖还将"李鸿章"三个字签成了"肃"字的模样。

两个月后，油尽灯枯的李鸿章还遭到俄国公使逼迫，逼迫他在关于中国东北的条约上签字。李鸿章最后大口吐血，但死不瞑目"犹瞠视不瞑"，直到听身边的心腹周馥说"未了之事，我辈可了，请公放心"，才"目乃瞑，犹溜涕口动欲语"②而去世，结束了他位高权重又受尽磨难的一生。

"吾敬李鸿章之才，吾惜李鸿章之识，吾悲李鸿章之遇"③，这是梁启超对李鸿章的"盖棺定论"，他总体上认为李鸿章是"中国独一无二之代表人也"，"四十年来，中国大事，几无一不与李鸿章有关系"，"必为数千年中国历史上一人物"，是时势所造英雄。他对李鸿章的优点缺点也看得很清楚："知有兵事而不知有民政，知有外交而不知有内治，知有朝廷而不知有国民，知有洋务而不知有国务……有才气而无学识之人也，有阅历而无血性之人也。"④的确，李鸿章其境遇值得我们悲叹，其见识值得我们惋惜，其才干则值得我们敬佩，尤其是他建功立业的"三板斧"更值得我们借鉴。

"秋风宝剑孤臣泪，落日旌旗大将坛。海外尘氛犹未息，诸君莫作等闲看。"李鸿章一生难以盖棺论定，有人认为是敢做敢当的"豪杰"，有人

---

① 何圣生：《檐醉杂记》。
② 周馥：《李文忠公七律诗》。
③ 梁启超：《李鸿章传》，中华书局，2012年，第4页。
④ 梁启超：《李鸿章传》，中华书局，2012年，第53页。

认为是卖国求荣的"汉奸"①，李鸿章去世一个月后就第一个为李鸿章作传的梁启超认为"李鸿章为中国近四十年第一流紧要人物"，梁启超还说："夫李鸿章果足称为中国第一人与否，吾不敢知，而要之现今五十岁以上之人，三四品以上之官，无一可以望李之肩背者，则吾所能断言也。李之死，于中国全局有关系与否，吾不敢知，而要之现在政府失一李鸿章，如虎之丧其伥，瞽之失其相，前途岌岌，愈益多事，此又吾之所敢断言也。"②为梁启超做传的许知远则说："没人比李鸿章的个人经历更能代表中国在19世纪遭遇的挫折和尝试摆脱挫折的努力了。"③李鸿章的确不能被忽略也不能被忘记，他对中国早期现代化有重大影响，他的努力、成就、挫折、不足也是中国早期现代化的剪影，有人说"他应是晚清近代化事业的主要开创者"④，"而李鸿章为中国国计民生的近代化所奠基的所有事业，令他身后的中国人一直受益到今天"⑤。当然，我们也不能过分抬高李鸿章，他更多的还是首先考虑自己的利益而非国家利益，他推进现代化的效果也有限，"李指导下的所有现代化政策都反复无常，发展零散而缓慢，因为李的现代化从未与作为实践现代化载具的国家联系起来"⑥。

"老黄瓜刷绿漆"，裱裱糊糊、修修补补，实际上李鸿章最准确的定位还是如他自己所言是"裱糊匠"。这种裱糊体现于他的功业尤其是"金玉其外、败絮其中"的洋务运动，也在他一生所注重的外交事业中有突出表现，具体表现为"痞子腔"和"诚字经"这两大"法宝"。

1870年，天津教案爆发，时任直隶总督曾国藩因处置教案"内疚神明，外惭清议"而被调任为两江总督，李鸿章接任直隶总督。两人交接时，李鸿章以学生身份向老师曾国藩请教，史称"津门论道"。

---

① 李晓鹏在2023年出版的新书《晚清六十年的革命与改良》中还认为李鸿章祸国、窃国、卖国，是"第一伪人"。
② 梁启超：《李鸿章传》，中华书局，2012年，第5页。
③ 许知远：《醒来：110年的中国变革》，湖北人民出版社，2009年，第7页。
④ 段治文、钟学敏、詹于虹：《中国现代化进程》，浙江大学出版社，2007年，第155页。
⑤ 王树增：《1901》，人民文学出版社，2011年，第578页。
⑥ 吉尔伯特·罗兹曼：《中国的现代化》，江苏人民出版社，2010年，第63页。

曾国藩问李鸿章道:"少荃,你现在到了此地,是外交第一冲要的关键。我今国势消弱,外人方协以谋我,小有错误,即贻害大局。你与洋人交涉,打算做何主意呢?"李鸿章回答说:"门生只是为此,特来求教。"曾国藩道:"你既来此,当然必有主意,且先说与我听。"李鸿章不假思索地说:"门生也没有打什么主意。我想,与洋人交涉,不管什么,我只同他打痞子腔。""痞子腔"是安徽土话,乃油腔滑调之意。曾国藩听闻后,以五指将须徐徐开口说:"呵,痞子腔,痞子腔,我不懂得如何打法,你试打与我听听?"

李鸿章听曾国藩口气不对,赶忙改口道:"门生信口胡说,错了,还求老师指教。"曾国藩又是将须不已,好久才对李鸿章说:"依我看来,还是用一个诚字,诚能动物,我想洋人亦同此人情。圣人言忠信可行于蛮貊,这断不会有错的。我现在既没有实在力量,尽你如何虚强造作,他是看得明明白白,都是不中用的。不如老老实实,推诚相见,与他平情说理;虽不能占到便宜,也或不至过于吃亏。无论如何,我的信用身份,总是站得住的。脚踏实地,蹉跌亦不至过远,想来比痞子腔总靠得住一点。"①

虽然李鸿章当时对曾国藩的话称"是,是,门生准遵奉老师训示办理",时隔多年还对别人称"不知我办了一辈子洋务,没有闹出乱子,都是老师一言指示之力",但其实他并未放弃本性中就有的"痞子腔",而是"痞子腔"和"诚字经"两手抓。

曾国藩话音在耳,李鸿章接手处理天津教案后就还是要起了他的"痞子腔"。他指示手下,既然真凶难以查获,那就动员监狱死囚冒名顶替和江湖好汉"投案自首",许以优厚的经济报酬,来充人头蒙混过关。他还让上千名妓女、道士等三教九流披麻戴孝,冒充中国的官员来祭奠死去的教士。对于最终审判结果,李鸿章"略施小计"将原来的20人死刑改为16名死刑、4名缓刑,既满足了列强要求也对内交差。列强后来让李鸿章在天津城乡各处广为张贴禁止反教闹事的告示,李鸿章又"略使小技",只让在天津

---

① 参见吴永:《庚子西狩丛谈》,广西师范大学出版社,2008年,第172—173页。

接近租界的地方张贴了些告示,搪塞外国人耳目。

后来,李鸿章在处理外交事务时,也经常"打痞子腔",耍些"阴谋诡计",不按常理出牌。如当时法国公使施阿兰也是个痞子,与李鸿章相见时常常耀武扬威。"小痞见大痞",李鸿章有次对他突然发问:"你今年几岁矣?"施阿兰被问得莫名其妙,只好据实相告。李鸿章则抚着自己的白胡子悠悠说道:"然则与吾孙同年。吾上年路出巴黎,曾与你祖父相谈数日,汝知否?"施阿兰一听李鸿章是爷爷辈的,和自己爷爷都有交情,立刻老实多了。

1896年,李鸿章出访俄英法美等国家,也不断耍起"痞子腔"。在参加沙皇加冕典礼时,沙皇皇后向李鸿章伸手意思是要行吻手礼,李鸿章不敢也不好意思吻她的"妙手",便"灵机一动"将慈禧太后赏他的玉扳指儿放到了皇后手上。沙皇皇后戴上戒指后,又向李鸿章伸出了手,李鸿章又是"灵机一动",双膝跪地捧起了她的手。出使德国时,很多商家尤其是兵工厂对李鸿章殷勤接待,希望他能订购他们的商品,李鸿章对此笑脸相迎,概不拒绝,结果在即将离开德国时才宣布此行只是促进中德亲睦,未带订单,让各大商家大呼上当。访问法国时,恰逢万国运动会(奥运会前身)在巴黎开幕,应邀出席升旗仪式的李鸿章看到其他国家皆有国歌伴随国旗响起,便灵光一闪来到黄龙旗下唱起民间小调"茉莉花",赢得一片掌声。到美国后,李鸿章大赞美国的繁荣,并且投其所好地对美国记者说:"清国办有报纸,但遗憾的是清国的编辑们不爱将真相告诉读者,他们不像你们的报纸讲真话,只讲真话。"

在李鸿章生命最后之际,奉命签订《辛丑条约》时,他还不忘"打痞子腔"。李鸿章对列强坚称清廷没有和他们打仗,反倒是李鸿章等东南督抚帮着列强打义和团,意思是"你们还得感谢我们啊",因此只能赔款不能割地,并拿出《东南互保》里的话"此乱命也,粤不奉召"作证。此外,李鸿章还采取装聋作哑、插科打诨、声东击西等各种"战术",将谈判拖延了一年多,硬生生地拖掉了列强提出的惩办慈禧等要求。

不过,虽然李鸿章善"打痞子腔",但这只是他的外交之术而已。"道"

的方面,李鸿章还是谨遵曾国藩的教诲,紧念"诚字经",如他所言:"后来办理外交,不论英俄德法,我只捧着这个锦囊,用一个'诚'字,同他相对,果然没有差错,且有很大收效的时候。古人谓一言可以终身行,真有此理。要不是我老师的学问经济,如何能如此一语道破的呢?"

例如在处理天津教案时,虽然李鸿章耍了不少痞子手段,但总体上还是"推诚相见,平情说理"。如他指出所谓教堂"迷拐幼孩、挖眼、剖心等说"并无确证,而导致天津教案的根本原因则是"洋风太久,绅民含愤已久",因此他认为"我诎彼直,不论势之强弱,总以议和为是"。

1895年,李鸿章奉命前往日本马关议和。面对日方代表伊藤博文等的咄咄逼人,李鸿章的"痞子腔"毫无用武之地,只能"以诚相待"。日方提出停战要以日军占领大沽、天津、山海关三处为条件,李鸿章无奈之下甚至请求伊藤博文站在他位置上想想,"我为直隶总督,三处皆为直隶所辖,如此与我脸面有关。试问伊藤大人,设身处地,将何以为情?"面对日军提出的巨额赔款要求,李鸿章极力陈述中国财政困难,并再次让伊藤博文设身处地考虑,"中国让你为首相如何?"

在"历聘欧美"时,李鸿章坦诚中国与外国的差距,向外国要人虚心请教。如俾斯麦称赞李鸿章"已成就奇勋"时,李鸿章谦称与俾斯麦差得很远,并请教俾斯麦兴国、治军等的方法。在美国回答记者提问时,李鸿章也尽量坦诚相对,如有记者问他"赞成妇女受教育吗?"面对这个比较刁难的问题,李鸿章如是回答说:"我们现在还没有供女子就读的公立学校,也没有更高一级的教育机构。这是由于我们的风俗习惯与你们(包括欧洲和美国)不同,也许我们应该学习你们的教育制度并将最适合我们国情的那种引入国内,这确是我们所需要的。"对于美国当时的"排华法案",李鸿章更是激动地质问:"你们不是很为你们作为美国人而自豪吗?你们的国家代表着世界上最高的现代文明,你们也因你们的民主和自由而自豪,但你们的排华法案对华人来说是自由吗?这不是自由!"

总体上,李鸿章对于外交的确是"老老实实,推诚相见",对外国人多以诚相待,和很多外国要人私交甚好,并非常强调"各国条约已定,断难更改",主张"外须和戎"。之所以如此,既是曾国藩的教诲所致,也是无奈之举。

"痞子腔"是李鸿章外交之术,"诚字经"是他外交之道,李鸿章为人处世总体上也大致如此,以"诚字经"为道,以"痞子腔"为术。但无论"痞子腔"还是"诚字经",在举国昏暗大厦将倾的年代都不过是"皮上之毛"罢了。"皮之不存,毛将焉附?"李鸿章的"绣花"功夫再厉害也只是"为他人作嫁衣裳",如他自己所言"不过是个裱糊匠"罢了,他晚年对自己的一生看得非常清楚:

> 我办了一辈子的事,练兵也,海军也,都是纸糊的老虎。何尝能实在放手办理?不过勉强涂饰,虚有其表,不揭破犹可敷衍一时。如一间破屋,由裱糊匠东补西贴,居然成一净室,虽明知为纸片糊裱,然究竟决不定里面是何等材料,即有小小风雨,打成几个窟窿,随时补葺,亦可支吾对付。乃必欲爽手扯破,又未预备何种修葺材料,何种改造方式,自然真相破露,不可收拾,但裱糊匠又何术能负其责。①

对于裱糊房子,大清皇帝道光也曾有过异曲同工之妙论,他曾对即将赴任的四川按察使张集馨说:

> 譬如人家有所大房子,年深月久,不是东边倒塌,即是西边剥落,住房人随时粘补修理,自然一律整齐,若任听破坏,必至要动大工。此语虽小,可以喻大,即曲突徙薪之论也,汝当思之。②

可见,从清廷皇帝到重臣都认识到大清这所"房子"已危机四伏,到处漏风漏雨,那怎么办呢?不是彻底修复(改革)或推倒重建(革命)而是裱糊粘补,能糊弄一时是一时,走一步看一步,"新三年,旧三年,缝缝补补又三年"。因此,从道光朝到最后清廷彻底覆灭,这个时期可称为大清的"裱糊"时代。

---

① 吴永:《庚子西狩丛谈》,广西师范大学出版社,2008年,第170页。
② 张集馨:《道咸宦海见闻录》,中华书局,1981年,第89页。

三、张之洞与袁世凯：推行新政

裱糊总会被轻易戳破，李鸿章的去世意味着大清"裱糊"时代的结束，意味着必须有真正的"洗心革面"方能自救自强，也意味着张之洞终于成为首屈一指的大佬了。清末新政、属于张之洞的时代到来了。李鸿章去世后，张之洞并未赠送挽联，据说只送了一个"奠"字。这个"奠"字很准确地表达了张之洞对李鸿章的总体态度，表面尊重但内心并不认同。

相比李鸿章，张之洞可谓是后起之秀，年龄、资历都要比李鸿章小很多，这便注定了张之洞表面上无论如何要尊重李鸿章。但因为张之洞是清流出身，富有学问且自身作风正派，他"好读书，非至终卷，不忍释手，甚至于倦极如梦，犹手握一卷"①，而李鸿章"生平大病，坐不读书"②。因而，"清流"张之洞内心里看不起对外"苟合"又贪污成性的"浊流"李鸿章。这些因素导致了张之洞和李鸿章的关系总体"外松内紧"。

张之洞和李鸿章的第一次直接交锋便因此而起。中法战争爆发后，"清流"大多主战，张之洞更是被调任两广总督在前线积极组织战斗，而时任直隶总督兼北洋大臣的李鸿章却竭力议和。在李鸿章的建议下，清政府先是于1885年4月4日与法国签订了《中法停战条件》。对此，眼看胜利在望的张之洞很是不满，先后20多次电奏反对议和、撤兵，还直接去电质问李鸿章："奉电传上谕：'法人无理，已饬决战。嗣后如有以和议进者定即军法从事！'等因。此次进和议者为谁？"李鸿章的回电对此避而不谈，反而"倚老卖老"地劝告张之洞道："已经画押定期停战，必须遵旨办理，不可失信。"

1885年6月，李鸿章与巴德诺正式签订《中法会订越南条约》，也称《中法天津条约》或《中法新约》。在条约谈判过程中，张之洞多次致电李鸿章争论，并警告他要"为国家计"。条约签订后，李鸿章上奏朝廷想除掉刘永福的黑旗军，如翁同龢在日记中所载"法越事，合肥相国力主在保胜通商，

---

① 柴萼：《焚天庐丛录》，朱传誉主编：《张之洞传记资料》第4册，第61页。
② 孙宝瑄：《忘山庐日记》上册，第310页。

而视刘永福为眼中钉",而张之洞则对黑旗军"竭力护持"。

张之洞主战是出自他热血、爱国的清流本性,而李鸿章主和是因为他深知当时的形势和清廷的实力,"未可与欧洲强国轻言战事"。两人面对对外战争的这种不同态度,继续反映在十年后的甲午中日战争中。

众所周知,甲午战争中,李鸿章一味避战,甚至命令并未大损的北洋水师龟缩威海港,导致坐失制海权而全军覆没。而再次火线上阵担任两江总督的张之洞还是主战,他在加强江南防务、积极备战的同时,还大力为前线作战队伍提供军火、军费,并多次致电李鸿章出谋划策,如他在平壤战役结束后向李鸿章提出"购快船、购军火、借洋款、结强援、明赏罚"五策。但李鸿章对张之洞的建议不以为然,视为书生迂腐之论,回电张之洞说:"各国局外中立,援无可接。"

张之洞对李鸿章的回电也不以为然,在甲午战争和条约签订过程中,他自己多方请求英国、法国、俄国等援助,甚至支持容闳提出的组建"海外兵团"从太平洋抄日本后路的计策,当然这些最终都无济于事,《马关条约》还是在李鸿章主持下签订了。对于《马关条约》,张之洞很是愤怒,"立时气绝",在致别人的电文中骂李鸿章"稍有心肝之人皆必不肯为之……恐宋臣秦桧明臣仇鸾之奸尚未至此也",并在此后力阻割让台湾,尽力支援台湾民众抗日,还多次要求李鸿章辞职谢罪,把他"比之崇厚,令其引咎"。"李鸿章复电,予以驳斥:吾事事奉旨而行,与崇厚迥不相同。且中国今日非变法不足自强,岂书生腐论所能补救耶。"①

这两人的不同主张在后来的外交等事务中也多有冲突,如李鸿章主张联俄制日,张之洞则主张联日制俄,最后爆发于《辛丑条约》签订中。《辛丑条约》的具体操盘人是李鸿章,但张之洞被授权与李鸿章会办议约事宜,因此张之洞围绕条约提出了很多意见建议,对每项条款都要细细深究。害怕谈判破裂、急于成议的李鸿章对此不胜其烦,最后致电讥讽张之洞道:"不料张督在外多年,稍有阅历,仍是二十年前在京书生之习,盖局外论事

---

① 王振羽:《国家重器:张之洞》,江苏人民出版社,2022年,第168页。

易也。"张之洞也不甘示弱,回电道"合肥谓鄙人为书生习气,诚然,但书生习气似较胜于中堂习气耳",私下里还大骂李鸿章"老奸巨猾"①。李鸿章说张之洞是"书生气",张之洞怼李鸿章是"中堂气",这是两人矛盾的公开爆发,倒也形象地表现了这两个人性情的不同,张之洞的确是"书生气"更多,而李鸿章则是"中堂气"即官僚主义严重。

虽然张之洞、李鸿章两人在主张、性情等方面有很多不同,但也有些相同之处,尤其是在洋务运动、东南互保中有些合作。

李鸿章是洋务运动中期当之无愧的领袖,而张之洞则后来居上,在建学校、修铁路、办工厂等方面与李鸿章主张相同,且成绩不亚于李鸿章。如李鸿章一向主张我国应该自己修筑铁路,由此引发有关铁路问题的大论战,而张之洞很坚定地站在了李鸿章一方。只不过李鸿章主张修筑天津到通州的铁路,张之洞则提出妥协方案,主张修筑卢沟桥到汉口的铁路,最终朝廷同意了张之洞的方案。

因为要主持修筑卢汉铁路,张之洞被调任湖广总督,原来的两广总督由李瀚章接任。在交接过程中,张之洞很大方地将库银200多万两留给了李瀚章,李瀚章也很大方地同意将广东枪炮厂、广州织布局等迁移到湖北。修筑铁路需要大量钢铁,为此张之洞办了汉阳铁厂,在办厂中也得到过盛宣怀等人的帮助,最后还把每年亏空八九万的汉阳铁厂"官督商办"给了盛宣怀。而李瀚章是李鸿章的哥哥,盛宣怀是李鸿章的心腹,如果李鸿章对此横加阻挠,张之洞绝不会如此"风调雨顺",这也说明李鸿章与张之洞并无深仇大恨。

甚至,张之洞对李鸿章也曾非常奉承过,他在李鸿章过七十大寿时忙活了三天三夜,写了一篇三千多字的寿文,赞扬李鸿章"文长纶阁,武镇畿疆,内掌海官,外综商政。有一德之美,兼四事之勤"。李鸿章见了此文很是高兴,将其置为众多寿文压轴之作。

而今李鸿章去世了,张之洞终于可以"顶天立地"了,尤其是他在戊

---

① 辜鸿铭:《张文襄公幕府纪闻 五霸罪人》,《辜鸿铭文集》上卷,第418页。

戌政变、庚子事变中进一步赢得了慈禧的"芳心"。张之洞"暗攻康梁"的《劝学篇》正合慈禧心意，戊戌政变后张之洞立即给"训政大典"发"贺折"，且不遗余力地攻击"康党"。他主动要求日本对康梁采取行动，派出刺客刺杀康有为，镇压了唐才常领导的自立军起义，策反资助康有为的新加坡富商邱菽园，对慈禧"立大阿哥"一事也未明确表态而是说"权在太后，非疆臣所得干预"……

义和团运动期间，张之洞认为义和团是"乱民""实系会匪断非良民"[①]，不相信义和团能呼风唤雨、刀枪不入，甚至认为义和团"尤其与国威有损，于交涉他事关碍甚多"[②]，因此他力主围剿义和团以及"东南互保"。但同时张之洞也极力向慈禧表达忠心，如他致电各国总领事说东南互保是"奉旨办理"，希望联军"万万不可震惊我皇太后、皇上"，支持士绅梁庆桂捐献钱财、率队到西安报效慈禧，甚至打算亲自去开封迎接慈禧。被慈禧劝止后，他又托去开封迎驾的湖北候补道徐某向慈禧表明他"东南互保"的苦心及对慈禧的忠心，"又上年保护长江，系自揣中国兵力军火，断难与八国相敌，恐致大局糜烂，故谨遵谕旨，保守疆土，非为保护洋人，此亦系最紧要之义，亦须剀切敷陈"[③]。张之洞的努力、忠心没有白费，慈禧赏加张之洞太子少保衔[④]，赞赏张之洞道："为国宣勤，维持大局，真是难得"，还说"实在亏他，上岁若无刘、张，东南各省就乱了"，也因此让张之洞、刘坤一参与和八国联军的议和，并让张之洞、刘坤一"遥为参预"，负责新政的督办政务处。

对于新政，张之洞也非常积极，这正合他多年以来维新变法的主张，

---

① 《致总署、荣中堂、天津裕制台》，《张之洞全集》第10册，第7960页。
② 《致总署、荣中堂、天津裕制台》，《张之洞全集》第10册，第7960—7961页。
③ 转引自李细珠：《张之洞与清末新政研究》，上海书店出版社，2003年，第70页。
④ 慈禧对东南督抚擅自"东南互保"表面上并未追究，还夸刘坤一、张之洞、袁世凯等共保东南疆土，尽心筹划，均属功勋卓著，是"老成谋国之道"。刘坤一赏加太子太保衔，张之洞、袁世凯赏加太子少保衔，但后来将张之洞、袁世凯明升暗降调入军机处（刘坤一已去世），将刘树棠、许应骙、王之春等人开缺，可见她对东南督抚擅自作主并非不介意，也可见她已担心地方势力膨胀。

他终于有了用武之地。他立即会商各省督抚，连衔会奏，提出变革主张，乃至提出"以仿西法为主"，"若仅整顿中法，以屡败之国威，积弱之人才，岂能除二千余年养成之积弊？"①但鉴于朝廷不愿意各省督抚连衔会奏，最终张之洞决定与刘坤一连衔上奏，随即由张之洞主稿（张謇、沈曾植、汤寿潜等人参与）、刘坤一领衔的《江楚会奏变法三折》上奏朝廷。

《江楚会奏变法三折》由《变通政治人才为先遵旨筹议折》《遵旨筹议变法拟整顿中法十二条折》《遵旨筹议变法拟采用西法十一条折》组成，提出了文化、教育、政治、体制、军事、经济等方面系统完整的新政改革方案，具体包括兴建学校、改革科举、编练新军、奖励工商实业、出国考察、翻译书籍、裁减冗员等改革措施。很快，慈禧发布懿旨，认为《江楚会奏变法三折》所奏"事多可行，即当按照所陈，随时设法，择要举办。各省疆吏，亦应一律通筹，切实举行"②，于是它实际上成为了清末实施新政的蓝图，尤其是成为早期新政纲领，如时人所言："惟是中朝宗旨，实以江、鄂为南针。"③

"'江楚会奏变法三折'虽然具有浓厚的中庸调和、不偏不倚的色彩，但其将中国逐步推向世界一体化的轨道确实是张之洞、刘坤一的真实想法……至少在张之洞的思想深处，他清醒地知道中国的强大绝不仅仅是物质财富的增长，而是要有世界一体化的政治理念和世界观，这样才能赢得世界的尊重，才能成为世界大家庭中的平等一员。"④尤其是《江楚会奏变法三折》中认为"方今环球各国，日新日盛，大者兼擅富强，次者亦不至贫弱。究其政体学术，大率皆累数百年之研究，经数千百人之修改，成效既彰，转相仿效……"，即对政治现代化有了一定认识、表达。

教育育人是国家兴盛之本，就像戊戌变法中一样，清末新政也从教育

---

① 转引自李细珠：《张之洞与清末新政研究》，上海书店出版社，2003年，第87页。
② 《光绪宣统两朝上谕档》第27册，第188页。
③ 沈曾植：《扬州与南皮制军书》，王元化主编《学术集林》卷3，第106页。
④ 马勇：《叠变：鸦片、枪炮与文明进程中的中国（1840—1915）》，中国大百科全书出版社，2022年，第266页。

改革开始,且也是张之洞领衔所为。张之洞在与刘坤一第一次联合上奏的奏折中就写道:"非育才不能图治,非兴学不能育才。"①1903 年 5 月,多次请求陛见的张之洞终于如愿在二十年之后再次入京见到了慈禧,慈禧看到当年她钦点的探花郎如今已是白发老翁而竟然泪流满面,张之洞也跟着老泪纵横。慈禧授予张之洞赐御画、紫禁城骑马、颐和园乘舟等恩宠,但并未让张之洞入军机处,据说是因为当时正得势的奕劻、袁世凯所阻。在京"闲坐一年"的张之洞其实也并未闲着,而是主持了新学制的修订。张之洞号称"当今第一通晓学务之人",最初当湖北学政时便政绩斐然,在当湖广总督后又在湖北不遗余力地办书院、建学堂,且于 1902 年学习日本教育制度而制定了几乎全新的湖北学制。

因此,鉴于湖北的办学成就,张之洞到北京后,管学大臣张百熙便奏请张之洞会商学务。获得批准后,富有经验的张之洞很快反客为主,主导了新学制的制定,又很快上奏《奏定学堂章程》且获得批准,"癸卯学制"由此开始实施。"癸卯学制"具体包括二十册学堂章程,内容比较完备、科学、先进,将教育分为基础教育和专门职业教育,基础教育包括初等、中等、高等教育,专门职业教育包括示范教育、实业教育、特别教育,还包括类似于今天研究生院的通儒院及类似于幼儿园的蒙养院。"癸卯学制开启了中国教育体制的近代化进程"②,一直施行到辛亥革命前,对之后中国的学制也有奠基之功,"可以说是中国现代国民教育的开端"③,正式开启了中国教育的现代化。

此外,张之洞还制定了鼓励留学的留学生政策,并和袁世凯联合废除了科举制度。"张之洞虽出身科举,且对科举功名颇为看重,但长期的实际政治生活经验,尤其是兴学育才的经历,使他逐渐认识到科举取士制度的弊病与危害,因而提出了改革科举的建议。他说:'救时必自变法始,变法

---

① 转引自徐中约:《中国近代史》,世界图书出版公司,2013 年,第 305 页。
② 李细珠:《张之洞与清末新政研究》,上海书店出版社,2003 年,第 125 页。
③ 迟云飞:《变局之下:晚清十大风云人物启示录》,中国大百科全书出版社,2022 年,第 128 页。

必自科举始。'"① 早在戊戌变法时期，张之洞就联合陈宝箴会奏《妥议科举新章程》。清末新政开始后，张之洞立即于 1901 年 6 月 3 日奏请朝廷改革科举制度。1901 年 8 月 29 日清廷发布上谕，宣布将废除八股、改试策论及永远停止武科，张之洞则继续上奏认为还应进一步改革科举。1902 年袁世凯到南京与张之洞会晤后决定连衔上奏废除科举，经过两人多年多次会奏，清廷终于 1905 年 9 月批准了袁世凯和张之洞等人的奏请，"著即自丙午科为始，所有乡、会试一律停止，各省岁、科试亦即停止"②。上千年的科举制度由此被废除了，成千上万士子安身立命的科举制度就这样被废除了。

虽然也遭到一些阻力，如有人讥讽探花出身的张之洞忘本，反对废除科举的军机大臣王文韶还亮出老拳想揍张之洞，也有人嘲讽袁世凯自己考不中科举所以才废科举。但废除科举制度在当时并未遭到太大反对，这一方面是因为很多人已意识到科举制度之腐朽不堪、非废不可，也是因为新学制、新学堂的建立为士子提供了新的安身立命之处。"据统计，从 1905 年到 1909 年，全国已有农业、商业、理工等专业学校 16 所，学生 1881 人；实业学校 254 所，学生 16649 人"③，据《宣统元年份教育统计图表》，到 1909 年全国各种学堂已达 58869 所，其中京师大学堂学生有七八百人。张之洞主持的新学制还将学堂与出身、授职紧密挂钩，如大学堂分科大学的学生有"同等学力"等同于进士出身且可入翰林院，乃至于还有"牙科进士""农科博士"，极大地鼓励了士子进新学堂。入不了新学堂还有新军可入，当时新军对知识人优先录取，这也导致新军势力大增。"而学生与新军这两股力量，在辛亥革命中均发挥极大能量，足见当初遽然操觚，其祸不小。"④ 当然，也有很多老童生进不了新学堂、新军而只能上山当袍哥或下海学经商或入幕当文书或失业，新知识人也同样面临着巨大就业、发展压力，而加剧了社会分化、矛盾乃至动荡不安。

---

① 李细珠：《张之洞与清末新政研究》，上海书店出版社，2003 年，第 131 页。
② 《光绪宣统两朝上谕档》第 27 册，第 115 页。
③ 徐飞：《帝国的崩塌》，浙江人民出版社，2022 年，第 281 页。
④ 杨早：《民国了》，四川人民出版社，2018 年，第 5 页。

科举制度实际上不仅仅是教育制度,也是官员选拔制度,是社会上下沟通的渠道,是士人和朝廷联系的纽带,是传统文化乃至社会的基础。因此,科举制的废除如严复所言"直无异于古之废封建、开阡陌",有着重要的历史意义,产生了大量新式知识人和其他新群体,导致了传统士大夫到现代知识人的社会大变,使清廷丧失了士大夫为代表的精英阶层效忠,也使清廷统治的儒家意识形态根基丧失,加快了以士农工商为基本要素的传统社会的解体和大清灭亡、乡村衰落,也加快了中国现代化进程。"这个行动所呈现出来的事与愿违的后果,远比推行这一改革的士大夫在1905年所明显预见到的那些后果来得严重。航手在获得一个新的罗盘以前就抛弃了旧的,遂使社会之船驶入一个盲目漂流的时代。"①

制定新学制、废除科举制度之后,在张之洞力主下,清廷还进行了教育行政机构改革,如专设总理学务大臣、设立学部、废除学政。张之洞于1907年担任大学士管理学部事务后又"对于全国教育按照的规划、教育政策调整及设施建设等方面都做出了一定的贡献"②,如他奏请在京师设立了女子师范学堂、图书馆、分科大学等。总之,清末新政自教育改革开始,其成就也最为巨大,而其中张之洞贡献最大,他不愧为"当今第一通晓学务之人",也不愧为"儒臣"。

此外,清末新政时期,张之洞还在推进工业化、改良农业、发展商业贸易、币值改革、税务改革、铁路建设③等方面有诸多贡献④。在张之洞的努力下,湖北开启了现代化进程,经济、文化、教育、城市建设等各个方面迅速发展,武汉由此成为了工业重镇、"九省通衢"以及仅次于上海的中国第二大商业贸易港口、工商业中心,号称"东洋芝加哥",并对其他省的新政产生了重要的示范效应。另外,张之洞早在1895年就创办了最早的新军"江南自强军",后来又在武汉建立了包括高等、中等、初等军事学堂在内

---

① 吉尔伯特·罗兹曼:《中国的现代化》,江苏人民出版社,2010年,第230页。
② 李细珠:《张之洞与清末新政研究》,上海书店出版社,2003年,第152页。
③ 在张之洞主持下,卢汉铁路于1895年开始筹建,于1906年全线通车,全程1200余公里。
④ 详情见李细珠:《张之洞与清末新政研究》,上海书店出版社,2003年,第165—217页。

的完备军事学堂体系，派遣吴禄贞等留学生学习军事和黎元洪等人出国考察军事，尤其是大力编练新军，格外注重新兵文化素质，力开"兵智"，使得湖北新军得以与北洋新军并列，进一步提升了张之洞的地位，也埋下了湖北新军发动武昌起义的伏笔。

  张之洞之外，推行清末新政最有力的当数袁世凯。戊戌变法中告密的袁世凯很快获得回报，升任山东巡抚。之后在义和团运动中屠杀了一万多拳民的袁世凯又"因祸得福"，他被反对义和团的西方列强认为是中国"最有才干的政治家"，八国联军入侵华北时看到"山东地界"字样便不再进军，因而山东作为义和团的发源地，竟然没有被列强入侵。其他武卫军被八国联军打得七零八落、损失惨重，只有袁世凯的武卫右军因找借口未入京勤王而毫发无伤且不断扩军，到1900年袁世凯已坐拥新军两万余人。袁世凯由此势力更加强大，很快升任直隶总督、北洋大臣，据说这是李鸿章不计前嫌，在去世前保举他做自己的接班人，说"环顾宇内人才，无出袁世凯右者"，继承了李鸿章衣钵、势力的袁世凯在送给李鸿章的挽联中写道："我是再传弟子，感恩知己，愿宏志业继萧规。"慈禧"西狩"时，袁世凯派人送去二十一万两白银、一辆进口轿车和其他大量物品，是所有督抚中"孝敬"最多的，还派张勋率军前去护驾（张勋由此"死忠"清廷而有了后来的张勋复辟）。慈禧回銮时，袁世凯又特制装饰有欧洲进口的地毯、壁毯、沙发、葡萄酒等的豪华火车作为慈禧专列①，并率文武百官和中国第一支军乐队奏乐相迎，这让袁世凯更加赢得了慈禧的"芳心"。

  清末新政开始后，袁世凯率先响应，比张之洞、刘坤一更早地上奏条陈，提出了他认为"言之易行，行之易效"的十条新政建议，包括慎重号令、整顿吏治、振兴实业、增强军备、开启民智等内容，他之前也曾致电朝廷建议重启改革。虽然出卖过维新派，但袁世凯的确素有维新思想，更有野心，他敏锐地意识到这次新政清廷是要玩真格的了，而这是他获取更大权力的良机。随后，他在天津大办实业，"到1907年11月，直隶所属

---

  ① 袁世凯在篡得总统宝座后将这个专列送给孙中山，让孙中山乘着这专列周游全国考察铁路建设。后来，张作霖乘这辆专列被日本特务在皇姑屯炸死。

地区的工业局和工厂，开办者达六七十处之多，形成了中国北方实业①的雏形"。袁世凯还支持梁士诒创办交通银行，由此形成了后来大名鼎鼎的"交通系"；支持周学熙创办银元局、直隶工艺总局、滦州煤矿公司等实业，使得周学熙与张謇并称"南张北周"；支持詹天佑修筑了中国人自建的第一条铁路京张铁路；和张之洞一起废除科举制度……

此外，袁世凯还整顿吏治，编练新军，设立商务公所、农务总会、天津银行，创办新式警察、独立审判、自治局，创建山东大学堂、北洋大学堂、法政学校、北洋武备学堂等各类学堂，引进电力照明、自来水供水系统、城市垃圾处理设施等现代化措施。尤其是袁世凯将他的武卫右军改编为北洋军，按照德国方法练兵，购买最新西方武器，并控制新成立的练兵处"征天下之饷，练兵一省"②，逐步将北洋军扩展为实力最强、拥兵八九万的北洋六镇③，并形成了以袁世凯为中心的北洋派系。袁世凯的这些新政措施也让他赢得了更大知名度、美誉度，他成功地把自己打造成了"开明之巨子""变法领袖"和"治国能臣"，同时也让他有了更大实力、野心。

在张之洞、袁世凯的带领下，清末新政波澜壮阔、有声有色地在全国开展。"1901年至1904年，清政府推行的新政主要有：改总理各国事务衙门为外务部，增设商部，裁撤詹事府、通政司、路矿总局、东河河道总督，考核部院司员，翰林院编检以上官员学习政治，裁革书吏、差役，停止报捐实官；设立铁路、矿务、农务、工艺各公司，订立相应律例，设立商会，保护利权，整理财政，设厂铸币；科举考试废除八股，改试策论，增考中国政治历史论和各国政治艺学策，停止武科生童试和乡、会试，复开经济特科；各省州县设立大中小学堂，选派留学生，裁减绿营、防勇，编练新军，设立武备学堂；办理巡警；准满汉通婚等。"④就连边远的蒙古王公也纷

---

① 李细珠：《张之洞与清末新政研究》，上海书店出版社，2003年，第85页。
② 刘锦藻：《清朝续文献通考》卷219，第9658页。
③ 清末新政计划编练新军三十六镇，最后只练成新军十六镇，其中北洋六镇实力最强。而北洋六镇除了第一镇是满族士兵、由满洲贵族铁良统率外，其他五镇皆由袁世凯控制，成为他最大的政治资本。
④ 侯宜杰：《清末立宪运动史》，辽宁人民出版社，2020年，第22、23页。

纷推行新政，开始大规模放垦蒙地，创办了一批新式学堂、工矿企业。

　　1901年是新世纪的第一年，也是清末新政的第一年，一切似乎都万象更新。这一年，无线电摩尔斯电码在英国发出，第一架飞机升空，诺贝尔奖开始颁发，纽约股票交易额突破两百万股，粒子被发现，科学史上的"第四次革命"开始。中国也发行了彩票，国人参加了巴黎国际博览会，官员们纷纷出国，被清廷流放海外的人悄悄回国……慈禧则迷上了照相①、学起了英语、坐上了汽车②、开始了与外国公使夫人外交③，还让美国女画家凯瑟琳画了她的油画送到美国圣路易斯博览会展示……

　　一切似乎大为不同，但早期清末新政举措实际上并未超出维新变法时期的"宏伟蓝图"，甚至可以说是维新变法的从头再来和继续发展。中国历史常常这样一次次从头开始、循环往复，但"功不唐捐"，新的开始如恩格斯提出的"否定之否定规律"所言，常常会在之前基础上突破超越。"摸着石头过河"，清末新政很快就由经济、教育、军事等方面的浅水区改革深入至制度，尤其是要进行政治体制方面的深水区改革，即大清帝国要预备立宪了。就像戊戌变法的深水区改革遭遇各种反对最终失败一样，清末的预备立宪最终也在各种矛盾斗争下功亏一篑，且拉上了大清帝国陪葬。

---

　　① 1844年，法国人于勒·埃及尔将照相术带到中国，他拍摄的第一个中国人是两广总督耆英。耆英还是第一个坐轮船的清廷高级官员，第二个坐轮船的高级官员是李鸿章。当时大多数人反对照相，认为它"勾魂摄魄"，但奕譞、奕䜣都喜欢照相。慈禧刚开始也不太喜欢照相，但1903年起慈禧迷上照相，拍了大量生活照、艺术照，还喜欢玩cosplay，最喜装扮成观音菩萨拍照。慈禧信佛，喜欢被称为"老佛爷"（也有唯我独尊之意），所以她以救苦救难的观音菩萨自诩。慈禧还将照片作为重要礼物送给外国元首，甚至还送到了世博会展览。刚开始给慈禧拍照需要跪着，后来拍得多了，摄影师也便不跪了。但慈禧禁止光绪拍照，禁止给光绪画像，以不给光绪存在感。

　　② 1901年，袁世凯为了祝慈禧六十六岁大寿，特献上一辆德国进口汽车。慈禧很喜欢乘汽车，但嫌司机与她平起平坐，非得让司机跪着开车，司机不堪忍受，借口汽车坏了而逃之夭夭。

　　③ 慈禧回宫后的第一件事就是接见各国公使及其夫人，之后经常接见公使夫人，拉着她们的手嘘寒问暖，且大量赏赐她们礼物（详情见王树增：《1901》，人民文学出版社，2011年，第583—587页）。慈禧在接见外国公使夫人时，还常说："一家人，我们都是一家人。"

四、袁世凯、张謇"转身":预备立宪加快

就像之前的战争一样,1904年在中国东北进行的因争夺朝鲜、东北而爆发的日俄战争也深刻影响了宣称"中立"的大清国运。它不仅让鲁迅深受围观国人麻木不仁的刺激而弃医从文开始救治国民灵魂,不仅让秋瑾誓言"拼将十万头颅血,须把乾坤力挽回",也让很多不麻木不仁的国人瞠目结舌。

之前甲午战争中国败于"小日本"就已不可思议了,这次连土广民众而号称强国的俄国竟然也败于日本,俄国太平洋舰队竟然像北洋舰队一样几乎全军覆没,白种人竟然罕见地被黄种人打败,原因究竟何在?很多有识之士将原因归结于日本"立宪"而俄国"专制",如当时《大公报》对此称"此战诚为创举,不知日立宪国也,俄专制国也,专制国与立宪国战,立宪国无不胜,专制国无不败",《南方报》则认定日本战胜俄国乃"天意所示其趋向,引导中国宪政",张謇也在《致袁世凯书》中说:"日俄之胜负,立宪专制之胜负也,今全球专制之国谁乎,一专制当众立宪,尚可幸乎?"① 当时世界各大国基本上都已完成立宪,德国、日本也于1871年、1889年分别制定了宪法,俄国在日俄战争战败后也宣布立宪,即将召开国会,立宪已成为时代大势、世界潮流。

因此,呼吁立宪逐渐成为了时代最强音,"世界大势使然,国运人心使然",立宪似乎成了包治百病、起死回生的灵丹妙药。洋务派思想家如郭嵩焘、薛福成、王韬、郑观应等人其实已意识到需要学习西方政治制度,如郭嵩焘说议院为英国"立国之本",郑观应在1895年明确提出"开国会,定宪法"②,主张"议院固宜设,宪法亦须编"。随着形势发展,呼吁立宪的人越来越多,尤其是维新派思想家。1897年,康有为在"上清帝第五书"中提出"采择万国律例,定宪法公私之分",主张君主立宪;1901年6月,与康有为翻脸的出使日本大臣李盛铎也呼吁建立君主立宪政体,他在变法

---

① 转引自李剑农:《中国近百年政治史(上)》,世界知识出版社,2019年,第208页。
② 《与陈次亮部郎书》,《盛世危言后编》卷4,第14页。

条陈中提出"查各国宪法,无不首重宪纲";康有为、梁启超外逃后创建保皇会,同时依旧主张君主立宪,尤其是梁启超主办的《新民丛报》发表了大量有关立宪的文章。

随后立宪声音更多,留学生也纷纷主张立宪,如时任中国留日学生总会干事长的杨度①提出要救国必须立宪。杨度早年随王闿运学习"帝王之学"纵横之术,主张通经致用,青年时一度倾向革命又转向主张"君主立宪",曾参与康梁发起的"公车上书"、强学会,留学日本后他和孙中山说:"吾主张君主立宪,吾事成,愿先生助我;先生号召民族革命,先生成,度当尽弃其主张,以助先生。"国内舆论也越来越多地要求立宪,如1903年由满族人英敛之创办的《大公报》在光绪寿辰时刊发祝词道:"一人有庆,万寿无疆;宪法早立,国祚绵长。"1904年3月,驻各国公使联名电请清廷立宪,主张"仿英德日本之制定为立宪政体之国"。

1905年日俄战争日本胜利后,国内立宪呼声更是高涨,如当时《南方报》评论:"昔者,维新二字,为中国士大夫之口头禅;今者,立宪二字,又为中国士大夫之口头禅","不数月间,立宪之议,遍于全国。盖至是而中国立宪之机,直如火燃泉达,有不能自已之势焉"②。张謇1903年游历日本后十分羡慕立宪政体,在张謇等人背后多方策动下,1905年7月2日,直隶总督袁世凯、两广总督张之洞、两江总督周馥连衔奏请于十二年后实行立宪政体,并呼吁派大臣赴各国考察政治。

"立宪!立宪!立宪!","危亡之方只在立宪"已几乎成为全国共识,"外之使臣、疆吏,内之枢府、部臣,下之民间舆论,咸以立宪为请",当时八位总督中有五位奏请立宪。慈禧看了张謇编译的《日本宪法》后也说"日本有宪法,于国家甚好",她还称"立宪一事,可使我满洲朝基础永远确固,而在外革命党亦可因此涡灭,候调查结果后,若果无妨碍,则必决

---

① 杨度一生如同梁启超一样多变,他早年主张君主立宪,在辛亥革命后发起筹安会支持袁世凯称帝,之后作为帝制祸首被通缉而学佛学画,还一度投奔军阀张宗昌和上海青帮大佬杜月笙,晚年还经周恩来批准秘密加入了中国共产党,去世前自撰挽联道:"帝都真如,如今都成过去事;医民救国,继起自有后来人。"

② 《立宪记闻》,《辛亥革命(四)》,第13页。

意实行"①。于是，1905年7月16日，清廷下达上谕，派员"分赴东西洋各国考察一切政治"：

> 方今时局艰难，百端待理，朝廷屡下明诏，力图变法，锐意振兴，数年以来，规模虽具而实效未彰，总由承办人员向无讲求，未能洞达原委，似此因循敷衍，何由起衰弱而救颠危。兹特简载泽、戴鸿慈、徐世昌、端方等，随带人员，分赴东西洋各国考求一切政治，以期择善而从。②

对于朝廷这一举动，"五洲人士咸属耳目"，纷纷称赞"伟哉此举"，各省也有钱出钱有力出力，连新疆也捐银一万两资助路费，只有革命党将其视为"假考察政治之名，以掩天下人之耳目"。但革命党也怕万一清廷真的立宪了，那革命不就没戏了嘛，于是"生平即自认为中华革命男子，决不甘为拜服异种非驴非马之立宪国民"且主张暗杀、著有《暗杀时代》的吴樾决定暗杀出国考察大臣，"故宁牺牲一己肉体，以剪除此考求宪政之五大臣"③。1905年8月26日，载泽、戴鸿慈、徐世昌、端方、绍英五位大臣在北京正阳门火车站登车出发，计划出国考察，锣鼓喧天、观者如潮。突然晴天霹雳一声巨响，炸弹爆炸，载泽、徐世昌受轻伤，绍英受重伤，而投掷炸弹的吴樾当场身亡。

出国五大臣被刺引发朝野舆论大哗、惶惶不安，"几疑庚子之变又见，甚有举全家而徙避者"，慈禧痛哭道办事咋这难呢，"慨然于办事之难，凄然泪下"④，似乎忘了她之前也曾杀害过"戊戌六君子""庚子五忠"以及无数革命党人。不过清政府由此更加认识到立宪的必要，因为"敌人的敌人就是朋友"，革命党反对立宪反而说明了立宪有利于清政府。经过休整，1905年11月11日，端方、戴鸿慈、载泽、李盛铎、尚其亨五位大臣率队

---

① 夏新华等整理：《近代中国宪政历程：史料荟萃》，中国政法大学出版社，2004年。
② 夏新华等整理：《近代中国宪政历程：史料荟萃》，中国政法大学出版社，2004年。
③ 吴樾：《烈士吴樾君意见书》，转引自贺嘉：《清末制宪》，陕西人民出版社，2011年，第81页。
④ 戴鸿慈：《出使九国日记》，湖南人民出版社，1982年，第42页。

兵分两路开始出国考察，端方、戴鸿慈一行赴英、法、比利时、日本、俄国等国考察，载泽、李盛铎、尚其亨一行赴美、德、意大利、奥地利等国考察。五位大臣的考察历时半年多、历经十五国，受到各国最高规格接待，包括各个国家元首接见，见识到了西方政治体制及物质文明。他们每访一个国家皆发自肺腑地赞叹，切身感受到了立宪的确已成为时代潮流，切实认识到中国与列强的根本差别在于制度①。

回国后，五位大臣编撰了大量有关西方的书籍，并以梁启超、杨度"捉笔"的报告②为基础提交了《奏请以五年为期改行立宪体折》，认为"观于今日，国无强弱，无大小，先后一揆，全出宪法一途，天下大计，居可知矣"，认为"立宪政体，利于君，利于民，而独不便于庶官者也"，认为大清立宪应当远法德国、近采日本、兼取列强，还认为实行立宪后"从此南针有定，歧路不迷，我圣清国祚，垂于无穷，皇太后、皇上鸿名，施于万世，群黎益行忠爱，外人立息觊觎"。端方、戴鸿慈、载泽、尚其亨在接受召见时也"以变法敷陈"且又多次上折请求立宪，载泽在召见时的恳切奏请让慈禧和光绪都"大为感动"，他在《奏请宣布立宪密折》中还提出立宪可有皇位永固、外患渐轻、内乱可弭等"三大利"；端方在召见时被赐御匾"以示优异"，他在《请定国是以安大计折》中说：

> 苟内政不修，专制政体不改，立宪政体不成，则富强之效将永无所望……盖商战恃乎民智，兵战恃乎民力，欲民智、民力之发达，而以专制政体临之，无异欲南行而北其辙，必不济也。由此论之，欲国

---

① 参见侯宜杰：《清末立宪运动史》，辽宁人民出版社，2020年，第51页。
② 据说杨度写了《中国宪政大纲应吸收东西各国之所长》和《实施宪政程序》，梁启超写了《东西各国宪政之比较》，虽无可靠史料验证，但五位大臣报告的草稿由梁启超、杨度起草的可能性很大。毕竟五位大臣出国考察只是走马观花，对立宪又不了解，根本写不出靠谱的报告，而梁启超、杨度主张立宪又懂立宪，自然愿意"借壳上市"，其中的牵线人据说是五位大臣当时的随员熊希龄，熊希龄早在维新变法时期就与梁启超交好，和杨度也是同乡。据《梁启超年谱长编》，梁启超不仅代清廷起草了立宪考察报告，还代笔了宪政编查馆中很多重大文牍，"尤可笑者，法部与大理院两署，常争论权限，又皆无精当之主张，而两署皆分途秘求梁先生代为确定主张及解释权限，甚至双方辩释之奏议公函，均出于先生一人之手，而双方各诩主张之精辟"。

富兵强,除采用立宪政体之外,盖无他术矣。"①

五位大臣的考察和建议让清廷决意开始立宪。慈禧对立宪就像对变法一样其实并无成见,她最关心的只有四件事:"一曰君权不可侵损;二曰服制不可更改;三曰辫发不准剃;四曰典礼不可废。"②其他的都可以、都无所谓,何况君主立宪可永保君权即永保摇摇欲坠的大清江山,那有这等好事何乐不为呢?"太后把立宪当成是用来安抚公众而不需要真正损害她自身权力的一个有力工具;满族人则把它看做实行集权和把汉人排除出核心集团的机会"③,他们没有想到恰恰是立宪加速了大清的灭亡。

1906年8月26日、27日清廷连续召开会议讨论立宪,立宪此时已成共识,关键是如何立宪。奕劻、袁世凯、徐世昌等人主张从速立宪,孙家鼐、铁良、瞿鸿禨等人主张从缓立宪,醇王载沣最后总结道:"立宪之事,既如是繁重,而程度之能及与否,又在难必之数,则不能不多留时日,为预备之地矣"④,即将立宪定调为预备立宪。8月28日,载沣将会议的意见"面奏两宫,主行宪政"。8月29日,慈禧召见大臣,诸位大臣皆回答应行立宪,持反对态度的军机大臣鹿传霖、王文韶最后也勉强同意。于是9月1日,清廷发布了《仿行立宪上谕》:

> 我朝自开国以来,列圣相承,漠烈昭垂,无不因时损益,着为宪典。现在各国交通,政治法度,皆有彼此相因之势,而我国政令积久相仍,日处贴危,忧患迫切,非广求智识,更订法制……但目前规制未备,民智未开,若操切从事,涂饰空文,何以对国民荫昭大信。故廓清积弊,明定责成,必从官制入手,亟应先将官制分别议定,次第更张,并将各项法律详慎厘订,而又广兴教育,清理财务,整饬武备,

---

① 夏新华等整理:《近代中国宪政历程:史料荟萃》,中国政法大学出版社,2004年。
② 侯宜杰:《清末立宪运动史》,辽宁人民出版社,2020年,第55页。
③ 徐中约:《中国近代史》,世界图书出版公司,2013年,第308页。谌旭彬在《秦制两千年》中也认为慈禧"一手抓立宪以强化皇权的至高无上,一手抓官制改革以削弱督抚的军权、财权、人事权"(谌旭彬:《秦制两千年》,浙江人民出版社,2021年,第307页)。
④ 《立宪纪闻》,转引自贺嘉:《清末制宪》,陕西人民出版社,2011年,第107页。

普设巡警，使绅民明悉国政，以预备立宪之基础。①

这份上谕宣布大清开始立宪，立宪原则是"大权统于朝廷，庶政公诸舆论"，立宪目的是"以立国家万年有道之基"，立宪步骤是"应先将官制分别议定，次第更张"。此上谕作为立宪"总纲"开启了大清预备立宪，从此立宪成为中国政治的主流之一，中国宪政史和政治现代化由此正式开始，"大清这艘残舰艰难地向政治现代化转型的方向航行"②。如同巨石击水，此上谕在当时受到普遍欢迎，引发强烈反响，很多地方都张灯结彩、开会庆祝，如上海《申报》1906年10月2日报道说："凡通都大邑，僻壤遐衢，商界学界，无不开会庆祝。"很多国人以为"有预备行宪政之大号，以扫除中国四千年之秕政焉。薄海闻之，欢腾喜蹈。民权既得，兆众一心，君民同治，中国从兹不亡矣"③，他们不会想到这只是"万里长征"的第一步。

《仿行立宪上谕》中指出"但目前规制未备，民智未开，若操切从事，涂饰空文，何以对国民荫昭大信。故廓清积弊，明定责成，必从官制入手，亟应先将官制分别议定，次第更张，并将各项法律详慎厘订"，官制改革因此成为立宪的基础和突破口。颁布此上谕的第二天，清廷就派载泽、世续、那桐、袁世凯等人共同厘定新官制，由奕劻、孙家鼐、瞿鸿禨总司核定，并于五天后即9月6日成立官制编制馆，统筹官制改革，官制改革由此正式开始，积弊重重的大清"官僚机器"终于要升级改造了。

官制改革虽名义上由载泽主持，但实际上为袁世凯所控制。袁世凯原本反对立宪，认为"立宪之后，权在人民，恐画虎不成，发生种种流弊"，但后来在张謇推动下积极主张立宪，声称"官可不做，法不可不改""有敢阻挠立宪者，即是吴越（樾）"。因为他担心光绪亲政后会报复他，因而希望通过立宪来限制皇帝权力，他更想当责任内阁总理或副总理掌握实权。"司马昭之心，路人皆知"，袁世凯这一野心当时也被很多人看透，据说光

---

① 《清末筹备立宪档案史料》上册，生活·读书·新知三联书店，1977年，第43—44页。

② 王学斌：《阻挡帝国主义与阻挡革命双重压力下新政启航》，《帝国挣扎》，中央党校出版集团，2022年，第196页。

③ 《辛亥革命》第84页，转引自贺嘉：《清末制宪》，陕西人民出版社，2011年，第111页。

绪都曾亲自对袁世凯讲"你的心事我全知道"①，醇王载沣担心袁世凯权力过大，乃至有次拔枪直抵袁世凯胸前说："尔如此跋扈，我为主子除尔奸臣"，"醇王闻言益怒，强词驳诘，不胜，即出手枪，拟向余（袁世凯）放射"②。

总负责官制改革的奕劻原本设想很美好，提出要"分权以定限""分职以专任""正名以核实"等，但在改革官制过程中遭遇很多反对，如官制改革草案中规定官员不得兼职，军机大臣铁良、荣庆等人便因不想去掉兼职而群起反对；反对派还像戊戌变法时一样煽动太监闹事，说官制改革将废除内监和内务府，因此有次百余名太监将袁世凯围住谩骂；太监和宗室还纷纷在慈禧面前哭诉，"可怜"的慈禧被闹得寝食不安，竟然说："我如此为难，真不如跳湖而死。"袁世凯"请严惩一二人以息众嚣"，慈禧怒道："汝兵柄在手，何不执言者尽诛？"③即是说"你老袁有兵权在手，为什么自己不将反对的人都杀死呢？何必让我当你的'白手套'呢？老娘我也不傻了"。清廷最后不得不宣布了官制改革的五不议原则：第一，军机处之事不议；第二，内务府事不议；第三，八旗事不议；第四，翰林院事不议；第五，太监事不议。这"实质上拒绝了为君主权力厘定一个边界，反对将清帝国所有权、经营权分开，依然让皇权无处不在，让满洲贵族继续垄断清帝国的一切"④。

在各方斗争下，11月6日，清廷发布中央官制上谕。最终，中央官制实际上没有太大变动，不过减少了军机大臣数量，各部尚书均充任参预政务大臣，礼部堂官不分满汉，增设了资政院、海军部、军咨府等部门，其他有些部门改了名字。次日，清廷任命奕劻为总部管理大臣，那桐、瞿鸿機为会办大臣，13名各部大臣、尚书中7人为满族、5人为汉族、1人为

---

① 王照：《德宗遗事》，转引自庄建平：《落日残照紫禁城——清宫秘史纪实》，四川人民出版社，1999年，第181页。
② 郭剑林主编：《北洋政府简史》，天津古籍出版社，2000年，第49页。
③ 胡思敬：《大盗窃国记》。
④ 马勇：《回望：近代一百年》，新星出版社，2021年，第22页。

蒙古族。至此，中央官制改革落下帷幕，仅小修小补，无大变革，更未成立责任内阁限制皇权，汉族大臣比例反比原来更少，乃至引发立宪派失望，称之为"伪改革""徒为表面之变更"。中央官制改革是立宪基础，如此"伪改革"反映了立宪之艰难、之徒有其表，也注定了预备立宪的最终失败。

中央官制改革确定后，地方官制改革随之开始，第一种方案是对地方官制进行总体改革，如设立"行省衙门"统揽权力，设立高等审判庭使司法独立，"行政、司法，各有专职"；第二种方案是在原有基础上略加变更，使岗位职责更加明确。地方督抚对此意见不一，但群起反对削减督抚权力，尤其是改革先驱张之洞带头反对地方官制改革，请求"旧制暂勿多改"。最终，慈禧决定从清廷"龙兴之地"东三省试点，不料却因此引发了"丁未政潮"。任命东北督抚时，野心勃勃的袁世凯打算把东三省归为自己的势力范围，他唆使被他用银子喂饱[①]的总部管理大臣奕劻任命徐世昌为东三省总督，唐绍仪、朱家宝、段芝贵为三省巡抚。这四人皆是袁党，因此引起岑春煊、瞿鸿禨等人反对。岑春煊因在八国联军侵华时积极起兵勤王而极得慈禧宠信，欲做"看家恶犬"的他密奏慈禧说段芝贵是因将歌妓杨翠喜献给奕劻的儿子载振而获巡抚一职，为官清正、勇于任事的军机大臣瞿鸿禨也指派学生汪康年在他创办的《京报》对此事大肆渲染，因此慈禧极为恼怒地对奕劻道："如是欺蔽朝廷，不如用麻绳缢死我母子为佳。"[②]

[①] 袁世凯擅长以金钱笼络部下、巴结权贵，曾说："天下无难事，唯有金钱自能达到目的耳。"他曾送给即将入军机处的奕劻一张十万两银票，之后奕劻府上所有活动开支皆由袁世凯承担，袁世凯还和奕劻之子载振结为兄弟，因此奕劻很大程度上成了袁世凯的傀儡。奕劻原本家境清寒，因经常为邻居、慈禧的弟弟桂祥代笔写信问候慈禧而逐渐获得慈禧信任，后与桂祥结为儿女亲家，光绪十年接替奕䜣管理总理衙门。他以贪著称，号称"大清首富"，"自当国以来，政以贿行，官以私进"，仅他的五福晋就"各通贿赂，积存金钱日益增多，寄顿汇丰洋行达百万"，英国《泰晤士报》记者莫里逊披露奕劻存款高达 712.5 万英镑。时人说他家开"庆记公司"，"细大不捐，门庭若市"，门房成了收费站，多少钱都不嫌弃。也有史学家认为这是奕劻以自污求自保，只贪钱不贪权，方能获亲权的慈禧信任。即使如此，需用这种方式自保也反映了清廷体制之荒谬。慈禧对于奕劻之贪虽说"实负我"但照样信任有加，称"他人遂足信哉"，在她和很多掌权者看来政治可靠要比经济问题更重要，且实际上奕劻通过陪慈禧打麻将等方式也孝敬了慈禧很多钱财。

[②] 孙宝瑄：《忘山庐日记》下，第1019页。慈禧在庚子事件后老是哭，老是想死，可见她对大清统治已心力交瘁，也可见她与大清死期不远。

结果，段芝贵被罢免巡抚一职，载振也被革去一切职务。奕劻、袁世凯当然也对此非常恼怒，且认为岑春煊①的行动是瞿鸿禨所指使，因此先收买瞿鸿禨的仆人，找到瞿鸿禨与报馆的通信，又找人弹劾瞿鸿禨"暗通报馆，授意言官，阴结外援，分布党羽"②，而将瞿鸿禨革职；又借口广东革命党起事将岑春煊调任两广总督，后又让人伪造岑春煊与康有为的合影，污蔑岑春煊结交康梁③"密谋推翻朝局"，而最终将岑春煊开缺。袁世凯与奕劻的"狼狈为奸"又引发了其他官员的不满、弹劾，乃至引起了慈禧的疑心。袁世凯此时坐拥北洋六镇又身兼八职④，权倾中外，形成的以他为首的北洋集团被称为"第二政府"，乃至于"朝有六政，每由军机处向诸北洋"，于是慈禧在1906年9月将袁世凯明升暗降，授为军机大臣兼外务部尚书，开去其他兼职，还将北洋六镇中的四镇及北洋学堂划归铁良任尚书的中央陆军部管辖，为制约袁世凯又将张之洞一同调入军机处。

袁世凯、张之洞虽然极力推行新政，但对立宪并无太大热情，袁世凯是想借立宪而篡权投机，张之洞则像维新变法时期一样主张"缓进"，如认为官制改革应"京官少改，外官缓改"⑤，甚至放狠话道如此改革恐造成"眉睫之祸"。而其他军机大臣如奕劻是袁世凯同党，世续、鹿传霖内心反对立宪，真正主张立宪的载沣又懦弱无能，"在如此一个班子领导下，可以预期

---

① 当时有人说清末有"三屠"：官屠岑春煊，人屠袁世凯，财屠张之洞，即说岑春煊参罢官员众多（他担任两广总督期间据说弹劾了1400多名官员），袁世凯杀人众多，张之洞花钱众多。还有时人评价说岑春煊是不学无术，李鸿章是不学有术，张之洞是有学无术，端方是有学有术。

② 《光绪朝东华录》，第5681页。

③ 岑春煊出身维新派，他在戊戌变法时曾积极建言力主维新，在一定程度上也的确结交康梁，如他参加了上海强学会、北京保国会，还和康有为一起成立桂林圣学会，戊戌政变后他也曾打算与自日本返沪的梁启超密谈，后聘请麦孟华为随从。

④ 当时袁世凯除了任直隶总督外，还兼北洋大臣、参预政务大臣、会办练兵事务大臣、办理京旗练兵大臣、督办电政大臣、督办津镇铁路大臣、督办京汉铁路大臣、会议商约大臣等职，控制了军事、铁路、商务、外交等大权。更重要的是，袁世凯还通过贿赂几乎控制了内阁总理大臣奕劻"为其谋主"，进而可以"遥制朝政"。

⑤ 张之洞入军机处尤其担任宪政编查馆大臣后对立宪态度有所变化，而主张从速立宪"即开国会"，临终前在遗折中写道："当此国步维艰，外患日棘，民穷财尽，百废待兴，朝廷方宵旰忧勤，预备立宪，但能自强不息，终可转危为安"。

立宪的预备工作是不可能搞好的"①。况且当时大多数主张立宪的人只是把立宪当成了救国强国的首要工具，连对立宪最有研究的杨度也说"富强者，国家之目的也；立宪者，达此目的之方法也"②，而没有充分认识到它自身对于限制公权、保障私权的重要意义，这也注定了大清立宪的失败。

无论立宪真伪，当时清廷预备立宪的动作频频、动静不小，在中央、地方官制改革之外也大刀阔斧地推行了其他制度改革。如1901年宣布停止报捐买官，1905年宣布停止捐纳武职，1906年10月设立了考察政治馆，后改组为宪政编查馆，作为预备立宪的专门机构。被袁世凯称为"精通宪法，才堪大用"的杨度③于1908年3月经袁世凯、张之洞推荐在宪政编查馆行走；1907年9月，应袁世凯奏请，清廷派大臣到英德日专门考察宪政；1907年9月20日，朝廷颁发上谕，设立资政院作为国会基础，地方上也设立谘议局，并在各地设立议事会、自治局、自治研究所等机构推行地方自治，因为地方自治是立宪政治的重要条件。其中设立的资政院、谘议局虽然名义上是咨询机构，但实际上拥有一定程度的立法权和监督行政权，各地谘议局经常与督抚发生争议，也经常弹劾本地不法官吏，资政院的主要工作则是对朝政的批评甚至弹劾过奕劻等军机大臣，弹劾军机大臣"受禄则唯恐其或后，受责则唯恐其独先"，还要求以责任内阁代替军机处。资政院和谘议局后来更是多次组织速开国会请愿活动，"他们为推进中国民主宪政运动所作出的基础贡献，应当给予充分的肯定和尊重"④。

此外，还"应当给予充分的肯定和尊重"的是预备立宪过程中对法律的修订。随着时代的发展，大清法律越来越跟不上形势，越来越不能满足

---

① 侯宜杰：《清末立宪运动史》，辽宁人民出版社，2020年，第74页。

② 杨度：《君宪救国论》，转引自羽戈：《帝王学的迷津：杨度与近代中国》，福建教育出版社，2016年，第136页。

③ 杨度的宪政观大体观点为主张君主立宪，"不问国体只问政体"，不能以"民智未开"为由而不行宪政，主张建立责任政府，把权力关进牢笼，而"改造责任政府之方法"在于开国会，其宪政精神要义是国家主义即杨度鼓吹的"金铁主义"（"金"指金子即经济，"铁"指铁炮即军事），详情见羽戈：《帝王学的迷津：杨度与近代中国》，福建教育出版社，2016年，第117—137页。

④ 侯宜杰：《清末立宪运动史》，辽宁人民出版社，2020年，第171页。

现实需求，尤其是外国人的"治外法权"引起朝野痛心疾首。1902年，清政府派吕海寰、盛宣怀同各国商议"治外法权"，英日美代表均表示只要中国法律同外国一样，即可放弃"治外法权"，他们对大清的连坐、株连九族、刑讯逼供等法律深为"恐惧"。"光绪朝因清朝积弱，备受欧美日本帝国主义的压迫，不能不改良司法，而法典编纂事业，就因受外界刺激，异常勃兴。"①清廷由此决定修订法律，任命沈家本、伍廷芳为修订法律大臣，设立修订法律馆。沈家本出身律学世家，精通中国古典法律，"专心法律之学"；而伍廷芳则是中国第一个法学博士、香港立法局第一位华人议员，还曾担任过驻外公使，对西方法律精通。

　　沈家本在主持修订法律过程中"首重翻译"，聘请了日本法律专家和专门的翻译人才，注重"参酌各国法律"，同时又兼顾中国国情和律法传统，"务期中外通行"，历经七八年先后修订了《大清现行刑律》《大清新刑律》《大清民律草案》《大清商律草案》《法院编制法》等几十条律法，废除了凌迟、枭首、戮尸、刺字等酷刑，贯穿了契约自由、罪刑法定、公开审判、法庭辩论、律师制度等大量进步的法律原则，开启了中国法律现代化，使得"中国传统法律体系为之解体并发生了根本性的变化，为中国近代法律体系的建立，做好了充分的准备"②，也"为现代民族国家的建设提供了法律上的支援和制度上的保障"③。孙中山曾将清朝的司法比喻为从不打扫、粪秽堆积如山的"牛圈"，至此"牛圈"终于被打扫了，可以说沈家本"是集中国法系大成的一人"④，甚至可以说他是中国法律第一人。沈家本还创建了中国第一所中央官办法律学校——京师法律学堂、中国第一个全国性的法学学术团体——北京法学会。

　　当然，沈家本的法律改革也阻碍重重，如张之洞等督抚强烈反对沈家

---

① 杨鸿烈：《中国法律发达史》，第886—887页。
② 贺嘉：《清末制宪》，陕西人民出版社，2011年，第148页。
③ 马勇：《叠变：鸦片、枪炮与文明进程中的中国（1840—1915）》，中国大百科全书出版社，2022年，第280页。
④ 杨鸿烈：《中国法律发达史》，第1009页。

本制定的《刑事民事诉讼法》，认为"于中法本原似有乖违"，致使该法并未公布。尤其是礼教派展开了"礼法之争"，具体体现于"无夫奸"罪的争论。劳乃宣、张之洞等礼教派认为女性如果没有丈夫而发生性行为便是大罪，要施行杖刑，而沈家本则认为这种事情纯属道德问题，应该废除"无夫奸"罪，还说"如果道德礼教全靠放在刑律里头维持，这个礼教就算亡了"。但最终"无夫奸"罪并没有被废除，其他新法也大多并未得到实际执行，沈家本在舆论压力下反倒是被迫辞去修订法律大臣之职。

以上这些是预备立宪中清政府的举措，民间尤其是立宪派也在大力鼓吹、推进立宪。20世纪初，因为清末新政"振兴商务，奖励实业""通商惠工"政策以及抵制外国货物和收回利权运动，中国工商业获得了迅速发展。据统计，1858—1911年，资本在1万元以上的民营企业有953家，而1901—1911年的10年间就有650家，1895—1913年民族资本工业发展速度年均15%[①]。"新式企业的迅速发展又推动了资本主义商业的繁荣。民族资产阶级经济实力的增长，基本队伍的扩大，使其成长为一支独立的社会力量。"[②]1902年成立的"上海商业会议公所"是中国第一个近代商会，标志着工商阶层尤其是亦绅亦商的绅商正式登上历史舞台，绅商或自己经商或与富商联系，既关心个人的经济利益也关心社会公共利益，因"有钱能使鬼推磨"而有着越来越大的话语权。"到19世纪后期，士绅总数约有145万人，其中1/3以上的资格是买来的，这个比例无疑表明了商人晋升士绅的倾向。"[③]到1908年全国已有262个商会，到1911年全国商会已近800所，商会后来成为中国现代化进程中的一股重要力量。清政府也通过1903年设立商部、1904年颁布《商律》《公司律》《公司注册章程》等系列工商业规章和奖励实业办法、1905年设立商标注册总局、1906年成立农工商部等举措鼓励工商业发展，一时"民之投资于实业者若鹜"，大清两位状元张謇和陆润

---

① 参见张海鹏：《中国近代通史第五卷：新政、立宪与辛亥革命（1901—1912）》，江苏人民出版社，2020年。

② 侯宜杰：《清末立宪运动史》，辽宁人民出版社，2020年，第83页。

③ 费正清等著：《中国：传统与变革》，江苏人民出版社，2012年，第283页。

庠弃官经商办厂①更是极大提升了原本属于"士农工商"底层的商人地位。

张謇，1853年7月1日出生于南通一个小商人家庭，早年"目睹了种种不合理的社会状况后，决心以积极投身政治活动的儒学大师王安石、王船山为榜样，践行经世致用之学，改革政治，改良社会，为强国富民建功立业"②。他24岁后入淮军将领吴长庆幕府，在1894年中得恩科状元，任翰林院修撰。甲午战败后，张謇深受刺激，绝意仕途而"转身"以教育、实业救国，"吾通因世界之趋势，知文化必先教育，教育必先实业"，于1896年在两江总督张之洞、刘坤一等人支持下历经坎坷而创办大生纱厂，获得巨大成功，随后陆续在南通等地创办了数十家企业，三百七十多所学校，中国第一个博物苑、图书馆、铁路、公园等，堪称中国实业第一人和中国早期现代化开路先锋，尤其是将南通建设为"中国近代第一城"③。"在建好南通的同时，张謇既面向江苏全省投资办实业，又发起成立苏社、江苏地方自治讲习所，助推江苏地方自治事业"④，如胡适所言："他独立开辟了无数新路，做了三十年的开路先锋""造福于一方，而影响及于全国"。⑤

戊戌变法时期，张謇刚开始追随恩师翁同龢⑥，力主维新变法，尤其是上奏弹劾李鸿章"非特败战，并且败和"⑦，影响甚大。翁同龢下野后，他深

---

① 1896年，清廷接受张之洞奏请，派陆润庠和张謇两位状元分别在苏州、南通设立商务局，开办苏伦纱厂和大生纱厂，轰动一时，人称"状元办厂"。陆润庠在办厂两年后又做官弃商，而张謇从此一直经营实业，所以张謇的影响更大。

② 罗一民：《开路先锋：张謇》，江苏人民出版社，2021年，第9页。

③ "中国近代第一城"的说法主要由曾任南通市委书记的罗一民提出，认为"南通是近代史上中国最早自主建设和全面经营的城市典范，因其起始早、功能全、理念新、实践意义强，所以堪称'中国近代第一城'"，并认为"第一城"南通是中国早期现代化探索的样本，为新时代中国现代化建设提供借鉴，为当代南通发展提供物质基础和精神动力，参见罗一民：《开路先锋：张謇》，江苏人民出版社，2021年，第100—139页。

④ 罗一民：《开路先锋：张謇》，江苏人民出版社，2021年，第38页。

⑤ 胡适：《〈南通张季直先生传记〉序》，《胡适全集》，安徽教育出版社，2003年，第3册，第782页。

⑥ 翁同龢非常欣赏张謇，又和张謇是老乡，因此他利用自己担任主考之便提拔了张謇。在1894年慈禧60大寿特设恩科时，据传翁同龢做通读卷大臣张之万、收卷官等人工作，直接让监考员将张謇试卷送到自己手中，而将张謇定为状元。

⑦ 黄濬：《花随人圣盦摭忆（下）》，中华书局，2013年，第664页。

感官场凶险而决意"下海"救国,认为"求活之法,惟有实业、教育"①,后来他暗中策划、协助了两江总督刘坤一上书来反对废黜光绪和领头"东南互保"。1903 年,张謇到日本考察七十天,回国后更加坚定了实业救国的决心,也由此大力主张新政、立宪,并因自己的状元、成功企业家等身份而成为立宪派领袖。他先是于 1905 年游说袁世凯、张之洞、周馥等总督上奏请行立宪,如劝袁世凯"实现君主立宪制成为中国的伊藤博文"②,又于 1906 年发起成立预备立宪公会,后来还发起了国会请愿运动。

与此同时,因为清末新政废除科举制度和兴设学堂、鼓励留学,使得有新知识结构、新思想视野的新式知识人群体不断壮大,并逐渐取代传统士人走向社会中心,到 1904 年新学堂学生为 92169 人,到 1909 年新学堂学生有 1560270 人③。虽然新学堂也强调"忠孝",但新式知识人不再像传统士大夫一样将人生目标锁定在读书做官,而是有了教书、治学、办报、撰稿、创业等更多元的选择,也更具有科学知识和民主思想、独立人格、自由精神等现代价值观念④,也因年轻气盛、热血沸腾而有罢课学潮、组织社团、读报办报等诸多行动,如据桑兵等人统计 1901—1904 年清末各种社团达 271 个,1904 年新报刊 71 种,其主体即为新式知识人⑤。"成群的学子,

---

① 张謇:《至张孝若(1913 年)》,《张謇全集》,第 3 册,第 1537 页。
② 菊池秀明著、马晓娟译:讲谈社·中国的历史《末代王朝与近代中国》,广西师范大学出版社,2014 年,第 141 页。
③ 参见费正清、刘广京等编:《剑桥中国晚清史(下卷)》,中国社会科学出版社,1985 年,第 372 页。
④ 当然,新式知识人对传统士大夫也有传承,如罗志田在《权势转移》一书中所言:"民初的知识分子虽然有意识要扮演新型的社会角色,却在无意识中传承了以天下为己任的精神及其对国是的当下关怀"(罗志田:《权势转移:近代中国的思想与社会》,北京师范大学出版社,2014 年,第 122 页),这种传承正是中国知识人最宝贵的精神、特点之一。而士与知识人的根本区别在于,士是政治身份,要参政议政甚至以道统制政统,而知识人是专业身份,独立于政治。另外,传统社会中士是社会重心,是"士农工商"之首,而新式知识人虽然也对社会发生重要作用甚至在某些时间内独领风骚,但整体上在现代社会中知识人逐渐边缘化。
⑤ 参见桑兵:《20 世纪初国内新知识社团概论》,《清末新知识界的社团与活动》,生活·读书·新知三联书店,1995 年,第 274—275 页。

因之而在晚清最后十年的社会冲突里成了以搅动天下为专业的人物。"①

从而，新式知识人和绅商阶层这两股力量一起壮大了立宪派和革命党，立宪派和革命党本是"同胞兄弟"，他们有着共同的阶级基础即民族资产阶级、小资产阶级，有着共同的目标即铲除专制、施行立宪，不过是手段不同，即立宪派主张和平手段而革命党主张革命手段。但不到万不得已没有人愿意提着脑袋搞革命，所以当时主张和平改良的立宪派在国内更受欢迎。"所谓立宪派者，乃是以实现立宪政治为目标的士绅阶级和知识界的一个集合体，他们大多在旧科举制度下取得过功名，有过任职政府的经历，又不乏具有新思想甚至留学日本者，以今日眼光视之，他们是有恒产者、社会中坚，是执政者的天然盟友和执政基础。"②

受到清廷预备立宪的鼓舞，立宪派也闻风而动、四处奔走。立宪派先后发起了上海宪政研究会、预备立宪公会、宪政讲习会、帝国宪政会、政闻社等立宪团体，其中预备立宪公会由张謇主导、宪政讲习会由杨度组织、帝国宪政会由康有为的保皇党改组而成、政闻社则由梁启超"另辟蹊径"组建，此外上海、吉林、广东、贵州等很多地方也纷纷设立了立宪团体，总共近80个。

这些立宪团体成立后一方面与革命党展开论争，如1906、1907年立宪派梁启超等人以《新民丛报》为阵地，与革命党章太炎等人以《民报》为阵地展开了激烈论战，梁启超写了《立宪法议》等文章呼吁"只可行立宪不可行革命"。双方"公说公有理，婆说婆有理"，且都认为在争论中自己大获全胜③，立宪与革命由此开始赛跑。此时因为立宪风潮，革命形势一度低落，如章太炎、苏曼殊等革命党曾托人找张之洞、端方等总督，希望能提供资助让他们去印度当和尚抄佛经，连宋教仁也写了《间岛问题》托人

---

① 杨国强:《晚清的士人与世相》，生活·读书·新知三联书店，2008年，第265页。
② 赵柏田:《民初气象》，长江文艺出版社，2019年，第26页。
③ 客观上双方一度也的确"双赢"，各自宣传了自己主张，也都赢得了更多人的支持，但最终立宪派《新民丛刊》停刊而"甘拜下风"。

转交袁世凯①,刘师培更是向端方自首,背叛革命,成了清廷暗探。另一方面,各立宪团体纷纷请愿速开国会,如杨度组织宪政讲习会于1907年率先发起了两次速开国会请愿运动,帝国宪政会则在1907年发动上万华商推举代表入京要求速开国会,预备立宪公会、政闻社及其他各地立宪团体也纷纷发起国会请愿活动,为之后全国性的国会请愿做了演习。在资政院、谘议局成立后,立宪派纷纷加入,掌握了实权,各省正副议长多是立宪派领袖,"以后立宪派的许多活动都是通过谘议局领导进行的"②,包括之后的四次全国性国会请愿。

在立宪派等的推进下,预备立宪进程不断加快。1908年8月27日,中国历史上第一部宪法性文件《钦定宪法大纲》在千呼万唤中颁布。它由宪政编查馆参照1889年颁布的《日本帝国宪法》制定,共计23条,由"君上大权"和"臣民权利义务"两部分构成,体现了"大权统于朝廷"的立法旨意,第一条即是"大清皇帝统治大清帝国,万世一系,永永尊戴",第二条则是"君上神圣尊严,不可侵犯",而对臣民和议会给予了非常有限的权利。不过它以根本法的形式确立了立宪体制,确认了皇帝虽"总揽统治权"但也要"按宪法行之"即法大于权,还确定了国家政体"分立"原则,是中国历史上第一部宪法大纲,可谓正式开启了中国政治现代化,也意味着一个新时代即将开始。

五、光绪、慈禧、张之洞去世:旧时代结束

时代毕竟不一样了,《钦定宪法大纲》饶是划时代,可依旧"不能副全国人民之期",被时人指责道:"徒饰宪法之外貌,聊备体裁,以慰民望。"③尤其是其附属文件《议院法选举法要领》明确九年预备立宪,即在九年后

---

① 参见马勇:《回望:近代一百年》,新星出版社,2021年,第8、9页。
② 侯宜杰:《清末立宪运动史》,辽宁人民出版社,2020年,第189页。
③ 《东方杂志》,1908年,第8期,转引自贺嘉:《清末制宪》,陕西人民出版社,2011年,第181页。

的1917年才召开国会。这或是因为清廷立宪学习的日本是用九年时间完成立宪，或是因为"九"喻意着"九五之尊"，或是因为慈禧觉得自己活不到九年后了，"我死后哪管它洪水滔天"，随后颁布《九年预备立宪逐年推行筹备事宜清单》具体规定了九年预备立宪期内要做事宜。

九年后才立宪？现在只是"预备"？"居今日而言国会，虽在一年，犹惧其晚，况至九年？"① 等不了九年了，时人普遍感觉九年立宪预备期太长了，乃至怀疑是"假立宪"，革命党人更视为"伪诏""篡取宪法之名"，徐锡麟在刺杀安徽巡抚恩铭而被处死前就说："假立宪带来了真革命。"立宪派首领张謇则当面问慈禧："改革是真还是假？"慈禧对此愕然道："因为国家形势不好才着手改良，改革还有真假不成？"她还向张謇诉苦道："政事败坏如此。你可以问问皇上，现在召对臣工，不论大小，甚至连县官也时常召见，哪一次我不是用言语以求激发天良，要求他们认真办事？万不料全无感动！"可见，此时大清这艘"破船"已千疮百孔、支离破碎，连一向运筹帷幄、尽在掌握的慈禧也感到心力交瘁、无能为力了，如岑春煊所回忆："太后晚年，锐气尽销，专以敷衍为事，甚且仅求目前之安。期以及身不变而已。"②

1908年11月15日，统治大清王朝47年的慈禧口含夜明珠死了，临终前说道："以后勿再使女人预闻国政。此与本朝家法相违，必须严加限制。尤须严防，不得令太监擅权。明末之事，可为殷鉴。"③"女人不可预闻国政"？她似乎忘了正是自己预闻国政近半个世纪，抑或这正是她意识到自己预闻国政导致大清将亡而发出的警报？

据恽毓鼎《澄斋日记》，慈禧临终前还叹曰："不当允彼等立宪。"少顷又曰："误矣，毕竟不当立宪。"她在最后时刻又否定了"立宪"，可见立宪终究不是她的本意。慈禧去世前还下达谕旨禁止绅商和学生"干预国家政治"，颁布《大清报律》打压一切不利于朝廷的言论，出台《结社集会律》

---

① 《奏楼》，《东方杂志》，第七年第一期。
② 转引自王学斌：《向生与求死：晚清政坛的另类观察》，现代出版社，2016年，第274页。
③ 孟森：《清代野史》，中国人民大学出版社，2012年，第498页。

限制民众集会结社自由……

慈禧死前一天，不甘当"亡国之君"的光绪也心有不甘地暴病而亡，他的遗诏写道：

> 朕自冲龄践阼，寅绍丕基。荷蒙皇太后怙育仁慈，恩勤教诲，垂帘听政，宵旰忧劳，嗣奉懿旨，命朕亲裁大政。钦承列圣家法，一以敬天法祖勤政爱民为本，三十四年中，仰禀慈训，日理万机，勤求上理。
>
> 念时事之艰难，折衷中外之治法，辑和民教，广设学堂，整顿军政，振兴工商，修订法律，豫备立宪，期与薄海臣庶，共享升平。各直省遇有水旱偏灾，凡疆臣请赈请蠲，无不恩施立沛。本年顺直东三省湖南湖北广东福建等省，先后被灾。每念吾民满目疮痍，难安寝馈。朕躬气血素弱，自去年秋间不豫，医治至今，而胸满胃逆，腰痛腿软，气壅咳喘诸证环生迭起，日以增剧，阴阳俱亏，以致弥留不起。岂非天乎？顾念神器至重，亟宜传付得人。兹钦奉慈禧端佑康颐昭豫庄诚寿恭钦献崇熙皇太后懿旨，摄政王载沣之子溥仪，入承大统为嗣皇帝。在嗣皇帝仁孝聪明，必能仰慰慈怀，钦承付托，忱勤惕厉，永固邦基。尔京外文武臣工，其精白乃心，破除积习。
>
> 恪遵前次谕旨，各按逐年筹备事宜，切实办理。庶几九年以后，颁布立宪，克终朕未竟之志。在天之灵，藉稍慰焉。丧服仍依旧制，二十七日而除。布告天下，咸使闻知。

光绪这份遗诏大意是虽然有慈禧恩勤教诲，虽然自己宵旰忧劳，但国家满目疮痍，自己死有不甘，期望立宪能成国泰民安、稍慰自己。光绪庙号"德宗"①当之无愧，他明德仁德，奋发图强，力争振兴国家，挽救大清，可终究"无力回天"。"遗诏虽以光绪之姿态而写，实际怕是慈禧太后对光绪皇帝的盖棺论定吧！在那满汉黄纸诏书之下，潜伏的，是慈禧太后的幽

---

① 光绪庙号"德宗"是他的妻子隆裕太后以宣统皇帝名义追封的，意为"绥柔士民曰德，谏争不威曰德"。而电视剧《走向共和》中慈禧对此说光绪生前太缺德了，所以让他死后多些德，好在地下孝敬她。

灵，是光绪皇帝的悲怆"①，也是大清的幽灵与悲怆，象征着大清即将灭亡。

据说"神一样的孤独者"（《纽约时报》评语）光绪被软禁后最主要的事情是修理钟表，他将希望寄托于时间，寄托于慈禧会比年轻的自己先走，那他就还有机会力挽狂澜。光绪名载湉，意为"农民的土地"②，他一生发愤图强，想救大清也想救中国，他曾说："吾欲救中国耳，若能救国，则朕虽无权何碍？"可是人心比时间更无情，慈禧不能主宰时间但可以主宰苍生乃至皇帝命运。如果慈禧死后光绪不死，那光绪必然会收拾局面、大有作为，大清必定不会那么快灭亡，而光绪之死则加速了大清的灭亡，让康有为的保皇党无皇可保，让很多人失去了对大清的忠诚对象。这只能说是大清的劫数天命，唯一可以告慰光绪的是他终究没有成为"亡国之君"。光绪的英文老师德龄感叹道："我记忆中的这位温文尔雅的皇帝曾倾注了他的全部心血想为他的臣民做好事，但是中国的旧礼教压垮了他，于是他早早地死了，成为中国历史上最大悲剧中的牺牲者。"③

而慈禧本来有很多机会成为中国的维多利亚女王④，是精明干练的慈禧一度挽救了大清，可也是"但知权力"、毫无见识的她最终葬送了大清，如传说奕䜣临终前所预言"我大清宗社乃亡于方家园（慈禧娘家所在地）"⑤，慈禧才是大清帝国最主要的掘墓人，如王照所言："慈禧实是民国得以建立的元勋。"当时《泰晤士报》对光绪"盖棺定论"道："这位'天子'一生其实活在专横的、肆无忌惮的慈禧皇太后统治之下的，对于她转弯抹角的政策，以及带给天朝的灾难性后果，他只能徒然无谓地痛惜、喟叹"，对慈禧

---

① 《大清光绪皇帝的遗诏，读来字字泣血，句句含悲》，https://view.inews.qq.com/k/20210206A09BCX00?web_channel=wap&openApp=false。

② 德龄：《光绪泣血记》，中国人民大学出版社，2012年，第17页。

③ 德龄：《光绪泣血记》，中国人民大学出版社，2012年，第1页。

④ 庄士敦在《紫禁城的黄昏》中写道："慈禧太后喜欢人们把她比作维多利亚女王，然而，她更愿意人们把她比作伊丽莎白女王。苏格兰公使曾把这个故事告诉伊丽莎白女王，她回答说：'我只是一个普通人，完全比不上慈禧'"（庄士敦著、张昌丽译：《紫禁城的黄昏》，武汉大学出版社，2014年，第36页）据德龄《清宫二年记》所写，慈禧其实对维多利亚女王很不屑，认为"她其实对国家的方针政策无话可说"，而"遇到大事，还得我亲自做主"。

⑤ 《清帝外纪清后外传》。

则评价道:"从全盘来看,她无疑会在公众的心里占据一个与唐朝的武则天相仿的地位……一个在特定阶段里没有成功带领国家度过许多危险关头的领袖。"

"十一时中两遭大丧,亘古所未有,可谓奇变"①,光绪、慈禧死后,因光绪无子,慈禧临终立载沣之子溥仪为帝,年号"宣统"。自1856年同治出生后,已有半个世纪大清皇帝生不出孩子了,可见大清"气数已尽"。新皇帝溥仪不足三岁,由父亲载沣摄政,称摄政王。载沣是慈禧的侄子、外甥光绪的同父异母的兄弟,他妻子则是慈禧心腹荣禄的女儿,这正是他儿子溥仪继位的原因。载沣"平生喜读西书",曾在1901年赴德国就德国公使克林德遇刺一事赔礼谢罪②,因此他对西方文明有较深认知,他是第一个穿西服、用汽车的王公,对立宪也比较支持,私德又甚佳,因此国人原本对他寄予厚望。在摄政的第二天,载沣就不负所望,以皇帝名义发布上谕,强调要继续立宪,三个月后又发布《重申实行预备立宪谕》,并要求凡是有关立宪的事情都要首先研究议复,又撤了阻挠立宪、要求"勿轻准国会,致贻后悔"③的陕甘总督升允的职务。

载沣还撤了拥戴他的袁世凯④的职,因为光绪至死不忘要报复袁世凯,传光绪临终前曾给载沣手书"袁世凯处死",载沣作为光绪的弟弟自然要为兄报仇,且此时袁世凯已权势滔天、功高盖主。他本来想杀掉袁世凯⑤,但奕劻说杀袁世凯不难但北洋军如果造反怎么办,张之洞则劝说"主少国

---

① 《许宝蘅日记》,第218页。

② 载沣赴德国道歉时,刚开始德国要求载沣要向德皇行三鞠躬礼,随从则须向德皇行跪拜礼,类似于当年英国使臣马戛尔尼要向乾隆下跪。载沣像马戛尔尼一样坚决不肯,最后改成全部行鞠躬礼,这一番坚守倒是让载沣当时赢得了好名声,积累了政治资本。

③ 《宪政篇》,《东方杂志》,第五年第三期。

④ 在慈禧临终前,袁世凯意识到溥仪即将继位,意识到载沣摄政后可能会与他为难,而主动倡议以载沣监国,以载沣之子溥仪入承大统,并将此事告知英国驻华公使朱尔典,在得到朱尔典赞同之后又将朱尔典态度告知载沣,希望载沣能念其拥戴之功,但载沣并不领情。

⑤ 载沣后来还派"小恭亲王"溥伟手持祖传的白虹刀去杀袁世凯,但被一些"亲袁"大臣反对而作罢。当时,康梁也趁机致信载沣和打电话,"请诛贼臣以安社稷"。但载沣优柔寡断,终究放过了袁世凯,溥仪在回忆录里认为载沣最根本的失败就在于没有除掉袁世凯。

疑，不可轻于诛戮大臣"①。"公忠体国"的张之洞之前曾极力保荐袁世凯，说他"志气英锐，任事果敢"②，张之洞也怕袁世凯一死将危及自身，"行将及我，亦自危其势之孤也"③。北洋新军将领也都反对诛杀袁世凯，因为北洋新军实际上已成为袁世凯的私人军队，官兵"只知道有袁宫保，不知道有大清朝"，北洋第四镇统制吴凤岭、第六镇统制赵国贤干脆说如要杀袁世凯请先解除他们的职务以免兵变。最终，无奈的载沣于1909年1月2日发布上谕：

> 军机大臣、外务部尚书袁世凯，凤承先朝屡加擢用，朕御极后复予懋赏，正以其才可用，俾效驰驱，不意袁世凯现患足疾，步履维艰，难胜职任，袁世凯着即开缺回籍养疴，以示体恤之至意。④

就这样，袁世凯被以"足疾"的名义"开缺回籍养疴"。对此，袁世凯刚开始被吓得方寸大乱、"须发尽白"（据袁世凯好友王锡彤所说），匆匆潜往天津，试图从那儿"连夜搭轮赴日本避祸"。后来他隐居在河南彰德洹上村，钓鱼下棋、"优游泉石"，自号"洹上钓叟"，还请人拍了张垂钓的照片，"表情做作，略显浮夸"，以示"遁世渔樵，无心问世界"，求放过，但他内心并不甘心。他在家设电报，与奕劻、北洋将领、英国驻华公使朱尔典等人积极联络，并订阅报纸了解时局动向，还写诗抒怀道：

---

① 载涛：《载沣与袁世凯的矛盾》，《辛亥革命回忆录》6，第324页。
② 袁世凯对张之洞或不以为意，曾说"张中堂是读书有学问人，仆是为国家办事人"，即讽刺张之洞不能办事。而"有学有术"、探花出身的张之洞在心底里也许更瞧不起"不学无术"的袁世凯。据说，张之洞在与袁世凯的两次见面中都睡觉打呼噜，这虽然与张之洞晚上办公白天睡觉的习惯有关，张之洞之前还因此被弹劾过，但也反映了他倚老卖老，不把袁世凯放在眼里，否则他怎么在慈禧面前不睡觉打呼噜呢。后来徐树铮甚至把清朝灭亡的原因归结为张之洞与袁世凯的交恶，将张之洞的那两次当着袁世凯的面睡觉说成是"清室兴废一大关键"。这个说法显然过于夸张了，张之洞与袁世凯表面上并未交恶，虽然他们有过勾心斗角，如1903年袁世凯曾阻挠过张之洞入军机处，张之洞心腹梁鼎芬也曾弹劾过袁世凯，将其比作曹操、司马懿。两人立宪主张也并不相同，张之洞主张缓进，袁世凯主张急进。但总体上两人因利害关系而"深相接纳"，并在废除科举、编练新军、创办实业等方面多有合作。但即使他们两人再合作或交恶，实际上也决定不了大清兴亡。
③ 张一麐：《心太平室集》第8卷，第40页。
④ 《宣统政记》卷4，第12页。

百年心事总悠悠，壮志当时苦未酬。野老胸中负兵甲，钓翁眼底小王侯。思量天下无磐石，叹息神州变缺瓯。散发天涯从此去，烟蓑雨笠一渔舟。

很快，另一位"功高盖主"的重臣张之洞于1909年10月4日去世。虽然张之洞如愿入了军机处，圆了"十年企望之心"，虽然慈禧临终前叮嘱载沣"唯诸老臣之谋是用"，虽然载沣表面上对张之洞很尊重，但实际上载沣对张之洞并不以为意，张之洞对年少亲贵把持大权也深恶痛绝，两人之间有多次冲突。"及世凯被罢，无人掣肘，自料可伸己志。已而亲贵尽出揽权，心甚忧之……之洞生平多处顺境，晚年官愈高而境愈逆，由是郁郁成疾。"①尤其因任命唐绍仪引发两人关系彻底恶化，张之洞被气得吐血生病，曾云"我已入膏肓，自念时局，心已先死矣"。

在去世当天，张之洞对前来看望的载沣劝谏道要正视帝国危机，要革除积弊，要用协商而非对抗的政策处理争端，而载沣只是说"中堂公忠体国，有名望。好好保养"，张之洞在载沣离开后感叹道："国运尽矣，盖冀一悟而未能也。"②据传张之洞还对载沣说："朝廷用人，如不顾舆情，恐怕要激起民变。"载沣回道："有兵在，还怕什么民变。"张之洞长叹一声："不意闻亡国之言。""老成谋国"的张之洞认识到民心、舆情要远远比"有兵在"重要，仅仅依靠暴力治国必定亡国。因此，张之洞气急攻心、吐血而死。在遗折中，张之洞做了最后一次进谏：

> 当此国步维艰，外患日棘，民穷财尽，百废待兴，朝廷方宵旰忧勤，预备立宪，但能自强不息，终可转危为安。所有因革损益之端，务审先后缓急之序，满汉视为一体，内外必须兼筹，理财以养民为本，恪守祖宗永不加赋之规，教战以明耻为先，无忘古人不戢自焚之戒，至用人养才尤为国家根本之计，务使明于尊亲大义，则急公奉上者自然日见其多。

---

① 胡思敬：《国闻备乘》，转引自马平安：《大变局下的晚清君臣》，团结出版社，2018年，第271页。

② 许同莘：《张文襄公年谱》，第223页。

据说张之洞本该谥号"文忠",他自己也非常希望能获得"文忠"谥号,如他枕边放着《张居正全集》(张居正谥号"文忠"),在遗折中还说"遇合之隆,虽宋宣仁太后之于宋臣苏轼,无以远过",即暗示自己希望像苏轼一样获得"文忠"谥号。但因为张之洞遗折中"不树党援,不殖生产"的话触及清廷亲贵的忌讳,尤其是得罪了贪婪成性的奕劻,也或因为载沣并不待见张之洞,于是张之洞只得到了"文襄"谥号。

"天感人心心乃归,君民末世自乖离。岂知人感天方感,泪洒香山讽喻诗。"张之洞这首绝命诗承认大清已是"末世",也表达了他对"君臣乖离"的愤懑。作为"晚清四大名臣"中唯一一位不靠军功起家的名臣,张之洞"笑"到了最后,可谓善终。他一生也顺风顺水,没有大起大落,这主要得益于他非常务实。也即如学者羽戈所言太"巧",张之洞年轻时就被称为"巧宦",梁启超也曾讽刺张之洞"迎合宦术甚工"①。乃至有传言说张之洞乃猿猴托生,这除了他"貌似猴,饮食男女之性,无不似猴者"②,更因为他性格灵巧吧。

在做事方面,张之洞不拘一格,非常灵活。如他在担任山西巡抚时,为了救济老百姓而向商号老板募捐,有个孔老板愿意拿出5万两银子,但要张之洞给他的票号门匾题写"天下第一诚信票号",张之洞灵机一动给他题写了"天下第一诚信",既拿到了银子又没为他吹嘘。最典型的则是张之洞在担任两江总督时,虽然他对赌博非常痛恨,但为了募捐筹办铁厂、织布局,他竟开放赌博而从中收税。传说他还一字千金,为一个商人写了80个字的墓志铭,收了8万两白银。

在做人方面,张之洞对事不对人,即使对自己不喜欢的人也虚与委蛇,如他给李鸿章写过文章祝贺七十大寿,还为李鸿章的母亲八十大寿写诗祝贺。最典型的是张之洞巧妙处理他与慈禧的关系,张之洞之所以能受到慈禧一直厚爱,甚至被慈禧称为"疆臣第一人",便是因为他表面上唯慈禧马

---

① 黄濬:《花随人圣盦摭忆(上)》,中华书局,2013年,第86页。
② 黄濬:《花随人圣盦摭忆(上)》,中华书局,2013年,第532页。

首是瞻，乃至于他死后被称为慈禧"手擢之人"。如同治皇帝去世后，慈禧假借同治遗旨让自己妹妹的儿子光绪接班，以便于她垂帘听政。因为光绪与同治是同辈，这实际上违背了"祖制"，即康熙所定的"如无子嗣，准将近族之子，过继为嗣"，而引起吏部主事吴可读自杀"尸谏"，称立光绪为帝是"两宫皇太后一误再误"。此事当时非常轰动敏感，慈禧对此很为难，便让群臣表达意见好借坡下驴，张之洞对此上折称光绪上位"本乎圣意，合乎家法"而帮慈禧解了围，最终慈禧下旨"吴可读以死建言，孤忠可悯"，予五品官例，议恤，了结了此事。张之洞还曾要求杀崇厚以谢天下，但当看到慈禧要宽免崇厚时，便又建议让"崇厚戴罪自效"。1898年刘坤一曾与张之洞联名上书反对慈禧废黜光绪帝位，张之洞中途追回折子删去自己名字，因此刘坤一对人说："香涛（张之洞别号）见小事勇，见大事怯，故留其身以俟后图。吾老朽，何惮？"但这都是表面功夫，实际上，如学者孔祥吉所指出，张之洞对慈禧太后其实并不完全忠诚，他在庚子事变时也曾想过借助日本篡位自立为帝①，还曾建议迁都太原、当阳以"挟天子以令诸侯"，对吴禄贞、吴祖荫、沈翔云等革命党人也曾予以保护。据徐梵澄的《蓬屋说诗》记载，张之洞还曾奋掷烟枪曰"这老寡妇（指慈禧）要骇她一下"，而将上奏中的"臣待罪江南，不敢奉召"改为"臣坐拥江南，死不奉召"。

当然，做人和做事常常是合二为一的，比较能典型地体现张之洞做人做事务实和他对清廷并不完全忠诚的是他对"自立军"的态度。"自立军"由康有为保皇派与孙中山革命党联合发起，旨在反清勤王请光绪重掌大权。其领袖唐才常是谭嗣同挚友，他曾就读于张之洞创办的两湖书院，名义上是张之洞的学生，因此他将起义中心选在武汉，希望能拥戴张之洞"东南自立"或获得他默许。唐才常在上海组织名流以"保国保种"为名组建"中

---

① 据唐荒发表在凤凰历史的文章《张之洞的皇帝梦》所述，张之洞在庚子年间一度打算抛弃清廷而依靠日本组建新政府，为此还派长子张权率庞大的军事考察团赴日本联系。日本驻华间谍宇都宫太郎一度与张之洞关系密切，他在日记中曾写道："七月六日，天气阴。钱恂（张之洞心腹）至公所来访，言及张之洞或会设立新政府，目前当务之急乃是厚置兵力。"

国国会"①，推举容闳②为会长、严复为副会长、唐才常为总干事，又组织自立会准备起义，入会者一度达十万余人，自立军也达两万余人。

张之洞对自立军活动其实"固已熟闻之"，但他刚开始不加干涉，"不表示"，只是派人密切监视唐才常等人，甚至一度"亦颇为所动"③。八国联军侵华后，正当唐才常认为时机成熟、准备起义时，却被张之洞派人一网打尽并迅速处决④，虽然张之洞也很欣赏学生唐才常。张之洞之所以刚开始"默认"自立军，是因为在长江流域有势力范围的英国支持帝党、支持自立军，且他也一度想抛弃清廷自立政府而打算利用自立军。而当"东南互保"后形势明朗，英国已不再试图以光绪取代慈禧，自立为帝更无希望，这时镇压自立军便不会有英国干涉的风险还可以向慈禧示好。从不加干涉到迅速出手，不顾师生情谊，还滥杀了上千人，充分体现了张之洞的老辣、务实。

虽然张之洞非常务实，但本质上他是"儒臣"，是思想型政治家，是晚

---

① 由容闳起草的《中国国会宣言》宣告"中国国会"宗旨："保全中国自主之权"、"变旧中国为新中国"、"请光绪皇帝复辟"、"中国之新政府当为立宪帝制"、联络外交、推广中国未来之文明进化、使中国"立二十世纪最文明之政治模范"。这标志着士绅再次登上晚清历史舞台，且开始要求改变政治体制。会上更有章太炎脱去长衫，改穿西装，剪掉发辫，并专门写了《剪辫发说》宣布与大清告别，也标志着反满革命思想开始出现在国内。参见雷颐《中国切片，1900》，郑州大学出版社，2020年，第112、113页以及马勇《回望：近代一百年》，新星出版社，2021年，第6页。

② 容闳在洋务运动时期积极参与洋务运动，如推进金陵制造局建设、带领幼童赴美，后来还提出设立国家银行、修筑铁路等建议。维新变法时期，他积极支持康梁变法，是维新派核心人物，康梁经常征求他的意见，尊他为"纯老"（容闳号纯甫），光绪的很多维新法令也出自容闳手笔。戊戌政变后，他逃到上海租界，号召恢复光绪权力，又到美国避难，后与儿子容觐槐一起积极支持孙中山革命，如帮革命党联系美国军事、财政援助。从参与"洋务"到主张维新变法再到最后支持革命，中国第一个留学生容闳的态度变化反映了时代趋势，也反映了容闳始终不忘其"使中国日趋于文明富强之境"的初心。

③ 黄濬：《花随人圣盦摭忆（下）》，中华书局，2013年，第952页。

④ 当清军包围自立军总部时，唐才常像谭嗣同一样拒绝逃走，"予早已誓为国死"，被抓后仰望星空感叹"好星光"。临终前他写诗道"七尺微躯酬故友，一腔热血溅荒丘"，这自然是写给至友谭嗣同的。在谭嗣同死后，他在挽联中写道"忍不携二十年刎颈交，同赴泉台"，并打算赴京为谭嗣同收尸。他之所以组织自立军起义，除了勤王外也是为谭嗣同等"戊戌六君子"报仇。且他也已有革命思想，如黄濬在《花随人圣盦摭忆》中所言："盖政治不改革，幸胜固无用，故其终希望于草泽市井，是其时心中已安排革命之实行。"（黄濬：《花随人圣盦摭忆（下）》，中华书局，2013年，第950页）

清最有思想、理论、学问的高官,也是大清最后一位名臣。他一生坚守"中体"、卫名教、保国粹、"存书种",也一生不改"清流"本色,不脱名士风范,如他"号令不时起居不节"。长期为张之洞幕僚的辜鸿铭对此说:"张文襄,儒臣也;曾文正,大臣也,非儒臣也。三公论道,此儒臣事也;计天下之安危,论行政之得失,此大臣事也。国无大臣则无政,国无儒臣则无教。政之有无,关国家之兴亡;教之有无,关人类之存灭。且无教之政,终必至于无政也……其意以为非效西法图富强无以保中国,无以保中国即无以保名教。虽然,文襄之效西法,非慕欧化也;文襄之图富强,志不在富强也。盖欲借富强以保中国,保中国即所以保名教。吾谓文襄为儒臣者为此。"①

首先,张之洞为官非常注重清廉、名声,从不贪污受贿、假公济私,"自居外任,所到各省,从不用门丁,不收门包,不收馈赠礼物",连儿子出国游访都要"自备资斧,不领薪水","任疆寄数十年,及卒,家不增一亩云"②,乃至他死后一家八十多口生计都很困难。生活上,张之洞也非常简朴,不事铺张、不讲排场,辜鸿铭称"全中国的总督衙门再也没比他的衙门更破旧不堪,或更不讲排场的了"。为官从政,张之洞也十分谨慎小心,如他也积极编练新军但从未像袁世凯一样将新军当成自家军以损名节。

其次,张之洞始终"好大言",有大志向大抱负,"往往排众疑,决大议,能以一身开天下风气,而不为风气所转移",创建、完成了很多宏图大业。"身为疆吏,固犹是瞻念九重之心;职限方隅,不敢忘经营八表之略",张之洞初任山西巡抚时立下的这个志向曾遭到很多人嘲讽、非议,但最终张之洞基本上实现了他的这个志向。

再者,张之洞依旧非常重视道德文章、名教义理。他创建了尊经书院、广雅书院、两湖书院、自强学堂、江南陆师学堂、三江师范学堂等新旧学堂,晚年甚至创办了旨在保存"国粹"的存古学堂,如学者杨国强所言"张

---

① 辜鸿铭:《清流党》,《辜鸿铭文集》,海南出版社,1996年,第418—419页。
② 《清史稿》第四十一册,中华书局,1977年,第12380页。

之洞一直身处衰世乱世而不懈地在为斯文一脉延命"[①];他撰写了《輶轩话》《书目答问》《劝学篇》等书捍卫儒家"正统",注重对学子士人宣教;他的幕府中也有很多"清流"人物,如梁鼎芬、吴兆泰、汪康年、郑孝胥等多为被革职的"清流"分子或当年"清流"的后辈、门生,其中梁鼎芬就曾因弹劾李鸿章误国该杀而获罪。因此,张之洞也被时人奉为儒林宗师,"主盟坛坫四十年"。

最后,张之洞依旧敢争敢言,"遇事敢为大言"。如他在甲午战争时主战,多次批评、反对主和的李鸿章,后来还被李鸿章讥讽道"不料张督在外多年,稍有阅历,仍是二十年前在京书生之习";如张之洞虽然也不喜袁世凯但毅然强烈反对杀袁世凯,并曾力谏载沣要重"舆情"。

张之洞曾提出"中学为体,西学为用,不使偏废"的著名主张,该主张是洋务派的思想纲领,也集中表达了他对千年未有之大变局的应对之策:

今欲强中国,存中学,则不得不讲西学。然不先以中学固其根柢,端其识趣,则强者为乱首,弱者为人奴,其祸更烈于不通西学者矣。[②]

而张之洞一生践行的正是"清流为体、务实为用",可谓有学有术、内方外圆,深得儒家"中庸之道",善于调和中西新旧,从而一生一帆风顺。有个故事颇能见张之洞风格:虽然张之洞提倡新学,但喜古文而厌恶新名词,他兼管学部时"凡奏疏公牍有用新名词者,辄以笔抹之。且书其上曰:'日本名词。'后悟'名词'两字即'新名词',乃改称'日本土话'"[③]。有次他让幕僚路某拟一个办学大纲,路某拟的大纲中有"健康"一词,张之洞怒批道:"健康乃日本名词,用之殊觉可恨。"路某则回敬道:"名词亦日本名词,用之尤觉可恨。"

但就像曾国藩最终不能拯救"名教",李鸿章最终不能拯救大清一样,太"巧"、太"骑墙"、太谨慎圆滑的张之洞也因此没有大担当、大作为,

---

① 杨国强:《张之洞如何影响晚清国运》,https://baike.baidu.com/tashuo/browse/content?id=02c9b573958299dc821a99f5。

② 张之洞:《劝学篇》,《张之洞全集》第十二册,河北人民出版社,1998年,第9724页。

③ 江庸:《趋庭随笔(卷三)》,台湾文海出版社,1966年。

最终也只能眼睁睁地看着他忠于的"名教"和大清一步步衰亡,像龚自珍一样承认"末世"已到。如《张文襄公事略》最后盖棺定论所言:"张之洞之得名也,以其先人而新,后人而旧,十年前之谈新政者,孰不曰张之洞张之洞哉?近年来之守旧者,又孰不曰张之洞张之洞哉?以一人而得新旧之名,不可谓非中国之人望矣。然以骑墙之见,遗误毕世,所谓新者不敢新,所谓旧者不敢旧,一生知遇虽隆,而卒至碌碌以殁,惜哉!"①

甚至张之洞还是大清的掘墓人之一,清朝遗老就指出"罪魁祸首,则在张之洞"②,"张南皮主办学堂、军事二事,遂为乱天下之具"③;革命党也称张之洞为"功臣",如孙中山说"以南皮造成楚才,颠覆满祚,可谓不言革命之大革命家"④,张之洞的幕僚辜鸿铭也说"民国成立,系孙中山与张香涛(张之洞号)的合作"。无论张之洞对革命有多大贡献,无论如何盖棺论定张之洞,至少我们不能忘记张之洞对洋务运动、对中国实业乃至对中国早期现代化的贡献,如毛泽东1962年所说:"谈到中国重工业,不能忘记张之洞。"尤其张之洞是洋务运动、维新变法、清末新政这三波现代化运动的主帅,甚至可以说他是中国早期现代化的主要领导者了。

光绪、慈禧、张之洞的相继死亡意味着旧时代的结束,意味着大清权威的进一步丧失,也意味着调解各方势力冲突的"中枢"没了,尤其是张之洞的去世宣告满汉、新旧、中西调和的解体,各种矛盾因此像火山一样即将全面爆发。这一年百姓纷纷传说,有一颗彗星在中国滑落,而"彗星现、朝代变"。如有个叫赵士敬的人看见窗外流星掠过,声如巨雷,光芒耀眼,飞向东南方向陨落,众人纷纷议论这是紫微星坠落,要出大事。

新皇帝溥仪刚登基那天看到大臣山呼"万岁",被吓哭了。载沣赶紧哄道:"不哭,不哭,快完了,快完了。"这被视为不吉之兆。第二天便有一句

---

① 《张文襄公事略》,转引自孟森著:《清代野史》,中国人民大学出版社,2012年,第214页。
② 恽毓鼎:《澄斋日记》,转引自孔祥吉:《张之洞与清末立宪别论》,《历史研究》,1993年第1期。
③ 王先谦:《复胡退庐侍御书》,《葵园四种》,岳麓书社,1986年,第938页。
④ 《时报》,1912年4月15日。

流言风传:"不用掐,不用算,宣统不过二年半。"摄政王载沣虽有意立宪但权威不够,且他当年赴德道歉时深受德国宪政"皇室权力不容旁落"影响,因此他大力任用年轻的80后(1880年及之后出生的)皇亲贵族,一心巩固皇权,"以天下为一家私物"①。如他自己代理海陆军大元帅,任用弟弟载洵为筹办海军大臣,任命弟弟载涛为类似参谋总长的军咨处事务大臣,任命载泽为度支部尚书。且载沣优柔寡断、疏懒懦弱、缺乏才干,"监国性极谦让,与四军机同席议案,一切不敢自专……内畏隆裕,外畏福晋",弟弟载涛甚至向跋扈的载沣福晋"操刀寻仇",而载沣被吓得半个月没敢回家。据溥仪说"我父亲从小就很怯懦,甚至有人曾说他有些傻气"②,胞弟载涛也认为载沣"只可做个升平王爵"。因此就像慈禧在义和团运动中摇摆不定一样,载沣对立宪尤其是对于国会请愿运动也游移不决,最终导致了立宪失败和大清灭亡。正可谓"成也摄政王,败也摄政王",大清开国由摄政王多尔衮一手奠定,大清灭亡则由摄政王载沣一手葬送。

  立宪派看到政府表现尤其是权力愈发集中,认识到"以枢臣之老耄,疆臣之畏葸不前,但足以亡国而有余,绝不足以唤起沉疴,挽回危局,共臻于立宪之一境"③,认为只有早开国会才能救亡图存,"立宪派政党中的绝大多数人相信,只要有了一个立宪国会,一切都是可以办到的。宪法一经制定,国会一经成立,失败误国的岁月将立刻一扫而光"④。于是,江苏谘议局议长张謇于1909年10月率先联系各地谘议局,一起请愿,要求速开国会。他慷慨激昂道:"我辈尚在,而不为设一策,而坐视其亡,无人理。"⑤毛泽东的老师徐特立则自断手指血书道:"请开国会,断指送行。"送行请愿团时张謇又称:"得请则国家之福,设不得请,而至于三,至于四,至于无

---

① 胡思敬:《退庐疏稿》卷1,转引自马平安:《大变局下的晚清君臣》,团结出版社,2018年,第284页。
② 溥仪:《我的前半生》,民主与建设出版社,2021年,第29页。
③ 《论政府无立宪之能力》,《大公报》,1909年12月13日。
④ 转引自周锡瑞:《改良与革命——辛亥革命在两湖》,中华书局,1982年,第115页。
⑤ 张謇:《张謇全集》第六卷,江苏古籍出版社,1994年,第627页。

尽。诚不已，则请亦不已。"①1910年1月，十六省请愿代表齐聚北京；1月16日，代表赴都察院呈递了速开国会的请愿书。对此请愿，载沣颁布谕旨说代表"爱国悃忱"可嘉，"惟我国幅员辽阔，筹备既未完全，国民智识程度由未画一，如一时遽开议院，恐反致纷扰不安，适足为宪政前程之累"。

第一次国会请愿被如此拒绝后，并不甘心的请愿代表组织成请愿即开国会同志会，并征求各地民众签名者达30万余人，于6月16日再次向都察院呈交请愿书。对此，载沣的回答依旧是朝廷是希望早日立宪的，"惟思国家至重，宪政既繁，缓急先后之间，为治乱安危所系，壮往则有悔，深虑则获全"，即"我也想立宪啊，可条件还不成熟，民众素质不够，立不了啊"。"朝廷上说：'人民的程度不足，是不能即行立宪的。'舆论则说：'程度的足不足，哪有一定标准？况且正因为政治不良，所以要立宪。若是把件件政治都改好了，然后立宪，那倒无须乎立宪了。'当时政府和人民的争点，大要如此。"②

第二次国会请愿又这样被拒绝，还不甘心的请愿代表又组织成谘议局联合会，决定继续请愿。这次立宪派不仅继续发动民众，还动员了许多督抚一起请愿，还有一些学生割肉要自杀或写下血书。10月25日，十八省督抚一起联名致电军机处，要求"立即组织责任内阁""明年开设国会"，甚至质问"上下合力，犹恐后时，奈何以区区数年期限争执不决乎？"③资政院也通过了请速开国会的议案，议员们一起兴奋高呼"大清帝国立宪政体万岁"，奕劻、载涛、载泽等王公大臣也主张缩短立宪期限。在这样的巨大压力下，载沣不得不退让，决定提前三年即于1913年即开国会，同时他也警告如果再一味滋扰将严加惩治。

---

① 张謇：《送十六省议员诣阙上书序》，《张季子九录·文录》卷10。
② 吕思勉：《你一定爱读的极简中国史》，浙江文艺出版社，2017年，第438页。
③ 这些督抚之所以呼吁立宪，一方面是顺应舆论，另一方面其实也是想借立宪获得更多权力，改变"一二人决策于深宫之中"的政治体制，并非他们内心多么认同立宪。而清廷也在借立宪谋夺地方督抚权力，加强中央集权，如清廷将原来督抚掌握的军事、财政、邮电等权力统一收归到陆军部、度支部、邮传部。中央与地方的这种矛盾，使得"督抚与中央情意分离"，这正是辛亥革命后大多数督抚拱让政权的原因，也使得地方政府即使有心也无力镇压革命。

对此决定，张謇等一些立宪派代表感到满意，但也有不少请愿代表不满而继续发起请愿，奉天、天津、四川等地民众还发起请愿游行。这让清廷震怒，"我已经让步了，你们还不知好歹，那别怪我无情了"。于是严厉镇压各地请愿，并将北京的请愿代表遣散押解回籍，全国第四次国会请愿于是又失败了。

这四次全国性国会请愿作为中国首次和平民主运动虽然失败，但极大地普及宣扬了民主意识、宪政思想，如有普及立宪知识的"公民必读书"，发行量在十万册以上，也让民众尤其是立宪派越来越对清廷失望。每一次请愿失败，民众便失望增加一层而感叹清廷"反动复反动"，如第二次国会请愿失败后立宪派责备清廷"视爱国主义为仇国之举动"，第三次国会请愿失败后立宪派说清廷"直视吾民如蛇蝎如窃贼"，到第四次请愿失败后"恶感普及于全国"，"不解政府诸公何为倒行逆施至此哉！"甚至有传"各代表闻此乱命，亦极愤怒，即夕约集报馆中，秘议'同人各返本省，向咨议局报告清廷政治绝望，吾辈公决密谋革命，并即以咨议中之同志为革命之干部人员，若日后遇有可以发难之问题，则各省同志应即竭力响应援助起义独立'云云"①。

"我本将心向明月，奈何明月照沟渠"，请愿代表和民众磕头作揖、痛哭流涕，希望速开国会，以和平方式保住大清，但大清政府并不领情，反而一味搪塞和镇压，"直以热心爱国之绅民与革党会匪齐观而等视"②，这样的政府还保它干吗？"人世间的基调是进化，革命则是进化受到壅塞时的溃决。"③至此，大清政府已人心尽失，原本就和革命党"异曲同工"的立宪派纷纷转向革命，如上海很多商会负责人相继加入同盟会，上海商务总会请愿代表沈缦云叹道"天意难回，人事已尽，请从此辞"④而组织中国国民总会转身投入革命。连翰林院编修蔡元培都加入了同盟会，张謇由此感叹

---

① 徐佛苏：《梁任公先生逸事》。
② 《读本月二十三日上谕恭注》，《大公报》，1910 年 12 月 29 日。
③ 顾准：《顾准文集》，贵州人民出版社，1994 年，第 364 页。
④ 张朋园：《立宪派与辛亥革命》，台北"中央研究院"近代史研究所，1983 年，第 112 页。

道:"亟求立宪,非以救亡,立宪国之亡,其人民受祸或轻于专制国之亡耳。呜呼!世人知余之言痛耶?"①

大清灭亡倒计时加速了,这正所谓"天作孽犹可违,自作孽不可活",也正如梁启超在《现政府与革命党》中所言:"而现政府者,制造革命党之一大工场也。"此时,梁启超所主导的立宪派团体政闻社也被清廷查禁了,极力捍卫清王朝的康有为和梁启超在1904年"赦免戊戌党人"②中依旧未被赦免,清政府还通缉梁启超,指其"悖逆要犯,广敛资财,纠结党类,托名研究时务,阴图煽乱,扰害治安"。这让"善变"的梁启超再次转向革命,且预言和平之士将以为义务既尽而转为袖手旁观。

而清廷之所以不愿速开国会,是因为清廷与国会请愿运动之争的本质在于立宪权之争,立宪派希望速开国会进而由国会制定国家根本大法——宪法,而清廷则希望"钦定宪法"而后开国会。更根本原因在于国家未来道路之争,到底是施行英国式议会君主立宪制还是德日式二元君主立宪制。为了控制制宪权进而最大程度地确保皇权,载沣反对速开国会,且任命皇室成员溥伦、载则为拟订宪法大臣秘密制定宪法。

当然,持续一年多、声势浩大的四次全国性请愿也不是完全没有实际效果。清廷迫于压力,应请愿要求加快了责任内阁制的施行,于1910年5月8日正式成立了责任内阁,总理大臣为奕劻,那桐、徐世昌为协理大臣。这次内阁制实际上比军机处大有进步,要承担施政责任,也可以限制皇帝专制独裁,但问题是这次内阁13名成员中有9名满族人③,其中又有7名皇族占据要害部门,而只有4名汉人在清水衙门,即是名副其实的"皇族内

---

① 张謇:《辛亥正月二十日日记》,《张謇全集(六)》,江苏古籍出版社,1994年,第646页。

② 1904年,清廷颁布懿旨:"五月丙戌,懿旨特赦戊戌党籍,除康有为、梁启超、孙文外,褫职者复原衔,通缉监禁编管者释免之",赦免了康有为、梁启超之外的戊戌党人,正式承认了戊戌变法的合法性。

③ 据梁溪坐观老人《清代野记》:"光绪二十年后,满督抚又遍天下矣,以迄于宣统三年而亡。"而之前的五十多年汉人督抚占大多数,如1850年10个总督中有6个是汉人、15个巡抚中仅有1个是满人,甚至1868年15个巡抚全是汉人。参见梁溪坐观老人《清代野记》,中华书局,2007年,第7页及刘晨晖《黄昏中的紫禁城》,团结出版社,2017年,第109页。

阁",完全违背了皇族不准充当国务大臣的立宪原则,内阁成员也全是以前掌权的"老朽"。因此,国民尤其是立宪派对这样的"皇族内阁",对这样顽固不化的清廷彻底绝望,认识到满州贵族绝对不肯放弃权力,"一般稍有知识者,无不绝望灰心于政府"①,在北京参加谘议局联合会的各省立宪派领袖上折称此举"于立宪之宗旨有根本取消之意",资政院总裁世续上奏抗议道:"皇族内阁与立宪政体有不能相容之性质",梁启超称将来世界字典上将无"宣统五年四字连属成一名词者",连顽固派恽毓鼎都在日记中感叹:"处群情离叛之秋,有举火积薪之势,而犹常以少数控制全局,天下乌有是理!其不亡何待?"②张謇也感慨道:"是时,举国骚然,朝野上下,不啻加离心力百倍,可惧也。"③他还特意赶到北京劝说载沣,不要孤注一掷而使得大局无可挽回,但"鸡同鸭讲",载沣根本听不进去,张謇因此感叹道拼命要自杀的人是救不下来的。立宪派又以谘议局联合会名义上奏称"以皇族组织内阁,不合君主立宪国公例,请另简大员,组织内阁",而清廷对此怒斥道"黜陟百司,系君上大权,议员不得妄行干涉",由此立宪派彻底绝望。

因此最终清廷自掘坟墓,本想通过皇族内阁巩固皇权,却由此彻底丧失了皇权,这正所谓"机关算尽太聪明,反误了卿卿性命",也即如托克维尔在《旧制度与大革命》里所言:"对于一个坏政府来说,最危险的时刻通常是它开始改革的时刻。"④不改革是等死,改革或是找死,清廷以载沣为代表的皇亲贵族看到了体制之弊不得不改,也曾经是改革急先锋,但当改革触及深层、触及他们自身利益时,这些既得利益者便摇身一变站到了改革的对立面。大清这艘"破船"由此彻底失去了人心所向,失去了帆和舵,只能在时代大潮中随波逐流,漂荡一天是一天。改良与革命的赛跑中革命由此领先,注定了大清即将灭亡。如孙中山所言:"人心就是立国的大根本。

---

① 《时报》,1911年5月18日,转引自侯宜杰:《清末立宪运动史》,辽宁人民出版社,2020年,第298页。
② 恽毓鼎:《恽毓鼎日记》,1911年5月8日。
③ 张謇:《张謇全集(六)》,江苏古籍出版社,1994年,第873页。
④ 托克维尔著、冯棠译:《旧制度与大革命》,商务印书馆,2012年,第215页。

辛亥年满清之所以亡,是亡于他们失去了这个根本。"①因此并不是革命打断了改良,而是改良未成加速了革命。

这也说明,如果外界压力不足够大,掌权者绝不会轻易放弃自己手中的权力。旁观者清,日本著名思想家福泽谕吉1900年就指出:"不管满清政府出现多少伟大的人才,或是出现一百个李鸿章,都无法进入文明开化之国。要使人心焕然一新,将中国导向文明之国,唯有推翻满清政府,此外必无他途。"1909年,伊藤博文则向英国驻日公使窦纳乐称,三年之内,中国将爆发革命。

功亏一篑,皇族内阁的成立标志着预备立宪乃至清末新政的失败。清末新政包括预备立宪不能完全说是"骗局""空头支票",也的确促进了中国工商业、文化教育、政治体制、法律制度等方面的进步,可谓是中国早期现代化的又一次探索。其主观本意当然是为了维护清廷统治,但因只进行经济、行政、文化等表层改革而不进行更根本层面的政治体制改革,而引发了各种矛盾,加深了统治危机,加速了清廷灭亡。如1910年就有署名"长舆"的人在《国风报》一篇文章中写道:

> 我国今日之新政,固速乱之导线也。十年以来,我国朝野上下莫不奋袂攘臂,嚣然举行新政。兴学堂也,办实业也,治警察也,行征兵也,兼营并举,日不暇给。然而多举一新政,即多增一乱端,事变益以纷,国势益以抢攘。夫我国今日所谋之新政,固行之东西文明诸国,致治安而著大效者也;然移用于我国,则反以速亡而召乱。

客观上,清末新政也使得中国现代化浪潮又开始往前推进。尤其是"清末制宪,从总体上看,是处在历史转折点的中国,面对西方近代政治、法律文化的有力挑战而作出的积极回应;是在'立国基础为之震撼'的'数千年未有之变局'中所采取的顺乎历史潮流的调适手段和革新举措,并以此拉开了中国政治法律制度现代化的序幕,加速了君主专制制度解体的历史进程……"②

---

① 孙中山:《孙中山全集》,人民出版社,1981年,第527页。
② 贺嘉:《清末制宪》,陕西人民出版社,2011年,第210、219页。

"只要清廷的自改革有懈怠迹象，革命就凸显，革命与清廷的改良成了跷跷板的两端。"①清末新政与随后的辛亥革命也有着密切的关系，为革命提供了一定基础，如汉阳兵工厂直接为武昌起义提供了武器装备，新学堂的创办、留学生的派遣及新军的编练直接为革命提供了主力军，更促进了人们思想观念尤其是革命思想的传播、革命倾向的转变；清末新政各种举措几乎得罪了社会各个阶层，尤其是其开支费用加重了民众负担而让民众更加支持革命。"在此意义上可以说，清政府通过新政为自己造就了掘墓人。"②

以现代化视域来看，清末新政催生了中国工业化的又一波高潮，也开始了教育、军事、法律等方面的现代化，更加传播了民主政治思想、现代价值观念，为中国现代化正式开启做好了准备。"清末经济、教育、军事及政治各领域的社会制度已经发生或开始发生了全面、系统的变革，从而构成了中国早期现代化启动的前奏。清末'新政'使中国早期现代化正式全面展开。"③清末新政是洋务运动、维新变法运动这两波现代化运动的继承与发展，学者萧功秦甚至认为"就变革的深度和广度而言，就其对中国此后的历史的影响而言，更为重要的是就这一全国性的变革运动对于现代化宏观研究理论价值而言，新政的重要性均已超过19世纪后期的洋务运动和19世纪末的戊戌变法运动"④。

---

① 马勇：《回望：近代一百年》，新星出版社，2021年，第137页。
② 本段参见李细珠：《张之洞与清末新政研究》，上海书店出版社，2003年，第367至371页。
③ 谭来兴：《中国现代化道路探索的历史考察》，人民出版社，2008年，第114页。
④ 萧功秦：《危机中的变革——清末现代化进程中的激进与保守》，上海三联书店，1999年，第123页。

第八章　辛亥革命：现代化重要一步

辛亥革命让两千多年的帝国社会结束，让古老的中国迎来了新生，民主、共和等制度从此成为时代主流，平等、自由、独立等现代观念从此深入人心，"中国终于在现代化道路上迈出非常重要的一步"，标志着中国从传统社会迈入了现代社会，中国现代化由此正式开启。

一、新军枪响："偶然"的武昌首义

风暴起于微末，大清灭亡的风暴则起于大洋彼岸一只"蝴蝶的翅膀"。在已经开始全球化的20世纪，整个世界的兴衰已紧密相关，曾经"闭关锁国"的中国也不例外。1909年全球都在为橡胶疯狂，橡胶股票一路高涨，上海民众也纷纷炒股尤其是买起橡胶股票，眼看个个就要暴富走上人生巅峰。

不料"炒股有风险，投资须谨慎"，1910年6月，美国突然开始限制橡胶消费，泡沫破裂，橡胶股票一落千丈。上海随之陷入金融危机，大清最大的两个私人钱庄源丰润和义善源破产，上海一半钱庄倒闭，中国投资人亏损超4000万两。清末新政积累的民间资本几乎因此被一网打尽，因为上海官银基本存储在私人钱庄，这也导致了大清极大的财政危机和权威严重受损[①]，1910年清政府的财政赤字增至8000万两左右。其中，有个炒股者叫

[①] 现代化理论认为在一个国家现代化进程中特别是在早期进程中，一个强有力的政府也很重要，政府能力如管理能力、社会动员能力、制度创新能力等都是重要因素，而财政则是政府能力的基础。晚清财政贫困及权威丧失导致了晚清政府能力大受限制，这或也是晚清新政失败乃至中国早期现代化步履维艰的重要原因，当然更重要的是晚清政府缺乏现代化的意愿、决心。晚清政府是中国早期现代化进程中的主角之一，也是主要"拦路虎"，最终也被现代化浪潮"吞没"。

施典章，亏损了 300 多万两，但他亏损的不是自己的钱而是川汉铁路公司的公款，掌管该公司财务的施典章拿着众人入股凑起来的 350 万两白银到上海炒股，本想大赚一笔发个横财，却亏了个底朝天。

想跑路的施典章很快被抓获，被罚了 1 万两白银、监禁三年，可他亏损的 300 多万两白银怎么办？清政府不肯慷公家之慨来兜底，"总揽轮船、银行、铁政、煤矿、纺织诸大政"的新任邮传部尚书盛宣怀[①]还以此为借口宣布"铁路干线国有"，以前批准的民办铁路"一律取消"，"如有不顾大局，故意扰乱路政，煽惑抵抗，即照违制论"。为什么要"铁路国有"呢？从洋务时期到新政时期大清修建了大量铁路，但这些铁路大多依靠外资修筑，到 1911 年中国 93.1% 的铁路被外方直接或间接控制，因此铁路的管理权、用人权甚至铁路两侧的一些开矿、架设电线、驻兵等主权都让渡给外国。因此，国人自上到下都纷纷呼吁自建铁路。不同于洋务运动时期将铁路视为怪物，此时修建铁路成了时髦事务，1911 年已修筑的铁路比 1895 年修筑的增长了近二十六倍。那自建铁路的资金哪里来呢？刚开始计划商办，纷纷向民间集资筹款入股，甚至打着"租股""派股"的名义强行向民间摊派，但如此筹款也很难筹齐修筑铁路的巨款，如粤汉铁路湖南段共需投资 4000 万元，但仅募集到资金 170 多万元。

于是，盛宣怀等人就力主"铁路国有"[②]，由国家来出钱修铁路。1911 年 5 月 9 日，皇族内阁成立的第二天就正式颁布"铁路国有"的上谕："干路均归国有，定为政策。"铁路收归国有，那原来民众入股的钱款怎么办？朝廷并不退款，而是换成 20 年后才能收回本金的国有铁路股票，至于亏损部分如施典章炒股亏的 300 多万两则不予赔偿。国家修筑铁路的资金从哪里

[①] 盛宣怀是李鸿章经济势力的衣钵继承人，另一衣钵继承人袁世凯自然将他视为眼中钉，他借盛宣怀丁忧之机将盛宣怀职权剥夺给了自己的心腹，由梁士诒接管电报、唐绍仪接管铁路。也因为盛宣怀与袁世凯是死对头，袁世凯下野后，在盛宣怀拿二十万两银子到处活动下，载沣重新启用盛宣怀代替唐绍仪担任邮传部尚书。

[②] 如学者罗志田在《权势转移》一书中所言，整体上清末有"国进民退"的持续倾向，如通过清查公款公产、司法改革、取消科举制度等不断剥夺了地方社会的权力，这或是清末铁路国有化的根本原因。铁路国有化的另一重要原因是清廷想借此充盈国库。

来？朝廷自己也没米下锅，只能和外国借款。"铁路国有"政策颁布十天后，盛宣怀便代表清廷签订条约向德法英美四国银行借款1000万英镑。

铁路"国进民退"被收归国有，与民争利，20年后才能收回投资，还和外国银行借款，因此引发了四川等地民众强烈抗议和对清廷的更加不满。"原本发动立宪请愿的汉人士绅，是要借立宪跟满人进一步分权的，结果不仅没有分到权，连已经有的人家还要拿走，一怒之下，愤而同情革命，不帮朝廷帮乱党。从这个意义上说，保路运动跟辛亥武昌起义，是有关系的。"[1]

因为川汉铁路四分之三股份都是强行摊派的"租股"，因此入股者众多，大概2000万人有川汉铁路股票，且亏损的300多万两不予赔偿，因此四川民众抗议尤其激烈、广泛，纷纷要求"拒借外款、集股办路、自保路权"，并声讨浓眉大眼的盛宣怀丧权辱国，立宪派邓孝可甚至公开发表文章《卖国邮传部！卖国奴盛宣怀！》呼吁"四川非无人性、非属野蛮之血性男子，今可以起矣"。1911年6月17日，四川保路同志会成立，到会者2000余人，提出以"破约保路"为宗旨，推选四川谘议局议长蒲殿俊为会长、副议长罗伦为副会长，并推选85岁的前翰林院编修伍肇龄率请愿团前往四川总督府抗议。

四川护理总督王人文倒是通情达理，也想落个爱国爱民的好口碑，他表示："只要于国计民生有关休戚的事，无论怎样要据理力争。"[2] 经过研究，他也认为铁路国有政策和借款合同不妥而支持四川民众保路，甚至上奏弹劾盛宣怀。清廷见王人文竟敢反对朝廷，于是改派心狠手辣、号称"赵屠户"的赵尔丰任四川总督。赵尔丰刚开始试图采取协商对策来平息抗议，但保路运动愈演愈烈，他的"屠户"本性暴露，先是下令逮捕了蒲殿俊、罗伦等九位保路同志会领袖，随后下令在成都总督府门口开枪打死了32名

---

[1] 张鸣：《辛亥：摇晃的中国》，广西师范大学出版社，2011年，第60页。
[2] 郭沫若：《反正前后》，《少年时代》，第228页。

手捧光绪牌位①的请愿群众。

四川人性格刚烈，赵尔丰的血腥镇压反而更加激发了四川民众的热血。保路同志会成立20天后已在全省各地有10余万会员，成都开始大面积的罢工、罢课、罢市，同盟会会员制作数百张木片外涂桐油投入锦江，上书"赵尔丰先捕蒲罗后剿四川各地同志速起自救自保"。随即，各地会众一二十万人围攻成都，四川革命党联合哥老会于9月8日在成都发起了武装起义，9月28日同盟会会员吴玉章等人建立了荣县军政府，四川各地随之相继宣布独立，"多达10万人的各种武装集团打垮了政府军，后者到10月初只能集中防守省会和少数城市了"②。

为了镇压四川日益激烈的起义，清政府紧急从其他省调集新军入川助剿，其中包括湖北的新军两个团2000余人。这就使得湖北兵力空虚，革命党趁机在武昌首举义旗，武昌起义乃至辛亥革命由此爆发、成功。四川保路运动成为了辛亥革命的导火索，点起这把火的盛宣怀也成了大清灭亡的"替罪羊"③。这正如学者雷颐所言："导致清王朝灭亡的因素当然很多，从经济层面上说，先是为民营经济发展设置重重障碍，而后虽允许民营经济发展，但政策却又极不稳定经常大幅度摇摆，不能不说是重要原因之一。"④

与保路运动一样，武昌起义的爆发也看似偶然。1911年10月10日晚上8点多，湖北新军工程八营二排排长陶启胜带人到兵营巡查，看到士兵

---

① 光绪之前曾发布上谕准许"铁路准归商办"，还说"庶政公诸舆论"，所以四川请愿民众拿光绪牌位当挡箭牌，他们家家户户贴着上书"光绪德宗皇帝之神位"大字的小黄纸，还在成都大街到处设立香案供奉光绪牌位，牌位左右分别写着"文官下轿""武官下马"，害得官员见了牌位就得叩头行礼。

② 费正清、刘广京等编：《剑桥中国晚清史（下卷）》，中国社会科学出版社，1985年，第513页。

③ 辛亥革命后，盛宣怀积极主张尽力镇压革命，但他被清廷认为是辛亥革命爆发的"误国首恶"，被"即行革职永不叙用"，还被资政院要求"明正典刑"。"最有成就的官僚企业家"（《剑桥中国晚清史》所言）盛宣怀因此一度逃亡美国大使馆寻求保护，后又逃亡日本，他在国内的价值两千多万两白银的财产一度被没收。1912年盛宣怀回国，收回轮船招商局、汉冶萍公司等企业的控制权，晚年主要忙于赈灾慈善工作，1916年去世。据说他最后的遗言是"恩不可忘，怨则不可不忘……静俟公论之评判而已"。无论如何，他实际上也是中国早期现代化进程中不可遗忘的一个人物。

④ 雷颐：《历史的裂缝：近代中国与幽暗人性》，广西师范大学出版社，2007年，第63页。

程正瀛、金兆龙等人正在换枪装子弹①，便大声呵斥道："想造反吗？"不料，金兆龙不甘示弱地回道："造反怎么样？"恼羞成怒的陶启胜猛扑上前要抓金兆龙，金兆龙大喊："同志们再不动手，等到什么时候？"于是，程正瀛便举起枪托猛击陶启胜，并开枪射向外逃的陶启胜，武昌起义的第一枪就这样意外地打响了。

第一枪打响后，"全营轰动"，枪声此起彼伏。关键时刻，共进会在八营的总代表熊秉坤站出来带人将反抗的工程营代理营长阮荣发等人打死，然后鸣笛集合，率队攻打楚望台军械库，在守卫士兵里应外合下迅速占领军械库。附近其他新军各营也纷纷响应起义，随后以工程营左队队官吴兆麟为总指挥，一起攻打湖广总督署。经过一夜鏖战，革命军终于攻克了湖广总督署，湖广总督瑞澂从后花园的墙洞逃到之前准备好跑路的船舰上。到11日下午，武昌完全光复，宣布成立中华民国军政府，推举据说从床底下拖出来的黎元洪为都督。黎元洪为湖北新军协统，素有声誉，被称为"厚重知兵"的"领军名将"。到12日汉口光复，到13日汉阳光复，至此武汉三镇完全被革命军占领，武昌起义终于成功了。

武昌起义的爆发与成功看似偶然，实际上也是必然。黄兴于"辛亥正月已拨款五千元，使谭人凤至长江沿岸各省进行军事行动"②，1911年7月31日宋教仁、陈其美、谭人凤等在上海成立同盟会中部总会，任命居正主持成立湖北分会，积极准备在湖北发动武装革命。此时，张之洞创建的湖北新军的士兵在文学社、共进会等革命社团多年宣传下较多倾向革命，到1911年6月"总计当时湖北新军第八镇和第二十一混成协共约15000人，纯粹革命党人将近2000人，经过联系而同情革命的约4000多人，与革命为敌的至多不过1000余人，其余都是摇摆不定的"③。

---

① 武昌督署为防新军起义，下令收缴子弹。新军从士兵吕功超的哥哥和另外一个排长那儿偷了四盒子弹，起义前发给士兵。所以，陶启胜看到新军士兵手中有子弹才会认为他们要造反，也因此新军起义后首先攻打军械库，夺取军火。

② 冯自由：《革命逸史》上，新星出版社，2016年，第175页。

③ 中国人民政治协商会议湖北省委员会编：《辛亥首义回忆录》第2辑，湖北人民出版社，1957年，第121页。

1911年9月，湖北两个团的新军被调到四川镇压保路运动后，留守的新军约有大半与革命党有关系。共进会、文学社认为革命时机已到，在同盟会元老谭人凤的撮合下决定于10月6日联合举行起义，推举蒋翊武为革命军临时总司令、孙武为参谋总长，并邀请在沪的黄兴、宋教仁前来指导革命。不料起义走漏风声，湖广总督瑞澂下令全城戒严，起义日期不得不推迟到10月11日。10月9日，孙武等人在汉口俄租界里配制炸药不慎引起爆炸，闻声而来的俄国警察搜出了起义旗帜、文告、革命党人名册等并移交清政府。瑞澂立即下令关闭城门，按照名册抓捕革命党，蒋翊武因此决定提前起义。但蒋翊武所在的起义领导机关当晚被破获，在场的一些革命党人被抓被杀。

　　清军根据名册在新军各营抓获了30多位革命党人并继续抓捕，甚至有消息说将"捉拿没有留长辫的士兵"乃至"惩罚所有汉族士兵"，新军中的革命党人因此人心惶惶。恐怖气氛是最好的动员，共进会在八营的总代表熊秉坤当机立断，决定立刻起义，他利用早餐时间召集各队革命党人代表说："今日反亦死，不反亦死，大丈夫能惊天动地，虽死亦烈！"的确，此时不起义被抓获也是死，那还不如揭竿而起，说不定还有生路。当时新军士兵也纷纷议论："与其就缚，不如今晚动手，还可以死里求生。"① 在场代表于是决定于当晚第一次晚操点名后起义，以三声枪响为信号。但湖北清政府也有防备，下令停止当晚的晚操，熊秉坤等人制定的计划无法实施了，起义眼看又要流产。不料在当晚陶启胜和金兆龙的冲突中无意打响了第一枪，其他革命党人听到枪声于是纷纷响应，武昌起义由此爆发。

　　因为湖北新军两个团被调到四川镇压保路运动，留下来的湖北新军中多数人或支持或同情革命，且湖北武昌财库里还有4000万左右存银及军火库里存有汉阳兵工厂造的大量武器，使得武昌革命军迅速从起义时的2000多人扩军到20000多人，所以武昌起义也就顺利成功了。可见，武昌起义的成功有其偶然性，也有其必然性，离不开湖北新军的首举义旗，实际上

---

① 中国人民政治协商会议湖北省委员会编：《辛亥首义回忆录》第2辑，湖北人民出版社，1957年，第154页。

也离不开孙中山等革命党人多年来的奠基之功。

二、孙中山:"一个人的革命"

"滴水石穿,非一日之功",武昌革命党人众多、革命气氛高涨,离不开同盟会的直接贡献①,更要归功于以孙中山为首的革命党近二十年"抛头颅、洒热血"的间接贡献,所以孙中山实际上对武昌起义也有巨大贡献。在维新变法、义和团运动、清末新政这些历史的主线之外,实际上还一直有孙中山领导的"革命之路"在"伏脉千里",这是中国早期现代化的另一条道路,正是这条道路最终通向了"罗马"。

孙中山,原名孙文②,于1866年出生于广东香山县翠亨村的一个贫农家庭,"生而为贫困之农家子,早知稼穑之艰难"。他出生的这一年正是太平天国康王汪海洋所率太平军余部在广东被剿灭之时,虽然太平天国运动失败了,但太平天国的英勇传说还在流传,孙中山小时候就经常听同村一位参加过太平军的老人讲太平天国的故事。孙中山对太平天国事迹十分仰慕,以"洪秀全第二"自居,在和小朋友玩打仗游戏时也经常扮演"洪秀全"。没有人会想到,孙中山后来还真的和洪秀全一样起义反清,可见榜样和潜移默化的力量是无穷的,也可见太平天国运动的影响。如孙中山后来所说:"予革命思想之成熟,固余长大后事,然革命之最初动机,实予在幼年时代与乡关宿老谈话已起。"③

---

① 黄兴拨款5000元让谭人凤至长江沿岸进行军事行动,谭人凤与宋教仁、陈其美等人发起中部同盟会。谭人凤还拿出800元交给居正、孙武作运动经费,居正、孙武拿钱在武昌设立酒店联络军队,"一时各营兵士趋之若惊"(参见冯自由:《革命逸史》中,新星出版社,2016年,第772页)。而且武昌起义的发起社团文学社、共进会"均与同盟会有直接间接之关系",如共进会"为同盟会之外围",孙武即共进会领袖,武昌起义前两社团也由谭人凤撮合而决定联合起义。所以同盟会对武昌起义有直接贡献,即孙中山对武昌起义也有直接贡献(毕竟同盟会乃孙中山领导),并非像一些学者所言孙中山、同盟会对武昌起义没有直接贡献。

② 孙中山原名孙文,字载之,在香港读书时取号"逸仙",在流亡日本时化名"中山樵","是中国山樵之意",遂以孙中山之名传世。

③ 宫崎寅藏:《孙逸仙传》,《建国月刊》第5卷第4期。

1878年，孙中山的长兄孙眉从国外回到老家，闯荡檀香山多年的孙眉经过自己的艰苦奋斗已有几千亩牧场，乃至被檀香山茂宜岛当地人尊称为"茂宜王"。孙眉这次回家既为完婚也为招募乡民前往檀香山一起发家致富，孙中山很想跟随哥哥同去但不被父母同意。次年，在孙中山的再三恳求下，父亲终于同意他陪同母亲一起前往檀香山。来到檀香山后，在哥哥的安排下，孙中山进入意奥拉尼学校读书，开始接受西式教育，由此"自遂有慕西学之心，穷天地之想"①，埋下了"改良祖国，拯救同群"的种子。从意奥拉尼学校毕业后，孙中山又在哥哥资助下入读瓦胡学院的大学预科班。但因为在英国圣公会办的意奥拉尼学校读书时受到基督教潜移默化影响，孙中山想受洗入基督教，还把哥哥挂在牧场佛堂内的关公像给扯了下来，让孙眉很是恼怒，决定送弟弟回老家，免得在外再学坏了。

　　1883年，17岁的孙中山回到家乡后热心改造村政，本来很受村民欢迎，但不久孙中山和好友陆皓东将村里北帝庙的神像中指给折断了，还将"金花娘娘"塑像给画成了大花脸，声称"连自己都保护不了的神仙，又怎么能保护别人"。这引发了轩然大波，父亲孙达成赶紧让孙中山去香港避避风头。来到香港后，孙中山入读圣公会办的拔萃书院，并和陆皓东一起正式受洗加入了基督教，几个月后又转学到香港中央书院就读。不久，孙中山奉父母之命回家和卢慕贞结婚，又应哥哥孙眉之召第二次前往檀香山。但兄弟俩再次因宗教观不同爆发冲突，这次孙中山直接将"无辜"的关公像扔到厕所去了，且径自回到香港中央书院复学。

　　1886年，孙中山从香港中央书院毕业后，进入广州博济医院附设的南华医科学校学医，一年后转入香港西医书院，"以学堂为鼓吹之地，借医术为入世之媒"②。学医期间，孙中山经常阅读《进化论》《法国革命史》《物种起源》等西方书籍，经常和教务长康德黎打板球，还有了"红颜知己"陈粹芬，并经常与杨鹤龄、陈少白、尤列等人交往聚谈、抨击时政。这四人都主张"勿敬朝廷"，"高谈造反覆满"，被时人称为"四大寇"。渐渐地，

---

①　孙中山：《复翟里斯函》，《孙中山全集》第一卷，第47页。
②　孙中山：《有志竟成》，《孙中山全集》第六卷，第229页。

孙中山萌发了反清革命思想。

孙中山萌发反清革命思想的因素有很多，有西方教育的影响，有基督教救世思想的影响，有"四大寇"交往的影响，有中法战争"不败而败"的影响，有在繁荣香港亲身感受的影响①，也有思想家郑观应、何启等人的影响。郑观应原是英商宝顺洋行、太古轮船公司买办，和唐廷枢、徐润、席正甫并称为晚清"四大买办"，后任上海电报局总办、轮船招商局总办，陆续出版有《救时揭要》《易言》《盛世危言》等书。他在1894年出版的《盛世危言》中请求清廷"立宪法""开议会"，实行立宪政治，在我国首次使用"宪法"一词，并提出了完整系统的改革方案，认为立宪"此制既立，实合亿万人为一心矣"。1895年马关议和时，盛宣怀读到《盛世危言》，非常感慨地说："我国家果能痛定思痛，发奋有为，目前各地赔款，虽吃巨亏，犹可以为善国。"光绪对此书也非常欣赏，下令和张之洞的《劝学篇》一样印刷给大臣阅读，因而此书影响很大，被时人称为"医国之灵枢金匮"，连张之洞读完《盛世危言》也由衷叹曰："论时务之书虽多，究不及此书之统筹全局择精语详。"孙中山经陆皓东介绍和郑观应相识，一度交往密切，据说郑观应《盛世危言》中的《农功》篇和《中外卫生要旨》一书可能就是孙中山所写或是孙中山协助所写。而何启则是孙中山曾就读的香港西医书院创办者，还是英国外科硕士、香港议政局议员，他对西方文化、思想有着广泛认知，与中央书院的友人胡礼垣合撰《新政论议》《新政安衡》《革命新论》等书，批判中国传统礼法和旧学，高举民权，倡议变法。他与孙中山的关系也非常密切，将改造中国的希望寄托在孙中山身上，孙中山也深受何启思想影响。因为这些影响，孙中山开始考虑弃医从政来"医国"："中国则并无良政府，数百年来只有败坏一切之恶政府。我因此于大学毕业之后，即决计抛弃其医人生涯，而从事于医国事业。由此可知我之革命思想完全得之香港也。"②

---

① 据孙中山在文章《在香港大学的演说》中说："外人能在七八十年间在一荒岛上成此伟绩，中国四千年之文明，乃无一地如香港者，其故安在？"

② 孙中山：《在香港大学的演说》，《孙中山全集》第七卷，第116页。

以最优异的成绩从香港西医书院毕业后，孙中山先到澳门镜湖医院行医。这个医院是澳门最大的华人中医医院，在孙中山建议下医院兼用西医，开我国中西医结合之先河。在澳门行医不久，孙中山因被葡萄牙医生排挤而改往广州行医，擅长外科和治疗肺病的孙中山很快成了广州名医，一度年收入高达上万元，也经常与陆皓东、陈少白、郑士良、杨衢云、尤列等主张反清革命的志同道合者聚谈，逐渐意识到"上医医国，其次医人"的道理，决心弃医从政、革命"医国"。

但孙中山也并非天生就是革命党，他也曾想过走改良之路，这便有了他向李鸿章的上书。李鸿章是孙中山就读的香港西医书院赞助人，孙中山毕业时另一位书院赞助人香港总督罗便臣托人请李鸿章给孙中山找工作，李鸿章答复可以让孙中山来京候缺，暂给月俸 50 元，还表示要授予成绩优异的孙中山"钦命五品军牌"。孙中山本来也想前往京师，但到两广总督署领通行牌照时被要求填写三代履历，孙中山一气之下怒而返港。虽然未能进京候缺，但孙中山当时对李鸿章心生亲近，毕竟李鸿章帮他找工作了嘛，且他听郑观应说"李鸿章在当时算为识时务之大员"①，所以他决定上书李鸿章，"故欲以和平之手段，渐进之方式请愿于朝廷，俾倡行新政"。

孙中山埋头十多天写成 7000 多字的《上李鸿章书》，认为"人能尽其才，地能尽其利，物能尽其用，货能尽其流——此四事者，富强之大经，治国之大本也"，并提出这四个方面的改革主张，尤其是提出"农政之兴尤为今日之急务"，展现了孙中山的经世抱负。其实，孙中山也素有经世致用思想，如他在 1890 年致郑藻如的信中曾说："某留心经济之学十有余年矣，远至欧洲时局之变迁，上至历朝制度之沿革，大则两间之天道人事，小则泰西之格致预言，多有旁及。"②

《上李鸿章书》写成后，孙中山关闭医所"破釜沉舟"，先托在澳门行医时认识的前澳门海防同知魏恒给盛宣怀的弟弟盛宙怀写引荐信，又在陆皓东陪同下到上海找长期与盛宣怀共事的郑观应写引荐信，在郑观应家里

---

① 陈少白：《兴中会革命史要》，《辛亥革命》第 1 册，第 28 页。
② 孙中山：《致郑藻如书》，《孙中山全集》第一卷，第 1 页。

孙中山还见到了另外一位晚清著名思想家王韬。王韬年轻时因上书太平军出谋划策——如劝太平军不要强攻上海——被清廷通缉，逃亡香港。在香港他帮助著名汉学家理雅格翻译了《诗经》《易经》《礼记》等大量中国传统文化经典。1874年，王韬在香港创办《循环日报》，成为中国最早的办报人，被称为"中国新闻业之父"，他最早提出"变法"口号，推崇君民共治、废除封建专制，发表了大量针砭时弊的现代政论文章，尤其是主张变法图强必须"尽用泰西之所长"，1884年回到上海任以译书、出售科学仪器为主要业务的格致书院院长，通过办报、译书对促进中国现代观念传播做出了巨大贡献。他看到孙中山的上书也很欣赏，帮助修改了此书也写了引荐信，并介绍了李鸿章幕僚罗丰禄。孙中山拿着这么多引荐信，通过罗丰禄把上书呈给了李鸿章。

但不巧的是，李鸿章此时正在焦头烂额地应对即将爆发的甲午中日战争，便以"军务匆忙"为由说："打仗完了以后再见吧。""以后"是什么时候呢，就像"改天请你吃饭"的"改天"一样只是托词，于是，孙中山千辛万苦地上书李鸿章一事便不了了之，两人以后也没有见面，也就此分道扬镳。孙中山在北京没见到李鸿章，但见到了京师的腐败奢靡，改良之路又被李鸿章大手一挥断绝，由此坚定了孙中山革命的决心，"知和平之法，无可复施"①。如果李鸿章和孙中山见面，接受了孙中山的上书，也许历史会有别样风景。但历史不可假设，李鸿章想不到的是他拒绝的这个年轻人会成为他捍卫的大清的主要掘墓人。

上书李鸿章不成后，孙中山于1894年10月回到了阔别多年的檀香山，"拟向旧日亲友集资回国，实行反清复汉之义举"。在哥哥孙眉的协助下，孙中山于1894年11月24日召开了兴中会成立大会，确定兴中会宗旨是"驱除鞑虏，恢复中国，创立合众政府"，这是中国第一个民主革命团体。

《兴中会章程》道：

中国积弱，非一日矣！上则因循苟且，粉饰虚张，下则蒙昧无知，

---

① 孙中山：《伦敦蒙难记》，《孙中山全集》第一卷，第52页。

鲜能远虑。近之辱国丧师,蕞藩压境,堂堂华夏不齿于邻邦,文物冠裳被轻于异族。有志之士,能无抚膺!夫以四百兆苍生之众,数万里土地之饶,固可发奋为雄,无敌于天下;乃以庸奴误国,荼毒苍生,一蹶不兴,如斯之极!方今强邻环列,虎视鹰瞵,久垂涎于中华五金之富、物产之饶。蚕食鲸吞,已效尤于接踵;瓜分豆剖,实堪虑于目前。有心人不禁大声疾呼,亟拯斯民于水火,切扶大厦之将倾。用特集会众以兴中,协贤豪而共济,抒此时艰,奠我中夏。①

孙中山已充分认识到期望满族统治集团引领中国走向现代化,犹如期待"吃人的野兽"改用餐具、改为"素食者"一样不可能②,唯有驱逐他们才能"恢复中国"。《兴中会章程》第一条则写道"一、是会之设,专为振兴中华、维持国体起见",从此"'振兴中华'这一口号就成为团结和鼓舞亿万中国人民奋斗的最强音"③。

檀香山兴中会成立后,孙中山本想赴美洲发展组织,但接到宋耀如的来信劝他回国趁甲午战败"清廷之腐败尽露,人心愤激"④而发动起义。两人在孙中山上书李鸿章的路上相遇,一见如故,宋耀如是华侨富商,后来给孙中山革命事业很多资助⑤,他的女儿宋霭龄、宋庆龄都担任过孙中山的秘书,宋庆龄后来还嫁给了孙中山。

1895年1月,孙中山回国路经香港时与香港辅仁文社社长杨衢云会晤商谈,两人决定将兴中会与与辅仁文社"合二为一"。辅仁文社成立于1892

---

① 《孙中山全集》第一卷,中华书局,1981年,第19—20页。
② 参见孙中山:《中国的现在与未来》,《孙中山全集》第一卷,第104页。
③ 杨天石:《帝制的终结》,岳麓书社,2013年,第8页。
④ 孙中山:《有志竟成》,《孙中山全集》第六卷,第230页。
⑤ 宋耀如几十年如一日支持孙中山革命事业,"倾家捐输巨万",据说有次一下就捐赠了二百万美元,被孙中山赞誉为"民主革命的'隐君子'"。孙中山的哥哥孙眉也捐资不少乃至自己破产,据统计,1904年孙眉破产前共资助孙中山75万美元。此外,国民党"四大元老"(张静江、蔡元培、吴稚晖、李石曾)之首的张静江也捐助不少,据说他曾给孙中山留下汇款电报暗号,以A、B、C、D、E代替1万、2万、3万、4万、5万元,孙中山后来发电报暗号都如约拿到了钱。据统计,同盟会募集的各种资金中,华侨的钱达79%。还有不少日本人也大力捐助孙中山,如宫崎滔天曾说:"我有可用于革命的钱,但是没有可以养活妻儿的钞票。"梅屋庄吉家族支持孙中山革命的总金额则高达2万亿日元。

年,社纲是"以爱国者自励,努力扫除吾国所遭之屈辱"。1895 年 2 月 21 日,香港兴中会成立,由杨衢云任会长,"从此,反清革命有了一个统一的指挥中心,它立足于国内,对结集同志、扩大队伍、经营广东、筹划反清起义,起了领导和核心作用。可以说,1895 年香港兴中会的成立,真正标志了中国资产阶级民主革命党的诞生"①。

香港兴中会成立后,孙中山便与杨衢云等人筹划广州起义,由孙中山驻广州专任军务,郑士良、陆皓东、邓荫男、陈少白等人辅佐,杨衢云、黄咏商、谢缵泰②等人在香港负责接应及财务。孙中山委托陆皓东设计出了青天白日旗以作为革命象征,在广州设立农学会"纳交于政绅各界"③,吸收了数百人加入,依靠郑士良等人联络广州会党、水师及防营作为起义主力,聘请了 7 名美国化学师制造炸弹,还派人向檀香山华侨募款。杨衢云也在香港购得枪支 600 余杆,招募会党 3000 余人,还在香港报纸上制造革命舆论。广州、香港两地对起义的准备都很顺利,10 月 10 日,兴中会骨干在香港开会选举兴中会总办也即革命成功后临时政府总统,经过一番争执,孙中山将"总统"职位让给了杨衢云,并商定于 10 月 26 日发动起义。

但因为杨衢云的"总统"卫队武器装备比香港其他起义队伍要好,引发香港其他队伍不满,要求更换装备,杨衢云因此电告广州要求延期两天行动。但此时广州各路起义军已经整装待发,孙中山接到"货不能来"的电报后决定遣散队伍暂缓行动,因为未能赶来的香港部队是起义主力,同时另一主力汕头部队也未赶来,贸然起义必定失败。但此时,因为起义领导者之一朱淇的哥哥朱湘告发以及清廷驻香港密探侦察,清政府已得知起义信息而在广州大肆搜捕,将在广州起义机关的陆皓东、程奎光、程耀宸等 6 人以及从香港来的邱四、朱贵全等 40 多人抓捕,不久便将陆皓东、邱

---

① 沈渭滨:《孙中山与辛亥革命》,上海人民出版社,2016 年,第 61 页。

② 谢缵泰就是著名的《东亚时局形势图》绘制者,形象地展示了当时中国面临的被列强瓜分的形势,极大地刺激了国人的危机感。他还于 1899 年设计了"中国"号飞艇,是中国飞艇第一人,后一直投身革命,1924 年所著的《中华民国革命秘史》记录了许多重要史料。

③ 冯自由:《革命逸史》上,新星出版社,2016 年,第 65 页。

四、朱贵全杀害,原本是清军水师管带的程奎光、程耀宸兄弟也被杖毙或监禁而死,是为中国革命最早献身的五位烈士,孙中山后来称他最好的朋友陆皓东"为中国有史以来为共和革命牺牲者之第一人",陆皓东在牺牲前的供词中慷慨激昂道:"愤异族政府之腐败专制,官吏之贪污庸懦,外人之阴谋窥伺,凭吊中原,荆榛满目,每一念及,真不知涕泪之何从也。"①广州起义虽然流产,但由于"这一次的起义,才觉醒了醉生梦死的中国同胞,这是伟大的国民工作之开始,中国民族恢复自由平等的起点,在革命史上应该占最重要光荣的一页"②。

  侥幸逃脱的孙中山辗转到达香港,又被香港判令他和杨衢云、陈少白三人出境五年,孙中山由此开始了长期的海外流亡生涯。他和陈少白、郑士良乘船先抵达日本横滨,在同盟会元老冯自由③的父亲冯镜如协助下成立了兴中会横滨分会。在日本,孙中山惊喜地发现当地报纸称他为"革命党领袖孙逸仙",而对陈少白说:"革命二字,出于《易经》'汤武革命,顺乎天应乎人'一语,日人称吾党为革命党,意义甚佳,吾党以后即称革命党可也。"④从此孙中山将以后的起事都称为"革命","'革命'一词便成为武装反抗并推翻统治阶级,夺取政权的泛称代名词"⑤。不久,孙中山离开横滨又回到檀香山,他对哥哥孙眉讲述了广州起义失败的经过,孙眉鼓励他说:"这不算一回事,还应该继续干下去。"但当地华侨因广州起义失败而颇多灰心,孙中山于是于1896年6月离开檀香山抵达美国宣传革命,甚至为此加入了洪门担任"洪棍"("元帅"之意)。但当时美国华侨"风气未开",将革命"视为蛇蝎",于是孙中山又于1896年9月离开美国抵达英国,因

---

① 邹鲁:《中国国民党史纲》第3编第1章,中华书局,1965年,第658页。
② 胡汉民:《贯彻总理首次起义精神》,转引自李菁:《天下为公:孙中山传》,团结出版社,2021年,第47页。
③ 冯自由14岁加入同盟会,是同盟会首批会员,后一直追随孙中山革命,曾任孙中山机要秘书。他撰写的《中华民国开国前革命史》《革命逸史》《中国革命运动二十六年组织史》等书成为研究民国的重要资料,《革命逸史》被费正清、唐德刚等学者评定为"民国史第一书"。
④ 冯自由:《革命逸史》上,新星出版社,2016年,第13页。
⑤ 王开玺:《晚清政治史》下卷,东方出版社,2016年,第298页。

为孙中山长期接受英式教育，对英国很向往。

不料，孙中山刚到英国伦敦没几天就被监禁在了清廷驻英使馆，这其实并非是他被"诱捕"而是他自己冒险闯进去的①。"艺高人胆大"，孙中山"异想天开"地想到清廷驻英使馆宣传革命，被抓前一天就去过一次驻英使馆，碰到了广东老乡、四等翻译官邓廷铿。"老乡见老乡，两眼泪汪汪"，两人相见分外热情，但邓廷铿通过孙中山所带金表上的"sun"字认出了是孙中山。等孙中山第二天再去使馆时，他被邓廷铿引到使馆参赞马格里的房子里而被监禁起来。清使馆抓捕孙中山后立刻花了7000英镑租了辆轮船，还造了一个大箱子，打算将孙中山装在箱子里，用船秘密押解回国。

关键时刻懂些历史还是有用的，孙中山被监禁之后用基督教教义以及将清廷抓自己比作历史上对基督徒的迫害，再加20镑金币而"感化"了监狱仆人柯尔，将他被监禁的消息传递了出去，在老师康德黎、孟生等人及英国舆论帮助下重获自由——毕竟清廷在英国没有抓人的权力。因祸得福，孙中山通过报纸报道一下子从名不见经传的通缉犯成了"轰动国际的绑架案的主角""汉族中杰出者""历史中之重大人物"，他又趁热打铁，将自己蒙难经历写成《伦敦蒙难记》，使"孙逸仙"大名名扬四海。孙中山在伦敦还广泛了解了英国社会尤其是政治制度，又在大英博物馆大量阅读了西方各种书籍，对他的政治思想有重要的奠基作用，如孙中山后来所说：

> 伦敦脱险后，则暂留欧洲，以实行考察其政治风俗，并结其朝野贤豪，两年之中，所见所闻，殊多心得。始知徒致国家富强，民权发达如欧洲列强者，犹未能登斯民于极乐之乡也，是以欧洲志士犹有社会革命之运动也。余欲为一劳永逸之计，乃采取民生主义以与民族民权问题同时解决，此三民主义之主张所由完成也。②

因为英国华侨和留学生很少，孙中山决定前往日本继续革命。1897年

---

① 对于孙中山究竟是被动还是主动走进使馆有各种说法，孙中山自己在《伦敦蒙难记》中说是被骗进使馆，但现在多数学者认为孙中山是主动走进使馆的。无论主动还是被动，确定的是孙中山到达伦敦后就已经被清廷驻英使馆派侦探盯梢监视。

② 孙中山:《有志竟成》,《孙中山全集》第六卷，第232页。

7月1日，孙中山乘船离开英国，经过一个多月抵达横滨。此时孙中山已"暴得大名"，日本自由民权运动重要人物宫崎寅藏在孙中山抵日后立即拜访，从此他成为孙中山的铁杆粉丝[①]，为孙中山介绍了很多日本政要人物，包括日本立宪改进党领导人犬养毅、"宪政之神"尾崎行雄、黑龙会创建人内田良平等人。此时，康有为、梁启超在戊戌政变后也逃亡到日本，于是在犬养毅、宫崎寅藏牵线下，孙中山打算找康有为洽谈合作。实际上，早在1893年康有为在广州开办万木草堂时，相住不远的孙中山就想与康有为结交，一向狂妄的康有为对此说："孙某如欲定交，宜先具门生拜师乃可。"[②]孙中山"不甘示弱"，因此作罢。后来陈少白与康有为以及谢缵泰与康广仁之间都有过会谈，横滨兴中会所办的大同学校还邀请了很多康门弟子任教，所以双方合作也有一定基础，尤其是此刻双方都流亡海外，都志在救国。

因此，孙中山听说康梁在日本后立刻通过宫崎寅藏表示想拜访康有为，但还是被托大的康有为拒绝。犬养毅又亲自出马邀请孙中山、陈少白与康有为、梁启超会谈，康有为还是只派了梁启超前去，他后来解释说："我是钦差大臣，他（孙中山）是著名钦犯，不便与见。"[③]双方谈到天亮，梁启超虽然对"先生（孙中山）言论异常倾倒，大有相见恨晚之慨"，但对于双方合作做不了主，说要回去请示康有为再做答复。等了两天也没消息，孙中山于是派陈少白、日本人平山周去康有为住所。这次陈少白终于见到了康有为，陈少白力主革命，而以帝师自居的康有为还一心拥戴光绪，双方谈了三个小时没有结果。

会谈中，原礼部主事王照突然冒出来说康有为对他态度不好，限制他

[①] 宫崎寅藏将孙中山的《伦敦蒙难记》译成日文，还写了《三十三年落花梦》一书在报纸上连载，经章士钊翻译后一度畅销中国，该书评价孙中山"他的思想何其高尚！他的见识何其卓越！他的抱负何其远大！而他的情感又何其恳切！"

[②] 冯自由：《革命逸史》上，新星出版社，2016年，第46页。

[③] 学者羽戈认为康有为之所以不愿意与孙中山合作，"除了对光绪帝的忠诚，大概还有两端，一是不喜孙中山其人，康广仁曾转述其兄之言，称'孙文躁妄无谋，最易偾事'；二是小觑革命党的力量，用革命党人杨衢云致谢缵泰的话讲：'康党素来夜郎自大，常卑视留学生及吾党，且欲使吾党仰其鼻息……'"参见梁启超著、羽戈校注：《新民说》，文津出版社，2022年，第21页。

的行动①——他在戊戌政变后也流亡日本、置身于康梁门下。康有为大怒，命人将王照拉出去称"他已经疯了"，陈少白、平山周注意到了这个细节，几天后平山周将王照偷偷带到了犬养毅住所，王照揭发说康有为声称的"衣带诏"是假的。"衣带诏"是康有为作为"钦差大臣"，奉旨救驾、安身立命之本，因此王照的揭发让康有为愤恨不已，且迁怒于革命党，从此视革命党为仇敌，也让日本对康有为的态度发生了变化。这时日本内阁正好换届，日本新政府不想因康有为与清政府发生外交纠纷，便送了9000元将康有为礼送出境。

康有为走后，梁启超成了维新派在日本的代表，充满求知欲的他可不像康有为那般死板顽固。梁启超到日本后大量接触新思想、新观念，"脑质为之改易"。他当时著有《破坏论》，主张"有血的破坏"，大谈共和民主自由民权等西方思想甚至高谈革命，认为"破坏亦破坏，不破坏亦破坏"，"影响国内青年之思想至巨"②。他还撰写了《过渡时代论》，认为其时的中国正处于舍旧趋新的过渡时代，大清这个"破屋子"不能再裱糊了事而需要大刀阔斧地改革：

> 譬有千年老屋，非更新之，不可复居。然欲更新之，不可不先权弃其旧者。当旧者已破、新者未成之顷，往往瓦砾狼藉，器物播散，其现象之苍凉，有十倍于从前焉。寻常之人，观目前之小害，不察后此之大利，或出死力以尼其进行；即一二稍有识者，或胆力不足，长虑邻顾，而不敢轻于一发。此前古各国，所以进步少而退步多也。故必有大刀阔斧之力，乃能收革路蓝缕之功。必有雷霆万钧之能，乃能

---

① 王照虽然也主张维新变法，但其实并不属于"康党"，他一直认为慈禧"但知权力，绝无政见"，认为光绪和慈禧之争不是政见之争而是"纯为家务之争"，而主张让光绪感化慈禧来推行维新变法，而康有为对此讽刺道："你对于令弟感化之术何如？乃欲责皇上耶！"王照还主张"尽力多立学堂，渐渐扩充，风气一天天的改变，再行一切新政"，康有为对此说："列强瓜分就在眼前，你这条道如何来得及？" 1900年，王照秘密潜回中国，在天津创制"官话字母"，并写成《官话合声字母》，此书是中国第一套汉字笔画式的拼音文字方案。1904年，王照"自首"，但两个月后即被开释还复原衔，但他并未再做官。1913年，他任读音统一会副会长，晚年主要研究经学，主张教育救国，认为康梁过激是变法失败的重要原因之一，"总之敝邦之政变，荣（荣禄）、刚（刚毅）及守旧党皆误国者，康、梁等亦庸医杀人者也"。

② 冯自由：《革命逸史》中，新星出版社，2016年，第487页。

造鸿鹄千里之势。若是者，舍冒险末由。

因此，梁启超和孙中山颇有共同语言，"状至融洽"。两人交往密切，准备合作，甚至打算将两派合并，推孙中山为会长、梁启超为副会长。"梁诘中山曰：如此则将置康先生于何地？中山曰：弟子为会长，为之师者其地位岂不更尊？梁悦服。"①不知是真悦服还是假悦服的梁启超甚至写信给康有为说：

> 国事败坏至此，非庶政公开，改造共和政体，不能挽救危局。今上（指光绪）贤明，举国共悉，将来革命成功之日，倘民心爱戴，亦可举为总统。吾师春秋已高，大可息影林泉，自娱晚景，启超等自当继往开来，以报师恩。②

此信签名者共梁启超、梁子刚、韩文举、欧榘甲、陈侣笙、黄为之、唐才常等十三位康门子弟，号称"十三太保"。康有为看到此信"怒不可遏"，"我小康才42岁，怎么就春秋已高？为何就要自娱晚景？"通过弟子徐勤、麦孟华的密报，他也得知了梁启超与孙中山准备合作甚至马上就要订立联合章程。于是，康有为立即发动其他弟子声讨，"小子鸣鼓而攻之可也"，还让弟子叶觉迈携巨款赴日，勒令梁启超到檀香山办理保皇会事务，据说他后来还拿报纸夹子扔向梁启超道："你的命是光绪皇帝给你的。"梁启超终究不敢违背师命，于是离开日本，临走前还向孙中山表示"此行决不违反初衷，必于改组新党事大有裨益"③。孙中山"坦然不疑"，介绍了哥哥孙眉等檀香山兴中会成员给梁启超。

在与康梁洽谈合作时，孙中山还与康梁一起支持唐才常等人发动自立军起义，可惜最终因革命党不满勤王口号而力量分化、康有为财政支援不力等原因，起义流产。孙中山还在英国支持下打算策动时任两广总督的李鸿章搞两广独立，并一度带人前往香港与李鸿章代表刘学询谈判。当时因为慈禧"西狩"形势不明，李鸿章也一度心动，但不久李鸿章因重任直隶总督兼北洋大臣且大局明朗而拒绝了此事，李鸿章与孙中山再次失之交臂。

同时，孙中山还与会党领袖毕永年等人联合兴中会、哥老会、三合会成立

---

① 冯自由：《中华民国开国前革命史》上编，第44页。
② 冯自由：《革命逸史》上，新星出版社，2016年，第213页。
③ 冯自由：《革命逸史》上，新星出版社，2016年，第25页。

兴汉会，并派郑士良到惠州组织会党起义。这次起义倒是爆发了，且起义部队一度达到两万多人，但因为没有等到孙中山计划运来的军火而就地解散、半途而废，孙中山在日本购买的军火被代理商中饱私囊，换成了废铜烂铁。受命赴广州的史可法的后代史坚如变卖家产，购买炸药，挖了地道，准备炸死两广总督德寿来响应惠州起义，结果炸药爆炸后仅将德寿从床上震了下来。史坚如被捕、被杀，年仅21岁，被孙中山称为"为共和殉难之第二健将"。

与康梁的合作功败垂成，自立军起义流产，策动李鸿章无果，惠州起义失败，不久杨衢云又被暗杀，郑士良突然病倒身亡，毕永年逝世于广州寺庙，台湾总督也下了驱逐令，孙中山领导的革命活动一时陷入了低潮，孙中山自己也在给一个朋友的信里说："时（1903年7月）我在日本，财力甚窘，运掉不灵。"① 但功不唐捐，孙中山的努力及革命烈士的鲜血没有白费，在他们的影响下，这时整个革命形势已越来越高涨，民主革命时代已经到来，不再只是孙中山"一个人的革命"了。

三、同盟会：革命"遍地开花"

如前所述，因为工商业的发展和新式知识人群体的形成，不仅立宪派在不断壮大，革命党也在不断壮大，尤其是留日学生成为了革命党的大本营。因为日本与中国距离相近，语言、文化、习俗等相似，且甲午战败后激起了国人学习日本的愿望，以及清政府鼓励和日本政府欢迎②等因素，所

---

① 孙中山：《孙文自传》，转引自费正清、刘广京等编：《剑桥中国晚清史（下卷）》，中国社会科学出版社，1985年，第464页。

② 清廷鼓励学生留日是希望培养学生学得先进知识、技术来帮助办理新政，巩固统治，因此奖励留学生予以举人、进士、翰林等各种待遇地位，如获外国学士文凭者给予进士出身，乃至有人留学日本回来后不太识文言竟获翰林。日本欢迎中国留学生主要是希望培养亲日力量，认为这是"日本树立日本势力于东亚大陆的最佳策略"，为此甚至推出"速成班"还负担清朝公派留学生学费。但最终效果都适得其反。"留美亲美，留日反日"，留日学生反而对日本和清廷更憎恶，充分说明了形势比人强。留学日本外，此时还有大批学生留学美欧，构成了洋务运动期间向美国派遣"幼童"之后的第二波留学生浪潮，这波留学生不仅具有了"现代"思想，还具有了"现代"生活方式，进一步为中国寻找现代之路，对中国现代化贡献巨大（参见叶维丽：《为中国寻找现代之路》，北京大学出版社，2012年，第2—12页）。

以留日学生逐渐增多，从 1896 年的 13 人到 1906 年秋已达 15000 余人，且多学习法政、军事专业。留学生留学日本后眼界开阔、观念更新，很多人认识到国家落后而倾向革命共和，"他们出洋后，见到外国的强盛和中国的积弱不振，两相对照，更感到目怵心惊"①。

他们尤其被拒俄运动刺激。拒俄运动的起因是沙俄要求清廷驻俄公使杨儒在向俄交出东三省的《交地约稿》上签字，杨儒誓死不从，被俄关押乃至最后被从楼上扔下严重摔伤。"1901 年至 1905 年的拒俄运动前后持续四年。中间，因沙俄侵略形势的变化，斗争的焦点在不同时间里也有所变化，总共经历了三个阶段：即 1901 年反对沙俄迫订条约霸占奉天的斗争；1903 年反对沙俄拖延撤兵的斗争；1903 年至 1905 年反对沙俄重占奉天和在东北与日本进行帝国主义战争的斗争。"②

1902 年，留日学生纷纷响应"拒俄运动"，成立了拒俄义勇队，蓝天蔚任队长，黄兴、陈天华等人签名加入，义勇队决心开赴东北与沙俄侵略军决一死战，鲁迅也翻译了《斯巴达之魂》勉励中国青年"掷笔而起"。拒俄义勇队本来主张在清政府领导下外抗强敌，但就像对待速开国会请愿运动一样，清政府对此并不领情，反而说留学生"以拒俄为名，实图不轨"，"严密查拿"，严厉镇压了各地的拒俄运动，这让留日学生对清政府大失所望而"大倡革命排满之说"③。从此，留日学生纷纷创办宣扬革命思想的刊物、组织，"也逐欧风唱共和"，民族主义和革命情绪日益高涨。如拒俄义勇队改组为军国教育会，将原宗旨"实行爱国主义"改为"实行民族主义"，拒俄运动领袖蔡元培从支持清政府转向革命，创办暗杀团，原来高唱"保皇立宪之说"的《苏报》"因而改倡排满之说"④，孙中山也由"汪洋大盗"形象转为备受留日学生欢迎。"可以说，留学运动对当时革命起到了'先锋和桥梁的作用'。据一位日本学者统计，仅在日本陆军士官学校的第四、第五、

---

① 《辛亥革命回忆录》第 1 册，第 186 页。
② 杨天石：《晚清风云》，中国发展出版社，2015 年，第 145、146 页。
③ 冯自由：《青年会与拒俄义勇队》，《革命逸史》上册，新星出版社，2016 年，第 86 页。
④ 冯自由：《陈梦坡事略》，《革命逸史》上册，新星出版社，2016 年，第 95 页。

第六期中国军事留学生中,'加入孙文的中国革命同盟会的革命分子也有一百人以上'"①,梁启超也曾说当时"万余留学生从之(革命)者过半"。

与此同时,国内革命氛围也越来越高涨。维新变法时期维新派拉开启蒙大幕,戊戌政变后民间办报依旧合法,各种宣扬新知识新思想的报刊图书如《外交报》《新世界学报》《申报》层出不穷。中国现代新闻业开始确立,"到1911年为止的15年中,新问世的刊物约60种,但其中大部分完全由中国人创办,它们是商业新闻业与改革思想的统一体"②。尤其是梁启超创办的《清议报》《新民丛报》③以及写作的《新民说》大力鼓吹民权、呼唤新民,风靡全国。"欲强国,必先新民",而"新民"涵义在于提高"民德、民智、民力",开启了"新民"改造国民性进而使人现代化以改造国家之路④。现代化的本质和重要目的其实正是人的现代化⑤,尤其是思想、观念、

---

① 费志杰:《尚武思潮与晚清军事近代化》,《东方历史评论》,2018年,第56页。
② 费正清等著:《中国:传统与变革》,江苏人民出版社,2012年,第364、365页。
③ 《清议报》宣称"专以主持清议,开发民智为主义",梁启超在上面发表的《少年中国说》影响巨大。《新民丛报》也有极大影响,如魏斐德在《中华帝国的衰落》中说:"1903—1906年间,《新民丛报》为读者们介绍了哥白尼的天文学、卢梭的社会契约论、康德的自由主义学说、柏拉图的哲学、黑格尔的唯心论、卢梭的社会契约论和欧洲的社会主义。"(魏斐德著、梅静译:《中华帝国的衰落》,民主与建设出版社,2017年,第245页)
④ 梁启超的文章当时影响极大,鲁迅对国民性的批判及注重"树人"无疑就受梁启超影响,如郭沫若写道:"当时的有产阶级的子弟,无论是赞成或反对,可以说没有一个没有受过他的思想或文字的洗礼的。"尤其是梁启超的《新民说》如胡适所言"可以算是他一生的最大贡献",是"觉醒年代的国民精神启蒙书,更是一部缜密的强国方案,持续影响了数代仁人志士的安身立命。时至今日,新民与启蒙仍是一项未竟的事业"(语出梁启超著、羽戈校注的《新民说》一书腰封,文津出版社,2022年)。此外,梁启超当时还倡导"学界革命""史界革命""小说革命""诗界革命"等,学者杨天石认为这"开启了五四新文化运动的先河"(杨天石:《帝制的终结》,岳麓书社,2013年,第81页)。即中国早期现代化第三波浪潮对之后以新文化运动、五四运动为代表的第四波现代化浪潮有重要影响,第四波现代化浪潮更注重文化、思想、观念等层面的现代化,拉开了"觉醒年代"大幕。
⑤ 现代化包括社会的现代化(经济、政治、文化、制度等社会层面)和人的现代化(价值观念、行为方式等方面成为现代人),两者相互依存、相互促进,人是现代化的主体,人的现代化居于核心和主导方面,现代化的最终目的在于更好地满足人的利益和需求而推动人的全面进步(参见袁洪亮:《人的现代化》,人民出版社,2005年,第4—7页)。严复的"三民"学说、梁启超的"新民说"、鲁迅的"立人"等国民性改造思想便是人的现代化方面的理论探索,他们注重教育、文学、媒体等对改造国民性的作用。

行为的现代化，要意识到如康德所言人是目的而非工具，也如鲁迅所呼"精神觉悟、个性自觉"。"现代文明的核心是重估人的价值，是人的自由和尊严的逐步提升和相应的保障制度的建立"①，而专制制度的本质如马克思所言是否定人、把人视为"非人"。因此，梁启超的"新民说"贡献巨大。梁启超也如他自己所言是今文经学经世致用思想的又一代表，"对于'今文学派'为猛烈的宣传运动者，则新会梁启超也"②。

此外，严复和林纾的翻译对于国民思想进化也影响巨大，将"天火"引进中国而成燎原之势。严复在戊戌政变后前往清慈寺哭祭林旭、杨锐，写诗悼念"戊戌六君子"道："求治翻为罪，明时误爱才。伏尸名士贱，称疾诏书哀。燕市天如晦，宣南雨又来。临河鸣犊叹，莫遣寸心灰。"但他认为变法失败皆因康梁操之过急，以至于"轻举妄动，虑事不周，上负其君，下累其友"，认为文化、思想、价值观才是西方强大的最重要原因。因此，他立誓"屏弃万缘，惟以译书自课"以改变"人心风俗"，即以启蒙为己任，推广西学"启民智、新民德"，变革中国文化。按照他提出的"信达雅"原则，根据他对"会通中西"的追求以及经世致用、救国自强思想，严复系统输入西学，翻译甚至再创作了亚当·斯密的《原富》（即《国富论》）、赫胥黎的《天演论》、穆勒的《群己权界论》（即《论自由》）、斯宾塞的《群学肄言》、孟德斯鸠的《法意》（即《论法的精神》）等经典著作，使国人了解了西方主流思想，也传播了严复自己的思想。如严复主张"自由为体，民主为用"，主张"不外于学术则黜伪而崇真，于刑政则屈私以为公而已"，即是他首先竖起了"科学"与"民主"大旗，"奠下了中国科学民主思想的始基，是近代文化的大关键"③；严复还特别强调公权与私权的关系，认为自

---

① 袁伟时：《圆明园：苦难来自封闭与落后》，《文史天地》，2010年第10期。

② 梁启超：《清代学术概论》。梁启超在《清代学术概论》等著作中对今文经学做了系统论述、研究，认为晚清"今文学"运动对思想界影响巨大尤其是起到解放思想的重要作用，认为"今文学之健者，必推龚、魏""今文学运动之中心，曰南海康有为"，还认为他的老对手章太炎"对于思想解放之勇决，炳麟或不逮今文家也"。这是对晚清今文经学最早的研究成果，"首次系统地评述了晚清'今文学'，建构了今日已成为常识的我们对于晚清'今文学'的基本认识框架"（张勇：《梁启超与晚清"今文学"运动》，北京大学出版社，2017年，第1—14页）。

③ 郭廷以：《近代中国的变局》，九州出版社，2012年，第58页。

由要处理好群己权界,要警惕公权对私权的侵犯,而公私关系转变以及"从'臣民社会'到'公民社会',是社会的根本性变化、转型"①。总体上,"严复思想的三个特点:一、对国家富强的追求;二、肯定自由、民主与资本主义,但拒绝金耀基所说的以个体为中心的'西的自由主义';三、对改革采取调试性、重视实际性的策略,构成了具有高度整合性的政治理论或政治哲学"②。不懂英文的林纾则根据别人口译,翻译了《巴黎茶花女遗事》《贼史》《冰雪姻缘》等159部西方文学名著,使国人更多地了解了西方文学文化。此外,当时新小说以及白话文作品也纷纷出现,社会主义、无政府主义等各种思想流派也纷纷引入中国。

梁启超、严复、林纾这些启蒙思想家虽然各自思想并不相同,但都注重经世致用,将西方文化思想中国化,即结合本土国情和传统文化来"演绎"西方文化思想以为"己"所用,尤其是服务于救亡图存和国家富强的目标,即并非单纯和原真地引进西方文化思想而是"以中为体,以西为用"。这促进了现代文化思想在中国的传播、影响,但也在一定程度上导致了它们的变形。而这几乎是中国知识人尤其是"转型"时代多数中国知识人的思路、特点,也是中国现代化的一大特点,这或是由于中国的"实用理性"、经世致用传统所致,"中国知识分子之所以是中国的,原因就在于,他们可能赞同西方的某个理论,但赞同的理由却是中国的"③。

梁启超、严复、林纾的作品对时人和后世影响深远,尤其是对新文化运动、五四运动有直接影响,鲁迅、陈独秀、胡适等"新青年"都是看着梁启超、严复、林纾的书长大的。如"梁启超是五四新文化运动的思想导师。他的书写方式,以及他对中国传统与历史怨恨式的抨击,都直接或间接地为五四青年提供了养分"④,"严复最早从中西文化对比之方式,揭示中国的落后与西方的进步,而开始鼓吹民主与科学的核心价值,奠定了

---

① 雷颐:《面对现代性挑战:清王朝的应对》,社会科学文献出版社,2012年,第107页。
② 黄克武:《笔醒山河:中国近代启蒙人严复》,广西师范大学出版社,2022年,第202页。
③ 王人博:《1840年以来的中国》,九州出版社,2020年,第159页。
④ 王人博:《1840年以来的中国》,九州出版社,2020年,第615页。

'五四'以来中国现代文化发展之基调"①，而林纾译作则是"中国新文学运动所从而发生的不祧之祖"。没有人会想到严复、林纾后来会掉头"复古"，而与"新青年"有"弑父"之战②。

在严复、林纾等人的启蒙下，当时整个社会风气已经大变，曾被派出使德国考察立宪的于式枚比较道：

> 当光绪初年，故侍郎郭嵩焘尝言西法，人所骇怪，知为中国所固有，则无可惊疑。今则不然，告以尧、舜、禹、汤、文、武、周、孔之道，汉、唐、宋、明贤君哲相之治，则皆以为不足法，或竟不知有其人。近日南中刊布立宪颂词，至有四千年史扫空之语，惟告以英、德、法、美之制度，拿破仑、华盛顿所创造，卢梭、边沁、孟德斯鸠之论说，而日本所模仿，伊藤、青木诸人访求而得者也，则心悦诚服，

---

① 黄克武：《笔醒山河：中国近代启蒙人严复》，广西师范大学出版社，2022年，第254页。
② 在1917年的新文化运动中，钱玄同、刘半农在《新青年》杂志上上演"双簧戏"，引起了宣扬新文化、新思想的"新青年"与代表"古文派"的林纾之间的论战。林纾反对尽废古文，临终前对子女说："古文万无灭亡之理，其勿ess修。"严复虽然也主张民主、科学，但他坚守儒家伦理与宗教信仰，因此也与"新青年"有很大思想分歧。此外，严复一直主张渐进改良，与革命派也有分歧。1905年孙中山到伦敦劝说严复支持革命，严复认为"为今之计，唯急从教育上着手"，孙中山回答说："俟河之清，人寿几何！君为思想家，鄙人乃实行家也。"（当年英国传教士李提摩太曾劝说李鸿章投资教育改革，李鸿章也回答道："我们等不了那么长的时间。"）严复于1910年以"硕学通儒"的资格进资政院、获"文科进士"，圆了他的"进士梦"，他之前虽然批判科举"痛除八股"，但曾四次参加科举。1911年10月4日即武昌起义前六天，严复还为清朝填词创作了第一首国歌《巩金瓯》："巩金瓯，承天帱，民物欣凫藻，喜同袍，清时幸遭。真熙皞，帝国苍穹保，天高高，海滔滔"。严复与袁世凯一直关系密切，曾常常在一起"斗室纵横，放言狂论，靡所羁约"。辛亥革命后，严复曾南下汉口"以师弟情分往见黎元洪"，商谈革命形势，后任北大校长、参政院参政。他反对共和，认为革命是造成中国内乱的总根源，还列名筹安会发起人，支持袁世凯复辟帝制，认为中国从帝制走向共和需要经过君主立宪。严复自己称"筹安会之起，杨度强邀，其求达之目的，复所私衷反对者也"，学者解玺璋则在《抉择》一书中认为严复列名筹安会是迫于袁世凯淫威，据说他列名筹安会当天他的家就被壮士守护起来，但无论如何严复自己对此也有责任，如他自己所说："然而丈夫行事，既不能当机决绝，登报自明，则今日受罚，即亦无以自解。"后来，严复拒绝袁世凯所请写文章反驳梁启超发表的《异哉所谓国体问题者》，但他也反对"倒袁"，认为"项城此时去，则天下必乱"。1921年10月27日严复去世，遗嘱中第一条是"须知中国不灭，旧法可损益，必不可叛"，自题墓碑"清侯官严几道先生之寿域"，墓地青石围幛上是他生前亲题的四个字：惟适之安。康有为、林纾、严复及之后的章太炎、钱玄同等人从新潮回归传统，更多地是他们意识到人的精神在现代世界中难以安放而试图从传统中寻找归宿，即他们已模糊意识到了"现代化危机"。

以为当行，前后二十余年，风气之殊如此。①

当时传播革命思想的书也越来越多，尤其是1903年邹容写成《革命军》一书，系统、通俗地宣传了革命思想包括革命的意义、目的、宗旨等，指出"革命者，天演之公例也；革命者，世界之公理也"，"包括了对清朝统治的广泛的指控，并且用最富煽动性的语言号召进行革命，以'诛绝五百万有奇披毛戴角之满洲种，洗尽二百六十年残惨虐酷之大耻辱，使中国大陆成干净土'"②。同住在一起的章太炎为"小友"此书写了序、做了修改，他还在《苏报》上发表了大量反清革命文章，尤其是《驳康有为论革命书》一文说光绪是"载湉小丑，未辨菽麦"，由此引发"苏报案"。章太炎于1903年6月29日被上海租界巡捕应清廷要求抓获，邹容自首。在监狱中，邹容因被狱卒虐待病死，章太炎绝食七天抗议并在《新闻报》发文说："吾辈书生，未有寸刃匕足与抗衡，相延入狱，志在流血……请看五十年后，铜像巍巍立于云表者，为我？为尔？"③

因"苏报案"，《革命军》一书风行天下，对革命形势产生了重大影响，被称为中国版的《人权宣言》，读者"读了会觉得头晕"。冯自由称此书"风行海内外，销售逾百十万册，占清季革命群书销场第一位……适合当时社会需要，几于人手一编，卒赖其言为驱胡建国之本，功不在孙、黄诸公下也"④，鲁迅也说"倘说影响，别的千言万语大概都抵不过浅近直截的革命军马前卒邹容所作的《革命军》"⑤。此外，陈天华⑥的《猛回头》《警世钟》两书发行量和影响也极大，"较之章太炎《驳康有为政见书》及邹容《革命军》，

---

① 《清末筹备立宪档案史料》上册，第306页。
② 费正清、刘广京等编：《剑桥中国晚清史（下卷）》，中国社会科学出版社，1985年，第472页。
③ 章太炎：《狱中答新闻报》。
④ 冯自由：《〈革命军〉作者邹容》，《革命逸史》上册，新星出版社，2016年，第227页。
⑤ 鲁迅：《杂忆》，《鲁迅全集》第1卷，人民文学出版社，1981年，第221页。
⑥ 陈天华，1875年出生，早年入新式学堂学习，黄兴说他每读中外历史"于兴亡盛衰之感，则涕泗横流"，大龄未婚而常说："匈奴未灭，何以家为！"他1903年赴日本东京留学，同年撰写《猛回头》《警世钟》并参加华兴会。1905年12月8日，陈天华为激励留日学生"坚忍奉公，力学爱国"而在东京蹈海自尽，年仅三十岁，不少人因此愤而回国参加革命。

有过之无不及"①，它们直斥清廷为"洋人的朝廷"，高喊"杀呀！杀呀！杀呀！"，呼吁国人必须起来排满革命，否则将会亡国"灭种"。革命党还大量重印了记录清军入关大肆屠杀的《扬州十日记》《嘉定屠城纪略》等书籍，"以最合群众心理的事迹，而传民族国家之思想"，为"驱除鞑虏"深入人心起到了直接的作用。

与此同时，国内新学堂学生因受教育、时势及年轻人偏爱激进等影响也越来越倾向革命，"议论毫无忌讳，指斥时政得失……竟敢显言'排满'二字"②。包括国内武备学堂学生也有许多人倾向革命，如杭州同盟会、光复会成员主要都是浙江武备学堂学生。在青年学生以及革命思想影响下，国内革命团体纷纷成立，如1902年蔡元培在上海创建中国教育会，1903年黄兴③、刘揆一、宋教仁④在湖南创建华兴会，1904年吕大森、张难先在湖北创建科学补习所，1904年陶成章、蔡元培在浙江创建光复会。这些革命团体成立后也纷纷准备发动起义，如华兴会和科学补习所合作，于1905年准备发动长沙起义，光复会成员徐锡麟、秋瑾于1907年准备发动安庆起义、绍

---

① 冯自由：《〈猛回头〉作者陈天华》，《革命逸史》上，新星出版社，2016年，第272页。

② 刘大鹏：《退想斋日记》，1906年4月14日，转引自罗志田：《权势转移：近代中国的思想与社会》，北京师范大学出版社，2014年，第75页。

③ 黄兴，1874年10月25日出生于湖南长沙，年少时读太平天国史而萌发"革命的决心"，1888年进入岳麓书院就读又受顾炎武、黄宗羲、王船山思想影响，1900年参与唐才常组织的自立军起义，1902年赴东京留学。

④ 宋教仁，1882年4月5日出生于湖南桃源县，入湖北武昌文华书院普通中学堂学习，后与黄兴成为挚友，一起组织华兴会。1905年，同盟会成立后，年仅二十三岁的宋教仁被推举为同盟会司法部检事长，因孙中山、黄兴在外组织起义而一度实际负责同盟会日常事务，后组织同盟会中部总会策划中国内地革命。民国成立后，宋教仁主张内阁制、议会制、两党制，组织成立国民党并赢得国会选举，即将掌握内阁。但1913年3月20日，宋教仁在上海被刺杀，是"为宪法流血第一人"，进而国民党与袁世凯决裂，发起"二次革命"，共和之路从此多艰。

兴起义①。

  1905年7月19日，孙中山由欧洲回到日本，受到日本留学生和革命党人热烈欢迎。起义流产后逃亡到日本的黄兴与孙中山见面，相谈甚欢，最后两人举杯高呼"万岁"，由此黄兴领导的华兴会决定与孙中山领导的兴中会合并。1905年8月20日，由兴中会、华兴会、日知会等革命团体合并而成的中国同盟会正式成立，300多人参加了成立大会，一致推举孙中山为总理、黄兴为庶务总干事。孙中山与会员一一握手，兴奋地说："从此后你们便不再隶属于清朝。"这时屋顶上一块木板掉了下来，孙中山风趣地说："这就象征着满清的垮台。"同盟会的"诞生，标志着中国民主革命开始进入到有组织、有领导、有计划的群体作战的新阶段"②，从此中国革命有了统一和坚定的领导机构，曾经"一个人闹革命"的孙中山成为全国公认的革命领袖，孙黄如同康梁一样也从此结为一体③，极大地促进了中国革命的发展，如孙中山所言"革命风潮一日千里，其进步之速，有出人意表者矣"，同盟

---

  ① 光复会成员徐锡麟从日本留学回国后担任安徽巡警处会办兼巡警学堂监督，1907年7月6日他在安庆刺杀安徽巡抚恩铭，并率领学生军起义攻占军械所。起义失败后，徐锡麟被捕，他解释刺杀自己恩人恩铭的原因说："恩抚待我，私惠也；我杀恩抚，天下之公也。"临刑前神色自若地说："功名富贵，非所快意。今日得死，死且不憾矣！"慷慨就义后，他的心被挖出祭祀恩铭，他的肝被给恩铭卫士炒食。秋瑾从日本留学回国后由徐锡麟介绍加入光复会，她主持绍兴大通学堂校务，联络会党，准备与徐锡麟一起起义。徐锡麟起义失败后，秋瑾拒绝离开绍兴，表示"我怕死就不会出来革命，革命要流血才会成功"，后从容就擒被杀，绝笔词道"秋风秋雨愁煞人"，是中国第一位为民主革命牺牲的女烈士，也是中国独立自主现代女性先行者。奉命抓捕秋瑾的县令李钟岳其实一直仰慕秋瑾，他反对刑讯秋瑾，对秋瑾说："余位卑言轻，愧无力成全，然死汝非我意，幸谅之也。"秋瑾牺牲后，李钟岳即因"庇护女罪犯"被革职。他反复念叨"我虽不杀伯仁，伯仁由我而死"，经常独自一人"注视默诵"秋瑾遗墨"秋雨秋风愁煞人"，并于1907年10月29日悬梁自尽义殉秋瑾，是中国历史上极其少见的因愧疚自杀的官员，也值得我们今天铭记。主持审判徐锡麟的继任安徽巡抚冯煦也顶住压力保住了徐锡麟父亲，并写对联道"来日大难，对此茫茫百端集；英灵不昧，览兹蹇蹇匪躬愚"，可见此时已如岑春煊对慈禧所言"人心离散"。
  ② 沈渭滨：《孙中山与辛亥革命》，上海人民出版社，2016年，第295页。
  ③ 黄兴为人平和诚恳，尤其大局意识颇重，因此黄兴虽然与孙中山偶有意见不同，但始终真诚支持孙中山，尤其是他亲身实际领导革命运动，对革命事业贡献极大，也因此黄兴始终是革命党中位居孙中山之后的第二领袖。黄兴于1916年10月31日在上海病逝，孙中山主持丧事并多次高度评价黄兴，如薛君度在《黄兴与中国革命》中所言："孙和黄的共同领导，是理解一九〇五年以后十年间中国革命运动的关键。"

会当之无愧为"中国革命之母"。

中国同盟会的宗旨确定为孙中山提出的"驱除鞑虏，恢复中华，创立民国，平均地权"①，以此为基础，参考美国前总统林肯的"民有、民治、民享"说法，孙中山逐渐提出、完善了民族主义、民权主义、民生主义即所谓的"三民主义"②。民族主义主要内容是"驱除鞑虏，恢复中华"，推翻满族统治，实行"五族共和"；民权主义主要内容是"创立民国"，建立共和政府，实行民主政治，尤其是孙中山创造性地提出了立法、行政、司法、考试、监察等"五权分立"；民生主义内容是"平均地权""节制资本"，消灭贫富悬殊，实现民生幸福。"三民主义"反映和顺应了时代发展要求，是当时中国最先进、系统、革命性的思想体系，"是中华文化近代转型第一个完整的理论体系"③，标志着中国思想、理论体系开始现代化。孙中山也因此是真正的"现代人"，一向"目中无人"的学者唐德刚甚至说："孙中山先生实在是十分伟大的。他不但在辛亥革命时代是个最前进的思想家。搞历史的人一百年后回头看，孙公仍然是我民族最高层领袖中，近百年来极少有……的'现代人'。"④

同盟会的成立如虎添翼，在同盟会领导下，中国民主革命风起云涌、波澜壮阔。同盟会的联络暗号是"问：何处人？答：汉人。问：何物？答：中国物。问：何事？答：天下事"，"他们的精神，干干干；他们的武器，手枪炸弹……"首先在思想战线，革命党打着"三民主义"旗帜大战保皇派。康有为离开日本去加拿大后，创建保皇会"救我变法爱民之圣主"，"不数年间，迅百七十余埠，遍于五洲，会众数十万计"。梁启超去了檀香山后

---

① 这四条中"驱除鞑虏"最通俗易懂，发挥的作用可能也最大，如胡汉民在总结辛亥革命成功经验时认为"排满宣传战胜一时之思想者，实为根本之成功"。但它也有副作用，如学者马勇在《超越革命与改良》中认为"驱除鞑虏"的革命纲领使本以现代化追求为目标的中国历史在相当长时间内演化成民族解放运动。

② "三民主义"最早在1905年孙中山写的《民报》发刊词中提出："余维欧美之进化，凡以三大主义：曰民族，曰民权，曰民生。"后由冯自由概括简化而成"三民主义"。孙中山刚开始使用的是"三大主义"，1912年之后孙中山也开始使用"三民主义"，从此"三民主义"确立。

③ 沈渭滨：《孙中山与辛亥革命》，上海人民出版社，2016年，第336页。

④ 唐德刚：《从晚清到民国》，中国文史出版社，2015年，第379页。

打着"名为保皇,实则革命"的幌子夺取了兴中会在檀地盘,连孙眉都被忽悠进了保皇会,革命党创建的横滨大同学校也被保皇派占领,甚至贴出"孙文到不接待"字条,横滨兴中会也被保皇派"皇化",连会长冯镜如都转向保皇,孙中山苦心经营的兴中会各处分会几乎都变成了保皇派的分支,因此孙中山等革命党决定反击"保皇毒焰"。于是,孙中山亲赴檀香山收复失地,并率革命党在报纸上大战保皇派,他在《敬告同乡书》中称"革命、保皇二始决分两途,如黑白之不能混淆,如东西之不能易位"①。首先是1903年革命党的《中国日报》和保皇派《岭海报》的论战,接着是革命党《苏报》和保皇派《中外日报》的论战,再接着是1904年革命党《中国日报》和保皇派《商报》的论战,高潮则是1906年、1907年同盟会机关刊物《民报》和保皇派机关刊物《新民丛报》的持久战。

论战的核心主题是要不要推翻清政府,革命党主张通过革命手段推翻清政府,建立民主共和国家,认为保皇派保大清是"非爱国,真害国";保皇派主张通过和平手段实行君主立宪,认为改良容易、革命艰难,中国还不具备共和条件。论战主将方面,革命党是汪精卫、胡汉民、朱执信、章太炎、陈天华等"革命小将"轮番上阵,而保皇派主要是"老将"梁启超孤军奋战。本来也倾向革命的梁启超在1903年考察美国后又转向力主君主立宪、开明专制,认为中国国民素质欠缺,如行共和无异"自杀其国"。梁启超虽然才高八斗、下笔千言、豪情万丈,声称"有彼则无我,有我则无彼",但奈何他是"光棍司令",终究敌不过革命党的车轮战,梁启超有次演讲还被张继率同盟会四百余人高喊"马鹿!狗屁!打!"打得逃之夭夭,且保皇主张越来越不适应形势、不得人心,最终随着1907年《新民丛报》停刊,这场大论战宣告结束,《民报》发行量则从三千增长到四五万份。

"通过这场大论战孙中山的三民主义得到了张扬,同盟会的政治纲领广泛传播。可以说,同盟会正是在论战中显示了它作为中国资产阶级革命司令部的政治威望,而孙中山的名字,也在大众传播媒介效应下获得了国内

---

① 孙中山:《孙中山全集》第1卷,中华书局,1981年,第232页。

外更多的知音。从更深远的意义上，这场大论战无疑地促成了近代史上又一次思想解放潮流，为辛亥革命的胜利奠定了必要的思想基础。"① 因此，日后梁启超被称为革命党的"宣传部长"，后来的北大校长蒋梦麟对这场论战的影响谈道："当我们从梁启超那里获得精神食粮时，我们从孙中山先生及其同情者那里得到感情上的营养。一般说来，当决定性时刻到来时，感情导致了行动：当这一时刻在中国到来时，孙先生这位梦想家兼实干家在拥护宪制政体的新式文人的论战中赢得了决定性胜利。"② 胡适后来也说："梁任公为吾国革命第一大功臣，其功在革新吾国之思想界。十五年来，吾国人士所以稍知民族思想主义及世界大势者，皆梁氏所赐。"③

除了白纸黑字的论战，双方还真刀实枪打算刺杀对方，如康有为1905年在美国打算派人刺杀孙中山，"穷我财力，必除之"，计划请容闳约出孙中山然后安排杀手实施暗杀，康有为也怀疑孙中山1900年曾派宫崎寅藏等人要刺杀他④。更恶劣的是保皇党还曾与他们的死敌清廷联手要除掉孙中山。1904年，孙中山乘船到美国旧金山时，旧金山保皇党将此消息泄密给清廷驻当地领事，害得孙中山被美国海关拘留了三个多星期。

思想战线之外，同盟会制定了《军政府宣言》《军律》《对外宣言》等"革命方略"，认为革命应分军法、约法、宪法三个时期⑤。到成立次年，同盟会会员增至963人，领导发起了多次武装起义。如孙中山、黄兴从1907年起连续在南方发动了黄冈起义、惠州起义、防城起义、钦州起义、镇南关起义、河口起义等起义，其中镇南关起义由孙中山亲赴现场指挥，还即

---

① 沈渭滨：《孙中山与辛亥革命》，上海人民出版社，2016年，第354页。
② 转引自许知远：《醒来：110年的中国变革》，湖北人民出版社，2009年，第18页。
③ 胡适：《胡适文集·书信日记卷》，第18页。
④ 1900年6月，康有为寄居在新加坡富商邱菽园的家中，当时支持孙中山的宫崎寅藏因为和邱菽园是好友，便到新加坡来探望邱康二人。但康有为怀疑宫崎受孙中山指使前来谋杀他，于是向新加坡政府报案逮捕了宫崎。在孙中山的新加坡友人的大力救援下，宫崎才获得释放。这一事件标志着保皇会和革命党两派关系的彻底破裂，两派从此视彼此为死敌，如梁启超曾说革命党"其亡国之罪，真上通于天矣"，孙中山曾说保皇党"为虎作伥，其反对革命，反对共和，比之清廷为尤甚"。详情参见张健：《戊戌悲歌：康有为传》，作家出版社，2016年，第360、361页。
⑤ 后来衍化成"军政、训政、宪政"三个阶段的说法。

席讲话、亲自发炮，同盟会还在四川、广州等地组织了多次起义。这些起义数 1911 年 4 月 27 日的黄花岗起义最为惨烈，黄兴亲率 120 多位敢死队员攻打两广总督署，总督张鸣岐逃走，总督署被焚毁，但其他各路援军都没有赶来接应，黄兴一路接连与几十倍的清军孤军奋战，最后战斗到只剩断了手指的黄兴一人化装出城，其他敢死队员或战死或被捕而死，最后共有几十位烈士牺牲，史称"黄花岗七十二烈士"①。这些起义虽然都失败了，尤其是黄花岗起义让同盟会牺牲惨重，"吾党菁华，付之一炬"，革命领袖之一"一代雄才"赵声三周后为此悲愤呕血而死，连硬汉黄兴都痛苦得几次要自杀、要拿着炸药包与两广总督张鸣岐同归于尽，"决欲亲至广州实行暗杀一二满清大员，以振作全国之民气"②，但正如孙中山《黄花岗烈士事略》序文中所写：

> 是役也，碧血横飞，浩气四塞，草木为之含悲，风云因而变色，全国久蛰之人心，乃大兴奋。怨愤所积，如怒涛排壑，不可遏抑，不半载而武昌之大革命以成。则斯役之价值，直可惊天地、泣鬼神，与武昌革命之役并寿。

龙蛇起陆，神州变色。除了武装起义，革命党人还组织了多次暗杀，"夫排满之道有二，一曰暗杀，一曰革命。暗杀为因，革命为果"③。其中比较著名的有王汉谋刺满族大臣铁良、吴樾谋炸出国考察五大臣、刘思复谋刺水师提督李准、汪精卫谋炸载沣。1910 年，汪精卫在黄花岗起义失败后对武装起义心灰意冷，他和黄复生、喻培伦等人潜入北京想暗杀摄政王载沣，

---

① 事后，同盟会人潘达微冒着杀头危险，收集了死难烈士遗骸 72 具，埋葬于广州东郊红花岗，潘达微还以《谘议局前新鬼录，黄花岗上党人牌》为题将安葬烈士情况在报纸上作了报道。他认为，"红花"不及"黄花"二词雄浑优美，故在报道中将原"红花岗"易名为"黄花岗"，此后该名一直沿用至今。实际上，此次起义牺牲的革命烈士有名可考者达八十六人，包括喻培伦、林觉民、方声洞等很多留学生、海外侨胞、记者。其中，林觉民的《与妻书》堪称千古名篇，感动众人："吾自遇汝以来，常愿天下有情人都成眷属；然遍地腥云，满街狼犬，称心快意，几家能彀？……汝幸而偶我，又何不幸而生今日中国！吾ற而得汝，又何不幸而生今日之中国！卒不忍独善其身。"其妻陈意映在林觉民牺牲后抑郁寡欢，两年后去世。

② 冯自由：《革命逸史》上，新星出版社，2016 年，第 175 页。

③ 冯自由：《炸清五大臣者吴樾》，《革命逸史》第二集，第 49 页。

"愿化自己为灰烬煮革命之饭","谋于清廷根本之地,为非常之举,以震奋天下之人心",可惜装在桥下的炸药被人发现,被抓的汪精卫在狱中写下"慷慨歌燕市,从容作楚囚。引刀成一快,不负少年头"传诵一时。这些暗杀虽然大多失败,但也打击了清廷气焰、鼓舞了革命志士,使"清大臣与各省疆吏,人人自危"①。

同盟会固然统一领导了革命,但因为组织松懈、思想认识不同、利益冲突等原因,同盟会内部也自1907年下半年起开始分裂。先是一些同盟会会员不满同盟会忽视会党工作而于1907年8月成立了会党联合组织共进会"以推翻满清政权,光复旧物为目的",接着陶成章、章太炎因对孙中山不满而重建光复会②,还有谭人凤、宋教仁等人因不满同盟会忽视长江流域革命工作而成立了同盟会中部总会"独立行动"。

这些分裂虽使同盟会权威受到打击,但也促进了革命"遍地开花",如共进会领袖1908年回国在湖北等省策动起义,革命党人蒋翊武、刘复基等于1911年将原来的科学补习所、日知会、振武学社改组为文学社"联合同志,研究文学"。这两个革命社团"均与同盟会有直接间接之关系"③,都非常注重在湖北新军中发展革命力量,实行"抬营主义"即"以最好之同志,投入军中当兵,渐次输入士兵对满清之恶感情绪",还实行士兵代表制即每一级皆有代表"专人负责,逐级领导,单线联系"。因为张之洞的支持,湖北新军受教育程度较高,湖北也是派遣留学生最多的省份,张之洞甚至派了自己三个孙子到日本考察军事,湖北留日学生也是留日学生中最活跃的

---

① 《胡汉民自传》,《革命文献》第3辑,总第412页。
② 蔡元培、章太炎、陶成章等光复会成员大约有大半以个人名义参加了同盟会,但实际上保留了光复会名号,如光复会成员徐锡麟便始终未加入同盟会,死前尚称"孙文不足以指挥我",秋瑾先加入同盟会又加入光复会,徐锡麟、秋瑾起义便打着光复会的名号。后来,蔡元培总体上支持孙中山,章太炎发起过多次"驱孙运动"不过最后也与孙中山重归于好,陶成章始终不服孙中山乃至最后被蒋介石亲手杀死,陶成章死后光复会"失其主脑",逐渐瓦解。
③ 冯自由:《革命逸史》上,新星出版社,2016年,第179页。

群体。这些留学生回国后或如吴禄贞般在军界担任要职①或加入湖北新军,因此湖北新军中支持革命者众多,到1911年夏秋已大约有3000余新军士兵加入文学社,2000余名新军士兵加入共进会,新军已被革命党渗透成了"筛子",也因此有了武昌首义的一举成功。

四、孙中山与袁世凯:古老中国迎来新生

无数涓流汇成汹涌浪潮,革命党多年来的革命宣传、组织、行动以及清政府自身的倒行逆施、立宪派的转向革命等因素一起促成了武昌起义后各地纷纷响应。"雄鸡一唱天下白",武昌起义打响第一枪后的五十天内,全国内地十八省中已有十四省②起义光复或宣布独立,南方各省全部光复。

这些省之所以如此迅速地光复,主要归功于革命党与立宪派的通力合作。1911年6月,全国立宪派组成宪友会,统一协同行动,将希望寄托在自身而非清廷,"充吾民最后自立之方针"。武昌起义后,"最普遍的结果是出现一种省政权,它由都督伙同绅士和谘议局控制的文官政府一起领导"③,各地谘议局广泛参与了政权变更及其后参政议政,大部分独立省份的新领导人也需要通过谘议局推举取得合法性。如湖北谘议局局长汤化龙被推为民政部长,他为湖北军政府送来第一笔经费,还通电各省谘议局号召"奋起挥戈""立举义旗",致信清政府海军统制萨镇冰和他的弟弟、继任海军统制汤芗铭致使海军倒戈,致电贵州等地"催促独立",并在军政府创建与民政等方面做了大量工作,为巩固武昌起义胜利作出了重要贡献;湖北其他立宪派

---

① 载沣摄政后重用留学日本陆军学校的良弼,进而清廷在军事机构中重用留日士官生来代替、瓦解北洋系,如军谘处、陆军部、练兵处高官多数为留日士官生,"士官三杰"吴禄贞、蓝天蔚、张绍曾皆在北洋六镇中担任要职,回国的留日士官生大多被编入北洋新军。只不过因时间不足,北洋系到辛亥革命前并未得到大的瓦解。

② 山东巡抚孙宝琦在同盟会和新军军官胁迫下也一度同意独立,但孙宝琦和袁世凯、奕劻、盛宣怀都是儿女亲家,山东又是袁世凯多年经营之地,在袁世凯软硬兼施下,孙宝琦不久宣布山东取消独立。

③ 费正清、刘广京等编:《剑桥中国晚清史(下卷)》,中国社会科学出版社,1985年,第518页。

也纷纷筹款送粮,组织商团、红十字会、保安会等"以保卫地方,协助民军为要义";湖南立宪派与革命党联合发动起义"握手共生死","云南光复以与立宪派关系密切的新军统领蔡锷功劳最大"①。江西谘议局与各界人士召开大会宣布独立,浙江谘议局借"民团"发难成功,广西、安徽、广东等地直接由谘议局宣布独立,四川谘议局议长蒲殿俊与总督赵尔丰签订独立条约而宣告独立,上海由陈其美率革命党与立宪派首领李平书所率商团、李燮和所率光复会成员合力攻敌而光复,江苏巡抚程德全在立宪派劝说下令人用竹竿挑去巡抚房上的几片檐瓦以示"革故鼎新"而"和平光复"……

武昌起义时,全国立宪派首领张謇庆祝完武昌大维纱厂开业刚刚离开武昌,他站在长江江畔的轮船上看到武昌大火熊熊,"舟行二十里,犹见火光熊熊烛天也"②,不知道那正是作为革命军联络信号的火光。闻听武昌起义后,张謇刚开始主张镇压武昌起义,劝说江宁将军铁良和两江总督张人骏派军"援鄂",又致电清廷奏请速速改组内阁宣布立宪。但不久看到大势所趋,张謇转而赞成共和,他在和伍廷芳等人联名给摄政王载沣的电报中说:"国民心理既同,外人之有识者议论亦无异致,是君主立宪政体断难相容于此后之中国。"他还写信、致电劝说袁世凯等③清廷大员归顺革命,称"不共和不足以免人民糜烂之故",拒绝了清廷委派的宣抚使、内阁农工商大臣

---

① 侯宜杰:《清末立宪运动史》,辽宁人民出版社,2020年,第298页。
② 《张謇全集》(六),江苏古籍出版社,1994年,第659页。
③ 张謇与袁世凯的关系变化多端。早在吴长庆幕府时,袁世凯随张謇读书,因此张謇名义上是袁世凯老师。但后来随着袁世凯发达,袁世凯对张謇的称呼从夫子、老师、先生逐渐转为翁、兄,让张謇很是不满,于是和袁世凯断绝关系,二十年不通音信。袁世凯曾对人说:"天下多不通之翰林,翰林真能通者,我眼中只有三个半人,张幼樵(佩纶)、徐菊人(世昌)、杨莲府(士骧),算三个全人,张季直(謇)算半个而已。"清末新政后,张謇主动通信、拜访袁世凯,并劝袁世凯支持立宪。辛亥革命后,张謇认为"年来政流污浊,贿赂公行,内外仿效成风,甚于逊清之季",进而支持袁世凯当总统,希望建立一个强有力政府,借此"建立统一民族市场、发展资本主义",还曾担任了袁世凯政府的工商总长。袁世凯称帝后,封张謇、徐世昌、赵尔巽、李经羲等人为"嵩山四友"可以不称臣,但张謇没有接受,在袁世凯死后他感叹道:"三十年更事之才,三千年未有之会,可以成第一流人,而卒败于群小之手。谓天之训迪吾民乎,抑人之自为而已。"1926年8月24日,张謇带着遗憾去世,此时他的大生纱厂已经衰落,事业全面崩盘,尤其遗憾于宪政未成,他的儿子张孝若就此对胡适说张謇"最痛心的,从前是官国、兵国、匪国,到了现在,又加上党国。不知中华几时才有民国呢?"(引自《胡适来往书信选》,中华书局,1979,第524页)

任命，表示"何德可宣""理无可受"，而担任了革命政府的江苏议会议长、实业总长，对立宪派转向共和有带头效应。

实际上，另外一个立宪派领袖梁启超对辛亥革命也有贡献。一向思想多变、"以今日之我与昨日之我战"但对国家之爱不变的他又转向了革命，他在1911年3月号召国人"力图推翻此恶政府而改造一良政府"①，又于1911年6月在报纸上发文说："在今日之中国而持革命论，诚不能自完其说；在今日之中国而持非革命论，其不能自完其说抑更甚。政府日日以制造革命党为事，日日供给革命党发荣滋长之资料，则导全国人心理尽趋于革命亦宜。"②在武昌起义前，梁启超派人在南方利用各种关系策动督抚独立，又派人秘密联系"士官三杰"张绍曾、吴禄贞、蓝天蔚③和满族亲贵，打算发动宫廷政变夺取权力，"和袁、慰革、避满、服汉"，推行君主立宪。"为策动军队哗变，梁启超可谓费尽心机。他既马不停蹄地在海外筹措巨款以为国内各地义军联络费用和军事费用，又不辞辛苦游走南北，尤其是东北，亲临一线与清军中具有立宪思想的将官亲密接触，策动反正，谋划光复。"④

武昌起义后，在梁启超的策动下，张绍曾、蓝天蔚等北洋新军将领屯兵滦洲，联名电奏清廷，提出了实际上由梁启超起草的"请愿意见政纲十二条"，要求"立开国会"、制定宪法、特赦国犯等，史称"滦州兵谏"。北洋新军可是清廷最依赖的中央军，在他们的兵谏压力下，载沣下"罪己诏"，解除党禁，取消皇族内阁，颁布中国第一部宪法纲领"宪法重大信条十九条"，宣布成立国会，实行君主立宪制度。"滦州兵谏"因此有重要意义，"'滦州兵谏'中的一个重要目的是逼迫皇帝下'罪己诏'，摄政王载沣交出摄政大权，袁世凯北洋军控制了北京，清王朝此时已处于事实上的崩溃状态。'滦州兵谏'中一个重要行动就是牵制北军的南下支援，这就为武

---

① 费正清、刘广京等编：《剑桥中国晚清史（下卷）》，中国社会科学出版社，1985年，第504页。

② 梁启超：《粤乱杂言》，《国风报》。

③ 张绍曾、吴禄贞、蓝天蔚三人都毕业于日本陆军军官学校，被誉为"士官三杰"，回国后领导新军，手握重兵，在军界颇有名望，他们都加入了同盟会但也都与康梁关系密切。

④ 马勇：《梁启超：政治流亡者的华丽转身》，《人物》，2012年第3期。

昌起义的成功提供了必要的保障。没有对北方军队的有效牵制,武昌起义单靠革命军的单打独斗,是很难取得成功的"①。国人力争多年的君主立宪终于在一夜之间实现了,只是为时已晚,人心已冷。"士官三杰"随后再上一折,要求清廷立即组织完全意义上的责任内阁,还组织"立宪军"打算发动起义。但"盖世之杰"(孙中山对吴禄贞的评价)吴禄贞在与山西义军联合起义成立燕晋联军时被良弼或袁世凯派人刺杀,张绍曾被剥夺军权,蓝天蔚众叛亲离。张绍曾手下士兵继续起义,宣告滦州独立,但被袁世凯派兵镇压而失败,滦州起义总参谋长冯玉祥被开除军籍、押解回籍,由此让他对清廷更加痛恨,埋下了他后来驱赶溥仪出宫的伏笔。

除了革命党、立宪派的通力合作,也不能忽视会党的功劳。如四川独立后就是靠袍哥诱降了赵尔丰的卫队、稳住了局势,西安独立则基本上是靠哥老会起义而成,湖南则是会党和新军联合起义成功。"由于革命党人的艰苦努力,不少会党的山堂成了革命党得以依靠的重要反清起义力量。可以说,没有会党的支持、参加,辛亥革命很难取得全国性的胜利。武昌起义后,长江以南绝大多数省份和地区的光复,都得益于会党的积极参加勇敢战斗。"②实际上,会党在一定程度上代表了底层民众,所以也不能完全说辛亥革命脱离群众。清政府将清末新政所需大量资金及对外赔款以"租股""米捐""矿务费"等各种捐税名义摊派到民众头上,使得清末"总税额增加了一倍"③,致使底层民众对清政府也充满了绝望而起义不断、而支持革命。"当时上海的《东方杂志》做过调查,1909年曾发生起义113起,1910年285起。"④1910年更是爆发了几乎遍及南北各地的抢米风潮,尤其是湖南长沙百余家米店被饥民捣毁,巡抚衙门、银行、教堂等也被捣毁。"屋漏偏逢连夜雨",1911年夏季长江、黄河、珠江等流域又爆发了特大雨灾,仅长江流域就有四百多万灾民,遍地饥荒、民怨四起,成为了压垮大

---

① 朱中原:《1911年,梁启超的宫廷政变计划》,《中华读书报》,2015年11月04日。
② 沈渭滨:《孙中山与辛亥革命》,上海人民出版社,2016年,第382页。
③ 十年砍柴:《家国与世情:晚清历史的侧影》,现代出版社,2020年,第170页。
④ 费正清、刘广京等著:《剑桥中国晚清史(下卷)》,中国社会科学出版社,1985年,第580页。

清这艘"破船"的又一根稻草。

各地纷纷光复、离开大清这艘"破船"后，成立全国性的革命政府迫在眉睫，而这非孙中山莫属。辛亥革命的胜利首先是孙中山为首的革命党人近二十年抛头颅洒热血的结果，正如孙中山有篇文章题目所言"有志竟成"。武昌起义爆发时，孙中山正在美国筹款的途中而非像坊间所说的在餐厅刷盘子[①]。10月12日早晨，孙中山在去餐厅的路上顺手买了份报纸，在餐厅坐下、打开报纸后赫然看到"武昌为革命党占领"。刚开始，孙中山简直不敢相信，确认后他意识到新政府的命运很可能深受列强影响，因此决定还是留在国外争取国际上对新政权的支持，这显示了孙中山的高瞻远瞩。但因为革命初成，很多外国人对中国革命成功并无信心，甚至《泰晤士报》在发表记者莫理循的武昌起义报道时删掉了"革命"一词，孙中山争取国外支持尤其是争取借款的努力并未有太大效果，孙中山决定回国投身革命。这时光复的14省已派代表到达南京，选出汤尔和为议长，选黎元洪为大元帅、黄兴为副元帅，并议定于12月选举临时大总统。12月25日，孙中山在万众瞩目和欢呼中来到上海，他在上海码头对记者说："予不名一文也，所带者，革命之精神耳！革命之目的不达，无和议之可言也。"[②]12月29日，各省代表正式选举孙中山为中华民国临时大总统，与会代表三呼"中华共和万岁"。1912年1月1日，孙中山到南京就职临时总统，历经近二十年百折不挠的奋斗，终于实现梦想的孙中山宣读誓词道：

倾覆满洲专制政府，巩固中华民国，图谋民生幸福，此国民之公意，文实遵之，以忠于国，为众服务。至专制政府既倒，国内无变乱，民国卓立于世界，为列邦公认，斯时文当解临时大总统之职。谨以此誓于国民。

进而，定国号为"中华民国"，中华民国临时政府、临时参议院随即组

[①] 著名历史学家唐德刚坚称孙中山的确当时在美国一家中餐馆打工，声称其真实性相当高，还说："在美打工，何损于我国父的日月之明？相反，孙公的打工正可说明先贤缔造民国之艰难，足为后世子孙追念耳。"参见唐德刚：《从晚清到民国》，中国文史出版社，2015年，第387、388页。

[②] 孙中山：《孙中山全集》第六卷，第246页。

成,改用阳历,以 1912 年为民国元年。由此,中华民国宣告成立,亚洲第一个共和国诞生,"不仅标志着辛亥革命的胜利,也标志着中国历史上一个前所未有的新时代的到来"①。"它的意义不仅在于推翻了皇帝的统治,结束了中国的帝制时代,而且在于开辟了未来,开启了中国的共和时代,同时为中国现代化转型的继续发展提供了新的环境和条件。"②

中华民国成立后百废待兴,尤其是财政问题最为棘手,据说国库一度只有 10 块大洋,筹款渠道要么被列强、要么被张謇等立宪派控制。而军费开支极大,黄兴因军费急得吐血,有些革命军只能改喝稀粥,乃至每天军队索饷之事数十起,孙中山组织的北伐军一度所向披靡,但终因军费不足而停步不前。孙中山也想过发行公债、印刷军用钞票、向外国借款等办法但均无结果,革命政府只能与清政府南北议和,乃至孙中山后来不得不将总统拱手让给袁世凯。

武昌起义后,认为"有兵在,还怕什么民变"的载沣急命陆军大臣荫昌率北洋新军前去镇压,但和北洋新军毫无渊源的他根本指挥不动袁世凯控制的北洋新军,荫昌大发牢骚道:"我一个人马也没有,让我到湖北去督师,我倒是用拳去打呀,还是用脚踢呀?"③而此时其他新军大多已反正或解散,"在已编练成军的 14 个镇、18 个混成协和另有未成协的 4 个标中,竟有 7 个镇、10 个混成协和 3 个标相继反正和解散、败溃"④。无奈之下,清廷只好重新启用在老家"钓鱼"的袁世凯,袁世凯以"足疾"未愈为由推辞不出,"你们当初说我老袁足疾而打发我回老家,现在就想这样轻易把我请回去?等我镇压完革命再让我回老家钓鱼?想得美,我可不是冤大头。我现在足疾还没好呢,要想让我回去也行,得给我军权财权政权"。

无力讨价还价的清廷只好步步妥协,最后全部答应了袁世凯的要求,

---

① 沈渭滨:《孙中山与辛亥革命》,上海人民出版社,2016 年,第 466 页。
② 马勇:《叠变:鸦片、枪炮与文明进程中的中国(1840—1915)》,中国大百科全书出版社,2022 年,第 312 页。
③ 冯耿光:《荫昌督师南下与南北议和》,《辛亥革命回忆录》第 6 册,文史资料出版社,1963 年,第 351 页。
④ 马平安:《大变局下的晚清君臣》,团结出版社,2018 年,第 197 页。

"足疾"立刻就好了的袁世凯组建了新的责任内阁,原内阁总理大臣奕劻改任弼德院总裁①,又逼迫摄政王载沣回家"休息"②,而一步步掌握了清政府军政大权。满意的袁世凯命北洋新军对革命军发动进攻,北洋新军毕竟编练多年,战斗力远超仓促而起的革命军,因此汉口、汉阳接连失陷。但狡猾的袁世凯见好就收,下令屯兵不动,以此养敌自重,威胁革命政府和清政府,"你们都看到我老袁的实力了吧,想收拾革命党和推翻清廷分分钟的事",并派出代表唐绍仪等人和革命政府代表伍廷芳等人举行南北会谈。唐绍仪留学美国,长期从事外交,明晓天下大势,很快就"背叛"清廷倾向共和,认为"清廷不足保全,而共和应当推动",反过来劝说袁世凯放弃君主立宪,主张自坐总统宝座。

的确,当时袁世凯最有军事政治实力,且由于袁世凯在清末新政中的良好表现,国内外普遍看好袁世凯,如欧美列强认为"中国当代……找不出一个比袁能干的人""非袁不能收拾局面",连多数革命党人也认为"袁如能反正,借袁之力推翻清廷,以建民国最为有利"③。辛亥革命后被载沣释

---

① 奕劻一再力荐袁世凯出山并保证袁世凯忠诚,不料最终被袁世凯篡权;奕劻也极力说服隆裕太后下诏逊位,主张"不若逊位全忠,犹得待遇"。因此,奕劻被满洲皇族视为出卖祖宗的败类,他在辛亥革命后躲到天津租界,1917年12月9日病死。溥仪本想赐他"谬""丑""幽"等恶谥,最后勉强赐了个"密"字,意思是让他"追补前过"。

② 1911年12月6日,隆裕太后发布懿旨,说载沣"自摄政以来,于今三载。用人行政,多拂舆情。立宪徒托空言,弊蠹因而丛积,驯致人心瓦解,国势土崩。以一人措施失当,而令全国生灵横罹惨祸。痛心疾首,追悔已迟。倘再拥护大权,不思退避,既失国民之信用,则虽摄行国政,诏令已鲜效力。政治安望改良,泣请辞退监国摄政王之位,不再干预政事……仍以醇亲王退归藩邸,不再预政。著赏给岁俸银五万两,由皇室经费项下支出"。孙中山后来专程拜访载沣,说他有功于国家、民族,其政治品格值得夸赞和学习。载沣对权力其实并无太大野心,他喜欢在读书中自娱自乐,曾写过对联"有书有富贵,无事小神仙",在辞去"摄政王"后说:"从今天起,我可以回家抱孩子了!"之后,他隐居在家,每天遛弯看书看星星,过得悠闲自在,对于清帝退位则说:"共和是潮流,专制的灭亡不可避免。退位减少了杀戮,对国家有利。"并在王公贵族中率先剪掉辫子。后来,他对张勋复辟并不积极,也反对儿子溥仪在伪满登基,更拒绝日本人诱惑。1950年卖掉醇王府,1951年2月3日病逝于北京,倒是晚清权贵中下场最好的人之一。

③ 当然也有不少革命党人坚决反对袁世凯,如吴禄贞就指出革命党将来会与袁世凯斗争十年,革命党当时在袁世凯所辖的通州、天津、沈阳等地也发动了或准备发动起义,还有革命党人张先培于1912年1月16日刺杀袁世凯,孙中山也组织了北伐军进行北伐,还支持蓝天蔚等人在北方与袁斗争,南北议和后仍有革命党人继续在锦州等地发动起义。

放出狱的汪精卫①也一度与袁世凯关系密切,声称"非袁不可",他还和袁世凯的儿子袁克定结为异姓兄弟,"认贼作父",甚至多次破坏革命,还逼宫孙中山说:"岂欲做洪秀全第二,据南京称帝以自娱?"②其实只要推翻清室、实现共和,具有现代意识的孙中山不在乎是他还是袁世凯出任总统,他曾明确电告袁世凯:"公方以旋转乾坤自任,即知亿兆属望,而目前地位尚不能不引嫌自避。故文虽暂时承乏,而虚位以待之心,终可大白于将来。"③因此,1911年12月2日,临时政府代表会议讨论决定:"若袁世凯反正,当公举袁为临时政府大总统。"④

相比是"书生"、是现代人、是政治家、是伟人的孙中山,袁世凯本质上是官僚、机会主义者、政客、枭雄,他像慈禧一样惟权是从,只想要权力,把总统宝座视为权力工具而非像孙中山一样视为天下公器。他左右开弓、借力打力,利用革命党威胁清政府,利用清政府威胁革命党⑤,又派唐绍仪与临时政府代表伍廷芳议和,最终达成清帝逊位优待皇室⑥而由袁世凯

---

① 汪精卫在刺杀载沣被抓后,又恨又怒又怕的载沣本想判他死刑立即执行,《民报》忠实读者肃亲王善耆读了汪精卫的供词和所写的《革命之决心》《告别同志书》后大为感动,而劝载沣"做释怨之举,博宽大之名",于是汪精卫仅以"误解朝廷政策"罪名被判永远监禁。辛亥革命后,载沣为缓和革命形势而释放了汪精卫。
② 《辛亥革命回忆录》第八卷,第419页,转引自伍立杨:《潜龙在渊:章太炎传》,作家出版社,2015年,第171页。
③ 孙中山:《致袁世凯电》,《孙中山全集》第一卷,第576页。
④ 张难先:《中华民国政府成立》,《辛亥革命》8,第13页。
⑤ 胡汉民在《胡汉民自传》中对此也说:"一方挟满族以难民党,一方则张民党以迫清廷,时人谓之新式曹操。"
⑥ 中华民国关于大清皇帝辞位之后的优待条件:1.大清皇帝辞位之后,尊号仍存不废,中华民国以待各外国君主之礼相待。2.大清皇帝辞位之后,岁用四百万两,俟改铸新币后,改为四百万元。此款由中华民国拨用。3.大清皇帝辞位之后,暂居宫禁,日后移居颐和园。侍卫人等,照常留用。4.大清皇帝辞位之后,其宗庙、陵寝,永远奉祀,由中华民国酌设卫兵,妥慎保护。5.德宗崇陵未完工程,如制妥修,其奉安典礼,仍如旧制,所有实用经费,均由中华民国支出。6.以前宫内所用各项执事人员,可照常留用,惟以后不得再招阉人。7.大清皇帝辞位之后,其原有之私产,由中华民国特别保护。8.原有之禁卫军,归中华民国陆军部编制,额数俸饷,仍如其旧。这个优待条件主要起草者即被载沣释放的汪精卫,一直执行到1924年,1924年10月21日冯玉祥率军攻克北京,将清朝废帝溥仪驱逐出紫禁城,并迫使溥仪在新的待遇上签字。新的待遇不但使溥仪没了皇上名号没了紫禁城,四百万岁用年费也降到了五十万,所有皇室财产要上缴。

任总统的协议。彻底满意的袁世凯一方面反复表白"余深荷国恩,虽时势如此,岂忍负孤儿寡妇"①,一方面收买隆裕太后身边亲信,向清廷散布"倘能退位,则有优待""否则性命难保"等消息,又让段祺瑞为首的北洋新军前线将领联名通电来逼迫清帝逊位,称"人民进步,非共和不可……皇上欲求之一安富尊荣之典,四万万人欲求一生活之路而不见允,瑞等不忍宇内有此败类也,谨率全体将士入京,与王公剖陈利害,挥泪登车,昧死上达"②。袁世凯还称病不上朝以要挟清廷,称再不退位他就辞职不干,袁世凯的儿子袁克定还指使人往皇宫扔炸弹吓唬皇室,而主张绝不退位的宗社党党首良弼此时又被革命党人炸死。至此大清大势已去、气数已尽,王公贵族也像明末皇室亲贵一样不肯捐钱报效,隆裕太后不得不于1912年2月12日下诏宣布退位,由张謇起草③的退位诏书写道:

> 朕钦奉隆裕太后懿旨:前因民军起事,各省响应,九夏沸腾,生灵涂炭,特命袁世凯遣员与民军代表讨论大局,议开国会,公决政体。两月以来,尚无确当办法,南北睽隔,彼此相指,商辍于途,士露于野,徒以国体一日不决,故民生一日不安。今全国人民心理多倾向共和,南中各省既倡议于前,北方诸将亦主张于后,人心所向,天命可知,予亦何忍因一姓之尊荣,拂兆民之好恶。用是外观大势,内审舆情,特率皇帝将统治权公之全国,定为共和立宪国体。近慰海内厌乱望治之心,远协古圣天下为公之义。袁世凯前经资政院选举为总理大

---

① 白蕉:《袁世凯与中华民国》,第11—12页。
② 《宣统三年十二月十八日第一军总统段祺瑞致内阁请代奏电》,《辛亥革命》8,第178—179页。
③ 很多人认为退位诏书由张謇所写,或是张謇幕僚所捉刀而由张謇审核润色。而罗一民在《开路先锋:张謇》中认为退位诏书并非张謇所起草,但退位诏书内容基本上是张謇的意思。张謇曾于1911年11月18日致电清廷要求清帝逊位实行共和(参见罗一民:《开路先锋:张謇》,江苏人民出版社,2021年,第86—88页)。

臣,当兹新旧代谢之际,宣布南北统一之方,即由袁世凯以全权[①]组织共和政府,与民军协商统一办法。总期人民安堵,海宇又安,仍合汉满蒙回藏五族完全领土为一大中华民国,予与皇帝得以退处宽闲,优游岁月,长受国民之优礼,亲见郅治之告成,岂不懿欤! 钦此。

"今全国人民心理多倾向共和,南中各省既倡议于前,北方诸将亦主张于后,人心所向,天命可知,予亦何忍因一姓之尊荣,拂兆民之好恶。用是外观大势,内审舆情,特率皇帝将统治权公之全国,定为共和立宪国体。近慰海内厌乱望治之心,远协古圣天下为公之义。"这话说得极好,的确民主共和已成时代大势、人心所向,帝国专制的灭亡不可避免,走向共和是历史的必然,"亲见郅治之告成,岂不懿欤"。"诏书的这些说法,确认了民军起事、民心所向是清帝逊位的原因,武昌首义遂从针对清廷的叛乱转化为人民的政治决断。"[②]

至此,帝国大厦轰然倒塌,清廷这艘主宰中国 276 年的"破船"彻底被时代洪流覆没,两千多年的帝国社会结束,古老的中国迎来了新生,政治方面民主、共和等现代制度从此成为时代主流[③],观念方面平等、自由、独立等现代价值从此深入人心,经济方面发展工商等现代政策从此成为基本国策,如历史学家马勇所言"中国终于在现代化道路上迈出非常重要的一步"[④],标志着中国从此从传统社会迈入了现代社会,"标志了中国现代化的全面、有效和正式的启动"[⑤],中国早期现代化进程至此结束。虽然"帝制

---

① 据说,"由袁世凯以全权组织共和政府"由袁世凯授意所加,意在表明他的"全权"来自清政府而非"民军",即使临时政府不让他当总统他也可以援此组织政府。孙中山对此非常愤怒,但袁世凯推诿于清廷,说清廷已死,无法起死回生更正了。清帝退位当天,袁世凯剪掉辫子,哈哈大笑,"带头""共和"。

② 施展:《枢纽:3000 年的中国》,广西师范大学出版社,2018 年,第 521 页。

③ 为什么中国人在清朝末期不再信奉皇帝并决定推翻帝制? 为什么帝制后来难以复辟? 沙培德的著作《帝国之后》,认为这是从康有为、梁启超、严复起不断启蒙国人、改变观念的结果,"要不是许多人都做好了接受一个没有皇帝的世界的准备,辛亥革命根本不可能发生,但这场革命不仅推翻了根深蒂固的观念,它还建立在这些观念之上"(沙培德著、刘芳译,《帝国之后》,江苏人民出版社,2023 年,第 2、3 页)。这也可见启蒙的重要性,可见知识人的力量。

④ 马勇:《激荡:晚清二十年》,新星出版社,2021 年,第 429 页。

⑤ 卫忠海:《中国现代化的理论与实践》,四川大学出版社,2008 年,第 110 页。

终结，专制难除"①，之后也不断有袁世凯称帝、张勋复辟、溥仪伪满登基等各种逆流，但正如孙中山所言"时代大势，浩浩荡荡，顺之者昌，逆之者亡"，中国民主、共和、现代化的浪潮不可逆转也一定会继续滚滚向前，中国也一定能通过"历史三峡"，顺利走出"千年未有之大变局"，"从此扬帆直下，随大江东去，进入海阔天空的太平之洋"②。

辛亥革命本身也有重要意义，它是一场中国版的"光荣革命"，以和平手段收获革命果实。"辛亥革命之所以能从一个武装暴动转化为一场和平的权力交接，不能不说是当时各大政治势力以大局为重，以国家民族的根本利益为重所寻求的一个共赢的方案……妥协、双赢、共赢，是人类文明的宝贵财富。民国创建的实践极大丰富了这所宝库，成为人类历史上不战的典范，体现了中国文明极为丰富的内涵。"③

但辛亥革命也有遗憾、教训，实际上当时并没有真正走向共和，还有很多有形无形的"辫子"未剪，还打开了民族主义乃至激进主义的潘多拉魔盒……导致此后不少国人对共和制度并不尊重，带来了"持久的制度的困扰和变革的焦虑"④，之后中国现代化进程依旧步履蹒跚。"1911 年清帝国的灭亡不是结束，只是另一个开始。"⑤"共和"是共同治理的意思，"共和"思想及共和制度非常重要，有共和才能真正保障民主、自由、现代化，才能防止权力滥用、独裁专制、好人变坏……这也正是辛亥革命的重要意义所在，用孙中山先生的话来说，即"革命尚未成功，同志仍须努力"。

---

① 杨天石：《帝制的终结》，岳麓书社，2013 年，第 367 页。
② 唐德刚提出著名的"历史三峡论"，他把中国历史发展比作船行三峡，认为在前后两个社会形态的转换间必有一转型期，而此转型期即为历史的"三峡"。他认为中国需要大概两百年也即到本世纪中叶才能走出"历史三峡"，完成从传统社会到现代社会的转型。1996 年 9 月，唐德刚在台北《传记文学》发表的《中国国家转型论提纲》中对此说："中国历史从古代一路走到清朝末年，就到了三峡，这里惊涛骇浪，过了三峡就风平浪静了……中国历史有几个阶段，走到鸦片战争的时候，就动乱了，过了这一段，就风平浪静……所以叫做历史三峡。不论时间长短，历史三峡终必有通过之日，从此扬帆直下，随大江东去，进入海阔天空的太平之洋。"
③ 马勇：《回望：近代一百年》，新星出版社，2021 年，第 154—156 页。
④ 张鸣：《辛亥：摇晃的中国》，广西师范大学出版社，2011 年，第 16 页。
⑤ 谌旭彬：《大变局：晚清改革五十年》，浙江人民出版社，2023 年，第 662 页。

"士不可以不弘毅,任重而道远。"腐朽的大清帝国灭亡了,新生的共和国还很年轻,孙中山、梁启超、张謇等人的奋斗还将继续,袁世凯等人的反动也将继续,中国现代化浪潮将继续浩浩荡荡,历史依旧如长江般奔腾不息。

本篇结语

义和团运动的失败,使中国现代化浪潮又开始汹涌向前,于是有了第三波浪潮。这波浪潮冲击到了最深层面,开启了制度、思想、行为等根本层面的现代化。

义和团运动失败的直接后果就是清末新政,清末新政是历史的反拨,也可以说是维新变法的继续,其初衷都是为了维护清廷统治。正因如此,清末新政只进行了经济、行政、文化等表层改革而不愿进行根本层面的政治改革。也因此,清末新政没有满足时代要求、民众愿望,没有从根本上顺应现代化趋势,从而爆发了辛亥革命。

辛亥革命的爆发、成功既因武昌起义偶然枪响,也是孙中山等革命派多年"抛头颅洒热血"的结果,更是历史发展、现代化进展的必然。在现代化浪潮持续的冲击下,传统社会的根基已被逐渐瓦解了。当无法应对现代化困局,无法面对现代化挑战,大清这艘"破船"就只能被现代化浪潮吞没。

辛亥革命虽然有其遗憾、教训,但终究让中国在现代化道路上迈出了关键一步,从传统社会迈进了现代社会。这一步是不可反转的,之后虽不断有逆流,但中国现代化浪潮终究大江东去,"顺之者昌,逆之者亡"。

中国早期现代化第三波浪潮大致从1901年清末新政到1911年辛亥革命,高潮是辛亥革命,主要由张之洞、袁世凯、张謇、梁启超等立宪派及孙中山、黄兴等革命派推动,主要波及制度、思想、行为等根本层面,最终使中国迈入了现代社会,中国早期现代化进程至此结束。

结 语

没有人想死，但每个人都会死。同样，没有封建政权愿意垮台，但每个封建政权迟早都会垮台，区别只在于垮台的原因不同。和中国其他王朝被逼得垮台不一样的是，清廷垮得独树一帜、别出风采，它是被"比"垮的。

中国之前历朝历代，要么因国力积弱被外力推翻，要么因自身腐朽被底层掀翻。清廷既国力积弱又腐朽透顶，但吊诡的是，它既没被远胜于己的"帝国列强"消灭，也没被"法力无边"的农民运动吞没：攻陷了北京的八国联军对紫禁城龙椅不感兴趣，义和团打出的是"扶清灭洋"的旗号。实际上，清廷末年已经开始变法、新政、立宪，甚至"清朝在它的最后的10年中，可能是1949年前150年或200年内中国出现的最有力的政府和最有生气的社会"①，1911年清政府的财政收入破纪录地达到了两亿四千万……但它的"涅槃重生"却被辛亥革命的偶然一声枪响结束了，如托克维尔在《旧制度与大革命》一书中所言，路易十六统治时期是旧君主制最繁荣的时期，反而加速了大革命的到来。

是的，清廷的确也是被民众"革"的命，是被"逼宫"下的台。只是，它垮台的原因不仅在于自身的腐朽、无能，更在于与西方国家相比、与国民期待相比、与时代要求相比，它显得太腐朽、无能了。

鸦片战争失败后，国门被迫打开，西风东渐，人们的视野、思想日益开阔，逐渐意识到了外面"月亮"的美好，相比之下，对清政府的期望自然"水涨船高"。清廷对外系列战争的失败，更是直接刺醒了国人。学习西

---

① 费正清、刘广京等编：《剑桥中国晚清史（下卷）》，中国社会科学出版社，1985年，第497页。

方、复兴国家已是"不情之请",那如何"重振国威"自保自强呢?洋务运动的失败,证明仅仅学西方的器物行不通,最根本的还须制度、文化等深层变革。要么主动改革,要么被迫革命,清廷在历史的十字路口上却选择了虚与委蛇的"皇族立宪",导致国人普遍失望,从而为革命的爆发准备好了火药,从而扼杀了自己的性命。

"人比人,气死人。"政权与政权相比,也会被"气死"。亨廷顿在《变革社会中的政治秩序》一书中指出,如果社会满足人们需求的能力与人们期望相比差距太大,就会产生普遍的社会挫折感,这种社会挫折感正是政治动乱的渊源。而期望常常产生于比较之间,没有比较也就无所谓好坏,也就无望可期。清廷倒霉就倒霉在它死不逢时,碰上了一个开放的"数千年未有之变局",外来者个个比它"漂亮",不被嫌弃、不"羞死"才怪。时代已经不是原来"岁月静好现世安稳"的时代,民众已不是原来的"臣民"而为"人民""公民",而朝廷还是原来那个抱残守缺的朝廷,如何能不被时代和民众抛弃呢?

历史也一再给予大清机会,如鸦片战争打开了国门,本可以主动融入全球化;洋务运动兴起,本可以真正同治中兴;维新变法、清末新政正是脱胎换骨的良机,预备立宪更可以让大清"绵延万年"。但"良辰美景奈何天",清廷一再拖延敷衍、讳疾忌医,总是先捡"苹果"筐子里那个最不烂的,总是被时代浪潮推着走,"当一天和尚撞一天钟",总是"不见棺材不落泪",导致一误再误,越来越病入膏肓,全筐皆烂,最终无可救药、一去不返。据说看着皇宫内燃烧的蜡烛,慈禧曾大声说道:"要大清灭亡,除非灯头朝下。"但1879年爱迪生发明了电灯,1886年故宫里也装上了电灯,时代已经不一样了,"灯头已经朝下",固步自封、坐以待毙的大清灭亡因此不可避免。

而根本上,大清帝国这艘"破船"是被现代化潮流吞没的。如雷颐的《帝国的覆没》一书所言,大清王朝覆没的主要原因就"是它面对'现代'

挑战时的总体性失败"①。这个原因又具体分为三个方面，包括传统"天下观"与现代国家观、技术进步与制度落后、改良与革命这三对矛盾的冲突。传统"天下观"与现代国家观的冲突指清王朝还自以为是"天朝上国"，直到在西方"船坚炮利"的威胁下被迫步步与"国家接轨"从而"天朝崩溃"；技术进步与制度落后的冲突是指清王朝开始逐渐学习西方技术，但制度还是抱残守缺，不肯改革，导致社会问题日益积累、不断"叠加"，愈发严重；改良与革命的冲突是指当清王朝不肯主动改良时，立宪派等改良者也便逐渐走向革命，从而最终辛亥革命不可避免。

这些矛盾其实也正是中国现代化困局所在，近代中国社会需要从"传统天下观"转为"现代国家观"，从单纯的技术进步转型为制度进步，而转型方式要么是改良要么是革命。1860年以后，很多有识之士已意识到中国面临着几千年未有的新变化，提出了"变动""变端""变局""奇局""创局"等说法②，李鸿章将其概括为"数千年未有之变局"。而这"数千年未有之变局"表面上看是西方人的到来引起，而本质上则是中国要从传统社会迈入到现代社会，现代化是中国这将近二百年来近现代史最根本的主题。从鸦片战争开始，从器物到制度、文化等层面，中国一波波地开始了军事、科技、经济、政治、观念、思想、行为等方面的现代化浪潮，虽然风雨交加甚至会有退潮，但总体上现代化浪潮还是在不断向前推进。也正是在现代化浪潮后浪接前浪的阵阵冲击下，传统社会结构不断解体，最终大清衰亡，古老中国迎来新生。

回顾这三波中国早期现代化浪潮，中国早期现代化大体上有以下一些特点。

第一，中国早期现代化受外因与本土影响。中国早期现代化虽然属于外缘型而非内生型现代化，深受外来因素刺激，深受西方现代化影响，但

---

① 雷颐：《帝国的覆没》，东方出版社，2021年。
② 参见费正清、刘广京等著：《剑桥中国晚清史（下卷）》，中国社会科学出版社，1985年，第154、155页。

也有自身源头、底蕴、脉络等，尤其是受本土经世致用思想的影响。

第二，中国早期现代化太艰辛复杂。从鸦片战争开始到辛亥革命，中国早期现代化历经七十多年，经历太多波折风浪，甚至还有退潮，每一步都可谓步履维艰。

第三，中国早期现代化由浅入深。从第一波浪潮波及工业、科学、技术等器物层面，到第二波浪潮深入到文化、教育、制度等深层，再到第三波浪潮继续深入到政治、观念、行为等根本层面，中国现代化浪潮由浅入深、步步推进。

第四，中国早期现代化总体向前。虽然步履维艰，虽然也有退潮，但总体上，中国现代化步伐、趋势、方向是向前的，这一点无可置疑也不会改变。

第五，中国早期现代化的主要目标是救亡图存，以救国强国为主要动力，是在"数千年未有之变局"背景下探索"中国向何处去"。

"中国的早期现代化虽然在实际上有它的发展方向、进取目标和实行方式，也有理论和规划设计，但始终没有形成一个全国、全程统一的国家战略性的发展道路，因此只有一个客观存在的发展历程。"[①] 这七十多年中国早期现代化也有很多宝贵的经验、教训，值得我们今天借鉴或引以为戒。

第一，现代化的关键在于处理好传统与现代、本土与西方的关系，不能全盘否定或全盘吸收，而应"取其精华、弃其糟粕"，应立足本土国情、传统而走向世界、走向未来。

第二，现代化进程要一步步走，要大体遵循器物、制度、文化的层次由浅入深，尤其是要重视科技、制度、思想的作用，不能太过保守，也不能太过激进。

第三，现代化的核心是人的现代化，要以人为本，要重视民众、知识人……

---

① 虞和平：《中国早期现代化道路的三大特性》，《近代史研究》，2023年第1期。

回顾中国早期现代化历程，我们当铭记那些先行者、"弄潮儿"，也当珍惜历史留给我们的珍贵"果实"。当下，我们依旧处在大变局中，现代化浪潮依旧在推进中，中国式现代化仍在进行。那些历史其实并不遥远，未来依旧有许多期望，如学者马勇所言："回眸一顾，似乎还在出发的不远处。尽管已有许多质的变化，但人们有权利不满足。"①

---

① 马勇：《叠变：鸦片、枪炮与文明进程中的中国（1840—1915）》，中国大百科全书出版社，2022年，第9页。

后 记

像很多历史世事一样，本书的写作既是意外又是必然。我几年前写过"晚清四大名臣"系列文章，但这些文章字数较少，本来我只是想在原来文章的基础上扩展成一本书而已。但写着写着，我却发现，我需要写的太多了。而且这本书其实是我之前积累的一个必然，包括我近二十年的晚清史阅读、六年多的晚清史写作，其中有些内容发表在《同舟共进》、网易历史、澎湃历史等媒体。

我一直对晚清史充满兴趣，因为如夏志清所言"没有晚清，何来五四"，没有晚清实际上也没有我们现在。从晚清开始，我们一直处在"数千年未有之变局"中，一直行走在中国现代化进程中。而在这进程中，知识人起到了至关重要的作用，人物也是历史最精彩的"演员"。因此写着写着，本书主角便由"晚清四大名臣"变成了大变局中的知识人，探究他们在大变局中的所思所感、所作所为，也进而探究大清衰亡和中国早期现代化进程。因此，本书是一本知识分子史，也可说是一本中国近现代史以及中国早期现代化史。

而我之前的积累似乎都是在为写作此书准备，也因此这本书是我四十年来最重要的一部作品。甚至可以说，有这样一本书，我这四十年生命就足矣。当然因为我才学有限，尤其是因为我不是历史科班出身，也因为晚清史料浩如烟海，仅本书写作过程中参考的著作就有三百多本，另外在"晚清陈卿美"公众号（特此感谢）上至少看了五百篇相关文章。所以本书肯定有很多不足，尤其是缺乏一手史料，还请各位方家斧正。"初生牛犊不怕虎"，我就像是一头不知深浅的小牛犊，埋头扎进了晚清史，进去了才知道里面之深之难，却只能迎头而上。

写作本书的过程中，正逢我的第二个女儿出生。因为本书的紧张写作而少陪了家人，就算这本书是我送给家人的礼物吧，愿我们的后代能知前人之辛苦，能如前人所愿生活在更美好的时代。也算是送给自己 41 岁的生日礼物，见证自己之前的岁月没有空空流逝，见证我们当今知识人在大变局中的觉醒、奋进、痛苦。

也感谢各位前辈给我的力量、鼓舞，尤其是感谢马勇、雷颐、岳南、张宏杰、王振羽、袁灿兴、郭建龙、羽戈、谌旭彬、李礼、张程、张明扬（排名不分先后）等历史学者、作家对本书的推荐，感谢中国文联出版社张超琪等编辑的辛苦工作。这本书还献给中国近现代以来那些先醒者、先行者，你们的心血都不会白费，至少会被记录。也献给我们这个时代所有的知识人、中国人，希望我们能多些经世致用，多些责任担当，一起各尽所能、不负先贤，早日顺利实现中国式现代化。我们今天依旧处在大变局中，依旧面临很多与先辈一样的惶惑、焦灼，也依旧甚至更加需要为国家、为自己沉思、奋勇。

主要参考书目

赵尔巽编:《清史稿》,中华书局,1977年。

费正清、刘广京等编:《剑桥中国晚清史》,中国社会科学出版社,1985年。

黄仁宇:《中国大历史》,生活·读书·新知三联书店,1997年。

萧一山:《清代通史》,华东师范大学出版社,2006年。

戴逸:《简明清史》,中国人民大学出版社,2006年。

郭廷以:《近代中国史纲》,格致出版社、上海人民出版社,2012年。

费正清等:《中国:传统与变革》,江苏人民出版社,2014年。

罗荣渠:《现代化新论》,华东师范大学出版社,2013年。

徐中约:《中国近代史》,世界图书出版公司,2013年。

杨天石:《帝制的终结》,岳麓书社,2013年。

菊池秀明著,马晓娟译:讲谈社·中国的历史《末代王朝与近代中国》,广西师范大学出版社,2014年。

唐德刚:《从晚清到民国》,中国文史出版社,2015年。

蒋廷黻:《中国近代史》,中国华侨出版社,2016年。

冯自由:《革命逸史》,新星出版社,2016年。

张鸣:《重说中国近代史》,台海出版社,2016年。

卜正民主编,罗威廉著,李仁渊、张远译:《哈佛中国史6:最后的中华帝国:大清》,中信出版集团,2016年。

李喜所、李来容:《中国近代史》,中信出版集团,2017年。

吕思勉:《中国近代史》,中国书籍出版社,2017年。

柯文:《在中国发现历史》,社会科学文献出版社,2017年。

魏斐德著、梅静译:《中华帝国的衰落》,民主与建设出版社,2017年。
吕思勉:《你一定爱读的极简中国史》,浙江文艺出版社,2017年。
张宏杰:《简读中国史》,岳麓书社,2019年。
李剑农:《中国近百年政治史》,世界知识出版社,2019年。
吴永口述、刘治襄记:《庚子西狩丛谈》,广西师范大学出版社,2008年。
黄濬:《花随人圣盦摭忆》,中华书局,2013年。
雷颐:《历史的裂缝:近代中国与幽暗人性》,广西师范大学出版社,2007年。
雷颐:《面对现代性挑战:清王朝的应对》,社会科学文献出版社,2012年。
雷颐:《中国切片,1900》,郑州大学出版社,2020年。
雷颐:《帝国的覆没》,东方出版社,2021年。
马勇:《"新知识"背后:近代中国读书人》,福建教育出版社,2013年。
马勇:《晚清笔记》,广东人民出版社,2017年。
马勇:《激荡:晚清二十年》,新星出版社,2021年。
马勇:《回望:近代一百年》,新星出版社,2021年。
马勇:《叠变:鸦片、枪炮与文明进程中的中国(1840—1915)》,中国大百科全书出版社,2022年。
德龄:《御苑兰馨记》,文化艺术出版社,2004年。
德龄:《清宫二年记》,中国人民大学出版社,2012年。
德龄:《光绪泣血记》,中国人民大学出版社,2012年。
德龄著、富强译:《我和慈禧太后》,上海三联书店,2019年。
黄仁宇:《万历十五年》,生活·读书·新知三联书店,1997年。
史远芹:《中国近代化的历程》,中共中央党校出版社,1999年。
庄建平:《落日残照紫禁城——清宫秘史纪实》,四川人民出版社,1999年。
萧功秦:《危机中的变革——清末现代化进程中的激进与保守》,上海三联书店,1999年。
钟叔河:《走向世界:近代中国知识分子考察西方的历史》,中华书局,2000年。
李泽厚:《中国现代思想史论》,天津社会科学院出版社,2003年。
周积明、郭莹:《震荡与冲突:中国早期现代化进程中的思潮和社会》,商务印书馆,

2003年。

袁洪亮:《人的现代化》,人民出版社,2005年。

郭太风、廖大伟主编:《东南社会与中国近代化》,上海古籍出版社,2005年。

虞和平、谢放:《中国近代通史第三卷:早期现代化的尝试(1865—1895)》,江苏人民出版社,2007年。

段治文、钟学敏、詹于虹:《中国现代化进程》,浙江大学出版社,2007年。

谭来兴:《中国现代化道路探索的历史考察》,人民出版社,2008年。

卫忠海:《中国现代化的理论与实践》,四川大学出版社,2008年。

郭世佑、邱巍:《突破重围——中国早期现代化研究》,河南大学出版社,2010年。

崔运武:《中国早期现代化中的地方督抚》,云南大学出版社,2011年。

杨华山:《晚清厘金与中国早期现代化建设》,人民出版社,2011年。

叶维丽:《为中国寻找现代之路》,北京大学出版社,2012年。

孙永建:《民族主体的坚守与主体性的高扬》,光明日报出版社,2013年。

汪晖:《中国现代思想的兴起》,三联书店,2015年。

刘丽丽编:《步履维艰——中国近代化的起步》,商务印书馆,2019年。

沙培德著、刘芳译,《帝国之后》,江苏人民出版社,2023年。

张鸣:《历史的坏脾气》,中国档案出版社,2005年。

阎崇年:《清十二帝疑案》,中国人民大学出版社,2005年。

谭伯牛:《断章取义晚清史》,同心出版社,2006年。

张祖翼:《清代野记》,中华书局,2007年。

中国社会科学院近代史研究所政治史研究室、苏州大学社会学院编:《晚清国家与社会》,社会科学文献出版社,2007年。

杨国强:《晚清的士人与世相》,生活·读书·新知三联书店,2008年。

许知远:《醒来:110年的中国变革》,湖北人民出版社,2009年。

羽戈:《百年孤影》,东方出版社,2010年。

余世存:《中国男》,九州出版社,2010年。

吉尔伯特·罗兹曼:《中国的现代化》,江苏人民出版社,2010年。

庄秋水:《三百年来伤国乱》,湖南文艺出版社,2011年。

许纪霖:《大时代中的知识人》,中华书局,2012年。
郭廷以:《近代中国的变局》,九州出版社,2012年。
孟森著:《清代野史》,中国人民大学出版社,2012年。
余英时:《士与中国文化》,上海人民出版社,2013年。
庄士敦著、张昌丽译:《紫禁城的黄昏》,武汉大学出版社,2014年。
纪陶然:《天朝的镜像:西方人眼中的近代中国》,江苏人民出版社,2014年。
罗志田:《权势转移:近代中国的思想与社会》,北京师范大学出版社,2014年。
杨天石:《晚清风云》,中国发展出版社,2015年。
姜鸣:《秋风宝剑孤臣泪》,生活·读书·新知三联书店,2015年。
爱尼斯·安德逊著,费振东译:《在大清帝国的航行》,电子工业出版社,2015年。
王开玺:《晚清政治史》,东方出版社,2016年。
谭伯牛:《近代史的明媚与深沉》,山西人民出版社,2016年。
谭伯牛:《毕竟战功谁第一》,山西人民出版社,2016年。
金满楼:《大清帝国的衰亡》:江苏人民出版社,2016年。
王学斌:《向生与求死:晚清政坛的另类观察》,现代出版社,2016年。
茅海建:《当代学人精品:茅海建卷》,广东人民出版社,2016年。
张勇:《梁启超与晚清"今文学"运动》,北京大学出版社,2017年。
金耀基:《从传统到现代》,法律出版社,2017年。
刘晨晖:《黄昏中的紫禁城》,团结出版社,2017年。
马平安:《慈禧与晚清六十年》,新世界出版社,2017年。
马平安:《大变局下的晚清君臣》,团结出版社,2018年。
贾葭:《摩登中华》,东方出版中心,2019年。
赵柏田:《民初气象》,长江文艺出版社,2019年。
张玉法:《近代变局中的历史人物》,九州出版社,2019年。
解玺璋:《抉择:鼎革之际的历史与人》,天地出版社,2020年。
王人博:《1840年以来的中国》,九州出版社,2020年。
杨国强:《衰世与西法》,广西师范大学出版社,2020年。
十年砍柴:《家国与世情:晚清历史的侧影》,现代出版社,2020年。

姜鸣：《却将谈笑洗苍凉》，生活·读书·新知三联书店，2020年。

罗志田：《斯文关天意：近代新旧之间的士人与学人》，生活·读书·新知三联书店，2020年。

袁灿兴：《军机处二百年》，岳麓书社，2021年。

谌旭彬：《秦制两千年》，浙江人民出版社，2021年。

朝文社：《好看到爆的大清秘史》，长江出版社，2021年。

施展：《枢纽：3000年的中国》，广西师范大学出版社，2021年。

金满楼：《细读晚清七十年》，华文出版社，2021年。

溥仪：《我的前半生》，民主与建设出版社，2021年。

王元崇：《中美相遇》，文汇出版社，2021年。

《国家人文历史》编著：《帝国挣扎》，2022年，大有书局。

徐飞：《帝国的崩塌》，浙江人民出版社，2022年。

迟云飞：《变局之下：晚清十大风云人物启示录》，中国大百科全书出版社，2022年。

梁启超著、羽戈校注：《新民说》，文津出版社，2022年。

李怀印：《现代中国的形成：1600—1949》，广西师范大学出版社，2022年。

侯杨方：《治世：大清帝国的兴亡启示》，天地出版社，2022年。

李晓鹏：《晚清六十年的革命与改良》，团结出版社，2023年。

谌旭彬：《大变局：晚清改革五十年》，浙江人民出版社，2023年。

张宏杰：《张宏杰讲乾隆成败》，民主与建设出版社，2014年。

张宏杰：《饥饿的盛世》，重庆出版社，2022年。

傅国涌：《从龚自珍到司徒雷登》，江苏文艺出版社，2010年。

陈歆耕：《剑魂箫韵：龚自珍传》，作家出版社，2016年。

余世存：《己亥：余世存读龚自珍》，四川人民出版社，2019年。

王镇远：《亦狂亦侠亦温文：龚自珍的诗文与时代》，天津人民出版社，2020年。

王振羽：《龚自珍传》，团结出版社，2021年。

郭雪波：《林则徐》，作家出版社，2016年。

官桂铨：《林则徐》，福建人民出版社，2016年。

茅海建：《天朝的崩溃》，生活·读书·新知三联书店，2014。

蓝诗玲著、刘悦斌译:《鸦片战争》,新星出版社,2015年。

茅海建:《苦命天子》,生活·读书·新知三联书店,2022年。

夏剑钦:《魏源传》,岳麓书社,2006年。

张萌萌:《魏源传》,北京时代华文书局,2016年。

刘兴豪:《魏源与中国近代化早期进展》,光明日报出版社,2017年。

史景迁著、朱庆葆等译:《太平天国》,广西师范大学出版社,2011年。

裴士锋著、黄中宪译:《天国之秋》,社会科学文献出版社,2014年。

李洁非:《天国之痒》,人民文学出版社,2019年。

曾国藩:《曾国藩全集》,岳麓书社,2011年。

朱东安:《曾国藩传》,辽宁人民出版社,2014年。

赵焰:《曾国藩传》,河南文艺出版社,2016年。

张宏杰:《曾国藩的正面与侧面1》,民主与建设出版社,2014年。

张宏杰:《曾国藩的正面与侧面2》,民主与建设出版社,2017年。

张宏杰:《曾国藩传》,民主与建设出版社,2019年。

周禄丰:《战安庆》,岳麓书社,2022年。

谭伯牛:《战天京》,岳麓书社,2016年。

左宗棠:《左宗棠全集》,岳麓书社,1996年。

左景伊:《我的曾祖左宗棠》,湖北人民出版社,2010年。

徐志频:《左宗棠:帝国最后的"鹰派"》,中国青年出版社,2014年。

苑书义:《李鸿章传》,人民出版社,1991年。

李鸿章:《李鸿章全集》,时代文艺出版社,1998年。

雷颐:《李鸿章与晚清四十年》,山西人民出版社,2008年。

谢世诚:《李鸿章评传》,南京大学出版社,2011年。

梁启超:《李鸿章传》,中华书局,2012年。

叶曙明:《李鸿章大传》,江苏凤凰文艺出版社,2016年。

微雨江南:《晚清大儒王闿运》,团结出版社,2023年。

丁贤俊:《洋务运动史话》,社会科学文献出版社,2011年。

司马烈人:《张之洞境经》,中国华侨出版社,2002年。

李细珠：《张之洞与清末新政研究》，上海书店出版社，2003年。

王振羽：《国家重器：张之洞》，江苏人民出版社，2022年。

汪荣祖：《走向世界的挫折》，岳麓书社，2002年。

樊百川：《清季的洋务新政》，上海书店出版社，2009年。

关河五十州：《一个民族的远航》，华龄出版社，2022年。

孟泽：《独醒之累》，岳麓书社，2021年。

戚其章：《甲午战争史》，上海人民出版社，2014年。

王晓秋编：《戊戌维新与近代中国改革》，社会科学文献出版社，2000年。

汤志钧：《戊戌变法史》，上海社会科学院出版社，2003年。

马勇：《戊戌政变的台前幕后》，江苏人民出版社，2012年。

茅海建：《戊戌变法的另面："张之洞档案"阅读笔记》，上海古籍出版社，2014年。

刑超：《戊戌变法真相》，中国青年出版社，2015年。

羽戈：《激进之踵：戊戌变法反思录》，山西人民出版社，2019年。

张健：《戊戌悲歌：康有为传》，作家出版社，2016年。

杨肇林：《醒世先驱：严复传》，作家出版社，2016年。

解玺璋：《梁启超传》，上海文化出版社，2012年。

吴其昌：《梁启超传》，台海出版社，2019年。

许知远：《青年变革者：梁启超》，上海人民出版社，2019年。

黄克武：《笔醒山河：中国近代启蒙人严复》，广西师范大学出版社，2022年。

马忠文：《荣禄与晚清政局》，社会科学文献出版社，2016年。

高阳：《翁同龢传》，黄山书社，2008年。

翁万戈编、翁以钧校订：《翁同龢日记》第七卷，中西书局，2020年。

王儒年：《谭嗣同》，陕西师范大学出版社，2017年。

李礼：《转向大众：晚清报人的兴起与转变》，北京师范大学出版社，2017年。

柯文：《历史三调：作为事件、经历和神话的义和团》，江苏人民出版社，2000年。

止庵：《神拳考》，华东师范大学出版社，2016年。

周锡瑞著，张俊义、王栋译：《义和团运动的起源》，江苏人民出版社，2021年。

晚清陈卿美：《庚子剧变》，郑州大学出版社，2023年。

李刚:《大清帝国最后十年》,当代中国出版社,2008年。

贺嘉:《清末制宪》,陕西人民出版社,2011年。

侯宜杰:《清末立宪运动史》,辽宁人民出版社,2020年。

侯宜杰:《袁世凯传》,辽宁人民出版社,2020年。

马平安:《晚清十年》,团结出版社,2023年。

羽戈:《帝王学的迷津:杨度与近代中国》,福建教育出版社,2016。

张謇:《张謇全集》,江苏古籍出版社,1994年。

罗一民:《开路先锋:张謇》,江苏人民出版社,2021年。

伍立杨:《潜龙在渊:章太炎传》,作家出版社,2015年。

孙中山:《孙中山全集》,人民出版社,1981年。

沈渭滨:《孙中山与辛亥革命》,上海人民出版社,2016年。

李菁:《天下为公:孙中山传》,团结出版社,2021年。

王树增:《1901:一个帝国的背影》,2010年,海南出版社。

张鸣:《辛亥:摇晃的中国》,广西师范大学出版社,2011年。

杨早:《民国了》,四川人民出版社,2018年。